寰鶴泬叢書

Dudjom Rinpoche 敦珠甯波車

甯瑪派叢書

主編:

談錫永 北美漢藏佛學研究會、中國人民大學國學院

修訂版編譯委員會:

陳　楠 中央民族大學歷史系

許錫恩 北美漢藏佛學研究會

沈衞榮 中國人民大學國學院西域歷史語言研究所

邵頌雄 加拿大多倫多大學新學院

黃華生 香港大學建築系、佛學研究中心

謝繼勝 首都師範大學藝術系

The Nyingmapa Series

Editor-in-Chief:

Tam Shek-wing　　*The Sino-Tibetan Buddhist Studies Association*
in North America, Canada;
Renmin University of China, China

Editorial Board for the Revised Edition:

Chen Nan　　*Central University of National Minorities, China*

William Alvin Hui　*The Sino-Tibetan Buddhist Studies Association*
in North America, Canada

Shen Weirong　*Renmin University of China, China*

Henry C.H. Shiu　*The University of Toronto Scarborough, Canada*

Wong Wah-sang　*The University of Hong Kong, Hong Kong*

Xie Jisheng　*Capital Normal University, China*

《依舊譯派 —— 雪域一切佛法來源而開顯：
金剛乘寶貴教法史・帝釋天遍勝大戰鼓雷音》

*Gangs ljongs rgyal bstan yongs rdzogs kyi phyi mo snga 'gyur
rdo rje theg pa'i bstan pa rin po che ji ltar byung ba'i tshul dag
cing gsal bar brjod pa lha dbang g.Yul las rgyal ba'i rnga bo che'i
sgra dbyangs*

ༀ། །གངས་ལྗོངས་རྒྱལ་བསྟན་ཡོངས་རྫོགས་ཀྱི་ཕྱི་མོ་སྔ་འགྱུར་རྡོ་རྗེ་
ཐེག་པའི་བསྟན་པ་རིན་པོ་ཆེ་ཇི་ལྟར་བྱུང་བའི་ཚུལ་དག་ཅིང་གསལ་བར་བརྗོད་པ་
ལྷ་དབང་གཡུལ་ལས་རྒྱལ་བའི་རྔ་བོ་ཆེའི་སྒྲ་དབྱངས་ཞེས་བྱ་བ་བཞུགས་སོ།

見部 ⑧ 談錫永主編

勝利天鼓雷音

——金剛乘教法史

敦珠法王　造論

許錫恩　繙譯

目　錄

第七品：

第八品：

《甯瑪派叢書》總序

近年西藏密宗在世界各地廣泛流傳，甯瑪派（rNying ma pa）的「大圓滿」（rdzogs pa chen po）亦同時受到歐、美、日學者的重視。於是研究「大圓滿」及甯瑪派教法的外文書籍不斷出版，研究文章亦於各學術機構的學報發表。

然而遺憾的是，我們接觸到的書刊文獻，絕大部分都未能如實說明「大圓滿」的修持見地 ——「大中觀（dbu ma chen po）見」，即如來藏思想；於修持上亦未能說出次第修習與次第見地的配合，如抉擇見與決定見。因此便令到「大圓滿」這一法系，在大乘佛教中地位模糊。

事實上，「大圓滿」與漢土的禪宗同一淵源。即是說，他們本屬同一見地的印度大乘修持系統，即文殊師利不可思議法門。傳入漢土的成為禪宗，傳入西藏則成為甯瑪派的「大圓滿」。——因此「大圓滿」的修持，跟藏密其他教派的修持有所不同，可謂獨樹一幟。也因此，漢土禪宗於六祖慧能以前，以說如來藏（tathāgatagarbha）的《入楞伽經》（Laṅkāvatārasūtra）印心，而甯瑪派亦判《入楞伽經》為「大中觀見」的根本經典。

本叢書的編譯，即據甯瑪派近代法王敦珠甯波車（H.H. Dudjom Rinpoche，1904-1987）的傳授，分「見」、「修」兩部編成。在「見」的部分，着重闡釋「大中觀見」，即「如來藏思想」的真實義，使讀者能瞭解此印度佛學系統中的重要思想，以及其與禪宗修持、「大圓滿」

修持的關係。

　　至於「修」的部分，則選譯甯瑪派歷代祖師的論著，及諸嚴傳法要。如是配合大圓滿「四部加行法」（sbyor ba bzhi）——即外加行、內加行、密加行、密密加行。凡此皆為印度傳入西藏的次第止觀法門。

　　本叢書於香港出版後，反應良好，今應全佛文化出版社之請，特重行修訂再版以期甯瑪派法要能得正信，並期望文殊師利不可思議法門得藉此弘揚。

譯序

　　有關藏密教法史的藏文文獻可謂汗牛充棟，然而漢文譯本則實可說只屬滄海一粟。自民國初年漢譯藏文密乘典籍初興以來，雖有諸如劉立千[1]、郭和卿[2]、張澄基[3]和法尊法師[4]等方家，迻譯了不少關於藏密教派、祖師等的史傳；而近世內地的藏密學者，如陳慶英[5]、黃顥[6]等，亦為此貢獻不少，但尚待開懇的地方仍多，尤其譯者所屬之藏密甯瑪派，即是可供繼續努力的領域之一。

　　現世可見的大多數漢譯專著，或只屬藏密教史的通論、即藏地各個宗派都有所觸及；或屬某一派別的專論、即通常只就該教派的宗義或祖師的傳記而撰述。前一類譯著，其闡述藏密甯瑪派者，雖屢有所見，但往往因篇幅關係，未能詳盡深入；後一類的譯著，則藏密主要派別如黃教（格魯派）、白教（噶舉派）、花教（薩迦派），甚至覺囊派[7]，差不多都已有其漢譯代表作，而紅教方面則見零星。

---

[1]　譯作有《土觀宗派源流》、《衛藏道場勝跡志》等。

[2]　譯作有《至尊宗喀巴大師傳》、《佛教史大寶藏論》等。

[3]　譯作有《密勒日巴尊者傳》、《岡波巴大師傳》等。

[4]　譯作有《宗喀巴大師傳》等。

[5]　譯作有《五世達賴喇嘛傳》、《薩迦世系史》、《紅史》等。

[6]　譯作有《新紅史》、《賢者喜宴》等。

[7]　如阿旺洛追扎巴著、許得存譯漢的《覺囊派教法史》。

敦珠法王在本書八品中，首先根據甯瑪派的見地，敍述佛法如何由釋迦牟尼佛陀傳弘人世（第一品），及三內續（摩訶、無比和無上瑜伽）在天竺流傳的情況（第二品），復如何傳入藏地（第三品）；繼而法王以三內續為經，依心部、界部、口訣部為緯，編述一系列祖師的傳記（第四品）；第五品則為久遠教傳諸祖師的傳記，法王或據氏族的傳承或據教法（如普巴金剛）的傳承，分別開列其中所屬祖師的經歷；第六品是伏藏（又稱極近嚴傳）祖師的傳記，詳述了廿四位甯瑪派伏藏師的生平，和他們曾取出的伏藏名目。眾位伏藏師當中，不乏其他宗派的代表人物，如五世達賴喇嘛等；法王在第七品中，一力為甯瑪派的見地、教法等辨誣，從中可讓我們由另一角度領略甯瑪派教法的廣大和深邃；在最後一品、即第八品中，敦珠法王以藏曆六十勝生周[8]為主，編列由佛陀入涅槃（本派定為公元前881年）至法王著書之年（公元1962年）止，藏地甯瑪派各重要祖師降生年份及歷史大事，要言不繁；書末法王則以開列其資料來源、結頌迴向和後跋來作結。

以譯者愚見，本書的第四至六品，實在是全書的精華所在，因為其中所載各祖師、大德的傳記，除了很多不見於現有漢譯著述外，內裡所記的祖師言行，關乎甯瑪派法義的，亦所在多有。譯者至今仍不忘師訓：修學密宗，須對祖師傳記多作聞思，如此日子有功，除了能使一己的修行多所進益外，更能體會上師平日言行意樂的密義，不會隨便對自己的上師妄生邪見，造謠誹謗了。當然，譯者亦不會忽略第七品

---

[8] 即漢地六十干支紀年，由五行及生肖表達。

的重要性，因正如上述，由此一品，可窺見甯瑪派教法的廣大和深邃；同時，亦可反映藏密甯瑪派與他宗辯難時的嚴謹法度，所以也是不可多得的篇什。

法王此書的首度漢譯，由香港金剛乘學會的劉銳之上師經明珠活佛的度語，在1965年9月開始繙譯，至1966年6月完成[9]，1973年出版，定名為《西藏古代佛教史》。除漢譯外，本書亦有英譯[10]，是由美籍藏學學者馬菲‧革斯坦（Matthew Kapstein）和藏籍學者不變金剛（Gyurme Dorje）合譯，與法王另一鉅著——《善說顯現喜宴》（*gSang sngags snga 'gyur rnying ma ba'i bstan pa'i rnam gzhag mdo tsam brjod pa legs bshad snang ba'i dga' ston*）（談師與譯者合譯，並已出版），於1991年合編出版。

或者有人會問：「此書既有漢譯，為何仍要多此一舉另行繙譯呢？」這便要從第一次漢譯說起。

事緣譯者的根本上師、即談錫永金剛阿闍梨（法號無畏金剛），在本書第一次漢譯時，已參予襄助劉上師「躬任校讎」[11]，而且又寫有本書撮要和《西藏密宗編年》，甚得劉上師讚賞，由此已可見談師和本書因緣之早、之深。根據談師對譯者親言，在第一次譯稿完成後，他已曾經屢次向劉上師反映譯本中的種種問題；其後，談師更曾獲敦珠法王的口頭授權來重譯本書。談師也試過為此與劉上師多番商討，然而，每次劉

9　見《西藏古代佛教史》明珠活佛序，金剛乘學會出版。

10　此外，據《西藏古代佛教史》劉上師跋，尚有梵譯，且法王手諭曾云已「脫稿待印」，惜譯者至今未曾得見。

11　同上注。跋中所列「談延祚」者，乃談師本名，「錫永」乃其字。談師一向以字行。

上師都未作允許，並且說他必定會在適當時候將本書再次繙譯，或指導重譯，因此，談師便將此事暫且放下。可惜直至劉上師在1997年圓寂為止，重譯一事仍無寸進，而談師亦因為弘法、著述而事忙的關係，未能就此事進行。但譯者記得，每次與上師暢敘之際，他仍不時提及須將本書重新繙譯，未嘗或忘，而且敦珠法王的哲嗣山藩甯波車亦曾催促，故談師更感不安。

時日推遷，在出版了繙譯法王的《善說顯現喜宴》後，談師覺得重譯本書一事不宜再拖，決定著手從事這多年未竟的艱巨工作。但當其時，他在弘揚如來藏學說的事業正如火如荼，且因著譯過勞而患目疾，若親自執筆，則恐吃力不討好，所以談師便囑咐譯者，在協助他繙譯《善說顯現喜宴》的基礎上，先整理出本書的基本譯稿，然後待他再據原文逐字斟酌，這樣便應可事半功倍。譯者因學養有限，本來不敢擔當此一重任，意欲懇辭；但談師說譯者既已協助他繙譯了《善說顯現喜宴》，若能為本書再下一城，便可以像英譯本一樣，甯瑪派教法、歷史兼備，令二篇合成雙璧，則誠屬美事；另外，談師亦希望譯者能以譯稿來作為他八十大壽的賀禮。上師既有此命，譯者哪能有不遵之理？於是唯有勉力從事，希望沒有辜負上師的一番期望。

談師囑咐譯者，在重譯本書時，須注意以下數點：首先，譯筆風格應力求與《善說顯現喜宴》一致；其次，有鑑於其他漢譯藏密的著作，在專有名詞、尤其是人名的繙譯方面，大多數都是音譯，而各譯師因時代、籍貫的關係，語音標準各有不同，於是弄至同一祖師在不同的書中便出現不同

的譯名,讀者往往不知彼此其實同屬一人;況且音譯的人名一般詰屈聱牙,令漢地讀者不忍卒讀,而其實藏族人名大多數都有其意義,尤其是祖師的名號還具足傳承義與法義,所以談師吩咐,人名的繙譯,應盡量以意譯為主,復附以藏文對音,以便通藏文的讀者參考;此外談師亦要求譯者多參考英譯,尤其是它的附錄與註釋,因為敦珠法王哲嗣山藩甯波車說及英譯時的情形,英譯者遇有疑點都向法王請教,法王除解釋外有時還加以補充,偶然還作改動,所以參考價值相當高。

就在上師的殷勤叮囑下,譯者於是便斗膽再荷此重擔,歷時兩年,方草成初稿。稿成時適值談上師眼部動手術,手術後還須調養,由是校訂便稍延期。其後上師帶着病眼來作校訂,本書終得殺青。上師病眼已前後七年,期間著譯未斷,現在只希望他的視力能完全恢復,是為至禱。

還有,譯者想在這裡一提:本譯中的〈八品撮要〉[12],是由黃基林先生由藏譯漢,談師校訂,特此向他致謝。

最後譯者希望,本譯能讓有意研讀敦珠法王著作的修密者,可另外多一個選擇,亦希望各方大德,對本譯的不足之處,多所指正,期待能在有再版機會時修正。

許錫恩

記於公元2014年4月,談錫永金剛阿闍梨八十華誕前

12　劉譯缺。藏文版置於本文之後。

譯例

- 西藏地名及宗派名稱,皆依通行音譯。如有通行異譯,亦行附入。

- 人、佛、寺廟名號,盡量意譯,唯氏族名號或不能意譯者則用音譯。

- 譯文中〔 〕,為譯者補足文義而加,其中有採自英譯本者。

- 經續名稱:(1)原書引用密續多用略名,且絕多無漢譯,故唯據原文譯出,其中有英譯本已考出全名者,則將之列為腳注。(2)原書引用經典,如藏名與漢譯相符,則逕用漢譯名,不符者則將漢譯經名列為腳注。

- 原書所引經續內文:(1)所引密續,多為依引義繙譯,間有漢譯者,則用漢譯,但時須注出相異之處。(2)原書所引經典,有漢譯而與引文相符者,採用之,若參差太大,則仍依引文自譯。此皆不一一注出。

- 書中紀年,參考英譯所訂西元紀年,更附漢地朝代、年號、干支,以便對照。

- 譯文中之科判,悉依英譯。因據山藩甯波車告知,此科判曾經法王過目。

- 譯文中之人名、地名多附梵文或藏文,若梵藏同附,則以梵文先行,藏文列次。於人名,多同時附上漢文意譯,如:闍那達多(Jāladatta / Drva ba sbyin,網施)。

- 為方便讀者理解各品內容,故由談錫永上師撰寫提要,附於每品正文之前。

本書八品提要

嗡 吉祥如意

第一品

初為前言，說論典名，更對一切殊勝外境讚禮，及獻上著論之誓句。

總說正文主體，即初現世間之佛陀教法。及如意寶如何出現、結集者如何結集、教法傳承及如何教授護持令大乘圓滿。

第二品

別說密金剛乘如何出現；何人何地轉密乘法輪；攝受者如何攝受；及教法如何出現人間。

第三品

總說西藏黑洲佛法光明燈之起源始末；祖孫三代法王如何樹立教法；中弘期教法之興衰；後弘期佛教之重興。

第四品

別說密內三乘之下傳。是即續大瑜伽、教無比瑜伽、口訣無上瑜伽。此中特重廣大心髓歷史與傳承之有關簡略傳記。

第五品

說久遠傳承長河，住世不朽之「經幻心」三部如何下
傳。

是即生起次第大瑜伽總續《幻化網》，及特殊續之修部
等各別次第；圓滿次第無比瑜伽總經《密意總集經》根
本連同支分；大圓滿無上瑜伽心部、界部、口訣部，彼
等之圓滿下傳。

更說持明續傳承之簡史，及傳承至今有關教法如何護
持。

第六品

由甚深近傳伏藏歷史，說伏藏相之性及其分類，與所須
之特別法。

從伏藏到面世，教法、珍寶、聖物等之定義，與有關發
藏聖者之簡略傳記。

第七品

略說過去有具邪見者對舊譯甯瑪派所生過失，加以遣
除，更闡明相關義理。

第八品

將教法史與積年年份結合，略作分析，簡單易明。

未來佛教住世時，具說教法之論著，圓滿且具後義。
〔故本論說明〕能依所說之理據、造論目的及因由。

最後為發願文及跋文，如是圓滿。

起頌

藏地出生我敦珠老人　　藏土忝名密咒先進者
鄉邦文獻睠睠不能忘　　藏佛教史完成於印度

自愧多聞未克到邊際　　深法教傳殊勝諸口訣
私心竊慰慶幸得傳授　　鴻爪留印命途迢遙中

此書可供瑜伽者研讀　　從歷史中能得新知識
若非意樂正不必講求　　如我佛說不度無緣人

教史非同文學之傳記　　解說勝法來源之紀述
依此師尊所示之法語　　可得領受一切法自在

（此處四頌，為劉銳之上師依當時敦珠法王所賜文本譯出，
刊於《西藏古代佛教史》。今藏文本已擴為七頌，是為起
頌，故今將劉譯置於首處，後附拙譯，實有懷念當時種種因
緣之意，下來所附拙譯是依今藏文本而譯。二譯迢迢相隔四
十二年，思之令人唏噓。無畏記，時歲次乙未。）

西藏出生我敦珠老人　　藏法道名言說甯瑪藏[1]
深戀鄉邦此情捨不得　　故於天竺記雪域法源

多聞雖未入所知邊際　　唯亦蒙賜甚深經續訣
獲得自在我心滿意足　　渡過人生心寬留手跡

1　chos ming，道名言；snga 'gyur ba'i，甯瑪藏。

　　觀密意者務須着意讀[2]　　由古代史新生起正信
　　不觀密意亦不作強求　　　普及暢銷我無此指望

　　然非等同一般之流言　　　此說生起教法之文字
　　依止上師所捨得勝解[3]　　滿心歡喜嘗轉生喜筵[4]

　　即此自他惡業之種子　　　何時都是大無垢明相[5]
　　親善知識引入普賢行[6]　　成熟心願護持教法命

　　縱能詮句雖然不動聽　　　唯所詮義決定無顛倒
　　密三傳承密意一表相[7]　　此論典為供養法身燈

　　法之舍利無盡人樂意[8]　　諸法侶眾皆喜此贈品
　　持法護法弘法大標幟　　　願愛惜法猶如愛珍寶

　如是告白。

---

[2]　dgongs，密意。

[3]　khro med，應解作慈、悲、喜、捨之捨，亦即說上師之法施。

[4]　敦珠法王曾開示，能由讀甯瑪派不共密續與論著，雖未觀修，亦可安樂轉生。此句即是此意。

[5]　無論善惡，皆為自顯現明相，法爾清淨光明，參摧魔洲尊者（一世敦珠法王）《無修佛道》（台北：全佛文化，2009）。

[6]　「親善知識」為意譯，藏：nyer 'grogs don ldan，意為親近具足法義之師友。此意譯亦有根據，第六世噶瑪巴（大寶法王）mThong ba don ldan，此名即取善知識之意。藏：bzang po spyod，普賢行。

[7]　甯瑪派三種傳承為：佛語遠傳，伏藏近傳，淨相密傳。三種傳承無分別，故為唯一表相。

[8]　藏：gtan pa med，應譯為無盡。《漢藏大辭典》缺此釋義，見 Dan Martin Dictionary 解為 rgyun chad med，Ives Waldo Dictionary 譯為 unceasing（無盡）。

勝利天鼓雷音

——金剛乘教法史

啟請文

本始清淨不動寂靜界　於中決然無有戲論相
恆時歡喜遊戲本智中　願無比上師調伏世間

獨一遍知本智之大日　從本不為戲論所障蔽
於此緣生世間幻域中　放射利樂千光願護佑

賜以能驅虛妄難忍熱　袚除世間疫癘萬應藥
清涼龍腦甘露難比擬　大寶正法教證作頂嚴

依於增上意樂黃金柄　清淨三學妙衣作翱翔
復以講修寶頂為莊嚴　最上勝眾教幢我讚禮

本淨真如周遍虛空勝法身　是即本性覺空雙運普賢王
本智遊戲無間任運如雲網　即其自顯現相樂空金剛心
無緣大悲應時應機作調伏　即其悲心現空雙運金剛持[1]
三身無別六種勝乘傳承師　密意持明口耳餘三我敬禮

於具大樂秘密真實壇城中　周遍諸法自性恆時都喜樂
忿怒寂靜以及貪愛諸徒眾　能對彼等隨宜顯現熾燃身
於汝身與剎土無邊雙運中　生大雷雲降二成就及時雨
祈請具力勇父吉祥忿怒尊　攝受我今身語意金剛圓滿

動靜世間一切悉無有　不圍於空性美麗手印
是故即無佛不依於汝

1　此三句說「覺空」、「樂空」、「現空」，皆說雙運，故譯文添字表出。
　　此三句亦與大圓滿三句義相應，次第說「體性本淨」、「自相任運」、
　　「大悲周遍」。

於彼貪愛色相形態者　　以色誘誑此即是方便
能知不動本智及大樂
噫我法輪使者金剛母　　於求殊勝成就具福者
亦即法輪唯一自在母
我於現證俱生一味中　　現前於汝恭敬作頂禮
請於大樂誘惑遊戲中　　緊抱於我雙運作和合

顯揚勝王教法事業者　　與佛同分龍樹無著等
釋佛密意窮盡宗輪際　　頭面禮足聖域諸智者

由金剛道得登金剛地　　所住等同金剛持意樂
沙囉哈與魯依巴諸師[2]　無數大成就眾我頂禮

王令雪域邊地離昏暗　　導入勝教第一線曙光
是名松贊干布世自在　　誰能證菩提後離汝足

信度湖中ཧྲཱིཿ字蓮花蕊[3]　生出具足相與形好身
本智極樂國主智與悲[4]
輪迴未空汝無生無死　　由彼大樂金剛禁行舞
納滅三界一切諸識聚
既能取納除滅都無礙　　具此大能世間無可比
能可比者唯有汝自身
雖然諸佛俱悲憫眾生　　唯顧鬘力師怙佑藏民
我由心底對師生崇敬

---

[2]　原頌舉出沙囉哈（Saraha）、魯依巴（Lūipā）、黑行者（Kṛṣṇacārin）、鈴
　　足（Ghaṇṭāpāda）四聖者名，譯文略去後二。

[3]　種子字ཧྲཱིཿ，音些。信度湖，藏：Sindhu mtsho。

[4]　本頌敬禮蓮花顱鬘力、即蓮師化身之一。此句先說其智與身，下來即說其
　　界。

汝為釋迦王唯一心子　　為持誓句勇識秘密主[5]

是故得以稱名大菩薩

具足無邊光輝陀羅尼　　且能於十力中得自在

願住九百年燭照雪域

樹三藏法幢莊嚴藏土　　由是生起勝利王傳承

此於前世更復無先例

念及寂護上師具福德　　而成藏土最初應供處

我具信誠再三作稽首

於暗無明厚覆之寒域　　現王者相節杖成智劍

重燃勝利王聖教法炬　　邊鄙福緣更勝於聖域

若此稀有深恩具形相　　有界為器亦復不能載

既知今時今地得享用　　於此深義寶珠庫藏中

唯因赤松王力我起信

印度論師與西藏譯師　　無誤詮釋及無誤繙譯

無垢勝王經典與密意　　開啟百門利樂雪域眾

我亦百回敬意作讚禮

我獻信心持明成就師　　延續大遷轉金剛傳承

大樂壇城中所顯皆喜　　嚐三傳承密意口訣露

我復讚禮一切示現眾　　現為勝王教法之使者

由解脫道得賢善成就　　無偏光耀教法與有情

空行護法秘密護持者　　不欲洩漏具深義史傳

教法今近息微請理解　　請賜歡笑請賜予開許

5　梵：Guhyapati，藏：gSang bdag，指金剛手。此處說金剛手化身，參見第二品、乙三。

勝王教法大日於衰世　　幾為狂亂黑風雲全蔽
無上密乘不共之傳規　　縱成就者亦須依止彼
今此傳規實際已不見　　於彼得證悟者之生平
少人知曉亦少人宣說　　以此之故我今且盡力
令少份舊聞勿致湮沒

第
一
品

第一品：
「勝利王寶貴教法在此世界之起源」
提要

談錫永

西藏佛教徒，稱顯宗為「般若乘」，密宗為「金剛乘」。本章係依密宗的傳說及觀點，以敘述顯教的緣起。倘自廣義而言，則亦可視為佛教的緣起。

本文分三目：一為釋迦示現史跡；二為釋迦寂滅後遺教結集的歷史；三為般若乘傳播史略。

關於釋迦示現部份，密宗的說法大致上與顯宗大乘的說法相同。釋迦未示現前，居兜率天上，成為白英天子時，已修成十地菩薩；而小乘的說法，則釋迦示現之後，在金剛座上，始由資糧位一直修至究竟位。這兩種說法，歧異很大。而密宗則根據印度佛密論師、提婆論師等所說，與顯宗一般大小乘略有不同。即釋迦在尼連禪河邊入定時，其智慧身曾被鉤召至色究竟天受諸佛灌頂。此說與密法修持的關係極大。

就無上了義言，密宗認為釋迦曾歷三大阿僧祇劫始得成佛之說為不了義。因自無始以來，釋迦在法界中早已成佛，其在三千大千世界中每一世界示現，實為救度有情之故而已。此說具見於正文所引之《如意寶莊嚴續》頌中。

這種說法，其實與大乘的共通說法並無矛盾。因為密宗以為，釋迦下降兜率天成白英天子時，亦為示現之一相。換而

言之，十地菩薩身者，只不過是由佛開始示現至誕生期間之過渡而已。

這差歧的意義也很大。因為顯教力主須經三大阿僧祇劫始得成佛之說，而密宗則以為修行人可即身成佛，而且成佛並非新得，只是內自證本然的根本智。

此外，在三轉法輪上，密宗也別具特殊的見地。依密宗經續，釋迦初轉法輪制定律藏（毘奈耶藏），而律藏中又分經（修多羅）、律、論（阿毘達磨、對法）等三部。二轉法輪，傳授經藏，經藏中亦分經、律、論三部。三轉法輪，傳論藏之要點，論藏中分經、律、論等如上。茲將各部所攝之意義排列如後——

律藏
- 律之律（毘奈耶之毘奈耶）：建立及解說惡作與墮罪。
- 律之經（毘奈耶之修多羅）：述說止觀、淨行等瑜伽修習次第。
- 律之論（毘奈耶之阿毘達磨）：廣釋上二品各目。

經藏
- 經之律（修多羅之毘奈耶）：詳說菩薩戒。
- 經之經（修多羅之修多羅）：述說甚深廣大之止觀。
- 經之論（修多羅之阿毗達磨）：詳釋地、道、總持及止觀等。

論藏
  ├─ 論之律（阿毘達磨之毘奈耶）：以善巧方便調伏
  │ 煩惱污染。
  ├─ 論之經（阿毘達磨之修多羅）：示知如何悟入
  │ 法性。
  └─ 論之論（阿毘達磨之阿毘達磨）：示知蘊、界、
     處、根、識、及本始清淨如來藏之分析。

將三藏鴻文詳加判別，是西藏重因明、次第的作風。

關於遺教結集部份，依顯教經典，第一次結集，為由大
聲聞優波離結集《毘奈耶藏》；阿難結集《經藏》；摩訶迦葉
結集全部《阿毘達磨藏》。第二次結集，為由連同耶舍在內之
七百阿羅漢於法主阿育王之襄贊下結集。第三次結集，由迦膩
色迦王襄贊發願重訂經律論三藏。

密宗據分別論，則認為大乘佛法之根本結集，均由普賢
王如來、文殊師利、金剛手及彌勒菩薩所結集。

這種歧異，大抵和兩宗的傳承有關。

此外，密宗又認為第三次結集以前，文殊師利已化身比
丘傳大乘（佛乘）法。

關於般若乘傳播史略方面，密宗認為釋迦所親傳者有兩
支：一支傳與上座十六人，此十六人具虹光身，弘法於四大洲
及三十三天等處，非具大福德者不得見其人。一支傳與摩訶迦
葉，摩訶迦葉傳阿難，阿難傳日中阿羅漢（又名河中阿羅漢）
及商那和修兩支。商那和修則傳與優婆崛多，優婆崛多傳提地
迦，提地迦傳訖里瑟拏，訖里瑟拏傳善見，善見傳與龍樹。

　　十六尊者一支，傳至末田底迦時，為阿難滅後二十年，彼以大神變，化成迦濕彌羅（即今印度喀什米爾地）。對於這種傳說，似可視為是小乘與大乘，南北二支分傳的反映。

　　有關金剛乘本身，舊譯派（甯瑪派）的說法，是本書的重點，故其傳播史實，具見以後各章。至於新譯派的觀點，是以為釋迦授記，將一切密續傳與鄔仗那國王因渣菩提。──或以為密主金剛手傳與因渣菩提。其後法統，為世劫王得《密集》，龍樹得《喜金剛》。愛犬尊者（即犬王）得《大幻化》及《大威德》等續。支魯迦則自香巴拉得《時輪續》。

　　一般對密宗生誤解者，常以為密宗缺乏理論。本章敘述大乘之論師時，極力推崇龍樹、提婆、吉祥法稱、無著、世親、陳那等性相兩宗論師，則尤可見西藏密乘之學術傳統矣！──由唯識而中道，是學術部份；密法傳承，是修持部份，全書於此，系統燦若列眉。

釋迦牟尼

彌勒

龍樹

無著

陳那

提婆

世親

法稱

第一品

甲一、勝利王寶貴教法在此世界之起源（分四）

引言

於此，余欣然以清淨語，略說吾等善逝導師無上秘密藏全盤教授、亦即金剛乘之寶貴教法，如何於世間、尤其在雪域中發端與開演。是故就通途而言，余須首先解說，勝利王之寶貴教授如何降臨世間。

以如海量之諸佛悲心與有情業力所生者為所依，器世間於無央虛空中無量開展。於中，報身大日如來（Vairocana，毘盧遮那）廣大雪海受用之處所，是為妙花莊嚴基藏剎土。於勝利王（即大日如來）每一毛孔中，均有數若微塵之如海剎土；手心中之香水海，諸蓮花漂浮其中，諸蓮花上復有二十五世界層疊而上，其中第十三世界、即堪忍剎（Sahālokadhātu，娑婆世界），其內有各具四大部洲之一百俱胝世界，是為三千大千世界。

四大部洲，每洲各有二小洲。南方因有贍部樹（Jambu）而名為贍部洲（Jambudvīpa）；該洲之中央為摩揭陀國（Magadha），內有自生而成之金剛座。一千殊勝應化身將依次於此洲降臨如連珠、證覺及轉法輪。是故彼等令此賢劫得成光明世界。現今，乃第四導師寶貴教法光明遍照世界之時。

此事如何出現可分四部解說：初、佛導師之降臨；次、由部眾結集其教言；三、歷代付法藏師之遞嬗；四、教法之

護持及大乘之開顯。

乙一、佛導師之降臨（分五）

就此言之，不同宗派有眾多相違之觀點，依化機根器之高下而各有理解。

丙一、小乘行人說

其中，屬毘婆沙（Vaibhāṣika）部之聲聞眾，主張吾等導師於生起無上菩提心後，經三大阿僧祇劫而積集資糧道上之資糧。復次，於其最後有之凡夫身、即仍受世俗繫縛之悉達多（Siddhārtha）太子時，憑藉廣大資糧道，在金剛座（Vajrāsana）上一座中成就加行道、見道、修道及無學道，由是成佛。《阿毘達磨俱舍論》（*Abhidharmakośa* / *(Chos mngon pa) mdzod*）如是說——

> 至覺彼一坐　　後定佛獨覺[1]

是故彼等說導師之成佛，其實與屬利根及如麟[2]之獨覺佛相類，認為菩薩之最後生雖然為凡夫，惟其宿生實已「與解脫同分」，彼等云——

> 父母病法師　　最後生菩薩
> 設非證聖者　　施果亦無量[3]

---

[1]　見第六品廿四頌，漢譯見「分別聖道果人品之二」。

[2]　麟具獨角，喻行者樂於獨處。

[3]　《阿毘達磨俱舍論》卷第十八、分別業品第四之六。此說即使未證覺，亦能施果無量，是即說為同解脫分。

丙二、大乘與密續之共說

　　然而，根據大乘一般之觀點，於生起無上菩提心及經三大阿僧祇劫之積集資糧後，身兼天人之子及十地菩薩之白英（Śvetaketu）[4]，因尚須轉生一次，故便投生為悉達多太子。彼於最後有時乃十地菩薩，復在此世界成佛。《功德莊嚴經》（Āryamañjuśrībuddhakṣetra-guṇavyūhasūtra / mDo sde yon tan bkod pa）如是云——

> 由我初發無上菩提心始，於三大阿僧祇劫中以大力積集資糧。復次，當我觀見此世壽百年之盲迷眾生，我於此瞻部洲成佛，且轉不可思議法輪。[5]

　　有等關於密咒道之典籍除承許此說法外，復主張悉達多在尼連禪（Nairañjanā）河畔入不動等持之際，被諸佛如來召喚。彼留置其假有身，而以智慧身登色究竟天（Akaniṣṭha），受諸如來灌頂。如是，以五種現證菩提為方便而成佛；而只於稍後在金剛座示現證覺。正如佛智足（Buddhajñānapāda）阿闍梨所說——

> 縱然資糧經積集　已歷三無數大劫
> 釋迦仍未了此義　如是彼於尼連禪
> 住無所有三摩地[6]　爾時十方諸如來
> 遮彼突起之貪欲　並賜深明無二教

---

[4]　此名依《普曜經》漢譯。

[5]　即漢譯《大寶積經文殊師利授記會第十五》。漢譯譯文未見此段，今先據引文暫譯。

[6]　無所有三摩地為四禪八定之一，經歷四禪，則入四定，分別為空無邊處定、識無邊處定、無所有處定、非想非非想處定。佛智足之說即謂四禪八定尚非究竟。

　　清淨有如虛空界　　彼復子夜觀真如
　　所作如昔勝利王　　黎明一剎得圓証
　　為行調伏眾生故　　遂住菩提道場中
　　復摧魔羅眾大軍　　為怙有情轉法輪[7]

再者，提婆（Āryadeva，聖天）阿闍梨云 ——

　　現證菩提有二重　　分別說為外與內[8]

是以提婆主張：外現證者，為以離貪之道而得成佛；內現證者，則為以四欲之道，令光明法身現前，由是而得雙運身。

然而，依大乘之不共見，諸佛於色究竟天[9]之密嚴剎土證覺後，方依次於淨居天[10]及金剛座示現成佛。《密嚴經》（ *Ghanavyūhasūtra* / *rGyan stug po bkod pa'i mdo* ）云 ——

　　真實諸佛既證覺　　不於欲界作佛業
　　除非彼等成佛處　　色究竟天聖境中
　　彼等既入密嚴剎　　遂生化身千萬數
　　恆作瑜伽平等住　　對彼化身生悅樂

---

[7] 英譯謂引自《解脫明點》（ *Grol thig* ）。

[8] 英譯云引自《攝諸行炬》（ *Caryāmelāpakapradīpa* / *sPyod pa bsdus pa'i sgron ma* ）。

[9] 色界有十七天，初禪三天：梵輔天、梵眾天、大梵天；二禪三天：少光天、無量光天、光音天；三禪三天：少淨天、無量淨天、遍淨天；四禪八天：無雲天、福生天、廣果天、無煩天、無熱天、善現天、善見天、色究竟天。

若依《大毘婆娑論》則有十八天，四禪九天：小嚴飾天、無量嚴飾天、嚴飾果實天、無想天、無造天、無熱天、善見天、大善見天、色究竟天。故知色究竟天為色界最高天。

[10] 色界十七天中，唯證不還果以上果位聖者所生之處，即名淨居天。此有五天：無煩天、無熱天、善現天、善見天、色究竟天。若依《大毘婆娑論》，則由無想天起共有六淨居天。

> 有如月照一切土　如是各於各屬土
> 依所化機作教授[11]

《入楞伽經》（*Laṅkāvatārasūtra / mDo lang kār gshegs pa*）
云 ——

> 縱是淨居亦捨離　清淨佛陀證覺於
> 色究竟天密嚴剎　化身成佛於此地[12]

簡言之，一切於欲界及色界成佛者，實無非以此向化機
作開示而已。

丙三、甯瑪派之不共確立

於此，依據無上教理、即了義之心髓所說，吾等導師之
現證菩提，實因其內自證本覺自無始時來於本始基（或界）
中已解脫[13]；於法性光明剎土中，住於佛身與智無離無合境
界，其意樂與三時一切諸佛均成一味。不離於此，如來由是
為一切有情故，乃作示現成應化身之不可思議遊戲。對諸化
機，佛依各各之法緣及所宜，以無量事業安立彼等於三菩提[14]
中作調伏。《如意寶莊嚴續》（*Yid bzhin rin po che bkod pa'i*

---

[11] 藏文版所引經文與漢譯稍異，故據引文另譯，附漢土所譯以茲對比。漢譯
依唐‧不空譯《大乘密嚴經》卷上。大正‧十六，no. 682，頁749b ——

> 眾謂佛化身　從於兜率降　佛當密嚴住　像現從其國
> 住真而正受　隨緣眾像生　如月在虛空　影鑑於諸水

[12] 藏文版所引經文與漢譯稍異，故據藏文另譯而附漢土所譯以茲對比。漢譯
依談錫永上師《入楞伽經》梵本新譯，全佛版235頁 ——

> 即住於色究竟天　此處諸邪都遍盡...
> 於彼天中成正覺　化身則成於此地

[13] 藏文版此詞為 grol ba，故應譯為解脫。此「解脫」實為離一切礙之意。

[14] 即聲聞、獨覺及菩薩三乘。

rgyud）云——

> 佛陀先於一切眾　勝王大密金剛持[15]
> 遊戲示現離思界　無數前後一切時
> 示現無量寂忿相　獵戶娼妓或其他
> 作種種行利世間　復次於此賢劫中
> 彼將成為千導師　如是遂以諸方便
> 利樂眾生無可量

《秘密藏根本續》（rTsa rgyud (gsang ba) snying (po)）亦云——

> 復次，被一切如來讚為具大慈悲心加持之化身六能仁，由如來之金剛身、語、意中生出。生出之後，以業力於四邊及上下六界等無邊無際十方之各各三千大千世界，由各各大能仁出有壞，以四種調伏利益五趣眾生。[16]

此說不僅見於密咒道之密續典籍，即使甚深諸經藏亦隨順此說。《妙法蓮華經》（Saddharmapuṇḍarīkasūtra / Dam chos pad dkar）云——

> 不可思議一千俱胝劫　縱具此量其數亦不及
> 由我證得殊勝菩提始　由是恆常說法我已作[17]

15　原文依次應為金剛持、勝利王及大秘密。

16　即《幻化網秘密藏續》。譯文依沈衞榮譯《幻化網秘密藏續》（台北：全佛文化2010，下引同）第三品，頁149，收於《甯瑪派叢書》修部3。

17　《妙法蓮華經》如來壽量品第十六。引文與漢譯有所開合，故今據引文自譯，另附漢譯如下——

　自我得佛來　所經諸劫數　無量百千萬　億載阿僧祇　常說法教化

《父子相會經》（*Pitāputrasamāgamanasūtra* / *Yab sras mjal ba'i mdo*）云 ——

> 具足善巧大勇識　　為令有情成熟故
> 已曾成佛十億劫　　雖已如是現為佛
> 然至今時吾導師　　仍示現作種種佛[18]

丙四、應化身

在說應化身乃隨順化機之自性時，《大乘莊嚴經論》（*Mahāyānasūtrālaṃkārakārikā* / *Theg pa chen po mdo sde rgyan*）云 ——

> 諸佛化現無可量　　是故說為應化身
> 二利圓滿得成就　　復能住於一切相
> 工巧轉生大菩提　　與般涅槃恆示現
> 如是諸佛應化身　　是為解脫大方便[19]

於情器世界中，〔應化身〕顯現為種種影像，是故屬無量數。唯若須簡要言之，最重要者有三：即工巧、轉生及殊勝化身。就殊勝應化身行廣大事業之道而言，《幻化網根本續》（*sGyu 'phrul rtsa rgyud*）云彼等以「四種調伏」利益有情 ——

> 示現由入胎至涅槃之行相，是即以廣大福德身作調

---

[18] 漢譯為《大寶積經・菩薩見實會第十六》，本頌原與《顯現善說喜宴》91頁所引同，唯原文六句，《善說》只譯出四句，今據引文將六句全譯，以作比照。

[19] 第十品，頌63-4。漢譯依唐波羅頗蜜多羅譯，大正・三十一，no.1604，頁606b ——

> 化佛無量化　是故名化身　二身二利成　一切種建立
> 工巧及出生　得道般涅槃　示此大方便　令他得解脫

伏；

示現法蘊無量，是即發語為學之調伏；

由六種神通直覺一切所知，以利益世間，乃以現前
意作調伏；

由身、語、意不可思議之應化，以適應各各化機，
此乃功德與事業之示現，是即以不可思議力作調
伏。

以廣大福德身作調伏之種種事業中，導師應化身所作
之事業，其數實不可量、亦不能遽下定論，蓋此實屬不可思
議。此亦見於諸大乘經典中，其所載有關數目之多少每每相
違，不能歸納。然而於此，吾等主要關注者，唯佛陀於此瞻
部洲所作之十二相成道而已。就此點而言，《大乘無上續論》
（*Mahāyānottaratantraśāstra / Theg chen rgyud bla ma*，即《寶性
論》）云——

　　而法身無動　　作種種應化
　　示現諸本生　　都史陀天降[20]
　　入母胎出世　　善巧諸技藝

　　受用王妃已　　出家修苦行
　　後詣菩薩座　　降伏魔羅眾

　　圓滿無上覺　　乃轉大法輪
　　入無餘涅槃　　穢土諸示現[21]

---

[20] 即兜率天，梵：Tuṣita，玄奘則音譯為都史陀。欲界天有六：四天王天、三
十三天、夜摩天、兜率天、化樂天、他化自在天。兜率天居第四重。

[21] 譯頌依談錫永上師譯《寶性論梵本新譯》正分第二品53後半頌至第56頌，
頁142-3，全佛版。

丙五、釋迦牟尼行相

吾等之導師,於勝妙之兜率天界中顯現成天人之子,是名白英。彼向諸天人說法,復與彼等俱。一時,附近之庭院自然生起妙音偈頌,啟悟白英圓成燃燈佛之授記。白英復在法之高聳宮殿,坐於其勝妙座上,為示現於瞻部洲取轉生之行相,乃作洲、種姓、父、母、及時會等五照見之觀察。彼復慰喻諸天人云:「當余於瞻部洲、從摩耶夫人(Māyādevī)胎中出生後,余定開示甚深甘露。余將勝伏十八外道師,且安置眾多有情於解脫中。」

復次,如婆羅門之《吠陀》(Veda / Rig byed)所述,當其母行布薩(poṣadhā,即誦戒)時,白英現幼小灰白象之形入胎。既入,復將母胎轉化為一離於世俗習性、且宜令王子受用之精美越量宮;並於該處,以圓淨胎藏之教法,加被數以億萬計之人及天人等。彼為開顯十地之確定次第,故住於該處整整十閱月。

彼具二十道證覺之身、光華如經拭擦之黃金門閂,於藍毘尼林(Lumbinī)能得世間福德之時機已至之際,從其母之右脅安詳而出。復次,或因其為王族之子而應受灌頂;或為表徵其種性覺醒而自性等同所有諸佛、如不動金剛(Akṣobhyavajra),是故眾天子於虛空界中,齊共精勤洗沐其身。天空神祇以讚歌頌讚之,梵天(Brahmā)與帝釋天(Indra)獻上雙袍令其觸受舒暢。

菩薩於剛降生時,為表示彼將行四無量道,故於四方之每一方皆舉七步。據云天人所供之蓮花從其足跡開敷且光華燦耀。同時,藍毘尼林之花朵亦自然盛放。復次,包括阿難(Ānanda)在內之五百釋迦童男、包括耶輸陀

羅（Yaśodharā，釋迦妻子）在內之八百童女、包括車匿
（Chandaka）在內之五百奴僕、包括乾陟（Kaṇṭhaka）在內之
五百駿馬坐騎亦同於是時出生。大地震動，光輝周遍。有四小
王自誇此乃彼等生子時之祥兆，頌其降誕。

　　復次，菩提樹暨五百園林及五百寶藏現於洲之中央，
由是悉皆滿淨飯王（Śuddhodana）所願，是故遂名其子為
「一切義成」（Sarvārthasiddha）。據神諭云：若彼在家則為
征服四方之轉輪王；若捨棄在家而為行腳平民則能成佛。其
母於彼出生七天後逝世。菩薩隨被託付予包括摩訶波切波提
（Mahāprajāpati，大愛道）在內之三十二乳母，自襁褓時撫
養。

　　其後彼居於宮中，如是修習並通達多種技藝：例
如師從薩婆密多羅（Sarvamitra，一切友）、迦密婆曼
（Kṛmivarman，小蟲守護）等習書、算；從摩圖那蘇那跋
（Mātulasulabha，取賢舅父）習馭象。其父王復命令包括檀陀
波你（Daṇḍapāṇi，棒手）族在內之釋迦三氏，各獻其女為世
子妃。然彼等云：「大王！吾等氏族之女唯配精武力士。」
其父大慚。然世子云：「三界內無堪能與我比試射與藝者！」

　　言罷，彼即鳴鐘，宣諭與悍而魯之釋迦族少年比試
技藝。眾人皆趨城外郊野。爾時，滿懷嫉妒之提婆達多
（Devadatta），一拳轟斃一匹領自毘舍離（Vaiśālī）、本擬獻
予世子之大象；阿難繼而以大力拋大象於閫外。為示與二人之
力相埒故，菩薩不離於座，以其足之大趾挾大象尾，扔之越七
壁而至於野外。為此，諸天人均讚羨不已。

　　眾比試者繼競以一射而貫穿七重棕櫚樹、七重鐵壁及七
重大鍋。提婆達多透三、阿難透五；世子則一矢全透。於其箭

所墮處,水如泉湧,具八功德,名之曰「箭生井」。復於少年本領、馭象、大河中作天鵝泳、及所有六十四種技藝等比試中,無有能與菩薩匹敵者。

其時世間解[22]隨俗以調伏眾生。是故,為令捨離由耽於慾樂而生之有漏業故,彼納取六萬綵女,諸如無婦女五短且具八德之地養母(Gopā / Sa 'tsho ma)[23]、耶輸陀羅及獸生(Mṛgajā / Ri dvags skyes)等;復取彼等各各眷屬,為數共二萬。菩薩與此眾享盡慾樂,視彼等直如幻化。然而縱使受用如斯,亦唯帶引彼至圓滿出離。彼背捨俗有而皈向於法,實由鈸音催醒其夙願力而起。彼命車匿馭車,遍歷全城以作撫慰,於得見生、老、病、死等四相之際,其內心極為悲痛,復云——

　　若此法常存　　無老病死苦
　　我亦應愛樂　　終無厭離心[24]

如是,最圓滿者亦唯是無常,此中有「壞苦」相隨、「行苦」包藏、復為「苦苦」所追逐。既厭於諸苦之法性,菩薩遂決然生起亟於出離之誓句。

爾時,淨飯王之眷屬,唯恐世子出家,故彼等命令守門者及司閽等於城郊外嚴密巡邏,使其插翼難飛。於後夜時,世子依其莊嚴誓句向父王頂禮,以清除缺父命〔而出家〕之障礙。太子馭乾陟,得四大天王之助而邁越天際;復於近清淨塔處削髮,由是去除彼非出家人之具相;繼而易其麻衣為

22　指佛陀。

23　譯言「守護」。

24　《佛所行讚》(*Buddhacarita*)第四品第86頌,曇無讖譯。大正‧四,no. 192。

橘黃色長袍。

於毘舍離與王舍城（Rājagṛha），從學於遠飛（Arāḍakālāma）及天作（Udraka）兩位以教授馳名之乾慧師，修習「無所有」與「三有頂道」之三摩地，其所得之境界與二師相等。然而，彼了知該等三摩地與修習實非得從世俗罪業中解脫之道，是故彼於廣闊尼連禪河畔，與五比丘[25]共堅修苦行禪定達六年。彼於首兩年每年只進一粒粟；次兩年則每年只喝一滴水；最後兩年則全無吃喝。

諸天人繼而向其召喚；十方諸王者及彼等心子喚醒〔世子〕於下劣道中，復鼓動其至菩提道場。復次，為從疲勞中恢復，故彼稍稍進食，當下五比丘大失所望，遂奔婆羅奈斯（Vārāṇasī，江繞城）。

世子則自往摩揭陀之金剛座。途中，有婆羅門女名為妙生女（Sujātā / Legs skyes ma）者，向其獻五百牛乳中之乳糜精華，世子服後，其身光華如經拭擦之黃金門閂，由是令妙生女之福德無量。復於途中從刈草人吉祥（Svāstika / bKra shis）得草一束，柔如孔雀喉羽，持此而趨金剛座。太子於金剛座中央、由諸佛加持而生之菩提樹下，敷開草墊，雙腿跏趺，結座其上，作如是誓句——

> 我今若不證　　無上大菩提
> 寧可碎是身　　終不起此座[26]

復次，菩薩於夜暮時分，入禪定以制服魔羅（Māra）大軍；復將一切魔境顛倒，且以大威光覆蓋之。魔羅乃化作獵

25　又稱「五賢者」。
26　《方廣大莊嚴經》第十九品，頌57。今依唐・地婆訶羅譯，T187，頁588a。

者而趨前告曰:「提婆達多已於迦毘羅衛城(Kapilavastu)篡位,且摧壞宮室。今釋迦族已降,汝何以仍坐於此?」

答云:「為證覺故。」

魔言:「成等正覺者,實為無量資糧之果報,然而汝無非只是一貪歡之太子而已。」

菩薩復答云:「汝只因曾作一微供,遂成欲界主;今我既已於無量劫中圓滿二資糧,云何不能成佛?」

愛恨主(指魔羅)乃伸二指斥菩薩云 ——

> 我昔修善汝所能知,汝之累德誰信汝者?[27]

菩薩隨以手擊經百數善行而成之大地,且云 ——

> 諸物依何得生長　　大地能為平等因
> 此應與我作證明　　汝今當觀如實說[28]

爾時,地母(Sthāvarā)現其金身從地上踊出,手中持一微塵聚而云:「諸土微細若此,我亦能逐一細數,然我實不能量此善男子所曾犧牲首級與肢體之數。是故,彼成等正覺之時實已至。」言畢,遂隱沒不顯。魔王魔羅氣為之餒,唯有忍辱而歸。

魔羅到埗後,即聚集數以千億萬計之軍眾備戰,此舉令彼等缺「一切顯現唯是虛妄」之無上見者膽寒。然空憑武力不能擊潰制伏煩惱污染此真敵,因彼實以如虛空澄明之心照見諸法無有。是故,菩薩無絲毫忿怒、亦無憍慢,唯住於大

27　同上《方廣大莊嚴經》第廿一品,頌87,T187,頁594c。

28　同上,頌88。

慈三摩地中。如是，魔羅等所投之戈矛悉成花雨；喧囂殺聲皆成頌讚。貪欲之毒樹由此而倒、五箭之花亦告凋謝、我慢之石山傾圮、好戰之心全消；鱷魚大幢降下、憶念（Smara）之戰車急撤。由是，欺誑者及其兵眾紛亂四散。

魔羅復將其七女化作美女七人，令彼等色誘誑惑菩薩。彼等欲陷菩薩於魔女三十二圈套中，諸如白蓮花（Puṇḍarīkā）之妖媚、天女（Menakā）之晃動項鍊、善莊嚴女（Subhūṣaṇā）之緊身衣、亂髮女（Keśamiśrā）玎璫作響之手鐲等。然而彼等欲動菩薩一髮尖亦不可得。當菩薩將彼等轉為七老婦後，全皆懺悔並求其恕宥。當下菩薩乃將彼等恢復原貌。

其時菩薩覺悟之一刻已至。彼於午夜時分住於第四禪之定中；於黎明時，當勝利鼓欲敲之際，菩薩得天眼通及漏盡通，且遍證四諦。彼成等正覺時，大地震動，復醒悟已清淨能所二取之一切界[29]，實為法身聖殿中無二本智，亦即中道與內自光明；此世界出現月食；羅睺羅（Rāhula）與阿難亦降生。

菩薩如是成等正覺七周後，有商人無根（Trapuṣa）及賢護（Bhallika）以蜜糖供佛；四天王則以種種或珍寶、或石頭等所製之缽盂作供養。唯佛以彼等（以珍寶所製者）與出家之法不合，故只納受最劣者，復對獻供者作加持。佛為顯示所證之甚深甘露非乾慧師所能理解，故云——

> 我得甘露無為法　甚深寂靜離塵垢
> 一切眾生無能了　是故靜處默然住[30]

如是，乃生起鼓動「轉法輪」此一殊勝功德之因。

---

[29]　此指蘊、處、界中之「界」。

[30]　同上《方廣大莊嚴經》第廿五品，頌1，T187，603a頁。

當梵天憶起如來本願，遂往謁之並以偈頌作啟請 ——

> 當以慧日　開於人花
> 何故棄之　默然而止
> 惟願世尊　吹大法螺
> 擊大法鼓……[31]

散㼌檀香末已，梵天旋歸自境而召帝釋天。其後，彼與帝釋天齊以寶石一顆獻佛，復祈請云 ——

> 世尊降伏諸魔怨　其心清淨如滿月
> 願為眾生從定起　以智慧光照世間[32]

然佛不從其請。梵天復思維：若再作啟請則定有廣大功德。是故彼以千輻金輪為供養；復以偈頌，提醒如來彼曾因接觸摩揭陀之不淨異教，而得知煩惱之實性。如是，如來乃納受該輪，且云 ——

> 我今為汝請　當雨於甘露
> 一切諸世間　天人龍神等
> 若有淨信者　聽受如是法[33]

說是語時，其「從所請轉法輪」之語聲乃遠聞於色究竟天。當下諸天人會聚，且各作供養。

如來思惟首名堪受廣大甘露教授者，其根器須屬易於調伏、清淨、且具無礙智。彼知遠飛及天作等二人均屬堪能，但兩人已逝。如來繼而憶起其本願，且念及其眾友五比丘，

31　同上第廿五品，頌9與11，T187，603b頁。

32　同上第廿五品，頌17，T187，604a頁。

33　同上第廿五品，頌34，T187，605a頁。此中數句與藏文本不同。

遂出發往婆羅奈斯。五人此前曾詬詈如來，且互囑不向彼作禮，並云：「怠哉！苦行者喬達摩（Gautama），彼暴食且棄出離。」

當如來於道上，有婆羅門名親養（Upajīvaka）者向彼輕率問曰：「喬達摩，誰授汝梵行？」

如來答云——

> 我本無有師　世無與我等
> 於法自能覺　證清淨無漏[34]

如是三往復後，如來續往婆羅奈斯。既至，五比丘此前之互囑即煙消雲散，如日中星辰。彼等云：「長老喬達摩，汝諸根澄明、面目清淨，其為已證本智之徵兆耶？」

如來因彼等仍視之為尋常，為除彼等無明故，乃云：「汝等不應稱喚如來為長老也，否則惡報勢必長隨。我已得甘露之法，我即是佛所具之一切智智。」

是時即有千寶座出現，如來恭敬頂禮過去三佛高座後，乃具光明而坐於第四座上，餘座隨即隱沒不見。如來遂為五比丘及八萬天人而轉「離二邊、說四諦」之中道法輪；如是三轉四諦十二行相已，如來向五比丘授近圓戒，廣大僧團由是而生，此是世上無與倫比之法幢。如是集成諦見。

〔初轉法輪着重〕《毘奈耶藏》（Vinayapiṭaka / 'Dul ba'i sde snod rnams，漢譯作「律藏」），起首為主要教授修學增上戒之章節，餘者包括《毘奈耶藏》之「毘奈耶」：建立及解說惡作與墮罪；《毘奈耶藏》之「修多羅」（Sūtra，漢譯作

34　同上第廿六品，頌1，T187，606a頁。

「經」）：述說止觀、淨行等瑜伽修習次第；《毘奈耶藏》
之「阿毘達磨」（Abhidharma，漢譯作「對法」）：廣釋以上
各目。

　　如來復於屬圓滿處所之靈鷲峰上，為四眾弟子 —— 包括
舍利弗（Śāriputra）與目犍連（Maudgalyāyana）在內之五千阿
羅漢、包括眾生主母（Prajāpati / sKye dgu'i bdag mo，即大愛
道）在內之五百比丘尼、包括給孤獨長者（Anāthapiṇḍada）
與近事女毘舍佉（Viśākhā，氐宿）等近事男與近事女、及
一眾天、龍、乾闥婆等，二轉有關「無相」教法之法輪。復
次，此法輪實亦為諸如賢護（Bhadrapāla / bZang skyong）、
寶生（Ratnasambhava / Rin chen 'byung gnas）、闍那達多
（Jāladatta / Drva ba sbyin，網施）等已登廣大地之菩薩不共
眾而轉。此法輪強調《經藏》（Sūtrapiṭaka），主要教授增
上心之修學，其中包括《經藏》之毘奈耶：詳列菩薩戒；
《經藏》之經：述說甚深廣大之止觀；及《經藏》之對法：
詳釋地、道、總持及止觀等。

　　復次，如來為無量數比丘、比丘尼、天、龍、菩薩等
眾，於天、龍等雜居之處，轉了義法輪、亦即終轉法輪。此
法輪強調《阿毘達磨藏》（Abhidharmapiṭaka），主要教授
增上慧之修學，其中包括《阿毘達磨藏》之毘奈耶：如何既
少力且無苦以調伏煩惱污染；《阿毘達磨藏》之經：示如何
入於法性；《阿毘達磨藏》之阿毘達磨：含對蘊、界、處、
根、識、及本始清淨如來藏（Tathāgatagarbha）之分析。

　　於此，《功德莊嚴經》云[35] ——

---

[35]　即《大寶積經文殊師利授記會第十五》。

　　一切皆非由我說　　有情眾中法已傳
　　於彼尋求漸道者　　如是即為其所顯
　　於彼剎那而入者　　諸法異門圓滿現
　　如意遂心能滿願　　是為語之廣大處

　　佛語之勝，在於超越聲音語說，依聽者根器，令具福緣者無論頓漸，皆得由聞法而入三法輪。法門廣大，此如佛乘數目之眾；修學方便，此如〔修學〕次第，皆能與佛無量事業相應，此實非凡夫所能思議。

　　是故，由統攝三乘之如海法門，有等行者乃立足於道與果之教授中；有等則可得保天、人之福樂；有等則可從世俗大怖畏中得免且得庇怙。簡言之，如來以其佛事業無量遊戲、及其廣大神通，將解脫及遍智種子，植入曾見佛、聞佛、觸佛、或思佛之一切有情中，有如鍊金術之觸媒。如來甚至將其親弟子，如乾闥婆極喜樂神（Pramoda / Dri za rab dga’）、無家乞者善賢（Subhadra / Kun tu rgyu rab bzang），置於涵蓋善巧方便及廣大悲心之境界中。復次，如來念及其最後事業，故往拘尸那揭羅國（Kuśinagari）。

　　其最後事業，樂受如來身，實已離諸習氣，如呼喝、嬉笑、或呵欠等世俗性相。一時，眾生主母聞嚏聲自如來喉中出，遂祈請云：「願佛住世三大阿僧祇劫。」其祈願響遍天際，遠達至色究竟天，諸天復和應之。佛告眾生主母曰：「汝所作實無義利。汝不作教法長住之祈請，反而障礙眾多怠惰者之修行。」眾生主母為自懲故，與五百女阿羅漢同入涅槃。

　　約當其時，如來二大弟子舍利弗與目犍連同訪地獄。一眾正自受惡業果報之外道師，託二人傳口訊予彼等徒眾，說彼等（外道師）之宗法有誤。先由舍利弗傳達口訊，該等徒眾不

加理睬，但亦無敵意。繼而目犍連云：「汝等師尊之所以傳此口訊，實因彼等落入阿鼻（Avīci）地獄中受苦故。」

徒眾云：「此口訊不僅侮辱吾等，更辱及吾師。擊之！」

彼等遂襲擊目犍連，直至其身如斷蓬。舍利弗以衣袍裹覆之而挾至遠林城（Vṛkṣaraju / Grong khyer shing thag can）。料知目犍連已無生理，舍利弗遂往殊勝那爛陀（Nālanda），思維：「余於吾友之死訊尚不忍聞，何況親見之？」如是，彼於清晨與八萬阿羅漢同入涅槃。同夜，目犍連與七萬阿羅漢同入涅槃。有如薪火將盡，眾多阿羅漢亦入涅槃。

佛遂將教法及四眾付與長老摩訶迦葉（Mahākāśyapa），復自脫上衣而云：「諸比丘，於如來身，其珍重之。如來之難遇，如值優曇波羅花（Udumbara）之開敷。諸比丘，毋驚詫！正如此身必壞，一切有為法亦復必壞。」

佛以此理勸勉諸怠惰弟子具出離心以入佛法；繼而於娑羅雙樹旁，佛依意樂而入般涅槃。

當摩訶迦葉自龍宮歸來，乃於佛遺體前祈禱，荼毘木堆自燃。舍利分裂，適成八份，遂成八塔[36]之主藏。

最後，《大毘婆沙論》（*Mahāvibhāṣā* / *bYe brag bshad mdzod (chen mo)*）云——

轉輪處及毘舍離　　白土地與天人界[37]

36　世尊涅槃後，於其一代八處靈蹟建立八塔：1迦毘羅城藍毘尼園、2摩伽陀國尼連河邊菩提樹下、3迦尸國波羅奈城鹿野苑、4舍衛國祇陀園、5桑伽尸國曲女城、6王舍城、7廣嚴城、8拘尸那城沙羅林內。

37　轉輪處：指婆羅奈斯。白土地：此依原文 Sa dkar can 而譯，英譯以梵文 Makkolam 譯之。

鯢山與及憍賞彌[38] 曠野與及佛塔山[39]
竹子城及意圓城[40] 與夫迦毘羅衛城[41]
能仁暨與諸聖眾 上述每地居一載
彼住舍衛廿三載 住藥林中凡四載[42]
二載則居熾燃洞 王舍城中居五載[43]
復有六載作苦行 廿九年間宮中住
享壽八十勝利王 聖尊能仁入涅槃

乙二、遺教結集（分四）

導師所教授之正法，其編纂有共與不共之說。依據共乘有先後三次結集。

丙一、第一次結集

稍前於導師之涅槃，即當舍利弗與八萬阿羅漢、目犍連與七萬阿羅漢入涅槃之際；亦於世尊與八千萬阿羅漢同入涅槃時，天人眾有此譏諷：「所有具力比丘眾悉已入涅槃，正法實如餘燼之煙。縱使僅為三藏（Tripiṭaka），眾比丘亦不堪宣說。」

為回應此譏議，遂有由阿闍世王（Ajātaśatru，未生怨王）襄贊、於佛涅槃後一年，五百阿羅漢於王舍城畢波羅窟

---

[38] 鯢山：Śiśumāra，亦有音譯為「失守摩羅」。憍賞彌：Kauśāmbī之音譯（依《最新漢英佛學大辭典》），其義待考。

[39] 曠野：āṭavī / 'brog。佛塔山：caityagiri。

[40] 竹子城：Veṇupura。意圓城：Sāketa / Sar bcas。

[41] 迦毘羅衛城：Kapilavastu。

[42] 舍衛：Śrāvastī，意為「有所聞」。藥林：Bhaiṣajyavana。

[43] 熾燃洞：Jvālinī。王舍城：Rājagṛha。

（Nya gro dha'i phug，七葉窟）之聚會。於此會中，優波離
（Upāli）編纂《毘奈耶藏》；阿難負責《經藏》；摩訶迦葉
則負責全部《阿毘達磨藏》。遠至色究竟天，諸天聞此已，
悉皆讚嘆：「天人將盛！非天將衰！佛法將長久住世！」《根
本說一切有部毘奈耶雜事》（*Vinayakṣudrāgama / ('Dul ba) lung
phran tshegs*）亦如是說 ——

> 導師入涅槃後之夏季
> 王舍城內秘密洞穴中
> 阿闍世王作給養施主
> 聚五百羅漢結集三藏

丙二、第二次結集

於第一次結集遺教之一百一十年後，毘舍離比丘眾皆作
下述十種不清淨事 ——

> 高聲及隨喜　　掘地酒盛鹽
> 半驛二指病　　酪漿坐具寶
> 十不清淨事[44]

為止息此事，連同耶舍（Yaśaḥ，名稱）在內之七百阿羅
漢，於法主阿育王（Aśoka）之襄贊下結集，不許彼十種不清
淨事。眾阿羅漢復誦三藏一遍，且作相順布薩與吉祥布薩[45]。

---

[44] 此句漢譯本無，據藏文本補。見《根本說一切有部毘奈耶雜事》卷四
十，T1451，頁414b。

[45] 布薩（poṣadha）即誦戒與說戒。相順布薩有定期，因誦戒與清淨相順，
故名。吉祥布薩則不定期，如安座、開光、集眾等時，舉行誦戒以祈禱吉
祥，故名。

丙三、第三次結集

由阿育王之孫、離憂王（Vigataśoka）之子、即勇軍王（Vīrasena）時開始，諸比丘如大天（Mahādeva）、跋陀羅（Bhadra，賢善）、龍長者（Nāga / gNas brtan klu）及堅慧（Sthiramati）等，彼眾皆受魔羅影響，先後出現〔世間〕宣說五事[46]——

> 餘所誘無知　　猶豫他令入
> 道因聲故起　　是名真佛教

如是，彼等教授偽法，令僧伽起諍，歷經四朝：即勇軍王後半生、難陀王（Nanda，善歡喜）、大蓮花王（Mahāpadma）、及迦膩色迦（Kaniṣka）初期等。

復因導師不許為毘奈耶作筆錄，經久長時間後，於誦讀《別解脫戒經》（*Prātimokṣa Sūtra*）遂有種種不同，由是而有十八部之分，其經過如下：因龍長者散播諍論，大眾部、上座部及正量部從根本說一切有部分裂而出，由此而成根本四部。繼後堅慧更將諍論廣泛傳揚，四部乃漸次裂為十八。有云根本說一切有部具七支派、大眾部五、其餘分別為二與三。其後，當紛諍稍戢，而各部派均已自主自立，遂有由迦膩色迦王襄贊之第三次結集舉行。於該聚會中，依《夢中說妙法經》（*Āryasvapnanirdeśasūtra* / rGyal po kri kri'i rmi lam lung bstan pa'i mdo）所云——

> 等正覺迦葉佛謂訖栗枳王（Kṛkī，作事）曰：「大王，汝所夢十八人共奪一布，其意為釋迦牟尼教法

---

[46] 漢土佛典習稱「大天五事」。

將分為十八部，唯布不破，亦表解脫不滅。」[47]

於同一結集中，有為《毘奈耶藏》作筆錄，亦曾為未有定本之《經藏》及《阿毘達磨藏》等作筆錄，復校正已有文本者。此即第三次結集之意樂。

因《根本說一切有部毘奈耶雜事》中不載此說，是以意見紛紜。迦濕彌羅學派云該結集乃貴族脅比丘（Pārśva / rTsibs legs）及五百阿羅漢、世友（Vasumitra）及四百大德比丘、及五百菩薩等，於迦濕彌羅（Kashmir）之耳嚴林伽藍中聚集而作。亦有云大多數中天竺學者均主五百阿羅漢及五千大德比丘聚於闍蘭陀羅（Jālandhara）寺之俱波那（Kuvana）伽藍。現今盛行於藏地之說法，為導師入滅後四百年，有五百阿羅漢偕五百、或一萬六千菩薩結集。復次，《思燃》（Tarkajvālā / rTog ge 'bar ba）[48]云：「導師涅槃後二百年，婆雌子尊者（Vātsīputra）編纂教法。」

若每逢至日皆作一年計，則上述四百年之說與此說相符[49]。然而，就此年表及歷代王統作對比後，余意兩百年之期或嫌太短，是以似乎尚須繼續查考。再者，復有眾多不同地方，諸如舍衛、闍蘭陀羅之花積園（Kusumakūṭārāma / Gnas me tog brtsegs pa'i kun dga' ra ba）、及迦濕彌羅之俱波那伽藍等，均被說為結集之處也。

---

[47] 相應漢譯乃《大寶積經淨居天子會》第四，唯下來所引不見於該經，反見於《佛說給孤長者女得度因緣經》卷下——
如王所夢一張白氎有十八人，各執奪少分而氎不破者，是彼遺法中有諸弟子異見興執，以佛教法分十八部，雖復如是而佛教法亦不破壞。
見大正・二，no. 130，頁853c。此處依引文自譯。

[48] 全名《中觀心要注釋・思燃》清辯著。

[49] 印度古代曆法有一種以經夏至或冬至為一年，如是通行曆法之一年即成兩年，所以此處四百年之說與《思燃》二百年之法相符。

丙四、大乘之結集

大乘不共結集，《思燃》云——

> 大乘實為佛陀所教，蓋原始之編纂者乃普賢、文殊
> 師利、秘密主、及彌勒等。

《不可思議秘密經》（*Tathāgatācintyaguhyanirdeśasūtra* /
gSang ba bsam gyis mi khyab pa'i mdo）中，金剛手（*Vajrapāṇi*）被
稱為千佛教法之編纂者，有一古代注釋云：位於王舍城南之無
垢自性山（*Vimalasvabhāva*），聚有勝利王之子共一百萬眾[50]。
其中彌勒編纂《毘奈耶藏》、文殊師利（*Mañjuśrī*）編纂《經
藏》、金剛手編纂《阿毘達磨藏》。復有說云大乘諸藏中，深
見部由文殊師利所編、廣行部則屬彌勒。

乙三、法系（分五）

丙一、摩訶迦葉

導師許摩訶迦葉（*Mahākāśyapa*）為其敷座，顯示決定
以彼為繼承人，復將教法付與地位崇隆之十六尊者。迦葉生
於摩揭陀國中尼拘羅底迦（*Nyagrodhikā*）之婆羅門村莊，乃
婆羅門尼拘羅計都（*Nyagrodhaketu*）向尼拘羅樹（即榕樹）
神祈請而得之子，以此之故，雖則其姓氏為迦葉（*Kāśyapa*，
飲光），遂得名為榕生（*Nyagrodhaja*）。彼娶名為迦毘羅賢
（*Kapilabhadrī*）之金面美女為妻，然彼此只以兄妹之禮相待，
從不起愛慾想。

於雙親亡故後，迦葉將包括九百九十九條村落、六千萬

---

[50]　勝利王之子即是菩薩，因菩薩亦名佛子。

金塊、及八十金鑄糧倉等在內之財產棄若敝屣，自身只保留兩襲用貝拿勒斯（Benares，婆羅奈斯）麻布所造之袈裟。彼遣迦毘羅賢往尼乾陀（Nirgrantha，耆那教裸形派）外道，而己則往尋剛成佛、其時居於多子塔（Bahuputraka Caitya）附近之導師。於相會時，迦葉已認清其師，作三次啟請：「汝為我師！我乃世尊之聲聞！」世尊亦三次答云：「如是！余乃汝師，汝為我之聲聞。」由是受近圓戒，後被共許為作頭陀行之殊勝行者。彼取走導師來自廢物堆之袈裟，而易以自身之貝拿勒斯麻布供養導師；此事約與導師從天人界返歸、眾多天人蒞臨南贍部洲聞受甘露教法之際同時。

迦葉善為編纂教法且加以護持，並令眾多門徒得解脫以弘揚教法逾四十年。當思入涅槃際，彼對阿難云：「汝應知導師臨入涅槃際付法予余。余入涅槃後，汝定須護持教法。後汝應付法予商那和修（Śāṇavāsika，古自在）。」

迦葉復參拜藏有佛陀遺骨及佛牙舍利之諸佛塔。彼攀登南方之雞足山（Kukkuṭapāda），於一曠野之中央敷設草座。身披世尊之糞掃衲衣，迦葉為自身開光，使肉身不腐，待彌勒得成等正覺為止。如是，彼示現種種神變而入涅槃。諸天人向其頂禮，復將該山封閉，唯於阿闍世王駕臨親睹其遺骨時始行開啟。

其時，阿闍世王嘗夢其母系之皇族悉永恆消逝，醒後復聞迦葉已入涅槃，彼遂與阿難向雞足山出發，有夜叉將該山開啟。阿闍世王匍匐頂禮迦葉之身，且為其預備荼毘（jhāpeti，火化）[51]。然阿難云：「其身已經開光作保存，以

---

[51] 依梵音應譯為「荼毘」，然已流行「荼毘」此譯。

待彌勒教化之世。於初會時，彌勒將與九億零九千萬緣覺眾蒞臨此處，手捧迦葉之身以示餘眾，並云：『此即釋迦牟尼聲聞眾中作頭陀行最上者，所穿袈裟實導師所有。於此，無有托缽作頭陀行者能出其右。』是時，迦葉身必展現大神變而全融入虛空，彌勒徒眾則悉皆作頭陀行而成阿羅漢。是故，汝不可荼毗其身。」

王乃依言離去，而山亦復閉。王於山巔處為遺骨建一佛塔。

丙二、阿難

阿難（Ānanda）為導師叔父甘露飯王（Amṛtodana）之子，彼與羅睺羅均於導師證覺時降生。當導師與其子羅睺羅相會時，年方六歲之阿難受托於具足十力之迦葉，且依新儀軌[52]而次第受戒出家。彼成導師之侍者，復因受持所聞而為世所重，護持教法逾四十年。後與商那和修云：「導師付法予迦葉，迦葉復付法於余。當余亦逝後，汝定須護持教法。」

阿難預見有二商人子、名為那吒（Naṭa）及婆吒（Bhaṇṭa），於末土羅（Mathurā）域中之優流漫陀山（Urumuṇḍa）上建寺，且為作施主；遂命賣香者笈多（Gupta）之子優婆崛多（Upagupta，近護）往受近圓戒并付法於彼。當阿闍世王聞此後，乃率軍而至欲作告別。毘舍離之民得一天人相告，亦隨軍而來見。於阿難抵達恆河中央之際，有具五百眷屬之仙人向彼求受近圓戒。阿難於恆河中央化現島

---

[52]　藏：lta ba'i cho ga，即非由釋迦親授出家戒律之儀式（名為「舊儀軌」）。新儀軌，當時稱「現今儀軌」，分出家儀軌、沙彌儀軌、及近圓戒儀軌等三部（可參考英譯腳注437）。

嶼一座，並於該地授近圓戒。仙人頓時成阿羅漢，名為日中
（Madhyāhnika）或河中（Madhyāntika）阿羅漢[53]。

日中求可先於其親教師阿難入涅槃。阿難答云：「導師曾
授記汝將於迦濕彌羅弘法；謹依此而行。」當日中應允後，
阿難示現種種神變後逝世。其舍利半歸阿闍世王、半歸毘舍
離眾，後者復分別於毘舍離及波吒羅弗多羅（Pāṭaliputra）等
地樹立佛塔。

丙三、商那和修

商那和修（Śāṇavāsika）乃阿羅漢，精通三藏。其
施主為法王阿育王。有關該王，《文殊師利根本續》
（*Mañjuśrīmūlatantra* / *'Jam dpal rtsa rgyud*）曾授記彼於導師涅
槃後一百年出現、壽一百五十歲、頂禮佛塔凡八十七年。

該王得一名為「車」（Ratha / Shing rta）之夜叉襄助，從
存有佛骨之七佛塔中取出舍利，繼而於贍部洲各處以七寶石
遍立八千四百億佛塔，以符導師之授記。眾阿羅漢讚歎其成
就云 ——

> 波吒羅之阿育王　　廣大增益七佛塔
> 復憑大力於此地　　依願而成諸顯現

商那和修於佛塔開光圓滿、及付法予優婆崛多之後，遂
入涅槃。

---

[53] 梵字「日中」與「河中」相近，故有誤傳而至混淆。例如漢土即流行「日
中」此名，應作「河中」為是。

丙四、優婆崛多

《根本說一切有部毘奈耶雜事》中，導師曾授記——

> 我入涅槃後百年，有鬻香者笈多之子名優婆崛多將
> 受近圓戒出家，彼將成不具相形好之佛，並作佛事
> 業。

優婆崛多（Upagupta）從耶舍受戒，成阿羅漢且精通三藏。某時，當彼為會眾說法時，魔羅以種種幻變令會眾分神，使彼等無功。優婆崛多即轉三尸為花鬘，冠於魔羅頂上。當魔羅心生惡想，花鬘即現回尸樣且具惡臭；然當其生善念時則仍現為花。有說因該冠無人能脫故，魔羅遂為優婆崛多所調伏，且應允永除惡想云云。

因受優婆崛多七教誡而成阿羅漢者為數眾多，故有一長十八肘及寬十二肘之洞穴，其中充滿恰如其〔成阿羅漢〕數之四寸長木籌。自從導師涅槃後，無有阿羅漢會聚之廣能逾於此。優婆崛多於付法予提地迦（Dhītika）後入涅槃。

丙五、 提地迦、訖里瑟拏、善見；十六尊者及
末田底迦

聖者提地迦（Dhītika，靜慮）亦為精通三藏之阿羅漢；彼於摩揭陀付法予波吒羅弗多羅之聖者訖里瑟拏（Kṛṣṇa，黑色）後入涅槃。

訖里瑟拏同為精通三藏之阿羅漢；彼於護持教法圓滿、及付法予善見（Sudarśana）後入涅槃。有人將末田底迦（Madhyāhnika）置於付法傳承之中，然依余等之見，於龍樹

以前付法傳承者唯有七人（故不應有末田底迦）。

尤有甚者，散居於四大部洲及三十三天各地、與五百阿羅漢等俱之廣大十六尊者，嘗護持寶貴教法；彼等於作護法行時，在唐太宗朝、忽必烈汗朝及明永樂帝朝曾往訪漢地。有云彼等皆可為眾人所見；唯其他人則謂因彼等為虹光身，故凡夫均莫能見之。

如是，教法遂於導師住世時，於瞻部洲十六大城廣為弘揚，但因其時迦濕彌羅尚無城市，是以導師曾授記於彼涅槃百載後，末田底迦定於迦濕彌羅建立教法，因該地至為寧謐且宜於觀修也。由是，於阿難涅槃後約廿載，阿羅漢末田底迦了知圓滿授記之時已至，乃前往迦濕彌羅，以一跏趺座覆蓋九山谷而聚於一湖中。龍族大怒，遂令地震及降暴雨，然而連末田底迦之衣角亦紋風不動；彼復將諸般射向其身之如雨箭、彈化為花朵。龍族不禁嘆服：「汝有何命令？」

末田底迦答：「余為圓滿導師授記而來此地。請施此地予余。」

又問：「吾等將獻汝座所覆之地。汝徒數目多少？」

答云：「五百阿羅漢。」

龍族云：「若少一人，則吾等即取回土地。」

長老答云：「乞食者於有施主所在之地受濟，是故家主等亦須駐於此地。」

末田底迦令一術者於該地構一幻城，末田底迦親加持之，使其既壯麗復不朽。彼令廣大民眾安居該地，復從香醉山（Gandhamādana）攜來藏紅花加持之，使其當教法住世之時

於該地生長。以具眾多之市集，其地遂成為如今知名、稱作喀什米爾（Kashmir）之賞心國度。

乙四、教法之保存及大乘之流佈

自導師涅槃後，有不計其數、且彷如佛陀自身之廣大聲聞，奮起護持教法。此如烏怛羅（Uttara，無上）及耶舍等一眾阿羅漢；或如迦葉等尊勝比丘；或如善勝王（Sujaya）與具善（Kalyāṇa）等大婆羅門。彼等均為從事教化、且皆賢正善良之具德上師，亦已具證悟之功德。然依經部聲聞之見，仍以撰著《大毘婆沙論》之諸阿羅漢為論典之開宗者；唯據大乘，則初首撰著者實為彌勒慈尊（Maitreyanātha）及龍樹阿闍梨，蓋其他論師，均依從二者而開顯佛道之論典。

依導師授記，三位根本論師為：第二佛龍樹，大婆羅門沙囉哈之弟子，能顯示甚深見；無著尊者（Asaṅga），尊勝彌勒之弟子、於贍部洲弘揚廣大行傳規；陳那阿闍梨（Dignāga），被許為追隨文殊妙音（Mañjughoṣa）由是得遍克外敵之成就、且能如實開顯密意。

三位釋論作者分別為：聖提婆阿闍梨，為龍樹弟子，於蓮花中變化而生；世親阿闍梨（Vasubandhu），為無著之弟，渡學海而記誦九百九十萬頌；吉祥法稱（Dharmakīrti），為陳那再傳弟子、善辯難者自在軍（Īśvarasena）弟子，於彈指間壓伏一切外道。

上述眾師徒統稱為「贍部洲二聖六莊嚴」；龍樹與無著通途被尊為「二聖」，而六莊嚴則由其餘四位、另加上功德光（Guṇaprabha）及釋迦光（Śakyaprabha）兩位而成。曾行七種

奇事[54]之佛子寂天（Śāntideva）、與通達明處及其支分且得成
就之月官（Candragomin），二者被尊為「希有二上師」。復
有無數其他上師，精通佛典要義，而以弘揚般若之教法為主。

　　一般而言，說因之性相乘[55]教法經結集為大乘經典後，此
等經典即不能劃分為三藏[56]，遂由人、天、非天等信眾，迎請
至各各之領域。保存於人間者被漸次弘揚；有等保存於非人
間者，則由聖者迎請並於人間弘揚。

　　特就大乘言之：繼大蓮花王朝之後，月護
（Candrarakṣita）成歐提毘舍[57]（Oḍiviśa）之王。據說文殊師利
曾喬裝成比丘，入其後宮教授大乘若干教法，且遺下一書。顯
乘眾相信此書為《般若八千頌》（Aṣṭasāhasrikāprajñāpāramitā
/ brGyad stong pa）[58]，唯密宗徒眾則確信此為《攝真實續》
（Sarvatathāgatatattvasaṃgrahanāmamahāyānasūtra / De nyid bsdus
pa）。不論何者屬實，有說云此實乃自導師涅槃後，大乘首現
於人間，且判其出現於第三次結集之前。如是，則當代多數
學者通途所主、謂所有教法皆筆錄於第三次結集中，此立場
必屬有誤，蓋與此說相違故也。

　　至若密咒部之續藏：由於天竺於教法未衰至其後起伏不
定之期間，迭有變故，是以（藏地）舊、新二派所說遂生分
歧。吾等舊譯派就密咒典籍之見可詳下說；密咒新派之見，

---

[54] 該七種奇跡，據多羅那他《印度佛教史》云，為：尋得本尊、於那爛陀佈
置圓滿、破諍論、調伏異端、調伏乞丐、調伏國王、及調伏外道。

[55] 顯乘經典說解脫因，是故稱為因乘教法，密續則依解脫果而說，是為果乘
教法。因乘教法以說性相為主，故又稱為性相乘。

[56] 小乘經藉可明顯分為經、律、論三份，大乘經藉無此明顯劃分。

[57] 即Odra，舊譯「烏茶」。

[58] 即《小品般若》。

云導師親向鄔仗那（Oḍḍiyāna）國王因渣菩提（Indrabhūti）教授密續；亦有說云金剛手付密續予該王。總之不論為誰，該王將密續筆錄，且教之於民。由是地上所居，微至昆蟲者，亦得成就虹光身而隱沒。鄔仗那一地遂成廢土，後龍族轉該地成一湖泊。秘密主（即金剛手）將密續向龍族開示而引領其成熟。故此，彼等漸變而為人，居於湖岸之村落，因修持精進而得成就。當彼等之子女紛成勇父及空行時，該地遂有「空行洲鄔仗那」之名。

該湖泊最終乾涸，繼而顯現一自生之忿怒尊神廟，其庫藏中存有密續之經卷。大多數之密續後為眾多成就者所取出，如：世劫王（Vasukalpa）取《密集》（Guhyasamāja / gSang 'dus）、龍樹取《喜金剛》（Hevajra / dGyes rdor）、愛犬尊者（Kukkuripā）[59]取《大幻化》（Mahāmāya / sGyu 'phrul chen po）及《大威德》（Bhairava / 'Jigs byed），如是等等。

同樣亦有種種稍異之傳說，如云支魯迦（Celuka）與他眾自香巴拉（Shambala）或他處，取得《時輪續》（Kālacakratantra / Dus 'khor）並弘揚之。不論情況如何，確有無量數成就者出現：吉祥沙囉哈與八十四成就者；著稱於超岩寺（Vikramaśīla）之佛智足與十二阿闍梨；六門班智達；及老少時輪足（Kālacakrapāda）等。彼等以大乘密咒法門為主，莊嚴具福有情，使得成熟解脫。

是故，對於彼等無量數正士、於天竺奉持勝利王教證之寶貴教授，實不能在此以區區數語，盡說彼等之解脫事跡。依於廣為人知之史實與種種善說之顯揚，願皈敬及勇進於法之蓮

---

[59]　即下來犬王（Kukkurājā）之異名。

花無餘開敷。

舊譯派所詮之金剛乘寶貴教法史，名為《帝釋天遍勝大戰鼓雷音》初品：總說勝利王寶貴教法降臨世間之源流，於此圓滿。

第二品

第二品：
「密咒寶貴教授之興起」提要

談錫永

依甯瑪派觀點，金剛乘有三種不同傳承：一為「諸佛密意傳承」，一為「持明表示傳承」，一為「補特伽羅〔凡夫〕口耳傳承」。

1、諸佛密意傳承，是佛在其剎土中作明顯示現，不落言詮，但以行相及加持力，使其眷屬得證空性之智慧。普賢王如來示金剛持行相，所轉無上瑜伽法輪，即是此種意趣。

換而言之，這種傳承不在世間（且超出三界之外），所以，經續結集的來源，便和顯教所說的不同。一般來說，密乘經續的說法者就是結集者，或者受法者就是結集者。這就與顯教經典由人結集不同。

2、持明表示傳承與補特伽羅口耳傳承，為密法在世間的傳承。而尤以後者至為重要。

持明表示傳承大可分非人持明及人持明兩類。前者為導師化作天、龍、夜叉等非人，以度化非人族類。後者為密法在人間的傳播。

向天人度化的，是文殊師利（妙吉祥）的化身；向龍族度化的，是觀世音化身；向夜叉度化的，是金剛手化身。

佛滅後二十八年，天人、龍王、夜叉、羅剎及人等五持

明顯現，金剛手菩薩亦作報身顯現，此為普賢王如來在法界傳授的密法，於人間廣泛傳播的開始。其後，有迦訶巴、楞伽勝利賢、月官等法主，相繼在摩羅耶山弘揚密法，故摩羅耶山聖跡甚多。

　　3、補特伽羅口耳傳承，肇端於從金剛手受密法的五百大乘法主。他們受西方國王羅叉濕婆王供養，造密乘經續甚多。此後，渣王（即中期因渣菩提）是傳承中的一個重要人物。渣王曾受佛授記，同時得金剛薩埵親自降臨授以智慧灌頂（三級灌頂），並得受自天降臨之無比瑜伽及摩訶瑜伽經續。故渣王在此兩部瑜伽傳承中，均居主要地位。

　　摩訶瑜伽，或譯生起次第，分續部與修部兩部。其傳承如下——

　　甲、續部共一十八部，計有身、語、意、功德、事業五大續，修行支分五部續，瑜伽支分五部續，補闕之二後續，總攝其他十七續要義之一續。

　　在續部中，渣王傳《金剛薩埵幻化網續》與犬王，經數傳而至西藏密宗的開創者蓮華生大士。渣王傳大樂與光明之教言予童足，經數傳而至噶舉派（白教）第一代祖師諦洛巴。此外復有渣王的事業手印傳承，源自渣王之女牛首天女公主，由公主返傳予渣王與犬王。

　　但在初期的傳承系統中，所謂傳承只是指經續的傳授，而非指法統之傳承。此如渣王奉到降臨經續後，授與犬王，那便是經續的傳授，犬王依經續修持，修至可見金剛薩埵之面，並得開示授記。其後將一切續部分十八函，為渣王開說，這便是法統傳承。故知自法統而言，犬王實為第一代宗師。

在西藏密宗，蓮華生大士地位極其崇高。相傳大士為無量光佛之化身，由蓮花化生，其後為鄔仗那國法之大臣持黑迎請入宮，由國王因渣菩提撫養。及長，示現種種神變，得天人、龍王、空行等護持。但為得法之傳承故，仍從法主光象出家。此後曾在薩霍惹、鄔仗那，印度東、南、中部及蒙藏等地示現，調伏有情，示大神變。至其來藏地後事蹟，詳見後文。

乙、修部則分兩派，一為教傳，一為伏藏（巖傳）。

摩訶瑜伽之修部，依教傳系統，法主為出生於尼泊爾之婆羅門族吽迦羅阿闍梨，修成「大印」成就，另一法主文殊師利友，則得四事業法經卷。此外尚有聖龍樹論師，無垢友、及光象等法主，其傳略一一見於正文。

伏藏（巖傳）一派，相傳為金剛法菩薩將修部經續交付事業自在空行母保管，其後由空行母將經卷八箱分別交付與無垢友、吽迦羅、文殊師利友、龍樹、蓮華生、珍寶和合、樂密及寂藏等八大成就者，後此八寶箱經卷，均由蓮華生大士總攝受焉。

無比瑜伽，或譯圓滿次第。由金剛手傳授渣王。但為尊重法統故，渣王仍請人持明維摩詰為之灌頂，並向其求法。於此可見密宗重傳承的特色。渣王將法傳與四人，其中最能弘揚法統，代有傳人者，為帝釋子（即小因渣菩提），後經五傳而至釋迦獅子（蓮華生大士化身），寖且法傳至尼泊爾。

除上述兩瑜伽外，尚有**無上瑜伽**，即甯瑪派大圓滿法門。此法傳承肇自俱生喜金剛，其母為鄔仗那公主。公主為比丘尼，夜夢有人以寶瓶印蓋其頂上三次，不久即誕俱生喜金剛，實為金剛薩埵化身。公主以有違世法，將之棄於灰堆，歷三日而無恙，公主乃復將之迎請回家。方七歲，即能與國王供

養之五百班智達(學者)研討佛法,辯才無礙。其後從自心中湧現金剛薩埵為之開示灌頂,得內外乘一切經續,及大圓滿偈六百四十萬頌。其後傳法與文殊師利友,達七十五載。

文殊師利友法主將大圓滿六百四十萬頌分作三部:心部、界部及口訣部。又有修明點降下法等。分傳提婆、蓮華生、護足及佛智足四人。其中護足又從佛智足受心部傳承。

最值得注意的,是大圓滿的傳授竟涉及中國,據云:中國疏鑑城有吉祥獅子者(敦珠上師據傳說以為此即佛智足之異名),因觀世音開示,赴印度叩見文殊師利友法主求法,得一切教誨及隨行教誨,並得法主圓寂後之最勝口訣。

吉祥獅子將大圓滿口訣部,分為外、內、秘密及無上秘密等四,藏於中國菩提樹寺及吉祥萬門寺。以後分傳北來求法之智經及無垢友。

於舊譯藏密中,大圓滿為最高法門,其心要直與禪宗相通 —— 故藏地又稱禪宗為大密宗,而其傳承,有北傳我國之痕跡,此頗為值得漢地教史研究者注意。

從傳承歷史可知,無上密部之修法,多由口訣秘密傳授,至俱生喜金剛而始集大成。其餘密宗一切經續,則大部份由鄔仗那國傳出。

至經續數目,據《勝樂現起》云:「瑜伽密續之數目,決然是為六千萬;瑜伽母密續之數,知為一億六千萬;大乘以外經藏數,有等說之為八億;如是般若彼數為,四億九千九百萬;凡此皆是能仁王,體現三身者所說。」

以上所述,都為金剛乘未傳入藏土前之歷史。

普賢王佛父母

金剛持

金剛薩埵

金剛法

俱生喜金剛

文殊師利友

吉祥獅子

智經

犬王

渣王

大事業自在空行母

無死蓮師

無垢友

遊戲金剛

第二品

甲二、密咒寶貴教授之興起（分八）

引言

　　今特解說密咒部之興起，亦即金剛乘寶貴教授之興起。於此分三：初、密咒法輪於何處轉、為何人所轉；次、教誡編纂者如何結集；三、此教法於世間之出現。

乙一、轉密咒法輪

　　依我不共自宗教授，有三大傳承，《大海釋續》（*bShad rgyud rgya mtsho*，即《幻網海》（*sGyu 'phrul rgya mtsho*））如是云 ——

　　　　佛陀菩薩瑜伽士　　密意表示口耳傳

　　此即說三種傳承，分別為：諸佛密意傳承、持明表示傳承、及補特迦羅〔凡夫〕口耳傳承。

丙一、　諸佛密意傳承

　　周遍輪涅遍主、第六佛部普賢王如來（Samantabhadra），於自顯現界最極清淨剎土、即金剛大色究竟天（'Og min chen po）中，現相好圓滿金剛持身。彼向與己自性無二之眷屬、即補處五佛部諸導師，與自顯現為勝利王無量寂忿壇城眷

屬等眾，以其密意、即不可思議法性之實相、亦即離於一切
名言句義之真如本智而作加持，使彼等得證悟。此即施設為
「法身之語」。《聲應成續》（*sGra thal ' gyur*）云 ——

> 是於法性虛空中　　大遍入以語加持[1]
> 遂有自聲能現起

復次，《秘密藏釋》（*sNying ' grel*）云 ——

> 法身導師，以具無生義之真實語，對如本智海之眷
> 屬眾作意傳。

　　尤其是，內光明金剛藏甚深廣大教法中，其處、上師、
眷屬、法等分，乃從寶貴自生本覺智任運境界中化現，亦即從
廣大莊嚴自顯三身之無邊自性界中化現。此諸分超越一切言說
境界、思維境界，即依此大平等法性一味之道而轉法輪，無有
動搖。

　　對已登十地最後有際之廣大聖眾而言，於可受用外顯現
所攝之圓行剎土中、即殊勝色究竟天中，〔普賢王如來〕化身
作第六佛部主（即金剛持）、及作五佛部諸導師之主，為具殊
勝覺性之大菩薩眷屬，於根與顯現境得清淨果之勇識眾，如金
剛手、觀自在、文殊師利等，以密意標幟，恆轉無上瑜伽無戲
論乘之法輪。《（秘密）藏續》（*(gSang ba) snying po*）云 ——

> 無上色究竟天中　　佛身大日如來住
> 對彼菩薩眾眷屬　　不說如是最勝語
> 以身示現隨機法[2]

1　「大遍入」指普賢王如來。如來法身周遍法界，五佛部則不周遍，故說普
　　賢王如來為「大遍入」。
2　依沈衞榮譯《幻化網秘密藏續》第六品，179 頁。

　　復有一說，謂此界乃大他化自在天（Mahāvaśavartin）之色究竟天，位處淨居天之上。[3]《金剛幻化網》（sGyu 'phrul rdo rje）亦云——

　　　　捨棄如是淨居天　　於大色究竟天中
　　　　持印部主任運身　　唯然超逾一與多
　　　　此即諸佛共行相　　本始大乘大寶藏
　　　　為已捨障諸徒眾　　逐一剎那作示現

　　此外，復於近似色究竟天為九地菩薩作示現；於假立色究竟天為八地菩薩作示現；於金剛后胎宮中、即法界、亦即大解脫宮殿中，向諸如樓陀羅（Rudra，威猛）、大威德與其他兇暴徒眾之根識[4]，示現大殊勝忿怒尊（Mahottara Heruka）、具力童勇士（Kumāravīrabalin）、蓮花舞自在（Padmanarteśvara / Padma gar gyi dbang phyug）等諸根本〔忿怒尊〕相、暨其他如喜金剛、勝樂輪（Cakrasaṃvara）、及時輪（Kālacakra）等之現相。彼等各各示現其金剛處，復由變化，化現彼等各各眷屬壇城。復次，由那打（nada）[5]之無滅聲，各各轉法輪。《善逝集根本續》（bDer 'dus rtsa rgyud）云——

　　　　我是王上王　　說者亦聞者

　　而《喜金剛密續》（Hevajratantrarāja / dGyes rdor）則云——

　　　　我是說者我亦即是法　　具自眷屬我亦是聞者[6]

---

[3] 淨居天有色究竟天，他化自在天亦有色究竟天，此說大日如來所住為後者，地位較淨居天之色究竟天為高。

[4] 說向彼等根識作示現，即等於說示現為識境，這一點非常重要，由此即可證成智境與識境雙運。

[5] 那打即明點末梢一點，可視為種子字之精華。

[6] 如來內自證智境界無身、智、界等分別，所以法是如來，說者是如來，諸眷屬亦是如來，由是聞法者亦是如來。

如是，於世俗假立處所如兜率天、須彌山、鄔仗那、及香巴拉等，佛陀亦教授事續、行續、及瑜伽續，此中或示現作離貪比丘、或輪王等。《秘密藏續》云——

> 當彼隨順眾有情　顯現不同種種相
> 是於真如無所動　唯依業力作顯現[7]

乙二、各各編纂者之結集教誡

雖然大多數無上瑜伽續之編纂者〔與教授者〕有所區別，唯大多數究竟秘密密續、如《秘密藏續》等，其編纂者實與其各各講說者無有區別，因說者及其眷屬之意樂相同故也。是以於《秘密藏續》可見「爾時我如是說」[8]、《勝樂根本續》（bDe mchog rtsa rgyud）見「復次我為『秘密』作解說」等語。《秘密證成》（Śrīguhyasiddhi / gSang ba grub pa）亦云——

> 說續者為金剛意　是師亦是結集者

復次，有關大圓滿等等大多數密續，其編纂者為秘密主金剛手（Vajrapāṇi）、金剛法（Vajradharma）、金剛藏、文殊師利（Mañjuśrī）、觀世音（Avalokiteśvara）、及應化身俱生喜金剛（Prahevajra / dGa' rab rdo rje）等〔菩薩〕；或一眾勇父與空行如盈永寂（Pūrṇopaśānti）；或一眾天人、龍族、夜叉等不定類屬。

---

[7] 英譯云所引章節乃第六品第13頌，與沈譯《幻化網秘密藏續》不合。應為第六品第10頌（177頁），頌意全同引文，今具引如下——
真如界內不動搖　示現正解之色身　隨類教化眾生故　妙現種種隨順身
[8] 沈譯無「我」字，據藏文本補。

　　有說謂所有密續均由秘密主獨自結集；唯彼等請受
個別密續者，亦成為其編纂者。是故，《時輪》屬月賢
（Sucandra）所編；《喜金剛》屬金剛藏；《勝樂現起》
（Śrīmahāsaṃvarodayatantrarāja / sDom 'byung）屬金剛手；《金
剛空行》（Vajraḍāka / rDo rje mkha' 'gro）則屬亥母（Varāhī）。

乙三、本教法於人間之出現 （分二）

　　本節分二：初、持明表示傳承；次、補特迦羅口耳傳
承。

丙一、持明表示傳承（分二）

　　此復分：初、非人持明傳承之發源；次、人與非人持明
二俱傳承之發源。

丁一、非人持明表示傳承之發源

　　於眷屬均為諸佛子或菩薩中，導師以三部主[9]之應化身作
顯現。彼等以標幟〔表示〕分別向所化、即天、龍、夜叉等
解說及教授。

　　詳言之，文殊師利化現為金剛利（Tīkṣṇavajra），現青春
俊美相，於天界傳授天人具稱勝護（Yaśasvī Varapāla / Grags
ldan mchog skyong）；後者復傳授天人婆羅門寶光
（Brahmaratnaprabha）。教法繼而先後傳授予婆羅門眾生主
（Prajāpatibrahmā）、婆羅門普度（Brahmasarvatāra）、婆羅門
持頂嚴（Brahmaśikhandara / Tshangs pa gtsug phud 'dzin）、及至

9　即文殊、觀世音及金剛手。

帝釋天（Indraśakra），曾於天人族中傳授十萬持明眾。

觀世音化現為甘露藥（Amṛtabhaiṣajya），於龍域傳授黑喉龍王（Kālagrīva）。教法繼而先後傳授予龍女伏空母（Khandülma / Klu mo Kha 'dul ma）、龍女遍調伏（Dültsangma / Klu mo 'Dul tshang ma）、龍族如意喜（Manorathanandin）、及至安止龍王（Takṣaka），曾於龍族中傳授十萬持明眾。

金剛手以怖畏及威猛相，於夜叉界傳授夜叉普賢。教法繼而先後傳授予夜叉金剛手、夜叉具稱勝護、及至夜叉燄口（Ulkāmukha），於夜叉族中傳授十萬持明眾。

一切受教者復傳授各各徒眾，由是彼等及所化皆登金剛持地。

至若大圓滿法門：有云居於三十三天（Trayatriṃśa，忉利天）中、天人賢護之子最勝心（Adhicitta）曾有四異夢，因此，受十方三時諸佛與五佛部一切諸佛所加被之金剛薩埵（Vajrasattva），乃垂賜「勝利王方便之瓶灌頂」予天人之子最勝心，並教授以大圓滿之口訣。此即大圓滿於天界之弘揚。佛智足於其《解脫明點》（*Muktitilaka / Grol (ba'i) thig (le)*）亦云——

> 說此殊勝義之時　　以口傳口耳傳耳
> 於彼具足善緣者　　是為教授了義始

丁二、人與非人持明二俱表示傳承之發源

《密意授記經》（*Sandhivyākaraṇatantra / dGongs pa lung bstan pa'i mdo*）中，導師被問云——

> 世尊既已確然說　　三引導乘之教法

> 何不說此了義乘
>
> 受用因與果任運　此不能向他佛求

佛於此答云——

> 為彼受持因者故　因法法輪我已轉
>
> 於彼捷道金剛乘　當顯現於未來時

　　依此授記，當導師於此世界之殊勝應化身入涅槃後二十八載[10]，勝種五賢（Dam pa'i rigs can dra ma lnga）[11]，即天人具稱勝護、安止龍王、夜叉燄口、羅剎慧具方便（Matyaupāyika）、及人間持明離車子維摩詰（Licchavi Vimalakīrti / Li tsa bi Dri ma med pa grags pa，無垢稱），各以神通力，得知怙主已於此世間入涅槃。彼等於是從定中起，以神變會聚於楞伽（Laṅkā）摩羅耶山（Malayagiri）之巔。於該地彼等乃哀誦共二十三偈之悲鳴，首云——

> 嗚呼哀此世間界　導師炬光消逝後
>
> 世間黑暗誰能遣

如是遂泣至昏迷。

　　世尊曾授記，密咒乘終將在未來時著稱於世。當此時已至，秘密主金剛手，因曾受佛陀灌頂以教授密咒，遂於該地現身。彼數數重覆（教授）導師此前於色究竟天及他處所開示之教法，以傳授勝種五賢及大多數持明僧伽。羅剎慧具方便將教法以吠琉璃熔液寫於金冊上，復以其意樂七力，封存

---

[10]　一說廿五載，見義成甯波車造，拙譯〈九乘差別廣說〉，收《九乘次第論集》（台北：全佛文化，2008，下引同），95頁。

[11]　依《藏漢大辭典》1247頁，天人名「妙稱天」；夜叉名「流星面」；羅剎名「慧方便」；龍族「安止龍王」；人為「離車族無垢稱（維摩詰）」，譯名與此處略異。

書冊於虛空中，令隱沒不見。

　　摩羅耶山所在之楞伽，並非南贍部洲中，拂洲（Cāmara / rNga yab gling，遮摩羅）與之同名之小島。彼實為南贍部洲東南岸之一島，四面環海。世尊曾應楞伽十首羅刹羅婆那（Rāvaṇa）之邀、復應大慧（Mahāmati）之請法，於該地講授極其廣大之《入楞伽經》。除該島外，教法亦曾於古昔及近時，在多摩梨帝（Tāmralipti / Zangs gling，赤銅洲）、耶婆提洲（Yāvadvīpa / Nas gling，稞麥洲）[12]、檀那室利洲（Dhanaśrīdvīpa）[13]、及拜具洲（Payigudvīpa）[14]等諸島如應弘播。

　　楞伽之得名，蓋其於古代曾被羅刹羅婆那所據；其後境內之羅刹消亡。於今時，因曾被商主獅子（Siṃha）所奪，故稱為僧伽羅（Singhala）[15]。當大阿闍梨迦訶巴（Kaṇhapāda，黑行者）抵該地時，彼降伏大羅刹女普色（Viśvarūpī）及其五百徒眾，並弘揚密咒教法。及後，大乘阿闍梨楞伽勝利賢（Laṅkājayabhadra）於該地降生，而月官阿闍梨亦往訪該地。當桑提巴（Śāntipā）[16]與森林寶班智達（Vanaratna）先後前往該地時，彼等亦弘揚密咒教法。

　　遠古之際，當人間王羅摩（Rāma）摧滅十首羅婆那時，彼自天竺至楞伽島間建一跨海石橋以達楞伽。至今時於大海中巨石亦屢屢清晰可見，致令船隻時或須改道以避免觸礁。至若

[12] 即今爪哇。
[13] 即今蘇門答臘。
[14] 即今緬甸。
[15] 即今斯里蘭卡或錫蘭。
[16] 印度八十四大成就者之一。

十首羅剎被屠時，由其所濺之血染成而稱為「紅石頭」者，其布露之面積須經一整上午方能踏遍。

楞伽中央有一溝壑名善意疊（Sumanakūṭa / Yid bzang brtsegs pa），被一圈石山所圍，故非凡夫所能至。大阿闍梨[17]及其弟子於返回天竺前，曾往該地留駐六載。此山雖以此名著稱，實為一凶險之境，是即具足摩羅耶山一切性相；所謂──

　　　山峰勇力王所居　　犬狀白崖山上立
　　　如獅躍天作莊嚴　　補藥八根山下生
　　　疾病聚此不為害　　山巔藏有一巢穴
　　　為布谷鳥所築造[18]　獨居不二離群住
　　　頂峰具緣者易達　　無緣眾則無能越

楞伽尚有其他可稱頌之功德，是以較他島殊勝：如上述所言之山，其下部之北方，有眾多藏有如來舍利之佛塔，此如求那毘挪（Guṇavera，功德怨）之大佛塔（caitya，制多）；其西有樹名佛陀娑羅（Buddhaśaraṇa），如來曾於樹下住定七日。彼諸河中廣有珍珠、諸庫藏中廣有珍寶、諸森林中遍有大象、諸家宅中遍有蓮花女眷之地，是即廣稱為「僧伽羅」者也。

於一名為旃陀羅（Kaṇḍala）之茂林中，其東北方有一洞穴，內有佛陀之碩大足跡，名為「吉祥足印」。據云每當於足印處舉行定期之節慶，均有一萬二千比丘作加持；自古至今，大小二乘之教法均有弘揚。

---

[17]　指蓮華生 Padmasambhava，下同，不贅。

[18]　Kalantaka，即布谷鳥。

丙二、補特迦羅口耳傳承

第三次結集遺教後、於迦膩色迦王太子之朝代，有傳播大乘之五百阿闍梨降臨。彼等均曾受持秘密主及餘師所傳之教法，且皆具神通力。羅叉濕婆王（Lakṣāśva）迎請彼等西往，並於阿部山（Abu）之巔建一伽藍請彼等安住。國王復派遣眷屬中五百聰敏者出家，從五百阿闍梨聽受大乘法要。國王欲筆錄三藏，遂問其數多少。眾阿闍梨答云：「統言之實無量數，現有者則為一千萬頌。」王云，縱其數雖多亦應筆錄。遂全部寫就並獻諸阿闍梨。從此大乘便廣為弘揚。復有為數不少秘密修習事、行二密者。該等阿闍梨，從不同地方攜來眾多有關密咒道之密續典籍，且加以弘播。

至若無上瑜伽密續：直至較後世時，始僅有極少數具足殊勝善緣者，憑藉「頓超」（thod rgal，妥噶），從自身本尊等受持教法。彼等獨自修持教法且得成就。因既無教授口訣之指示，亦無少分傳承次第之安立，欲知彼等名字尚不可得，何況說普傳彼等教法。

乙四、摩訶瑜伽續部傳承（分六）

丙一、渣王與犬王

當秘密主於摩羅耶山，為勝種五賢轉密咒之法輪時，薩霍惹（Sahor）[19]之渣王（rGyal po dza），固修習密咒道之外密續者也。彼於其時曾有希奇七夢，即 ——

> 佛身語意印融入　飾寶經卷從天降

---

[19] 此為古印度一小邦名，在今孟加拉地區。

> 佛法議論己參予　　普世尊己為聖者
> 由己主壇大供祭　　珠寶飄降如雨下
> 授記得登佛陀地

　　導師對渣王所作之授記，可見諸一切經續。《勝樂輪生起後續》（*Saṃvarodayottaratantra* / *bDe mchog sdom 'byung gi rgyud phyi ma*）云──

> 我於此處滅度後　　一百一十有二載
> 茲有勝義教法藏　　三天界內悉共許
> 將由秘密主宣示　　位處瞻部洲東隅
> 依於大福德而顯　　予彼名為渣王者

　　相類之說亦可見於《密意總集經》（*mDo dgongs pa 'dus pa*）中。

　　有說渣王實無非導師曾親自灌頂之大因渣菩提（Indrabhūti / chen po），唯他說則云其為因渣菩提之子，有等甚至視其為中期因渣菩提；是故有種種不同之意見。然因大聖者之應化實非凡夫所能想像，故種種說法或竟全部屬實！但若細考年表時序，吾等發覺彼與阿闍梨犬王（Kukkurāja）為同時代人。以此故彼極可能為中期因渣菩提。復次，不論彼等是否實為一人，毧衣足（Kambalapāda / Lva ba pa'i zhabs）大成就阿闍梨[20]，與此王為同時代人。此王亦約與持明金剛（Vidyāvajra）、蓮花（Saroruha / mTsho skyes，海生）、及闍爛陀梨波（Jālandharipā）等屬同時代人。

---

[20] 漢譯一般譯為「毯衣足」，不合。毯為覆蓋用之棉織物，如床毯（讀如「床單」）；毧則為羊毛織物。所以只能是「毧衣」，不可能是「毯衣」，故今改譯。又，此師通行名號為「羅婆師」。

　　無論如何，當此王於修持下部密續瑜伽而住定之際，正如其先前夢境所見，有包括《諸佛平等和合》（*Buddhasamāyoga / Sangs rgyas mnyam sbyor*）在內之密咒道大經一卷、及一肘長之秘密主身像降臨其殿舍。王於作祈請後，即通達題為〈現見金剛薩埵〉（*rDor sems zhal mthong*）之一品；王乃依此及金剛手之像修習，歷時七月。如是，遂得現見金剛薩埵及受其本智灌頂，於該經卷之標幟及意義了知無餘。

　　與此同時，無比瑜伽（Anuyoga）藏亦降臨於僧伽羅（即錫蘭），此如《顯明普賢本智——方便之殊勝道攝續》（*Kun bzang ye shes gsal bar ston pa'i thabs kyi lam mchog 'dus pa'i rgyud*）第五品中之授記所云——

> 摩訶瑜伽密續將降於渣王之宮殿
> 無比瑜伽密續將現於僧伽羅林中

　　渣王繼而將此書教予薩霍惹境內知名之大班智達優婆王（Uparāja），唯彼不能理解其中之標幟及意義。王復教授犬王阿闍梨，彼即通達《金剛薩埵幻化網續》（*rDo rje sems dpa' sgyu 'phrul drva ba*）中之〈現見金剛薩埵〉品且能修習，當下金剛薩埵現身，並授記言秘密主將於後時宣示此續法義。當犬王更反覆修習，秘密主現前並賜予真實教授與一切諸乘之圓滿灌頂，復告犬王應向離車族之維摩詰請求口授。有說謂犬王阿闍梨隨順秘密主之教誡，分〔摩訶瑜伽密續〕為《十八大續藏》（*Tantra chen po sde bco brgyad*），並教授予渣王。

　　渣王於自著之《幻化網道莊嚴》（*Māyāpathavyavasthāpana / sGyu 'phrul lam rnam bkod*）中云——

> 因渣菩提東方域　天竺境內金剛積[21]
> 貴種因渣菩提我　依秘密主親教授
> 如是修習幻化網　我實現證金剛手
> 與其五萬眷屬俱　依止善行受灌頂
> 由修斷取禁戒行　離於罪障登上地

是故，渣王本人雖已證悟，但為不令矯誑者可隨意入道，故仍〔示現〕依止犬王，得開示證悟之理。

人所共稱之咕咕喇渣阿闍梨，意即「犬王」，於有等傳記則名為咕達喇渣（Kuttarāja）者，彼於白晝化現為犬，向以千計之〔犬形〕勇士與瑜伽母說法；[22]至黑夜則與彼等至尸陀林，作諸如會供輪及三昧耶等修持現行。如是修行經十二載，彼最終得大手印成就。

有說謂當阿闍梨住於此等修行時前往鄔仗那，再次詳細開示包括《諸佛平等和合》在內、從《十八大續藏》擷取之《五內續藏》（Nang rgyud sde lnga）。如是，彼依於《月密明點續》（Candraguhyatilakatantra / Zla gsang thig le）而最終得殊勝成就。

犬王阿闍梨對此經《諸佛平等和合》最為著力，極之相應，曾著有論典多種，諸如《密義六莊嚴》（Ṣaḍguhyārthadharavyūha / gSang don rnam par bkod pa drug）及《入一切壇城之五重儀軌》（Sarvamaṇḍalānuvartipañcavidhi / sKyil 'khor thams cad kyi rjes su 'jug pa'i cho ga lnga pa）等。

21　金剛積，梵：Vajrakūṭa，藏：rDo rje brtsegs pa。

22　另一說為：犬王於白晝仍具人形，勇士與瑜伽母則為犬形。此與本書略有開合。

今者，以舊譯派自家之說，通途公認內續立為三部：生起次第〔為主之〕摩訶瑜伽；圓滿次第〔為主之〕無比瑜伽；大圓滿〔為主之〕無上瑜伽。

三部之初、即摩訶瑜伽，復可分二：續部（tantravarga）與修部（sādhanavarga）；前者包含大續藏，分十八部[23]，計為：佛身、語、意、功德、事業等為基與根本之五大續藏；有關修持之五續藏，此乃支分；有關行持之五續藏，此亦為支分；補闕之二後續；總攝其他十七續要義之一續，共為十八。渣王將此十八部向犬王傾囊相授。十八部復由犬王連續傳與渣王之子帝釋子（Śakraputra）又名小因渣菩提；獅王（Siṃharāja）；帝釋菩提（Śakrabhūti）又名優婆王；最後傳與牛首天女公主（Gomadevī）。由修持能得二資糧之捷道，彼等暨各各眷屬皆登金剛持地。此如《〔幻化網〕道次第》（*Māyājālapathakrama* /（*sGyu 'phrul*）*lam rim*）所云 ——

> 瞻部洲東之方隅　　位處金剛座之上
> 大寶勝妙宮殿中　　吉祥殊勝宮室內
> 因渣菩提與犬王　　復有獅王優婆王
> 牛首女兒及餘眾　　俱得幻化網灌頂
> 作顯現壇城眷屬　　現登金剛持地位

渣王著有《幻化網道莊嚴》、《二次第》（*Śrīguhyagarbhakramadvayoddeśa* / *Rim pa gnyis*）等等；復有眾多諸如《勝樂根本續釋》（*Śrīcakrasaṃvaratantrarājasambara samuccayanāmavṛtti* / *bDe mchog rtsa rgyud kyi 'grel pa*）、《本智成就》（*Jñānasiddhi* / *Ye shes grub pa*）、《俱生成就》

---

[23] 十八部續名稱，見《九乘次第論集》97-98頁。

（*Sahajasiddhi* / *lHan cig skyes grub*）等顯揚極秘密義之了義論著。遍傳於天竺諸大成就者中之密續與口訣，近乎全部皆來自此皇族阿闍梨。彼將大樂與光明之教言，傳予成就者童足（Bālapāda）〔亦即〕闍爛陀梨波；後者復將傳承授予黑行者（Kṛṣṇacārin）及其徒眾眷屬。諦洛巴（Tilopā）、那諾巴（Nāropā）等暨所有徒眾均出自此傳承。此亦為事業手印（karmamudrā）法系之源，乃自牛首天女公主傳予渣王及犬王，復經彼等傳至遊戲金剛（Līlāvajra）與佛密（Buddhaguhya）等二阿闍梨。

丙二、遊戲金剛

　　遊戲金剛阿闍梨（Līlāvajra）降生於尚沙羅國（Saṃṣara）中，於鄔仗那出家及修學三藏；尤其通達無著教派之宗輪，亦通曉一切共通明處。彼於鄔仗那之一島、名為麥地瑪（Madhima）者，修持《聖文殊真實名經》（*Mañjuśrīnāmasaṃgīti* / *'Phags pa 'jam dpal gyi mtshan yang dag par brjod pa*）。當彼將近成就時，有光輝自文殊畫像之臉孔生出，且長時照耀該島，是以阿闍梨亦被稱作「如日」（Sūryavat）。

　　爾時，有一邪見修行人，因欲求一佛門班智達之五根器官，以作為其修法之聖物，乃前往謀害阿闍梨。遊戲金剛示現種種不同色身，如象、馬、男童、女童、水牛、及孔雀等；此盲信者終因不能辨別而離去。經此事後，阿闍梨遂亦以「眾色」（Viśvarūpa）之名著稱於世。

　　於其晚年時，令鄔仗那境內眾生得廣大利益。通途而言，阿闍梨於一切續藏，皆既通達亦得成就，其中尤以《幻

化網》（*sGyu drva*）為最。

彼亦曾於那爛陀居住十載，以護持密咒道之教法；著有眾多論典復加廣釋：依無上瑜伽續作演繹之《文殊真實名經釋論》（*'Jam dpal mtshan brjod kyi 'grel ba*）、有關喜金剛圓滿次第之《大明點次第》（*Mahātilakakrama / dGyes pa rdo rje'i rdzogs rim thig le chen po'i rim pa*）、根據上師口訣[24]之《密集續釋論》（*Śrīguhyasamājatantranidānagurūpadeśanavyākhyāna / 'Dus pa la rgyud kyi bshad pa*）、《吉祥秘密集會俱生成就法》（*Śrīguhyasamājasahajasādhana / lHan skyes sgrub thabs*）、及與雜續有關之其他論典。關於「幻化網」一系〔其著作有〕：《秘密藏續巴甲釋》（*Guhyagarbhamahātantrarājaṭīkā / gSang ba snying po'i 'grel pa spar khab*）[25]、《心明點》（*Cittabindu / Thugs thig*）、《六次第》（*Kramaśaṭka / Rim pa drug pa*）、《顯揚誓句》（*Samayavivyakti / Dam tshig gsal bkra*）、《三昧耶隨眠說示》（*Samayānuśayanirdeśa / Dam tshig phra rgyas*）等。最終彼成就金剛身；其出家受戒名為具德最勝菩提緣（Śrīmad Uttamabodhibhagavat），密名則為遊戲金剛。於論著中則稱彼為「遊戲金剛」、「如日」、或「眾色」。

阿闍梨佛智足於遊戲金剛門下，聞受《十八大續藏》中之主續、亦即合稱為《五內續藏》之《幻化網》、《諸佛平等和合》、《密集》、《事業寶鬘》（*Karmamālā / Las kyi phreng ba*）[26]、及《月密明點》等。彼修持該等密續，於本智遂得自

---

[24] 依英譯，此「上師口訣」指《吉祥秘密集會怛特羅序說上師優婆提舍註釋》（*Śrīguhyasamājatantranidānagurūpadeśanavyākhyāna*），德格1910。

[25] 巴甲（*sPar Khab*），意為「臨摹」，喻其釋論與原續無異。

[26] 此據英譯補。英譯註云此書名為作者所加，加於《月密明點》之前。此當係付英譯前作者手訂。

在。佛智足於《妙吉祥口授》（*Mañjuśrīmukhāgama / 'Jam dpal zhal lung*）中云——

> 余往一切功德生處鄔仗那
> 此中住有知名遊戲金剛師
> 余從彼學遂得多聞復思維……[27]

當遊戲金剛尊者於鄔仗那護持密咒教法之時，有一賤民童子〔於定中〕得見提婆，因後者之加持，童子遂立時了知法義，復能解說由聖龍樹及提婆父子所著、眾多有關密咒道之論典[28]。摩騰枳（Mātaṅgīpā）及恭建那（Koṅkana）之護足（Rakṣitapāda）均亦嘗親聞於月稱（Candrakīrti）本人，而二人乃月稱所著《光明炬》（*Pradīpodyotana / sGron gsal*）之最先抄錄者。亦有說謂羅睺羅班智達得見龍菩提（Nāgābodhi）〔而受持相類教法〕。是故，聖龍樹一系有關《密集》之教法乃初現於此時期。

丙三、佛密

佛密阿闍梨（Buddhaguhya）生於中天竺，於那爛陀出家。彼與佛寂阿闍梨（Buddhaśānti）皆佛智足早年之弟子。當佛密於婆羅奈斯境內修聖文殊法之際，一時，畫像上之文殊現笑相；修此法所須之赤牛融酥開始沸騰；有已凋謝之花朵重新開敷。佛密意會此乃得成就之兆相，然彼躊躇半晌，猶豫於先獻花或飲融酥之時，即有母夜叉阻於其前，更向其面頰刮一耳光，阿闍梨隨即昏倒片刻。彼醒轉後，只見畫像塵

---

[27] 此即《善說顯現喜宴》中所引之《聖妙吉祥口授》。

[28] 此童子即下句說及的「摩騰枳」。

埃滿佈、花朵已枯萎、即融酥亦已四溢。然而彼拂拭畫像塵埃，以花飾頂，復飲下餘酥。當下，其身離一切病，具力而且睿智，復於神通得自在。

約當此時，彼往鄔仗那，得見遊戲金剛阿闍梨，從其修學瑜伽續及無上《五內續藏》，於《幻化網》尤為通達。

爾時，彼與佛寂同往普陀洛迦山（Potalaka / Yul gru 'dzin）參見聖觀自在。於該地之山腳見聖度母向一眾龍族說法；於山腰則為顰眉度母（Bhṛkuṭī）向一眾非天與夜叉說法；聖觀自在則真實無欺坐於山巔，各各菩薩顯現之真切，實與面見相等。

佛密亦於該地得諸如足不履地而行等成就。聖度母復勸其前往雪山（Ri kha ba can）[29]之岡底斯山（Gangs ti se / Kailash）修行。

佛密從普陀洛迦回歸後，於婆羅奈斯一帶說法多年。爾時，聖文殊再告誡其遵從度母此前之規勸。彼遂住岡底斯山而修，多次得見金剛界大曼陀羅；能與聖文殊妙音共話，如與常人無異；非人亦成其侍者。

阿闍梨著作等身，包括《秘密藏續釋論注疏》（gSang ba snying po la 'grel pa rnam bshad kyi 'grel）、《幻化網金剛業次第》（Māyājālavajrakarmakrama / sGyu 'phrul rdo rje las rim）、《曼陀羅法義》（Dharmamaṇḍalasūtra / dKyil 'khor chos don）、《勝義莊嚴》（Tattvālokaparamālaṃkāra / Dam pa rgyan）、《大網》（Drva chen）及《小網》（Sūkṣmajāla / Drva chung）、

---

[29] 雪山即喜瑪拉雅山。

《幻化網大次第》（即《幻化網道次第》）與《小次第》
（*sGyu 'phrul lam gyi rnam bshad chung ba*）、《現證寂忿尊次
第》（*Zhi khro mngon rtogs rim pa*）、依瑜伽續而修金剛界曼
陀羅成就法之《入瑜伽》（*Tantrārthāvatāra / rNal 'byor rgyud
la'ang rdo rje dbyings kyi sgrub thabs yo ga la 'jug pa*）、《現
證大日如來續釋略》（*Mahāvairocanatantrapiṇḍārtha / rNam
snang mngon byang gi bsdus 'grel*）、及《禪定後次第廣釋》
（*Dhyānottarapaṭalaṭīkā / bSam gtan phyi ma'i rgyas 'grel*）等。

佛密對藏地之廣大恩德將於下文詳說。於彼最後壽盡
時，其身隱沒不顯。

丙四、金剛笑

又，渣王與犬王向被稱為「起屍」（Ro langs）之樂
成就（Sukhasiddhi / bDe ba'i dngos grub）[30]及仙人巴斯達
（Bhāṣita，宣暢）講說〔《密集》〕；前者復教授金剛笑阿闍
梨（Vajrahāsya）。金剛笑著有《密集釋論‧近取一切密意》
（*Śrīguhyasamājaṭākā / 'Dus pa la'ang 'grel pa dgongs pa thams cad
nye bar len pa*）、《大樂成就法》（*Mahāsukhasādhana / bDe
ba chen po'i sgrub thabs*）等。彼實乃此等教法之翹楚，且作弘
揚。有等堅稱《密集》於天竺有二十四種不同傳規，六種於
西藏弘播，其中第四種即來自金剛笑一系教法之《密集》傳
規。

金剛笑垂賜《勝樂》（*Cakrasaṃvara / 'Khor lo sdom pa / bde
mchog*）之灌頂，予那爛陀寺西門守護語自在稱

---

[30] 「樂成就」即俱生喜金剛。時人稱之為「起屍」，是因為他出生時被拋至
灰堆，其後無事，故有如死而復生，是謂「起屍」，此事詳見下文。

（Vagīśvarakīrti），並向其講說該密續，復授以口訣及告誡。語
自在稱依此秘法觀修而得成就：即身得雙運身，成大印持明。

　　金剛笑阿闍梨及仙人巴斯達均向薩霍惹之光象王講授密
續。

丙五、光象

　　光象（Prabhāhasti）生於西天竺之皇族，從支多婆
羅（Citavara）之寂光阿闍梨（Śāntiprabha）及摩廬國
（Maru）大持律者福稱（Puṇyakīrti）受近圓戒，賜名釋迦光
（Śākyaprabha），通曉三藏。彼受教於如金剛笑阿闍梨等一眾
大密咒道金剛上師（Vajradhṛk）[31]，通達一切密續且得殊勝成
就。其名依密咒傳規為「光象」。此阿闍梨之弟子、名為釋迦
友（Śākyamitra）者，嘗著有《憍薩羅莊嚴》（*Kosalālaṃkāra /
De kho na nyid bsdus pa'i 'grel pa ko sa la'i rgyan*）、即瑜伽續
《攝真實續》之釋論。光象與釋迦友二人均曾往迦濕彌羅令眾
生得大利益。佛密與蓮華生大阿闍梨（Padmasambhava）皆從
學於光象，唯蓮華生亦從學於渣王。

丙六、蓮華生

　　至若大阿闍梨，《文殊師利幻化網》[32]（*'Jam dpal sgyu
'phrul drva ba*）有此授記——

31　Vajradhṛk意為持金剛杵者，實指廣弘教法的金剛阿闍梨。如譯為「持金
　　剛」，則易與「金剛持」相混，尤其因「金剛持」亦有人譯為「持金剛」，
　　故此處譯為金剛上師。下來有等處則不必改。
32　即《文殊真實名經》，110後半頌與111前半頌。今依談錫永譯著、馮偉強
　　梵校《聖妙吉祥真實名經梵本校譯》（台北：全佛文化，2008）261及263頁
　　具引如下——
　　　吉祥蓮華生　持一切智藏　持諸幻化王　廣大佛持明

> 具德佛陀蓮中生　　遍智本智持藏者
> 展現種種幻化王　　持佛明咒之大士

質言之，蓮華生（Padmasambhava）實為一切如來語金剛自性無量光佛（Amitābha，阿彌陀佛）之化身；彼似因化機之福緣與根器有所差別，是故以不同現相作示現。

於普巴金剛（Vajrakīla）教法之傳記、及有等天竺版本中，謂蓮華生乃鄔仗那國王或其大臣之子；亦有說謂其於摩羅耶山之天鐵山頂上，如迅雷而顯現。然而於此，余將隨順從伏藏等所採且廣為人知，只述其化生之傳記。據云，鄔仗那一地，位於〔天竺〕西面，其東、南、北方皆被大海所圍。於西南方近羅剎地之處，其湖中有一島，上有由諸佛加持所生之雜色蓮花，其花胚上，有從淨土怙主無量光心輪放射之黃金金剛杵，上有 ཧྲཱིཿ（hrīḥ，音些）字；復從杵中放射一八歲童子，相好莊嚴，手持金剛杵與蓮花。彼留駐該地，向天人及島上眾空行母教授甚深法。

其時，鄔仗那國王因渣菩提無子。彼向三寶頂禮求嗣，復傾盡國庫作布施，繼而命人從一島上攜來如意寶珠。其崇法宰輔持黑（Kṛṣṇadhara）於歸途中首遇該童子；王後見之，遂攜彼入宮中作養子。童子曾受「蓮華生」（Padmākara）及「海生金剛」（Saroruhavajra）等名；亦曾從所請，坐於由如意寶珠力所顯之珍寶座上；降下衣、食、及珍寶之雨，令全國饜足；以青春遊戲力，令無數所化徒眾成熟；娶名為持光母（Prabhāvatī）之空行母為妻；曾依佛法拱衛鄔金國土；是故廣稱為頂髻王（Śikhin）。

復次，彼了知只專於治國，則不能成就廣大利他事業，遂向父王請准離宮，不許；彼乃於作嬉戲舞之際，假裝錯將

三叉戟脱手，因而令一魔臣之子超脱。依殺人律，罪當放逐至
尸陀林。彼於清涼寒林（Śītavana）、歡喜林（Nandanavana）
及蘇沙洲（Sosadvīpa）等尸陀林修苦行，復於該等地受伏魔
（Mārajitā）與寂護（Śāntarakṣitā）二空行母之灌頂及加持。當
彼得攝受諸尸陀林之空行母時，則廣稱其為「寂護」。

　　彼繼而前往富藏島（Dhanakośa），以空行母聲符
修持密咒道，由是攝伏島上之空行母。當其於粗惡苑
（Paruṣakavana）修持時，金剛亥母（Vajravarāhī）為加持彼而
示現。彼亦降服海中之龍族及虛空中一切星宿；三處之勇父及
空行[33]均向其垂賜成就，由是被廣稱為「金剛具力」（rDo rje
drag po rtsal）。

　　其後，彼往金剛座，於該地行種種神變。當被問為何許
人時，彼答云「我乃自生佛陀。」眾人不信，復誹謗之。彼因
見須以大力方能釋眾疑，故遂往薩霍惹，於該地從光象阿闍梨
受近圓戒，獲賜名「釋迦獅子」（Śākyasiṃha）。

　　彼於領受瑜伽密續之教法達十八回後，本尊即於該處示
現。本智空行母名為「秘密智」（Guhyajñānā）者，化身為比
丘尼名「慶喜」（Ānandā），應〔蓮師〕灌頂之請求，化彼成
一　（hūṃ，音吽）字然後吞下。蓮華生於空行母腹中廣受圓
滿外、內、密灌頂後，從空行母密蓮中出。如是，三障乃得清
除。

　　彼隨天竺眾多賢哲修學一切經、續、明處等，最著稱者
如：從八大持明聞受八大修部；從佛密聞受《幻化網》；從吉
祥獅子（Śrī Siṃha）聞受大圓滿。如是修習，只須聞一遍即能

33　「三處勇父空行」，指地下、地面、地上三處。

通達一切法；甚至能毋須啟請而親見諸本尊。如是，遂被廣稱為「具慧妙愛」（Blo ldan mchog sred，羅登楚詩），彰顯異熟持明得究竟之理。

復次，彼能壓服薩霍惹王持典（Ārṣdhara）具空行母相之女名「曼陀羅花」（Mandāravā，守意女）。彼攜此女往摧死洞（Māratika），以其為修道助伴之手印母，於洞中三月，修長壽成就法。怙主無量壽（Amitāyus / Tshe dpag med）現前親為二人灌頂，且加持之令二人與怙主無二無別。怙主復賜予十億長壽續，於是蓮華生得壽命自在持明成就。

既得無生死金剛身，蓮華生遂出發往調伏薩霍惹國土。當王與眾大臣欲將其火祭之際，彼行神通將〔柴薪〕化為一池芝麻油，並坐蓮花於池上。蓮華生既令彼等信心堅固，遂置彼等於一切教法中，由是俱登不退轉地。

復次，彼為調伏鄔仗那國，故前往該地化緣，但為當地居民察覺，此前其子被蓮華生所戮之魔臣及其黨羽，欲燔阿闍梨於熾燃之檀香木上。然而，阿闍梨由展現其神通力，彼與其佛母始終穩坐於被湖水所圍之蓮花上。阿闍梨穿戴一串人頭鬘，以顯其渡脫有情於輪迴之中，是故被廣稱為「蓮花顱鬘力」（Padma thod phreng rtsal）。

彼成國王所尊崇之上師凡十三載，以佛法莊嚴全國。依《教法集 • 法海》（bKa' 'dus chos kyi rgya mtsho）垂賜成熟及解脫[34]，彼令國王、王后及其他一切有緣人成殊勝持明，是故被廣稱為「蓮花王」（Padmarāja）。

---

[34] 凡「成熟」與「解脫」二詞連用者，其「成熟」必指灌頂、其「解脫」必指導引，此乃通例。下文亦有此種情形，不更註出。

　　據《所行境神變經》（*Gocaropāyaviṣayavikurvāṇanirdeśa-*
sūtra / *sPyod yul rnam par 'phrul pa'i mdo*）[35]中之授記，彼為調
伏阿育王而示現作比丘名「帝軍」（Indrasena）。王既生起不
退轉之信意，乃於一夜之間，在贍部洲遍建內藏如來舍利之一
千萬佛塔。

　　繼後，有等具力且對佛法有損之外道國王，被蓮華生以
超薦等之方便摧伏。其中某王，曾誘令蓮師服毒，但毫髮無
損；蓮師亦曾被拋落恆河，然河水倒流；彼於虛空中起舞，
是故被廣稱為「金翅力翔童子」（Khye'u chung mkha' lding
rtsal）。

　　復次，彼曾以無量數化身與示現作教授，此如現為迎請
《喜金剛續》之海生阿闍梨（Saroruha / mTsho skyes）、婆羅
門沙囉哈足（Sarahapāda）、譚比忿怒尊（Ḍombi Heruka）[36]、
毘瓦巴（Virūpa，畢哇巴）及大黑行者。彼遊歷至諸如名為
「身圓滿」（sKu la rdzogs pa）之大尸陀林等，向空行母眾教
授密咒之法門。當蓮師取得內外道一切憍慢鬼之心要密咒時，
彼命諸鬼為護法，是故被廣稱為「太陽光」（Sūryaraśmi）。

　　爾時，當五百外道師於金剛座發動諍論教法之際，阿闍
梨於辯難及神力之較量中折服之。當彼等以惡咒詛罵蓮師時，
蓮師以伏魔空行母所授忿怒咒作迴遮；復降下大雷霆以「解
脫」該等外道師，且火焚其城。當蓮師導餘眾入佛法且高舉勝
利法幢之際，遂被廣稱為「獅子吼聲」（Siṃhanāda）。其時，

35　漢譯有二。一為求那跋陀羅譯《佛說菩薩行方便境界神通變化經》三卷；
　　一為菩提流支譯《大薩遮尼乾子所說經》十卷。

36　Ḍombi為印度一劇種，取之為名，即謂遊戲。拙譯《善說顯現喜宴》曾譯為
　　「譚婆」，音不協，今改。

蓮師已超逾窮盡三漏[37]之圓滿殊勝道，住為得壽自在之持明。

　　復次，於接近天竺與尼泊爾邊界之揚雷雪（Yang le shod）石窟中，蓮師取一尼泊爾女子、即尼泊爾王善持（Puṇyadhara）之女名釋迦天女（Śākyadevī）者為修道助伴。當彼為求得殊勝成就而修習真實〔意〕忿怒尊[38]（Yang dag Heruka）時，有三兇猛鬼魅成為其障礙，致令三年不雨，瘟疫與飢荒遍地。是故蓮師往天竺向其眾位上師求取除障之法門。彼等派遣二僕夫攜來普巴金剛密續，使障礙自行消解。雨復降，瘟疫與飢荒亦止。佛父母[39]俱得殊勝成就，成大印持明。

　　真實意忿怒尊能垂賜大成就，唯正如遭遇諸多障礙之商人須有守護之理，普巴金剛之成就方便即乃忿怒尊之守護。有見及此，蓮師著有眾多結合真實意及普巴之實修法。阿闍梨降伏包括普巴十六守護在內之一切世俗雌雄鬼魅，且立彼等為護法。

　　復次，於種種隨宜之時會，蓮師於鄔仗那之小洲，諸如賀漠主（Hurmudzu）、施戈達那（Sikodhara）、富藏、盧迦馬（Rukma）等；於底羅呼底（Tīrahuti）等他盧國（Tharu）之國境；於迦摩縷波（Kāmarūpa）等處，依每地弟子所須而說法。復以共成就救濟眾多有情：如令水從乾涸之河床中流出；引導廣闊大河入於地下；當外道天人之神像，分別從天竺之東、南及中部自然而顯，使佛法受極大損害之際，蓮師以普巴金剛之力全滅三像；當一堵魯斯迦（Durushka）[40]王率軍以艦隻

37　「三漏」為欲漏、有漏、無明漏。

38　真實意又名大吉祥忿怒尊，詳下文。

39　指蓮師及釋迦天女。

40　英譯云，此地即今土耳其。

渡尼拉（Nīla）河，欲入侵佛法昌盛之建志國（Kañcī）時，阿闍梨結期剋印，如是五百軍艦悉數沉沒。此後，堵魯斯迦之禍遂止。

蓮師於何時往訪達羅毘荼（Draviḍa）雖然不詳，唯彼實曾漸次調伏該國之人、非人、空行等，復於該地立一寺廟。依據阿闍梨傳規之四部密續，尤其為《喜金剛》、《月密明點》、《真實〔意〕忿怒尊》（Yang dag）、《馬頭金剛》（Hayagrīva / rTa mgrin）、《普巴金剛》（Vajrakīla / rDo rje phur pa）、及《本母非人》（Mātaraḥ / Ma mo）等之講授、聞聽與修習，持續廣傳直至後時。據此等〔密續〕之傳說中，云蓮師遊於西南方之羅剎地。

上開所述，廣見於來自天竺之可靠根源。一般均謂蓮華生為教法及眾生住於天竺凡三千六百年；然依學者之見，或謂所言「年」者實指半年，或逕謂乃誇飾之辭。

復次，為調伏霍爾（Hor）[41]及漢地，蓮華生示現為具神通力之國王及一具力瑜伽士；於象雄（Zhang zhung）境內示現為自生童子，名為自具力（Tavihṛca）。如是蓮師以大圓滿耳傳之教授，令眾多具善緣者得光明身。

以種種事業隨順所化徒眾，安立一切居殊語異之眾生於解脫道上，是以蓮師事業之廣大，實屬無可計量。此亦僅就有具名及特殊示現之傳記而說，實而言之，如不計及其顯隱事業之分別，則由其化身示現而行之教化，可謂無處不在。是故，無人可釐清彼等住於雙運境中作解脫事業者之極限。

---

[41]　即突厥斯坦 Turkestan，相當於外蒙古境。

　　如是，大成就者可不顯現於尋常徒眾面前，歷經久遠始再復顯現，且長久住世；亦可同時隱於一地而見於另一地；可於一處示現〔神識〕遷轉，而於他處作降生。如是種種，不一而足，其化現實無量無邊。是故，往昔毘瓦巴曾於不現後，其身復三現；闍爛陀梨波如是復現五回；大黑行者，於天女要塞（Devīkoṭa）[42] 此地身故後，遺體復由其弟子火化，亦得以其前身於他地再現，利益世間，據云彼亦同時取往生於另一地，且以該身示現得殊勝成就。是故，欲準凡夫之理，以期訂正此等大成就上師之時序與居處，實無可能，此亦有如居常人之位，不足以論帝王，因彼等〔上師〕具足神通自在，能圓滿遍行於有情眾信解與意樂之根識中也，如《佛說法集經》（*Āryadharmasaṃgītisūtra / Chos yang dag par sdud pa'i mdo*）云——

　　　　有情欲令壞劫作成劫，即能轉壞劫作成劫，彼等所經亦為成劫；有情欲令成劫作壞劫，即能轉成作壞，彼等所經亦為壞劫。唯成與壞非由彼變化，實由願力所作故。如是，有情欲令一劫作一朝，是能歷一劫於一朝；有情欲令一朝作一劫，所歷亦如是。此之謂菩薩願力所生之神變。

　　蓮華生阿闍梨如何入藏，詳後文。

乙五、摩訶瑜伽修部傳承 （分六）

　　至於摩訶瑜伽之另一部，即「修部」者，復分為二：是為教傳與伏藏〔巖傳〕二者。

---

[42]　英譯云，於孟加拉北。

丙一、吽迦羅與真實意教傳

初者：佛之意、屬不動部（Akṣobhya），含《忿怒尊要〔續〕》（He ru ka gal po）等真實意之教傳，統歸於吽迦羅阿闍梨（Hūṃkara）。此阿闍梨生於尼泊爾一婆羅門家。彼於吠陀及外道學說尤為通達，復得神異之力。往後，彼對佛法生起殊勝信心，遂於中天竺那爛陀，從佛智足阿闍梨及羅睺羅班智達受近圓戒。由般若之教法，至密咒道內外密等，彼一一修學而作淨治；彼受灌頂及得一切主要與附屬教法。尤其於彼受灌而入吉祥真實忿怒尊（Yang dag Heruka）[43]之壇城時，其花恰降於忿怒尊吽迦羅之上。於長時觀修〔該本尊〕，彼於二次第生起勝定。因了知若經修習六月則可得成就，故彼須一具足金剛部手印之所有相好、而貌如青蓮花之旃陀羅女為其事業手印。彼遂遍處尋覓，終於他地訪得如是女子。乃向女子父母求親，唯雙親云：「尊駕為婆羅門阿闍梨，汝其瘋耶？余等既為旃陀羅種，若結姻則彼此均不免矣！」

彼答云：「余需此女為修道助伴，是故大眾毋須因違世俗種姓之規而受罰也。」

「如是，則汝須贈余等相當於吾女體重之金銀。」

阿闍梨剎那間從地中出一寶藏付之；遂與其手印於一山洞中作念（bsnyen pa）、近念（nye ba bsnyen pa）、及修（sgrub pa）等凡六月。於上弦月第八日黎明時分，虛空中響徹大之「吽」聲；阿闍梨現見壇城圓滿，中為金剛忿怒尊及其他本尊等。彼復依大修[44]而得「大印」之殊勝成就。此與《幻

---

[43] 《九乘次第論集》99頁作「金剛忿怒（真實）」。

[44] 念、近念、修、大修稱為念修四支，可視為一觀修次第，本書多處提及，有時並未全列四支，下來即不註出。

化網道次第》所說之第一〔時期〕相應，蓋彼續釋云——

> 真正成就灌頂覺　六月十二月內得
> 或十四或十六月

　　吽迦羅阿闍梨以生起、圓滿等三者[45]，及其他密咒及密續等利益眾多有情；復撰述關於二次第之多種論典，如：《真實呼嚕黃金鬘》（*Yang dag ru lu gser phreng*）[46]、解說《諸佛平等和合》之口訣名為《四支要義顯明》（*Caturaṅgārthālokanāma / Yan lag bzhi'i don snang bar byed pa*）、《吉祥大飲血成就法正成就》（*Saṃsiddhimahāśrīherukasādhananāma / Khrag 'thung chen po'i sgrub thabs yang dag par grub pa*）等。

　　最後，阿闍梨有如金翅鳥王，隻身飛往不動佛剎土。

　　生起次第之教誡，由吽迦羅傳予中脈結阿闍梨（Avadhūti）與鄔仗那之佛吉祥寂阿闍梨（Buddhaśrīśānti）；繼後，金剛座之大威勢足（Sauripāda）復從二者得彼等教授；復次，無畏生密大阿闍梨（Abhayākaragupta）及其一眾弟子繼之而生。

丙二、文殊師利友與閻曼德迦教傳

　　〔佛之〕身、屬大日（Vairocana）部，含《忿怒文殊秘密續》（*Mañjuśrīkarmacatuścakraguhyatantra / 'Jam dpal khros pa gsang rgyud*）[47]等閻曼德迦（Yamāntaka，閻魔）之教傳，統歸於文殊師利友阿闍梨（Mañjuśrīmitra，妙吉祥友）。阿闍

45　指生起法、圓滿法及生圓雙運。

46　呼嚕，為 Ru lu 之音譯，表忿怒尊聲。

47　全譯為《文殊師利四業輪秘密續》。

梨生於西天竺地區、名「二次第」（Dvikrama）之村落中，
父名善劍（Sādhuśāstrī），母光明燈（Pradīpālokā）。阿闍
梨精通吠陀及其支分，唯彼從灰色起屍大阿闍梨（Ro langs
thal mdog，俱生喜金剛）及其他上師，受外內密咒灌頂、且得
一切共不共口訣。有云彼從遊戲金剛阿闍梨，聞受《黑閻魔
敵》（Kṛṣṇayamāri / gShin rje dgra nag）、《六面》（Ṣaḍānana
/ gDong drug）、及《大威德金剛》（Vajrabhairava / rDo rje'jigs
byed）等三法。總之，當彼已得一切共成就及近於雙運位時，
決然而行其道。

　　一時，文殊師利友與一極為偏袒外道之國王，於橋上相
遇。其時王坐於大象上，然彼此各不相讓。阿闍梨結期剋印，
王與大象遂各裂為兩段，各半墜於橋之兩側。王之從者隨即致
歉並懇求恕宥，阿闍梨乃使王復生，並攝其皈依佛法。此如阿
闍梨自云——

　　　　我不頂禮世間主　　象縱立前不讓路
　　　　高聲口誦密咒王　　足越石山無礙度

　　後際，文殊師利友得登雙運之殊位，由是與聖文殊妙音
無二；文殊師利閻曼德迦（Mañjuśrī-Yamāntaka）現前並為其
灌頂，且教授一切密續與口訣。眾多死主之事業化身周匝圍繞
阿闍梨，復向其獻上心要密咒。彼從摩羅耶山中，取出以吠琉
璃寫就、具足四事業之金冊。阿闍梨只須一瞥，即已了然。彼
以〔冊中〕密咒調伏外道，曾作粗暴事業（rgod las）[48]，令一
外道國土殲滅無餘。彼復令金冊隱沒，使其封藏於金剛座以
北。

---

[48]　即指四事業中之誅法。

因文殊師利友亦名藏成就（Sārasiddhi）婆羅門，故可確認彼即大阿闍梨祇多梨（Jetari）之父、名為藏足（Sara / sNying po'i zhabs）婆羅門。此〔祇多梨〕阿闍梨亦以文殊師利之明咒而得成就。據傳法護王（Dharmapāla）尊奉祇多梨為其上師；王之子亦受聖文殊之灌頂而得成就。

解說眾多密續之教傳，均來自文殊師利友之弟子、即《時輪後續》（Śrīkālacakratantrottaratantrahṛdaya / dPal dus kyi 'khor lo'i rgyud phyi ma）中有授記之智金剛（Jñānavajra）及菩提金剛（Bodhivajra）二婆羅門。尤有要者：大不空金剛（Amoghavajra）從彼阿闍梨（文殊師利友）得全部閻曼德迦法門，而小不空金剛則從前者而得，如是等等。此即在藏地以廓系（sKyo）知名之《閻曼德迦法系》（gShin rje skor）源頭。

丙三、龍樹與馬頭金剛教傳

佛之語、屬無量光部，含《寶馬遊戲》（Aśvottamavīṇāsamatamahātantra / rTa mchog rol pa）等蓮花語密續之教傳，統歸於聖龍樹大阿闍梨（Nāgārjuna）。有云此阿闍梨實乃超岩寺之施供阿闍梨（Balimācārya），故與聖者龍樹非同一人。然而該施供阿闍梨，其名為龍樹藏（Nāgārjunagarbha），且從未被稱為「聖者」；是以由聖阿闍梨所撰之論著，其作者之名題為「聖者」龍樹藏時，實不應將彼與施供阿闍梨混淆。

根據有關龍樹廣為人知之傳記，彼迎請《大黑天八續》（Ma hā kā la'i rgyud brgyad）、《大黑天女續》（Śrīdevīkālīpraśaṃsārājatantra / lHa mo nag mo'i rgyud）、

《咕嚕咕呢證悟》（*Muktakenatārodbhavakurukullesādhana / Ku ru kulle'i rtogs pa*）及眾多其他不同之密續；得眾智慧空行母面授訣要。據云彼曾以一人之力，迎請不同之成就法垂六十種；於八種共成就中，彼曾逐一成就眾多非凡事功。於吉祥缽伐多（Śrīparvata），與一眾母夜叉眷屬，住於密咒行凡二百載，龍樹最終得金剛身。

丙四、無垢友與金剛甘露教傳

佛之功德、屬寶生部（Ratnasambhava），含《甘露八卷》（*Sarvapañcāmṛtasārasiddhimahodgatahṛdayaparivartāṣṭaka / bDud rtsi bam brgyad*）等金剛甘露（Vajrāmṛta）之教傳，統歸於無垢友阿闍梨（Vimalamitra）。此阿闍梨生於西天竺之象林（Hastivana），理解一切明處及其支分，隨諸位三藏法師修學大小二乘經藏而能通達；又從諸如佛密等眾多大持金剛，聞受一切密續，由觀修而證得大印之殊勝成就。無垢友尤長於《幻化網》；撰有多種論著，例如：《秘密藏》之釋論《要籍明炬》（*Khog gzhung gsal sgron*）、《無上幻化網釋論・除暗》（*sGyu 'phrul bla ma'i 'grel pa mun sel*）、《支分幻化網張目釋論》（*Vajrasattvamāyājālatantraśrīguhyagarbhanāmacakṣuṣṭīkā / Le lag gi spyan 'grel*）、《幻化網八十品略釋》（*brGyad bcu pa'i bsdus 'grel*）、《開智慧眼》（*Mahāyogaprajñāpraveśacakṣurupadeśanāma / Shes rab spyan 'byed*）、《三次第》（*Māyājālopadeśakramatraya / Rim pa gsum*）、《手印禪定》（*Māyājālamudrādhyāna / Phyag rgya bsam gtan*）、《火供》（*Māyājālahomasaṃkṣiptakrama / sByin sreg*）、《荼毘事業》（*Māyājālalaghudṛṣṭāntasvāśrayakrama / Ro sreg gi las*）、《明點次第》（*Thig rim*）、《〔秘密藏〕簡釋》

（*Śrīguhyagarbhapiṇḍārthatīkā* / *sNying po'i 'grel chung*）等諸如此類。

丙五、光象、蓮華生與普巴金剛教傳

佛之事業、屬不空成就部（Amoghasiddhi），其普巴金剛（Vajrakīla）密續之教傳，統歸於光象阿闍梨。又，當蓮華生大阿闍梨住於揚雷雪、依殊勝真實意忿怒壇城而現得大印之殊勝持明證悟時，有一桀驁龍族、及一馬首母夜叉、與一虛空電雲魔，此三者意中均生起不能堪忍之受。為調伏彼三者所欲作之損惱，蓮華生乃依《無上覺十萬頌密續》（*Vidyottama la 'bum sde rgyud*）修成就法，由是金剛童（Vajrakumāra）現前而摧滅一切障礙之徵相。阿闍梨繼而將十二本母（Mātaraḥ，非人）及四女地神置於誓句之下。有說謂彼亦從光象阿闍梨聞受《普巴金剛續》十八次，如是蓮華生遂無餘通達普巴金剛、亦即體現佛事業之教傳。

上來所說種種傳承，均由彼等阿闍梨各各無餘現證，復廣傳與其餘具緣弟子。

丙六、伏藏（巖傳）

次者：金剛法菩薩，因見世間無人堪能聞受菩薩開示修部中總、別之卷帙，故將卷帙付託於大事業自在空行母（Mahākarmendrāṇī / mKha' 'gro ma las kyi dbang mo che）。空行母先將《八大法行之五總續與十別續》（*sGrub pa bka' brgyad kyi spyi rgyud lnga dang sgos rgyud bcu rnams*），放入八寶所成之匣中；當將別續放入各別之匣後，空行母將匣全數封印，令諸匣隱於清涼寒林之積樂佛塔（Śaṇkarakūṭa Caitya / mChod rten bde byed brtsegs pa，聚骨佛塔）。

其後，八位具大成就之阿闍梨由神通力得知此事，遂群
集於該地，生起禁戒之意樂，並以真實誓句與隨宜物事，就
地開釋一眾空行母與憍慢鬼魅。因眾阿闍梨以利他為意樂之等
持力故，事業自在空行母乃攜同諸匣作示現。彼將放置《大殊
勝》（*Mahottara / Che mchog*）密續之金匣授予無垢友；放置
《吉祥忿怒尊》密續之銀匣授予吽迦羅；放置《閻曼德迦》密
續之鐵匣授予文殊師利友；放置《馬頭金剛》密續之銅匣授予
龍樹；放置《普巴金剛》密續之綠松石匣授予蓮華生；放置
《本母非人》密續之犀石匣授予珍寶和合（Dhanasaṃskṛta，
達那生芝達）；放置《世間供贊》（*Lokastotrapūja / 'Jig rten
mchod bstod*）密續之瑪瑙匣授予樂密（Rambuguhya，嚴布姑
希）；放置《猛咒詛詈》（*Vajramantrabhīru / Drag sngags dmod
pa*）密續之黑白紋瑪瑙匣授予寂藏（Śāntigarbha）。由是每位
皆通達於各自所受而得密咒道之成就。

從八寶所成之匣中，生起《善逝集》（*bDe gshegs 'dus
pa*）密續與口訣之教法，已統攝上述修部無餘；此匣則授予蓮
華生阿闍梨。

乙六、無比瑜伽圓滿次第傳承（分二）

丙一、毹衣足（小因渣菩提）

三部之次、即無比瑜伽（Anuyoga）圓滿次第：雖然又名
「授記金剛」（Vyākaraṇavajra）之渣王，已受秘密主灌頂，
且於一切教法已了然於胸，即便如是，為斷好事者之想像：
以為渣王已能隨意入密咒道，是故渣王仍依人間持明、離車毘
族之維摩詰居士，從其而得一切灌頂及口授。渣王亦有論著如

《密意總集經釋》（*sPyi mdo dgongs pa' dus pa' i' grel pa*）等。彼對昔日齊受教於離車子之同窗、即優婆王阿闍梨，及渣王之三子，即帝釋子、龍子（Nāgaputra）與密子（Guhyaputra）等，於幻化壇城中賜灌頂，復作教授。渣王於吉祥米聚塔（Śrī Dhānyakaṭaka Caitya）、又名吉祥拘陀親那（Śrī Dakṣiṇa）之地，為優婆王灌頂並交付密續；於安樂生起城（Kṣemākara），渣王為其三子灌頂。

渣王三子中，帝釋子被廣稱為小因渣菩提。有云當其得成就時，則被廣稱為毱衣足阿闍梨（Kambalapāda）。此點亦見於《俱生成就注解》（*Sahajasiddhipaddhati / lHan cig skyes grub kyi gzhung 'grel*）中。無論如何，因為因渣菩提曾迎請某等諸如《勝樂》之續藏，是故寶金剛（Ratnavajra）婆羅門暨他眾，皆其傳承之追隨者。有後期之天竺上師云，毱衣足阿闍梨實為王子、且為鄔仗那當地人，是以自應視其與小因渣菩提為同一人。

起初，此阿闍梨從一大密咒阿闍梨受灌頂，且於觀修教授時證得本智。其後彼前往鄔仗那之杜摩史提羅（Dhūmasthira，煙不動城）[49]，此乃空行母之地。阿闍梨於該處，曾收受由外道空行母眾所獻之花鬘。奉佛之空行母眾告云：「子！收取彼花鬘實屬過失。汝今後須入外道矣！」

於午夜時分，當阿闍梨作觀修入等持時，諸外道空行母向其降石如雨下；而阿闍梨依生起次第之保護輪故無損傷。阿闍梨遂思維：生起次第既有此利，應更顯圓滿次第之力。由住於無相定中，彼令所有石頭凝住於空中。直至今時，於鄔仗那

---

49 英譯云乃鄔仗那首都。

地，即阿闍梨作修持之洞窟，其上之天空中尚有一碩大而無依附之巨礫，眾多凝石可清楚見之於礫面之上，平滑如鏡。

前時，阿闍梨曾往王宮門前酣睡。凡欲進宮者如不向阿闍梨跟前頂禮，定必雙足僵硬；是以每人入宮前皆須頂禮。阿闍梨此睡長達十二載，唯於彼僅為住於內光明之一座耳。

異時，有來自鄔仗那國之五百魔女，正尋覓阿闍梨欲令其生起障礙，但於阿闍梨之處只獲一毡子。彼等云：「嘻！試觀此比丘之把戲！彼轉自身為毡子，吾等盍撕而食之！」如是乃分毡子為五百細份而啖之。阿闍梨隨即現身並咒罵該五百魔女，轉彼等成五百羊首妖怪。彼等往見國王並云：「彼尸陀林主比丘以此施於我眾。大王，請為余等解困！」

國王隨即啟請阿闍梨，彼裸立於前而曰：「陛下之咒師盡啖吾毡，此毡乃貧僧唯一所有。且召彼等咒師！」

當諸咒師咸集後，阿闍梨對彼等逐一結期剠印，令彼等轉而別具種種頭顱，大眾各吐出毡子之一份碎片。諸碎片後被縫合，但仍遺失數份。阿闍梨云：「尚遺三份，且召餘者！」其時尚居於後宮之餘三者乃應宣召，阿闍梨如法施為，令彼等吐出碎片。毡子復原，阿闍梨乃裹之於身。此即何以廣稱彼為至尊「毡衣足」之故。

此外尚有眾多有關毡衣足之事跡：其一描述彼與渣王如何向大眾示現其成就相；另一則云當遊戲金剛阿闍梨得共成就後，毡衣足與渣王齊赴鄔仗那國，於牟輪茶迦山（Muruṇḍaka）邀其比拼神通。

有云於較後之時，所有鄔仗那之國人，因依從渣王與毡衣足阿闍梨之教導故，悉皆成為持明，由是令地域廣大之鄔仗

那人口亦為之一空。余意此事，與上來所說，渣王之子小因渣菩提暨眷屬大眾成為持明，或同屬一事。

丙二、小因渣菩提之傳人

如是，小因渣菩提於海濱，為獅童（Siṃhaputra）與後犬王行灌頂及講授〔無比瑜伽〕密續。後犬王為起屍樂（Ro langs bde ba）行灌頂，復講授密續。起屍樂者，乃俱生喜金剛化身諸異名之一。在彼之前之所有傳承上師，及各各從者，其數由一萬至五萬不等，由修習具戲論行之會供，得雙運身而隱沒。

起屍樂阿闍梨於無上實林（Uttarasāra）中為金剛笑灌頂及講授密續；後者亦以大樂之道而得殊勝成就。彼著有名為《瑜伽明覺日》（rNal 'byor rig pa'i nyi ma）之論典，系統闡釋《密意總集經》之甚深道；於伽耶尼國（Gajane）內印度河畔，為光象阿闍梨灌頂及講授密續。

如前所述，光象之戒名為釋迦光。彼教授小釋迦光，後者復教授釋迦友及釋迦獅子。釋迦友於瑜伽續尤其通達，嘗於憍薩羅地，著有《憍薩羅莊嚴》、即《攝真實續》之釋論。據云釋迦友從學於十一位上師，彼晚年時前往迦濕彌羅，廣大利益當地眾生。

「釋迦獅子」實乃蓮華生大士之稱號，彼嘗於〔金剛座之〕九層神饌塔（Naivedyaśālā）頂向珍寶護阿闍梨（Dhanarakṣita）講授密續；後者著有論典，闡明《密意總集經》內所載之品類。彼於鄔仗那之金剛洞內，指授吽迦羅阿闍梨；後者亦著有諸如《根本續釋‧七印》（rTsa rgyud la 'grel pa rgya bdun ma）及《瑜伽地炬》（rNal 'byor sa'i sgron *ma*）等有關《密意總集經》之論典。於天竺及大食[50]邊界之阿修羅石窟，彼獲其手印母迦迦悉地（Gagasiddhi）之助而得持明身。

雖則有種種世間方法，如辟穀術、降持明點、旋燈氣輪等能令己身隱沒不顯，然而上述諸阿闍梨乃依於見道上無分別智之近因行，轉自異熟身為光明；是故須知此中之廣大區別。

珍寶護〔傳法予堅慧（Sthiramati），後者於〕[51]吉祥拘陀親那城為樂顯（Sukhodyotaka / bDe ba gsal mdzad）灌頂且傳付密續。後者亦從學於吽迦羅阿闍梨，且於修習明咒有成後得持明身。彼著有《說經十八記》（*mDo'i yig sna bco brgyad*）、《瑜伽次第大乘炬》（*rNal 'byor gyi rim pa theg chen sgron ma*）等。彼教授四位具殊勝善緣之心子，其中一位乃來自摩揭陀，精通《密意總集經》之法菩提（Dharmabodhi）。

法菩提著有《經義攝略》（*Guhyarthasūtrapiṇḍārtha / mDo'i don bsdu ba*）、《般若燈》（*Shes rab sgron ma*）、《經摘》（*bKol mdo rnams*）等。彼於吉祥那爛陀為法王護堪布（Dharmarājapāla）灌頂及講授密續；亦為尼泊爾王世持（Vasudhara）、及於王舍城為經典吉祥善（gTsug lag dpal dge）二者灌頂及講授密續。據云，此三人亦從學於珍寶護阿闍梨。

上開一切傳承者均總集包括灌頂、解釋、及口訣在內之一切教語傳承。此三位阿闍梨復於中天竺，輪番為勃律（Bru sha'i yul）之威嚴生（Che btsan skyes）灌頂及解釋密續；後者由觀修成就，其後迎請珍寶護阿闍梨至勃律，二者開始繙譯

《密意總集經》及其他典籍。唯因眾人信解微弱，珍寶護遂棄繙譯而赴尼泊爾，於當地指導世持及法菩提。爾後，威嚴生阿闍梨於勃律境內，在法菩提與珍寶護監督下，以勃律語譯出彼等典籍。

乙七、無上瑜伽大圓滿傳承（分三）

丙一、俱生喜金剛及文殊師利友

三部之三、即大圓滿無上瑜伽（Atiyoga）：當世尊秘密主金剛手於須彌山（Sumeru）以北之火焰山尸陀林中，向一眾勇父、空行母、成就者、及持明等教授密咒法時，西天竺鄥仗那之富藏島上，僅住有名稱為「俱舍」（koṣa，庫藏）之眾生。彼等具人身、熊首、鐵爪。全島為諸如檀香等眾多品類之樹木所繞，是故此地遂被冠以「富藏」之名。境內有一名為「積樂」（bDe byed brtsegs pa）之大寺，周圍有六千八百小寺環繞。此實乃福德與資財俱臻圓滿之處也。

該地之王名優婆王（Uparāja），其后名顯明具光（Ālokabhāsvatī / sNang ba gsal ba'i 'od ldan ma）；二人有一女名妙法（Sudharmā），出家為沙彌尼，稍後受近圓戒為比丘尼。距富藏約一由旬之遙，有一覆以金沙之島，妙法與其女僕樂具藏（Sukhasāravatī / bDe ba'i snying ldan ma）居於島上一細小茅舍，習瑜伽與觀修。某夜，比丘尼夢一白色無瑕之人，將封有ཨོཾ་ཨཱཿ་ཧཱུྃ་སྭཱ་ཧཱ（oṃ āḥ hūṃ svāhā，音：嗡阿吽梭哈）等字之水晶瓶，置於比丘尼頂輪三回。水晶瓶所放之光華，直令比丘尼能明見三界。不久之後，比丘尼誕下麟兒；此兒實乃於天界弘揚大圓滿之金剛薩埵天子化身、亦即王者之子最勝心。然而比丘尼羞慚無地，視此為大過失——

　　無父之子世間何種姓
　　世間魔怪梵志或其他
　　鬼妖王水腫鬼等魑魅[52]
　　三界之內其誰顧惜之
　　天或非天縱取諸形相
　　求此先例我實未之見
　　如此不法國土為誰存
　　嗚呼！
　　吾戒行淨本欲超諸趣
　　邪貪趣眾必罪余惡大

　　彼遂大悲號。然其女僕云：「此兒乃諸佛之子，不宜如此傷慟。」

　　唯比丘尼不理，遽投小兒於灰堆中，剎那間聲與光等種種異象大作。三朝過後，只見小兒毫髮無損，比丘尼由是乃知其子實為應化身。於是比丘尼以大恭謹，從灰堆中迎回其子，此際，虛空中天人叢聚而讚歎曰——

　　　　怙主導師薄伽梵　　顯明自性世間尊
　　　　虛空金剛我今請　　尚祈護佑我等眾

　　復次，諸勇父、空行、天、龍、夜叉、及其他世間護法眾亦以種種供物行供養。

　　荏苒七年，童子乃語其母曰：「慈親，我欲與班智達等論法，兒謹懇母允諾。」

　　母答云：「愛兒，汝仍幼小，諸班智達既睿智復博學，

52　此處之「王」（Raja）為一類神魔，具名王・雅秀瑪保（見謝繼勝譯《西藏的神靈和鬼怪》，西藏人民出版社，1996。下來多譯為「王鬼」。

汝欲勝之實難矣！」

　　唯兒固請，母不得已，乃囑其與五百班智達論法，彼
等皆為前述優婆王之應供處。童子遂赴富藏求謁國王，於王
前復申其請。然王思：「此子固童稚耳，實難與班智達等論
法。但其身具上士之眾多相好，其或為應化身耶。」

　　王乃詢於眾應供處而莫衷一是，然其中一大堪布云：
「彼有一相好極為善妙。盍宣童子進前，余等即可察其屬應
化身與否也。」

　　童子遂被召至諸班智達前且作頂禮。經長時之論難
與辯駁，諸班智達之智實為童子所蓋，故彼等無不對其頭
面禮足。眾班智達對童子具大敬意，上稱號為「般若生」
（Prajñābhava）。王亦驚喜，故賜予「大阿闍梨」之稱號及
「俱生喜金剛」（dGa' rab rdo rje）[53]之名；此前，童子之母
訝異其子被投於灰堆中而絲毫無損，則稱其為「起屍樂」或
「灰色起屍」。

　　復次，北方有一名為太陽光明山（Sūryaprakāśa / Ri bo nyi
ma rab tu snang byed）之石山，極其怖畏，恆見餓鬼眾漫遊其
中。俱生喜金剛嘗居於此中之草屋茅舍凡三十二載，長時住
於等持中。其間大地震動七次，復有聲從天降，讚歎外道教
法式微。有外道國王聞得此事，乃遣刺客欲害阿闍梨，唯當
大眾共見俱生喜金剛於天空飛翔，國王及其從者生起無上信
意，且由此而入佛道教法。

　　此際，外內乘一切諸藏、尤其為自性大圓滿之六百四十

---

[53] 依藏文原應譯為「極喜金剛」，談錫永上師則譯為「俱生喜金剛」，乃依
密意而譯，曾有講述，今從之。

萬頌，皆住於俱生喜金剛心中，是以當金剛薩埵現前為其作本明之淨瓶灌頂，並指示如何現證無學道之本智後，金剛薩埵亦命彼為「口說密續」作筆錄。復次，於寶石充塞之摩羅耶山頂，阿闍梨與具足世間樂味之金剛界空行母（Vajradhātu Ḍākinī）、暨黃色行樂空行母（Pītaśaṅkarā）、及無量功德空行母（Anantaguṇā）等三者，費三載時光筆錄此等教法，並為其作無倒之編次，兼及彼等自生自安立之化身文字。阿闍梨等將此中一切置於名為「空行母本源」（mKha' 'gro ma mngon par 'byung ba'i phug）之洞窟內。

異時，阿闍梨前往金剛座東北之清涼寒林尸陀林，彼處有一大佛塔，中住有眾多狠毒空行母及極凶暴有情。阿闍梨於該地續向太陽光空行母（Sūryakiraṇā / mKha' 'gro ma Nyi ma 'od zer）及無數其他眾生開示教法。當時，文殊師利友從聖文殊明利（Mañjuśrītīkṣṇa）得授記云：「噫！善男子，若欲即身成佛，則往大清涼寒林尸陀林。」

文殊師利友依言而往，得見俱生喜金剛阿闍梨，且從其聞法達七十五載。俱生喜金剛向彼傳授所有教法，復加以極深指導後，即於檀那特迦（Danatika）河岸之無漏界中入涅槃；其時，文殊師利友三發「嗚呼哀哉！」之悲語，此際，於虛空一光蘊中央，阿闍梨之身現前，復將一大小如指甲之金匣降於文殊師利友手上，中藏阿闍梨遺教，名為《椎擊三要》（*Tshig gsum gnad du brdeg pa*）。

其後，文殊師利友大阿闍梨分大圓滿六百四十萬頌為三部 ——

　　　　住於心者為心部　　離所作者為界部
　　　　求深要者口訣部

阿闍梨特於口訣部中,將名為《內自心髓抉擇》(*Thig le rang gnad du dbab pa*)[54]之簡明本,劃分為耳傳(snyan brgyud)及釋續(bshad rgyud)等二傳規。彼為耳傳作疏釋;唯於釋續傳規、即《心髓》(*sNying thig*)之教法,因其時未尋得可託付之根器,故將其藏於金剛座東北一巨石之下,復以十字金剛杵將巨石封印,令其隱沒不見。其後,彼往金剛座以西之蘇沙洲尸陀林,向諸不淨相空行母、無數眾生、及住於密咒行之修行者說法,於該處入定凡一百零九年。

丙二、佛智足

文殊師利友之高弟,為大壇城金剛阿闍梨佛智足(Buddhajñānapāda)。彼起初曾侍奉不同之上師,如闍爛陀梨波阿闍梨、鄔仗那之遊戲金剛阿闍梨、及古尼如瑜伽母(Guniru)等,從諸師得密咒道之多方修學;財神瞻巴拉(Jambhala / rMugs 'dzin)與增祿天母(Vasudharā / Nor rgyun ma)供其日用所須。一時,阿闍梨曾侍奉恭建那之護足阿闍梨達九年,其間聞受《密集續》凡十八回。彼語其上師,謂於「實性」尚未能悟。師答云:「我亦未悟。」

復次,彼曾於金剛座後一名為鳩婆凡那(Kupavana,邪林)之叢林內,修持凡十八月,其中作念修四支與修習傳戒儀軌達十二月,忿怒法則六月;阿闍梨由此得如是懸記:「欲悟實性,汝須問聖文殊師利。」

彼思維:「善!唯文殊師利居於五臺山。吾須往此地。」

於是,即向彼方進發。約日中時,於一白屋附近,只見

---

[54] 此處用意譯。

文殊師利友作年尊家主打扮，法衣卷如螺旋，一庸劣村婦協助
犁田。佛智足遂對之生不信心；不遠處，一醜陋之白色母犬正
酣睡中。

至午膳時，佛智足乃往化緣，文殊師利友自水溝中捕一
魚予母犬。母犬將魚嘔出，文殊師利友以魚供阿闍梨，阿闍梨
以為不淨，故不受。年尊家主云：「贍部洲來人具大分別心，
且予彼上食。」言罷即便他往。

當阿闍梨食罷婦人所供之熟飯與乳酪後，將欲行，婦人
云：「日暝矣，投村已不及，不如明朝方行。」彼遂留宿，閱
《密集續》。每當阿闍梨於段落起猶豫際，婦人即顯不悅。當
阿闍梨覺彼實具他心通時，即求彼斷己之惑。婦答曰：「余不
曉，唯剛離開之家主實通達《密集續》，彼將於午後歸，定可
斷汝之惑也。」

於午後，年尊家主果帶醉蹣跚而回。阿闍梨已知其為密
咒行者，遂頭面禮足，懇請彼斷己之惑。彼答云：「此須灌
頂。」曰：「已受他人灌頂。」答云：「唯於傳我法與汝之
前，余須親為汝灌頂。」言罷，文殊師利友逕入別室。

薄暮際，阿闍梨被喚入，只見年尊在家人、並婦及犬，
皆在文殊金剛十九本尊壇城化現之旁。在家人問彼：「汝將從
誰受灌頂？」答言：「請受壇城。」文殊師利云：「如是，受
之可也。」答時復與婦及犬俱入別室，然壇城隨即隱沒。阿闍
梨氣餒，乃悲呼云：「噫！汝實普有情之唯然一父……」

應彼淒然之啟白，文殊師利友遂再起壇城如初，為彼灌
頂，復說大圓滿心部之法，佛智足之解悟遂廣如虛空。彼編纂
名為《妙吉祥口授》之著作，開示修習二次第之實性〔以略攝
所受之教法〕。

佛智足於一切法探賾索隱。據云，緣於其起初對犬所吐之食、及對年尊在家人之行生不信心，是以不能即身得無上成就，而只於中有境時現證金剛持位。

復次，護足亦向佛智足阿闍梨請法而得成就。

佛智足著作等身，如《解脫明點》及《普賢成就法》（*Samantabhadranāmasādhana* / *sGrub thabs kun bzang*）等。此阿闍梨有關圓滿次第之口訣，於遠古際已繙譯為藏語，納於心部最純淨之宗輪內，是故其一眾從者與弟子，均屬大圓滿之傳承即不言而喻。有等確信吉祥獅子阿闍梨與此大阿闍梨實同為一人。若考諸史傳，則此說亦可通。

丙三、吉祥獅子、智經、無垢友

大約〔與佛智足〕同時，於漢地之疏鑑城（Grong khyer sho khyam）[55]內，善意長者（dGe ba'i yid can）與其妻智慧極明（sNang ba gsal ba rab tu mkhyen ma）有一子，具足苦行功德、亦即日後為人所稱道之吉祥獅子阿闍梨（Śrī Siṃha）。彼自十五歲起，從真實獅子（Haribhala）阿闍梨修學諸如聲明或因明等尋常明處凡三年。及至彼成大學者後，則啟程西往金洲城（Suvarṇadvīpa）。途中，聖觀自在於虛空示現，並作如是授記：「善男子！汝若決定欲證佛果，則應往天竺之蘇沙洲尸陀林。」

阿闍梨已饜足於所學，且思維：「今者，欲更易知曉無上果，則余亦須通達密咒道之其他密續。」乃於五臺山，從旃陀羅種姓之愚稱阿闍梨（Bhelakīrti），無餘聞受一切密咒道

---

[55]　疏鑑城，英譯云此城在于闐。

內外法，悉皆通達。復受近圓戒出家為僧，嚴守戒律禁行凡三十載，為三藏法師。

聖觀自在復以此前授記勉之。吉祥獅子思量：「為令往天竺之旅途中無有障難，須得神通。」遂修三年成就法而得持明身。復次，彼以雙足距地一肘遠而行，如是而抵蘇沙洲尸陀林，得見文殊師利友大阿闍梨，遂求彼為上師收己為徒；上師樂從其請。於垂賜教導與指授凡二十五載後，文殊師利友大阿闍梨之身乃隱沒於光蘊中，吉祥獅子為此傷極而悲歌。此際阿闍梨身於虛空中現前，且降一由寶石所成、大小如指甲之匣於吉祥獅子手上，中藏文殊師利友名為《六種修持覺受》（ *sGom nyams drug pa* ）之遺教。吉祥獅子阿闍梨由是具知甚深義。

繼後，文殊師利友阿闍梨於西天竺之金洲轉生。既長，是為幼文殊師利友，彼向蓮華生阿闍梨口誦一切內外密咒典籍。有云提婆阿闍梨從幼文殊師利友聞受大圓滿教法後，其有漏身遂隱沒。

其後，吉祥獅子阿闍梨從金剛座下，取出之前封存於此之密續。彼赴漢地，將大圓滿口訣部分為外、內、秘密、無上秘密等四輪[56]。彼為有等須戲論者，將前三輪匯聚並封存於菩提樹寺（Byang chub shing gi lha khang）之飛檐為伏藏；復依從得自空行母眾之授記，將無上秘密輪封存於吉祥萬門寺（bKra shis khre sgo）[57]之砥柱中，且以祈禱作封印。阿闍梨隨即居於施涼（bSil byin）大尸陀林，受惡毒非人之崇奉而住等持。

---

[56] 參《善說顯現喜宴》（台北全佛文化，2011，下引同），303-4頁。

[57] 英譯云，菩提樹寺及吉祥萬門寺皆在漢地。

　　彼時，於西天竺之象崗（Hastisthala / Glang po'i sgang），長者具樂輪（Sukhacakra / bDe ldan 'khor lo）及其妻自我光明（Ātmaprakāśā / bDag nyid gsal rigs ma）有子名無垢友（Vimalamitra）；於名為蓮花戒（Kamalaśīla）之東城，旃陀羅寂手（Śāntihasta）及其妻善心（Kalyāṇacittā）則有子名智經（Jñānasūtra）。吉祥金剛薩埵曾於二人面前示現，並授記云：「善種姓子！汝等已曾歷五百世班智達身，亦皆曾修持正法。唯汝等於前生尚未證得其果，〔若仍因循過去世之道，〕於今世亦未可得。汝等若冀有漏蘊身可隱沒而得證覺，則須往漢地之菩提樹寺。」

　　無垢友持缽盂抵該地，得見吉祥獅子阿闍梨。二十年內無餘領受耳傳之一切外、內、密指授，唯並無受賜卷冊。無垢友饜足而回天竺，復以所遇告知智經。

　　智經亦費大工夫前往漢地，恰如空行母前所授記，於施涼尸陀林得見阿闍梨。彼隨宜侍奉上師三載，令上師喜悅；終而以黃金壇城作供養，求上師垂賜教導。彼於九年中，得賜耳傳之指授及卷冊。當智經饜足欲回天竺之際，吉祥獅子問曰：「汝確已饜足耶？」答云：「已足。」上師云：「唯余尚未付汝〔傳承〕。」

　　智經當下明白，即請求最深指授。上師云：「如是，則汝須受灌頂也。」即為其作有戲論之外灌頂圓滿，隨後三年則傳授無上秘密輪之口訣。

　　其後，當智經復向上師請求允准修習，吉祥獅子即為其作無戲論灌頂圓滿；於憍薩羅山（Kosala）頂，當智經作「區別輪涅」之觀修時，則受極無戲論之灌頂；最終則為〔上師〕垂賜最極無戲論灌頂圓滿。智經如是觀修凡十六年。

　　吉祥獅子復續作種種殊勝事業。一時，于闐王曾迎請智經往訪其國，抵埒後第七日，當地出現妙音與大徵兆。智經目睹阿闍梨盤坐空中，即知彼將入涅槃。於是智經泣號，當下吉祥獅子垂降名為《七橛》（*gZer bu bdun*）之遺教於智經手中，並作授記云：「《心髓》秘密輪口訣之典籍，乃藏於吉祥萬門寺之砥柱內，亟攜之往巴盛尸陀林（Bhasing）。」

　　智經遂依言取出密冊，攜往天竺之巴盛尸陀林而居，於該地為世間出世間勇父眾、空行眾轉秘密《心髓》法輪。

　　無垢友其時住於密咒行。諸空行母告之曰：「善男子！汝若欲得前所未有甚深之《心髓》指授，須往巴盛叢林之大尸陀林。」

　　無垢友至其地見智經後，啟白求賜最深指授。阿闍梨演諸般神變，復賜予有戲論及無戲論灌頂。於太陽山（Bhāskara）頂，當無垢友作「區別輪涅」之修持、且受極無戲論灌頂圓滿時，即生起勝解，有白色「阿」字現於其鼻尖，近消融狀；彼復受最極無戲論灌頂圓滿，由是得見心性赤裸實相。阿闍梨向其無餘交付，與諸灌頂次第相應之大圓滿四輪一切指授與典籍。十年內，無垢友琢磨不已，精益求精。往後，當智經隱沒於光蘊中之際，無垢友遂悲極而歌。阿闍梨身隨而現前，將鑲有五種寶石之寶匣降於無垢友之手，匣中尋得名為《四種安立方便》（*bZhag thabs bzhi*）之遺教，無垢友依此，於其言說句義不須增減，即可無迷亂而深心有得。

　　無垢友其後居於東方迦摩縷波城凡二十年，為獅子賢王（Haribhadra）之應供喇嘛。復次，彼亦為西邊毘尼亞城（Bhirya）法護王之應供處。繼而彼居於名為光明生（Prabhāskara / Rab tus nang byed ces pa）之大尸陀林，遵守能克

一切障礙之禁行，復向一眾瞋毒有情說法，曾再三抄出密密卷冊：首回抄本彼密藏於鄔仗那境內遍滿金沙之島上；次回抄本藏於迦濕彌羅金洲境內一岩窩中；終回抄本則置於光明生尸陀林內，為眾空行母所供奉。無垢友阿闍梨最終得無上遷轉身，曾於天竺暫居，彼抵藏地之事詳下文。

乙八、小結

通言之，密咒道之天竺行者均嚴守秘密，直至行者得成就之前，無人能知曉彼等乃密咒道行人。當彼等行殊勝神變而隱沒、或示現異能時，人或驚歎：「嘻！彼為密咒行者哉。」如是，乃事後方知其實。此亦何以所有彼等修密咒行人，無有不得某等成就之故。

先前，事密與行密之密續均曾廣為弘揚，唯無人公然修習。其後，當弘揚無上瑜伽密續之際，事續與行續則似乎漸衰。於無上瑜伽密續初興之時，只有少數具緣有情曾作修習，而彼等於稍後即全告隱沒，是以並無相續之教法與直指教授遺留。復次，於渣王、即中因渣菩提之世，諸極大成就阿闍梨，曾問道於鄔仗那內杜摩史提羅等地之智慧空行母，從該等地區迎請首尾完整之密續若干、攝義若干、及其餘零星之要義。彼等私底下對少數具器者解說；如是，無上道遂廣為弘揚。於該世代，眾多成就者遍佈各地，唯彼等之修習多無共通之處，而有關密咒之典籍與論著，其流通程度亦不如尋常之冊籍。

茲舉一例。於龍樹阿闍梨及其一眾弟子入涅槃後，歷經久遠，始有一卷名為《光明炬》之著作由恭建那之護足所

得[58]；繼而摩騰枳於定中得見提婆之智慧身。經上述及其他事件後，《密集續》之提婆系教法〔亦即龍樹之傳規〕方開始流播。

如是，於應化身俱生喜金剛教授極秘密大圓滿法後，有關典籍，除對具足殊勝善緣、屬口耳單傳之阿闍梨開示外，亦根本並無佈露於外，蓋當每一阿闍梨歿後，典籍即以隱沒之形式封存，最深邃之口訣亦只以遺教之方式保留，無一絲一毫以尋常方法流傳。是故，如《佛頂骨》（*Buddhakapāla / Sangs rgyas thod pa*）等古老密續，或提婆法系及大圓滿等三者之傳承，實極近似。

除金剛持外，無有他者可理解密咒道所有密續。此等〔密續〕唯少分顯現於人間及非人間；此少分中，於人間出現者則更屬寥寥可數，其絕大部份經鄔仗那傳至天竺。今日之杜摩史提羅、即「煙不動城」，乃昔日彼鄔仗那國之樞紐，如今則只為一小鎮，因渣菩提王宮固無跡可尋，該國現由蠻族統治，內〔佛教〕外〔印度教〕宗輪根本無人奉持。唯因其婦女畢竟出空行母古族，故彼等仍為當地空行母，具神眼、轉化物事之明咒、及某等微末法術之能力。甚而庋藏密咒乘密續之法庫（Dharmagañji）宮殿，亦無人可得見，蓋凡人所見者只視其為一尋常市鎮而已，唯直至今日，其中仍存若干尚未見於天竺之密咒道密續，此非是尋常可見之物，因空行母眾將諸密續封藏於虛空界中故也。

復次，於達羅毘荼等地，其實亦有眾多罕聞於天竺之密續，此即說明，密續實出現於具足聞受密咒道根器者之各各

---

[58]　參乙四摩訶瑜伽續部傳承，遊戲金剛一節。

人間境地。是故，彼等欲執實附會：「密續決有或此或彼之
實際數目」者，則受凡夫幼稚思維之苦。概言之，吾等須知
〔密續之廣〕實不可思議，此說可見於《勝樂現起》——

> 瑜伽密續之數目　決然是為六千萬
> 瑜伽母密續之數　知為一億六千萬
> 大乘以外經藏數　有等說之為八億
> 如是般若彼數為　四億九千九百萬[59]
> 凡此皆是能仁王　體現三身者所說

其後於中天竺，教法之正基衰敗。唯以東之邊地及眾
小國所在、廣稱作拘基（Kokī）之地方；以南之達彌多洲
（Dāmiḍodvīpa）、富吉祥洲（Dhanaśrīdvīpa，檀那室利島）
及月洲（Candradvīpa）；以北之瞿耆羅他（Gujiratha），大、
小、密咒乘之教授延續歷久不衰，且有復興之象。是以於
後世時[60]，該等地方之教授以原有形式存在。就密咒道行者
而言，廣有眾多秉持蓮華生大阿闍梨之傳規，唯大多數乃
從學於大成就者瞿羅叉阿闍梨（Go rakṣya，牧牛）之瑜伽
士，共十二派別；復次，尤有極多瑜伽士從學於大金剛阿闍
梨寂密（Śāntigupta）及其眾心子，阿闍梨等，屬依怙主派
（Nāthapaṇṭha）中名為「舞自在」（Nāṭeśvara）之旁支。

較後時期，南天竺賓陀山（Vindhyā）班多區
（Bhaṃdva）內有一王國，由力賢王（Balabhadra）統治。彼於
某等明咒有所成就，其勢力遍於南方大多數地區。彼奉寂密
與其一眾弟子為上師，是以善逝之寶貴教授由彼重新弘揚。

59　藏文原文為「五億減去一百萬」。
60　此指多羅那他時代，即十六世紀。

據聞天竺人曾有言，謂佛陀授記：正法於未來際，將於賓陀山復興而後南下。

舊譯派所詮之金剛乘寶貴教法史，名為《帝釋天遍勝大戰鼓雷音》次品：別說密咒金剛乘教法之興起，於此圓滿。

第三品

第三品：
「勝利王教法於藏地之起源」提要

談錫永

前面兩節，已將佛教未入西藏前顯密兩宗之面貌予以概述，蓋為尊重傳承之故。由本節起，即進入西藏教史部份。本節先述西藏開國之神話及佛法流入西藏的起源，而佛法傳播則分隆興、中衰、重興等三時期。

開國之先，藏人以為藏地是由海變成。藏人的來源，則是由普陀洛迦山觀世音菩薩所加持之猴子與岩石羅剎女配合而產生。這傳說，研究民俗學者當有極大的興趣。

西藏第一代王，為具有神話色彩的涅赤贊普。經二十七傳而至拉妥妥日年贊。其時國家歷由苯教（黑教）管理，故敦珠上師稱當時之西藏為黑洲。拉妥妥日年贊時，有印度大德覺護班智達及提梨色譯師攜帶佛教經續來，王頗敬禮，而不知經義（據苯教傳說，此種經續為由天下降，這是因為苯教尊天的緣故）。及後又經五傳王位，始對經典意義瞭解，然佛法實未嘗流入民間也。

始大弘佛法者，為第三十三代藏王松贊干布，相傳為觀世音化身。王迎娶尼泊爾公主赤尊（相傳為顰眉度母化身）及中國唐代文成公主（相傳為綠度母化身）。於是佛法乃從尼泊爾及中國傳來。其時興修廟宇，並延印度、尼泊爾及漢地僧人（據稱名摩訶衍）來藏，於是始開譯場弘佛法。然仍未廣被民

間。唯是西藏採梵文為藏文藍本，依佛典製作字母與文法，則知佛教對藏土文化之影響甚大。

王統再歷五世而至文殊妙音化身之國王赤松德贊，因廣弘佛法而招致災害，遂迎密宗堪布蓮華生大士來藏，蓋為調伏西藏之非人等故。此為金剛乘在藏地弘揚之始。

蓮華生大士在藏，神變甚多，調伏羅剎、龍王等非人甚眾，並使非人等助建吉祥桑耶寺，歷五年而建成。於是國王廣開譯場，自印度延聘大小乘大德，教育藏民、翻譯顯密經續。其時密宗大德無垢友亦在延聘之列。

西藏人出家，自巴‧顯明等七大臣始，稱為「預試七人」。由是藏地始有僧伽，而佛教亦臻隆盛矣。蓮華生大士居藏五十四年另六月，於赤松王禪位於其子木奈札普後十六年又六月，乘馬騰空而去。行前，為藏地普作加被，並留下極多授記，蓋為將來紹續密宗法統之故也。

除密宗外，法相宗在藏地亦異常發達。於赤熱巴堅時，設平等供養法會，使民眾無論貧富均可參加。又復廣建廟宇，並由王族獻予賦稅以供養出家人。同時，復從印度延請班智達眾，與藏地大德研究，改良翻譯，以期普及民間。故當時大小乘均得流通，僅密宗內續予以庫藏而已。

松贊干布、赤松德贊以至赤熱巴堅，為隆興佛教三代法王。

及後，三傳而至朗達瑪王，王迫害佛教不遺餘力，影響所及，至其被殺後仍無人敢皈依出家，而藏王統治亦四分五裂，此為佛教在藏地之中衰時期。當此之時，只有居士白衣傳法，而密乘法統乃賴之不致中斷。此等修行人即為甯瑪派

之前身，稱舊譯派。

　　於受朗達瑪王迫害時，有堪布三人，携經、律、論三藏至西康弘法，於是大乘律藏、般若及密宗大圓滿心部乃得傳至康地。及後西藏佛教重興，乃自康地反聘龍祖‧戒慧回鄉邦弘法。然此際傳承已大異三法王時期，於藏土流行者為迦當派之律藏及經部之《般若十萬頌》，與論部之《阿毘達磨集論》及《阿毘達磨俱舍論》。此為密宗而外，流行藏土的經續。其後成立的格魯派，所依即以迦當派之律藏為主，且認為迦當派之見地傳承，即是印度所傳之應成派。

蓮華生大士

寂護

拉妥妥日年贊

松赞干布

赤松德贊

智慧海王母

遍照護

虚空藏

勝利妙音

粟特人吉祥智

吉祥獅子

藏王熱巴堅

第三品

甲三、勝利王教法於藏地之起源（分三）
引言

今解說勝利王之教法如何於雪域弘播。

天竺、漢土、西藏、于闐、香巴拉及岡底斯等，乃贍部洲內有正法弘揚之六大區域。或問六者中，佛陀之教法於何時抵達西藏此雪山之地？於此，《文殊師利根本續》中有授記云——

> 雪域之湖乾涸際　娑羅樹林將顯現

是故彼地先有一湖，後漸乾涸。當全境為密林所合圍時，有一來自普陀洛迦山、得大悲者[1]加持之猿猴至此地；有云由此猴與一岩石羅剎女結合，遂有藏族之繁衍。其地初為非人所據，後漸有人煙，先後曾被十二小邦及四十股零散勢力所統治；最後，西藏全境統歸於該地之人間初主，號涅赤贊普（gNya' khri btsan po）。

依經教證成，〔藏地〕諸法王乃離車子族之後裔，有等更堅信涅赤贊普乃戰王之子（dMag brgya pa）。唯不論實情如何，一希有且超逾凡人者，於雪域上之莊嚴神山（lHa ri rol pa）出現。當彼抵達贊塘閣希（bTsan thang sgo bzhi）之際，因

---

[1] 即觀自在菩薩，下同不贅。

其乃從登天繩而降，故眾苯教徒均說彼為天神。眾問：「汝為誰？」答曰：「我是贊普[2]。」眾復問曰：「汝從何而至？」此際，彼即上指天空。

眾等隨即請其坐於木座上，復以眾肩負之而行，是以遂稱其為涅赤贊普，即「肩座王」。繼之者，為包括其子木赤贊普（Mu khri btsan po）在內之「天座七王」，全皆具「赤」（Khri）字於名中；繼後為「早期二上」二王；再後為「地賢六王」；其後為「中期'德'字八王」；再其後為「'贊'字五王」。上述古昔之歷代王統，其國政全被苯教徒依神話寓言及神謎所把持。

於此，《無垢天女授記》（lHa mo dri ma med pa lung bstan pa）云——

我般涅槃後二千五百載，赭面國將有正法弘揚。

如是，當王朝第二十八王、亦即普賢菩薩化身之拉妥妥日年贊（lHa tho tho re gnyan btsan）居於永布拉崗王宮（Pho brang yum bu gla sgong）之際，一匣落於宮殿頂上。啟視之，中有《拜懺百印經》（sPang skong phyag brgya pa'i mdo）[3]、印模一具，上刻如意寶珠陀羅尼、《寶篋經》（Āryakaraṇḍavyūhasūtra / mDo sde za ma tog）、六字大明咒、及黃金佛塔一座。王不曉為何，唯知必為勝妙之物，故稱彼等物事作「玄秘神物」。

王因供奉神物而得加持，使其返老還童，自六十一歲回復至十六青春相。王復延壽六十載，故世壽一百廿歲。王曾

[2] 贊普，意為國王。
[3] 或名《諸佛菩薩名稱經》。

得授記，云五世後即有人能通曉玄秘神物之義；此即正法於藏地之肇始。

然此事尚有種種說法：撓巴班智達（Nel pa Paṇḍita）云——

> 苯教聲稱寶匣從天而降，乃因其敬天之故；質實言之，此二經乃覺護班智達（Buddhirakṣita）與提梨色譯師（Thilise）攜來。當二人抵藏地，始察覺王對二經既不通文，亦不通義。故彼等唯有折返。

此說似屬真實。

異時，巴‧顯明（sBa gsal snang，巴色朗）往尼泊爾，得見寂護堪布。堪布告之曰：「藏王、汝及余等三人，於迦葉佛說法時，為一飼雞婦之三子。我等曾立誓，於藏土弘揚教法。唯王尚未轉世，而汝尚未成年，故余於此地等待已歷九朝矣。」此傳說因見於清淨之《巴氏遺教》（*rBa bzhed gtsang ma*）[4]，復因與所知事實相應，故有等學者堅信為真。

乙一、祖孫三法王（分三）

丙一、松贊干布

《文殊師利根本續》中有授記云——

> 有地名為天神境　處於雪山圍繞中
> 將降王名人中天　生於離車子族中

溯自拉妥妥日年贊後，第五世之君主乃觀自在化現之

---

[4] 有漢譯本，提名《拔協》（即藏本原名部份音譯），佟錦華、黃布凡譯注，四川民族出版社1990年。

勇猛人主，是為法王松贊干布王（Srong btsan sgom po），十
三歲即執掌國政。十五歲時有化身比丘、名阿慧戒（Ā dKar
Matiśīla）[5]者獻自顯現聖者（觀自在）像。復次，王為迎請代
表佛陀自身之導師二像，一為八歲身量、一為十二歲身量，
旋命金剛手之化身、現為崇法宰輔名噶爾（mGar）[6]者，往邀
廣為民間所善，一為顰眉度母化身之尼泊爾赤尊公主（Bal mo
bza' khri btsun）、一為度母化身之漢土文成公主，聘二者與王
婚媾。兩位公主後均被尊稱為「湖中蓮」。

於修築大昭寺（'Phrul snang gtsug lag khang，神變寺）
時，工事為非人所阻。王與二妃，遂往吉曲（sKyid shod）下
游山谷內年箭帕邦喀（Nyang bran pa bong kha）之瑪茹王宮
（Pho brang ma ru）中閉關。彼等由觀修本尊而得成就；王復
依本尊授記，於仰臥羅剎女身上各要地[7]，修建鎮肢、鎮節、
及鎮翼等寺廟；是故王實已驅除諸凶惡地煞。復次，王亦建
大昭寺、小昭寺（Ra mo che，大母山羊）以安立佛像。

松贊干布從天竺迎請古沙那阿闍梨（Kusara）及商羯羅婆
羅門（Śaṅkara）；自尼泊爾迎請戒文殊（Śīlamañju）；漢地
則為和尚摩訶衍。上述諸師暨他眾繙譯大量三藏與密續之支
分，如是教法遂於藏地立足。雖無實在之教誨或修學，唯王
曾向諸具緣眾暗中秘傳大悲者之寂忿相教法，具緣眾隨而修
習此等教授。於「預試七人」之前，並無人受近圓戒出家，
但據云於年箭帕邦喀，常時有上百長髮瑜伽士作大悲者之修

5　據《賢者喜宴》言，阿慧戒乃松贊干布從「眉間射出之光尖上，出現一幻化
　比丘……」云云。此處藏文原文無如此詳細，只云「sPrul pa'i dge slong」，
　直譯即為「化身比丘」。

6　噶爾，《舊唐書》譯作「婁」。

7　喻西藏地形。

持。其時,松贊干布王遺教之典籍,於結集後分作三份伏藏封存,後為成就者悉地(Grub thob dngos grub)、仰主(mNga' bdag nyang,仰日光)、與釋迦光導師(Śākya 'od)等所發,於今名為《摩尼全集》(*Maṇi bka' 'bum*)、此即藏土佛法著作之濫觴是也。

文殊妙音之化身、即土彌桑布札(Thon mi Saṃbhoṭa),奉王命往天竺修學聲明與文字,仿天竺文而創製西藏文字,著有西藏聲明學論典八種。

雪域此前並無人講說如法取捨,但自(松贊干布)後,正法與如法講說之大門已首開。是以王遂有諸如出家十善法、在家淨法等十六條兩種賢善律制之創舉。如是,吐蕃境成正法寶貴與豐富之泉源,實賴松贊干布之加持。

丙二、赤松德贊王與蓮華生大士入藏

王統自松贊干布歷五世後,有文殊妙音之化身、即赤松德贊王(mNga' bdag khri srong lde'u btsan)繼起。其王祖(松贊干布)嘗刻授記於銅牌上,云:「從今起五世後,當朕胤嗣德王在位,即是正法弘揚之時。」彼將銅牌藏於秘地。

如是,赤松德贊於十三歲親政,二十歲發心弘揚正法,乃從薩霍惹迎請菩薩寂護堪布入藏。堪布曾向有等士眾授八關齋戒,唯當說至十善與十八界之法時,藏地之凶暴神鬼震怒,紅山(dMar po ri)[8]為雷電所擊;旁塘宮('Phang thang pho brang)則為洪水所淹;荒年與大難迭臨藏土。諸魔臣云:「此乃修佛法之過,應將阿闍梨逐回本國。」

---

8 即今布達拉宮所在地。

　　王乃向堪布供養黃金，其數甚多，復將狀況如實告之。寂護答云：「今藏地之神靈不悅，余且回尼泊爾。為調伏此地之凶暴神鬼，今有世間最為具力之密咒行者名蓮華生。余將修書迎彼至此；陛下亦宜如之。」彼等遂次第遣使者。

　　蓮華生阿闍梨其實已知，包括納南・金剛摧魔（sNa nam rDo rje bdud 'joms）在內等使者，已披星戴月，奔波途中。阿闍梨乃立時抵達使團所在地、即芒隅之貢塘（Mang yul gung thang）⁹與使團會面。彼將使團所供養之黃金灑往阿里（mNga' ris）之方向，且云：「余視一切皆為黃金。」如是，阿闍梨轉西藏為盛產黃金之地。

　　復次，寂護菩薩與一尼泊爾石工巧匠，提前出發入藏。蓮華生阿闍梨則從吉隆（sKyid grong，歡樂村）出發，途中藏地之神鬼興起狂風雨雪，令山路隔斷。阿闍梨乃退入一山洞中，以等持力約束諸鬼神，復令彼等誓守誓句。從此，囚阿闍梨之神通莊嚴，自阿里、衛藏（dBus gtsang）¹⁰至多康（mDo khams）¹¹等，其足跡漸次踏遍全藏。彼將主要為十二地母、十三狩獵神、及廿一居士等具力非人降伏，咸置於誓句下，且得控彼等之心咒。

　　阿闍梨於察瑪翁布園（Brag dmar 'om bu'i tshal，紅岩檉柳園）得見藏王。於為察瑪（Brag dmar，紅岩）之妙嗓寺（mGrin bzang gi lha khang）開光時，阿闍梨迎請眾本尊身像至一宴會之地，當夜寺廟為之一空。翌晨有人親見本尊等於

---

⁹　貢塘，意為中部平原。

¹⁰　前藏與後藏合稱衛藏。

¹¹　青海與康區合稱多康。

寺中受用供品及交談;該日一切所供樂器均作自鳴,且音聲
喧鬧。同時,有等神童在圓光鏡前,對此前反對菩薩堪布藏地
說法之一切不馴天、龍等,能一一指示彼等名號、行徑及居處
等。阿闍梨以威嚇作逼迫,圈圍該等神鬼於誓句下,復置彼等
於佛法中;又取得彼等各自持命心咒及攝受儀軌;於仍不俯順
改宗者則以火供調伏之,諸如此類。蓮師曾兩次如是而行。

阿闍梨於調伏無熱池(Manasarovar / Ma dros)之龍族如
威光(gZi can)後,遂與藏王定交,得十四騾藏斗之金沙為供
養以建寺。〔寂護〕菩薩勘察土地,而蓮師則赴海波山(Has
po ri,地近桑耶)鎮伏當地一切鬼神。彼以祥音命諸鬼神調伏
憍慢;復於虛空作金剛舞,以加持該地。當畫地界時,阿闍
梨於定中召喚屬廬・童藥(Cog ro bu Chung sman)及天子藥
(lHa bu sman)等二〔醫鬼〕牽扯墨線之端以作引導。地基
則如(寂護)堪布所命,悉按飛行(Odantapurī)寺之規制而
立。廣大阿闍梨既徵集所有憍慢鬼眾,是故於日間由民夫所
建之牆,於夜間則為非人所增高。由是依須彌山相,具四部
洲、諸小洲、日、月、鐵圍等之吉祥桑耶寺(dPal bsam yas)、
或稱不動任運寺,能與一王二后之靈龕,於約五年間建就圓
滿。當堪布與阿闍梨開光時,現諸般希有及不可思議之靈異,
例如供奉於中殿之諸本尊曾經離開。

藏王隨即決定繙譯正法,作為引入顯密教法之根本,
具智之藏族青年乃得授繙譯之藝。赤松德贊從天竺迎請諸
廣大通曉三藏之阿闍梨:如勝友(Jinamitra)、一切智天
(Sarvajñādeva)、施戒(Dānaśīla)等出家人;又如無垢友及
寂藏等金剛上師;及說一切有部十二比丘等。

初,藏王為考量藏人是否堪能受近圓戒,故請眾阿闍梨

先為具虔信之尚氏大臣巴・赤協（Zhang blon dad pa can rBa Khri gzigs，巴・座觀）[12]剃度。於是，以〔寂護〕菩薩為堪布，施戒與勝友為業軌範師與屏教師，另十位班智達等湊足人數[13]，赤協乃出家受近圓戒，賜名吉祥音（dPal dbyangs）；復因藏王之稱譽，故又名巴・珍寶（rBa Ratna）。赤協以觀修而得五神通力。

其後，巴・顯明、巴葛爾・遍照護（Pa gor Vairocana，大譯師遍照護）、額南・勝利妙音（Ngan lam rGyal ba mchog dbyangs）、瑪・寶勝（rMa Rin chen mchog）、款・龍王守護、（'Khon Klu'i dbang po srung ba）拉宋・勝利菩提（La gsum rGyal ba byang chub）等相繼出家，全受近圓戒為僧；彼等亦更名如智王（Ye shes dbang po）等等。七者被廣稱為「預試七人」，乃藏地比丘之始。

藏王至此決知藏人堪能受戒，大臣尚・卓越（Zhang Dīva ma）及三百聰敏黎民均出家受戒。寂護堪布、蓮華生阿闍梨等學者，暨遍照護、噶瓦・吉祥積（sKa ba dPal brtsegs）、屬盧・龍幢（Cog ro Klu'i rgyal mtshan）、及尚・智軍（Zhang Ye shes sde）等譯師，將顯、密教誡、及主要釋論等繙為藏文；遣遍照護與虛空藏（Nam mkha'i snying po）入天竺，遍照護從吉祥獅子聞受大圓滿，虛空藏則從吽迦羅聞受忿怒尊之教法。二人得成就後，於西藏弘揚此等教授。

復次，蓮華生大阿闍梨為藏王及有等具緣臣民，作種種下部密咒與無上瑜伽續之灌頂，所教授者有《普巴

---

[12] 「尚氏大臣」，《唐書》譯作「尚論」。尚氏，今通作祥氏。

[13] 這是傳戒的規範，傳戒師共十三人，於今漢土授戒則連同三師共成十人。

金剛續十萬頌》[14]（*Phur pa 'bum sde*）、《口訣見鬘》
（*Upadeśadarśanamālā / Man ngag lta ba'i phreng ba*）等。

　　一時，阿闍梨語於藏王：「大王實應興國：應轉昂雪
（Ngam shod，上下）之沙為叢林與綠茵；應灌溉扎多三境
（Gra dol yul gsum）[15]之荒地；應收歸一切山澤以作耕種；應
從毘沙門（Vaisravana / rNam thos sras，多聞子）得財，令本國
成財富之源；應以運河令諸河流改道，使西藏能號令漢土及回
紇等所有君主。」

　　藏王乃請云：「祈汝為朕成辦。」

　　阿闍梨只於一晨早持此意樂，即有水自察瑪之乾地中湧
出，令屬於稱為察瑪藍喉孔雀湖（Brag dmar mtsho mo mgul
sngon）[16]之所在，由沙漠轉成綠州；有廣大叢林於察達瓦
當（Brag zla ba'i gdong，月面岩）剎那顯現；於宿卡（Zur
mkhar，側樓）有寬闊流湍之河無源而成。

　　阿闍梨雖能定然圓滿己所曾說之餘事，唯因眾生共業之
故，復有黑品魔臣，於阿闍梨殊勝神變及其神通力自慚形穢，
不能忍之，乃作邪行令其中斷，是故其餘諸事業及為增益王朝
權力而應作之火供均不及辦；亦不能再三囿天龍眾於誓句之
中。此際，蓮師宣示云：「依藏臣邪信所生之果，將招致藏
地幸福之衰敗。雖然廣大法輪將可圓滿一輪，唯於中際定有大
難。龍族與王鬼等將心懷叵測，王朝自身亦將因於律法有疏失
而逐漸分崩離析。」據云因蓮師能預知未來如是，故彼於傳授

[14] 即《無上覺十萬頌密續》。
[15] 指扎其、扎囊、多等三地。
[16] 藍喉（mGul sNgon），為「孔雀」之敬語。

眾多忿怒密咒、及封存眾多卷籍於西藏為伏藏後，忽往調伏羅剎。

有關蓮師駐錫西藏之時限長短：有云只屬短駐，維六或十八月；中庸之說法為三、六或十二年；甚而有云長達一百零九分至點、即總共五十四年另六月。上師於藏王赤松年廿一時入藏，藏王六十九歲辭世。是以蓮師於藏王逝世後仍駐藏達五年另六月也甚明。屬自宗之諸博學上師，未見此等傳說有任何相違之處。

《巴氏遺教》及其他撰著等，稱蓮師駐錫西藏只屬短暫，皆因蓮師示現第二身於眾魔臣前。復次，蓮師扈從目睹彼橫越當巴之隘口（Dong rab kyi 'phrang），從印藏邊界之山頂，飛往虛空；於雲間穿梭時，其法衣飄曳，禪杖上之圓環錚錚作響。然其真身實獨處隱居，亦住於索多迪錯（gZho stod ti sgro）、欽普（mChims phu）及他處之山洞中。蓮師於此等處所，仍為藏王及其具緣臣民續轉無上密法之法輪。

一時，有云聞知廣大阿闍梨住於諸修行處。當該謠言四散之際，為欲探知真假，藏王特迎請其為桑耶寺開光。

亦有云由赤松德贊一生至其子木赤公子[17]之世，其間阿闍梨從貢塘山頂乘馬入於天際。此說見於木赤送別蓮師時之悲吟——

　　　　唯一父王已賓天　　吾師將往鄔仗那
　　　　父王汝壽何其短　　藏民福樂已窮盡
　　　　父王上師住世時　　緣何木赤我未亡

17　木赤公子，即赤松王長子木奈札普。

　　復次，吾人不應以為：「蓮師實不可能，於其暫訪時圓滿所欲作之宏大事業。」蓋彼實已得證不可思議之神通力，如令自身同時於一切剎土示現等。同理，如《賢愚經》（*Damomūrkhasūtra / mDo mdzangs blun*）、或《律藏》所言，當佛陀於舍衛城作神變時，有云此等神通持續數天，亦有云更多。綜言之，蓮師留藏時間孰長孰短，實依其弟子之知見為淨或不淨而定。

　　如是，阿闍梨與其藏王施主保持密議。彼與智慧海王母（Ye shes mtsho rgyal 移喜錯嘉）及其他具緣助伴，無餘踏盡西藏每片細如馬蹄大小之土地；逐一居於阿里之二十山洞；衛藏之廿一修行處；多康之廿五廣大聖地；有如三王之上、下、中藏秘境暨五谷、三域及一洲。所有上述地方，及喻為諸地之根、枝、花、實之冰川、洞窟、山嶺及水道等，阿闍梨悉皆加持為修行處。彼因知曉教法其後將為藏王之孫、即魔羅之化身所壞，是故賜予藏王未來之授記甚多。復次，為令密咒道教法不滅、真實加持不受論議污損而隱沒、及弟子能漸次示現故，蓮師封存無數不論具名與否之伏藏，至要者乃藏王赤松德贊最上之一百伏藏、五大意巖、及廿五廣大甚深伏藏。蓮師於每一伏藏，皆賜有何時取藏、誰人取藏、諸具緣法主授記。

　　於十三處均號為「虎穴」之地，如門卡[18]之尼仁獅子宗（Mon kha sNa ring seng ge rdzong）等，蓮師取一極怖畏身，現忿怒相，令藏地一切大小憍慢神鬼堅守誓言，復囑託彼等守護諸伏藏；其時阿闍梨之稱號為大腹金剛（rDo rje gro lod）。為令未來世代生起信心，上師與其佛母於所有修行處，均遺留無

---

[18] 門卡，地在今之不丹。

數如手印及足印等希有相，例如於朋塘（Bum　thang，瓶壩）
之多吉車巴（rDo rje brtsegs pa，金剛積）中之上師身相、納木
錯曲母（gNam mtsho phyug mo，富母天池）之手印、及巴錯白
岩（sPa gro'i Brag dkar）[19]之足印等。

　　一時，王子木如札普（Mu rub btsad po）奉命赴巴達霍爾
（Bhata　Hor）[20]摧毀當地之禪院。當彼攜諸財物凱旋時，被名
為「木鳥者」（Shing　bya　can）之王鬼所追逼。蓮師以忿怒上
師（Guru　drag　po）相，降伏此鬼於誓句中，並囑其為寺廟之
護法。

　　阿闍梨建置眾多性相乘之講經院、及密咒道之禪院。藏
王君臣均讚嘆蓮師為出家眾中之最勝應供處；藏王復制置兩
種僧伽，即依從顯宗之剃度者、及束辮之密咒道行者。王更
立石碑，勒寫恭奉禮供之大法令及盟書等文字於其上。其時
吐蕃勢力臻於極盛，奄有贍部洲東部三分之二。因藏境受正
法所護，故知其時西藏之福樂實與天界同。

　　當阿闍梨正欲離藏往調伏西南方羅剎之際，藏王及其
臣民咸請其勿去，不允。阿闍梨逐一教誡，並垂賜有關慈悲
之教誨，繼而跨於獅上、或云為跨駿馬，於無量天人供養之
莊嚴中，從貢塘山頂出發往拂洲。於拂洲之吉祥銅色德山山
頂，超薦羅剎王顱鬘（Srin po'i rgyal po raksa thod phreng）而入
其軀殼。蓮師變現不可思議之蓮花光宮殿，居於其中，以其
八大化身統制八羅剎洲、教授八大修部方便之八種教誡、及
護佑贍部洲之人免於怖畏。彼至今仍續住為究竟道之任運成

---

[19]　同上。

[20]　巴達霍爾，唐、宋時指回紇。

就持明、亦即第六補處[21]；蓮師將不動而住，直至此世間壞滅
為止。

丙三、藏王熱巴堅

法王赤松德贊有三子：長子名木奈札普（Mune btsad po）、
次子名木如札普、最幼者名木迪札普（Mu tig btsad po），又名
色納勒勁雲（Sad na legs mjing yon，歪脖王）。三者於弘揚教
法更青出於藍，其中突出者：木奈札普在位時，於桑耶寺創四
大供養；曾三次為藏地子民平均貧富。

木迪札普則於嘎聰（sKar chung，小星）建金剛界寺（rDo
rje dbyings kyi gtsug lag khang）。彼約有五子，最出眾者乃金剛
手化身之赤熱巴堅（Khri Ral pa can，束髮者），又名赤德祖贊
（Khri lDe gtsug brtan）。熱巴堅任命子民中每七戶家主長者，
供養一比丘；亦因建置一千寺廟而知名。彼頂禮顯、密二宗上
師與聖眾足，以辮髮繫絲綢兩匹作為供養，以顯虔敬。王以此
及他行，展現其對勝利王最寶貴教法之無比崇奉。

熱巴堅於吉曲下游[22]之山谷，於溫江石建置無比吉祥
增善寺（'on cang rdo dpe med bkra shis dge 'phel gyi gtsug lag
khang），復自天竺迎請天自在菩提（Surendrabodhi）、戒王
菩提（Śīlendrabodhi）、施戒及眾多其他班智達。王向彼等與
藏地堪布寶護（Ratnarakṣita）、法性戒（Dharmatāśīla）、智軍
（Jñānasena）譯師等下聖諭——

> 此前，於朕父祖時由學者與譯師等繙譯之佛典，所
> 用語多不見於藏土。今命將此等佛典中內文及語法

---

[21]　即金剛持。

[22]　吉曲，意為「幸福河」，又名拉薩河。

有相違或難曉之語，搜取民間習見用辭，用為替補以作修訂。是故汝等應據大小乘經典釐正譯語。

由是，彼眾於幡境廣牧草灘（'Phan yul ka ba na mo che），修訂《大般若經》（*Śatasāhasrikāprajñāpāramitā* / *Sher phyin stong phrag brgya pa*，十萬頌）之舊譯，分其為十六品；復依當時通行語法，重行建立大部份藏王先世時代已繙佛典之新譯本。唯因密咒道內續之謹嚴，非屬不堪能之凡夫所能持，故眾譯者均保留舊譯不繙。

由此觀之，勝利王教法之於雪域，祖孫三法王實有豐功偉績。對該地人民而言，三法王亦屬有大恩德。此中，松贊干布與赤松德贊均以慈悲而尤顯廣大。班智達如寂護及蓮華生，譯師如土彌桑布札、遍照護、噶瓦‧吉祥積、屬盧‧龍幢、及尚‧智軍等，其恩德亦為稀有。

乙二、佛法於中際時期之衰落與弘興

後時，藏王赤熱巴堅之兄朗達瑪禿頭王（Glang dar ma 'u dum btsan，壯牛禿頭王），因發邪願，其心遂為魔所控而逼害佛法。不久，此惡王為拉隆‧吉祥金剛（lHa lung dPal gyi rdo rje）所弒。

再於後際，飲光王（mNga 'bdag 'od srung）與吉眷贊（dPal 'khor btsan）等藏王，因敬信三寶，故行恢復祖制及建寺等事。其時已無有比丘，唯尚有敬信三寶之在家居士，能善加拯救位處拉薩與桑耶等地之寺廟，令免於毀。

其時阿里脫離〔王國〕，王統遂分崩離析。雖然由法王等王族統掌全藏之緣起已逝，但身為密咒行者之白衣居士，

仍繼續或在自家、或在丘壑隱舍持守生起、圓滿甚深次第之說
與修，確保依於舊譯派之密咒道傳續永不中斷。因彼等對教法
之敬信，與妥為保存從祖孫三法王時代已繙譯教法及論典之恩
德，絕大多數經、續之舊譯，至今仍可為吾人所用。

乙三、教法之復興與後弘

　　經朗達瑪迫害後之佛法衰落期，有巴‧珍寶之弟子名
瑪‧釋迦能仁（sMar Śākyamuni）者，與約‧善現（g.Yo dGe
'byung）及後藏‧極明（gTsang Rab gsal）等，將毘奈耶典籍馱
負於騾上，前赴葛邏祿（Gar Log，藍眼突厥）與霍爾境。然
因彼等不能在該地弘揚佛法，故改赴康區。當三人於馬隆之金
剛岩安聰南宗（rMa lung rDo rje brag ra An chung gnam rdzong）、
一說在旦迪之水晶隱修處（Dan tik Shel gyi yang dgon）作觀修
時，有一名木‧燃色（dMu gZugs la 'bar）者來謁，具信解而
求出家。瑪‧釋迦能仁為其作親教師而授沙彌戒，軌範師則為
約‧善現[23]；並獲賜名釋迦‧善極明（Sakya dGe rab gsal）[24]。
唯當彼更求受近圓戒之際，則不足五僧之數。三人於旦地
（'Dan）訪得拉隆‧吉祥金剛，但後者云：「余既弒惡君，實
已不堪圓滿僧數。然而余定為汝等尋得他者而遣之來。」

　　彼遂差二漢地和尚至，一名基弘（Ke wang）、一名智幡
（Gyi phan）[25]，是以遂共有五僧授戒。善極明隨其親教師與
軌範師聞受毘奈耶凡十五載；後又從閣榮‧獅子岩（Ko rong
pa Seng ge brag）聞受毘奈耶，從柱勝光稱（Ka ba 'od mchog

---

[23]　依授戒例，此處之屏教師當為後藏‧極明。

[24]　此命名，乃由傳戒三師之名，各取一字而成。

[25]　二名皆從音譯。

grags）聞受般若，從玉聲藏（g.Yu sgra snying po）聞受大圓滿
心部。於後世尚傳之《遍作王續》（*Kun byed rgyal po'i rgyud*）
釋論，即來自其傳承。由此可見其殊勝佛事業及廣大博學之
一斑，亦以此故，被尊稱為極明意樂大上師（Bla chen dGongs
pa rab gsal）。

　　善極明受近圓戒五載後，智幢王（Ye shes rgyal mtshan）
等從衛藏派遣龍祖・戒慧（Klu mes Tshul khrims shes rab）等五
人、從後藏（gTsang）則派遣羅師・金剛自在（Lo ston rDo rje
dbang phyug）等亦五人，同入康區，冀能復振於衛地已危之
佛法。善極明於一座中圓滿授予彼等全部三重近圓戒，由是
十人乃通達毘奈耶。因大上師乃剎那授全戒而非在十年間依
嚴謹支分而行，是故被稱為勝解行菩薩。當時，瑪・釋迦能
仁、約・善現、與後藏・極明均許其如此授戒，此既因善極
明之不凡，且其時亦亟須力挽教法之衰敗也。是以權威之說
法，均堅主上述授戒並無過失。瑪、約、後藏等三人當時仍
然在世，但謂彼等已老，不復能調教弟子，是故只作業軌範
師。善極明大阿闍梨命龍祖為親教師。當衛藏十眾返歸後，
分別成為各王者之上師或應供處。

　　龍祖有四弟子如柱、八如樑、卅二如椽、一千如板。由
是已衰微之佛法經彼而復振；彼於拉木（La mo，山路）、
熱格（Ra 'gyel，羊墮）、葉巴（Yer pa，翹手）、巴銳（Ba
red）、及沖堆（Tshong 'dus，市集）等地建置無數依處。據
云只羊舒（Yam shud）一地之弟子、善知識（dge shes）、
及比丘等，已建有依處達一百零八數。如是，龍祖暨弟子等
之依處乃遍及全境，僧伽眾逐日倍增，故而有毘奈耶藏地下
傳承（*sNga 'gyur smad 'dul gyi sdom rgyun*）之稱。舊譯派受

近圓戒諸比丘、及其後玉聲藏之化身法吉祥大譯師（Lo chen Dharmaśrī），皆廣弘此傳承之論說與實踐。西藏唯一莊嚴鄔金敏珠林（O rgyan smin grol gling）[26]，其寺院及分支亦保存此戒統。復次，於教法之後弘期，大多數持戒聖者等先輩、及大多數屬新、舊迦當派（bKa' gdams gsar rnying）[27]之善知識亦持此戒統。

復次，學者勝友、與譯師噶瓦・吉祥積等譯出上下對法，即《阿毘達磨俱舍論》與《阿毘達磨集論》（*Abhidharmasamuccaya / mNgon pa kun las btus pa*）。彼等傳授納南・月金剛（sNa nam Zla ba'i rdo rje）、拉隆・吉祥金剛與衛・智勝（dBas Ye shes rgyal ba）等。後者前往康區傳此教法，至今仍弘揚廣大。

至若顯宗者：朗・赭色鎧甲（Rlang Kham pa go cha）默記《般若十萬頌》，復以繕譯、論說及修學等弘揚此經及其他屬中轉法輪之天竺佛經；一切屬末轉法輪之佛經，則由噶瓦・吉祥積、屬廬・龍幢、遍照護等繕譯，而解說亦由彼等以教授及修學而安立。諸大德說與修之傳規仍傳續至今。

於此，實宜詳述宣揚弘播正法之祖孫諸法王等生平，唯因文獻浩瀚，余不擬在此簡述中踵事增華。彼等生平可參藏地其他王統史冊。

舊譯派所詮之金剛乘寶貴教法史，名為《帝釋天遍勝大戰鼓雷音》第三品：簡略總說勝利王法炬初照黑暗藏地之經過，於此圓滿。

---

[26] 敏珠林意為成熟解脫洲。

[27] 舊迦當派屬阿底峽尊者，新派則屬宗喀巴大士。

第
四
品

第四品：
「三內續部於藏地之發展」提要

談錫永

密宗共分四部：事部、行部、瑜伽部及無上瑜伽部；西藏密宗，尤重後者，而稱前三者為「下三部密」。無上瑜伽密之受藏人重視，自赤松德贊時已然。本節所述，即為無上密部之專題。

無上瑜伽密依修行次第，可分為摩訶瑜伽生起法（生起次第）、無比瑜伽圓滿法（圓滿次第）及無上瑜伽大圓滿法（大圓滿）三續。而摩訶瑜伽又可分為續部與修部。一如第二節所述。

續部傳承，可分四系。1、無垢友一系，傳以金剛薩埵為根本尊之《金剛薩埵幻化網》（敦珠甯波車即得此系傳承）。2、蓮華生大士一系，傳教誡見之《秘密藏續》及《口訣見鬘》。3、佛密一系，傳幻化網道次第。4、犬王與吽迦羅一系，則據鄔仗那王之《諸佛平等和合廣釋》，修馬頭金剛中圍本尊法。

修部傳承，大致可分三類。1、寂藏阿闍梨，傳《閻魔敵》部。2、無垢友阿闍梨，傳《金剛甘露》部。3、蓮華生大士，則傳其他法類 —— 如八大修部，內、外、密等三種中圍灌頂等。得灌頂教誨成就者數十人，皆具神通，如授記為敦珠上師第六世身之卓‧僧童譯師，能一瞥一指，即將空中飛鳥攝

入掌中。而准許婦女即生修行成就不必待轉男身，尤為無上瑜伽密之特點，故因蓮師灌頂教誨者而成就之婦女亦有十餘人，並皆具足神通。其餘得化光飛去，或得肉身成就者，不可勝數。故摩訶瑜伽之修部中，以蓮師一系為最盛。

無比瑜伽傳授系統，以努·佛智一系最為重要，將於下節詳述。

大圓滿無上瑜伽分心部、界部及口訣部三部。而以口訣傳授為主。——其中界部，原為龍部傳承，即非人而受傳法。在藏密甯瑪派法統中，心部與界部合流；故實分二部而已。

1、心部與界部，以遍照護為藏族得此法之第一人。其法為入印度時受於法主吉祥獅子。由於禁例關係，授受時極為秘密，然遍照護終得十八部心法口訣，六十修部一切灌頂及口訣，及界部二種教誨。又從俱生喜金剛處，得大圓滿六百四十萬頌。及歸藏後，乃以之秘密傳授與藏王赤松德贊。然得法一事終為印人所知，乃用離間計，使遍照護不能安住王宮傳法，而大圓滿心要，反因遍照護避地，得流傳廣泛。

得遍照護傳授者五人，皆有大成就，而以旁老人·佛怙主一系，法統最弘，七傳至鄭·法菩提。鄭除受本師巴行者大圓滿、大手印、金剛橋等最高心法外，並另從二十一師，習二十六種法。後造居士修習儀軌，更使大法廣傳。能得其傳承之弟子共一十五人，宗派繁衍。

2、無上瑜伽之口訣部，分蓮華生大士及無垢友兩派。從法統言，蓮師的無上瑜伽心要得自吉祥獅子、文殊師利友等教誡者，而其傳承另有體系，將於下章詳述。

　　無垢友入藏時年將二百歲，住西藏十三年。其後即往中國五臺山。住藏時，口訣心要部份僅授藏王及仰‧定賢二人。

　　此部心要，其後即由仰‧定賢弘揚。代有傳人。如深藏不露，以普通行相示人之丹瑪‧任運幢長老；得無垢友現身為其灌頂之吉尊獅子自在；得大護法一髮母授記之化身尚‧導師；兼弘《勝樂金剛續》而得成就之十萬日；以多聞著名之覺白上師；作「普顯行」，故示人以瘋顛行相之斷迷獅背；能面見普賢王如來、金剛薩埵、金剛亥母、觀世音等尊身之鏡金剛；以修忍辱行見稱之持明童王；及不住胎而生之大寶法王自生金剛，皆為此系大德。

　　此外，修無上瑜伽心要，尚有一個特點，即修行人成就時，均係化虹光身。

　　除上述三部之外，無上瑜伽另有一特別口訣部。此部可視為口訣部的分支，稱為心要部。

　　心要部第十代傳人持明童王，有二弟子，一為上述之大寶法王自生金剛，另一人即為特別口訣部祖師龍青巴。龍青巴除修習持明童王所授大圓滿三部密續、教誡、口訣、護法儀軌等外，並得持明童王上師賜與傳承。而先後則曾承事上師二十二位，精通顯教，密乘一切教規及各種口訣，並通經、律、論三藏。如《般若》、《法相》、《七部因明》、《入中論》等顯教經典；《六法兩系》及《亥母六法》、《時輪》、《甯瑪派十萬續》、《大發心》與《道果》等九種薩迦深法、《空行海》等密乘經續。故即自學術觀點而言，龍青巴實亦為劃時代的宗師。而關於口訣心要解脫教誨類傳承，至龍青巴可稱圓滿。

旁老人‧佛怙主

吉尊獅子自在

丹瑪‧任運幢

鏡金剛

龍青巴

大寶法王三世自生金剛

荒原王

大德虛空無畏

無畏洲

吉祥化身鄔金無畏法王（巴珠甯波車）

第四品

甲四、三內續部於藏地之發展（分四）

引言

今特解說密咒道三內續部之開展。

於赤松法王及其福田（即蓮師）之世，密咒道中事、行、及瑜伽等續之聞受與教授雖已所在多有，唯弘揚最廣者實為無上瑜伽續。彼分三：摩訶瑜伽生起法、無比瑜伽圓滿法、無上瑜伽大圓滿法[1]。

乙一、摩訶瑜伽與無比瑜伽（分二）

丙一、摩訶瑜伽，生起次第（分二）

摩訶瑜伽分為續部（tantravarga）與修部（sādhanavarga）。

丁一、摩訶瑜伽續部

《十八部大怛特羅》（*Tantra chen po sde bco brgyad*）[2]之總續，或稱根本續《金剛薩埵幻化網》〔即〕《祕密藏續》，暨相關之一系列典籍名為《幻化〔網〕八部》（*sGyu 'phrul sde brgyad*）者，由無垢友阿闍梨向瑪‧寶勝講說及得其所助而繙譯〔為藏文〕；瑪‧寶勝傳授祖茹‧寶童（gTsug ru Rin chen

---

1　此三句為意譯，原文僅說生起、圓滿、大圓滿。

2　怛特羅，梵語 tantra 音譯，即「密續」之意，亦即前述之《十八大續藏》。

gzhon nu）與吉熱勝護（Kye re mchog skyong）；二人皆傳授予尚・勝德（Zhang rGyal ba'i yon tan）及達吉・吉祥稱（Dar rje dPal gyi grags pa）。二者之中，前者於衛藏多番講說此續，亦曾赴康區作講說。尚氏之傳承被稱為「欽普教誡」或「口訣傳承」[3]。

復次，蓮華生阿闍梨向湼・智童（gNyags Jñānakumara）教授《秘密藏續》及《口訣見鬘》，後者為其自撰且廣為人稱之傑作。湼氏既傳予粟特人吉祥智（Sog po dPal gyi ye shes），復與尚氏同授努・佛智（gNubs Sangs rgyas ye shes）。佛密阿闍梨亦於岡底斯山向衛・妙吉祥（dBas 'Jam dpal）與瞻伽解脫（Bran ka mukti）等弟子教授解說諸如《幻化網道莊嚴》等屬《秘密藏續》一系之典籍。

如是，吉祥《密集》之弘播，則依金剛笑說法之傳規、及依於眾友（Viśvamitra）諸釋論中聞、說、修之傳規。此外，所弘播者尚有《諸佛平等和合》之注解，分別屬犬王與吽迦羅[4]之耳傳，及依據成道者鄔仗那王、名為帝釋莖（Indranāla）所著《諸佛平等和合廣釋》（Śrīsarvabuddhasamāyogaḍākinīmāyāsaṃvaratantrārthodaraṭīkā / mNyam sbyor 'grel chen）中講聽修行之傳規。

依於忿怒尊壇城與《寶馬》（即《寶馬遊戲》）壇城之本尊，則賜予其他具緣者。其中赤松贊普因得馬頭金剛（Hayagrīva）成就故，令馬嘶之聲響徹贍部洲。

---

[3]　可參沈衛榮〈《秘密藏續》與舊譯無上密法於西藏的傳播〉，收《幻化網秘密藏續》，68－69頁。

[4]　即前述之《四支要義顯明》。

丁二、摩訶瑜伽修部

通言之，《閻魔敵》（*Yamāri / gShed skor*）部由寂藏阿闍梨於西藏弘播；《金剛甘露》（*Vajrāmṛta / bDud rtsi'i skor*）部則由無垢友阿闍梨弘揚及教授涅‧智童等。餘部絕大多數則獨由蓮華生阿闍梨弘揚與廣傳。

尤有著者，為應赤松德贊贊普之啟請，大阿闍梨遂於吉祥欽普之澤古格茹（dPal gyi mchims phu'i Bre gu dge'u），對具足殊勝善緣之君臣等共八人[5]，圓滿垂賜八大修部外、內、密壇城之次第灌頂。當彼等修持各各投花所降之本尊成就法及口訣時[6]，每人均親面見本尊。

贊普由得大殊勝忿怒尊成就，生起殊勝三摩地；復以由觀修而起般若之開悟，遂有諸如《正教誡量論》（*bKa' yang dag pa'i tshad ma'i bstan bcos*）等著作。

虛空藏由得真實忿怒尊成就而能乘於日光之上。

〔努‧〕佛智由得文殊成就，能將普巴杵插入石中。

勝利妙音（rGyal ba mchog dbyangs）得大自在（Maheśvara / dBang chen，馬頭金剛）成就，於頂上生出馬頭，且馬嘶盈漾。

卡真女（mKhar chen bza'）[7]得普巴金剛成就，能令死者復生。

---

[5]　藏文本原作九人，英譯作八人，觀後云得八大修部成就者共八人，故可知其數應為八，今據改。

[6]　灌頂時，弟子投花，花落何部即修該部之法，是即所謂：「各各投花所降之本尊成就法」。

[7]　即智慧海王母，卡真為其氏族名。

〔粟特人〕吉祥智得《本母非人》成就，能役使一眾空行母護法為侍從。

吉祥獅子（dPal gyi seng ge）[8]得世間供讚成就，受八重鬼神侍奉。

遍照護得猛咒詛詈成就而得智眼與神通自在。

復次，有曾受大阿闍梨灌頂、教導及指授而先後得成就之徒眾：渥・智童能從乾石中攝取甘露。

甲摩〔絨〕・玉聲藏（rGyal mo rong kyi g.Yu sgra snying po）能將己身變為黃金杵。

納南・金剛摧魔能直穿石山。

智音阿闍梨（Ye shes dbyangs）能親往空行剎土。

粟特人天吉祥（Sog pa lHa dpal，粟特人吉祥智）能徒手持凶狠猛獸之頸脖。

納南尚・智軍（sNa nam zhang Ye shes sde，尚・智軍）能於虛空飛翔如鳥。

卡真・吉祥自在（mKhar chen dPal gyi dbang phyug）只須高揚其普巴杵，即能「解脫」所指之對象。

但馬・眾頂（lDan ma rTse mang）能總持一切法而不忘失。

噶瓦・吉祥積於他人之心能無礙洞察。

舒布・吉祥獅子（Shud pu dPal gyi seng ge）[9]能令河水倒流。

8　屬朗氏，非天竺上師吉祥獅子 Śrī Siṃha。

9　屬舒布族，為另一吉祥獅子。

且‧勝慧（'Bre rGyal ba'i blo gros）能將起屍轉為黃金。

卓‧僧童譯師（'Brog Ban khye'u chung Lotsāwa）能僅靠目視與結期剋印，即可勾召虛空中之雀鳥。

俄真‧吉祥自在（'O bran dPal gyi dbang phyug）能於大河中如魚暢泳。

瑪‧寶勝能將巨石碎而食之。

拉隆‧吉祥金剛能無阻穿越諸石山。

朗卓‧至寶生（Lang gro dKon mchog 'byung gnas）能將雷霆霹靂投擲如箭。

拉宋‧勝利菩提能於虛空中無所依憑而結跏趺座。

成道者亦有婦女，此如：薩霍惹之曼陀羅花得無死壽、神通力及無上殊勝等成就。

卡真‧智慧海王母則得金剛壽、不忘總持、神通力、空行住地、及殊勝大樂等成就。上述二位女中尊實與金剛亥母無有差別。

長壽女佛海（Tshe nam bza' Sangs rgyas mtsho）得於虹光身中隱沒。

協噶‧金剛海（Shel dkar rDo rje mtsho）渡河如履平地。

聚女蓮花海（Tshom bu bza' Padma mtsho）之心、氣於本尊身中成熟。

麥岡女‧大寶海（Mal gong bza' Rin chen mtsho）能懸其絹衣於日光之上。

茹女‧義成母（Rus bza' Don grub ma）能憑目視差遣十二地母。

舒布女‧般若母（Shud bu bza' Shes rab ma）能不學而知諸佛一切教誡與釋論。

羊卓女‧法炬母（Yar 'brog bza' Chos kyi sgron ma）說法時，虛空中天人讚美。

奧傑女‧提舍佛母（'O lce bza' sKar rgyal ma）凡於佛法有疑難時，能向其觀修之本尊請教。

害羞女天母（'Dzem bza' lHa mo）於須飲食時，則逕從虛空中拿取。

熾燃女天音（'Bar bza' lHa dbyang）通曉如何調伏他人心相續之方便。

屬盧女‧菩提藥（Cog ro bza' Byang chub sman）能轉化自身為火與水。

種氏女‧大量母（'Brom bza' sPam ti chen mo）能於虛空中如鳥翱翔。

絨氏藥女‧戒炬（Rong sman bza' Tshul khrims sgron）能食石頭。

庫氏女‧吉祥王后（Khu bza' dPal btsun ma）能令作修念用之杵振動。

准氏女‧玻璃藥（Phrum bza' Shel sman）能排列花朵於虛空中。

上述諸人，能向眾多凡夫示現種種神變，全皆即身登雙

運境者。更有無量成就者出現，此如：欽普廿五大成就者；
羊宗（Yang rdzong）五十五證士；分別於葉巴或曲沃日（Chu
bo ri）得虹光身之一百零八眾；協札（Shel brag 水晶岩）之三
十密咒行者；得虹光身之廿五空行，如是等等。

丙二、無比瑜伽、圓滿次第

《密意總集經》之法菩提與世持二堪布、暨勃律之威嚴
生，共三人皆教授大努‧佛智，後者則將無比瑜伽密續迎入
西藏，其傳記於下文詳說。

乙二、無上瑜伽之心部與界部（分九）

大圓滿無上瑜伽分三部（心部、界部、口訣部）。首二
部（心部、界部）之傳承如下。

丙一、遍照護

生於尼木切嘎（sNye mo bye mkhar，頂沙堡）境之遍照
護阿闍梨（Vairocana），奉赤松德贊贊普之命，無視包括八
大怖畏在內之五十七種難忍苦難，抵達天竺境內；繼而往富
藏（Dhanakośa）之清涼旃檀林內、由吉祥獅子阿闍梨起神通
而成之九層大塔。彼於該處，向一正汲水之瑜伽母問訊；母
不答，遍照護憑目視而將其水器黏附地上。瑜伽母隨袒露其
胸，如是而向遍照護示現金剛界壇城。

遍照護與瑜伽母為伴，得見吉祥獅子阿闍梨。以黃金壇
城為供養，遍照護向阿闍梨啟請無功用乘之教授。

吉祥獅子云須作思量：蓋於上午，雖可私下隱密教授甚

深法之要點；唯若非極秘密而行，則阿闍梨可能被當地王者處以極刑。故彼向遍照護云：「日間且從別等班智達聞受因果等法，余只能於晚間向汝開示口訣教法。」以此方便及緣起故，遂無人知悉。[10]

夜間，阿闍梨以白羊奶於白絹上寫下《心部十八〔續〕教授》（*Sems sde bco brgyad*），復指導遍照護如何以煙薰而令字跡明顯之方法。彼命遍照護於諸護法前，立誓保守無上秘密。

即便如是，遍照護之心尚未饜足，故仍逗留不走。吉祥獅子乃垂賜六十續藏之灌頂與口訣、暨開示果位本有之界部三支分即白、黑及雜色等三。由是遍照護遂窮盡一切法之深處。

然而彼仍不饜足。吉祥獅子對彼云 ——

> 法界實乃無窮盡　　汝唯只須證真如
> 一切無餘悉圓滿　　有何悉地能逾此

遂教以得傳授果之法三種、應該授法之理四種、及不應授法之理亦四種。

遍照護亦於杜摩史提羅之大尸陀林中，謁俱生喜金剛阿闍梨，得大圓滿六百四十萬頌之真實傳承，如是現前得證「證解同時」之大成就。

依神足通之成就，遍照護遂回藏。於日間，彼向藏王教授因果等共法；晚間則唯說大圓滿秘法。彼所繙譯之心部五種典籍乃最古譯本。

---

[10]　由是便成為傳授無上瑜伽續之傳統，上師多於夜後傳法，至今尚然如是。

　　此際，天竺人因教法流入藏地而起嫉妒，乃以讒言離間語令藏人起疑，復因厭惡教法之一位后妃及其大臣等勢力，遍照護阿闍梨須往察瓦龍（Tsha ba rong，炎熱谷地）稍住[11]。於甲摩絨（rGyal mo rong，即察瓦龍之別名）之谷岩護法廟中，遍照護攝受玉聲藏為弟子，復令彼與他眾得成熟與解脫；於察瓦龍之達孜（sTag rtse，虎頂）山寨，向密師‧智喇嘛（gSang ston Ye shes bla ma）教之以大圓滿法系；於千穴谷之察瑪干宗（sTong khung rong gi Brag dmar dgon rdzong），則向旁老人‧佛怙主（sPang rgan Sangs rgyas mgon po）[12]講說；於前藏則分別教授涅‧智童與于闐女般若燈（Li bza' Shes rab sgron ma）。是以遂謂彼曾先後教授五人。上述最後者更曾迎請遍照護往訪于闐。

　　最終，遍照護於巴盛尸陀林中得雙運身。

　　從涅‧智童，經粟特人吉祥智、扎‧吉祥藏（Gra dPal gyi snying po）、與拉隆‧吉祥金剛，至俄真‧吉祥童（'O bran dPal gyi gzhon nu）等，成為一傳承漸次開展；一支則由粟特人吉祥智[13]傳至努‧佛智；尚有一支由藏‧薩多（rTsangs Sāk rdor），經旁‧護（sPang Rakṣita）、雅赤‧成年般若（Ya phri Dar ma shes rab）、與刺蝟比丘（Zer mo dge slong）等，傳至瑪爾巴‧般若光（Mar pa Shes rab 'od）。該傳承其後傳至宿‧卓普巴（Zur sGro phug pa）[14]。

11　所謂「稍住」，實指流放。

12　「旁」（sPang），古義為「無畏」。

13　藏文本，只稱為「粟特人吉祥」，英譯改為「吉祥獅子」，應誤。據後文努‧佛智傳記，此師應為吉祥智。

14　詳見第五品。

丙二、旁老人・佛怙主

此外，尚有遍照護弟子旁老人・佛怙主（sPang rgan Sangs rgyas mgon po）之傳承，所屬者悉成就虹光身。旁・怙主本人自童稚時起從無修法，直至八十五歲之際。彼因年邁，故受其兄弟鄉里所嫌；復因老耄之故，體質羸劣。然遍照護贈之以修帶及修杖，更指示如何持教法於心。由修持遍照護阿闍梨所教，旁老人乃得親見赤裸法性，復於中生起「頓超」之證悟。老人大樂，攬阿闍梨之頸項竟日不捨。得成就後，彼復多住世逾百載。

丙三、額南・菩提幢、薩當・珍寶、庫覺・顯明殊勝

旁老人・佛怙主之弟子為額南・菩提幢（Ngan lam Byang chub rgyal mtshan），彼為烏魯額南三谷（Yul dbu ru Ngan lam ral gsum pa）區之比丘。於六十七歲時往皇后達孜山寨，在該地向旁・不敗怙主（sPang mi pham mgon po，即旁老人・佛怙主）請求教導。阿闍梨從所請，復語其勿歸故鄉，唯於狐獅岩（Wa seng ge brag）中觀修。彼依阿闍梨之言而往作修持，直至壽抵一百七十二歲時，其蘊身遂隱沒無餘。

額南另一弟子，為來自上多康之薩當・珍寶（Za dam Rin chen dbyig）。彼向額南請求教導，與其共處於同一山岩內，不離上師而住入觀修中；至壽抵一百四十四歲時，其蘊身遂隱沒無餘。

薩當・珍寶之弟子為來自雅隆碻（Yar klung 'phyos）之庫覺・顯明殊勝（Khu 'gyur gSal ba'i mchog），乃五十七歲之比丘。當彼從薩當・珍寶得授口訣後，已捨回鄉之念，亦於狐獅

岩作觀修而住。庫覺‧顯明於壽抵一百一十七歲時，其蘊身亦隱沒無餘。

　　如是，三師徒之身，皆在狐獅岩中，同於蛇年逐一如霧如虹隱沒而逝。

丙四、仰‧菩提稱與仰‧般若生

　　庫覺之弟子名為菩提稱（Nyang Byang chub grags）者，來自仰區之上玉龍（Yul nyang gYu 'brug stod pa），為四十二歲比丘。彼向庫覺‧顯明求法後即便回鄉。當彼於桑耶欽普觀修之際，遇見一來自烏如之夏區（dBu ru Zha），名為仰‧般若生（Nyang Shes rab 'byung gnas）之年老比丘。老比丘云：「余受近圓戒遠久於汝，但汝之教法則更殊勝。請收余為徒。」

　　仰‧菩提稱向其傳授教法後，前往普波赤（Phug po che）及羊宗等地留駐，為其徒子徒孫示現窮盡四大種之轉化。最終，於後藏境內剛尼度嘎（rGyam nye du kha）之朋波山（Phung po ri bo che）中，其蘊身在山邊如雲煙消散，隱沒無餘。

　　此後，仰‧般若生住於澤羊宗之欽普吉祥森林內、或普波赤等。彼現起大圓滿自顯現無偏意樂；繼而在普波赤神山（Phug po che lha ri）山頂之檜樹上，於懸掛其法衣、念珠及顱器後，自身如清亮之彩虹，消失於虛空中。

丙五、巴行者

　　仰‧般若生之弟子乃來自洛莫（Lo mo）境內，屬巴氏

（sBa）一族，後世以其族名，稱之為巴行者（sBa sgom）。
彼於鄉居時，有戰亂生，其母云：「兒乃吾之獨子，其下尚有
六妹。吾將託彼於般若生阿闍梨；若能不死，則於願足矣。」
是故彼十六歲時，遂受託於般若生。

其時，上文提過之仰・菩提稱正帶領一鹿，穿越普波
赤、羊宗與欽普，是以被廣稱為「仰・領鹿人」（Nyang Sha
ba can）。於再訪普波赤時，仰・菩提稱云：「余將為汝二人
作一遊戲，其觀之！」

當般若生阿闍梨與巴行者分別從左右方向彼注視之際，
立於二人中間之〔仰・菩提稱〕阿闍梨倏然隱沒。二人正詫
異連生時，阿闍梨化為一肘長短之旋風，於周遭盤旋後，復
化為火。此火再變為盛放水食子之銅盤，充盈滿溢。復次一
陣烈風過後，剎那又變回阿闍梨自身。於如是示現能統制入、
處（āyatana）以窮盡四大種之能力後，彼遂云：「由滅除人種
之濁垢，直至其精華尚未隱沒，可如是現。雖則般若能照見
『無有觀修之因』此要義，唯實因無有渙散以持守標幟，始可
無難而得自在。是以無渙散而持守實為至要。」

爾時，巴行者往杜鵑樹森林（Bal bu'i nags）撿拾柴薪之
際遙見有火光烘烘，圍繞彼等之茅舍，但〔般若生〕阿闍梨
其時並無生火。巴行者思維所居已失火，乃往探究；唯茅舍
一如既往，毫無被火之跡。問阿闍梨發生何事，彼答云：
「余入火定之平等住中。汝尚記余之上師仰・菩提稱否？」又
爾時，只見阿闍梨之座全為水所沾透。

最終，阿闍梨云：「余若消失，其觀天山之頂。」當阿
闍梨確然不見，巴行者意其只為上山散心，次晚即回。但當見
阿闍梨不還，巴行者即往探究竟。只見阿闍梨之冠及菩提念珠

等懸於檜樹上，而其蘊身則隱沒無餘。依自性大圓滿，此即所謂：虛空、火化、空行與持明等〔四種〕消逝法其中之一。

巴行者行年廿四時受教於般若生，終生為居士身，法號為智菩提（Ye shes byang chub）。彼具殊勝之證悟，能轉石成泥，及使自身模相留於岩石上；至九十八歲無疾而終。其妻盈母尼（Jo mo gang mo）不令外人瞻仰遺體，唯於家廟中作茶毘。外面諸人均見一陶器大小之光團入於虛空之中，遺骨絲毫不賸。

丙六、鄭‧法菩提

巴行者之弟子為鄭氏，其母名茶古吉迪（mTshar dgu skyid de，意為「九種希有之嬌兒」），乃來自雅隆小平原（Yar lung thang chung）之比丘尼。鄭‧法菩提（'Dzeng Dharmabodhi）為其母與小平原君主之長子所生，十六歲時隨商旅往朵地之東納（Dol gyi gDong sna）[15]作貿易。彼於朵地之車聰（Dol gyi 'Tsher chung）見眾人聚集，遂往觀究竟，得見天竺之帕當巴覺（Pha dam pa sangs rgyas，帕當巴）[16]。彼隨帕當巴為僕凡十四月，當抵達後藏之桑贊（gTsang gyi gnas gzhi bZang can）區域後，帕當巴以一氆氇贈之，復因鄭尚年少氣盛，故對彼云：「汝實應回故土，今且來塔波（Dvags po）採杏哉，有一行往朵地之旅客焉。」

於是，當鄭踏上歸途，帕當巴送別一程。當鄭捧帕氏之兩頰時，帕當巴云——

---

[15]　朵地在今尼泊爾西北。

[16]　帕當巴覺為希寂派（Zhi byed）之始創人，於十二世紀初創立。主張修行般若經義，斷除生死涅槃一切苦惱。

凡諸非有悉轉依　於轉依中毋二取

　　彼此復以頭相碰兩次，鄭昏沉之心生起明燦之知見，口中津液頓生。此實為帕當巴對鄭之加持，彼亦曾作鄭可遇《金剛橋》（rDo rje zam pa）之授記；唯後來鄭說，其時自己對此尚不明所以。帕當巴曾給數起吉兆，暨眾多有關密咒道之要訣予鄭。當鄭於江若才瑪（rGyang ro tshal ma）聞受關於六字大明咒之教法時，由觀修而得大加持，帕當巴乃如是授記：「此大河之東有旃檀林，乃汝上師所居處。」

　　稍後，即往前藏，從阿古吉祥燃（A khu dPal 'bar）[17]受飲血忿怒尊及白哈王（Pe har）之教法；又從努‧香波車（gNubs Shangs po che）受事續及焰口母（Jvalamukha / Kha 'bar ma）大食子供之教法。繼而鄭受差遣往後藏獻供予八日喇嘛（Bla ma Ba ri pa）[18]，從八日處受文殊及伏金翅鳥之成就法。從波‧格西（dGe bshes sPo）受有關舊譯之教法。

　　彼於年三十五時，經昂雪往江赤（lCang tshigs），於普波赤之山口，聞說有名為王后（Jo mo ba）者迎請剛自天竺歸來之格西贊‧卡窩車（bTsan Kha bo che），彼正來訪，備有教法、飲食與伎藝等，〔鄭遂欲往〕。次朝，當鄭正就道之際，卻有婦人謂彼曰：「汝若沿茶布（Khrab）此邊一路而上，則能遇見名為巴行者之阿闍梨，彼布施飲食極其慷慨。」

　　鄭從之。彼時有一眾瑜伽士亦抵達該地。巴行者為大眾設食，且各遺一銅杓量之熟麥粉。既已，巴行者云：「汝眾中亦有新受戒者。」遂差彼往汲水一瓶。巴行者繼而供水食子，

17　「阿古」（A Khu），意為「叔伯」，乃安多地區對喇嘛或顯貴之尊稱。
18　八日，指八日帽。古代，西藏地方政府舉行典禮時，武士所戴之帽。

復引鄭入其小洞之一角，贈菜蔬一碗。當夜巴行者亦贈食予鄭。其後鄭往眠於石下。

至朝，鄭意己須離開，唯巴行者又贈以食，且云：「余有一小沙彌弟子，往索塘（Zo thang）取黃金，今因霪雨故尚未能回。汝其採樵薪焉。」

鄭從林中攜一大柴捆而歸。巴行者大悅，乃授以《大手印標幟口訣》（*Phyag rgya chen po brda'i man ngag*）及名為《大圓滿之本有七部》（*rDzogs pa chen po skor bdun rang chas*）之教法。此際巴行者之弟子返歸，謂鄭云：「余以為阿闍梨或因余未歸而不便，幸汝可作替代，請且復暫留數日。」繼而該弟子再環繞雅隆（Yar lung）一匝方回。

其間鄭已得知巴行者非是凡夫，是以並未回鄉，轉而往溫（'On）地與桑日（Zangs ri）等化緣。購口袋一，內滿置稞麥以獻巴行者阿闍梨。阿闍梨曰：「汝侍奉吾已足，此麥汝留作口糧。余有口訣名《金剛橋》，於剎那能了知其義者可即身成佛，蘊身絲毫不賸，此傳承一直相續不斷。直至今時余從未對他人言之。現余將傳此予汝。」

鄭由衷鄭重而獻稞麥，復作啟請云：「此乃弟子為師所積，祈請垂賜教誡。余必可另得口糧。」

巴行者以左手置鄭之頭頂，右手則拍其後頸背，且云：「感謝！汝誓句甚堅固，理應受益於余之教法。」

鄭以《紅閻魔敵成就法》（*gShin rje gshed dmar po'i sgrub thabs*）授予一來自洛聰（Lo chung）之密咒行者，後者則以八斗之豆子與稞麥交換。鄭亦不時於洛莫與川地（'Phrun）行守護儀軌，以積集法之資糧；但於欲祈請《金剛橋》加持所須

之會供輪資具，鄭尚未聚足。阿闍梨云若已遽於此際作加持，則後際必有障礙。

鄭於崗巴（Gangs bar）售酒一壺予其友，往取其值，唯只得一比丘尼之下裙。鄭析其為條幅而售之，換得淡酒、食子、稞麥五升、及生肉一堆，〔供養阿闍梨〕。阿闍梨云：應將日照代油燈。於是即將解脫道之四灌頂圓滿賜予鄭，連教法亦垂賜無餘。雖然如是，鄭於後際，復曾四次啟請加持，五次供養稞麥與黃金。

一時，巴行者云：「此諸顯現實乃虛假之有法。」彼突以手擊一水石，其臂竟齊肘而隱。繼而其身一轉，遂穿岩石而過，上留有明顯身相痕跡。彼復於普聰絨（Phug chung rong，小鴿谷），憑目視而將眾多檜木連根扳倒，且云：「姑以此材為尼姑（其妻）家廟之用。」鄭乃從如是上師而得《金剛橋》全部教法。

復次，屬阿底峽尊者所傳、有關般若捷道或迂道之教法[19]，亦為鄭所得。鄭亦如是從優摩（Yu mo，母羊）得《〔時輪〕六支瑜伽》(*Kālacakra) ṣaḍaṅgayoga / (Dus kyi 'khor lo'i) sbyor ba yan lag drug*）；從康地者（Khams pa lung pa）得《八座修持》（*Thun brgyad ma*）；從柳吾・宿巴（sNe'u Zur pa）得《三所緣》（*dMigs pa skor gsum*）；從桑布譯師（Shong bu lo tsa ba）得《略釋》（*Sphuṭārtha / 'Grel chung*）；從解脫修格西（dGe bshes dGrol sgom）得那諾巴之《方便道》（*Thabs lam*）等。鄭則以講說《金剛橋》為回報。

鄭亦曾得聞眾多其他教授，如：蘇暖丹（So snyun

---

[19] 「捷」、「迂」，藏文原文為 rkyang khug，乃單、雙之意，指單修與雙修。

gdangs）之《顯明炬》（*sGron sp[b]rul*）及《護封》（*rGyab sha*）；查波瓦（rDa bor ba，陶工）之《甘露三滴》（*bDud rtsi thigs gsum*）；日除隆聰（Ri khrod rlung chung，山風）之《口耳傳承三頌》（*rNa brgyud tshigs gsum*）；隆咸青波（Rlung ham chen po，貪風者）之《道歌》（*Dohā*）口訣；說炬母（Lab sgron ma）[20] 之《斷境》（*gCod yul*）[21]；勝頂師（rGyal ba spo ston）之《〔教法〕七部》（*sDe skor bdun pa*）；努‧香青（gNubs Shangs chen，香波車）之《八日系事續十五法》（*Ba ri pa'i kriya'i chos bco lnga*）；及丁里‧慶喜（Ding ri Kun dga'）[22] 之種種教法等。彼從塔波醫尊[23]（Dvags po lHa rje）[24] 得《〔那諾〕六法》（*Saḍdharmopadeśa / Nā ro chos drug gi man ngag*）及《俱生瑜伽》（*lHan skyes rnal 'byor*）。

　　鄭比較經各種修行而得之證量後，滿心歡喜。因修習近侍瑜伽（sPyan snga rnal 'byor）一派密咒者之行持，故鄭被廣稱為密咒道禁行者。其法友包括達三贊阿闍梨（sTag sham can，虎皮裙）、首領喇嘛（Bla ma dBu 'dren pa）、杜甘巴喇嘛（Bla ma Thud kha 'bar）、得暖喇嘛（Bla ma Drod 'byor）、及尚‧妥倫（Zhang 'Gro smyon，狂走）等。故而鄭所交結者盡皆為瑜伽大師。

---

[20]　即廣傳施身法之 Ma gcig lab sgron，下詳。

[21]　即《施身法》。

[22]　丁里（Ding ri），地名。意為飛來峰。

[23]　lHa rJe，《藏漢大辭典》譯為「太醫」，釋云：「為吐蕃王赤松德贊賜給醫生的稱號」。然而在用此稱號於密乘上師時，當指其能為眾生除煩惱熱、脫輪迴苦，是為「醫者」，一如稱釋迦牟尼為「大醫王」。故此處改譯為「醫尊」。

[24]　即岡波巴 sGam po pa。

　　彼時，鄭於後藏裸袒凡五載。復次，因其具極大能力可自在於明相顯現，是故鄭於眾多禁戒行無有不作，如浴冰水於寒冬、炎夏則於中流洗沐；縱身躍進深不可測之溝壑險谷；猛擊頭顱、及以利器損傷自身等。是以鄭亦被廣稱為「小鄭勇士」（dPa' bo 'dzeng chung）。

　　當鄭向索孟贊（So mang btsan，多齒妖）教授大手印時，索孟贊之幻象轉依為本智；於向日除隆聰與牛母嘉勒藏（dNgul mo rgya le lcam）講授《四字》（Yi ge bzhi）[25]及大圓滿時，彼二皆成大摧破迷亂者，最終二人蘊身亦隱沒無餘。當鄭亦如是為一具信比丘尼與一堅毅之康區人開示《金剛橋》時，比丘尼與康區人之蘊身，分別於門地刺猬湖（Mon kha zer mo'i mtsho）[26]及工布水寨（Kong po mtsho rdzong），以「虛空」與「空行」之逝法，隱沒無餘。

　　由僅向熱巴貢塔（Ras pa sgom thag）、雪熱（Sho ras）、嘉熱（rGya ras）、隆熱（Rlung ras）等眾講述教授，鄭即可使彼等拙火暖相熾燃。如是，當鄭亦僅為指示法性時，極多徒眾得證悟與解脫。鄭・法菩提曾自云：「似有四譯師曾謁余，另亦有出家人、大導師、瑜伽士、瑜伽母等，俱屬自吹自擂及自高自大之輩；當然亦有眾多如理修持者：於塔波有十一女弟子稍作修持。當彼等死期已至，去世剎那並無解支節（gnad gcod pa，斷末摩）[27]，遺體為彩虹所覆。有人於余之教法，若能如織女紡織羊毛之細心、父母撫育獨子之呵護，以茲五六載之修持，則其蘊身決定能隱沒無餘，死後莫有所遺。」

25　《四字》是有關拙火之修習。

26　位於不丹。

27　「解支節」，意為筋絡根節於病死時被氣息分解。

　　鄭既於如海量之神通莊嚴得自在，故其身時或為虹光所裹；亦時或足不履地而行。由將心與顯現融成一味，鄭即能於剎那間抵達遠方。因具他心通等無礙神通，故彼能授記一切未來之事，例如彼以其清淨天眼通，得見金剛悅公主（Jo sras ma rDo rje skyid）於午夜熟睡時，其子險從一天窗墮下。日夜對鄭既無分別，是以縱於黑夜，彼亦輕易能見墜於亂草堆中之針。

　　鄭居於後藏凡七載後，重返普波赤。巴行者阿闍梨謂彼曰：「領悟虛空！當圓滿證知其無有所依，則無修之大鑊即直中要害！」鄭由是生起甚深信之決定。

　　當鄭居於塔波恕（Dvags po zhu）時，從面授喇嘛（Bla ma Zhal gdams）得傳《寂靜上師七部》（Gu ru zhi ba sde skor bdun pa）；於哈宿寺（lHa zur dgon pa）修習《四種標幟》（brDa bzhi）凡三載，遂於一切法皆能通曉，其心離於戲論，直如虛空。

　　又，鄭極能忍受苦行：彼於普波赤得授《金剛橋》後，修〔無死〕甘露之苦行，遂能免於疾疫。

　　於作努‧香波車上師跟前為僕之苦行後，不論鄭於何方，該上師皆庇怙其心。

　　於天竺正士（即帕當巴覺）跟前作尋思之苦行，鄭遂能通曉一切法。

　　於吉功（sKyid khung，快活谷）修普巴金剛念誦之苦行，鄭乃能使喚世間之神鬼。

　　彼從阿底峽尊者之迦當派聞受調柔之苦行，故不論鄭於

何方，皆為人所親。

由作「四字三種變動」之苦行，鄭令身內〔拙火〕暖樂熾燃，如是而裸袒凡五載。

既已生起決定信，鄭乃作「啟請亥母」之苦行，由是於古莫（'Gur mo）之西親見佛母本尊，並從佛母得眾多標幟。

鄭於努境山谷（gNubs yul rong）修治睡夢瑜伽，由是而知一切顯現俱屬夢幻。

於索多迪錯之水晶洞，鄭得見忿怒甘露漩〔明王〕；有一非人以大恭敬侍奉鄭。鄭曾見一僧裝打扮者於虛空來回飛翔，尋之卻不能得。鄭云不知其為人抑非人。

鄭於塔波恕修習無勝印（Aparājita / A dzi），於上午親見本尊。當鄭正思維〔與本尊〕融合誓句之際，其妻茶麗（Phya le，平和）至。木尊呼曰：「其有妻焉！」遂於光中隱去。

當鄭於哈宿〔寺〕修辟穀時，得見無量壽；眾多佛法之安立於其心相續中生起。

鄭於吾嘎（O dkar，石貂）修行時曾親見勝樂佛父母本尊。

一時，鄭決意遠遊。彼行旅至門加鎮（Mon 'gar grong mo che）[28]。鄭毅然躍向一冰封之湖。冰裂，鄭墮入水中。正當鄭覺羞赧之際，湖水有蒸氣冒起，幾全覆虛空。眾人咄咄稱奇，咸謂鄭有若出爐熱鐵入於寒冬之水中。鄭唯曰：「吾已凍僵！」

異時，鄭與其妻往拾柴薪，大有所獲。二人負薪抵一懸

---

[28]　位於不丹之東。

崖峭壁之邊;鄭只覺如在夢中,遂縱身一躍,竟降下如鳥。其妻云:「噫!希有上師,汝是人耶!今我憶起天竺正士[29]。」

直至其時,鄭尚未廣弘其教導;彼只作俗家經懺,而護持其秘密修行。然此後從遠方來者日多,弟子漸增。

鄭曾受一名為巴布多(Bal bu dor,雙杜鵑樹)者之迎請,正說法中,於晨光曦微之初剎那,有為數眾多如傘或其他相狀之彩虹顯現。課後鄭往山邊散心;或問鄭:「彼彩虹是否上師壽盡之衰象?」鄭答云:「憶昔吾上師巴行者垂賜此教授予金剛兄弟燦燃師('Bar ston)與般若稱(Shes rab grags)二人時,昂雪之山谷與普波赤之山邊,幾全為光明所覆;此教授定有此象相隨也。」

復次,當上師居於鄭地時,其徒王子(Jo sras)至。鄭其時坐於一佛塔基下之堤岸,是以當王子抵其靜室時,不見阿闍梨;唯見一光蘊,王子趨近時即隱滅。王子問曰:「何以致此?」鄭告云此乃入定相,且誡王子不得向他人洩露。

又,鄭嘗云:「吾兄成就(dNgos grub)患麻瘋時,余曾誦咒欲助之,不癒,反令余親見金剛手,可笑也!」

著稱於其他佛法派系之教法,諸如《一味》(Ro snyoms)、《六法》、《斷境》、及《五次第》(Pañcakrama / Rim pa lnga)等,鄭行者・法菩提悉皆通達體證其真實所得。鄭於高齡達一百零二歲時染病,徒眾眷屬均恐上師不起,然鄭云:「昨宵夢甚吉祥,余定不死。余夢立於大王山(rGyal po ri,須彌山)頂,此際日月齊昇。於眾多白骨寮舍之屋頂

[29]　「天竺正士」指帕當巴覺。

上，復有眾多女子。彼等曰：『鄭上師！汝四載後方至。』」

異時，鄭曰：「吾已老耄，亦實無甚可教矣。」此即鄭已清淨對尋伺之執持，故其內心意樂已至究竟之相。是以當其從者咸請鄭作善根行〔以延壽〕，鄭皆視作有為善根而無意行之。復請其行辟穀，鄭卻云：「若作辟穀，吾可延壽十載；唯於惡世，實毋須高壽。」

如是，鄭於訓勉他人作真實厭離之修行後辭世。荼毘時虛空中天虹充盈，於骨灰中復有眾多舍利、小佛塔等。為續守護其徒眾，故鄭之濁體不取虹光身，但其實鄭已圓滿具足於本淨窮盡諸法地中入涅槃之所有相矣。

復由此以後，《金剛橋》之口耳傳承遂得廣為弘揚。鄭有眾多高弟，如普賢阿闍梨（Slob dpon Kun bzang）、鄭王子、贊塘巴仰法獅子（bTsan thang pa Nyang Dharmasiṃha）、賽龍巴（Slob dpon gSer lung pa，金谷）阿闍梨、杜・金剛幢喇嘛（Bla ma Du rDo rje rgyal mtshan）、悉・智王（gZig Ye shes〔dbang〕 po，豹智王）、及氂牛導師月輝（gYag ston Zla ba 'od zer）等，不一而足。鄭於一百一十七歲時去世，約與阿底峽、種・導師（'Brom ston pa）[30]、查巴法獅子（Phya pa Chos kyi seng ge）、聖者密勒日巴（Mi la ras pa）等大師、暨彼等之師徒同一時代。

丙七、鄭・王子

鄭・王子（'Dzeng Jo sras）生於咒師之家，幼習書算。彼向一來自沃喀（'Ol kha）之唐卡畫師，請求諸如《幻化網》等

30　即種敦巴，迦當派開宗祖師。

甯瑪派教法、及〔新譯派之〕《喜金剛》、《文殊真實名經》。
等。此畫師阿闍梨於彌留之際，授記王子曰：「此等鉅著，
余雖皆知曉，然余將死，除《阿羅七課》（A ro thun bdun）
外，餘者均無所利益。汝毋須翻閱著作，唯於教誡應敬謹身
體力行。塔波乃汝之上師名『鄭』者所居。速去。」

　　繼而在崗巴，王子住於森・阿闍梨（Slob dpon Zam）處歷
三寒暑，但彼此並不相應。王子於對教法尚未斷除戲論前，
曾於巴隆（dPal lung，吉祥谷）三次向鄭・阿闍梨請求《金剛
橋》之教法。鄭作加持已，且云：「汝往後藏稍住，研習典
籍。歸則住於汝先祖之閒寂處。」

　　王子意會鄭不欲傳法，遂問復有何人知曉此法。答云：
「扎其（Gra phyi，刺樹灣外）有名為王子尚・皈依處（Jo sras
Zhang la skyabs）者能知。」王子正思維向彼求法之際，該上
師已歿；故王子再往塔波向鄭求法；復拒之。王子繼思請於
鄭之弟子，乃往碩甘（Sho skyam）謁杜阿闍梨（Slob dpon Du
ba，杜・金剛幢喇嘛），阿闍梨云：「此教法非靠居心作意可
致，且回塔波求鄭焉。」

　　王子遂再往塔波作啟請。鄭云：「若汝固請此教法，則
亟須切實精勤。」乃授以完整教法。

　　王子後與阿闍梨共度幾番寒暑；六年間，縱為教法中至
為繁瑣者，王子亦領受無餘；於鄭為他人作加持之際，王子
亦嘗為羯磨師。當包括福報喇嘛黑喜（Thod pa'i Bla ma Rog po
dga'）、及瑪覺多瓦（Ma jo bzlo ba）等五十弟子求《金剛橋》
之法，鄭云：「今王子說哉，汝等其諦聽之！」王子遂於師
座上說法。

　　此二位阿闍梨共相親近約十八載。王子因已得教法傳授，故被任命為秉持傳承者。

丙八、普賢阿闍梨與光熾獅子活佛

　　如是，俱屬鄭・法菩提與「狂夫」幼鄭・王子二人之共同弟子者，乃普賢阿闍梨（Slob dpon Kun bzang）。其父庫窩帕佐（Khu bo pha jo）為大修行人，乃衛藏人帕摩竹巴（Phag mo gru pa）[31]之弟子；其母施薩德錯（Zi bza' des chog）嘗聞法於一苦行女名為「瘋狂」任運（sMyon ma bSam 'grub）。普賢之降生，有祥夢為兆。彼於八、九歲時，稍受學於戈師・王（Kor ston Radza）；至十五歲時其師逝世，其後五年從杜瓦・阿闍梨（Du ba，杜・金剛幢喇嘛）受《希寂》（*Zhi Byed*）之教授，復盡心侍奉上師。當彼於賽龍寺面見杜瓦・阿闍梨時，曾夢二星融入滿月中。彼嘗向大鄭（鄭・法菩提）求《金剛橋》法一回；當鄭・王子受迎請至朋仁（sPung ring）時，普賢曾向其求《金剛橋》法七回；於塔波之四冬季中，普賢得賜《金剛橋》十三又半回；彼與王子相處凡八載，再七度得《金剛橋》；稍後，二回得於碩（Sho），一回得於賽龍（gSer lung），復曾得聞與傳授他人相同教法之一部份。普賢從大小二鄭共得《金剛橋》凡三十五回，遂繼承彼等成教法之傳承人，復著有廣、略等兩釋論。

　　普賢阿闍梨有子名光熾獅子活佛（sPrul sku 'od 'bar seng ge），聰敏且智慧圓融，十四歲受《金剛橋》法。彼傳法與傳承人怙主尊者（Jo mgon），後者復傳予無作寶戒（Byar med tshul rin）。

---

[31]　帕摩竹巴為岡波巴四大弟子之一。

丙九、出自鄭之其他傳承

鄭亦將《金剛橋》傳予雅隆贊塘（Yar klungs btsan thang）之仰法獅子，後者得加持已，遂生起「頓超」之證悟。彼住於寒林寺（Dur khrod dgon pa）作廣大利生事業，終年七十有七。亦有依其傳承而著之釋論；其弟子名金剛手（Vajrapāṇi），而後者之弟子則名天喇嘛（Bla ma lHa）。

復次，鄭亦向賽龍巴說法。賽龍巴之弟子為自解脫阿闍梨（Slob dpon Rang grol），後者復傳法予其子法寶（Chos rin）。

鄭亦曾教授杜・金剛幢喇嘛，後者再傳杜・導師信解精勤（Du ston Dad pa brtson 'grus）。杜・導師有弟子曾著有釋論。

鄭復曾教授悉・智王。悉・智王傳拉卡瓦（La kha ba，山頂居士）；彼則傳皈依處阿闍梨（Slob dpon mGon skyabs），皈依處傳戈日瓦阿闍梨（Slob dpon Go ri ba），戈日瓦傳索・導師（So ston）；索・導師復著有釋論。

鄭亦曾教授朋仁之氂牛導師月輝。後者將教法傳予洛・導師僧伽皈依處（Klog ston dGe 'dun skyabs）；從洛・導師之傳承中亦有釋論之著作。該朋仁氂牛導師月輝之壽數，約有百載，彼亦將教法傳予上溫納之拉如僧人（'On nag stod pa Gla ru ban de），由彼廣為弘揚。

鄭最終亦曾將教法授予芥子智自在（sKye tshe ye shes dbang phyug）；後者則傳悉・智王；悉・智王傳臥巴大堪布（mKhan chen Ngur pa），下傳杜・導師金剛自在（Du ston Vajresvara），復下傳福德幢大堪布（mKhan chen bSod nams rgyal mtshan），相繼下傳童般若大堪布（mKhan chen gZhon nu

shes rab），下傳童稱阿闍梨（Slob dpon gZhon nu grags pa），
下傳覺賢大堪布（mKhan chen Sangs rgyas bzang po），下傳精
勤自在喇嘛（Bla ma brTson 'grus dbang phyug），下傳四邊名
稱大寶（mTha' bzhi grags pa rin chen），最後下傳至釋迦王阿
闍梨（Slob dpon Śākya rgyal po）。後者年輕時於茶布拉卡寺
（Khrab la khar）出家，最終得受近圓戒。彼通達《阿毘達磨
俱舍論》與毘奈耶，於覺隆（sKyor lung）寺成遊學辯經者，
願力修證與時俱增。彼暮年時失明，但能倚靠代視人誦讀經
文後，繼續講經傳法，可見其發心之大。彼以近百歲之壽離世
時，從其心中生出舍利無數。

　　釋迦王傳〔《金剛橋》〕予郭譯師‧童吉祥（'Gos lo
gZhon nu dpal）[32]，下傳予近侍法稱（sPyan snga Chos kyi grags
pa），相繼下傳協札人法慧（Shel brag Chos kyi blo gros），下
傳瓊氏‧慧具吉祥（Khyung tshang ba Blo gros dpal ldan），下
傳邦導師‧事業上師（dPang ston Karma gu ru pa），下傳邦導
師‧法自在任運（dPang ston Chos dbang lhun grub），下傳法
自在普賢（Chos dbang kun bzang），下傳至邦導師‧普賢法王
（dPang ston Kun bzang chos rgyal），最後將此等教法傳予持明
伏藏主洲（Rig 'dzin gTer bdag gling pa）。

乙三、無上瑜伽之口訣部 —— 心髓（分二）

　　屬口訣部最深之《心髓》教法，有兩派傳規：一為蓮華
生大阿闍梨；另一則為無垢友阿闍梨。

---

[32]　郭譯師‧童吉祥為《青史》作者，此書保存印藏佛教資料豐富。

丙一、蓮華生大士傳規

通言之，因第二佛鄔金〔蓮師〕已總集具足佛三身之如海量導師體性，是故彼實不需有無間之傳承；其體性與三身剎土能依所依無二無別，蓋已包含諸剎土及剎土中所住諸佛。然而彼尚公然佯為承受吉祥獅子、文殊師利友等教誡者，此乃以自身作表率故也。

於藏地，當無垢友弘揚屬口訣部之《心髓》、及遍照護弘揚心部後，蓮師念及一俟其他傳規敗壞與背離教法精要後，為廣大利益後世眾生故，遂將自身之《心髓》教法，於索多迪錯秘密傳授予智慧海王母。

復次，由藏王王后種氏‧菩提藥（'Brom bza' Byang chub sman）所生之蓮花光公主（lHa lcam Padma gsal），於八歲時夭折。其父王為此悲慟而憔悴不已。蓮師為除其苦，乃於欽普，以硃砂書一𑖡字[33]於公主遺體之胸前；復以等持之利鉤，勾召公主之神識。當公主可再張眼言語後，蓮師憑轉移加持之力，賜予《空行心髓口訣》（*Man ngag mkha' 'gro'i snying tig*）；再為其灌頂，使公主於他生亦具法緣宣示此法。繼而蓮師將教法封存為甚深伏藏，此即後世由蓮花緣力（Padma las 'brel rtsal）所取出之《空行心髓》（*mKha' 'gro snying thig*）。

遍知法王龍青巴（Klong chen pa）乃此甚深法之傳承者，其略傳見下文。復次，大多數包括三根本成就法之〔蓮師〕伏藏均有口訣，其中關於《心髓》之要義圓滿具足，無有錯亂。

---

[33] nṛ，音尼，人趣種子字。

丙二、無垢友之傳規（分十一）

丁一、無垢友

當無垢友壽近二百歲之際，正逢赤松德贊王為吐蕃建立教法之世。其時，有名為仰・定賢（Nyang Ting 'dzin bzang po）[34] 者，於一座等持中坐而不動凡七載，且以肉眼能剎那盡見四大部洲。因彼所作之授記及其堅請，贊普遂遣噶瓦・吉祥積及屬盧・龍幢等二譯師，備辦黃金等禮物，以迎請無垢友入藏。無垢友見作調伏之時機已至，遂與俱行。此際，有天竺妒者橫作挑撥，故無垢友須以希有神通力，令藏地猶豫眾萌生信意。彼之繙譯，除從屬於因果之通行佛法外，尚有特由玉聲藏譯師所輔、廣稱「後譯」之心部十三種譯著。無垢友將《心髓》最深口訣，秘密傳授贊普與仰・定賢二人。又見無他人具堪能之根器，遂將諸卷帙繙為藏文封藏於欽普之格崗（dGe gong）。阿闍梨於吐蕃駐錫十三載後，往漢土之五臺山。彼曾允諾：只要能仁教法仍在，則阿闍梨自身亦住世不壞，復於藏地每百載作一化身示現，以開示《心髓》之教法。

丁二、仰・定賢

無垢友往漢土五十五年後，仰・定賢（Nyang Ting 'dzin bzang po）自身已得漏盡。當金剛善（rDo rje legs pa）降雹災於康區，彼眾向仰氏供養一百駝袱之青稞，仰氏藉此修建烏如夏寺（Zhva'i lha khang）。彼將寫有指授之典籍，隱埋於寺中三重巖洞之入門柱內[35]；復將口耳傳承之教法垂賜卓・大寶熾燃

---

[34] 仰・定賢或譯為仰・三摩地賢，時或稱為仰僧・定賢，皆同一人。

[35] 英譯為 the three-tiered portico of the temple（寺中三重柱廊），恐誤。譯者可能以為三重巖洞中不應有門柱，是故改譯。依藏本原文，此應為入三重巖洞門之柱。

（'Bro Rin chen 'bar ba）。最後，仰・定賢於拉薩之天龍岩洞窟中，化虹光身隱沒。

丁三、丹瑪・任運幢

　　仰氏高僧化虹光之八載後，於仰・成年（Nyang Mi dar ma）之世，烏如・下脈殊勝善（dBu ru gZhol ma dge mchog）有子名丹瑪・任運幢長老（lDang ma lHun grub rgyal mtshan）。長老實為無垢友體性之化身，唯於無知者而言，彼只乃一凡庸長者耳。彼依據從金剛善所得之授記，得獲〔無垢友〕先前封存之伏藏；又從衛・智慧（dBas Blo gros）聞受言詞傳承，修持法性，不令教法流於僅為伺察意（yid dpyod）。得口訣後十五載，彼出發往尋可交託解說傳承之根器，乃於上仰（Nyang stod）地覓得名為吉尊獅子自在（lCe btsun Seng ge dbang phyug）者，並將指授經七次第賜之。

　　長老亦將指授交託予居於附近之卡熱・小行者（Kha rag sGom chung），後者亦藉此而得解脫。

　　丹瑪囑吉尊正確筆錄典籍後，於鵑月（Khra zla）[36]攜之離去。其後，當吉尊備致眾多禮物而回時，於聶塘（sNye thang）值遇墨竹之仰・迦當巴（Mal dro Nyang bKa' gdams pa），從彼此晤談得知丹瑪已離世，是故，吉尊遂將諸禮品轉為供養住於當地之僧眾。仰氏復謂彼云：「此前，無人能知丹瑪之賢，而非僅一凡庸長者。彼離世時虛空中遍滿天虹，復有佛骨與舍利無數；見者無不既詫且悔。汝既攜來如是諸禮，似已得其不共竅訣。余敢請汝以訣賜我。」仰・迦當巴得如

---

[36] 鵑月，藏曆二月後半。

其所請，乃於索地之迪錯岩（Zho'i Ti sgro brag）觀修二載，其蘊身隱沒無餘。

丁四、吉尊獅子自在

彼大吉尊者，乃仰若年錯地區吉・能仁王（Nyang ro gnyan tsho lce Thub pa'i dbang po）之子，自幼即精通眾多教法。彼於野險坡（Ri gzar rgod po）之山谷中遇丹瑪長老；當長老傳授教誡予卡熱・小行者時，吉尊亦盡得之。其上師歿後，吉尊將自遠古伏藏中所得之典籍，析為三份伏藏封存：其一藏於朗卓且巴達他（Lang gro 'chad pa stag 'dra）之泉源，另一於烏玉（'u yug），第三份則於照地（Jal）之山谷上方。彼踏遍從烏玉至香（Shangs）地之山脈以作觀修，其時有一阿闍梨於吉尊夢中出現並云——

> 吾即善妙智者無垢友　　若汝善男子求心中心
> 欽普紅岩格崗上坡處　　如心秘密心髓即在此
> 攜此前往俄玉赤崗地　　不為人見七載作觀修
> 有漏蘊身即可令不顯

吉尊聞此語後即往欽普，於該地有一齒如編貝、眉如瑽玉之女子以書冊付予吉尊。其後，當彼坐於俄玉赤崗一陶院中觀修時，無垢友現前，於月半內賜予灌頂、導引與指授等圓滿，無垢阿闍梨隨即返回漢土。

經七年之觀修，吉尊遂得蘊身無餘之成就。彼將完整之竅訣傳予尚・導師活佛（sPrul sku Zhang ston），後於一百廿五歲時，隱沒於虛空之虹光蘊中。吉尊封存伏藏後第十三年，絨箭顯現・舌修黑色（Rong snang mda' lCe sgom nag po）發現

其中部份，彼曾自行修習並向多人開示。與此類同者：藏於
朗卓且巴達他者，據知由香巴棉衣行者（Shangs pa ras pa）尋
得，並廣事弘揚。

丁五、尚・導師

尚・導師（Zhang ston），火牛年[37]生於羊卓多能（Yar
'brog do nang，上野），其名為吉祥金剛（bKra shis rdo rje）。
彼十一歲時向舌修喇嘛多所求法，乃至其廿一歲時，已曾侍奉
眾多賢哲上師。由修學舊、新譯派之三藏及一切密續，其智慧
之蓮花遂得開敷。當彼居於上仰之庫區（Khu yul）時，曾親
見其上師、大悲心、及度母等，且得種種授記。

一時，金剛善曾化身為一戴白帽之白人為尚氏引導，並
對彼云：「與我俱往尋求成就。」因於下仰之巴扎（Nyang
smad Pa tshab），有眾多敬奉該〔金剛善〕本尊者，且為尚氏
供施飲食，故尚氏以為此或即所謂成就。然白人復對彼曰：
「且往他處求成就焉。」乃以自身光為尚氏引路。

當夜彼等宿於一空宅；或告知此乃險處後，彼等遂移往
一穴。當下該空宅即坍塌。

金剛善之化身亦供給尚・導師飲食；當彼等抵俄玉之江
河流域時，適逢戰亂方酣。金剛善乃隱覆尚氏，不令兵眾得
見。復次，當彼等抵一獅形石之際，金剛善忽不見。尚・導
師欲退無路。正躊躇四顧之際，即見一朝北及為草所覆之洞穴
入口。稍探之，則覺多有蛇、蛙等；繼而探索，乃尋得細目，
此時，見有白人掌燈而至。須臾，尚・導師聞尖厲聲，〔現為

---

[37] 北宋紹聖四年，歲次丁丑，即西元1097年。

白人之〕金剛善云此聲乃其姊一髮母（Ekajaṭī）所發，即於此際，一髮母即現前：具沸騰血紅單目，人不敢視；張口獠牙。金剛善曰：「吾姊曾作一懸記，云汝須作一百零八會供輪，且三載中不能向人說法。」尚・導師遂出售從洞穴草門所尋得之璁玉二枚，以備辦一百零八份供養。

尚・導師廿五歲時遊於前藏，彼於欽普重新取出無垢友教法之伏藏，此事乃於彼親見及觀見無垢友、且得其開許之後發生。復次，返回香達那（Shangs rta nag）途中，尚氏於森卡（Zam kha）得見大吉尊，並從彼得受秘密《心髓》之圓滿教誡。

當尚氏年事漸高，有子名十萬日（Nyi 'bum）接其傳承之衣缽。尚氏嘗云，若非招聚徒眾，則其自身定已隱沒無餘。因其身已得輕安，故時或現作五佛部勝利王之相，且其身無影可見。彼於說大圓滿法時，出現諸如彩虹幕匯聚等眾多希有兆相。彼七十一歲時，即火豬年[38]四月廿二日，有大雷七聲響徹於東方天際，大地震動三次；遂於展現諸如彩虹、光明、鐃鈸之聲、妙香之氣等、即於此等本始基上得現證菩提之徵相中，尚氏逝世。次日黃昏時荼毘後，遺有表五佛部勝利王之大佛骨五及五色細小舍利等；復有花雨、彩虹幕及其他兆相生起，由是令多人生起堅信，且能自然而入禪定。

丁六、十萬日

尚氏之高弟乃〔其子〕十萬日（Nyi 'bum）。當後者入其母福王后（rGyal mo g.Yang）胎時，母夢眾多太陽

---

[38] 南宋乾道三年，歲次丁亥，即西元1167年。

同時升起。其父遂授記此子定能燭照有情之無明黑暗，故名其為「十萬日」。彼自五歲始，從其父次第受秘密《心髓》之灌頂、導引與指授，悉能通達。十歲獲賜高位，並開示《十七續》（rGyud bcu bdun），舉座同窗盡皆驚服。直至彼廿歲時，仍唯專注於精進修習。

彼得串習「後得如幻」（rje thob sgyu ma lta bu）之等持後，從俄・勝頂（rNgog rGyal rtse）聞受新譯密續及其口訣。廿二歲時娶天竺女（Jo mo rGya gar）為眷屬，成為悉地所依處[39]；廿七歲時侍奉款・稱幢（'Khon Grags pa rgyal mtshan）[40] 與虎守護喇嘛（Bla ma sTag so ba），遂通達《三相續》（rGyud gsum）暨其口訣、及屬於墨戈（Mal gyo）傳規之《勝樂》。從卡熱之龍導師・稱（Kha rag gi 'Brug ston Grags pa）求得《勝樂》、《熱譯師派之天母》（rJe btsun ma rva lugs）及《本智怙主》（Ye shes mgon po）。彼亦依止眾多賢哲上師，如尚・玉岩者（Zhang g.Yu brag pa）與雄地之俄・金剛獅子（gZhung gi rNgog rDo rje seng ge）等，以無偏心從諸位上師修學眾多經續，且著有論典，題為《詞義廣釋》（Tshig don chen mo）。十萬日於五十六歲逝世，茶毘後遺有表徵五佛部之佛骨；有天虹色之虹幕顯現；復有雖於正月卻仍盛開之古卻（Khug chos）花等。十萬日廣被認定為即《聲應成續》中授記：金剛手之化身金剛果（Vajraphala）。

丁七、覺白上師

十萬日之高足覺白上師（Guru Jo 'ber），乃十萬日之

39　意指依天竺女雙修得成就。

40　款・稱幢為薩迦派大上師。

弟十萬月（Zla ba ’bum）之子。覺白七歲前仍狀似愚痴，然自八歲起其智慧始如火熾燃。彼依止其伯十萬日至十八歲止，並從十萬日得受無上秘密之灌頂[41]、導引與指授圓滿。只憑聞聽密續之解說，其疑立釋；由觀修口訣義，彼即生起修習之精勤。從十九至二十歲，彼從薩迦譯師（Sa skya lo tsā ba）[42]修習《三相續》及其口訣、及屬於墨戈傳規之《勝樂》；復通達中觀、因明及其他明處。於卅六歲前，彼亦從多位賢哲，得眾多經、續之傳授，其中，彼從綽普譯師（Khro phu lo tsa ba）而得友瑜伽師（Mitra dzo ki）之教法；從曲米巴（Chu mig pa）得《集量論》（*Pramāṇasamuccaya / Tshad ma kun btus*）；從尼泊爾人十萬稱（Bal po Grags ’bum）得《道歌》與大手印之片段。如是，覺白上師遂以其睿智與博學而知名。

彼修習每一成就法，均能面見本尊，因其智慧深沉，故從不對人言。當彼禮供拉薩之至尊〔釋迦牟尼〕像時，見殊勝蓮花手（Padmapāṇi，觀自在）與金剛手於光蘊中現起。某日黎明時分，彼於得見無量壽佛後云：「雖則吾等之傳承非以長壽而為人知，然實因得其（指無量光）加持，是以此傳承終歸與余相應。」

覺白上師以具足無邊之學養與悲心，引領有情如舵手，最終於六十歲逝世；有虹光網圍繞其身七日，托形為 ༀ（oṃ）、ཨཱཿ（āḥ）、ཧཱུྃ（hūṃ）種字之佛骨與眾多其他舍利得以遺留於世。

---

[41] 即《心髓》教法灌頂。

[42] 即薩迦派著名上師薩迦班智達，此師曾傳法入漢土。

丁八、斷迷獅背

覺白之高足斷迷獅背（’Khrul zhig seng ge rgyab pa），於約日（g.Yo ru）境內扎地（Gra）之普索格旁（Phu so gad phreng）一村落內、太陽初昇之際，生於虹光幕中。彼九歲時種姓覺醒，生起無邊之淨相與信意；十歲時已思維：似堅固之明相顯現，有如夢幻，非真實存在；十二歲時，覺輪迴只有無量苦楚，生起「除佛法外一切皆無利益」之決信；十三歲時夢日月同時俱昇，醒後親見殊勝大悲心者（即觀自在菩薩），彼云：「欲即身得解脫，須觀修《心髓》之要義。」

自此獅背遂生起無邊悲心，對待一切眾生如母視獨子，亦以此緣故，彼立誓不交權貴，不避貧賤，縱使微如自身蟲虱之有情，亦因其悲心之廣大而不棄。彼對瞽者、乞丐或貧者之慈悲，更顯示其具足大乘種姓之善妙相好。

十八歲時，彼證知明相顯現無真實存在，由是喃喃囈語有如狂夫。彼曾收拾其父母用作祀神之資具，改而供養男魅鬼「王」、及名為「女妖」（bSen mo）之女魅。彼雙親詰之曰：「吾等何以有子若此？」

獅背於二十歲時從迪烏康巴堪布（mKhan po lDe’u sgang pa）及且康巴阿闍梨（Slob dpon bKras sgang pa）出家；廿五歲往施夏之獅背（Sri zhal gyi Seng ge rgyab），從該地之中獅背（Seng ge rgyab pa bar ba）內得聞采巴系（Tshal pa）[43]之佛法；從扎日瓦喇嘛（Bla ma Tsa ri ba）聞《獅脖交會》（*Seng ge mjing bsnol*）；復有從諸如棉衣行者無垢光（Ras pa Dri med ’od）、吉祥神山（lHa ri dpal）、十萬童（gZhon nu ’bum）、

43　即采巴噶舉，為噶舉派一支。

初秋功德淨（sTon 'char byang yon）與鄭・王子等知名上師，得聞密咒道舊、新譯派之教法、及《希寂》、《斷境》、與大手印等法。

此中，尤以依於大悲者授記所言，獅背從覺白上師聞受大圓滿，由是而生「頓超」之證悟。此後多年，彼居於忿怒母（Khro bo ma）及其他荒山與空谷，唯專注於自身之修持中，是以其意樂乃登本淨地。彼曾指點眾多具緣者得成熟解脫；於六十四歲時，得「現證殊勝乘果位」之特殊兆相而逝。

丁九、鏡金剛

斷迷獅背之高足、大成就者鏡金剛（Me long rdo rje），生於澤地（sGrags）之最高處，乃瑜伽士桑耶（bSam yas）之子。九歲時由成就者薩隆巴（Za lung pa）與些隆巴堪布（Se lung pa）主持出家。此時，彼嘗為亡者善根誦《般若經》之廣、中、略本；十六歲時，於澤地最高處之索頂（Zhogs steng）誦《般若八千頌》一百遍，由是得證實相義。當彼於銅湖（Zangs mtsho）觀修時，覺受熾燃，有少許神通生起。

彼繼而漫無目的，四處浪遊，曾親近楚普之多瓦棉衣行者（mTshur phu'i Do ba ras pa）及其他多位上師，亦曾親探夏烏達果（Sha 'ug ltag sgo）、及城堡河（mKhar chu）等眾多聖地；曾僅憑一升之青稞而存活一月又廿日，故知彼能堪忍極大之苦行。質言之，其苦行實屬不可思議。

十八歲時遇獅背之覺者子（Seng ge rgyab pa Sangs rgyas dbon po，斷迷獅背），從其得《心髓》之口訣。鏡金剛自覺求口訣之欲望已得饜足，受此念頭激勵，遂著意觀修口訣。彼縱使只作前行，亦連續六日無間得親見金剛薩埵；作正行時，

彼於夢中得見諸傳承上師，且得彼等加持。

　　彼廿三歲時，從覺棉衣行者（Sangs rgyas ras pa）聞受包括金剛亥母在內之眾多伏藏法；於修習金剛亥母時，曾得親見其現前。當彼以秘密金剛杵擊山岩時，實能令杵沒入石中。彼亦曾得見馬頭金剛、度母、觀自在、蓮華生大阿闍梨、普賢王如來、金剛薩埵、無垢友、薩隆巴、覺棉衣行者、及眾生怙主帕摩竹巴等。彼於螺溝（Dung lung）得聞空行母以妙音，授記自身已斷轉生相續之流；於嘎瓦贊（Ka ba can），得見紅亥母與成就者薩隆巴於虛空界中現前；當彼駐於雅聰（Ngar chung）時，於夢中見亥母主尊暨五眷屬，醒後則親見亥母之光明身；復次，於皈處宗（sKyabs gnas rdzong），金剛薩埵於鏡金剛夢中，為彼灌頂令入大圓滿。

　　總言之，鏡金剛曾親近多位上師，其中十三位尤為殊勝；彼從無比大恩之成就者薩隆巴、楚普之多瓦棉衣行者、及斷迷獅背等三位取得最精粹之要義（即大圓滿）。因其禁戒行極大，故其所作無疵，無有取捨；亦以此故，彼於密咒道之誓句遂能言行一致。猶如幼鷲翔空，彼以明覺禁行之殊力，遊行於虛空道上；又令堅石有如泥土。於野蒿區（mKhan pa ljong）、野蒿洲（mKhan pa gling）、獅子宗[44]及卡曲等地，鏡金剛遍樹成就幢利益眾生。

　　彼之壽量應僅三十七歲，然因一名為慶喜阿闍梨（Slob dpon Kun dga'）具緣者之祈請，彼遂以六一之齡，於那巴尸陀林（Dur khrod la bar）辭世；其時，眾人只見一團具聲之大光隱於西隅。荼毘時，於焚屍亭上天空，有五色光之氆氌張

---

[44] 此三地皆位於不丹。

開，復有無量其他兆相生起。彼遺留有可證其得五種佛身之舍利，一如密續所記。

鏡金剛與成就者鄔金巴（O rgyan pa）同時，唯後者年長十歲且稍長壽。

丁十、童王

鏡金剛之高足為持明童王（Kumārāja）。彼生於約日內一名為溫巴沙（'on bar gsar rdzing kha）之市集，時為火虎年[45]，得名解脫莊嚴（Thar pa rgyan）。自幼即天賦種種異稟，如具足信解、悲心、智慧與其他勝財等；是故彼不學而知如何閱讀及書寫。七歲時，從工布（Kong po）窩雪托旦寺（'or shod mtho stengs dgon pa）內之喜金剛喇嘛（Bla ma dGyes rdor），受《喜金剛》與《勝樂》灌頂；九歲時從後藏人堪布（mKhan po gTsang pa）受戒成圓戒居士，且修習《觀自在摧滅地獄》（sPyan ras gzigs na rag dong sprugs）法系；十二歲時，從帕摩竹派耶瓦巴堪布（mKhan po Yer ba pa）及阿里巴阿闍梨（Slob dpon mNga' ris pa）受沙彌戒，受賜「童王」之名，復修學毘奈耶。彼亦從澤耶甯波車（Rin po che Grags ye），於五載之內習《那諾六法》暨其他教法、從查頂巴（mTshar stengs pa）習《二品續》（brTag gnyis）[46]等；復從貴胥覺智（dBon sangs shes）習工巧明。

童王於持六字大明咒時，於一水晶房中得見大悲者面露笑容。彼又從瓊‧黑日旗（Khyung Nag zhag dar）得受舊譯派

---

[45] 南宋咸淳二年，歲次丙寅，西元 1266 年。

[46] 即《喜金剛密續》之略本。

眾多密續、傳授與口訣；復次，當彼於阿撲（Ngar phug）遇
鏡金剛時，向其祈請大手印導引，且由是直見赤裸心性。

童王為侍奉彼大成就者〔鏡金剛〕，故往門境之空行
洲（Mon gyi mKha' 'gro'i gling）；遂獲授金剛亥母等法系。
當彼修此法時，於初十夜現見鄔仗那蓮華生大士；大士云：
「噫，善種姓子，應常時觀修。」

童王亦曾往楚普，從凝‧棉衣（gNyan Ras）與成年怙主
（Dar ma mgon po）得受噶瑪派（Karmapa）之法系。當彼至丁
里與拉堆（La stod）[47] 之布讓（sPu rangs）時，遇見大成就者
鄔金巴、與其時年方七歲、剛受沙彌戒之大寶法王自生金剛
（Karmapa Rang byung rdo rje）[48] 尊者。童王從鄔金巴處得指授
極多；鄔金巴須經數年始得凝‧棉衣之《心髓》，童王僅須
一月，即獲得全部教授。

童王亦嘗從加敏之虛空金剛（rGya sman pa Nam mkha'i rdo
rje）得《秘密輪要義前行》（gSang skor gnad kyi ngo sprod）、
從具緣洲法獅子（sKal ldan pa Chos kyi seng ge）得《秘密要義
鏡》（gSang ba gnad kyi me long）等大圓滿秘密法門。

復次，彼於卡曲，從大成就者鏡金剛，盡得《秘密心
髓》之所有灌頂、導引與指授。因童王身無長物可作供養，
遂以身、語侍奉其上師，於整整兩夏季內，為上師作畫。阿
闍梨賜予四斗青稞，彼以其中兩斗換購紙張，於晚間作抄書
之用；餘二則易以油燈及其伙食。因其苦行故，遂生虱患之

---

47 於日喀則地區丁里縣境。

48 噶瑪派法王，通稱為噶瑪巴 Karmapa，意為「作事業者」，漢地自明朝始，
    冊封為「大寶法王」，後遂以此名稱，沿用至今。

惡疾；然不共之願心亦油然生起。

　　上師大悅，且開許其利益眾生。爾時，童王於灌頂席中，見四臂大黑天住上師頂，而門前則見藍黑一髮母，身量大逾二人之譜，手中分別揮舞屍杖及執一母狼；於門外作侍候之鬼女，以染血枷鎖所銬之雙手，捧血而飲。

　　童王侍奉上師，無間而歷八載；嘗於鄔仗那上師寶（蓮師）之修行處、即牛采（gNyug tshal）之窪地中度整季寒冬，得見金剛亥母，其智慧遂無邊圓滿。

　　彼於雅隆之查頂（Yar klung mTshar steng）自建之山居中稍住。其後，當了知其上師已離世，童王遂赴卡曲，於薩賈（Sa skyags）遇見上師二子；返家途中，於當月之廿五日舉行法會。

　　當童王抵扎日（Tsa ri）時，見有五色彩虹貫穿赤母哈（Krig mo lha）草坪上之石像、及其他種種兆相等。復次，當彼受法主自生金剛之迎請至楚普時，向法主獻上《心髓》之指授。童王繼而前往香地，從舌修黑色之傳承者、行者阿闍梨（Slob dpon sGom pa）得受秘密輪口耳傳承[49]及《禪定目炬》（*bSam gtan mig gi sgron me*）。童王於丁里之尼瑪（Ding ri sNa dmar），親炙主淨成（dPon po Byang sgrub）而得揚寺（Yang dGon Pa，幢吉祥）之《山法種種》（*Yang dgon pa'i ri chos rnams*）講授；亦嘗親近鄔金巴大寶吉祥（O rgyan pa rin chen dpal）。回程時童王從妙教喇嘛（Bla Ma bKra lung pa）得《黑閻魔敵》及其他教授。

49　詳見拙譯《善說顯現喜宴》304 頁。

　　童王又從諸如本護阿闍梨（Slob dpon Ye dgon）等眾多善知識，得《秘密輪》（gSang skor）、《鷲巢者導引輪》（rGod tshang pa'i khrid kyi skor）、《廣大阿羅導引義輪》（A ro'i khrid mo che don skor，即《阿羅七課》）等大多數著稱於西藏之圓滿次第教授，且能通達之。

　　彼為佛法故歷受苦難：一時，彼赴新扎日（Tsa ri gsar ma），於古琉璃湖（rNying ma'i g.yu mtsho）畔獨居凡八月。當彼〔體證〕本性一味時，則生起大希有神力，是以童王能降服該處之地神，迎彼等至其家，為己作侍奉；瞻巴拉復獻以寶珠。一時，童王曾見湖中有拇指大小之五色光水泡隱沒。

　　童王之心相續〔因悲憫世間之無常與苦〕，被出離與厭離浸潤而泣；是以彼常時隱居於諸如商波（Sham po）等雪嶺及荒谷，僅披一擋風衣以裹身。如是而行，亦令眾多弟子得斷盡輪迴。

　　由於真實無疑之化現，大寶法王自生金剛、及王者龍青巴（Klong chen pa）[50]，俱為童王於大圓滿法之主要弟子，是故童王弘揚此教法之事業，既無邊復無盡。直貢法王大寶圓滿（'Bri gung pa chos rgyal Rin chen phun tshogs）亦如是云：「教授此法之翹楚乃遍知龍青巴，而事業則廣盛於王者自生金剛之時。」

　　童王已於菩薩行中串習，是以由大悲力故，彼唯致力於眾多村落與區域內，以善巧方便，播下解脫種子。彼令須從工布至艾境（E yul）之險怖隘道上行走者，能得喘息之地；

---

[50]　龍青巴乃音譯，前代譯師常用此名，今時或依藏文全名KlongChenRab'byams Pa，譯作隆欽繞降巴，意為「大界無央者」，今依舊譯「龍青巴」。下同不贅。

於野獸、魚類等弱小有情，彼心中亦確然具足仁愛，故童王以毫無吝嗇之心，致力於作封山、路禁、水利等行事，令地土得樂柔。凡己身曾居之一切地方、區域等，彼皆為其地紓解所受之霜雹疾疫等。總而言之，彼實乃全力利他。

童王能闡釋《心髓》之指授，而不與圓滿次第其他法系相混，是以，童王以自身道名言建立〔大圓滿〕宗義。其鼻端上有一「阿」字。密咒道之護法一髮母、曜主羅睺羅（Rāhula / gZa'）、及具誓金剛善皆聽其號令，而童王均能與彼等共語如常人。彼以神通，能知須作調伏者所思，故專擅於教化，復能加持他人之相續。

於得其接引之諸具緣者而言，童王遷化時有殊相生起，以此故童王被視為無垢友之化身；依《聲應成續》中之授記，名其為「吉祥比丘」（dGe slong dPal ldan）。

如是而行無量不可思議利生事業後，童王於七十八歲之年、即水羊年八月廿五日逝世[51]；往生時伴有音聲、光明、虹幕及其他稀有兆相等。當其侍者崗達（Nye gnas sGom dar）暨一干親眾，正具大敬信與憂傷苦惱之際，阿闍梨復起，結跏趺座而笑曰：「汝眾勿悲，余尚在也。」繼而對諸人隨宜或作訓誡、或作教誨。彼延壽十三日，於翌月七日晨，其徒問云：「師走後，吾等何去何從？應否迎請遍知上師[52]？」

答云：「勿擾之。若至其時，汝等於法之困惑尚未能釋疑，則往訪之，唯余對汝等已多所教導。慎勿胡言亂語。」

童王復結直挺仙人座，諦觀如來法身而含笑，於八日黎

---

[51]　時當元至正三年，歲次癸未，即西元1343年9月14日。

[52]　指龍青巴。

明時份，遂遊於本初城之所在。當月之廿五日茶毘後，其完整天靈蓋骨尚存，上有五佛部壇城、右耳上有深藍色天母身（Bhaṭṭārikā / rJe btsun ma）高約一寸、並有五種佛骨舍利；且有密集虹光幕周匝圍繞之。

丁十一、大寶法王三世自生金剛

王中之主大寶法王自生金剛（Karmapa Rang byung rdo rje），為聖觀自在於世間之真實化身示現，從法界中，受本智空行母之金剛歌所召而來。彼以無量悲心諦視有情，向堆龍（sTod lung）中一對年老夫婦之亡子遺體奪舍而降世。唯大眾認為：亡者之目能見生者，是為不祥，於是用針挑出其眼。此身既已無復具足八無暇及十圓滿，大寶法王只能棄之，復遷識且投生為一對瑜伽士父母之子。

有能知悉其過去世無纖毫蓋障，且完全不受母胎所染者，眾所周知，此除天竺釋迦牟尼佛陀、及此西藏大士（即大寶法王）外，無有他人。二者分別於天竺與西藏，皆屬佛陀教授之中流砥柱。

大寶法王於桑耶欽普及雅瑪隴（g.Ya' ma lung）[53]得長壽泉水之伏藏，並以此為漢土帝皇延壽[54]；復得見無垢友於眉間白毛中隱沒，當下《心髓》密意遂真實現前。然而為開示眾人如何依密咒道侍師，彼紆尊降貴，悄然從持明童王聞受《秘密心髓》之完整口訣。當彼意會此教授須具來自蓮華生大阿闍梨之傳承，彼遂得親見第二佛阿闍梨，得其直傳

53　西藏山南地區札囊縣境一甯瑪派古寺名。
54　此漢土帝王即元順帝。

《心髓》之口訣；但為確保口語傳承，故彼迎請碩地之善王子（Sho'i rGyal sras legs pa），且於新扎日寺（Tsa ri dgon gsar）聞受其全部教授。

復次，為令其徒眾對教法尊重，彼諭曼隆巴・釋迦童（sMan lung pa Śākya gzhon nu）等：「為不使此教法隳頹，雍師・金剛吉祥（g.Yung ston rDo rje dpal）須於後藏弘揚此法；康區與工布屬本勝（Ye rgyal ba）、蒙古與漢土屬智幢（Ye shes rgyal mtshan），前藏則屬化身者（sPrul sku ba）。」

曾有著名之授記[55]如是說大寶法王自生金剛——

住於十地之菩薩　廣弘此法至海邊

普賢王如來自顯現於自生金剛心性界中。當彼於其大意巖得自在後，遂生出《迦瑪心髓》（*Karma snying tig*）之指授；此亦教法之又一本源也。

乙四、龍青巴

第二王、吉祥桑耶之遍智語王大界無央，為一系賢德種姓之後裔，出生於約日（Yo ru）扎谷（Tra）之上村（sTod grong）中。先祖乃名為光壇城者（'od kyi dkyil 'khor can）之額南贊普，屬若氏族（Rog）。預試七人之一，大阿闍梨之入室弟子比丘勝利妙音（rGyal ba mchog dbyang），梵名法號為Jñānendrarakṣita、藏名法號為 Ye shes dbang po srung（智王護），由此師傳至第廿五代，即為龍青巴之父。

---

[55] 見《空行心髓》。噶舉派法王得甯瑪派授記，足見兩派教法實在可以圓融。關於「大手印」與「大圓滿」之微妙區別，當另文闡述。談錫永上師於北京大學出版社出版之《大圓滿與如來藏》一書序文中有所闡述。此書已編成，將交由談上師作最後校訂。

　　龍青巴祖父天護（lHa srung），由修習甘露辟穀，享世壽一百五十年；龍青巴之父教護阿闍梨（Slob dpon bsTan pa srung）通曉明處及密咒瑜伽。龍青巴之母，名種氏女・福德莊嚴（'Brom bza' bSod nams rgyan），屬種導師・勝利生（'Brom ston rGyal ba'i 'byung nas）之宗族。

　　龍青巴母於懷胎時，嘗夢一碩獅，其額上日光熾燃，燦照三界，後隱入母身。第五勝生周[56]、土猴年翼宿〔二〕月初十[57]，龍青巴自母胎出。奎宿仙女（Nam gru Re ma ti）手捧嬰身，有如帝釋天之於悉達多太子，且云：「余定護佑之。」交嬰於母後，隨即隱沒不見。

　　菩薩（指龍青巴）因自始即饒於聖財，故信意與悲心等功德早已無礙而顯。從五歲始，已能讀、寫暢達；復從其父得受眾多修習法及事業儀軌，如：《八大法行善逝集》（bKa' brgyad bder 'dus）、《普巴金剛》、《馬頭金剛》、《上師業典》（Bla ma'i las gzhung）等。彼於醫方明、星算及其他明處亦能通曉；九歲時，由背誦《般若經二萬五千頌》（Pancaviṃśatisāhasrikāprajñāpāramitā / Shes rab kyi pha rol tu phyin pa stong phrag nyi shu rtsa lnga pa）及《般若八千頌》百遍而無餘默記在心；十二歲時，由桑耶寺堪布任運大寶（bSam yas mkhan po bSam grub rin chen）及慶喜光明阿闍梨（Slob dpon

---

[56] 勝生周 Rab Byung，又名六十丁卯、類如漢土之六十甲子，以六十年為周期，起算點為宋仁宗天聖五年丁卯（西元1027年），是故此周期即稱為六十丁卯。

所謂「勝生」即是生肖，一如漢土，用以記年支，至於年干，藏曆則代以陰陽五行。如丁卯年，丁為火屬陰，故稱為「陰火」，或只簡稱為「火」，卯肖兔，是故丁卯年即稱為「陰火兔年」或「火兔年」。

[57] 元武宗至大元年，歲次戊申。翼宿月即藏曆二月，其生日可伸算為西元1308年3月2日。

Kun dga' 'od zer）授予沙彌戒，並賜名戒慧（Tshul khrims blo
gros）。

龍青巴善為修學正法之毘奈耶，十四歲時已能為他人
闡釋其義；十六歲時從吉祥大寶阿闍梨（Slob dpon bKra
shis rin chen）得眾多灌頂、指授與導引，此如：《道果》
（*Lam 'bras*）、《六法兩系》（*Chos drug gnyis*）、《亥
母六法》（*Phag mo'i chos drug*）、《鈴足傳規之勝樂》
（*Śrīcakrasaṃvarasādhana / bDe mchog dril bu pa*）、及《金剛
手大會聚》（*Phyag rdor 'khor chen*）等。復從諸如力本初阿闍
梨（Slob dpon dBang ye）、師理（sTon tshul）及綽普巴（Khro
phu pa）等上師，得眾多屬事、行、瑜伽、暨《金剛帳》
（*Vajrapañjaratantra / rDo rje gur*）、《空行海》（*Ḍākārṇava /
mKha' 'gro rgya mtsho*）、《佛頂骨》、《金剛鬘》（*Vajrāvali
/ rDo rje phreng ba*）及《時輪》等密咒道之密續。彼又從薩隆
巴甯波車等得受《尚・采巴指授輪》（*Zhang tshal pa'i gdams
skor*）、《鷲巢者道釋》（*rGod tshang pa'i lam khrid*，即《鷲
巢者導引輪》）、《斷境》、及《希寂派前中後三期之傳規》
（*Zhi byed snga phyi bar gsum*）等。

龍青巴於十九歲時，得列入藏地修學因明之一等學府、
由俄・善般若（rNgog Legs pa'i shes rab）所立、名為桑普奈托
寺（gSang phu ne'u thog）之門牆。彼從嶺朵（Gling stod）法
座第十五代座主固怙阿闍梨（Slob dpon bTsan dgon）、及法座
第十六代座主拉卜楞・法吉祥幢（Bla brang pa Chos dpal rgyal
mtshan），修學《彌勒五論》（*rJe btsun byams pa chos lnga*）、
《正量七部》（*Tshad ma sde bdun*）、般若及中觀等性相乘之
教理。彼從邦譯師・堅慧（dPang lo Blo gros brtan pa），得受

包括《月燈三昧經》（*Candrapradīpasūtra / Zla ba sgron me'i mdo*）在內之「深法五經」（*Zab chos mdo lnga*）[58]、《般若心經廣釋》（*Āryaprajñāpāramitāhṛdayaṭīkā / Shes rab snying po'i rgya cher 'grel pa*）及眾多雜說傳授等內學論著；另附一切外、共學科如聲明、詩頌、韻律及戲劇等。是故，彼已臻聞思之究竟矣。

於修觀文殊妙音、海生女（即妙音佛母）、不動明王及白亥母時，龍青巴皆能親見之。其中，妙音佛母更置龍青巴於掌上，七天內導彼歷遍須彌山與四大洲。彼從佛母得授記。

其無礙慧之大成就，乃彼以自力而得，是以於廣大教言與明處之修學，能具無畏智勇；令彼有「桑耶得眾多教言者」及「大界無央」之稱號，其聲譽之大鼓響遍各方。

龍青巴隨四位上師，包括丹帕巴（Dan phag pa）、童義成（gZhon nu don grub）及約丁馬瓦‧覺稱（Myos mthing ma ba Sangs rgyas grags pa）等在內之阿闍梨，修學主要為《經、幻、心三部》（*mDo sgyu sems gsum*）及《甯瑪派十萬續》（*rNying ma rgyud 'bum*）等金剛乘舊譯派之教授；於童勝阿闍梨（Slob dpon gZhon rgyal）等座下，龍青巴修學聖龍樹之完整傳規，包括《顯句論》（*Mūlamadhyamakavṛttiprasannapadā / Tshig gsal*）及《入中論》（*Madhyamakāvatāra / dBu ma la 'jug pa*）等；彼又從童金剛（gZhon rdor）修學《入菩薩行論》（*Bodhisattvacaryāvatāra / Byang chub sems dpa'i spyod 'jug*）、《集學論》（*Śikṣāsamuccaya / bSlab btus*）等，此外尚有《阿

---

[58] 此五經為：《月燈三昧經》、《解深密經》、《入楞伽經》、《密嚴經》、《如來藏經》（有用《華嚴經》代替此經者）。

底峽本尊法系》（*Jo bo'i yi dam skor*）、《時輪六支瑜伽》、及《那諾六法》等。龍青巴復從其堪布修學《綽普巴法系》（*Khro phu pa'i skor*）與《卡熱法類》（*Kha rag chos skor*），復有《修習法海》（*sGrub thabs rgya mtsho*）、《簡法百種》（*Chos chung brgya rtsa*）、《律藏》等。

龍青巴隨自生金剛尊者修學眾多教法傳授，包括《六支瑜伽暨除障方便》（*sByor drug gegs sel dang bcas pa*）、《六法》、《直指三身》（*sKu gsum ngo sprod*）、《勝利海》（*Jinasāgara / rGyal ba rgya mtsho*）、《王者傳規之觀自在》（*sPyan ras gzigs rgyal po lugs*）、《密集》、《合掌》（*Sampuṭa / Kha sbyor*）、《大幻化》、及《紅、黑閻魔敵》（*Gshin rje dmar nag*）身相等；從力理阿闍梨（Slob dpon dbang tshul）修學《六支瑜伽》、《鄔金近修》（*O rgyan bsnyen sgrub*）、及氣之法類等不一而足；從薩迦派之正士喇嘛（Bla ma Dam pa，即福德幢）修學薩迦派之深法極多，包括《大發心》（*Sems bskyed chen mo*）及《道果》等。依於屬希寂派傳承三位著名上師、即瑪（rMa）、蘇（So）、岡（Kam）之弟子[59]、名為休色里之童金剛（Shug gseb ri gZhon rdor），龍青巴修學《道歌三系》（*Do hā skor gsum*）、《山法三系》（*Ri chos skor gsum*，即《山法種種》）、及《百數緣起》（*rTen 'brel brgya rtsa*）等。

簡言之，龍青巴對流通於雪域中之絕大多數宗輪，皆能通曉領會，於講、辯、著作等三事，生起無礙智慧。是故，彼

---

[59] 瑪，全名應為瑪・法般若（rMa Chos Kyi Shes Rab）。

蘇，全名應為小蘇・僧伽熾燃（So Cung dGe 'Dun 'Bar）。

岡，全名應為岡・智幢（Kam Ye Shes rGyal mTshan）。

能究竟通達一切世俗明處、顯密二道之經義學說、及口訣法
類等。

復次通言之，因彼對生死之自性，心中具足無量悲憫
與厭離，故專志尋求隱居。見其大寺院內康派僧眾之黨同伐
異等不公惡行，龍青巴心實厭之，更決意離院成遊方僧，遠
離世俗。院中堪布與眾生員，察知此善士智慧中罕見之想，
悉皆難以按捺，亟欲延其出行而不果，龍青巴遂出發。當行
經近俄大譯師（rNgog Lo chen po，俄・具慧般若）之靈骨塔
時，遇一聰敏僧人，亦欲阻其行。龍青巴遂向彼盡訴心中苦
況實情，而僧於康派中人之所為亦嘆息不已，乃啟之曰：
「汝今既已離開，於著述已了無制肘，請發露彼康派眾之惡
哉。」龍青巴乃戲書一小箋，僧竟携歸而貼於辯經處之法座
上。康巴眾覺，即揭去之，唯此首句為：「猶如羅剎遊於迦陵
伽（Kaliṅga）……」之《三十行字母詩》（Ka kha sum cu pa），
已傳遍國境矣。

龍青巴漫無去處，遂浪遊四方，唯專於修持焉。當彼於
甲瑪卓那洞（rGya ma'i Cog la brag phug，寬廣銀朱洞）修黑
暗瑜伽凡五月之際，耳聞鐃鈸與歌樂之聲。至有所見時，彼
睹一具十六青春相之女，身穿絲綢披風，飾以金玉。女乘一
馬，馬覆以皮甲，上有鈴為莊嚴；女面則為金罩所遮。龍青
巴緊扣女之衣襟而作祈請：「聖者，祈加持我！」女自頭脫
一寶冠而置於遍智之首，云：「余此後當為汝常作加持，且
垂賜成就。」龍青巴遂住於樂、明、無念之定中良久；此乃
預兆龍青巴行將值遇大圓滿口訣有關教法之瑞相也。

彼廿九歲時往桑耶，謁見春夏二季居於亞堆敢溝頭（Yar
stod skyam kyi phu）之真實上師童王，途中遇雅德班禪（g.Yag

sde Paṇ chen），後者勸彼往謁大寶法王，唯龍青巴不聽而去，遂於亞堆敢溝頭得見持明童王；當時童王與眾弟子僅住於七十片擋風布內，阿闍梨謂眾弟子曰：「昨宵吾夢一自云為『聖雀』之奇鳥，與群鳥俱至，後攜吾之書冊遍往各方；如是，秉吾之傳承者將至矣」。持明對此甚為欣喜。

此際，龍青巴則苦無物可作法供養；彼思維：「余無物獻作法供養，實不應往謁上師。余既一無所有，實羞於光天化日下離去；是應於翌日黎明時往此谷之下溝。」上師以神通力知其所思，遂言龍青巴已內行供養，故並無過失。有僧徒二人向龍青巴複述此言，彼大喜過望。

為令徒眾生起厭離俗世之想，是以持明童王居無定所。於該年春夏之季，曾遊移於各荒谷間達九回之多。因彼等甫駐紮畢即似欲遷離，故龍青巴於衣、食俱無所得。時節播遷，龍青巴亦因嚴寒及風雪而受無盡勞累；曾歷兩月，彼無他物，唯靠青稞粉三升及水銀丸廿一顆維生。降雪時，彼則以一布袋，或為披衣，或為睡床。為求法故，彼歷受種種苦行，此誠不可思議。

該年龍青巴得大圓滿《秘密心髓》之灌頂、導引及指授，隨作觀修。

翌年，童王視龍青巴為瓶，復注以更高之灌頂：大圓滿三部密續、教誡、口訣、暨護法儀軌等。彼命龍青巴繼承教法，龍青巴則誓言閉關修法六載。

龍青巴卅一歲之年，於尼布休色（sNyi phu shug gseb，尼氏溝）依《心髓》法門，導引眾多具緣者得成熟解脫。彼時，有瑜伽士光兵（rNal 'byor pa 'Od zer go cha），經大難行後尋得

《空行心髓》之典冊，並獻予龍青巴審閱。同時，龍青巴亦於睡夢中從〔女護法〕屠戶命成母（Shan pa srog sgrub ma）得此卷帙。

翌年，即其卅二歲之年，彼既於欽普之日摩青（mChims phu'i Ri mo can）修行、又向一眾具緣男女瑜伽士等共八人講授《心髓》。當於有戲論灌頂中賜加持際，一瑜伽母被密咒女護法一髮母附身，繼而起舞。眾弟子弗能耐其威光，上師云：「此乃空行母附身耳，其實無礙。余既為已證悟心性與顯現實屬一味之瑜伽士，障礙必無所起。」

該瑜伽母隨向上師頂禮，復凝視於壇城而曰：「何以無孔雀翎？」

龍青巴答云：「余已以意作此觀想矣。」

則云：「於此假名法中，觀想與此何干？」作此問已，瑜伽母乃棄去寶瓶之雲母石底盤，復另置三瓶緊繫。阿闍梨遂遵行儀注入微，母自合掌稱善。當龍青巴於字辭 rigs 漏去 s 字而讀為 rig 時，母云：「非！非！汝應讀作 rigs 也。」復次，龍青巴誦咒時，母又云：「汝應傚我。」繼而以空行語，唱出或諧或否而動聽之音調。

及至作正行時，瑜伽母復作歌，說離於伺察之見與修

——

<blockquote>心離觀修兮實歡喜　心離觀修兮嘻！愉快</blockquote>

母又云，供品既劣且不足，乃轉以其妙歌作供。會供時，當向上師獻甘露之際，母云：「此乃空行母之聖物，亟納之！」遂勸上師盡飲。

　　此際，一眾弟子俱受感染，均起而載歌載舞。各人皆生起超越尋常睡眠之內光明一境，亦皆可現見眾勇父、空行及護法等相。一黑女現起且云：「〔作供品之〕新稞粉已消乏。」具誓金剛善化現成白人相而曰：「余之食子內無紅莊嚴！」[60]

　　女護法王后光澤天（Jo mo Dangs lha）則化作騎白馬之白人而至，彼欲得食子為供養，唯拒受所獻之紅食子。一眾空行母張一傘蓋於龍青巴頂上，復周匝圍繞之，共吐「吽」「呸」等猛厲及暴烈音聲；此外尚有眾多不可思議之奇象。一瑜伽士謂：「今宵天地反覆，無怪彼等皆追逐血肉。」彼實懼甚。

　　如是，奧德貢噶（’o lde gung rgyal）、念青唐拉山神（gNyan chen thang lha）[61]及藥母七姊妹（sMan mo mched bdun）等護法悉來取各自之食子。繼而金剛亥母現前，其深藍色身以寶石與骨飾莊嚴；彼時有如下問答──

　　亥母云：「今夕狂暴之夜，余來探察諸具緣弟子。汝之殊勝上師〔童王〕尚健否？」

　　答云：「是歲其體幾不免。今後將如何？」

　　亥母云：「豈有障礙臨於佛化身之理？障者，實彼為弟子所生之意樂。汝豈不知彼乃返藏之無垢友乎？」

　　龍青巴乃問曰：「彼尚住世幾何？」

　　答云：「壽至下一羊年。此後，彼存歿與否端視乎其弟子矣。」

---

[60]　紅莊嚴，指肉食。
[61]　念青唐拉山，漢名為唐古拉山脈。

又問：「余豈非嘗受童王上師所囑，應行利他乎？」

答：「誠然。」

又問：「余若獨自修法，能得光明身否？若代之以利他，則能利益有情幾許？且余壽幾何？」

答：「汝縱得光明身，亦須利樂有情。如是利他，汝可住世卅多載！」

上師續問曰：「誰為余教誡之護法？」

答：「多矣。屬汝上師者統歸於汝，尤指金剛玉炬母（rDo rje g.yu sgron ma）。據此，汝利益世間之方在西南。汝下世之利生，較諸今世將更為廣大。」

問云：「然則，此與《空行心髓》之教授有關乎？應否作此教授之灌頂與導引？」

答：「誠焉、誠焉！無誤、無誤！汝確為此教法之主也。」

問云：「豈或有人視余為詐？」

則答：「人言豈足論哉？余將親聚具緣眾。況且無緣者，對佛亦作誹謗。」

龍青巴復問曰：「《心髓》之法語，余應否於彼金剛玉炬母之處所開示？」

答：「因此地乃空行母眾所聚，故此處始為汝作開示之地。」

亥母復賜一有關朋塘伏藏之明白授記。半晌，龍青巴問曰：「余將得見大阿闍梨否？」

答：「於三谷之高地；於三山之低處；於一朝西小穴之右角；汝將於該處見彼。」

續問：「余何時能見無垢友？」

答云：「已見哉。」

又問：「余所證之見地，是即《心髓》之究竟意樂乎？」

答云：「究竟中無有錯亂。」

寶金剛阿闍梨（Slob dpon Rin rdor）插問：「旁氏高原人大寶金剛（sPang sgang pa Rin chen rdo rje）何在？」

金剛亥母指向龍青巴而曰：「彼在此！」

龍青巴駁曰：「其下世實應於朋塘轉生，我豈能是彼哉？」

則答：「誠然，唯彼仍未如是轉生，蓋彼尚須探察報身佛之剎土也：彼大寶金剛阿闍梨，於發取其伏藏後，實應秘密修持經年；若依此而行，則彼於光明報身，已自能通達，復可廣行利他矣。然因彼不守秘，故不能盡其形壽。彼今轉生為汝，而汝〔修行〕道上所持之內光明展現，實即報身佛剎土之管窺而已。」

龍青巴續問曰：「余蘊身能隱沒無餘否？」

答云：「汝若獨自觀修，則於今即可得；唯汝若作利他，則於中有境始得解脫；汝之化身將生於朋塘且行利他，復遠赴鄔仗那之西境，開示證覺之理。」

問曰：「《心髓》之利益，余用何者較大：《無垢》抑或《空行》？」

答云：「二者俱利。無垢友者可傳百年；《空行心髓》自今日始，可傳五百年。」

龍青巴至此亦心有所感，遂立而唱一金剛歌，其末尾云——

此生樂兮來世歡　識中有性而生樂
我今更趨樂上樂　噫三寶兮供此歌
空行眾兮心喜悅

歌罷，眾人均見一更不可思議之空行匯聚，盡悉融入上師中，故眾等皆立時視龍青巴已轉依報身。

該月之廿八日，大阿闍梨自西南邊陲至，身色白而光明，著錦緞披風，頭戴一幼鹿皮所製之軟帽，無量眷屬從者圍繞；或見彼融入上師中。該夜，以骨飾莊嚴之空行母眾，於天空盤旋飛行而作禮敬。有棕黑女三人起而歌舞——

吾等已來、來自大樂地　來探汝具緣弟子
來察汝誓句清淨　願利有情善男子！

復次，於龍青巴作內供時，大阿闍梨作顯現，其右為無垢友，其左為金剛亥母，其前有空行母眾吹奏脛骨號角，其後則有眾多密咒行人起舞；披金鎧甲之空行母眾，亦載歌載舞。在此海會中上師起而謳金剛歌——

眾瑜伽士悅且樂　今夕淨色究竟天
自身寂忿宮殿中　空明勝佛壇城圓
佛陀非外實在內

復歌——

只住於心禪定者　勿執意令心自在
心動即空空自在　一切生起智遊戲

彼時，白色天母金剛玉炬母與其七姊妹俱至，邀龍青巴往訪其地。上師云：「余欲久住汝地。」

答云：「如能久住，則我誠歡喜，但汝似未能留逾冬之半也。」

龍青巴繼而問曰：「汝何以至我處？」

答云：「我依蓮師誓句，為其伏藏而來。」

問云：「伏藏法在彼遠處，而取藏之有能者業已往生，汝在此有何可得？」

答云：「伏藏法誠在彼遠處，但其義在此。汝雖曾逝世，唯善緣不死，是以我遂來也。諸護法曾作授記云，因指授之力極猛厲，故有危及汝命之障難；汝若僅為指授略作導引則稍佳。」

龍青巴問曰：「伏藏之典冊能入余手乎？」

答云：「唯！唯！吾等當記取之。汝豈不念余於烏如賜汝之成就乎？」

龍青巴隨即憶起於銀朱洞之往事，乃云：「然則汝非金剛玉炬母乎？」

答云：「非是！非是！我乃金剛亥母，汝已不更辨我哉？余需二相：以世間身相作事業；以超離身相垂賜無上成就。」

龍青巴續問曰：「此中以明點為根本教授時，第三灌頂

須憑侶伴之助而授。何解？」

答云：「此乃為引領具廣貪者入道所須；於離貪者，則僅以意明妃而作已足。」

又問：「垂賜前行時，入無生與入無計著二者何義？」

答云：「令分別思維可得堅穩之作用何在？其為直指本初即已解脫之廣大無邊界。」

問云：「善！唯解說此《心髓》者輩出，如大寶法王與大寶洲者，已將傳授如柄而教。云何余仍須施教？」

答云：「我不喜彼等之說法。即使壺亦有〔柄〕[62]，然此尚未足，蓋亦須有主也。」

問云：「然則由大寶洲所取之伏藏又如何？」

答云：「伏藏誠存焉，但不純。」

又問：「何以我未觀修汝而能證汝？」

答云：「我是否汝必須觀修之本尊？我有無汝必須念誦之密咒？我是否所供境？汝豈不知，對一切守誓句且得證悟之瑜伽士而言，我乃恆時而在。自汝生生世世以來，我實已不即不離矣。」

龍青巴繼而問曰：「傳云封存於欽普內、屬公主之資財，究在何處？」

答云：「在狀如神饈、而截去其頂之峭壁中；唯發取之時尚未至也。」

---

[62] 藏文中「壺」與「傳授」同為 Lung，此處為雙關語。

問云：「無垢友之伏藏何時得發？」

答云：「從今起計五載後，由一穿白衣之密咒行者取出且弘揚；甚深四卷將入汝手。」

於某上弦月之十一日，龍青巴命光兵瑜伽士往取〔《空行心髓》〕書冊；回程時有彩虹光蘊遍照且圍繞書冊，尤其當光兵抵秋波岩（Phyug po brag）之夜，於宿卡石之石佛塔（Zur mkhar rdo'i mChod rten）[63]附近，諸瑜伽士及瑜伽母均見有從該地遠達日摩青之五色彩虹光蘊。

龍青巴遂行會供輪、滿願酬恩法會等，且大開《空行心要》（mKha' 'gro yang tig）口訣之法門。諸上師、本尊、空行匯聚，以加持其心相續明現體性本住之機理；如是，描述「內光明」之著名佛典用語，如「由內光明於夜時顯現，法身意樂乃融入本淨界」、「報身生起之機理乃內光明展現」、「化身顯現及六道生起機理皆其（內光明）外顯光」等，皆不能說明〔龍青巴所得之〕萬一。是故，此實由空行母等使龍青巴赤裸直見此解說也。

其時，於編訂《空行心髓》口訣之際，上師寶阿闍梨作心成就（Thugs sgrub）[64]之裝束而至。智慧海王母於心成就之右、玉炬母則於其左，〔彼等正作〕口授筆錄，此情境被一具足空行母相好之瑜伽母所見，而智慧海王母更為此而特留六日。彼將《空行心髓》之標幟、意義及典籍等三，向阿闍梨〔龍青巴〕解說與交託，由是，眾多前所未聞、或不見於典籍之觀修所緣、解說規制、及唯一之表義，乃從龍青巴心中

---

[63] 宿卡，位於桑耶以西之雅魯藏布江邊，有五石佛塔。

[64] 「心成就」，為蓮師示現相之一，此相即名心成就。

法爾流露。顯而易見：於雪山域中，其他有關《心髓》之著作，即使已被視為深奧者，但若與此第二普賢王如來有如金剛海之意巖對比，其闡述之甚深要點，此等著作連絲毫亦付厥如。是故，既已知該等著作實有如昏暗之手繪油燈，則於龍青巴所著經典，縱只四句頌文，亦應珍而重之。大多數指授之種子，皆發源於此地，至於編次制定，則成於崗日朵加（Gangs ri thod dkar，白天靈蓋雪山）[65]。此從著者諸署名後記可知。

復次，憑此有如空行母心血之教法，崗日朵加一地所受之加持最多：三根本及空行母眾海會於該地不絕，彼等周匝圍繞上師，且於其頭頂上共持孔雀翎寶傘，傘尖以寶珠莊嚴。於布露壇城時，一赤女持繩墨之一端；畫界線時，有另一其髮辮以金玉鑲綴之女相助。繼而於初灌時，有弟子七人齊集；此際上師忽流鼻血，即曰：「入此灌頂者，毋得逾三人。因過其數〔致流鼻血〕；汝等四人出！」

行灌頂之房舍隨即彩虹彌漫。奎宿仙女現身而云：「汝不施食子予我耶？我實飽歷苦難矣。」

仙女乃闡明其自身與眷屬之修證〔儀軌〕，復作一有關伏藏之授記、及展現一大異象；唯龍青巴云 ——

我已開示光明內伏藏　　不須山岩縫隙中寶藏
有藏固可無藏應亦可　　有否具緣取藏者均可
此於法盡思盡瑜伽士　　汝毋自誇護藏作交換

當龍青巴解說基礎法與寶貴秘密直指時，眾人均見智慧

---

[65]　此為龍青巴修行處，位於休色寺上方。

海王母執瓶作灌頂，眾慌忙頂禮。復次，當龍青巴作中有、及入內光明[66]之直指時，空行母眾甚喜。龍青巴嘆云：「非人眾較人更珍重我此教法，希求與願望更大。汝等其念之！」

當龍青巴作本智、亦即光明之直指時，空行母眾充盈天際，悉皆合什致敬。是夜，密咒護法母〔一髮母〕降臨起舞。上師云：「今夜余教授《心髓》，汝等護法及空行眾，有無不悅？」[67]

一髮母答曰：「蓮華生上師與智慧海王母皆如是稱讚汝：何處更有睿智如彼者？此誠大稀有！總言之，所有空行母悉皆喜悅；更重要者，是鄔金宗（O rgyan rdzong）有一喜悅信眾。」

繼而具誓護法大士夫（Dam can skyes bu chen po）顯現，且敦促阿闍梨出發往鄔金宗，並云：「汝之徒眾，能利益世間者有三十；其中，可作有情大施主者十一，特殊者九。」復〔對眾弟子〕曰：「汝曹得遇此上師，應滿足矣。」

稍後，於向弟子賜護法印（gtad rgya）時[68]，屠戶命成母顯現，且言：「請勿念誦觀修我之法。」

如是，於《空行心髓》一切灌頂與導引皆圓滿之夜，阿闍梨云：「昨夜得空行母賜成就，且看今夕亦降臨否。汝等且著水於酒中！」徒眾於著水後將酒濾清，得一小壺量，問是否

66　依藏文，為內光明之 sBubs，此即指於中有時，中脈管生起內光明。

67　傳極秘密法，若具緣不足則不為空行護法所喜，故有此問。

68　gTad rGya，通常認為「囑神」，即囑托護法作事業。唯此處知不應用此意作解。據談錫永上師言，此實謂付護法印，亦即令行者與護法相印，心意相通。談上師受敦珠法王垂賜極秘密法時，即曾行此儀注，當時法王亦說為 gTad rGya。故本譯凡遇此字，皆譯為「賜護法印」，不贅。

已足。尊者言：「未足！添水後更濾。」眾如言而作，因凡
濾出者皆為純酒，故諸眾悉皆飲醉。上師言：「此即事物起變
作化之例。」

　　其後，玉炬母復催龍青巴前赴其地。當龍青巴首肯後，
彼歡呼云：「余且先行。」唯奎宿仙女降臨，懇請上師勿
往。上師謂彼云：「余雖已賜汝等鬼神如斯教法，但汝等尚不
明瞭：樂與苦皆只心之神變耳。余不論在何處，汝等皆可來
也。」

　　龍青巴復向彼作修定灌頂[69]；彼云：「銘感於心焉。」

　　問云：「汝昨日何往？」

　　彼答：「我往訪一草原上之牧群。」

　　其時牛瘟肆虐乃眾所周知之事。

　　復次，諸男女瑜伽士等，亦以自身衣著與珍寶作壇城供
養，皆作修法之承諾。龍青巴則云：「對余此法，將精進於
布施與修習之誓句者，將為數甚眾。」於作入內光明境之指
授後，彼又云：「余此等口訣，於南贍部洲實屬稀有，具器
者當能馭之，可速得光明身。」

　　當龍青巴從桑耶欽普返歸後，於秋波岩作會供輪，玉炬
母前來迎迓。復次，當龍青巴被迎請至休色，有空行母附身
於一瑜伽母，請求上師往鄔金宗。上師往崗日朵加內鄔金宗
之光雲樂園（'od zer sprin gyi skyed mos tshal），於該地受瑜伽
士光兵之啟請，編次《空行心要》；其時，彩虹遍滿天際，
眾人齊見空行顯現等無盡異象。

69　深法灌頂可分為戒、定、慧三類，此指為觀修等持而作之灌頂。

此期間內，龍青巴隨宜在其上師跟前請教，於指授上作釋疑。不論駐錫何地，龍青巴皆樹立修習之幡幢，令上師喜悅。龍青巴於明相顯現既無貪執，復離於輪涅之希疑。是故彼絕不作寺廟或俗家之營謀。彼曾在其上師跟前，作三輪極清淨之供養凡五回[70]，大供養兩回、及七次清淨供奉。逢每月之初八、初十及廿五舉行法會，以大會供輪及食子令勇父及空行等愉悅。

彼由妥噶光之捷道，登明智如量[71]之殿堂，如是而入常修瑜伽。彼親見本尊無數，尤曾親見無垢友阿闍梨為其作授記云：「余之《心髓》，汝攝其義復簡其精粹後，教授童王之化身、即汝今之弟子名童覺（gZhon nu sangs rgyas）者。彼將有七弟子以「童」為名，全均有「阿」字見於鼻端，且皆能秉持復弘揚此教法也。」

為此，龍青巴乃著三十五章《如意寶珠心要》（*Yang tig yid bzhin nor bu*）。

無垢友復結期剋印，指往烏如之夏區方向，且稱龍青巴應復建該地之寺廟。龍氏如言而往啟重建。彼時，眾多為鎮伏〔惡鬼而埋於地下〕之人頭骨騰於半空；龍青巴住於定中，僅以結期剋印之指一勾召，即皆全部收回。彼復從寺廟上方之背後，取出滿箱黃金，遂成復廟之資。

每日，具誓者（指金剛善）皆化作一穿戴瓈玉耳環之童

---

[70] 三輪，指作供者、受供者、供物，顯宗將三輪觀為體空而供，是名三輪體空。無上密乘將三輪皆視為如來法身上的明相自顯現，是為極清淨。

[71] 明智如量為大圓滿四相之一，亦即觀修阿賴耶融入法性四次第之一。關於阿賴耶融入法性，可參考楊杰〈甯瑪派說阿賴耶〉，收《大喜樂與大圓滿 ── 慶祝談錫永先生八十華誕漢藏佛學研究論集》，中國藏學出版社，2014。

子以襄助工匠。嘗有二大碑倒塌,其時雖盡人事亦不能起。龍青巴除向護法供養食子外,復說諦語。當彼迅疾一捽其法衣時,二碑即能扶起。

龍青巴嘗修補已損毀之種種人頭骨資具,本為鎮伏破誓鬼魅(Dam sri)之用;唯當彼正欲將諸人頭骨復埋於地下之際,有凶猛狂風驟起,土石亂飛有如冰雹,令大眾爭相走避;眾人頭骨復躍起互碰;而最巨者因破誓鬼魅之妖力故,竟躍起於虛空中,唯龍青巴以極熾燃猛厲等持與瞪視,將之收召,並碎於腳下。為顯其勝利相,龍氏以忿怒上師(Guru Drag po)身相示於人前;彼繼而埋諸人頭骨於神鬼佛塔(Phra men mchod rten)之下。

至為寺廟開光時,阿闍梨布露種種稀有之身莊嚴,如能仁、慈氏、及顯露燦爛笑容之十六尊者等。慈氏手指龍青巴作授記曰:「汝之最末生,將於蓮花聚佛剎土得圓覺,名為須彌燈幢如來(Tathāgatha Sumerudīpadhvaja)。」

當大眾聚於上烏如之吉曲下游兩岸聞法時,龍青巴向彼等教授《無上秘密〔心髓〕導引》(gSang ba bla na med pa'i khrid)。龍氏為聚於四周之大眾屢屢作大會供輪。不論其早歲或晚年,彼亦曾向桑普(桑普奈托寺)之經院作勝妙捐輸。

阿闍梨於近崗波里(Gangs po ri)[72]處,心起一可畏象,由是知世間將生不和,薩迦派與帕摩竹巴派將有紛爭。是故彼遂往不丹之朋塘;該地因法光微弱,故屬極難教化之地。縱使如是,龍氏亦能於該地覓得一廣大化土。彼結聚得多群比丘,修建一名為解脫洲(Thar pa gling)之廟宇,並委覺慶

---

[72] 傳說藏族起源於此地。

喜阿闍梨（Slob dpon Sangs rgyas kun dga'）為住持。通言之，舊譯派之事業，尤以大圓滿為然，乃得廣傳。

為教授彼等唯憑自恣而行密咒道者，龍氏遂以身教，從絳尼伏藏師（Byang nas gter ston）之親徒、碩地之善王子聞受《空行心髓》之密續詞義。

當龍青巴往拉薩參拜世尊像時，有光從佛像眉間白毫中射出，復隱沒於龍氏之眉間；彼頓時憶起其過去生曾分別為靈鷲峯與于闐之班智達。龍氏於此地（指拉薩）受眾多比丘列隊迎迓。龍青巴穩佔橫跨拉薩與小昭寺之法座，遂廣轉如《大發心》等法輪。對眾多或公然或私下試探其一切所得之驕慢者，彼以經教及因明之調伏力壓制之。如是，龍氏乃置彼眾於能生決信之虔敬中；其「遍智法主」之稱號，遂如雷貫耳。

異時，當龍青巴復謁世尊像時，有如純金之光從佛像射出，復見其頂嚴有七世諸佛，又有藥師佛、勝樂、喜金剛、虛空王相之觀自在、勝海（Jinasāgara / rGyal ba rgya mtsho，大悲勝海紅觀音）及一眾護法等。

於相若時際，龍青巴曾親見大阿闍梨、忿怒上師、百聖、大修部八種法行〔之本尊〕、及其他諸佛菩薩等等，如芝麻剖莢叢聚；龍氏得彼等之訓勉與開許以撰述論著，其著述包括：以論著形式顯揚其意巖之《七寶藏》（mDzod chen bdun）、《三休息》（Ngal gso skor gsum）、《三自解脫》（Rang grol skor gsum）、依《心髓》而釋《秘密藏續》之《三除暗》（Mun sel skor gsum）、《二心髓》（sNying tig rnam pa gnyis）[73]、《三心要》（Yang tig skor gsum）等。其超越思量之著作品

---

[73] 藏文原文作《三心髓》，英譯者云誤，應作《二心髓》，今從之據改。

類,可見諸名為《寶庫目錄》(*dKar chag rin po che'i mdzod khang*)之書目。

　　一般而言,由密咒道之護法一髮母、曜主羅睺羅、及具誓金剛善等侍奉龍氏且聽其差遣。當彼於撰述《七寶藏》等著作時,其侍從曾目睹龍氏驅大遍入(Khyab 'jug chen po,羅睺羅)於崗日研墨。

　　龍青巴純為求取精要修習,獨自隱居,其修行處包括桑耶欽普、鄔金宗、拉仁扎(lHa ring brag)、扎地溝頭(Gra phu)、休色、崗日朵加、索多迪錯、葉巴、雅拉商波(Yar lha sham po)、朋塘、敢布白基格定(sKyam bu dpal gyi dge sdings)、崗布里那瓦谷(Gongs po ri'i gla ba lung)及工布雜剛溝(Kong po tsa gong phu)等,但彼多居於崗日。於洛卓(lHo 'brog)、前藏之約日境內、及門境(Mon)[74]以南等,龍氏弟子常聚眾以千計,而龍氏對所有人等皆展現無量菩提心。是故,龍青巴不受束脩、亦不揮霍信財;彼唯從事利益弟子之行,亦包涵弟子之過失及憂勞。因彼具敬而作大會供輪、復能洞察他人心思,故其具善巧方便之教學方式、及其佛事業,實已超越思量。

　　於直貢('Bri gung,直族中地)有名為修行遍寶(sGom pa kun rin)之人,自恃其勢,既慢且狂,欲妄啟兵釁;大阿闍梨曾於其伏藏中授記——

　　　有以直為名之地　　魔羅之子名慶喜
　　　其身負有兵器紋　　死後地獄作轉生
　　　文殊妙音從南至　　化身能為作調伏

---

[74]　門境,指不丹及其周遭區域。

修行遍寶見此授記後，因善種子，乃檢視自身，見有劍相之瘢痕於其背；彼知自身無疑即授記所指。雖然彼欲於衛藏發動大戰，唯思及一旦墮入地獄，則實亦少有所得，故延而不發；復通令各地覓尋文殊師利之化身。其時，凡有識者俱云：「如今，遍藏地四隅，無有能勝於彼來自桑耶者。」遍寶深信龍青巴即文殊師利之化身，乃迎請之，復奉彼若頂髻珠。上師遂根除遍寶主從等世俗及究竟惡行之因緣果報。

大約同時於衛藏，有名為大司徒・菩提幢（Ta'i si tu Byang chub rgyal mtshan）者，憍慢無比，不屑以髮冠向人[75]。彼不喜龍青巴，稱其為「直貢人之上師」。二人（遍寶與大司徒）後受名聲高揚、以無量廣大之悲心作事業、其學者與大成就者生涯殊為善妙之覺吉祥（Buddhaśrī）所調解；此後，即使藏地許為「八足獅」、「大木門主」之主（均指大司徒），亦向龍青巴頭面禮足。

如是，上烏如之萬戶司徒・薩迦賢（dBur stod khri spon si tu Sa kya bzang po）、羊卓萬戶金剛幢（Yar 'brog khri dpon rDo rje rgyal mtshan）等眾多顯貴，亦敬事阿闍梨。對信眾所供養之財物，龍青巴從不浪費分毫於非處，令彼等對三寶更為崇敬。對為佛法作迴向之資具，龍氏從不視之為一己私產，故無有濫用。彼嘗云：「汝等應敬奉三寶而非敬奉鄙惡者。」以此故，彼從不對顯貴假以詞色或卑躬屈膝，並云：「積集功德乃施主所應為；顛倒福田與施主二者乃屬罪過。」是故，彼將奉獻於己之任何大供養，悉以迴向儀軌封藏之，而不作任何回敬。彼對弱小者尤為慈悲，謙退者與丐者所奉之食，彼皆視為

---

[75] 指其不恥於人下。

珍饈而甘之如飴，繼則認真誦經及作迴向。

　　由於龍青巴如上述之事業實難以計量，故彼不獨其攝受之眾，即便該等只曾見、聞、觸、甚至加害龍氏者，龍氏亦可如是接引彼等入於樂境，逐一為彼等播下清淨與解脫之種子。

　　水兔年[76]，龍氏五十六歲，於頒付眾多具緣弟子成熟解脫之品位時，彼命王子堪忍（rGyal sras bzod pa）備紙墨，隨即擬其遺教名《無垢光》（*Zhal chems dri ma med pa'i 'od*，無垢光遺教），開首云 ——

> 輪迴自性我實早已知　　世間法以無有實質故
> 今須棄此無常虛幻身　　純益教誡寫就其諦聽

復有頌文如是 ——

> 具足悲心怙主蓮花面　　今日以勵志事勸勉我
> 有如旅客上路時已至　　於死我得喜利善成就
> 相較商主海外所獲財　　帝釋勝仗或禪定成就
> 遠超三者所得之樂境　　蓮花緣力毋須更稍待[77]
> 無死大樂要塞現往持

　　當彼開示此遺教時，王子堪忍痛哭流涕曰：「請勿說此等語！」上師隨即講授以「有為法之壞滅」為起首之眾多教法。彼又受迎請復往桑耶，乃經甲瑪與桑耶，抵吉祥欽普之森林，途中亦轉法輪。彼云：「此地有如天竺之清涼寒林尸陀林也」。又云：「余寧歿於此地，亦勝於轉生他處。余將

---

[76] 元順帝至正廿三年，歲次癸卯，即西元 1363 年。

[77] 龍青巴於此用前生法號自稱，非指其前生。

以此破耗之幻身留於此地。」

彼雖有疾，仍說法不輟。徒眾思其已困倦，咸勸其稍作休假，唯彼云：「余決意將此法圓滿盡說。」

復次，於水兔年十二月十六日[78]，龍氏以大禮拜與供養，令眾勇父及空行等歡悅。彼繼而訓勉弟子曰：「一切有為法既是無實，故汝等應唯法是求，尤應專注直達立斷（khregs chod，且卻）與頓超（thod rgal，妥噶）之實修要義。若有不明，則仔細抉擇與觀修有如可遂人意摩尼寶之《如意寶珠心要》；如是即可登窮盡法性顯現地之涅槃矣。」

於水兔年十二月十八日，龍青巴命眾弟子佈壇獻供與外出作善行，但眾人懇請留於彼側。彼云：「善，唯余行將離此破耗虛幻身也；汝等且勿喧嘩而住定境中！」

如是，其寶體遂結法身座；其意樂則於本始界中休眠。

其時有大地既動且響等無量異象。其遺體不受干擾凡廿五天，當時得法樂之天人眾，共展一彩虹光天篷，復令滿天花雨。當其意樂已融入法性之際，四大亦偏離四季之常序而行：大地於臘月與正月仍暖；冰雪消溶；薔薇葉開始發芽，如是等等。復次，於大殮之際，迎置阿闍梨遺體於柴堆之上時，大地震動，復有巨聲七響。荼毘後，其已證悟身、語、意三金剛體性之表相，即其心、舌與目，皆入於具緣弟子懷中。因彼於五佛身與五智實已無餘證得，遂見有五大佛骨及越量之細小舍利；而較大之舍利且可作盈百上千之繁衍而達無量數，此亦不容置疑。而能得其完好無損之佛骨者，即便為一小片，亦不為

---

[78] 折算西曆即西元1363年12月23日，該日為星期六。

羅睺（sTeng gdon）[79]之類所侵；此乃至今仍眾所周知之事。

往昔之上師，認定龍青巴為《大傳承》（*Babs lugs chen mo*）中授記之聲明家吉祥持（Sridhara / dPal 'dzin）；唯據該書之次第所定，則將其認定為慧殊勝（Blo gros mchog）較合理。再者，有認為童王與下一〔無垢友再化身〕（指龍青巴）相距之期，違反每百年〔有無垢友化身示現〕此規律。此一說法，實不應令人生疑，蓋所謂「每百年」者，實一般指當此〔《心髓》〕教法被伺察所攪雜時，即有為其意樂作闡釋者顯現。再者，化身作有如幻相之事，乃純然觀待於化機之緣起而行。

得嘗其教法甘露之主要弟子為：知名賢哲而有成者三：入解脫洲之賢成祥瑞海（Zhog thar gling mKhas grub bde legs rgya mtsho）、賢成法稱（mKhas grub chos kyi grags pa）與賢成遍入任運（mKhas grub khyab brdal lhun grub）；五法子即：多康人丹岡法稱（mDo khams pa 'Dan sgom chos kyi grags pa）、王子堪忍、吉祥勝喇嘛（Bla ma dPal mchog pa）、本智無央上師（Guru Ye shes rab 'byams）、及童覺；弘揚教法之四善知識：富饒海活佛（sPrul sku dPal 'byor rgya mtsho）、覺慶喜阿闍梨、慧賢阿闍梨（Slob dpon Blo gros bzang po）、與虎首離作法主（sTag mgo bya bral chos rje）；具成就之四瑜伽士：帕哥・具證王（Pha rgod rTogs ldan rgyal po）、瑜伽士光兵、持明光明自解脫（Rig 'dzin 'od gsal rang grol）、與避世者福德光（Bya btang bSod nams 'od zer）。

此外尚有眾多秉持其教法之善知識，如曾為龍氏與乃東

---

[79] 羅睺，指中風、顛癇等與腦部有關的疾病。

（sNe gdong，象鼻山）之君（即大司徒）作魯仲連之覺吉祥
寶（Sangs rgyas dpal rin，覺吉祥）、稱吉祥（Grags pa dpal）及
善歌者福德獅子（Glu mkhan bSod nams seng ge）等。

　　後時，龍青巴曾向法主直貢大寶圓滿作示現，言大寶圓
滿曾轉生為龍氏親子名月活佛（sPrul sku Zla ba），其頭頂
有馬頭〔胎〕記。龍青巴之帽置於其首，大寶圓滿遂因加持
而成其親徒。彼發無量愛心以秉持、護佑與弘揚龍青巴之經
教。於其傳承中，有蓮華生之攝位者寂城（Śāntapurīpa）、又
名大伏藏師般若光（gTer chen Shes rab 'od zer）者，嘗建立名
為「吉祥山勝乘洲」（dPal ri theg pa mchog gi gling）之寺廟；
勸請本身之施主尊前窮結（Zhabs drung 'phyong rgyas）刊印
《心性休息》（*Sems nyid ngal gso*）及其本注。因彼等教授講
習與觀修此教法之需要，故彼等實已確立為教法傳承之秉持
者。

　　如是，屬〔大圓滿〕口訣部之《心髓》，其成熟、解脫
及指授等完整法系之傳承，遂由大車、即遍智大界無央傳予下
開者 ——

　　賢成遍入任運；
　　稱光（Grags pa 'od zer）；
　　覺者子（Sangs rgyas dbon po）；
　　月名稱（Zla ba grags pa）；
　　普賢金剛（Kun bzang rdo rje）；
　　幢吉祥賢（rGyal mtshan dpal bzang）；
　　眾自解脫（sNa tshogs rang grol）；
　　持教稱（bsTan 'dzin grags pa）；
　　顯密持教（mDo sngags bstan 'dzin）；

持明事業任運（Rig 'dzin Phrin las lhun grub）；

法王伏藏主洲（gTer bdag gling Pa）

此後，於土兔年[80]，大遍智者（即龍青巴）曾於奧明吉祥欽普（'Og min dpal gyi mchims phu），向持明智悲光（Rig 'dzin mKhyen brtse'i 'od zer，無畏洲）三度示現其本智身；龍氏復交付一書予智悲光，且云：「凡諸隱藏於《大車解》（*Shing rta chen mo*）及余其他著作之口訣，此中皆有說明。」當龍氏將所有指授暨更詳指導傳授予智悲光後，彼即圓滿通曉如海之教理，尤以遍智上師之經教傳規與指授為甚。如斯極近之傳承亦屬如法，正因可援摩騰枳曾受提婆接引之例也。

舊譯派所詮之金剛乘寶貴教法史，名為《帝釋天遍勝大戰鼓雷音》第四品：總說密咒道三內密教授於藏地之遞嬗，尤特詳廣大《心髓》口訣之記述，於此圓滿。

---

[80] 清乾隆廿四年，歲次己卯，西元 1759 年。

第五品

第五品：「教傳遠傳承」提要

談錫永

前節所述，為甯瑪派古代法統來源大略，本品則兼及各派，全面闡述較後時期之摩訶瑜伽、無比瑜伽及無上瑜伽傳承，仍以甯瑪派為主。其所以兼及他派之故，是因為其他各派均由甯瑪派發展而來。如元代極盛的薩迦派，即與甯瑪派有甚深血緣。

本節敘述，共分六大目：1、摩訶瑜伽；2、無比瑜伽；3、無上瑜伽；4、普巴法統；5、著者所屬之敏珠林傳承；6、康派傳承。

1、摩訶瑜伽方面，分二大系統：一為各派所共的系統，一為甯瑪派本身的法系。

各派所共的系統中，以涅‧智童阿闍梨為首傳。涅氏得蓮華生、無垢友、遍照護及玉聲藏四種傳承，故於顯密皆無不通達。其一生事蹟，行腳流離，修行之苦，為古代藏密行者的典範。至其後行誅滅法以調伏敵怨，未免殘忍，漢土佛教徒對之或不免耿耿。

涅氏有八大弟子，以粟特人吉祥智最為重要。在粟特人吉祥智承事上師涅氏時，曾起輕慢上師之心三次，故一生亦受厄三次，由此事可具見藏密對皈依上師的觀點，遠較顯教為重視。近人討論「四皈」、「三皈」的問題，多從理論上分析，倘若試從藏密史乘去研究，想當可更進一步瞭解問題的實質。

　　粟特人吉祥智傳努·佛智。而努·佛智又共得二十六師傳承（包括蓮華生大士、無垢友及涅氏與其八大弟子在內），故在此系統中，可稱集大成者。努·佛智之世，適值西藏王朗達瑪毀滅佛法，故降伏法便起了護法的作用。也正由於努·佛智以降伏法調伏朗達瑪，才獲准藏密許以白衣傳法，百年來法統賴以不斷，可見藏密行人對此次調伏的重視，也由此可以想到，本節之初，詳述涅氏調伏敵怨之殘忍，不外為努·佛智張本而已。

　　甯瑪派法系即努·佛智所傳，為庫隆·功德海一系，庫隆·功德海嗣子為智海、蓮花自在王，復再傳而為仰派始創者仰·般若殊勝。

　　努·佛智所傳另一系為索·智自在，此系亦再傳而及仰·般若殊勝。以後由仰·般若殊勝再傳而至甯瑪派宿氏一系傳承的始祖醫尊大宿氏釋迦生。

　　大宿氏為於西康出生之甯瑪派摩訶瑜伽法系的主要人物。生平所從上師甚多，弟子亦眾。其姪小宿氏般若稱紹承法統，小宿氏般若稱之子宿·釋迦獅子（即密主卓普巴），為藏密心要的主要傳承人。宿氏三代，由康地以密法反哺西藏，重興佛教，因而在歷史上，更顯得其地位之重要。敦珠上師記述宿氏三代弘法，建寺的歷史，栩栩如生，其中於神通事蹟，更多描述，倘如客觀地看待這些記敘，當知此即對藏密重興的讚歎，並非故意眩耀非解脫道的神通。

　　以後卓普巴傳說法師·黑地，黑地傳與其姪功德總持及前藏導師釋氏（螳螂樹叢正士）、前藏人證空者兄弟。前藏人證空者傳證空者甘露，證空者甘露傳馬師·本初尊。卓普巴之另一系傳承，則由後藏之呈師與岡前之尼師·法獅子二

人，傳與黑蟒蜺光燃，後三傳而至國師釋迦光。國師釋迦光為宿族人，故法統回至宿族。以後傳黑馬伏魔，黑馬伏魔傳達・釋迦富，達・釋迦富傳宿・慈獅子，宿・慈獅子為國師釋迦光之孫，於是法統再度回歸宿族。因此，宿氏一系傳承，實際上便是甯瑪派摩訶瑜伽的不共傳承之主流。

2、無比瑜伽由宿・慈獅子弘揚，主要弟子為雍師・金剛吉祥及黑馬・度母師如意金剛。

雍師・金剛吉祥雖然是甯瑪派大導師，但對新教密法，亦皆通達，並曾至蒙古弘法，因旱災求雨成功，使西藏密宗能受蒙人重視，遂為其後薩迦派弘密法於漢土，鋪平了道路。

黑馬・度母師如意金剛雖未出藏地，但其修持成就，已證得解脫，且對宿族恩惠甚深，在本系中，亦為重要的導師。

雍師・金剛吉祥所傳，為雅德班禪一系。黑馬・度母師如意金剛則傳宿堪・釋迦生，宿堪・釋迦生傳其上師之子覺大寶幢吉祥賢，覺大寶幢吉祥賢傳郭・童吉祥，以後六傳而至大宿氏・法界自解脫及第五代達賴喇嘛。大宿氏・法界自解脫為宿族子弟，故在傳承中自然淵源甚深，而第五代達賴於上師示寂後，亦曾隨大宿氏・法界自解脫學法，大宿氏・法界自解脫一系至今法乳不斷。於此傳承系統中亦略可窺見甯瑪派之於格魯派（黃教），亦有傳法的關係。近人治西藏佛教史，每多忽略此種史實。

此系原由宿氏受努・佛智所傳，故努・佛智又為此系的宗師。

3、無上瑜伽的派系，主要為康派、若派及絨派的傳承。

由於歷史的原因，西藏佛法曾由西康反哺，已如上述，

故藏密遂有康派一大系。康派以噶陀巴正士善逝為無上瑜伽之第一位弘揚者。噶陀巴正士善逝亦曾間接受密主卓普巴之學，並從多位上師，通《喜金剛》、《勝樂》、《密集》、《幻化網》、《那諾六法》、大手印等，於密乘諸法，悉皆通達。因其建立寺廟於噶陀，後來成為康派弘法的中心，故稱為噶陀巴。而噶陀寺的傳承，亦成為藏密的一個主要源流。

噶陀巴正士善逝的主要弟子為後藏師。後藏師十七歲承師上師，二十三歲即住噶陀寺；至世壽九十圓寂，蓋住噶陀已六十餘年。可見其在此系中地位的重要。其傳人為慈十萬，仍以噶陀為弘法中心，至第五代首光本智十萬，與元代受封大寶法王之八思巴甯波車同時，曾以《幻化網》寂忿尊之灌頂傳與八思巴，故八思巴回藏後，以寶塔等物呈獻與噶陀寺。此噶陀世系，至今傳承不斷。

康派一系傳至西藏中部則有珠匝高原人及虛空金剛紹其法統。其後衍為「噶陀十三代上師」及「尊駕十三代」；復有薩喇賢哲智塔一系，則得噶陀巴、後藏師、慈十萬三位直傳，如是傳承，至今不斷；又經部之灌頂中，以宿氏女・和合十萬得康派傳承，並曾中興康派。

此外，大圓滿又有若派的法統。此派亦由密主卓普巴傳下，故與噶陀派可以說是同源。由卓普巴五傳而至若・般若光，為若派開創者。

另一大系絨派，由蓮華生大士傳下，八傳而至大學者絨地之法賢。能紹世親、陳那、法稱等顯教之學；於密乘中，則遙接蓮師及遍照護、康派、無垢友尊者等法統，故被稱為前代密宗無比之王。迦當派始創者阿底峽，亦盛稱之，可見絨・法賢學術地位之高。

絨派傳承，分嗣子與法子兩支。嗣子一支傳威光熾燃及十萬熾燃二人，統緒甚長。法子（弟子）一支，則有葛如譯師（即法般若）、瑪爾巴助手、郭‧谷巴哈且等數百人，法嗣極廣。

以上已明摩訶、無比及無上三瑜伽之法統。

4、古代藏密，以普巴金剛為主要本尊，而弘揚普巴法統者，另有下述各傳規——

王者傳規。為國王之傳承；由蓮華生大士傳下，只限於王室中相傳，故對民間之影響不大。

主母傳規。為蓮師未入鄔仗那前，以普巴法傳主母卡真女。由此成主母傳規。

夫人傳規。此傳規由蓮師傳與貴族婦人屬盧女，但此傳規實由主母傳規傳授。

納南傳規。絨氏一系，前已略述，但於普巴法，則係由絨‧法賢之祖父絨僧功德大寶從法主受法，而家世其學，於是便另有納南傳規。

黑尊普巴金剛。此派供養黑色之本尊像，故稱黑尊普巴傳規，其傳承是由蓮師父母傳與且氏阿闍梨‧極清及朗臘‧菩提金剛。

普巴金剛之薩迦派傳規。薩迦派的祖先，原屬甯瑪派系統，故此派亦得蓮華生大士的普巴法傳承。

凡上六傳規，皆由蓮師傳下。而由伏藏而修普巴法成就者，則另有抖披風者，此師曾助薩迦派之薩迦班智達（八思巴之叔）調伏外道，由是可見其成就之高，藏密中或有對伏藏派

致疑者，將可從此等史實得到解答。

弘揚摩訶、無比及無上瑜伽者，除上康派、絨派外，又有所謂「經部大灌頂」的傳承。

此派由大解脫如意金剛傳付宿堪兄妹二人，共分三系——

由兄宿堪‧釋迦生傳下者一系，其著名成就者有紀師‧長壽王、大曼隆巴‧仰師勝慧金剛等，後者且為第五代達賴聘之為帝師。

由妹宿氏女‧和合十萬傳下者一系，是為康派的經部，已如前述，宿氏女傳達隆之大勇識金剛尊勝，由此康派之經部廣得弘揚。

子緒傳承者一系，即覺大寶傳下。此系弟子，有大成就者甚眾，為尚師‧虛空金剛、持明蒼龍金剛等皆是。其中崗那大譯師利他金剛且曾赴西康弘法，其弟子為秘密主事業任運，皆此系之代表者。

5、至於著者敦珠上師所屬的敏珠林傳承，其犖犖者則共有三種：一為甯瑪派教傳。由《經》、《幻》、《心》三部法幢之樹立者持明不變金剛傳出。彼傳法吉祥大譯師，由法吉祥傳下，經八傳而至敦珠上師。

一為大圓滿心部、界部，由持明不變金剛傳下，經八傳而至敦珠上師。

一為《十萬續》，由大伏藏師寶洲傳出，經十七傳而至敦珠上師。

6、此外尚有噶陀、竹千、白玉寺之康派傳承。

涅‧智童

努·佛智

醫尊大宿氏釋迦生

小宿氏般若稱

宿・卓普巴釋迦獅子

噶陀巴正士善逝

絨‧法賢

雍師·金剛吉祥

阿里班禪蓮花自在王

大譯師法吉祥

第五品

甲五、教傳遠傳承（分十一）

引言

今者，前述之遠傳承、即不朽教傳之長河、一切〔甯瑪派傳承〕教授所共之《密意總集經》、《幻化網》與《心本續》三者，其如何降臨之情況，余應特為細說。

有云：於雪山之地，舊譯派金剛乘教授先降於涅氏，中際降於努氏，終則降於宿氏。

乙一、涅氏傳承（分二）

丙一、涅‧智童

此傳承之首，涅‧智童阿闍梨（gNyags Jñānakumāra），生於雅隆之協（Yar klung Shel pa 雅隆水晶洞）或確（'Phyos）。彼乃涅族達札拉囊（sTag sgra lha nang）及其妻蘇氏女‧喜炬（Sru bza' sGron skyid）之子。生時，其頸項有狀如十字金剛杵之胎記，後被賜名為勝慧（rGyal ba'i blo gros）。菩薩堪布（即寂護）為其授沙彌戒，後復授近圓戒。彼於眾多顯密佛法，為一不可思議之卓絕譯師，故亦為蓮華生大阿闍梨、無垢友、遍照護、及玉聲藏等所傳之教傳四大長河總集。此「四大河」即：一、中具注釋及大綱之一般佛經解說河；二、中具要點及直指導引之耳傳指授河；三、中具賜授〔灌頂〕方便及解說之加持與灌頂河；四、中具護法忿怒密

咒之行佛事業與修習河。

大阿闍梨於甘露功德壇城中令涅氏得成熟後，涅氏令成就水從雅隆水晶洞之乾石中湧出。《幻化網》亦定必出自其傳承，唯涅氏之成就相則主要從普巴金剛而得。

赤松德贊王歿後不久，其王后之一、名為謝朋后（bTsun mo Tshe spong bza’）者，以不善之言行，惡詆大多數譯師與班智達，涅‧智童遂避居於羊卓。涅氏之兄弟涅‧善顯（gNyags dGe ston），亦敵視之，復以奸詐之流言，誹謗其為「外道咒師」。彼盜去涅氏紅色而內腔塗漆之顱器，示之於愚夫，復以刀刃拖刮顱器內腔，且讖之曰：「此乃騙子所作！」

為釋眾疑，涅‧智童示現於其居處竟獲寶珠；如是，眾人得知彼具神通，遂對其兄弟所言不復盡信，唯涅氏深知其兄弟仍必多方謀劃、設法加害己身，故終亦遠走。

當彼抵工布之欽境（mChims yul）上方時，見一荒谷中有七羊逡巡。彼遂命其僕勞米奧贊（Glal mig ’og btsan）驅之，唯僕答曰：「羊主歸時，彼將有何說耶？」

涅氏云：「荒谷之中何來羊主？驅之哉！」

羊主欽鴉（mChims bya rog）得知此事後，乃誣指涅氏偷盜，且索七倍賠償。涅氏雖盡繳之，唯對方仍無饜足，遂毀其隱舍，復持鐵錘逐之，涅氏即遁入一寺。據云當涅氏身後寺門剛閉，欽鴉之錘即擊向門檻，險誤中一小沙彌之首。

但寺中不允收留涅氏，彼遂出發赴前藏，途中遇一名為童步（’Gros sras chung）者正追逐一鹿。童步坐騎受驚，鹿逸。彼大怒，欲害涅氏，幸涅氏一意趨避，始得逃離其視野。

約於此時，王太子〔木奈札普〕已被紅粧王后（bTsan po Yum dmar rgyan，謝朋后）下毒所害；其葬禮中，無垢友阿闍梨顯神通從漢土而來為作主持。湼氏得見之，向其獻金粉一匣。無垢友問曰：「譯師及僕安否？」湼氏答云 ——

> 羊卓崗上誠安善[1]　　善顯不肯令自在
> 欽地深處誠安善　　欽鴉不肯令自在
> 前藏之地誠安善　　童步不肯令自在

無垢友因思：對譯師如斯欺侮，於教法實有妨害。遂即任運教授湼氏《普巴圓滿》（*Phur pa phun sum tshogs pa*）與《〔普巴之〕藍裳者法系》（*gSham sngon gyi skor*）。〔無垢友〕班智達與譯師，於洛札之卡曲內納岩洞（sNa'i brag phug）中，立廿一檀木杵共修普巴金剛，得各杵互擊之成就相。其時住於定中之湼氏，高舉其手中之杵呼曰：「此給予鴉！」剎那間，天上所有烏鴉立時聚攏。湼氏再搓杵而云：「此給予欽鴉！」隨有烏鴉一雙自欽地飛至。湼氏怒而舉杵指向其中一鴉，立斃之。

於此，無垢友云：「汝今誠能藉誅法之力而行殺戮，唯汝能否憑法性力令彼復起？今且撫癒之！」然正如往昔闍爛陀梨波與其徒黑行者之故事，湼氏不能如其言〔起死回生〕。無垢友遂撒沙一撮，喪鴉即復生飛去。阿闍梨謂湼氏曰：「未得解脫人我之證悟而妄作威猛事業，則縱得成功，亦屬大罪過也。」言罷，即行《住上界》（*Gnas lung*）之修儀[2]。

復次，欽地之神化作白氂牛而顯現，湼氏即首先將其解

1　羊卓崗，Yar 'Brog sGang。

2　此類似超渡遷識之法。

脫。至於欽鴉與其上、中、下三等狼魂（Bla spyang）[3]、暨其奴僕、犬馬、邪惡親朋等，涅氏悉依儀軌中舉杵之力而令解脫；其族遂滅。

涅氏正欲如法懲處其親手足涅‧善顯時，因無垢友阿闍梨之惻隱，故而令涅氏生起大悲心；蓋此等具威猛咒力之事業法，尤須依於金剛忿怒之緣起也。

由是，涅氏之意樂已專注於法性中，完全不能施法。無垢友阿闍梨謂彼曰：「此際汝若尋得具足誅法表相之助伴，則能行之。」彼乃依言而尋。

其時，人皆稱鐵匠為粟特人；彼尋得名為粟特人白赤（Sog po Beg tse）之鐵匠，逞忿怒形相。涅氏鑑其具足一切圓滿相好：其首有捲曲之結、下身呈三角形；涅氏遂追隨其身後，成為其打鐵風箱煽火之助手。彼乘間向其說因乘法相之學，唯鐵匠不之理；涅氏復說事續、行續及瑜伽續，匠遂稍聽之，唯多仍只聞錘聲錚錚；涅氏終而作三內續之教授，復同時吞下從熾熱鐵枝四濺之火屑。匠詫而問之：「何能起如是神通？」

「余修方才所說之法而得。」

匠乃生起大信，以其所有器具作供養後，遂成弟子，易其名為天吉祥智（lHa dpal gyi ye shes）。

如是，涅氏又察知俄真‧吉祥童亦具能修習普巴金剛之相好，故師徒三人遂共修此本尊。當善顯得知此事後，遂安排加害之圖謀。或勸彼不應如此褻瀆聖僧，但善顯不聽勸阻。彼

---

[3] 狼魂，人體內值日神，若被消滅，則其人亦喪命。

夜夢為眾婦人所圍，復被斷其首。彼告其妻，妻復苦勸之，
又不從，遂策馬出；途中有大鳥越之而驚其騎，善顯之肉身
被撕裂、血濺四周。有云彼實為護法所解脫。粟特人吉祥智
乃掏其心而獻於阿闍梨，阿闍梨云 ——

> 舉凡諸惡皆勿作　　諸善是應圓滿行
> 完全調伏汝自心　　願諸有情皆得樂[4]

　　簡言之，涅氏之守護本尊顯現為鷹隼，令善顯暨其狼
魂、奴僕、犬馬、親朋等解脫，由是而滅其族。

　　涅氏亦如是勾召童步之神識，後者彼時正於尼塘（Ne
thang，聶塘）平原牧馬。涅氏如法以杵而擊，遂殲童步。涅
氏轉步〔族〕之神成一青狼，復處置童步之狼魂、及奴僕等
如前。

　　此涅氏大譯師，嘗親近諸有如佛陀自身之賢哲上師，由
是彼於聲明、因明、性相、外內密咒典籍等皆廣大淵博。成
大譯師後，彼曾繙譯眾多正法著作；彼成《密意總集經》、
《幻化網》、及《心本續》等三部教法之主；憑其講授，出
類拔萃之弟子倍增，可見其慈悲實不可思議。彼最終以《口
耳傳承之金剛橋》（sNyan brgyud rdo rje zam pa）及大圓滿口訣
部之教授證得廣大成就，其身於明空雙運光蘊中隱沒。

　　涅・智童一直引導其高足，直至彼等成通達普巴八大吉
祥行者。八位吉祥子乃其四位初徒：粟特人吉祥智、俄真・
吉祥童、大山神吉祥音（gNyan chen dPal dbyangs）、及遠賢
吉祥金剛（Thag bzang dpal gyi rdo rje）；及其四後徒：殊勝道

4　即通行「諸惡莫作，眾善奉行，自淨其意，是諸佛教」之異文。

吉祥金剛（Lam mchog dpal gyi rdo rje）、達吉・吉祥稱、扎・吉祥藏、及拉隆・吉祥金剛；復有其子姪，如前藏人法獅子（dBus pa Chos seng）、喜勝般若（dGyes 'phags shes rab）、及布蘇古・殊勝（Bhu su ku mChog）等，彼等之傳承皆生起廣大事業。

丙二、粟特人吉祥智

粟特人吉祥智（Sog po dPal gyi ye shes）乃羊卓人。彼雖於大阿闍梨之世已得成就，唯凡夫所見，則彼只一鐵匠耳。據云：涅氏大譯師因極其淵博，曾三度自命比己師更博學，故當有命難三回。為此，彼須示其承受因果之無謬諦實。三回中之一回，涅氏遇來自鄰區、乃其親屬兼宿敵名涅・赤紅（gNyags dMar，涅・善顯）者，欲報夙怨，竟囚阿闍梨，欲害之。粟特人吉祥智，此前曾作諸具真實成就之行、如攫一猛獸之頸等，足顯其勇力；今回遂捨命救師，以遵守其莊嚴金剛誓句。彼戮二獄卒後，出其師於囚籠中。如是，於所有三回命難中，彼皆全殲涅氏之宿敵，涅氏亦三誌之。亦以此故，涅氏乃現起普巴金剛壇城，納吉祥智為徒。如是所載符合實際。吉祥智復傳法予努・佛智。

乙二、努氏傳承（分三）

丙一、努・佛智

努・佛智（gNubs Sangs rgyas ye shes），水鼠年[5]孟春正月生於前藏山巒、名為「澤」之溝頭（dBus ri'i brgyud sGrags kyi

---

5　唐文宗大和六年，歲次壬子，即西元 832 年。

phu）。其父乃努族之明自在（gSal ba dbang phyug），母名欽氏女‧吉祥海（mChims mo bKra shis mtsho）。於其先祖尸陀林名澤大山（sGrags ri bo che）處，有檀香樹乍現；一漢地和尚審視已，謂該樹乃表有化身降生之象，復示培植之法。努氏乃依此往昔授記而生，其俗名為金剛頂首（rDo rje khri gtsug），法名為佛智，秘密名則為金剛根藏（rDo rje yang dbang gter）。努氏七歲追隨俄真‧吉祥童，修學一切明處。

《持明總集根本續》（*Rig 'dzin 'dus pa rtsa ba'i rgyud*）有授記云——

尤其佛身之秘密　珍寶佛智作開示

如是，努氏於少年時，受蓮華生大阿闍梨之八大法行灌頂際，其〔所投之〕花降於表佛身之文殊師利壇城上。由修此本尊，努氏遂現證成就相。彼後更於天竺與尼泊爾邊境之五股金剛洞（rDo rje'i rtse lnga'i phug），〔從蓮師〕聞受眾多密續與口訣；復次，彼嘗親近天竺、尼泊爾、勃律等地之班智達與譯師，如吉祥獅子、無垢友、蓮花戒（Kamalaśīla）、富盾（Dhanadhala）、黑飲血（Khrag 'thung nag po）、寂藏、富有為、釋迦天（Śākyadeva）、富護、光莊嚴（Prakāśālaṃkāra / gSal ba'i rgyan，樂顯 Sukhodyotaka）、法菩提、法王（法王護）、經典吉祥善、世持、及威嚴生等；復親近藏地賢者涅‧智童譯師及其全部八大吉祥弟子，其中尤親近粟特人吉祥智、及瑪‧寶勝與涅氏二人之弟子尚‧勝德。努氏從上述諸師修習，且通達一切顯乘經典及密咒乘內外續暨其口訣。彼曾七遊天竺及尼泊爾，且繙譯眾多密續、口訣、修儀及護法〔儀軌〕等。

　　於木蛇年[6]，努氏五十四歲，特赴尼泊爾，向世持親求無量灌頂與指授。為佛法故，彼以供施與虔敬取悅上師；師云：「天竺住有我之阿闍梨光莊嚴，今已一千六百歲，且往彼跟前求法。」

　　努氏乃如言而往天竺，於婆羅奈斯得遇光莊嚴阿闍梨。努氏向彼求種種法，遂得〔無比瑜伽〕之全部灌頂及《密意總集經》之竅訣。據若・精進獅子（Rog brTson 'grus seng ge）所言，此阿闍梨實與樂顯為一人。

　　努氏其後向光莊嚴求《密意總集經》之經教解說，唯師云：「富護、法菩提、及法王〔護〕皆受威嚴生之迎請，已前往勃律；且向彼等求之哉。」

　　努氏遂赴勃律，從彼四位譯師與班智達等，主要深研該經教解說，兼及其教法灌頂、與施行之精微處等竅訣要點；如是，遂擷取彼等上師之心髓矣。

　　至若努氏如何得成就之道：努氏於恕之多傑岡布（Zhug gi rDo rje sgom bu）〔閉關〕九月，得心相續解脫，且得〔證悟〕實相之決定。於金剛座與卍大寶藏處（gYung drung rin chen gter gnas），秘密主向彼示現本相，其標幟金剛杵入於努氏手中，復為努氏行名詞灌頂。復次，於沃莫園（'ol mo tshal），有一乾闥婆之小兒向努氏賜名為「佛」；彼於崗桑（Gang bzang）受一夜叉、及於羊卓之九洲海（Gling dgu'i mtsho）岸受三龍族少年兄弟所拜；於萊（lHas）地之尸陀林，有一餓鬼之小兒向其頭面禮足；於竹園（'od ma'i tshal），閻曼德迦於淨相中顯現，賜努氏灌頂與成就。

6　唐僖宗中和五年，歲次乙巳，即西元 885 年。

　　努氏於降服神鬼後，受灌頂為密咒主，《本母非人》暨《闇曼德迦》等法系之守護、亦即空行母眾之自在主，皆被委為努氏之護法。復次，如文殊師利授記所言，一髮母於天竺黑秘密谷尸陀林（rGya gar dur khrod gSang lung nag po），頒賜成就聖物予努氏。

　　如是，彼本智遂光照法界，現證廣大地道。彼觀見蓮花舞自在與闇曼德迦之圓滿壇城，亦分別得二者之灌頂與成就；再者，努氏具無礙神通，如天眼等。通言之，其種種稀有事跡，如水上飄、穿山越石等，皆超越思量。

　　努氏於前藏聖地澤羊宗建主要修行處，意欲獨自隱居。但其時國法破落，隨有派系衝突此起彼落；努氏與其徒眾俱歷極大艱困，尤其努氏在過去世，曾降生於天竺為屠夫瑪魯車（Shan pa Ma ru tse）利益有情，故〔今生〕須於其化土為無餘眾作圓滿調伏。復次，藏地中，皇孫〔熱巴堅〕之教法已衰，有眾多妨害其早期與後期教法者出現。努氏以忿怒密咒除滅此等妨害者，藉以護持教法，此即因勝利王之事業而令彼發心；更主要者，則實因於當地發生之初、中、後際叛亂，使其二子被殺而令致也。

　　正如努氏自云——

　　　　煩惱生於前藏地　　黎民剝奪我生計

　　又云——

　　　　如我努族一小僧　　誠摯如法而發心
　　　　可恨冤敵阻我修　　為護佛陀教法故
　　　　頓然從此起瞋恚　　廣大正善思欲顯
　　　　勤修種種猛咒書

是故，從天竺與尼泊爾，引入此閻曼德迦如海法門之猛咒者，實努氏也。

又云——

> 十一上師足前至　我遇博學者有四
> 是為吉祥獅子師　來自天竺黑飲血
> 作摧滅者名寂藏[7]　與及尼泊爾世持
> 達彼四哲之本懷　甚深口訣固我心

唯努氏實從其尼泊爾阿闍梨得上述彼等教授之攝略精要，如彼自云——

> 我師尼泊爾王曰　於戲努族小沙彌
> 來此揚雷雪洞中
> 授我廣寒林尸灌　復賜壽主文殊尊

復次——

> 我乃名為佛智者　於閻魔堡建禪堂
> 澤地黑色隘道頂[8]　我起狂風作旋轉
> 摧毀三十七城邑

此即云：當努氏六十一歲之年、叛亂抵澤地之際，彼以閻曼德迦之鋒銳忿怒密咒，摧毀眾多城鎮。彼繼而逃往努境山谷，唯該地不允留；努氏乃奪尼木切嘎堡（sNe mo bye mkhar）[9]，但亦被賊兵重重圍困，命懸一線。彼遂於堡端，召喚凶猛神鬼為其見證；以頌體作一諦語後，彼摺疊其法衣。

---

[7] 「摧滅者」，藏：Phung Byed。

[8] 「澤地」，藏：sGrags La Nag Po，位於拉薩東南方。

[9] 尼木切嘎堡，即遍照護出生地。

當下，具誓護法現前並云：「以余等之力，能碎須彌山為齏粉、令日月相擊如鈸、使天地上下顛倒；然因汝過去世之宿業正作顯露，是故此前未能助汝；今謹遵汝令。」

努氏乃從其法衣之吊邊取出檀木杵，畫出具誓本尊等之持命心咒；努氏手旋其杵，復指向敵軍所駐之山邊。大火立時燒遍山上，全軍盡焚為灰燼。如是降伏其敵後，努氏須歷三年之窮困。

於熱巴堅王朝，努氏習於往返天竺與西藏兩地；而當朗達瑪迫害教法時，彼問努氏曰：「汝有何能力？」

努氏答云：「且觀余唯誦密咒而得之力。」

乃結期剋印指向天際，王只見一大如犛牛之黑色鐵蠍，坐於距努氏期剋印凡九層樓房之虛空中。

王懼而曰：「可寶哉！朕必不害此咒師；且歸修汝之法焉！」

努氏復云：「可再觀此力！」即以期剋印揮出一霹靂，貫穿對山大石，令其粉碎。

王至此實極其怖畏，乃向努氏曰：「不論汝或汝之從者，朕一概不予加害。」遂遣退努氏。如是，因努氏之慈悲，披白衣與束髮辮之密咒師遂皆得倖免於難。

唯努氏於朗達瑪之滅法實於心不忍，遂收聚眾多鋒如利刃之忿怒密咒，決意以大悲心行誅法使王歸於盡。但當邪王被拉隆‧吉祥金剛解脫後，努氏隨即將忿怒咒封存成伏藏，以免被他人誤用。

努‧佛智所撰論著如下：《〔密意總集〕經廣釋‧除暗

鎧甲》（*mDo'i 'grel chen mun pa'i go cha*）、《斷諍劍》（*dKa' gcod smra ba'i mtshon cha*）、《幻化網八十品現證釋》（*sGyu 'phrul brgyad cu pa'i mngon rtogs 'grel*）、及《大圓滿口訣·禪定目炬》（*rDzogs chen gyi man ngag bsam gtan mig sgron*）等。

　　由解說與成就之佛事業，彼以生起與圓滿等三分教授覆蓋大地。彼雖有眾多弟子，唯其中四位心子、及一位最正善之子等共五人特為殊勝，此如阿闍梨自歌云——

> 努僧名根藏　　乃般若森林
> 是生功德樹　　我注五殊器
> 有一攜根者　　大論聖者是
> 有一攜葉者　　是名為善炬
> 有一攜花者　　定功德勝是
> 有一攜果者　　是名智自在
> 能攜全樹者　　唯有功德海

　　如是，四心子為：「根」者、即通達密續之巴葛爾·大論聖者（sPa gor Blon chen 'phags pa）[10]；「葉」者、即通達無死甘露〔典籍〕之素·導師·善炬（Sru ston Legs pa'i sgron me）；「花」者、即通達答難之定·功德殊勝（Dan gyi Yon tan mchog）；「果」者、即通達見地與意樂要點之索·智自在（So Ye shes dbang phyug）。最正善之子者、乃通達上述四門之庫隆·功德海（Khu lung pa Yon tan rgya mtsho）。

　　復次，《密意總集經灌頂史》（*mDo dbang rang gi lo rgyus*）中更云——

---

[10]　「大論」，即宰輔大臣。

> 灌頂、密續與竅訣之教傳降於庫隆巴。四灌頂長河
> 之教傳則降於素〔導師・善炬〕。

此經中，稱譽努・佛智本人乃四地菩薩。曾有授記云努
氏於導師〔釋迦牟尼〕涅槃後二千年降生，唯此乃約數，即
只近二千之數。吾人若依《時輪續》此今時已屬眾所周知之
教曆仔細推算，努氏乃生於導師涅槃後一千七百一十三年，
蓋此乃從導師入滅之金龍年[11]起計。廿八年後之土猴年[12]，秘
密密咒〔典籍〕落於渣王之殿頂；其後一千六百八十五年之
水鼠年[13]，努氏降生。此水鼠年與生於金馬年[14]之赤松王四十
三年同、亦即火羊年[15]「預試七人」出家後第六年。土虎年[16]
努氏廿七歲時，赤松王薨。八十五年後之水虎年[17]，努氏逝
世。是以努氏於朗達瑪迫害教法後尚住世三十七年也甚明。

努氏於款美境（Khyon mi yul）內，以一百一十一之齡而
逝。彼最終以自性大圓滿道，得法爾成就，於光蘊中入涅槃。

丙二、庫隆・功德海

努氏諸子中最正善者乃功德海，彼與努氏曾為宿世師
徒。功德海生於努庫隆之境內。

曾為功德海過去世兄長之天竺人富盾，已修得「夜叉母

---

[11] 西元前881年。

[12] 西元前853年。

[13] 西元832年。

[14] 唐貞元六年，歲次庚午，即西元790年。

[15] 唐大和元年，歲次丁未，即西元827年。

[16] 唐大中十二年，歲次戊寅，即西元858年。

[17] 後晉天福七年，歲次壬寅，即西元942年。英譯作西元943年。

神足通」之成就，唯因折翼之故，是以不能悉數施為；繼而
於修習其他神足通後，有夜叉攜彼於其衣襟內，一夜之間即達
庫隆，至功德海跟前。富盾於該地以憐愛心為其過去世之弟灌
頂；有云因富盾給共成就予其施主〔即功德海，故其子嗣〕昌
盛達於七代。

富盾勸功德海不宜於村莊築修行處，且揭示卡當勇母
（mKhar gdong yon mo）之珠臨達武（gTsug rum lta bu）要穴[18]。
彼於賜〔功德海〕以護持教法之《紅、黑閻魔敵》、《本母非
人》及《閻曼德迦》等法門後，即返回天竺。

功德海三十歲時往狩獵，得遇努‧佛智阿闍梨於那地之
休拉納波（sNar gyi Shug la nag po，那地黑柏）。努氏察知功
德海為宗親且具根器後，乃導其入佛門而攝受之。因努氏向彼
無餘授予一切灌頂、密續、口訣、暨所有護法事業儀軌兼及補
遺，故努氏教誡之精華及其心要精粹悉已降於功德海；是以眾
所周知，彼已圓滿得所有竅訣。

當功德海為叛亂所迫、且被百名刺客所圍堵時，因彼已
現得「熾燃瞪視」神通之成就，故能使右目出熾燃火，左目則
出水。眾刺客不敢逼視，皆棄械而遁。

概言之，彼親見眾多本尊，且生起漏盡通；於〔四〕大
種得自在，受具誓護法之侍奉；因彼已現證法性真實，故兼得
〔二〕大成就（勝義與世俗成就）。其生平可詳見於索氏傳規
之典籍中。

18　用泥土占卜法占得之穴地。

丙三、智海、蓮花自在王及努氏傳承之後繼者

功德海有二子：智海（Ye shes rgya mtsho）與蓮花自在王
（Padma dbang rgyal）[19]，智海居長。彼於過去世已積集資糧及
修行安忍，是故今世體貌秀異；其性溫順，使眾心皆悅。彼
以無上皈敬，作三門（身語意）之承侍，以令其師喜悅。因
其般若及信勤之行已得圓滿，故能證悟密意。

彼受灌頂成一切密續、傳授與口訣之主。一切灌頂庫
藏之精華已點滴流注於彼，遂成〔滿儲〕其父一切教法之溢
瓶。由圓滿其近修，遂得證悟實相要義之殊勝成就。彼親見
眾多所修本尊，且其身能以妙壇城相而示眾。彼受具誓護法
之侍奉，諸非人眾皆獻上自身之持命心咒。因於任何威猛法
皆能立顯成就相，故其法力高強。

其弟蓮花自在王則得閻魔敵成就，此法門之事業護法皆
獻自身持命心咒。彼嘗於前藏，以檀木杵揮擊泛濫河水，一
日間洪水遂退卻遠達一箭之地。彼亦曾剎那同時解脫九苯教
巫師；於威猛誅滅事業之無礙法力，無人能敵，此乃眾人皆
知之事。

智海之子乃小吽醫尊（lHa rje huṃ chung），密勒日巴尊
者所得之忿怒密咒、令其成著名高強咒師者，即由彼所授。
小吽醫尊有眾多弟子，其中最勝者為仰‧般若殊勝（Nyang
Shes rab mchog），彼以通達生、圓三分教法而知名；多那尚
（Dog la gshongs 狹谷）之寺廟亦由其所建置。當彼於哈奧哥
（Ha'o sgol）岩觀修時，得見普巴金剛壇城。彼以杵投石時，
杵如入陶泥而沒；有關其成就之如是等傳記尚眾。

---

[19]　《青史》郭和卿譯本作「蓮尊勝」。

　　其弟子為卻隆之仰・智生（Chos lung gi Nyang Ye shes 'byung gnas）[20]，彼亦能持上師心[21]，以通達生、圓三分而知名。

　　從上開諸師以降之傳承，絕大多數皆稱為絨氏（Rong）傳規，或隨彼等氏族之名而稱為仰氏傳規。

　　復次，（努・佛智四心子之一）索・智自在有如下弟子：額同・菩提幢（Ngan thung Byang chub rgyal mtshan）、工尊・般若智（Kong btsun Shes rab ye shes）、及熱同・般若戒（Ra thung Shes rab tshul khrims）。郭譯師・童吉祥謂因上述三者皆為智自在之弟子，故彼三人不構成一列傳承。〔同書[22]云〕仰・般若殊勝兼為功德海父子與索・智自在之共同弟子；仰氏之弟子為智生，智生之弟子則為醫尊大宿氏（lHa rje Zur po che），後者亦曾依止千補聖者甯波車（Tong tshab 'phags pa rin po che 即巴葛爾・大論聖者）得教授。是故，於努・佛智與大宿氏之間，只隔一上師（即千補聖者甯波車）焉。

乙三、宿氏傳承（分三）

　　今余須說傳規如何終則降於宿氏。於教法之後弘期，由大宿氏釋迦生植舊譯派教授之根，小宿氏般若稱（Zur chung pa Shes rab grags pa）伸展其枝，而宿・釋迦獅子則養其葉與果。是以彼等被稱為宿系祖孫三代。

---

[20]　英譯腳注730云藏文本誤作仰・般若生（Nyang Shes rab 'byung gnas），今從改之。

[21]　Thugs，乃心之敬語，具「精神」之義。

[22]　指《青史》。

丙一、醫尊大宿氏釋迦生

通言之，此名為「宿氏」之家族乃源自天竺：光明帝釋童頂髻（'od gsal lha dbang gzhon nu gtsug tor can）生於天竺聖域，彼有子名曼達尚淑贊（Man da zangs zhus can）；其孫宿‧勝利三澤（Zur rgyal ba gsum sgrags）生於多康；彼生子名宿氏‧善知識虎音（Zur pa bShes gnyen stag sgra can）；其孫名寶海（Rin chen rgya mtsho）生子名海賢廣目（mTsho bzang mig po che）。《青史》（Deb ther sngon po）謂醫尊大宿氏乃廣目之子，唯他書則主彼乃名為「阿渣那」（A tsa ra）[23]者之子。於此，余有一敘宿氏世系歷廿七代之文本，乃余所親見而信實者。據此本云，廣目有三子：宿‧阿渣那、宿‧卡真拿真（Zur Kha can lag can）及宿賢‧般若生（Zur bzang Shes rab 'byung gnas）；其最幼之般若生有四子：醫尊大宿氏（lHa rje Zur po che）、宿師喇嘛（Zur ston bla ma）、宿行者金剛生（Zur sgom rDo rje 'byung gnas）及宿‧小行者（Zur sGom chung）。長子阿渣那往天竺，生子名日藏（Nyi ma'i snying po）；返回藏地而居於塔隆巴（Thag lung pa）後，復生子名宿‧塔巴大行者（Zur Thag pa sgom chen）；塔巴之子即小宿氏般若稱。

醫尊大宿氏乃大吉祥者（即真實忿怒尊）在世間之示現。彼生於多康之亞宗（Yar rdzong）、或稱沙爾摩（gSar mo）境內，乃女施主安樂夫人（bDe ba lcam）之子。當彼入母胎時，其父夢有一千輻金輪現於其手，而聖觀自在則隱入其妻身等等。是以父知其子為化身示現，遂賜名釋迦生。

---

[23]　A Tsa Ra 乃梵文 Acarya 阿闍梨之變音。

　　此子自幼從父習讀寫，嘗受《幻化網》法門暨零星口訣。彼從極明意樂大上師，次第受三回剃度，至期遂得受近圓戒。大上師云大宿氏既屬化身示現，故毋須更名。彼於其祖父寶海門下，通達性相三門（mtshan nyid sde gsum）[24]、事續、《金剛摧滅》（Vajravidāraṇa / rDo rje rnam 'joms）、《大毗盧遮那現證菩提續》（Ma hāvairocanābhisaṃbodhitantra / rNam snang）、《幻化網》及《吉祥最勝本初大教王經》[25]（Śrīparamādya / dPal mchog dang po）、暨內密咒之口訣及方便道等。大宿氏嘗云：「騎氣脈之馬，披拙火之衣，攜竅訣為慰藉友伴，以信意為引導，余穿越多康之地而趨當（'Dam）境。」是故當彼從康區抵當境之際，毋須問路而有二天人子於雲中指點，故彼可直赴前藏。

　　當大宿氏於雅隆之那摩谷（Na mo lung）修習事續之際，得大乘無上秘密部之種姓覺醒；彼自思維：此持出離與勤行之道，誠束縛之因；願能得遇少難而易行之無上密咒道！當夜彼聞有喚其往山林觀修之聲。

　　彼隨即往藏布江（gTsang po，雅魯藏布江）之山谷，由該地出發赴後藏。彼嘗問云：「有密咒法之賢哲否？」或答云：「於名為三環林（Nags tshal gsum sgril）之樹林中有哉。」

　　大宿氏遂憶起前夢，乃赴該地，從格崗（dGe gong）之傑撒措（lCe shag mchog）得甘露藥成就〔之教授〕等。

　　概言之，大宿氏曾親近眾多上師，尤著者，彼從卻隆之仰・智生得《幻化網》與心部，二者皆其投花所降之法門。

24　即聲聞、緣覺、與菩薩。

25　即《佛說最上根本大樂金剛不空三昧大教王經》。

起初，彼從虛空軍（Nam mkha' sde）修習《密意總集經》、
《秘密藏續巴甲釋》及大圓滿口訣；從玉些之黑山神威猛力
（Yul gser gyi gNyan nag dBang drag）與傑‧釋迦幢（lCe Śākya
rgyal mtshan）得秘密灌與方便道；從上仰地之且‧小忿怒
（Nyang stod kyi 'Bre Khro chung）修習本淨與任運（ka dag dang
lhun grub）及《幻化網道次第》；從欽普之若‧釋迦生（Rog
Śākya 'byung gnas）與但馬之般若戒（lDan ma Shes rab tshul
khrims）修習真實忿怒尊法；從舒師‧福德釋迦（Zhu ston
bSod nams Śākya）修習《密意總集經》全本。彼又從千補菩提
（Tong tshab byang chub）、嘉師‧慧（rGya ston Blo gros）、及
護法智藏（bKa' stod Ye shes snying po）等受《密意總集經》之
傳授、灌頂與修習〔方便〕、本續注釋暨事業儀軌等。大宿
氏嘗向彼等上師，呈獻如馬匹等眾多貨財為供養；復次，彼
只行三輪清淨之禮拜以取悅上師。

　　如是，大宿氏得受眾多賢者之口訣。彼了達諸賢哲之密
意，遂既練達且精通三藏及續藏之一切宗輪。彼能融合根本
續與釋續、本文及其注釋、密續及其修習方便、修習方便及
其儀軌等，復施之於行。彼住於山林中，唯以專一精勤，修
觀吉祥真實忿怒尊，是故乃成生圓三分最深處之具力大師。
彼解喉上大樂輪之脈結，遂生起無邊智慧；又與廣聚之徒
眾，作《密意總集經》與《幻化網續》（sGyu 'phrul drva ba）
之教誨與聞受。

　　大宿氏恆厭棄一切生起掉舉之行，復斷憍慢與喧囂放
逸；彼不希求證菩提於未來，唯冀當下現起，故純依自相
續、勇猛精進而修。

　　一時，有現瑜伽士相者來取食子。彼本應只分得些微，

然竟盡取所有而去，臨別且於門前云：「此大宿氏既知名復具功德，唯此〔食子〕連釋迦生[26]之常供亦不及哉！」有侍者聞此而轉告上師。侍者後奉上師命往邀瑜伽士，只見其於一洞中，正啜天靈蓋碗內四溢而出之粥。侍者雖勸彼受邀，唯瑜伽士拒之且云：「若‧釋迦生居於欽普，於其壽算已得自在；應遣人往取其法門致大宿氏。」言畢，足不履地而去。

大宿氏乃差賢修般若王（bZang sgom Shes rab rgyal po），具一騾之馱子〔供養〕往詣若氏求法。當賢修抵桑耶問路時，無人能作指點，隨有一老婦曰：「初，若氏嘗居於欽普此山中。」一牧者亦云：「彼似現仍居於此山中。我時或聞其鼓聲及呼嚕（Ru lu）[27]咒音。」賢修遂隱馱子於草叢累累之地中，復以虔信作祈禱；一聲巨響，有石穴之門洞開。賢修具大信而直入之，致令十八秘密解脫（gsang ba'i sgrol ging bco brgyad）鬼卒聲言：「吾等定須解脫此來集者！」唯若‧釋迦生上師向彼等云：「此乃有緣者也，不可。」

於問明來意後，上師云：「余，若‧釋迦生能遇弟子宿‧釋迦生，且其聯繫之使為般若王（智慧王），此誠善妙之緣起。」若氏遂賜彼包括《諸佛平等和合》、真實忿怒尊十二自他壇城（yang dag gi bdag gzhan dkyil 'khor bcu gnyis）、及真實忿怒尊與普巴金剛相連等六十二壇城之灌頂。

賢修取得一切書冊、傳授與付隨指導後，於經過桑耶之歸途中，見一穿絲披風及繫頭巾之童子坐於其馱子上。彼退而問訊於若氏，若氏答曰：「彼即螺冠大梵天（Tshangs pa

---

[26] 此「釋迦生」非指大宿氏，實指另一前輩同名上師「若‧釋迦生」，見下文。

[27] 指真實忿怒尊之密咒。

dung thod）[28]也。」乃賜予賢修〔該護法之〕祈供儀軌；其後，有關指授遂秘密獻予大宿氏喇嘛。

彼與其徒眾從事觀修有年，由恆作教誨與聞受而廣利世間；然而大宿氏仍唯隱居是願。彼云：「余在此，仍因作善業而分心，余將往珀東之君主岩（Bo dong mNga' bdag brag）。」彼於該地獨自觀修，其弟子亦跟從而至。彼遂對眾徒云：「汝等來謁余，若為發心欲證菩提，則除觀修外實無所利。應拋棄世間紛擾而勉力修持。余亦只作修持而已。」是故師徒之間遂各別而修。

一時，空行母眾作授記以勉勵之，謂彼若赴低地則更可利益世間。彼遂往達那（rTa nag）之山谷，於一朝東且有鴟鴞巢穴之洞窟，作《真實忿怒尊九尊壇城》（*Yang dag lha dgu'i dkyil 'khor*）之修習，於該地親見大吉祥真實忿怒尊。此後，因其居處之名，故彼遂以「鴟鴞谷上師（Bla ma 'ug pa lung pa）」之號著稱於各地。

唯該地修行口糧之給養至艱，且彼亦得另一授記諭彼他往，乃欲向低地之方進發。所住處之地神名為塞離塞贊（Ze re ze btsan）者，現身懇請勿行，然阿闍梨云：「我已得須他往之授記，況此地口糧無所致，故余須行也。」土地神答曰：「我必供汝及諸徒所需，不論如何，且留之！」大宿氏姑允暫留。

異時，於達那有富者病重，問卜後云彼應作會供與施食子，復求鴟鴞谷喇嘛之加持。病者乃詣上師，於得見彼時已覺好轉，遂請求加持；俟作會供輪畢，則已離病苦矣。與此

---

[28] 屬白哈王其中一相，乃真實忿怒尊壇城之護法。

相彷，大宿氏於彼等受疾病或邪魔所苦者具無量加持，人皆信之，故其福德益廣。唯上師知此等尋常福德乃其得殊勝成就之大礙；彼後決定往九聚山（Ri bo dgu 'dus）觀修。出發際，地神曰：「我已供汝修行口糧，請留哉。」大宿氏回曰：「欲汝供具清淨基之所需誠屬極難，為此而作營求實為分心之源，故今余將行矣。」

地神淚留滿面曰：「若定不能留，還請以悲心顧我。」遂獻持命心咒。

上師遂教以居士之指授，且命其護持教法。從該地往下行，大宿氏亦將〔另一地神〕紅鼻王后（Jo mo sNa dmar）置於誓句之下，隨赴伊素打（g.Yas su thar）。彼向小宿氏云：「授記云應作余觀修所在之九聚山，其即此嘉臥（rGya bo）之岩歟。」眾師徒遂住此而修持。

其時醫尊大宿氏之徒眾有「四峰」、若另加「峰脊」則為五，此外尚有一百零八廣大觀修者。其中「四峰」為：已抵見地與意樂之峰之小宿氏般若稱、已抵《幻化網續》解說之峰之梅雅聰渣（Me nyags khyung grags）、已抵廣大知識之峰之尚・小郭（Zhang 'Gos chung）、及已抵觀修之峰之賢修般若王。

「峰脊」者，為於佛法以外，已抵世法之峰之扎喇嘛（Bla ma rTsags）。此外，尚有著述主有八「峰脊」之說。

如是，尚有大觀修者一百零八人，包括：柱・岡京（Gru sGom 'gying）、觀修境黑母（Yul sgom nag mo）、舌修釋迦王（lCe sgom Śākya rgyal）、宿行者金剛生、玉修主熾燃（g.Yu sgom jo 'bar）、及行者福德藏（sGom pa bSod nams snying po）

等。有傳彼等全皆修得諸如遊於天界等神通。

一時，有三婦人謁上師並作此授記：「伊如（g.Yas ru）[29]中香地之低谷處、香曲河（Shangs chu）以東，有一山谷形如半月。其高地上有一石如心；其低地則有一平原，狀如瑪尋（Matraṃ）[30]解脫後之皮。於一形如象鼻之山中有一石，其狀則如獅額。復有從三山泉所出之三河，表佛三身之義。汝若於該地觀修，可即身成佛，且利生事業能得長久。」

上師乃將其於塔地嘉臥之修行處遺予小宿氏，隨與徒屬共往〔香地〕。彼勘察該地後，尚母・功德莊嚴（Zhang mo Yon tan rgyan）成其施主；〔此施主〕所供之洞窟成上師居停。小宿氏與逾百大觀修者，於遍山谷之上下一帶，或住茅寮、或於岩穴、或於擋風處中作修持。有當地七部落土著侍奉上師，主要檀越則為山巴・苯村人（Sram pa Bon grong pa）。彼等皆奉上師為佛陀再現。

大宿氏於該地修持多年，曾親見四十二寂靜尊及五十〔八〕飲血者；彼更曾見真實忿怒尊〔壇城中〕諸尊，且與彼等共語如常人。彼以八仙女（Gaurī）[31]為僕從；諸非人則行其所託而聽其差遣。上師嘗云：「余諦觀鴟鴞谷一切土地、石、山、岩皆為諸寂忿尊；尤恆視此文沙母之南巔（dBen ser mo'i lHo ri）為五佛部勝利王。是以余將建寂靜尊寺。」

彼隨作前行：勘地後，彼將凶邪之地煞驅除；於狀如黑蠍疾下斜坡時之雙鉗、即南山兩峰間之山坳，大宿氏示現大

---

29 後藏東部。

30 女神名號。

31 其義不詳，但知為女神，故以「仙女」譯之。英譯云九大吉祥忿怒尊之壇城中，有如是仙女八位圍繞之。

吉祥者（即真實忿怒尊）身相。彼甚而於右足所踏之處留一足印，即於該地建一佛塔，內藏忿怒尊十萬像；於四方及中央，「四峰」與「峰脊」均建一佛塔。

大宿氏以銅覆蓋原為龍族螺護（Klu Dung skyong）所居之泉，且於其上立寺基。有云其大小原欲與上仰計（Nyang stod rtsis）之寺廟相等，然為石匠所稍減；如是，大多數工匠俱顯不善之行相，比如將所有木板裁至不均或長短不一等，浪費材料。然而串習於布施之具勇菩薩，弗受慳貪之分別心所壓制，故視財貨只如夢如幻。是以當其中一巨柱被裁成過短及不整時，大宿氏乃顯成就相，以其足滾動巨柱，直至與他柱等長為止；彼之金剛杵紋亦留於該柱之上。如是，彼將所有曲柱一一以足滾動之，使如箭直。眾工匠眼見彼對眾人之顛倒行，竟報以示現忍辱等無量悲心及神通諸相，悉皆悔咎不迭。大眾遂以建寺之剩材，造一由四柱所支撐之卓絕門樓，名之為「悔淨」（'Gyod tshangs），其後改為護法殿。

大宿氏遂於寺內之四柱上殿，立以大日普門（Vairocana-Samantamukha）[32]為主尊之寂靜尊諸像；於八柱堂廡上首之地，立馬頭金剛與甘露漩像為閣門守護；於南北二方之牆外房間，分立大〔般若波羅蜜多〕佛母與燃燈佛像，各有四供養天女圍繞；於護法殿內，彼立薄伽梵、吉祥天女（Śrīdevī / dPal ldan lha mo）、大梵天及帝釋等浮雕像；復於八柱堂廡上首，繪有諸傳承上師之壁畫；其四週圍牆，壁畫則為諸如「百瓣蓮花」等廿三壇城。於具廿柱之堂廡下首，其壁畫則有：千佛、十方諸佛、有〔八〕近佛子圍繞之無量壽佛、諸佛七系、十二

---

[32] 即大日如來的化身像。

相成道、法上菩薩（Dharmodgata）、能救離八怖畏之度母、三佛部怙主、摩羅耶（Malaya）佛剎土、〔諸趣〕輪迴等諸如此類。

於寺廟毛坯已如是完成之際，大宿氏念及：今我應將寺苑乃至屋頂都塗黃金；余其從鈍野牛山（'Brong ri chugs po）採金焉。

午夜時，地神妖精現黑騎士相來謁，向大宿氏頂禮且周匝圍繞而曰：「全寺上下，我若以黃金塗之，則我金定盡；我且供養足以遍蓋眾尊身之黃金。」其後果如言而行。

開光時勝王大小宿氏俱演無盡神通莊嚴：彼等從一切智大日（Sarvavid-Vairocana）像之頂輪入其心、復由心至頂。諸工匠見此無不由衷生起虔信而曰：「上師之寺有如須彌山，吾人應建一佛塔伴之。」遂以桑耶之藍色佛塔為本，於吉祥多門寺（bKra shis sgo mangs lha khang）之北，具信建塔而獻。

上師法座，從其名而廣稱為「吉祥鴟梟谷」，有云此法座始立於醫尊大宿氏之世；由小宿氏創例；由宿・釋迦獅子發揚光大。以上數語，即說明此數代法嗣，為舊譯派金剛乘教授所作之廣大事功。

大宿氏以其教學與聞受等事業，廣為利生。一時，當彼師徒等，於揚文沙母（Yang dben ser mo）為真實忿怒尊作整年閉關之際，因酥油有缺，故未能供燈。大宿氏以其加持力，轉一泉為融酥之池凡七日，遂能取之不盡。

其初，師徒等以教學、聞法等講說為主，於中能通曉事業儀軌念誦者實無幾人；其後，於辯經堂作辯論之時，熟諳儀軌者與不參予辯論之無識者同座；〔為報復故〕於派放日

常食子而聚眾時，諳儀者遂不許他人唱誦。為此，大宿氏喇嘛云：「不論何科，只須得究竟即便解脫，互相輕蔑實不應為；九乘次第中，每一宗輪各有其自地領域；於任何一乘，切勿抱有偏見。」大眾於其所說，如醍醐灌頂，俱生起勝解，由是眾皆住於善良調柔之境。

彼時上師向四弟子、即「四峯」云：「道上實修至要之處，汝等四人各就所知，逐一縷述。」

小宿氏云：「若不作觀修，則過去貪欲之廣巨習氣，定無有盡；故於修道上須具決定是為至要。因短暫之蓋障，有如污垢，吾人須當下淨除；故日以繼夜而作善行是為至要。因吾人須積集福德資糧，至現證實相為止，故善雖小亦力行，是為至要。」

如是，當餘三者相繼縷述各自之見解後，上師欣悅之餘，乃歌一以見、修、行配於道上之道歌，其始為——

> 修持殊勝妙正法　　道為見修行三者
> 施設其名稱為見　　若有所緣則非見
> 須離諸法義而見　　離言法性攜道上

此歌令所有徒眾之信受廣大增益；後大宿氏喇嘛護育鷗梟谷之會眾，復建立一大講經院與修行靜室。

當小宿氏於揚文鄂母（Yang dben sngon mo）修真實忿怒尊時，見一面二臂之因位忿怒尊直立於其香地之關房前。彼乃棄閉關而向大宿氏喇嘛告此情況。上師云：「小宿氏，汝已得廣大吉祥忿怒尊成就。虛空藏持明曾授記，我將立一忿怒尊像、且我因降伏損惱藏民之具力邪魔而得利益眾生。今我將行此事。」

遂命其從者：「且聚建寺之資具，我等為寺址驅邪。」
彼坐於獅頭骨岩（Brag seng ge'i ya stod）上，安排食子、入大
吉祥忿怒尊之等持、復端正其姿態。彼等有善緣見佛者，親
睹上師現如是相。

於立基石時，有人因見小宿氏其身羸弱[33]、儀表亦不出
眾，乃輕蔑之。彼等辱之曰：「他眾悉立巨大基石，今唯小
宿氏安立一練力巨石（gyad rdo）於其位之時也！」小宿氏回
云：「阿闍梨與徒眾且往午膳哉，余當即來。」唯終不往食。

當眾等膳畢而回時，赫然見地基之四方八面，已立大力
士亦不能移之巨大礫石凡八方，且見有字云：「小宿氏恭立
練力巨石」。

見此後，眾僧皆嗒然若喪；正直者則對彼生信。眾所周
知，諸黑品神鬼欲阻建寺之惡行，自小宿氏立下其「練力巨
石」後，彼等所為之逆緣與損惱遂被寂息。

於須拼合木材之際，有四柱卻成曲狀；上師云：「小宿
氏，且使之直！」小宿氏乃於一息間，將諸柱或拗或扭，至
悉如箭直為止。

至寺廟頂蓋完工前後，上師云：「余已勾召神像塑匠來
此，此刻已在途中。」翌日，有眾諳於造像者來求法，大宿
氏佯作不知而云：「汝等具何本領？」

彼等答曰：「吾等精於造像，今誠至師前求法。」上師
云：「此實善緣也。汝等定得所欲之法；於此濁世，為廣利

---

[33] 劉銳之上師《西藏古代佛教史》譯為「有見其身體胖而矮」，似將藏文
sBeg 解為 sBeg sBeg，原文為單一 sBeg，似應解為「羸弱」或「枯瘦」。

眾生故，余現正造廣大吉祥者之像；今請汝等造此像焉。」

眾人皆顯廣大虔信，故阿闍梨先為彼等作吉祥真實忿怒尊之瓶灌。彼等以如來遺骨之舍利、七世梵志之肉、八尸陀林之土石水木、種種寶石、及由天竺與藏地持明精煉之法藥等，先行混成膏漿。

眾匠復問大宿氏塑像之身量，彼答云：「高如寺頂。」彼等遂造一如是之果位忿怒尊，具美（mtshar ba）、怒、笑三頭與六臂，唯上師云：「此非如我所觀見，更造之。」

彼令眾塑匠多次重造，終乃云：「汝等可造我之像乎？」回曰：「可。」曰：「今夜且作祈請，明日則來見我。」

翌日，眾匠以小宿氏為伴，俱來見阿闍梨。彼命從者不空金剛（Don yod rdo rje）備會供食子，繼修真實忿怒尊，作會供輪；隨云：「今且看之！」彼於作〔本尊〕瞪視時，頓成忿怒尊：其首於雲霧中燦然，右足立於鴟梟谷之忿怒尊石上，左則立於王墳山（Ri bo btsad po pur khang）之巔，一面、二臂、獠牙緊扣、捲舌、金剛翅膀充盈天際，現怖畏忿怒相。眾匠均不能耐其光華，悉皆昏厥，不省人事；彼等復蘇後，上師稍弛其意樂，笑容滿面而云：「汝今已解之乎？」彼等請曰：「今請更成三頭六臂之忿怒尊，使吾等能再造之。」

大宿氏云：「此則太奧秘矣。為因應化機根器而顯，一面二臂之忿怒尊即可。」

彼等依大宿氏所囑而造之像，自臍以下，眾匠均可比照先前所見者而造，唯大宿氏云：「上部須重造。」經多次重造後，大宿氏云：「汝曹之垢障尚未得清淨；姑將泥土妥為揉勻後置於此處，再於彼處泉水洗沐，蓋此即余從天靈蓋碗中，

傾瀉滿溢甘露而生之成就水;更繞寺七回後方可入,在此之前,任何人等不得內進。我將向廣大吉祥者祈禱。」

彼等如言而行之際,不斷有嗡嗡之聲聞於內。於洗沐與繞寺後彼等入寺;見阿闍梨跟前無有一人,時彼方住於定中,泥土則已用罄,而一自臍以上之大吉祥者像則法爾而顯。諸徒眾與塑匠等皆無比驚詫,俱於大宿氏跟前頂禮曰:「若上師知自能造此,而不於早前先作,豈非只為考驗吾曹。」

於此,大宿氏乃造此預言未來之授記——

> 由一猶如我之人　成此猶如我之像
> 能為濁世作引導　能作病與魔對治
> 其初依於忿怒尊　忿怒尊像得生起
> 於今同此忿怒尊　融入忿怒尊像內

往昔具廣大成就之阿闍梨,於守秘事均極為在意,是故大宿氏嘗云,不應於多有聚眾之處依秘密修習而造像,故云:「汝等須依密續部傳規造八大忿怒母之像。」眾皆依其言而行。右方所繪之壁畫為《幻化網》之寂靜尊;左方則為熾燃忿怒尊;前方則為全本《密意總集經》之本尊;上方為三壇城;門房為依忿怒閻曼德迦修習傳規之吉祥怙主大黑天,暨八部之騎虎門巴人(Mon pa sde brgyad)。

及至開光之時,眾人備開光宴。或云:「酒從誰酤?肉自何取?」一從者云:「工匠、役者及賓客之費甚鉅,故吾等資財多已耗盡,今須待供養、甚或須從功德主告貸矣。開光之事,或請暫緩歟。」

唯小宿氏云:「開光將如期而行;但釀酒之青稞定然不

足，即陶壺之數亦短；今且託龍族釀酒。肉亦難得；縱覓得之余等亦無能付其值，今且用山巴・苯村人牛群之肉焉。若往求於非人，則糌粑定必足夠。如是而行，即無所匱乏矣。」

大宿氏喇嘛繼云：「至少須一千斗青稞釀酒。汝等且發酵六升青稞。於眾人前，須具開光酒尚多之狀。小宿氏，召龍女至！」

有居於亞色巴當（Ya zad brag gdong）之石上者、乃一魔龍之妹，小宿氏特召其至。俄有一細瘦蛇現，小宿氏以瞪視轉之為一淑女。於時大宿氏云：「余欲汝為吾寺開光釀酒。」

唯女答曰：「我乃純淨龍族，畏煞，故避酸（skyur）[34]；況且我實不堪耐上師之威光。我雖不能釀酒，尚懇請轉託吾兄，我願從旁襄助。」

上師隨云：「小宿氏，汝今能召喚並加持其兄否？」答云：「吾且試召之。」

彼即瞪視，遂有一蠍顯現，大如兩歲山羊；此蠍因受小宿氏等持力所制而現出真身。小宿氏命其釀酒，然彼曰：「我屬神魔之種，故須受眾多獎賞與恩惠。我實無暇造酒，唯我亦無力違上師之命。」

大宿氏乃取二者之持命心咒，置圍彼等於誓句之中。二龍曰：「吾等將於後朝至，其作預備。吾龍族畏煞，請備一安淨之居處焉。」於時大宿氏喇嘛云：「余將加持其處。」

彼有具壺塞之陶壺三，皆以香水洗淨，復集有種種使魔與龍等合意之器物資具。六升青稞之醪糟已注入壺內，上以淨

---

[34]　其義為酸，借指為酒。

白青稞滿覆。遂置二龍兄妹於其中,壺口以上師法衣繫之,其衣袖能隨宜而控青稞糊流注。大宿氏以金剛結封壺,而二龍則從十方匯聚酒之精華,是故酒遂無盡。

有從者問曰:「酒今足矣,如糌粑何?」

上師答云:「多借口袋。」彼作一食子為供養,且云:「於每一袋中,各注一掬之糌粑。」從者如言而行,越日,諸袋之糌粑皆滿。

上師復云:「遣一僧往山巴‧苯村人處,告其吾等已棄開光酒之大量糟粕於林中,彼應任其牛群食之。」遂如其言,群牛果往。上師云:「小宿氏,汝可宰牛群而令其復生否?」小宿氏答云:「謹遵吾師命。」大宿氏遂以意樂逐一向牛隻撒真言芥子,牛隻全皆倒臥而亡。復命云:「脫其皮,勿傷其骨,勿令其關節分離,臟腑留於原處,只削其肉。」

從者皆驚,復思維:「此師徒等真罪過矣,既命群牛來食糟粕,又全戮之;今若牧者來時,其將如何?」

眾人於狼狽疑惑中,仍為開光備辦肉宴。宴後眾牧者果至,上師竟命招待彼等酒食,從者更急亂惶惑。上師繼云:「使小宿氏歸牛於主。」

小宿氏遂將牛骨摺疊,以牛皮裹之,臟腑等亦置於皮內,上覆其法衣;一彈指間,群牛皆抖動而立。據云較早時有老嫗於割肉之際,曾搔觸一牛之肋骨,〔牛復生〕後其肋遂殘。此殺而復生之神通展現,令所聚眾人,均生起廣大信意。

　　大宿氏喇嘛亦樂而顧大吉祥者像曰：「我祈請汝作廣大利生事業。」尊像以九種妙舞姿[35]喜而答云：「唏！唏！尚待汝問耶？」初，尊像具忿怒相；此後則成笑面相。

　　上師云：「今，我等應修真實忿怒尊一載。」從者回曰：「順緣〔給養〕不具。」小宿氏對云：「酒若不足，則問龍亦可；此外尚有少量肉食與糌粑之儲。瑜伽誓句倘未致廢弛，則世俗鬼神可致給養所須，地神等亦定作供養；如是則修持一載亦善。」

　　約有上百男女瑜伽行者聚此。阿闍梨命給予每一行者：滿天靈蓋酒一碗；鴨卵大糌粑一團；少量肉食以符誓句。如是，遂啟為期一載之閉關。

　　上師於閉關時云：「汝等四峰，是於〔止觀〕意樂作較量哉。」據云，當彼等全入等持時，其中三者得不動如山、即不受緣等所動之意樂；而小宿氏已住入無偏大平等中，故能升至高如一車之虛空中，此即表示其見地之卓越。上師隨云：「今小宿氏將念呼嚕密咒，且外出而聽。」一瑜伽母果外出，所聞咒音雖遠不減；彼越一山脊後復聽，音量仍無所減退。上師對此極盡讚嘆，云：「汝等雖份屬同門，唯連跨越小宿氏之身影亦不配。」

　　出關後，眾師徒遂赴助伴三岔口（Grogs po'i sum mdo）。上師滿心歡喜，乃於名為「金剛閂」（Brag rdo rje gtan pa）之岩上，自依呼嚕密咒起舞。其足自踝位以下，沒入岩中，如踏泥土。小宿氏云：「余上師乃佛陀示現，我將頭面禮足。」如是以首觸足印，遂遺其頂髻與耳環赫赫之跡。

---

[35]　忿怒尊與寂靜尊，各具九種妙舞姿，身三種、語三種、意三種。

於此，賢修般若王云：「我叔姪二上師所具成就相，極其殊勝，此岩若為人獸所踐，則誠屬罪過。」乃轉自身五指為五力士，舉金剛閂岩而直豎之；尚‧小郭與梅雅聰渣二者俱云：「余二人應為其作依憑。」〔彼等化現〕眾多力士，各舉一堅穩之礫石，置於岩之左右各方為依憑，遂令其基穩固。時至今日，諸石仍尚在可見。

大宿氏喇嘛決意於鷗梟谷造一果位大吉祥者像，彼告所有弟子齊赴該地。小宿氏云：「余將往侍吾師。」遂飛往半空，後降於嘉臥岩；其他徒眾則渡以牛皮舟。龍二兄妹曰：「吾等與具煞之人同舟聯渡，實為不宜；懇請攜吾等經淺灘而過可也。」

上師俯允，乃遞陶壺予其從者；從者只覺壺身輕於鴻毛。及抵岸邊，上師謂從者曰：「汝須緊携余勿放，毋得猶豫！」唯從者心不堪能，作是思維：「我不免被拋下河矣。」上師察其不安，乃云：「如今你我不可同渡矣；汝坐皮舟來，余將先行也。」遂足不沾水而去。

從者乘皮舟抵對岸之坡，於彼處久候不已，渴甚，乃盡濾壺中酒而飲之，繼思：「酒釀至今，已歷一年又四月，究竟上師置何物於壺中，能出如是多酒。」

彼遂破壺上封印，即有大如牛軛之黑白二蛇，〔從壺中〕自解其結而隱沒於虛空，且有蠍、蛙、蝌蚪等隨之，爆裂聲或嘈雜聲遍虛空中。剎那間〔壺內〕酒糟轉成青腐，酒梢子則黯淡而酸。從者竟棄酒糟，逕攜壺往河邊傾出酒梢子後，復擊碎土壺。

此事發生之際，上師云：「善緣已失也。沃當（'og

gdong）二龍兄妹若非得釋，則鷗梟谷之寺廟可成藏地最尚；山巴（Sram pa）之修行靜室亦可永盛不衰。然而，汝畢竟向南方傾壺中酒，則尚有若干〔佛門〕根據地與寺院可興於彼方。」遂任命龍兄妹為山巴修行靜室傳授教誡之護法；唯以是因緣，果位大吉祥忿怒尊像遂永不得立。

稍後，講經院及修行靜室日盛。其時於涅里（Nya ri），住有名為瑪瑪・永固吉祥（Ma ma g.Yung drung bkra shis）者及其妻，二人為鉅富，但無子嗣。為欲興法輪，彼等聚當地鄉人而問曰：「那位上師最賢？」

有等云密咒行者最佳，有等則薦〔屬佛教僧伽之〕大德，亦有舉苯教徒者。因莫衷一是，故彼等勸二人依己所欲而行。妻曰：「余等既饒於資財，何妨盡聘三者。」

遂迎請鷗梟谷之密咒行者〔大宿氏〕、苯教之拉杰謝瓦（La ke tse ba）、與來自曲米仁波（Chu mig ring po）之一大德比丘。當三應供處齊聚時，共商合建一寺，唯於寺內中央主尊像誰屬則不能決：密咒行者主金剛薩埵；大德主釋迦牟尼；苯教者則主興饒祖師（gShen rab mi bo che）[36]，最終決定各自建寺。醫尊鷗梟谷者於卓普（sGro phug）之下，與苯教者合建一寺。苯教者曰：「縱使如今吾等合建寺廟，若以汝尊為主，則吾尊成附庸；若以吾尊為主，則汝尊成附庸矣。」

大宿氏意會任一安排皆非最善，遂將寺交予苯教者。隨有名為「羽毛師」（sGro ston pa）者，獻地名「卓普」予大宿氏，遂就地建寺焉。有同屬親族之三姓施主共云：「誰能以金

---

[36]　苯教祖師。

頂覆其寺者，吾等即可為其收聚花朵[37]。」密咒行者與苯教者均能完成，而比丘則否；施主遂分別為密咒行者與苯教者逐年輪番收聚。於此比丘請曰：「乞為吾等亦收聚一回！」遂得一年之收。此後，所收遂逐年由三者輪番而得。

卓普寺建有大小八殿，三世諸佛為主尊；堂廡上首由廿柱所支，堂廡下首則為六十，遂成此地一廣大寺院。

爾時，當人所共知：王者大宿氏於塔地之嘉臥修真實忿怒尊，且得極廣大福澤之際，卓彌譯師（'Brog mi lo tsā ba）因須黃金為其班智達[38]之贐儀，遂謂大宿氏曰：「汝多攜金至，則余將賜汝甚深指授。」

為昭示廣大士夫之利他誓句根本堅固、且菩薩四攝法所行無缺，王者大宿氏，遂效事業國師（Karma Pak shi，第二世大寶法王）之故事以考驗其弟子。事業國師命弟子修建楚普寺之金頂，須高廣至遠達但措斜通道（'Dams cog rtse la）亦可見。於是大宿氏具密意而云：「為鎮攝卓普之拉日當（lHa ri gdong）及塘基羊當（Thang gi yang gdong）兩地之隘道，余將各立金塔，二者之間復以鐵索聯之。」

諸徒均許諾曰：「善，吾等均各獻銅盤一、鈴一、及鐵索一段。」

此番喧鬧驚動二地神，彼等以大小如羊肝之黃金一錠為獻，懇請阿闍梨勿建金塔；復更獻一金礦而曰：「至取出具動物形相之黃金前，請受用之。」從一小洞中開採大量黃金

---

[37] 「收聚花朵」，意為「收聚供養」。一如粵人之「收水」，即意為「收聚銀物」。

[38] 即迦耶達羅 Gayadhara。

後，終取得一蛙形之金錠；大宿氏乃止開礦而供養黃金百兩予牛古隆（Myu gu lung）之譯師。於該年之秋，大宿氏甚而為卓彌作諸如背負荊棘等之雜務。及至彼於《三相續》暨其支分、及《金剛帳》等圓滿通達後，大宿氏云——

　　　　廣大上師廣大恩　　心部為寶令我知

　　是故，大宿氏於得嚐新譯派之法味後，復力主本派心部為有如如意寶珠；此語實為令最上決定生起之說法。

　　於卓普寺後殿將竣工之時、即彼六十一歲之年，此位已究竟圓證五道功德、住於任運持明地、且為不爭之化身大士，決意轉其粗身為清淨體性精華。彼云：「從嘉臥岩召小宿氏來。」

　　小宿氏至，阿闍梨云：「余此院交託汝小宿氏，汝定須以教法利益徒眾，隨順彼等根器而施教，護佑彼等，如我所行。

　　汝等徒眾，此小宿氏已得廣大吉祥者之身語意成就，較我更勝。故於彼一切所作應善加體察，勿違其語，甚而勿踐其身影、足跡或法衣。因彼將如我所作，護佑汝等，故於恭敬虔信，〔汝等〕應修行圓滿。」

　　大宿氏後往其山巴之修行靜室。某日彼謂其從者曰：「今早於炎熱前備膳。」黎明時，從者來侍跟前，見上師已披皮袍，端坐床上。從者問：「汝今穿戴整齊，將何所往乎？」

　　答云——

　　　　極樂剎土余將往　　大吉祥[39]與我無別
　　　　汝向本尊作祈禱

39　即廣大吉祥忿怒尊。

　　說是語竟，遂持杵搖鈴，此際其身化光，遂隱沒於大吉祥忿怒尊像之心輪中。

　　與此同時，有一康區人欲來向大宿氏作供養，竟於途中得遇上師。上師遂加持康區人之覺知，於化現越量宮中受其供養後，作功德回向。繼而康區人猶如自睡夢中醒轉，於前境一無所見。彼趑趄而前，於道上，遂聞上師已隱沒於大吉祥尊像之心輪中矣。

　　此大吉祥尊像，因其加持極其廣大，其後，尊像曾親告香燈師（sku gnyer，廟祝）迎迓一嘉師‧釋智（rGya ston Śak ye）[40]。於接待時嘉師跨白牛及頭戴狼皮冠而至；彼於大吉祥忿怒尊像前化為白光，香燈師瑪覺具義（Ma jo don ldan），親見嘉師作三回左旋之周匝圍繞而隱入尊像中。同樣，「具相宿母十萬光」（mTshan ldan zur mo ’od ’bum）亦隱沒於同此尊像中。

丙二、小宿氏般若稱

　　「四峰」之中，有如牛中之王[41]者、是即又名「善逝嘉臥巴」（bDe gshegs rGya bo pa）之小宿氏般若稱（Zur chung pa Shes rab grags pa），乃持密咒者鷗梟谷上師法系傳承之根本。彼於木虎年[42]，具種種祥瑞生於後藏之伊如。其父名塔巴大行者，間作乞討化緣之舉；其母為瑪覺般若喜（Ma jo Shes rab skyid）。彼自七歲起習讀寫，九歲已能唱誦寂忿尊之事業儀軌。

40　藏文 Sak Ye（釋智），乃釋迦本智之簡稱。

41　「牛中之王」，即「出類拔萃」之意。

42　北宋大中祥符七年，歲次甲寅，即西元 1014 年。

彼十三歲時，某日坐於床上翻書，其未婚妻趕至謂彼曰：「田地已為洪水所淹矣！汝豈尚躺臥於此乎？」

小宿氏乃著其新下衣，涉洪水而過，且行且阻退室中之水。然其未婚妻詬之曰：「此衣乃奴費心力所製，汝竟不更衣而行，糟蹋哉！」小宿氏回曰：「汝若重衣甚於重我，其在此！」乃棄其衣。女怒曰：「辱我也！」遂欲返鄉。

小宿氏對生死輪迴已生厭離，彼從椽上取下女之紡錘，並從後呼之；彼於究竟是否喚女回歸〔猶疑不決〕，實尚在希疑兩可之間。然彼終遞紡綞予女，且曰：「有云：『男有男財；女有女財』。」女遂悽然回鄉。

復次，小宿氏既無問准其父，亦無自其母處取得口糧，更無友伴所施之承許，只攜一狼皮衣，即往見大宿氏；途中有來自達那之二牧民為伴，二人分攜玉石與銅；後又有一攜鎧甲之香地土著與俱。眾人抵埗後，小宿氏僅得狼皮衣為供養。當餘三者各以厚禮作供養之際，上師云：「且觀彼等是否已厭離生死輪迴：各進酒糟及菜羹。」二牧民無進食之意；香地人則稍進之；唯小宿氏無餘盡啖之。於此上師云：「狼皮衣與鎧甲可留；玉石與銅則物歸原主！」二牧民遂不快而去，且曰：「退禮乃其不傳法於余等之表義。」以此緣故，二人後竟惡詆大宿氏之教法。

阿闍梨問小宿氏云：「汝屬何宗族？」小宿氏思若云與上師同族則恐招人物議，故只曰：「我僅一小小宿耳。」遂以此別號著。大宿氏知彼具根器，遂令就學，由是生起殊勝智慧勇力。

初，小宿氏以一貧如洗故，唯靠掇拾上師所撒放之食

子,造酒糟為食以養命;然其他徒眾則訴於上師曰:「其口恆留酒酸之氣;彼既不供酒予上師,亦不稍予其同門。」上師遂云:「小宿氏,今日汝往拾柴薪。」

俟小宿氏去後,師命眾等往搜其髒亂之茅舍,據云只於一破被下,尋得一滿天靈蓋碗之酒糟。於此上師云:「小宿氏,汝若乏食,可來余家爐灶焉。」

答云:「恐污吾師財物。」是可知小宿氏能荷苦行之重擔。

某日,上師攜一可容九握之紫檀(bSe)[43]碗至,問云:「有飲乎?」乃供以酒糟,大宿氏連盡二碗。曰:「再添」,再盡之。更云:「尚有否?」小宿氏答云:「尚餘約一升。」曰:「如是則不足也;若足,則汝之福德將為藏地最廣大者。畢竟,因汝侍奉余之緣故,汝福德仍屬廣大。」彼贈三斗青稞予小宿氏,且云:「當此青稞耗盡之時,汝之所須將無有匱乏矣。」

小宿氏於一切聞法與觀修,均不分晝夜勇猛精進,因彼為化身,故其智慧界乃得大顯。然而彼雖生起不可思議之修證,唯小宿氏於書籍抄寫之資具亦無力負擔。醫尊大宿氏就此而云:「於名為彭基康安(Phan gyi khang sngon)之地,乃富有之女觀修者王后玉母(Jo mo g.Yu mo)及其女所居;汝可與彼等同住。」小宿氏答云:「余不成家立室。」

阿闍梨云:「汝想法其勿狹猛,余當知曉導師何所開許、與何所禁斷之分際;汝若受用彼二女之資,即可無餘求

---

43 意為「漆革」,亦似可作「漆樹」bSe Shing 之簡體,未聞用其木作碗,今謹依英譯之 rosewood 譯為「紫檀」。

得灌頂、抄本、及聞受完整教法，二女可藉此而資糧圓滿，汝亦可成就所願，此實最善。」

小宿氏從之，一切均從心所願。上師繼云：「今則勿再留該地，漸次攜汝之經籍等暨供祭資具而回後，則來見余。」小宿氏問曰：「如此而作，對否？彼二人於余實有大恩也。」

答云：「汝勿生婦人之仁！汝將力能利生，定須於此濁世，弘揚佛陀所教與利益廣大眾生。汝能作何行更報二女之恩哉？若汝只顧隱於該地，於自他均無所利。」

小宿氏遂謹遵師命而行，上師意樂遂得圓滿如是。

一時，醫尊大宿氏居處附近之佛塔，彼嘗見小宿氏周匝圍繞之，其足離地一肘而行。上師乃心知小宿氏實為化身，故思：「此誠大希有哉！」悅甚。

復次，小宿氏嘗作漫遊，往來於某荒谷中，極受炎熱之苦，後得〔地神〕供解渴之飲；彼於孤山之巔作觀修，飢時亦得供養之食，故彼實從心所欲，乃思：「余今若作利生事業，必能圓成。」大宿氏喇嘛亦云：「汝今須傳法矣。」小宿氏遂教授《密意總集經》，立時聚得三百弟子共行展卷。

其時上師盛讚小宿氏，唯個別人等心存不敬而曰：「上師於其姪，毋乃過譽乎。」大宿氏深知彼等如此誹謗上師將得大惡。

一時，眾師徒等同往紅嗯金剛頂（E dmar rdo rje spo）[44]之地參赴法會，於一小溝中但見一滿身蟲蝨母犬及眾幼犬。大宿氏唯撫觸母犬，然小宿氏竟盡殺母子眾犬，且盡吞其蟲蝨。他

---

[44] 位於香地。「嗯」：藏文「ཨེ」字音。

眾曰：「如是瘋癲之小宿氏，竟被指派為說法者！縱為吾等之施主，亦將失敬信矣。」

唯上師答云：「余固知諸犬不能免墮惡趣，然余尚且未能解脫彼等；小宿氏已行之，實大希有哉。」

其時小宿氏作一瞪視，諸死犬盡皆轉成供養天女；彼復盡吐出蟲蝨，諸蟲蝨遂嗡嗡然飛往天空。大宿氏云：「汝等今驚詫否？」唯眾徒曰：「此僅戲法耳。」

其後眾人抵香曲河，值河正泛濫；大宿氏以神通力，擲一天靈蓋碗於對岸之山坡上，且云：「有能取碗而回者，余將以我講經院付之。」餘「三峰」均不能取，僅小宿氏可足不沾水而渡，復取碗而回。

大宿氏又驅彼等比試騰空之力；連「四峰」在內，雖確有其他導師與觀修者能足不觸地而行，唯小宿氏可升至高逾多羅樹之空中，且為最先抵達山巴修行靜室之人。以此故，其他「三峰」始對彼生信；於上師每一命令，無不具敬遵行究竟。

小宿氏曾先後三回得有關聖地之授記；然已證空之瑜伽士[45]既離執持，故彼只視之為幻象。最終，有披骨飾莊嚴之十六歲少女五人顯現，彼等搖動天靈蓋鼓起舞，復謂瑜伽士曰：「兄弟，汝若於九聚山觀修，則可得二利成就。」言罷，即指向嘉臥岩。

因見該地有九峰、九河及九草坪，故小宿氏知此為九乘次第之圓滿表相。彼云：「彼嘉臥岩之象，乃如受八仙女（Gaurī）所圍繞之世尊、是即大吉祥忿怒尊。是故，我若在

---

[45] 指小宿氏。

彼地修持，定速得成就，且加持亦必廣大。復次，輪迴之自性
為苦，故世間之羈絆須斷。為證未來世之成果，紛擾世事及名
利均無有利益；若曲學阿世，短暫而言固難以保存臉面；長遠
言之，如此而作亦毫無價值，是以我將隱居觀修。」於交付弟
子予三「不中用人」後，又命彼三人持守佛法之講解與聞受，
彼遂開赴嘉臥岩。

　　抵埗後，小宿氏唯修持是行；唯由當地地神法力而生之
威脅，極為巨大。然此對大成就者中之翹楚而言，夢與醒之境
界實同一味，均屬虛妄。某夜，小宿氏夢有黑人現於嘉臥岩之
巔，攫小宿氏二足，復高舉其身於頭上旋轉後拋擲之，乃摔於
塔地河谷一廣闊平原上。小宿氏醒轉後，果發現身處平原中，
須自攀行回山。雖經此大法力之展現，彼仍安住而無退轉。

　　繼而當有大如兩歲山羊之蠍子，遍據其修行靜室中之
際，小宿氏於因果之解脫證悟得以現前；彼緊捉蠍子二鉗，將
其撕成兩半，且云 ——

　　　懺悔各各不善罪　　〔毒蠍撕作片片碎〕[46]

　　如是，彼實嘲諷有等依語而不依義之輩。彼拋卻蠍子
後，〔蠍子〕一切皆轉化成大日如來，融入虛空。

　　某回，小宿氏受蟻群所侵擾。彼命從者交來槌子，以之
盡殲蟻群。從者惡之，謂曰：「思罪過焉！」

　　小宿氏回曰：「汝若不以為然，則余將作此行。」遂盡
納蟻於口中後再吐出，悉皆升起轉化為金剛薩埵相而入於虛

---

[46] 藏文原文實只一句，唯卻具此二義，故俱譯出之，英譯同。sDig Pa 兼具
「罪」與「蠍」義；bShags 則兼具「懺悔」與「撕碎」義。

空。從者遂生起廣大信意。

小宿氏以其殺而復生之不可思議神通，降伏地神三兄弟等，圍彼等於誓句中，且令顯現真身而頭面禮足。時至今日，仍有小宿氏以普巴杵洞穿岩石而生之泉。當彼依《秘密幻化網》作「手印」禪定之修持時[47]，親見金剛薩埵，充盈於塔地之山谷。

因小宿氏已入窮盡法性顯現處[48]，故彼可轉自身為烈火、大水、狂風或風沙等，一切顯現皆為金剛薩埵自性之燦爛光輝；其善思維之力增盛無已。但彼了知此非真實可依。顯現、心與法性等三者融成一味，彼已登意樂窮盡之地，可無礙穿越一切地、石、山、岩等；可如鳥於天空翱翔等等。是即小宿氏於五大已得自在。

有一次，彼云：「一月後當有具器弟子至。」稍後，有法相師、名為巴‧善觀（sBa dGe mthong）者之善知識，來赴塔地之法會。彼派遣一聰敏弟子往與小宿氏辯難；弟子手指一柱曰：「以柱為題。」

小宿氏云：「以柱為題者：對汝等世間自相續之惑亂思維中，柱亦顯現為自相續。然余乃大圓滿〔之行者〕，重自顯現無偏之義；依此理，則「柱」實非有所成立。」說時一揮手，即無礙穿越彼柱。

該弟子目瞪口呆，生起無比信意，遂成小宿氏之徒，名為無礙北燃（Ma thog byang 'bar）。

---

[47] 此指修大圓滿法前行之大手印。由此可見，宿氏之《秘密幻化網》法實為生起法之大圓滿。

[48] 「處」，即十二處之「處」、亦即「入」，梵名 āyatana。

　　至若小宿氏之弟子，有號為「四柱」、「八樑」、「十六椽」、「卅二短木」、「二大觀修者」、「一大自炫者」、「二普通者」、「二尊者」、「三不中用人」、與眾多其他等。

　　「四柱」原為大法相師且睿智之善知識、名為瓊波・查些（Khyung po Grags se）者之四徒。當善逝嘉臥巴（即小宿氏）與善知識瓊波同受一施主迎請，於仰如（Nyang ru）相遇時，瓊波遣彼四人往破小宿氏，蓋稱小宿氏為說顛倒法者云云。四人現於小宿氏眼前時，上師剛反穿一毛氅。其中一人曰：「此顛倒內外而穿毛皮者，是何教法傳規耶？」答云：「毛皮一如，故非顛倒；分別內外者，實乃汝之教條耳。」

　　另一人曰：「善。吾等不如論法哉？」小宿氏答云：「『法』之體性不落言詮，復無邊際；『法』何可論？」

　　喬師（sKyo ston）於此問曰：「然則，依汝大圓滿之傳規，最要者非觀修乎？」小宿氏立應之云：「余何所緣？」則問：「若如是，則為無修乎？」「有何可使余掉舉？」此小宿氏所答，縱智如喬師者，亦不能復言。

　　復次，朗師・釋迦賢（Glan ston Śākya bzang po）問曰：「依《秘密幻化網》之傳規，汝是否主張一切顯現皆父尊與母尊？」小宿氏答云：「自相續之外境色法，顯現成現量者，誰人可作遮撥？」便問：「然則，汝不主張〔彼等為本尊〕耶？」答云：「有誰於經續中、就淨治有情自相續之不淨虛妄顯現意樂者，能作相違乎？」

　　如是，小宿氏以其真實具力之所答，回應四人之利口辯駁，有如羅睺以其手掩蓋〔日月〕；彼實以全屬依他之廣大悲

心指爪，壓服四人。由此，〔四人之〕宿緣遂得醒覺，有如勇士（Sura）阿闍梨成為提婆之弟子之故事。四人云：「噫！實難得遇此能無倒證悟大乘義、且具足由明覺與解脫所生無畏辯才之善知識。然而，余等今若遽投其門下，則吾等之阿闍梨將極不快。是故余等今先立莊嚴誓句：於來年且行方便以棄該論議師，改追隨此瑜伽自在主；彼實有如可洞穿輪迴網之尖兵利刃也。」

於起誓後彼等各退。越年，四人遂有如群蜂飛入蓮園，群展宿緣與賢善發心之翅，飛往善逝嘉臥巴之經院，直如入廣大旃檀林。此後遂以「四柱」之號著稱。

唯四人於今尚須返回瓊波跟前。瓊波曰：「汝等已破斥小宿氏否？」曰：「不能破之。」於此，瓊波嫉妒之凶猛烈風激動其心，遂聲言：「有能殺懷邪見且導眾入歧途之人，如小宿氏者，則可成佛。」

小宿氏諸徒聞之，乃奔走相告於師。因自解脫之菩薩已無有瞋怒之分別思維，故小宿氏唯以寂默答之。晨早，彼坐於法座上而笑。

諸徒問曰：「師何事而喜？」彼答云：「法者，正是余之大乘密咒傳規也！蓋密咒之傳規所主者，乃正覺可由「解脫」[49]而得；唯法相師不以為然。如今，『能殺有如小宿氏之人，則可成佛』之語，竟出自大法相師如瓊波‧查些者之口，可見其心中實已轉趨余之法，是故吾喜也！」

〔「四柱」中，〕工補（Kong bu）之喬師‧釋智乃心部

---

[49] 即前文所云之強制遷識。

之柱；郡隆之奴中奴喇嘛（sKyong lung gi Yang kheng bla ma）[50]
乃《密意總集經》之柱；曲瓦（Chu bar）之朗・釋迦賢乃《幻
化網》之柱；勒摩那之達狄祖釋（Nag mo re'i mDa' tig jo śak）
乃事業儀軌與修習之柱。若再添無礙北燃，則稱彼等為「五持
傳承者」。

　　「八樑」為：無礙者（無礙北燃）、喬師・法獅子
（sKyo ston Chos seng）、朗・釋菩提（Glan Sak byang chub）、
匝・釋迦迅捷（rTsag Śak rings）、努師・八瑪（gNub ston Bag
ma）、前藏人薩妥（dBus pa Sa 'thor）、舒師・月稱（Shud
ston Zla grags）、及壽光耀北吉祥（Tshe phrom byang dpal）；時
亦計入那那大威光（La la gzi chen）、靜濤藏（rNal rba snying
po）、及昂師・勝利（Ngam　ston　rGyal　ba）等三者在內。
「二大觀修者」為：巴行者迪瑪（'Ba' sgom Dig ma）與苯行者
助手（Bon sgom Do pa）；「一大炫者」為拉堆之史師・福勝
（Zi ston bSod rgyal）；「二尊者」為尚師・真言（Zhang ston
sNgags se）與瓊波・查些。至於諸「椽」、「短木」等暨其他
尋常弟子之名，余不於此一一開列。「三不中用人」乃本初鳥
巢（'Go bya tsha）、小目自在獅子（Mig chung dbang seng）、及
小初自在決定（'Go chung dbang nge）。

　　小宿氏喇嘛嘗決意於嘉臥岩山上專注修行連續廿四載，
繼以虹光身辭世，但因二緣故而須中斷閉關，故實際住於該地
足十三年、另一年又住部份時間，即總共十四載，其間彼曾長
時並無從者隨侍在側；終則因覺其關房並無煙或聲響出現，從
者或恐阿闍梨抱恙，乃往探視，只見上師口鼻已覆滿蛛網。從

者意其已逝,遂放聲痛哭;阿闍梨於定中受擾,乃云:「余
若可續住此境界,則可離於此受拘束之天靈蓋矣!今則須再
轉生一回。」有云彼後轉生為薩迦大譯師。

此乃於〔修行〕道上有成之象,蓋法性當下得窮盡之
際,蘊身遂唯是轉成眾多微塵之澄瑩精華[51]矣。

復次,小宿氏於某早云:「備膳。今回烹煮蔬菜。」當
上師自外攜菜而回時,從者尚未燒水;上師云:「我已周匝
圍繞鷗梟谷矣,汝何以尚未燒水耶?」從者嚷曰:「此定是
汝戲言!」

小宿氏乃將大宿氏之贈禮交付從者;從者遂具大信而
思:「我之上師,於心氣實無疑已得自在!」由是生起虔敬。

小宿氏須離其阿蘭若之另一緣故,則因「三不中用人」
不能秉持教法:本初鳥巢稱方便道,須以母續為依靠,故往
郭・谷巴('Gos khug pa)處;小目自在獅子則云壇城顯露之
依靠,須以瑜伽續為之,故往松巴・本燃(Sum pa Ye 'bar)
處;小初自在決定認為基、道宗輪之依靠,須藉因明,故往
旁・小旗(sPang ka Dar chung ba)處。

於此,〔首不中用人,不達〕因《秘密藏續》兼具方便
道與解脫道,實與母續之性相無別;〔次不中用人〕則「實
將其雙目扭向後頸窩」,因〔彼不達〕壇城已於〔法性〕自
地中顯露;第三〔不中用人〕則不知因明者,只是言說之宗
輪,不能直達基與道之要點。以此因由,彼三不中用人無能
維持講經院,結果小宿氏須中斷閉關。

---

[51] 即顯現為光明。

　　復有另一緣故：王者大宿氏，於卓普寺尚未完工及開光前，已亟欲不須棄其自身而達雙運之究竟。彼〔對小宿氏〕云：「汝定須守余之業焉。」為遵師命，小宿氏遂來。

　　又，當善逝小宿氏功德事業之廣大，已令致藏地密咒行者無不向其頂禮、或敢僭越其座，郭譯師（'Gos lo tsa ba Khug pa lhas btsas）[52]乃諭新譯派之徒：既不應向小宿氏頂禮，亦不應接受卑座。某日，大眾因赴一廣大筵宴而群聚於香地，郭譯師後於小宿氏而至，時小宿氏已居座首。此際，一眾口舌辯給、但受煩惱污染所縛之諸大善知識，彼等之意樂已不堪抵受與佛平等之勇猛瑜伽士所顯清淨光華，〔郭譯師與其徒眾〕遂有如〔釋迦時代〕不能踐約之五比丘，舉止悉皆張遑失措，一切不作頂禮之約定皆煙消雲散。各如一棵五枝藤蔓，匍匐在地，於小宿氏跟前頂禮。宴會過後，或問郭曰：「吾等皆相互約定勿向小宿氏頂禮，何以汝竟最先為之？」

　　彼答曰：「當余至其前之際，實不能分別彼究竟為世尊大吉祥忿怒尊、或僅是小宿氏本人。總而言之，余不能對彼生想。」

　　復次，因小宿氏神通極其廣大，故以能乘於日光上來去而著稱；能於不同偏遠之地，一日內說三座法：如早課於鴟梟谷，午課於卓普，晚課則於嘉臥岩。與此相彷，因小宿氏見空行母眾於剌蝎神地（lHa zer mo）起舞，彼眾遂受其役使，為建具七柱及二增勝柱之九維佛殿，後乃以「空行殿」之名著稱；立有四十二〔寂靜〕佛陀像，及教誡護法具善（Legs ldan lde gus）像；牆上畫有〔《幻化網》〕廣、略壇城。開

光時小宿氏以衣袖拂具善之像而云:「汝是否護持佛陀教法?」尊像點首。小宿氏復問云:「汝是否稱頌三寶之尊?」尊唇竟作開合。

與此相同者:當小宿氏親見大吉祥者時,彼於忿怒尊左足之落腳處,為真實忿怒尊立廟。無礙北燃有一滲血之妖樹,彼斫斷且灑淨之,備修廟之用。當彼向上師供養該樹之果新時,有地神名鬘者,獻一稞柳柱之遺材,柱沿藏布江而下,然途中沉於駱駝隘口(rNga mong 'phrang)凡五日,故未能至。小宿氏吩咐二徒往該地:「堆此白食子於石上;拋此紅食子於水中;告彼等即攜小宿氏喇嘛之材至。」

聞此警告後,當地水神畏甚,果立釋致其材;其他神鬼亦紛遵小宿氏所命。

以如是大功德為莊嚴之醫尊小宿氏,當彼入涅槃之時將至,徒眾懇其留有後嗣。小宿氏遂以五種現證菩提之等持,迎請秘密主金剛手入其明妃之胎;故〔其哲嗣〕宿‧釋迦獅子明顯具足種種相好。

小宿氏繼而立其名為《八十口傳指授》(*Zhal gyi gdams pa brgyad cu pa*)〔之遺教〕,起首為 ——

山之童

身穿破衣

口唯進惡食

捨離汝頑敵

荒田任如之

於法作決定……

小宿氏於六十一歲之木虎年[53]，居於嘉臥岩時，於光明與地動中，往色究竟天之金剛莊嚴城。

丙三、宿‧卓普巴釋迦獅子

小宿氏之子，乃藏地中講說《秘密藏》之泉源、亦即卓普地之廣大秘密主，是名宿‧釋迦獅子（Zur Śākyasiṃha）。

小宿氏有一女弟子，名箭卜公主‧頂髻夫人（Jo sras mo mDa' mo gTsug tor lcam）[54]，小宿氏察其胎臟可懷屬化身之孕，乃問其兄、即「四柱」中之達狄祖釋，可納其妹否；達狄答曰：「謹如師命。」達狄置鈴杵於其妹手中，叮囑彼毋經媒手，親將鈴杵獻予上師本人，廣大吉兆由是具足。唯因上師非明媒正娶其過門，故一眾弟子心懷敵意，咸議逐之。喬師‧釋智則云：「我夢有法主坐於此女之無名指上；若視〔其子〕為上師胤嗣，則或能於教法有益；且留之。」

與此相彷，其他諸「柱」皆生佛像及黃金杵融入女身之夢。是以女遂得留。

木虎年[55]，即俄‧大譯師〔具慧般若〕十六歲時，卓普巴降生。上師（即小宿氏）云：「當余子入其母胎際，余得『金剛手已融入母身』之兆；是故彼之來，乃將利益世間哉。」遂以「釋迦獅子」名之。

此子之父於一切皆作捨離，故己實身無長物。其明妃

53　北宋熙寧七年，歲次甲寅，即西元 1074 年。

54　「箭卜」，乃以射箭而作占卜。

55　北宋熙寧七年，歲次甲寅，即西元 1074 年。

謂彼曰：「汝日前尚在意於子之降生，然如今連顎酥[56]亦無有。」

小宿氏答云：「彼若具福德，則余雖不予，所須亦必至；否則，余縱為之，亦無所利焉。」言罷，遂坐於其屋頂。

此際，有富比丘尼供青稞多馱與酥油數量甚眾；復有施主自多康來作供養。小宿氏乃嘆曰：「顎酥已至，此子實具福德也！復將利益眾生哉！」喜甚。

此子生後八月，其父逝世，由其母與舅父共撫育之，居於達地溝頭（mDa' phu）凡十五載。彼後往曲瓦親近朗‧釋迦賢，得受《秘密幻化網》密續；亦嘗往郡隆向奴中奴習法；十九歲時行坐床禮（che 'don）[57]。其佛事業越益廣大，修學遂稍放逸。其後，彼伺機得從喬師於工補一載；然稍後其事業復更增益，已無法遊歷各方。彼遂廣邀一眾賢哲上師至其家，以圓滿其學。

彼從「四柱」盡得其父之法門圓滿，包括：《經》、《幻》、《心》三部；復有相應之密續、口訣、事業儀軌、修習、實修方便、及灌頂等。彼專從其舅達狄祖釋，盡得《密意總集經》之詳；從朗‧釋迦賢得依四部[58]傳規之大圓滿；從醫尊黑鼻（lHa rje Shangs nag）得大圓滿之最後傳承；如是等等。簡言之，彼追隨多位上師，經聞與思而得以釋疑。釋迦獅子亦親近聞受自家宿氏宗輪之諸位上師，率先獻上《般若經》廣、中、略版及其他豐厚供養，故能得彼等之

---

[56] 藏俗在初生嬰兒或幼駒顎上塗上酥油，使之學會吮吸。

[57] 本義為就職、上任。

[58] 此四部指大圓滿口訣部內再復分立之四部，見《善說顯現喜宴》頁303-4。

攝受。

經長時於湟里之卓普作修持，彼則正如口訣密續就生、圓〔二〕次第所指，得「四鐝盡入」[59]。彼無別融入其本尊之身語意後，雖當時年紀尚輕，其威光亦已極為廣大，於諸色人等均具勝伏之力。

一日，卓普巴與四徒，往訪正居於定日之帕當巴覺。於彼等應到坺之日，帕當巴云：「今日金剛手化身將至，當迎迓之。」

值眾人備妥哈達、華蓋等而日將盡時，有密咒行者五師徒至。帕當巴之徒眾謂其師曰：「不作他人想矣。」

彼云：「且迎之。」

此際，醫尊卓普巴曰：「余須試帕當巴具神通力否。」乃命一徒領前扮作卜師自身，己則喬裝為僕從而後隨。帕當巴見卓普巴喉上有一瘻，遂云：「且讓具瘻者帶引哉；師徒之序，以無顛倒為最善！」由是卓普巴對彼五體投地，〔乃從帕當巴〕得教法之甘露。帕當巴亦勸勉有加云：「卓普巴將成總體教法之廣大吉祥。」

異時，當卓普巴籌劃金剛手之畫像（bris sku）[60]時，告其畫師：「應如是畫！」彼遂顯現金剛手相；以此及其他原因，故眾所周知彼即吉祥秘密主，實為在藏北之地顯揚密咒教法而來也。

---

59 此指生圓雙運之「四金剛鐝」，依敏珠林傳承為：本尊等持鐝、密咒唸誦鐝、事業放攝鐝、密意不動鐝。

60 即唐卡 thang ka。

通言之,卓普巴徒眾數目實無可計量;尤曾調教上千「持傘〔華蓋〕者」之弟子,悉皆廣大善知識,維繫大寺院且護持教法;故卓普巴佛事業之久遠,實屬不可思議。

當彼於卓普說法時,嘗坐於一無背靠之法座上,四週全為徒眾所圍繞。然其時彼於八方均可面向聽眾,是以眾皆確信彼定為《金剛薩埵幻化網》壇城主之表,遂以「不爭之化身」而著稱。

卓普巴於夏課與冬課說法時,約有五百展卷者;於春與秋課則約三百。概言之,彼有過萬之聽眾,是故恆時有願付一錢金、以求獲辯經場中可接近上師之一小席。

卓普巴於智、悲、力三者之功德,皆具足圓滿。彼亦透徹通達《吉祥秘密藏真實決定續》(*Śrīguhyagarbhatattvaviniścayamahātantra* / *dPal gsang ba snying po de kho na nyid nges pa'i rgyud*),得正法眼;由是,此秘密主卓普巴之說法傳規,直至今時仍被講論不已,昭如日月。

卓普巴有十二弟子能得其垂顧:「四黑」、「四師」與「四祖父」。「四黑」[61]者為:說法師‧黑地、黑隅輪(Zur nag 'khor lo)、黑仰‧多窩(Nyang nag Do bo)、及黑箭頂髻自在(mDa' nag gtsug tor dbang phyug)。「四師」[62]者為:尼師‧法獅子(Nye ston Chos seng)、夾師‧金剛怙主(rGyab ston rDo rje mgon po)、尚師(Zhang ston)、及嘉師(rGya ston)。「四祖父」者為:蠑螈遲師(rTsangs pa byi ston)、玉師‧霍爾波(g.Yu ston Hor po)、龐師‧鐵鉤(sBangs ston

---

61 因四者之名中皆有「黑」字,故名。
62 因四者之名中皆有「師」字,故名。

lCags kyu）、及前藏人法獅子（dBus pa Chos seng）。上開所
列，廣稱為「宿氏上[63]傳規」；唯「下[64]傳規」則有不同之傳
承。

當廣大秘密主卓普巴作最後事業之時機已至，彼謂「四
師」云：「汝等攜會供輪之所須來，余亦自備辦之。」「四
師」遵命而行，一眾遂往卓普內虎神山（sTag lha ri gdong）之
巔，舉行盛大會供輪。卓普巴為彼等開示眾多秘密教誡，且
云：「汝眾勿悲余之不在，今余將不棄蘊身而登持明地，故余
歿後汝等定能昌盛，汝等之傳承與教授定必興旺。」

卓普巴乃以其妙音高唱金剛歌；彼唱種種歌時，於虛空中
冉冉上升，終至完全隱沒不見。「四師」受有如剡心之苦，無
不痛哭流涕，於地上打滾，且高呼師名；至卓普巴如鳥復降，
並云：「汝等實不應作如是行。余先前已將教誨好言相告，唯
汝等聽而不聞。如今，余之傳承，勢將連稍稍興盛亦無矣。」

翌年即木虎年[65]，彼六十一歲，遂入色究竟天之海會廣聚
城。荼毘時，有一年輕俊逸之密咒行者，供養一黃丹色之良
駒，上備以希有之自成螺形鞍。因無人能知其來龍去脈，或謂
此供品乃天人所獻。與此相彷彿者，妖精、本母非人與龍族等
亦各致供養；故當時有四種珍財乃人間所無。

卓普巴年長於薩迦派慶喜藏（Sa skya pa Kun dga' snying
po）[66]達十八載，是故與塔波醫尊（Dvags po lha rje，岡波

---

[63]　指藏地。

[64]　指康區。

[65]　南宋紹興四年，歲次甲寅，即西元 1134 年。英譯作西元 1135 年，恐誤。

[66]　薩迦五祖之首。

巴）、帕摩竹巴、尚喇嘛（Zhang bla ma，尚・采巴）、及鄭・
王子等約同一時代。復次，於無垢友與卓普巴之間只隔三上
師；蓋無垢友之女弟，乃絨溫泉（Rong chu tshan）之戲謔比丘
尼（dGe slong ma Bre mo）；比丘尼之徒乃洛札查些（lHo brag
bya ze）之瑪爾巴・般若光；瑪爾巴之徒乃香天神子（Shangs
lha bu）之郎師・成人福德（Langs ston Dar ma bsod nams）；後
者之徒即醫尊霍爾波卓普巴。

乙四、絨氏傳規傳記（分二十）

丙一、說法師・黑地

今，卓普巴之徒，名說法師・黑地（lCe ston rGya nag）
者：彼於木狗年[67]，生於上仰境內。有二兄習法相學，彼則為
二者來往攜供給養；偶或駐足而聽，即已勝於二人刻意所習。
於此，彼云：「汝等雖云已聞法三載，其實一無所知。余若能
如是而聞，定然可通。」

二兄答曰：「我二人實無所得。然無論誰可知法，畢竟
無大分別。汝既若能通，盍就而聞焉，我等可為致給養。」

說法師・黑地遂留，從瓊波・查些習《般若》；從目
標（'Ben）習《阿毘達磨〔對法〕》；從虎者・迦濕彌羅
（sTags pa Kha che）習中觀與因明。彼亦曾受教於加地之福德
智（'Gar bSod nams ye shes）；經九年之聞法，彼所學已臻極
致。

黑地自十三歲起，從秘密主卓普巴修密咒道，與上師

67　北宋元祐九年，歲次甲戌，即西元 1094 年。

親處凡十一載；上師曾三年間未嘗與彼詳言，僅稱彼為「上
仰王子」。某回，有嘉‧精進獅子（rGya brTson seng）阿闍
梨者，暨其僕從往赴法會，時醫尊〔卓普巴〕亦參預其中；
嘉氏等挑起辯難，為醫尊黑地所破。卓普巴因能粉碎彼等之
慢，故歡喜甚，乃對黑地青眼有加。復次，卓普巴亦因其子
尊德金剛稱（Jo btsun rdo rje grags）之聰慧日甚而極為高興[68]，
乃垂賜生圓三分之根本典籍與指授、暨載有簡注之不共口訣。
以此故，龕司尊者（rJe lha khang pa，即黑地）[69]於更完整之法
門、及更深邃之口訣，較諸其他宿氏之徒，所得更多。四十歲
時出家以逃死（gshegs btsun mdzad）；翌年卓普巴逝。

　　黑地亦從上仰地之遍千印（rGya rtsang skor ba）習《甘露
續》（Amṛta Tantra / bDud rtsi'i rgyud）；從下仰地之卓‧成年
獅子（'Gro Dar seng）習《金剛摧滅》與《普巴金剛根本續》
（Vajrakīlayamūlatantrakhāṇḍa / Phur pa rtsa ba sor bzhag）。又
從正士眾波（Dam pa sPor mang）習包括紀氏（sKyi）在內之普
巴金剛種種傳規、及大圓滿波氏（sPor）傳規；從王后仰氏女
（Jo mo Nyang mo）習《大圓滿康派傳規》（rDzogs chen khams
lugs），即《阿羅心要》（A ro'i thugs bcud，即《阿羅七課》）。
與此相彷，彼亦修習諸如《大圓滿梵志法系》（rDzogs chen
bram ze'i skor）及《蓋氏整系》（Ke tshang ma）[70]等其他法
門。因彼之廣博修學，遂成一切密咒道與法相學、一切密續暨
成就方便之阿闍梨。

　　黑地於製甘露時，眾人皆見天女從其藥殿現起，周匝圍

68　蓋黑地乃其子之師。

69　龕司，即廟祝、或香燈師。

70　屬大圓滿傳規，內容無考。

繞壇城三回後隱沒。彼作廣大行以利益他人,於土蛇年[71]逝世,享齡五十六歲。

丙二、功德總持

醫尊黑地之姪兒,乃廣大上師功德總持(Yon tan gzungs)。彼生於火馬年[72],年十一始求學,受其叔蔭庇凡十三載,得遍修有關生圓三分之一切密續、傳授及口訣。廿四歲時其叔黑地逝世,遂繼承其法座。彼從兩位俱來自前藏之導師,釋氏與證空者(dBus pa Zhig po)、及其他諸師得釋一切疑難後,續行自利、利他之事業。

丙三、螳螂樹叢正士

前藏導師釋氏(dBus pa sTon śak)、亦稱螳螂樹叢正士(Dam pa Se sbrag pa),乃謝境者巴王同(gZad yi gcer Pa wang thung)之後裔。彼於卓普巴之大寺院習書寫時生起信意,遂專注修學;當醫尊黑地出家逃死後,彼追隨左右,得受一切密續與竅訣圓滿。

其後,導師釋氏欲獨自觀修,遂往北方山地尋覓閑寂處,於幕幔岩(Yol ba brag)遇名為正士小幔(Dam pa Yol chung ba)者正在鑿石。導師釋氏問曰:「汝於此建精舍耶?」答云:「唯然。」問云:「無他處堪建耶?」答云:「彼不遠處有一螳螂樹叢之地,但余以此地較堅固,故於此修建。」

繼而,當正士導師釋氏往該生長螳螂樹叢之岩時,見泉

---

[71] 南宋紹興十九年,歲次己巳,即西元 1149 年。

[72] 北宋靖康元年,歲次丙午,即西元 1126 年。

水旁有糌粑團少許；彼視之為吉兆，遂居於該處觀修，直至生起不共證悟。神鬼皆聽其號令，彼遂生起能利益眾多所化之力，後稱之為「正士螳螂樹叢」。

丙四、前藏人證空者

前藏人證空者（dBus pa Zhig po）乃雅隆內之查（Bya）地人。初於卓普巴居處為文書，後改信佛法，追隨醫尊黑地。彼於精通生圓三分後，決意回鄉行坐床禮。

彼因覺須有華蓋、法螺、供器等等物事，乃往尼泊爾欲行置辦。途中偶思：「我雖知法甚多，唯無有實修；今余若即死，則毫無裨益矣。余心定須唯竅訣是依也。」彼遂具此思維而回，於上師跟前作啟請，乃得受寶貴口耳傳承之竅訣以融於實修中，其後始再就道。

至抵芒隅之貢塘時，彼生起大圓滿離言本智凡七日；繼而從一尼泊爾人得供器，返芒隅之貢塘後染熱症而須臥床，乃思：「如今，不快又有何用？」遂心生決定。證空者盡遺器物於村而入山實修，直至彼能無礙穿越地、石、山、岩等。彼繼而知此前所想實屬無謂，故欲拋棄其坐床禮之所有器物；唯當彼見壇架與一套七只供杯時，憶起上師之恩德，遂思：「我能得此知見，純因余上師之悲心。余應向彼供養此物。」乃復攜之上路，然因彼本已斷貪，故於途中，對欲棄物事之貪執又起。彼再憶起上師慈愛，遂仍攜諸物繼續旅程。一俟彼至廟中將諸物面呈上師後，彼長嘆云：「噫！杯哉！汝縛我何久也！」

爾後，證空者唯於山中隱居實修，至一切於心中皆了了

分明。對彼而言，因無實有之顯現已入於滾滾紅塵[73]中，故山崩亦不能傷。當彼居於伊如之巴閣（g.Yas ru'i Ba gor）上谷時，其臥室為雷霆所擊，而彼亦無損。或問曰：「此處曾打雷否？」彼答云：「定有雷電之類也。」眾復問曰：「汝豈得無傷乎？」證空者云：「一切音聲與空性無可分別；試問雷霆之自性何在？」

如是，前藏人證空者乃以廣大自在之瑜伽主住世，於其續行觀修之靜室下，彼主持一大寺院凡十八載；七十歲時往生。

此聖者有眾多通達經教之弟子，試列舉一二者，如：證空者甘露、導師勝皈依（sTon pa Bla skyabs）、前藏之尊福（dBus pa Jo bsod）、及尼師‧太陽金剛（sNye ston Nyi ma rdo rje）等。復次，拉堆之麥師‧怙主（La stod kyi Mes ston mGon po）、結‧慶喜金剛（dPyal Kun dga' rdo rje）等亦曾於其足下受教。

丙五、證空者甘露

證空者甘露（Zhig po bdud rtsi），乃前藏人證空者之心子。自其父祖以降，即世代有賢哲且具成就之「勇士」輩出；父名覺小塔氏（Sangs rgyas dvags chung）。覺小塔氏因追隨塔波‧棉衣封印（Dvags po rgya ras），故被稱為小塔者；彼往洛札，於上洛〔札〕地草蒿崗（lHo stod phur mong sgang）之寺廟利益眾生。其間，彼受謝境諸施主迎請而往該地，眾

等向其獻謝境內之哈當寺（lHa gdong dgon pa）、梟啼寺（'ug skad）等，遂定居於此，徒眾日增。

覺小塔氏有明妃名王后甘草（Jo mo Wang mo）；木鼠年[74]，夫妻二人生子於謝境噹（gDong）地之廟宇內。此子眠於簸箕中時，上懸天虹。降生後約二載，其父於得一希有夢後云：「今余將逝。死後余將往持明地，唯此子亦能利他哉！」言罷而逝。

證空者甯波車既長，具大悲心；嘗將其所有衣物，不聽母之勸阻，悉布施予一貧弱乞丐。於此，有一睿智之女卜者云：「汝子何所成就？一切世間諸鬼神全將周匝圍繞之而作頂禮。」

於一秋收時節，其母曰：「眾人皆於收穫節供養食子。痴兒，甚而汝亦應供養水食子之類！各人均須遵行收穫節焉。」

此子遂往收割之地，大呼曰：「謝境鬼神！仰納沃普（Nyang nag 'ol po）之鬼神！長普烏魯（sPrang po 'u lu）之黑王鬼！今朝切勿他往；此乃甘草老夫人收穫之節慶！其助彼收割哉！」如是說而大撒供養。

其母怒極而詬之。彼有一田名「六十四」，縱豐年所收亦不過四十斤（'degs khal）；該年雖禾穗不多，而竟過五十；是故，有謂此子或為化身，遂遣彼從其叔正士螳螂樹叢修學。三年間，彼詳聞屬絨氏傳規之大圓滿（rDzogs chen rong lugs）、《總攝》（sGang dril）、《發隱》（Gab phyung）等教授。彼後云：「當上師謝世時，余淚流滿面而昏厥。」

74　南宋紹興十四年，歲次甲子，即西元 1144 年。英譯作西元 1143 年，恐誤。

　　證空者甘露十六歲時受教於聚堡寺（sKyil mkhar lha khang）之功德總持足下，彼親近該阿闍梨多年，以生圓三分淨其慧，唯彼實修之根本、及一切講學與聞受，則專主心部，如彼自云：「我唯修心部。」彼曾聞受包括《遍作王》及《十經》（mDo bcu）等之《心部二十四大續》（Sems phyogs kyi rgyud sde chen po nyi shu rtsa bzhi）；復曾習心部根本法系之十四種不同說法傳規，其中包括其法系傳規（sKor lugs）、絨氏傳規（Rong lugs）、及康派傳規（Khams lugs）。彼所曾受本宗傳規中，有關觀修之大論，為《瑜伽明覺日》、《禪定目炬》、《禪定心日》（bSam gtan snying gi nyi ma）、《疑》（gDar sha）、《釘》（gZer bu）、《窮源問答》（Zhu len khung gdab）、《金剛薩埵問答》（Vajrasattvapraśnottara / rDo rje sems dpa'i zhu len）及大多數其他觀修著述等；於口耳傳承之法系，彼所習〔之數〕實不可思議，包括法系、絨氏及康派（sKor rong khams gsum）等三傳規之指授；《梵志法系》之口耳傳承、《蓋氏整系與堡壘隘道》（Ke tshang dang rdzong 'phrang snyan brgyud）之口耳傳承、及界部等。彼由聞受與思維此等大圓滿法系而得圓滿釋疑。

　　證空者甘露自十六歲起開始講經說法；因彼已能詳釋《法系總義》（sKor lugs kyi stong thun），故知其已登修學之巔。其時有醫尊下努（lHa rje gNubs smad）謂彼曰：「噫！前藏之王子！汝實有如吾駒巨音雛伏金翅鳥。」據云下努以青稞十一斗酬之。

　　證空者於龕司喇嘛（即功德總持）跟前隨侍凡十四載，一切餘暇皆在其叔於螳螂樹叢之法座下渡過，其間或觀修、或稍稍說法。卒業後，彼受其父一弟子名「喇多」（Bla 'dos）者迎請往謝境，遂於該地接掌梟啼寺；彼復接掌後藏之螳螂樹叢；而緣於正士螳螂樹叢四弟子，包括女行者瑜伽母（sGom ma rNal 'byor ma）與釋友（Śak gnyen）等在內，因云：「吾等既不能抵螳螂樹叢，不若即於此山凹處建一休憩處哉。」故而修建之法台寺（Chos sdings），彼亦掌之。

當尚‧采巴之弟子名「後藏行者‧襤褸」（gTsang sgom Hrul po），為證空者敘述其師之事跡時，彼即生起信心，且迎請尚喇嘛[75]至其處。證空者遂辦一法會，以廣大虔信承侍尚喇嘛；蓋證空者云：「余與彼雖無共結法緣，然彼乃加持余心相續之上師焉。」尚喇嘛則告彼云寺廟雖水、木俱缺，彼仍應名之為「法台」，蓋如是則可聚眾，復能利益眾生。

於此種種，人或有言曰：「彼從龕司（即功德總持）習法，然竟承侍尚‧采巴。」龕司喇嘛於根本嫉妒實已寂息，故彼以約二十斗糌粑、暨肉與酥油等贈予眾言者，且云：「汝等應迎請具德上師，且行法會。余可為之隨順，然余已傾盡所有矣。」如是，方止息眾愚中傷證空者之口。彼等復云：「今乃為吾等舊上師生起新敬意。」

當證空者廣弘其佛事業之時機已至，彼聚有無量數之徒眾，為利益眾生作廣大事業。彼對上師恆具無上虔敬，恆時端正而作悅師三行[76]；此如彼自云：「每於上師跟前作別，余未嘗不頭面禮足。」彼為其上師以佛法與貨財所作之承侍，均屬不可思議，如：供養以金書字之廣、中、略品《般若經》等廣大佛經凡十七次等等。因上師之加持與彼已生感應，故能如

---

75 即尚‧采巴。

76 英譯云為：由觀修得成就；以身、語承侍上師；及作實設供養。

是與上師意樂相通。既已得證解同時，故彼具無礙穿越土、
石、山、岩等之神通，且常為非人所圍繞。

證空者具神通力之傳記甚多：當彼居於謝境溝頭之打隆
寺（Da lung dgon pa）時，其蘊身曾隱入礫石中，且無礙穿越
羅剎山（Srin po ri）之土牆。此外彼尚具足其他神通。

證空者甘露歷遍雪山之地，且置眾多有情於解脫道上。
彼為教法故，嘗建置表徵佛身、語、意之佛殿；傾圮者則修
葺之；或捐資作修建之用等等。以此及其他所作，彼於六波
羅蜜多之義，實身體力行。彼看顧諸來自天竺之譯師、班智
達及學者，亦踵武一眾屬三藏法師位之廣大善知識。證空者
於俗務從無分心，唯觀修是專，屬一切貧苦有情之施主，乃
大乘種姓中得增上覺醒者；是故，遠至天竺、漢地、尼泊爾
及諸別國操不同語言之人等，皆來歸之。

彼曾三次供養摩揭陀之金剛座；四次朝拜〔於拉薩內、〕
南贍部洲第一莊嚴之釋迦牟尼世尊二像；復四次重修〔拉薩
之〕石堤。繼後，有不可勝數之善知識傳續其事業，故彼於
此雪山地上之名聲，無可非議，誠屬上士也。

藉如是圓滿之行，證空者甘露或實或虛，純為撫癒他
人。然而，於彼最後一回重修拉薩石堤後之餞別中，有等宿
業殊惡之從者借酒生事；於此，證空者遂言及心生厭離。於
土羊年[77]彼五十六歲時，於桑普內之嘉克洛（rGyar gas logs）
寺中逝世。

其遺體經河運而存於謝境梟啼寺中凡四月；繼而，王公

---

[77] 南宋慶元五年，歲次己未，即西元 1199 年。

大臣暨證空者徒眾等，迎法體往本為上師法座而修建、位於謝境湯加寺（Thang skya'i gtsug lag khang）中。該日大地震動，供水中生起蓮花，復有其他希有異象等。荼毘之朝，有音聲、光明、彩虹、具佛塔相及文字相之舍利等無量兆相生起。該寺至今，則僅餘遺跡可見耳。

丙六、馬師・本初尊

證空者甘露共有六徒成其心子，即：馬師・本初尊（rTa ston Jo ye）、摩訶任運（Mahā lhun po）、學者晚尊（mKhas pa Jo nam）、前藏福尊（dBus pa Jo bsod）、賢師・霍爾稱（bZang ston Hor grags）、及聶師喇嘛（gNyer ston bla ma）；其中最出眾者乃馬師・本初尊。其父馬師・十萬尊（rTa ston Jo 'bum）本乃上約日之領主，廣有奴庶莊園，唯其後對世間心生厭離，終領四僕出走。彼往見醫尊朗・納采巴（lHa rje Glan nya tshal pa）之心子內・瀑流山人（gNyos Chu bo ri pa），主僕五人遂俱皈依佛法。馬師・十萬尊於總體甯瑪密咒道，尤其大圓滿法系傳規之著作與指授等，完全通達。彼從帕摩竹巴習道果與大手印；從初顯查師喇嘛（dBur ston bla ma mTshar ston）習《大手印「崗」派傳規之道歌》（*Phyag chen sgang lugs kyi do hā*）；從銅山卓氏棉衣（Zangs ri 'bro ras）習《小衣者法類》（*Ras chung pa'i chos skor*）；從囊師・怙主（Nang ston mGon po）習《金剛摧滅》與《普巴金剛》系之法，諸如此類。簡言之，彼從眾多上師無有偏頗而聞法，以內・瀑流山人與帕摩竹巴為其根本上師。彼於曲沃日修習後，收聚弟子甚眾。

其子馬師・本初尊生於水羊年[78]；四歲時其弟福尊生。

---

[78] 南宋隆興元年，歲次癸未，即西元 1163 年。

福尊年幼時往訪證空者甘露，得阿闍梨之攝受。馬師‧本初
尊十二歲時從瑪師喇嘛（dMar ston bla ma）受勝樂與《金剛
手甘露滴》（Phyag rdor bdud rtsi thigs pa）系之法，嘗念誦
長陀羅尼凡二載。彼與其父共受一百零八次勝樂灌頂；於
卡熱‧顯藏（Kha rag sTon snying）之居處，聞受《幻化網》
二載；從匝喇嘛[79]與些堆隆巴（Se dur lung pa）得《大圓滿
法系傳規》（rDzogs chen skor lugs）之著作與指授。彼十六
歲時講授《金剛薩埵大虛空》（rDo rje sems dpa' nam mkha'
che）；十六歲半後，遊於下昂雪。彼從其父之弟子至尊飴
尊者（rJe btsun Hags）受《大手印「崗」派傳規》（Phyag
chen sgang lugs）；從銅山嘉熱（Zangs ri rgya ras）受《（羅
窩）小衣者法類》（(Lo ro) Ras chung pa'i chos skor）、《喜
金剛先輩傳規》（dGyes rdor mes lugs）、《秘密文殊師利》
（Mañjuśrīguhyaka / 'Jam dpal gsang ldan）、《勝樂魯依巴[80]傳
規》（Bhagavadabhisamayanāma / bDe mchog lū'i pa）、海生金
剛之《喜金剛修習方便》（Śrīhevajrasādhana / sGrub thabs mtsho
skyes）、《道果沙瑪傳規》（Lam 'bras zha ma lugs）、及《希
寂派傳規三種》（Zhi byed lugs gsum ka）等。簡言之，彼不論
於今、古傳規，均無偏精通。彼亦嘗從囊師‧流浪尊（Nang
ston Jo 'khyams）聞受普巴金剛，於曲沃日作修習。

　　本初尊於廿五歲至證空者甘露跟前。其始，彼實無意求
法，且思：「於法余已精通，即使於竅訣余亦屬高超。然彼
名聲廣大，且為余弟之上師，宜安排與彼一晤。」遂行，乃

---

[79] 此匝喇嘛與大宿氏同名弟子，號為「峰脊」者應非同一人，因時代稍異
故。

[80] 印：Lūipā，意為餐魚行者（Nya lTo Pa），乃天竺八十四大成就者之一。

遇其時居於梟啼寺之證空者甘露。彼僅一見上師之容，即不由自主而生恭敬，於翌晨本應作別之際，往阿闍梨跟前求納為弟子。

上師問云：「汝具虔信否？」

答云：「我已生大虔信矣。」

曰：「如是，汝其留哉，蓋此乃宿世餘業使然。輪迴之性相既為無常，則未來如何亦不定矣。」

曰：「今並無攜給養而來。」

曰：「來此地者從無攜路上乾糧而至。汝自身須何給養乎？」

馬師‧本初尊遂從無間斷而親近證空者凡七載，以三種方便取悅上師作侍奉。

彼習《遍作王子母三法系》（*Kun byed rgyal po ma bu skor sum*）及其釋續《十經》、《根除輪迴續之四類釋續》（*'Khor ba rtsad gcod kyi rgyud la bshad rgyud sde bzhi*）暨其根本著作、注釋、基礎法及口訣等。彼復修習有關《十八根本說法傳規》（*rTsa ba bco brgyad kyi bshad srol*）之甚深主要著作、《發隱》暨觀修口訣之注釋、與〔前述密續〕有關觀修之評注，如：《心之六日》（*sNying gi nyi ma drug*）、《再心明覺六日》（*Yang snying rig pa'i nyi ma drug*）、《黑匣法系之口耳傳承》（*sNyan brgyud sgro ba nag po'i skor*）、《觀修廣大文》（*sGom yig chen mo*）、《瑜伽明覺日》、《禪定目炬》、《疑》、《釘》等。於口耳傳承之法系中，彼為該法系、暨《絨氏》及《康派》等傳規之講習、指授、導讀等作大護持。

　　既盡飲此說法之甘泉，彼遂為〔甘泉之〕加持所法爾滲透。於生起「頓超」之證悟後，本初尊已無視於世俗之誇耀與貶損，唯使其所行離於虛偽。彼對其上師具大尊敬，由遵行上師所命，彼之意樂遂與其師相融。或聞其曾三回作此語：「我將盡一切令上師歡喜、盡一切令其願成就！」

　　通言之，馬師・本初尊於諸上師無不盡心侍奉，特筆一提者，彼為證空者甘露作一切捨離，盡售田產與舉行四回僧伽法會，且眾口一辭，均謂本初尊曾向上師供養駿馬七十四匹。

　　本初尊致力於筆錄證空者之口傳指授，此舉實對後世極為慈悲。彼以不可思議大勇，思維於求法圓滿後，即往人聲不聞、鳥音不達之森林隱舍或荒山閉關；總令無人能知其何所往何所住。以此故，其筆記只含簡練要點而已。然而彼不能違抗師命，遂據上師座作說法阿闍梨。唯彼只須勉力為上師效勞，其廣大且眾多之垢障已得清除，其止觀力亦日益增上，以此彼云：「〔留居〕實較閉關更為確當。」

　　因是之故，當馬師・本初尊為湯加寺立一大悲者像，而在宋卡（Zung mkhar，雙堡）熔銅凡十八月時，彼遂生起不共證悟。當頗札王（Pho brag btsad po）掠去其化身上師之座騎時，彼〔為奪回其師之駒〕於金剛用溝頭之光顯岩（rDor thes phu'i sNang gsal brag）中修請護法，得親見大黑天。當彼往堆龍（sTod lung）化緣時，於夢中見其上師，諸苦乃自然清淨。彼云自此以後，自相續再未嘗歷苦矣。

　　為主持〔證空者甘露〕法座之事務與行其佛事業，本初尊周遍全境廣為利益眾生，曾照管拉薩兩尊釋迦牟尼世尊像

長凡六載；彼於金虎年[81]，以六十八歲之齡辭世，留有眾多佛骨舍利等；同年鄔金巴生。

丙七、馬師・福尊

本初尊之弟福尊（rTa ston Jo bsod）生於火犬年[82]。彼幼時往謁證空者甘露，得其攝受且賜以完整之心部教法。阿闍梨後云：「汝於法因能鄭重堅持，故應隨余之上師修習。」遂遣福尊往廣大龕司（即功德總持）處，令得完整之《經》、《幻》、《心》三部，令極通達。唯因彼於火龍年[83]、即卅一歲之年已入涅槃，故其事業未能廣大成熟。

丙八、馬師・威光

馬師・威光（rTa ston gZi brjid）乃覺・汪師（Sangs rgyas dBon ston）之弟子。彼乃博學之士，曾為《秘密藏》作廣釋；大多數有關此傳承之〔祖師〕傳記，亦似由其所著；唯《雍師釋論開顯》（*g.Yung ston pa'i khog dbub*）中所記與此稍異。馬師・威光〔之傳承〕，乃以長於完整之《幻化網》與心部見稱。

丙九、國師釋迦光

復次，《雍師釋論》（*g.Yung 'grel*）於眾多異說解釋中，嘗追溯《巴甲釋》中無斷口傳（bshad rgyun）之起源，云後藏之

---

[81]　南宋紹定三年，歲次庚寅，即西元 1230 年。

[82]　南宋乾道二年，歲次丙戌，即西元 1166 年。英譯作西元 1167 年，恐誤。

[83]　南宋慶元二年，歲次丙辰，即西元 1196 年。

呈師（gTsang pa Bying ston）與岡前之尼師‧法獅子（sGongs drings pa Nye ston Chos kyi seng ge），二人皆為秘密主卓普巴之徒。二人皆曾教授黑蟒螈光燃（rTsangs nag 'od 'bar）；彼教麥師‧怙主；彼教松喇嘛（Bla ma Srong）；彼教國師釋迦光（Pak shi Śākya 'od）。

國師釋迦光屬宿族，其父宿‧大自在光強（Zur dBang chen 'od po che）乃具成就者中之主，於其過去世能歷歷了知。初，其父有五女而無子，故悵甚；乃迎請剛於木鼠年[84]訪綽普（Khro phu）之大班智達釋迦吉祥（Paṇ chen Śākyaśrī）至鴟梟谷。大班智達云：「鴟梟谷乃密咒之領域，具眾多功德為莊嚴。其北山顯現為五佛部勝利王之自性；諸鳥獸等亦皆殊勝之化身示現。汝族每代將出一人開示密咒法門。汝不久將得二子，其以我名錫之，彼等定能利益教法與有情也。」

後果如其言，遂名長子為釋迦怙（Śākya mgon）、次子為釋迦光。長兄生而穎異，幼弟釋迦光且生而夙具神通，幼而能言。彼通曉憑標幟以說一切法，此即其禁戒行。彼依止領針喇嘛[85]（Bla ma rGya khab gong pa），盡習其先祖之法要；又能見中有境，故於他人行《提置上界》之儀軌時，彼輒云：「汝未嘗使逝者從閻魔手中開釋！以未持菩提心而行之儀軌，實一無是處。」眾等遂即須重作。

一日，彼云：「余有悔焉。」問其何也。則曰：「余本應永入持明之班列，唯余曾言語冒犯吾兄釋迦怙，自此余遂成違誓句者，是故不得入持明之列也。」乃為此而懺悔。

84　南宋嘉泰四年，歲次甲子，即西元 1204 年。

85　藏諺有云：「衣領別針，萬無一失」。此師法號可能從此而來。

於木雅（Mi nyag）[86]有名為「伽棉衣」（Gha ras）者，與其戚屬成怨敵。彼詢誰為藏地最具法力者，後聞有釋迦光者最勝，伽棉衣雖離彼所居達八月之程，仍遣使齎致眾多禮品予釋迦光，求彼施法。唯釋迦光云：「余並無法力。汝若欲取吾之杖，請自便！」來信竟不之覆。

使者回，具述所歷。伽棉衣怒曰：「彼受我財物，然竟毫無所授！」遂手攫彼杖擊地，金剛善及四尊自杖中出而聽令。伽棉衣喜而向諸尊作啟請，乃誅滅其父系戚屬甚夥。後彼為淨罪及積善故，乃建一寺及一佛塔。

木雅・伽棉衣致贈眾多供養，復親往報恩，得見宿・釋迦光，許諾實修諸如《秘密藏》等種種法要。二人後聯袂赴洛札之卡曲，以孔廷寺（mKho mthing lha khang）、巴錯（sPa gro）[87]等地為居所及修持地，亦於其時遇見仰主父子。釋迦光等二人從彼父子得受諸如《八大法行善逝集》等絕大部份之仰氏傳規，其後遂各自返家。伽棉衣云：「大恩上師，我將往蒙古，今懇請上師遣一人從我，我定經該人敬轉供養，以報恩德。」遂發。

其時，蒙古之王位被王弟阿里不哥（蒙：Ariboga）所奪；而其王薛禪汗（Se chen gan，元世祖忽必烈）尚未奪回江山，正秣馬厲兵。彼問米年・伽棉衣曰：「據云藏地有高強法術，汝於此曾有所聞乎？」「然也。或戮、或逐、或擒，三者陛下所須者何？」薛禪汗答曰：「若其死乃關乎業力，則朕疑其非由〔法術〕屠戮所致；若彼適欲出遊，朕不信此即屬

---

[86] 「木雅」，是藏族對西夏人的稱呼。
[87] 位於不丹。

放逐；不若擒之乎！蓋除非彼被擒，否則彼斷無入朕營之想
也。」

於此，伽棉衣引八思巴喇嘛甯波車（Bla ma 'Phags pa rin
po che）為證人，遂起旋風，令王弟阿里不哥無力抵抗而至。
然〔大汗〕仍未入信，乃命：「使雷霆落於此湖中暨此平原
中。」於伽棉衣使雷霆落於彼二處後，大汗方信服。彼於諸
密咒師頓生懼意，遂報彼等以巨酬。

亦有云伽棉衣乃一名巴采（Pa tshal）者之弟子，後者依
閻曼德迦而得法力。伽棉衣雖或確為其徒，然彼確實從宿氏
〔釋迦光〕得如何究竟施行忿怒密咒之法。

國師釋迦光所遣者名羅睺導師（sTon pa Rāhu），彼於見
伽棉衣後獲贈殊禮。此外羅睺導師尚獲交〔一文件〕，云根
據仰主（仰日光）伏藏典籍之書題，載有可於後藏金剛壽固
（rDo rje tshe brtan）尋獲之長壽泉水寶藏。羅睺導師受命攜歸
獻釋迦光，且附有薛禪汗之詔書 ——

> 今諭釋迦光與釋迦怙：即修所須之法事，亟取長壽
> 泉水獻朕。此或具大功德哉。汝等於何者為樂、何
> 者為苦，朕悉知之。附此詔者：作食子用之青稞粉
> 雜以銀一升。

詔書至，彼等遂作一大法事。因皇帝之威壓、及欽差
之急躁，故彼等曾遇艱辛。但於念誦開首為「聲、光、輝三
者……」之〈《幻化網》傳承祈請文〉[88]當晚，彼等乃得如何
入寶藏門之明顯授記。

88　sgyu 'phrul gyi brgyud pa la sgra 'od zer gsum ma'i gsol 'debs.

其後，宿・釋迦光、金翅鳥稱上師（Guru Khyung grags）、大臣釋賢（Śak bzang）、及欽差阿加也那（蒙：Agayana）聯手作「公開發藏」之舉。起初，彼等皆不能越寶藏門框具鋒刃之旋轉輪；宿・釋迦光後禮拜寶藏主，懇其作公證。當下，眾人皆驚見鋒刃漸停至靜止於原處，阿闍梨乃揚起充盈於寶藏穴中之木炭，直至穴中央有青蛙之口與眼現起。當彼等更見其肢體揚起之際，有旋風突生而驚眾人。上師持金剛子念珠念誦以作鎮伏、及作諦語等祈禳後，旋風遂止。彼揭開覆蓋之水綢後，見有以大容小、總數為三之銅匣，〔最內者為〕俱已封印之雌雄頭骨一對。彼內探之，所觸上述諸物皆應手碎為微塵；而裹於多重繡絹中者有：馬頭金剛與亥母雙運像、金剛薩埵父母像、及內含修習方便之十三紙卷等。此中尚有一大如墨壺之青金石瓶，中藏長壽泉水。諸人均驚異不止。

上師若得先嚐，則其壽可至百數，唯勺匙並無抵其舌尖，遂失此吉祥緣起。〔欽差遂〕以布裹瓶，不眠不休，攜之兼程趕回漢土。據云皇帝薛禪汗飲下長壽泉水後享百載之齡[89]；彼下詔蠲除衛藏所有密咒者之賦稅及兵役，以作賞賜。為令釋迦光之地位等同帝師，遂錫以「國師」（Pak Shi）之號；復因彼獻長壽泉水，乃賜彼蒙古食邑四十五戶。

釋迦光嘗有意於墨照山（Mas 'gril gyi ri）建一大寺廟，然因該地已有一廣大龍族城邑，故龍族懇彼勿作，改獻屬彼等之嘉根沼澤（rGya rgan gyi thang mtsho）地為代。諸龍以神力令地盡乾，釋迦光遂於其上，樹一大密咒道殿堂，己則專心一意於金剛岩堡（mKhar rdo rje brag）之中央作修持，六十三歲時

---

[89] 據正史云，其壽止八十耳（1215-1294）。

往生。人或觸其遺體，竟令麻瘋得癒。

丙十、宿・慈獅子

　　國師釋迦光之徒為黑馬伏魔（rTa nag bdud 'dul），彼傳教法予達・釋迦富（mDa' Śākya 'phel），即宿・慈獅子（Zur Byams pa seng ge）之所從學。慈獅子之父乃祖父國師（Mes po Pak shi，國師釋迦光）之子，名為宿・太陽獅子（Zur Nyi ma seng ge）：彼於綽普出家，其名〔太陽獅子〕乃綽普譯師慈吉祥（Khro lo Byams pa dpal）所賜。太陽獅子具種種功德，尤其彼深植其菩提心，是故於蒙古大混戰之際，當權貴三巴達（Sam bha ta）向彼供養眾多黃金，且云黃金非余所須，唯請賜我「無畏」之贈禮時，太陽獅子遂能〔以黃金〕成眾多有情之救主。異時，當有大旱起於綽普之大佛塔正在修建之際，彼施法力令降大雨以解之。

　　當上部蒙古（sTod hor）對薩迦派教法行諸般損惱之際，太陽獅子受皇族施主[90]之命、且得本欽遍童（dPon chen Kun gzhon）[91]資助，乃施其忿怒誅法之力，於一冰隙中，屠戮三軍，每軍多達萬人。是故，彼所遺予薩迦派教授者尤其廣大。

　　太陽獅子不時修建圓具佛身、語、意所依能依[92]之寺廟；其於教法與有情所作事業之廣大，由此可見。

　　其子宿・慈獅子乃大乘種性之醒悟者，故自幼已具大悲心：每遇其他受創之動物，其心即沉重不已。彼於綽普出家

---

[90]　即元室。
[91]　本欽，元代設於西藏之最高行政長官。
[92]　即佛像、經續、佛塔。

復得名〔慈獅子〕，嫻於性相之學，乃通達綽普教法傳規之飽學者。於十四歲開始說法，以此得賢者之名；雍師・金剛吉祥亦云：「吾師乃一切知宿氏。」此言非虛，因慈獅子實親自在綽普法座上開示弟子。

彼十五歲依止達・釋迦富，於鴟梟谷（'ug bya lung）[93] 聞受、修習《秘密藏》，遂成諸學者之主；十七歲著《密續建立》（rGyud kyi rnam bzhag）及掌寺產；十九歲從說法師・成十萬（lCe ston Grub pa 'bum）聞受《幻化網道次第》與大圓滿，生起「頓超」之證悟；二十歲從拉堆迎請馬師・威光，向彼求《幻化網》宿氏傳承之利益、能力及甚深等三部灌頂（sGyu 'phrul zur lugs kyi phan nus zab gsum gyi dbang）、及《密意總集經》法系之本典。彼自宿隆巴・成就者善知識（Zur lung pa Grub thob bshes gnyen）得《密意總集經》之灌頂及《色氏傳規之寂忿尊廣中略〔教授〕》（Se lugs kyi zhi khro rgyas 'bring bsdus gsum）。彼隨解脫譯師・日幢（Thar lo Nyi ma rgyal mtshan）習聲明及因明。復次，彼從綽普之吉祥殊勝阿闍梨（Khro phu'i slob dpon dPal mchog）習《金剛鬘》，足顯其於新譯修學之廣博。彼亦從入者中心吉祥成（bSam sdings grub pa dpal）習《道果》；從功德怙喇嘛（Bla ma Yon tan mgon）習《金剛手》（Phyag rdor）及《金剛摧滅》；從眾主・大吉祥怙（dPon dPal chen mgon）習護法儀軌、醫方明、占星、及戰陣奏凱儀軌等；從雪者・釋十萬（Gangs pa Śak 'bum）習《紅、黑閻魔敵》及界部法系（klong sde'i skor）等。概言之，彼從眾多上師，聞受內外明處、三藏、及無數密續。

---

93 英譯云該藏文地名即鴟梟谷之異名，今從之。

宿‧慈獅子斷然從根本作淨治後，唯住於修證中，得見本尊甚眾。有云凡身處其前者，均覺諸顯現皆從自地轉化，且出離、信意及悲心皆法爾自起。然而此正士，卻因一苯教徒於其食中下毒，廿七歲已不復住世。

因慈獅子不論其智、悲、力等三之功德均難以計量，故大眾皆意彼為化身示現。其徒眾之數亦不可思議：彼調教有已圓熟《幻化網道次第》、《秘密藏》、《巴甲釋》、及《密意總集經》之善知識〔格西〕凡十六人，全作廣大利他行，且各具名聲；其中傑出者，早年為資深弟子雍師‧金剛吉祥；黑馬‧度母師[94]如意金剛（rTa nag sGrol ma ba bSam grub rdo rje）則為彼後期之高弟。

丙十一、雍師‧金剛吉祥

雍師（g.Yung ston rdo rje dpal）屬朗族（gLan），木猴年[95]生於沖堆，自幼即智慧圓滿。彼總則通於一切法相教授，別則精於《阿毘達磨集論》。於所有古今密咒傳規均有力掌握；最要者，乃彼為大寶法王自生金剛之真正心子。彼從宿‧慈獅子得《經》、《幻》、《心》之完整口訣，乃眾弘揚者中之大自在。彼造《明鏡》（gSal byed me long，即《雍師釋論》），乃注釋《秘密藏》之作，後出轉精，更勝其他通行之解說。復次，當宿‧慈獅子往從雪者‧釋十萬聞受《閻曼德迦法系》時，雍師隨侍左右，亦得習之；彼遂成既通達、

---

[94] sgrol ma ba 或 sgrol ma wa 均指精修度母法之瑜伽士，故譯為「度母師」，下同，不贅。

[95] 元至元廿一年，歲次甲申，即西元 1284 年。

且具力於瑜伽修練與實行之行人。是故，對奪宿・慈獅子命之苯教徒神禮（lHa khud bon po），雍師乃轉閻曼德迦輪對付之，遂令彼及其田產家業等被河水盡行捲去，摧毀無餘。其時，雍師造一頌，其首句如是云——

　　我僅調伏師敵者而已⋯⋯

　　雍師年輕時，嘗奉皇命往漢地。彼曾觀修世間前所罕知之靈器食子儀軌（mdos gtor）。有等地區遭逢大旱，雍師亦因喇皇命故而降雨。其展示種種神力，皇帝悅甚，雍師遂滿載厚禮財寶回藏。然彼並無散財於所識及親朋，反將所有供養其上師及諸僧伽，並以此功德利益其母。

　　雍師亦為布頓甯波車（Bu ston rin po che）之弟子，故極專於《時輪》之學。復次，彼亦深通緣起之變化：當彼以鵰翎洞穿皮製水袋時，水無泄漏；當彼以赤身觸熱鐵時，並無燒傷；當彼以混有六種石之水泥塗牆後，牆遂轉化為一巨岩。

　　最要者，因大寶法王自生金剛之勸勉，雍師遂以口訣為總，以大圓滿為別而作實修。彼獲《方廣大莊嚴經》（*Lalitavistarasūtra* / *rGya cher rol pa*）所記之八大寶藏（無畏八廣藏），遂具辯才無礙。由開啟此無畏廣大藏，能令一切有情圓滿解脫。雅德班禪於讀其所著之《開示顯密佛道分別論》（*mDo sngags kyi sangs rgyas la khyad par phye ba'i bstan bcos*）後，生起大信意，遂聯同十四弟子往謁之，成其足前之求法者。

　　彼後期從和合法境（Tshogs pa chos lung pa）受近圓戒，其名由「金剛十萬」改作「金剛吉祥」，住於諸如不丹之巴錯、朋波山及熱通岩（Ra tum brag）等地，以其開示教授廣行利

他；於木蛇年[96]以八十二之齡謝世。

丙十二、黑馬‧度母師如意金剛

黑馬‧度母師如意金剛（rTa nag sGrol ma ba bSam grub rdo rje），木羊年[97]生於達那尼沙（rTa nag gnas gsar），其族每代均有依甯瑪派密咒傳規而得成就者。彼隨宿‧慈獅子廣事修學，尤精於《幻化網》；其《幻化網》灌頂則受於朗‧納采巴福德怙主（Glan Nya tshal pa bSod nams mgon po，醫尊朗‧納采巴）。

如意金剛之智與佛事業實難以估量：彼歸心於獨隱修持，於且瑪森格（Bye ma seng ge，沙獅子）專一修證《大圓滿心髓》（rDzogs chen snying thig），抵覺性之邊際，平等住於佛刹大海中。

揚文之宿‧釋迦生（Yang dben pa'i Zur Sa kya 'byung gnas）與鴟梟谷之獅子者喇嘛（'ug pa lung pa'i Bla ma Seng ge pa），二者自幼已託於如意金剛教養；因其教導有方，故彼等無比尊重向上師所作之誓句；如是可見其於宿氏傳承之德。復次，著名之「香地遍知者」朗‧顯明（Glan gSal ba），亦自童稚始已得此上師之眾多灌頂與加持，遂成廣大賢哲。如是種種及其他事業，如意金剛之加持實不可思議。

彼於火龍年[98]、八十二歲臨終前謂其子曰：「余將往淨土；汝亦能有余之壽數，後當來淨土！」說是語已，乃歿。

---

[96] 元至正廿五年，歲次乙巳，即西元 1365 年。

[97] 元元貞元年，歲次乙未，即西元 1295 年。

[98] 明洪武九年，歲次丙辰，即西元 1376 年。

丙十三、宿・賢吉祥與宿堪・釋迦生

從黑馬・度母師如意金剛衍生二支傳承：「宿氏傳承」與「子傳承」。屬「宿氏傳承」者乃宿堪・釋迦生（Zur ham Sa kya 'byung gnas）。

此釋迦生之父名宿・賢吉祥（Zur bZang po dpal）；彼嘗受元帝普顏篤汗（蒙：Buyantu）[99]之敕命及贈禮，曾奉皇命前赴漢地。因彼法力高強，故初則為皇帝效勞，或於荒年作庇怙、或以靈器食子、或以風雷平定叛亂等；尤其某回，大都皇宮之上空，見有狀如蠍子之妖異烏雲，無人能禳除之。其時，宿・賢吉祥受帝之命，先依《本母降魔怨靈器》（Ma mo 'khang phab kyi mdos）儀軌，建絲綢房十八間以困烏雲；再作供食子舞；烏雲遂散。如是，於藏地以外，竟能多方示現正法之廣大，遂使帝萌生信意。彼求真實忿怒尊〔壇城〕之九尊灌頂與長壽灌頂；復以銀印、銀十三升、及足製二百咒士衣之綢布作宿・賢吉祥之供養。彼又於大都皇宮內廣聚密咒師：眾所周知，其時皇宮內藏有作四事業之普巴杵。

宿・賢吉祥以所聚之貨財器物，將包括《秘密藏根本續》（即《秘密藏續》）、《巴甲釋》、《密咒道次第》（gSang sngags lam rim）及眾多口訣在內等舊譯派廿八種法匯，雕印出版，每種印行一千份，分發予其門生。彼實為編成《十萬續》而獻出資料甚多；以此及其他事業，彼於教法利益廣大。

普顏篤帝於後時，染損持命氣之疾，因服熱病之藥而薨。

---

[99] 即元仁宗（1311-1320 在位），「普顏篤」於蒙古語意為「善者、福者」。

薩迦派與宿氏，因彼此宗義深處實為一致，故於此期間雙方關係至為緊密。亦以此故，薩迦派於聞知宿・慈獅子死訊後[100]，則云：「此極不妙。今且從漢土召宿・賢吉祥。」他眾亦行商議，終遣妙音侍者（Nye gnas 'Jam dbyangs）往迎請〔宿氏回藏〕。唯當妙音抵漢土時，宿・賢吉祥正因染熱疾而臥病在床，將疾篤；繼則因空行與護法之加持，病況稍有好轉。此際，普顏篤皇帝現前而云：「於汝〔準備〕返藏時，有何禮物贈汝？」宿・賢吉祥為具述之。帝曰：「如是汝根本毫無所得。」言畢，乃隱沒。

女官他布拉（dPon mo Tha bu la）於得聞此事後，嘆云：「見汝便使余憶起皇上！」遂感泣，復向阿闍梨供養銀十升。

賢吉祥乃命以漢地響銅立一金剛薩埵像、及造護法兄妹之藏舞面具，遂攜諸物赴藏。當護法凝視藏地時曾踏七步，故著稱為「七步漆布面具」。

既抵藏，宿・賢吉祥乃刊印《十萬續》以利益教法。彼以護法為僕從，且能為未來作明確授記。後，當彼又受皇命須再赴漢地時，意不欲往。彼向皇使泰武達（蒙：The mur dar）及伽棉衣各獻銀一升，唯彼等不允離去，聲言若〔不與宿氏同〕回，則必受懲。宿氏無奈出發漢地，行前寫就教誡，其首云——

　　　一切自在皆是樂　一切依他盡是苦……

宿・賢吉祥世壽不逾卅八載。

宿堪・釋迦生乃其子，幼時彼已習其父祖之法門，由是

---

[100] 宿・慈獅子死事，見前丙十，因其為苯教徒下毒所害，故薩迦諸師便躭心宿・賢吉祥。

其宿業〔之習氣〕遂得催醒。五歲時，已屹立於眾迎迓其父往
漢地之王公大臣中，為《根本續》（即《秘密藏》）作零碎短
釋，眾人異之。七歲起撫育於講經院中，從遍捨喇嘛（Bla ma
Kun spangs pa）受沙彌戒，從法主福德稱（Chos rje bSod nams
grags pa）受近圓戒，後以其戒名「釋迦生」行。於元帝海山
（蒙：Guluk，即元武宗）之詔書中，稱其為「宿・釋迦生，
宿國師之子」；彼曾受賜六十升、共四大塊之金兩；白銀二十
升；及二百絲綢外衣暨襯裡。女官他塢（蒙：Tha'u）等人亦向
其供養鉅大，是故彼等對宿族不論政、教，皆作慷慨之利益。

更者，宿堪・釋迦生曾造一極希有之文殊妙音金像，中
藏有王者大宿氏法衣之碎片。彼立此為吉祥鴟梟谷中之聖像，
復為講經院與修行靜室，〔依舊規〕作圓滿之廣大修正；彼以
侍奉教法為己任，於財富無所吝嗇。其一見即使人順悅之威
光，甚而令蒙古貴族泰武達亦萌生信意，向彼求長壽灌頂。既
具如是導人生信心之力，釋迦生實住於大勇識之境也。

彼遍謁衛藏之賢正善良，如地賢大譯師（Sa bzang lo
chen）、王者雍師、妙音如意金剛（'Jam dbyangs bsam grub rdo
rje）、薩迦派傳承之後裔[101]、及宿氏傳規中所有最有名之表
表者。彼於性相三部（mtshan nyid sde gsum）[102]、及密咒道一
切新舊各派之主要著作及口訣，均受教有素；彼尤勤於修練
《現觀莊嚴》（Abhisamayālaṃkāra / mNgon rtogs rgyan）、《入
菩薩行》、《時輪》、《遍作王續》、《幻化網道次第》、《秘密
藏》、及《巴甲釋》；是故彼遂以大賢哲（mKhas grub）之號
著稱。

---

[101] 英譯腳注云應為廣大主宰賢吉祥（bDag nyid chen po bzang po dpal）。

[102] 指聲聞、緣覺及菩薩三乘。

於後期，宿堪‧釋迦生乃唯一能依宿氏傳規、作《密意總集經》灌頂教授之法主。彼從大度母師如意金剛受此灌頂時，其所作供養以漢藏兩地衣袍、廚具、及青稞五十斗為首。彼通達該經一切傳授、實踐及實修方便；純為賜護法印故，彼以大疋綢緞與黃金作供養令上師喜悅。彼於淨相中可明見釋迦能仁與五佛部諸忿怒尊；復著作眾多，如《密意總集經本尊匾文‧賜護法印釋》（'Dus pa mdo'i lha thems gtad rgya'i 'grel pa）等；其為《經》、《幻》及《心》所作弘揚實極其廣大；彼調教出能闡明教法之弟子甚眾，如：度母師如意金剛之子覺大寶、及聶氏‧祥瑞等。彼於卅八歲辭世；〔其弟子〕聶氏‧祥瑞亦嘗有「儀軌導引」之著作。

丙十四、覺大寶

復次，尚有大度母師如意金剛之子、名為覺大寶幢吉祥賢（Sangs rgyas rin chen rgyal mtshan dpal bzang po）之傳承。彼於金虎年[103]生於尼沙（達那尼沙），當年其父五十六歲。人或曰：「汝此子實無所利！何以珍重若是？」其父答云：「我兒是能利益眾生者。」

覺大寶六歲時已通達《秘密藏》；繼而親近宿‧釋迦生，彼呼覺大寶為「余上師兒」，遂細意撫育。然〔覺大寶〕因掉舉之故，不能受持彼續；於八歲時彼再習後方能受持之。其父則教彼以事業儀軌，故彼至十四歲時已堪作阿闍梨為他人灌頂；彼亦自其父得通達《幻化網》法類。

一時，覺大寶云：「余今將出家，習法相之學。余亦將

---

103 元至正十年，歲次庚寅，即西元 1350 年。

習新譯派之密續。」然其父云：「今暫且不宜，唯汝以後可出家焉。」

以此，彼遂納一明妃，且為彼生數子；彼後以居士身修學圓滿。稍後彼於法輪崗（Chos 'khor sgang）一舉受近圓戒，身行無比敦肅。彼既已通達《幻化網》，乃於約四十之年著《秘密藏廣釋》（gSang snying 'grel chen）及《〔幻化網〕道莊嚴注疏》（Lam rnam bkod la rnam bzhag）。與此相彷，彼據「佛事業八種生起」（phrin las shar ba brgyad）而著《忿怒尊廣圓現觀》（Khro bo la mngon par rtogs pa rgyas pa）與《提置上界廣圓儀軌》（gNas lung la' ang cho ga rgyas pa）。覺大寶從其父暨其父之心子能仁金剛（Thub pa rdo rje）獲眾多口訣，並行之於實踐中。

彼於七十歲時納郭譯師・本賢頂（'Gos lo Ye bzang rtse pa）為徒，且賜予：依《幻化網》之寂忿尊灌頂（sgyu 'phrul zhi khro'i dbang）；《幻化網》之長壽灌頂（sgyu 'phrul gyi tshe dbang）；《摧滅〔地獄〕》之灌頂（dong sprugs kyi dbang）；《壽主》與《一真實火》之灌頂（tshe bdag dang yang dag me gcig gi dbang）；那和巴暨月度母傳規：馬頭金剛之上師開許加持（sna bo pa'i lugs kyi rta mgrin dang zla rgyal ma'i lugs kyi rjes gnang）；《普巴金剛款氏[104]傳規》之灌頂、暨忿怒儀軌之上師開許加持（phur pa 'khon lugs kyi dbang drag po rjes gnang dang bcas pa）；《心部十八〔續教授〕》之明覺力用灌頂；《秘密藏續》之講說及注釋；及覺大寶依其上作（即《〔幻化網〕道莊嚴注疏》），為《幻化網道莊嚴》所作之廣說。

---

[104] 藏文本漏「款氏」'Khon，今據英譯補。

彼復垂賜郭譯師約四十小品之傳授，包括《要籍明炬》、
《幻化網四十品》（sGyu ’phrul bzhi bcu pa）等；復有《密意
總集經》、其根本續《遍集明覺續》（Kun ‘dus rig pa）、及
努・佛智所作注釋名《除暗鎧甲》；復有《幻化網八十品》
（sGyu ’phrul brgyad cu pa）暨《無上幻化網》（sGyu ’phrul bla
ma）、及《真實忿怒尊根本文》（Yang dag rtsa ba）等。

　　覺大寶亦賜彼予由「有戲論」開始之《心髓》四灌頂；
又據鏡金剛所撰導引文、及依循《大圓滿阿羅〔傳規〕口
訣》（rDzogs chen a ro’i man ngag）而賜予〔觀修〕導引。與
此相彷，彼賜郭譯師依本勝菩薩傳承之《大悲者直指教授》
（Thugs rje chen po’i smar khrid ye rgyal lugs）。因上述緣故，
郭譯師・本賢頂似曾為此而決誓：「我渡學海至究竟彼岸，
由是得真實義。」

　　法主覺大寶於金牛年[105]、行年七十二時旅次前藏，於崗波
里內禪定洲（Gangs po ri’i bSam gtan gling）之廟宇中，得自在
稱幢（dBang grags rgyal mtshan）之款待。上師賜灌頂甚多，包
括《密意總集經》等；亦有眾多講說與傳授，如《秘密藏》
等。金豬年[106]彼八十二歲時，於後藏往生。由大宿氏降生直至
此時，似已越四百一十七年矣。

丙十五、郭譯師・童吉祥

　　今，郭・童吉祥大士（’Gos lo gZhon nu dpal）乃生於水猴
年[107]，其父名郭師・生源金剛（’Gos ston ’Byung gnas rdo rje）、

---

[105]　明成祖永樂十九年，歲次辛丑，即西元 1421 年。

[106]　明宣德六年，歲次辛亥，即西元 1431 年。

[107]　明洪武廿五年，歲次壬申，即西元 1392 年。

母名有解脫歡（Srid thar skyid）；彼從右目大堪布（sPyan g.yas mkhan chen）受戒出家；從第五世大寶法王如來（Karmapa De bzhin gshegs pa）受菩薩戒與《六法》；從俄‧菩提吉祥（rNgog Byang chub dpal）得聞受俄氏之佛法；然彼實自大班智達森林寶[108]得受無上續絕大多數之灌頂。郭氏修訂且繙譯《文殊真實名經》、《春點》（Vasantatilaka / dPyid thig）、《灌頂略授》（Sekoddeśa / dBang mdor bstan）、及無比護（Anupamarakṣita / dPe med 'tsho）之《六支瑜伽注釋》（Kālacakraṣaḍaṅgayoga / sByor drug 'grel pa）等。

此尊者於土豬年[109]、即大救度者覺大寶於七十歲時，從其得受舊譯派續部之一切教傳灌頂無有不全，包括：依《幻化網》之寂忿尊灌頂暨其長壽灌頂；《摧滅地獄》（Na rag dong sprugs）；《壽主》；《一真實火》；上師開許傳規，暨月度母傳規之馬頭金剛；《普巴金剛款氏傳規》；《心部十八〔續教授〕》之明覺力用灌頂；彼於講說傳授中，得《秘密藏續》及其注釋、及覺大寶為《幻化網道莊嚴》而自作之注釋。復次，彼亦受約四十印、藏小品之教法解說，包括《要籍明炬》及《幻化網四十品》；復有《密意總集經》暨其根本續《遍集明覺續》、及努‧佛智所作注釋名《除暗鎧甲》；復聞受《幻化網八十品》暨《無上幻化網》、及《真實〔忿怒尊〕根本文》等。彼又得《心髓》之「有戲論」「無戲論」四根本灌頂；聞受根據成就者鏡金剛導引文而作之導引、及《大圓滿阿羅傳規口訣》之導引等。簡言之，郭‧童吉祥遂由是而成密咒舊譯派教授之主。

---

[108] 即第二品中述及之同名班智達，《青史》有傳。

[109] 明永樂十七年，歲次己亥，即西元 1419 年。

此阿闍梨嘗自云:「余於稱為密咒道甯瑪派之傳規,實具不共之虔敬。故余永不受捨棄正法煩惱之污染。」此語乃針對藏地該等偽為學者、實則深抱門戶見之輩而言。且實言之,此尊者較諸其他於宗義無所偏之善知識更為殊勝,由觀其如理而具廣大善說之自撰論著中,可得而見之。

此尊者向大寶法王法稱海(Karmapa Chos grags rgya mtsho,第七世)獻予包括《菩薩注釋三論》(Sems 'grel skor gsum)等眾多教法傳授、灌頂及導引;彼為第四世夏瑪巴法稱(Zhva dmar bzhi pa Chos kyi grags pa)親作授近圓戒之堪布,復為其以《幻化網》為主之新、古兼備續部大海中,作無量數之教傳灌頂及教法解說,且給予口訣導引。夏瑪巴尊者亦視郭氏為其唯一、且具最大恩德之上師。

如是,郭‧童吉祥以諸般法門,廣弘教傳與伏藏之教法後,於金牛年[110]以九十高齡辭世。

丙十六、第四世夏瑪巴近侍甯波車

今,第四世夏瑪巴近侍甯波車(Zhva dmar bzhi pa sPyan snga rin po che),水雞年[111]生於且雪康馬(Tre shod khang dmar);其父為董‧蘭若皈依(lDong dGon pa skyabs),母為惹氏女‧福德度母(dBra bza' bSod nams sgrol ma)[112]。彼於宿孟廟(Zur mang dgon)得遇第七世大寶法王法稱海,為其剃度出家時,得賜名法稱本智吉祥賢(Chos kyi grags pa ye shes dpal

---

[110] 明成化十七年,歲次辛丑,即西元 1481 年。

[111] 明景泰四年,歲次癸酉,即西元 1453 年。

[112] 惹與董,同為傳說西藏人種六氏族之一。

bzang po）；彼復從固始稱吉祥堪布（Gu shri grags dpal pa）及
僧營（Ban sgar pa）等聞法。廿四歲時，以大譯師郭・本賢頂
為堪布，受近圓戒為僧。彼先後聞受無邊教授：如《時輪》、
《勝樂》、《喜金剛》、《密集》及《大威德》等新譯派之續
藏，及諸如《幻化網秘密藏》之教傳灌頂與教傳解說。彼亦從
來自額南・勝利妙音一族之大譯師福德海，聞受新、舊眾多法
要。

當近侍甯波車從郭〔・童吉祥〕阿闍梨受普巴金剛灌頂
時，曾於夢中得見蓮華生阿闍梨，並蒙其親賜指授。彼尚致力
於教授其徒眾所有新、舊種種密法時，於七十三歲之木雞年[113]，
竟捨其色身而去。

簡言之，此尊者因聞學極廣，故自身清淨。彼所著之修
習方便、注疏、壇城儀軌、問對、及其他論典等，數量不單極
大，復因其詞、義俱善、詳略適中、究竟而持平，故撰述皆遠
勝於他人。其《決顯勝義大中道見導引》（Don dam nges ’byed
dbu ma chen po’i lta khrid）之所依，乃大補處〔彌勒〕之《五
法》，是故，由主要運用勝義法語之無顛倒道名言，此尊者
實與大遍知龍青巴、第七世大寶法王、及大遍知多波瓦（Kun
mkhyen Dol bu pa）[114]等相應。

丙十七、直貢邊隅者・大寶圓滿

夏瑪巴將教法授與直貢之邊隅者・大寶圓滿（’Bri gung
zur pa Rin chen phun tshogs）。後者於上烏如之直貢廟祝崗

---

[113] 明嘉靖四年，歲次乙酉，即西元 1525 年。

[114] 覺囊派大師。

（dBur stod 'Bri gung sku gNyer sgang）出生，屬喬那（sKyu ra）家族。彼八歲後從近侍甯波車法稱出家受沙彌戒；十三歲時，受迎請往由白者（dKar po pa）修復、位於孜塘禪定洲之昌珠寺（rTsis thang bsam gtan gling du Khra 'brug）[115]作開光大典，有種種祥異出現。彼致志於各大聖地中修習，如羊八井（Yangs pa can，廣嚴城）、隆雪（Lung shod）與索多迪錯等。彼住於迪錯時，名為金剛怙主（Vajranātha / rDo rje mgon po）之成就者自天竺至，授彼以《渣華利巴修氣口訣》（Dza bi ra'i bhu rlung）暨後續教導等；復依空行母眾之授記，彼改為衣白[116]。於羊八井彼獲一伏藏書題，且依此而於迪錯之空行母眾廣大殿堂，取得五佛部之黃卷（顯示密意之經論），內含《蓮師身語意精華・極深意樂正法》（Gu ru rin po che'i sku gsung thugs bcud dam chos dgongs pa yang zab shog ser rigs lnga）。

異時，彼旅次吉祥銅色德山，得見現忿怒尊相之上師寶，復廁身於會供輪中受用。彼受依於三根本壇城之灌頂、暨所有指授與後續教導；忿怒尊後化現為蓮華生阿闍梨，親賜眾多口訣予大寶圓滿後，歸回原處[117]。

大寶圓滿身兼教傳與伏藏之主；彼於《經》、《幻》及《心》等三部之不共解說傳規、《八大法行》（bKa' brgyad）之眾多傳規、《四部心髓》（sNying thig ya bzhi）、及《上下伏藏寶庫》（gTer kha gong 'og）等既無餘通達，故其說法事業極其廣大。依止阿里班禪甯波車之傳規，以教傳作教法布局，復以伏藏口訣莊嚴之；此即其施教之軌範也。

---

[115] 昌珠寺，乃松贊干布所建，西藏最早寺廟之一。

[116] 即成為離於僧伽戒之密行居士。

[117] 歸者究竟指蓮師抑大寶圓滿，待定，今暫指蓮師。

丙十八、款師‧富饒任運

大寶圓滿授《幻化網》法系予自解脫日月覺（Rang grol nyi zla sangs rgyas）；彼復傳予款族阿闍梨壽自在富足（'Khon rigs slob dpon Tshe dbang nor rgyas）；彼復傳其子款師‧富饒任運（'Khon ston dPal 'byor lhun grub）。此尊者生於金雞年[118]，其母名寬裕王后（rGyal mo 'Dzom）。

彼自幼時，其正士之習性已得催醒，並由是而真實生起出離心。十歲時彼受沙彌戒於一切知福德海；彼復受皈依及發心之誓句、亦得大悲者觀修之傳授。復次，彼又從兼具古今傳規之數位上師聞受諸般法要。彼於〔梵文〕文法表（sgra'i ri mo）、修辭學、《三十》《勢》[119]、醫方明及其他明處均修學圓滿。然彼最勝者，乃依止其持金剛之父，修練雍師注釋之《幻化網秘密藏》、及諸如遍知龍青巴解說《幻化網》法系之《十方除暗》（sNying 'grel phyogs bcu mun sel）等其他疏釋。由是，其〔過去世為〕大卓普巴之習性遂得催醒，成密咒道能依者中之無匹賢哲。

富饒任運於十八歲時，從努‧虛空藏之化身、即大持明日月覺，得受《大圓滿界光心髓》（rDzogs chen klong gsal snying thig）之灌頂、導引與口訣；富饒任運由此得認清諸法實相、即大圓滿、即本明法身；如是乃直達深處。

復次，彼於兼為教傳與伏藏之法要，聞受極多，《精義‧諸趣遍解脫》（Don tig 'gro ba kun grol）暨《妙乘藏》（Theg mchog rin po che'i mdzod）之教傳解說等尤為佼佼。彼

---

[118]　明嘉靖四十年，歲次辛酉，即西元 1561 年。

[119]　《三十》指《藏語語法三十頌》；《勢》則指《音勢論》，二書一般並稱 Sum rTags。

亦復窮盡顯乘一切廣大經籍傳規之聞與思,且成哲塘大寺院
(Chos grva chen po rtses thang)中之遊學辯經者,廣弘無邊之
經籍傳規。

彼依止岩怙‧近侍童法吉祥(Brag dgon sPyan snga gzhon
nu Chos dpal),廣為聞受諸如《金剛鬘》等古今傳規之法要;
至三十四歲時,富饒任運以遊戲王宮富饒海(rGyal khang rtse
ba dpal 'byor rgya mtsho)為堪布、法主僧幢(Chos rje dGe 'dun
rgyal mtshan)為軌範師,受近圓戒,從此得「富饒任運」之
名。彼亦修學格魯派傳規之密咒法系,復為桑普及色拉撒(Se
ra byes)[120]〔兩大寺院〕之說法阿闍梨。

《秘密藏續》之解說傳規,於往昔雖曾廣為弘揚,唯其
後則呈衰落。此尊者因以廣博於此學而知名,故札那法主鄔金
持教(Brag sna chos rje O rgyan bstan 'dzin)特意親近之,乃得
依據《雍師釋論》之〔《秘密藏續》〕詳授;鄔金持教且嘗著
有至第五品之筆記。

富饒任運於〔大〕宿‧法界自解脫(Zur chen Chos dbying
rang grol)尤為垂注,乃賜彼《秘密藏雍師釋論》之指授每日
兩座、《心髓》法系、及無數其他教授等。依於此尊者之教
導,大宿‧法界自解脫成哲塘大寺院之遊學辯經者,遂確然建
立教法;令彼等生「舊譯派並無密續解說」想之妒者,為之啞
然。大概其時,富饒任運捨離世務之紛擾,隱居於名為「拘胝
天女」境內之蝙蝠嘴森林(Yul Devikoṭi'am Pha wang kha'i nags
khrod)中。蓮花手大第五世〔達賴喇嘛〕[121](Phyag na padma

---

120 格魯派三大寺之一,色拉寺中三大經院之一。
121 下文凡「大第五世」,即指五世達賴喇嘛,不再另表。

lNga pa chen po）於彼足前懇請，遂得聞受古今傳規無數法系之灌頂、傳授、導引及口訣。

正如有等廣大上師，富饒任運迴避與只顧宗輪清淨之乾枯因乘法相者混雜同處。彼可謂具足被善知識所攝受之表相矣。

彼七十六歲時，大第五世獻以祈求富饒任運長壽之祈請文，唯上師拒之云：「余尚未允續住世。」更云：「余須往拂洲之蓮花光宮殿。」

於火牛年[122]八月十一日，其色身由諸稀有兆相伴隨，隱沒於法界中。

此尊者所著之論典，有《直指周遍大手印、大圓滿、大中觀見地注釋》（*Phyag rdzogs dbu gsum gyi lta ba spyi khyab tu ngo sprod pa'i khrid yig*）、《中觀見導引》（*dBu ma'i lta khrid*）、及眾多有關世俗明處之撰述。

丙十九、大宿氏・法界自解脫

尊者〔富饒任運〕之心子為大宿氏・法界自解脫（Zur chen Chos dbyings rang grol）。其父屬宿氏諸持明傳承之無斷世系、乃大持明童王之化身，名為大宿・童義成；其母為降自空行母之家族，名為具相持意（mTshan ldan yid 'dzin）。法界自解脫生於木龍年[123]，被視為仲巴至寶大寶（Drung pa dKon mchog rin chen pa）之轉世。彼漸次而習讀寫，能無難而通解梵文。彼從其父聞學必須之修習方便法系；九歲時遇北傳者・持

---

[122] 明崇禎十年，歲次丁丑，即西元 1637 年。

[123] 明萬曆卅二年，歲次甲辰，即西元 1604 年。

明語王（Byang pa Rig 'dzin ngag gi dbang po），後者授記法界自
解脫乃〔成就者之〕轉世，且將廣利舊譯派之教法。

　　法界自解脫亦嘗習神佛畫、星算與有等忿怒密咒法系。
大約十二歲時，彼近坐於顯明甯波車語自在智成（sNang　gsal
rin po che Ngag dbang ye shes grub）尊前，徹底聞受《八大法行
善逝集》、依教傳及伏藏之《空行心髓》、《上師珍寶海》
（*Bla ma nor bu rgya mtsho*）、及事業洲（Karma gling pa）之
《寂忿密意自解脫》（*Zhi khro dgongs pa rang grol*）等之灌
頂、傳授、與實修導引。彼因蒙受寂忿尊之灌頂，故得賜
「法界自解脫」之秘密名。彼亦聞受眾多伏藏法要等。

　　法界自解脫於《五重大手印》（*Phyag chen lnga ldan*）
及《斷（境）導引》（*gCod khrid*）等嘗作實修，於星巴他戈
（Zing pa stag mgo）行「三年三分」（lo gsum phyogs gsum）
之閉關。由主要著重於大圓滿《空行心髓》「本淨」與「任
運」〔之教法〕，彼遂擊中一切法虛妄假相之要害，使之坍
塌。既得顯露本覺、即本初怙主〔普賢王如來〕本來面目之
證悟，彼遂能於內光明中，成漫遊於報身佛剎土之能者矣。

　　十七歲時，法界自解脫親近著名之蝙蝠嘴金剛上師富
饒〔任運〕。彼一直為上師之承侍者，復恆作悅師三行，直
至此上師身故之時；上師亦心喜之，故對其照顧有加，向其
傾注如海教傳及伏藏法門，有如盈溢一瓶；其中，富饒任運
特以藏文糅合吉祥《秘密藏根本續》、《巴甲釋》、《雍師釋
論》，垂賜每日兩座之教誨予彼。法界自解脫欲請准於難憶處
作筆記，然阿闍梨云：「若所教未足即作筆錄，則能銘記於
汝心者實無幾；故余稍後將衡量〔須教授之量〕。」

　　法界自解脫於其寢室之屋頂反複背誦課文，至所教約積

有三十頁時，乃得其阿闍梨允許作筆記。彼所記完成至第五品，唯餘者尚待續完。

法界自解脫於二十歲、即水犬年[124]時，由居士至近圓戒逐一重受。彼細研〔龍青巴〕名為《十方除暗》之《秘密藏》釋；又求取有關《密集續釋‧光明炬》（*'Dus pa'i 'grel pa sgron gsal*）四種合注之解說、《五道光明炬》（*Rim lnga gsal sgron*）、《勝樂隱義遍顯》（*bDe mchog sbas don kun gsal*）、《寶賢之時輪總義》（*Nor bzang gi dus 'khor spyi don*）、《密集》之生圓次第及其他解說傳規等；彼心中〔於上述一切教法〕皆得決定。

木鼠年[125]，彼處吉祥哲塘廣大經院，於漫長冬課之初，開演《秘密藏續》。其時，彼壓服一眾只依語〔而不依義〕大師之辯才，由是裨益心要教授。諸持平者皆讚嘆之，而大北傳者‧持明亦以賀喜哈達掛於其頸。

彼亦從蝙蝠嘴（Pha wang kha pa，富饒任運）阿闍梨詳細領受《界光心髓》之灌頂、傳授與口訣；彼修觀此法，由覺受與證悟所得之利益，實大於此前所得。彼亦聞受諸如《大威德幻輪》（*Bhairava'i 'phrul 'khor*）等新譯派之眾多忿怒密咒。

於格魯派與直貢派生大紛爭之際，直貢‧邊隅寶〔大寶圓滿〕與他眾行羅睺羅之法事，令致噶丹（dGa' ldan）[126]寺眾多首座死於天煞影（steng grib）[127]。唯如今此法界自解脫尊者

---

[124] 明天啟二年，歲次壬戌，即西元1622年。
[125] 明天啟四年，歲次甲子，即西元1624年。
[126] 格魯派大寺名，意為喜足天，舊譯兜率天。
[127] 即中風，腦溢血病。藏醫說是天上羅睺陰影罩人引生的惡病。

修保護輪，使至寶法盛（dKon mchog chos 'phel，第五世達賴喇嘛之師）免於遍入（即羅睺羅）之難。

當噶陀之虎喇嘛蓮花慧（Kaḥ thog stag bla Padma mati）旅次拉薩，彼從法界自解脫聞受《秘密藏》注釋《十方除暗》等；蓮花慧則以此教法解說獻予洛札語化身（lHo brag gsung sprul），遂令此法門得相續不斷。

法界自解脫從噶陀巴（即蓮花慧）得下列由賜予教授所獲之回報：《密意集》[128]（dGongs 'dus）卷帙之傳授及灌頂、暨持一切密續之方便，復有其他教授，包括《善妙花鬘事業儀軌》（Las byang me tog phreng mdzes）等。最要者為彼此依於《八大法行善逝集》壇城而作之金丹修煉。[129]

約自此時起，無上王者大第五世始奉法界自解脫為其上師，且從彼聞受《勝伏》（Zil gnon）及其他法誡等。大第五世於息增懷誅等無邊儀軌、包括法界自解脫所傳忿怒密咒法系等之一切傳授與修持導引，皆作實修。

其時，諸後藏之領主及噶瑪派之僧侶，均心懷對格魯派之大仇恨、對噶丹宮尤甚。彼等於內亂中受壓制時，曾行無數施法儀注，然因第五世達賴喇嘛之及時事業、暨此尊者〔法界自解脫〕之迅速加持下，經噶丹宮諭令、由大第五世所造之下列頌文，遂能於康、藏等地廣傳——

---

[128] 此乃大伏藏師佛洲尊者所發取之伏藏，又名《上師密意集》，勿與《密意總集經》混淆，下同不贅。佛洲尊者傳記詳見第六品。

[129] 藏密秘傳之「金丹修煉」（bCud len，梵文作 Rasāyana），實如龍樹所說之「金丹修煉」，實指明點修習。龍樹之金丹論著被人誤會為偽作，即因不知其實為觀修之故。又，此處梵、藏文又可譯為「辟穀」，但「辟穀」與《八大法行》無關。

油盡之村四周密林中　　利害濕氣紓解危機火
業力馬頭火隨而下降　　致令噶瑪後藏河流乾
善哉

　　由是，大第五世遂首肯：格魯派一方已非行誅法不可，而此尊者〔法界自解脫〕於教法通途而言，實具極大匡救之力。

　　復次，大第五世從法界自解脫，得諸如普巴金剛三種傳規（phur ba lugs gsum）、八大法行三種傳規（bka' brgyad lugs gsum）、大圓滿中名為《界光心髓》之教法等實修導引；而第五世盡得通達。如是，彼遂能持守心相續所生之大圓滿無倒覺受，復生離於輪涅希疑之信心。

　　法界自解脫亦樂與尼沙之怙主福德具殊勝（mGon po bsod nams mchog ldan），於教法盛宴上相互交流。彼認定北傳者‧持明語王之化身，乃舊譯派教法之日、即持明蓮花事業（Rig 'dzin Padma phrin las），且置彼於釋教金剛岩（Thub brtan rdo rje brag）之法座上。法界自解脫向彼垂賜所有教傳及伏藏之法要，復冊立彼為教法之主。

　　法界自解脫晚年居於貢塘、即眾生怙主「無生」尚‧采巴之法座。法界自解脫於該地向塔丁之廣大持明事業任運（Dar lding rig 'dzin chen po Phrin las lhun grub），賜予《秘密藏》之解說後，得諸如《八大法行》等眾多灌頂與傳授為報。彼對一切眾，不論其為來自漢、藏、蒙三地之上師、轉世者或化身等；只須於法有所求，一切關乎解脫道者、不論古今傳規、教傳巖傳等，彼皆悉作護持。於土雞年[130]、即彼六十六歲

---

[130] 清康熙八年，歲次己酉，即西元 1669 年。

之年，以諸希有兆相伴隨左右，遂登蓮花光剎土。

丙二十、第五世達賴喇嘛

屬此尊者（即法界自解脫）心子之徒眾雖不可勝數，唯最主要者，當數無上王者大第五世（lNga pa chen po）。據云縱然法界自解脫已登他方剎土，仍以其本智身攝受大第五世；此可見於以下由無上王者所造之《高僧傳・勝利王殊勝口述〔法界自解脫傳記〕》（rNam thar rgyal ba mchog gi zhal gsung ma）段落——

> 願此善業力而使尊汝　　無別善知識佑我多生
> 直至我能現見本面目　　本覺力用是即普賢王

大第五世將依於《巴甲釋》及《雍師釋論》之《秘密藏》解說傳規，賜予為努・佛智化身之大內師・事業任運（gNyos ston Phrin las lhun grub）。由遍照護與玉聲藏所發菩提心異時而熟之果，遂有大伏藏者持明不變金剛（Rig 'dzin 'Gyur med rdo rje）及其弟〔大譯師法吉祥〕之恩德，故從彼時直至如今，傳承得相續不斷焉。

乙五、宿氏傳規之多托巴傳承（分三）

丙一、多托巴・覺稱與紀・法獅子

復次大卓普巴徒眾之傳承中，於窮結之加敏內，有名為（多托巴）覺稱（rDo thogs pa Sangs rgyas grags）者。彼屬拿（Nya）族，生於加敏達孜巴（rGya sman stag rtse pa）之境。於年輕時曾修瞻巴拉；其所蓄之小田嘗為洪水所淹沒，遂離鄉〔成苦行者〕而出世務。於普古度（sPu gu do）有一富者因

染麻瘋而喪，故無人敢作收殮。覺稱生起猛利悲心，不加思索，為其殯葬奔走。後其棺之旁，竟有鉅金出現；此實為瞻巴拉所賜予彼之成就也。

歸程中，覺稱於扎其康馬（Gra phyi khang dmar）得遇瓊波・忿怒（Khyung po Khro bo）。當瓊波修真實忿怒尊時，覺稱為其侍者，同時亦作修習，得見「九燈真實忿怒尊」（yang dag mar me dgu，即真實忿怒尊九尊壇城）。覺稱後往後藏，隨秘密主卓普巴弟子、名大鳥（Bya chen po）之姪兒，聞受《密意總集經》、《幻化網》等。其時有富者向彼供養整整一百斗之青稞，以此順緣，彼遂可離礙而隨卓普巴之徒黑仰・多窩及後者之徒醫尊箭獅子（lHa rje mDa' seng ge）修學《幻化網》；成大學者後，覺稱在其鄉修建多托台〔寺〕（rDo thogs thel）。聶氏・證空者（gNyal ba Zhig po）之弟子嘉程如瓦（rGya 'chings ru ba）亦親近多托巴・覺稱足前受學甚廣。

尤甚者，此多托巴有徒名紀・法獅子（sKyi Chos kyi seng ge），乃一博學且得成就之「勇士」。彼曾往謁皇帝薛禪汗；大汗為試其法力，竟草草將其禁於一佛塔內，復封閉其入口凡一載。經一年後佛塔重開，見法獅子已轉成普巴金剛像，大汗至為驚訝，遂向多托巴致送包括長卷絲綢等大量豐厚財物。此外，多托巴尚有眾多由詔命所配而得之寺產，故其所領實極為廣闊；然而至今，亦僅餘空名之跡耳。教法之起伏如是，實令人自然生厭離也。

丙二、曼隆巴・釋迦光

法獅子之弟子為曼隆巴・釋迦光（sMan lung pa Śākya 'od），彼乃窮波卡如（'Phyong po kha ru）中仰師・廣大

（Nyang ston Chen po）所生五子、著稱為「雅隆化身五昆仲」中之長子，其〔曼隆巴之〕名，乃據雅隆之曼隆廟而得。二兄具法者（Chos ldan pa）之法座，其寺廟即在今名為「具法」之遺跡。具法者之真名為怙主金剛（mGon po rdo rje），因彼頗有成就，故今尚有其背印遺於彼曾穿越之牆上。此處往昔似亦曾有一大經院，蓋仍有眾多《十萬續》之斷簡殘篇見於此地。有云具法者因曾作甘露修習，是以蝗蟻等遂罕見於此境。因護法之力實大，故寺廟之遺跡，至今仍似得庇護；此實乃諸神鬼亟依誓句而居之地。

其餘三兄弟分別名為具緣者（sKal ldan pa）、寒林者（Dur khrod pa）、自在勝利（dBang rgyal ba）。五人中，於此唯說長子曼隆巴・釋迦光。彼從紀・法獅子通學《密意總集經》及《幻化網》；後復聞學於朗・釋迦光華（Glan Śākya 'od po，即朗氏）之子、朗地學者福德勝（Glan mkhas bSod nams rgyal）。彼著作等身，包括《秘密藏之開顯》（*gSang ba snying po'i khog dbub*）、及名為《續義決定注疏》（*Ṭī kā rgyud don rnam nges*）之釋論。其徒乃塔波之覺開初（Dvags po'i Sangs rgyas gong la ba），覺開初復於塔波一地調教徒眾甚多，如友喇嘛（Bla ma gNyen）等。最要者，則因彼為貢覺主人（Go 'jo bDag po）之上師，故〔教法〕於康區多所弘揚。

復次，貴胄釋迦塔（dBon Śākya 'bum pa）於曼隆巴門下，精通《秘密藏》之解說；賢哲法吉祥（mKhas grub chos dpal）父子亦從彼無餘聞受《秘密藏》之解說。屬曼隆巴之傳承諸眾，於各自之時空，亦成《上下伏藏寶庫》之法主。

丙三、金剛幢與其繼承者

持紀・法獅子法座之嘉・本智怙主（rGya Ye shes mgon po），亦於兼受紀・法獅子與朗・法王（Glan Chos rgyal）之教導下，精擅通達《密意總集經》及《幻化網》。其姪金剛幢（rDo rje rgyal mtshan），青壯時往桑普，遂精擅《定量論》（*Pramāṇaviniścaya / Tshad ma rnam nges*）[131]；繼而從蘊聚嘉・本智怙主（Phung po rgya Ye shes mgon po），通學《密意總集經》及《幻化網》後，彼遂造《巴甲釋文疏解》（*'Grel pa spar khab gzhung du byas pa'i ṭī kā*）、《灌頂儀軌》（*dBang gi cho ga*）等，後以此教其親姪勝理喇嘛（Bla ma Tshul rgyal ba）；山角者般若幢（Ri gdong ba Shes rab rgyal mtshan）又聞學於勝理，據云般若幢嘗於塔波一帶弘揚教法，如於塔波向世代身大部落主（sKu rabs sde dpon）等主僕、暨一干密咒行人開示。般若幢之徒為尚卡之福德賢（Zhang mkhar bSod nams bzang po）；彼之徒為吉祥海阿闍梨（Slob dpon bKra shis rgya mtsho）；郭・童吉祥從吉祥海得《金剛幢秘密藏釋》（*rDo rje rgyal mtshan pa'i snying ṭīk*）之教法解說、及《黑尊普巴金剛》（*Phur pa lha nag*）等。

乙六、康派傳規傳記（分六）

丙一、噶陀巴正士善逝[132]

至 若 馳 名 之 康 派 傳 規 ： 太 陽 光 獅 子 阿 闍 梨

---

[131] 即《善說顯現喜宴》中所說之《量決定論》。

[132] 噶陀，乃四川白玉縣甯瑪派著名寺廟之一，由正士善逝修建，據云該地形如梵文「Kaḥ」（音：噶）字，故名；而正士善逝亦被稱為噶陀巴，即「噶字在上之人」之意。

（Sūryaprabhāsiṃha ／ Nyi 'od seng ge）之《太陽光獅子（秘密藏）釋》（Śrīguhyagarbhatattvaviniścayavyākhyānaṭīkā ／ Nyi 'od seng ge'i 'grel pa），由遍照護於康區奧度之慈尊寺（'o rdu Byams mgon gyi gtsug lag khang），作繙譯及開示。然而令舊譯派教授著稱於該地者，則無過於噶陀巴（正士善逝）（Kaḥ thog pa Dam pa bde gshegs）也。彼分別以「噶陀之正士善逝」、「現起無邊勇喇嘛」（Bla ma Shar ba spobs pa mtha' yas）、或「般若獅子」等名號知名於世。

噶陀巴生於多康普布崗（mDo khams bu 'bur sgang）境內之長江岸邊，水虎年[133]生，帕摩竹巴尊者屬其母系之表兄弟，其父為嘎族之後藏人吉聲（sGa rigs gtsang pa dPal sgra），母則為後藏女大寶莊嚴（gTsang mo Rin chen rgyan）。帕摩竹巴於此水虎年時為十三歲。

噶陀巴十七歲時往前藏，於澎玉從菩提獅子喇嘛（Bla ma Byang chub seng ge）出家，遂受賜「般若獅子」之名。彼從一那（Nags）地大堪布受毘奈耶藏地下傳承之近圓戒；復精勤於毘奈耶至通達為止。彼又從廣大宿‧卓普巴心子、名瞻師‧行怙主（'Dzam ston 'Gro mgon po）者聞受《幻化網之秘密藏》法系、心部等，得究竟精擅種種教授。瞻師乃介乎卓普巴尊者與噶陀巴二者間之一位上師，雖則大第五世之《聞法記》（gSan yig，又名《聞法記‧恆河流水》（gSan yig gang gā'i chu rgyun））云噶陀巴本人曾親遇卓普巴。

噶陀巴亦從熱譯師（Rva lo tsā ba）之徒岡譯師（Kam lo tsa ba）修習《勝樂十大密續》（bDe mchog rgyud chen

---

[133] 北宋宣和四年，歲次壬寅，即西元 1122 年。

bcu）；從屬盧譯師（Cog ro lo tsa ba）修習《亥母後續》（*Akhyātatantrottaravajravarāhyabhidhānād Varāhyabhibodhana / Phag mo phyi ma*）與《勝樂現起續》；從岡・法智（Kam Chos kyi ye shes）習《喜金剛》法類；從菩提尚師（Bodhi zhang ston）與郭譯師〔・谷巴哈且〕之徒董師・金剛藏（lDong ston rDo rje snying po）修學《密集》；復從二者〔董師與尚師〕之徒拉堆之吉祥自在（La stod dPal gyi dbang phyug）習《密集續釋・光明炬》之解說及《閻魔敵》法類；從三時智尊者（rJe dus gsum mkhyen pa，第一世大寶法王）修學《勝樂輪灌頂次第》（*'Khor lo bde mchog gi dbang bskur gyi rim pa*）、大手印、及《那諾六法》之口訣；如是等等。彼遂成白頭尊者（rJe dbu se，即三時智尊者）之殊勝心子，總則於顯、密傳規；別則於金剛乘古、晚近藏地譯著等修學無餘。

瞻師甯波車曾語於噶陀巴謂：「汝若往甘波（sKam po gnas）之地，精進修習，則汝身可融成光明；然而汝若往噶陀，則可廣演教法。」彼既一心唯教法是守，乃四往覓地名噶陀者。初，彼抵噶挑（Kaḥ thil），遇正放牧牛隻之童子數人，乃問訊云：「噶陀何在？」

童等答云：「於彼谷之上。」

彼覺牛群為將有受調伏眾之佳兆；眾牧童則為弟子之象，乃於該狀如ㄲ（kaḥ，音嘎）字之地上建寺，時維土兔年[134]。

此際，有住於苯教誓句之〔地神〕石山神小瘡子（rDo gnyan rman bu）者，現身而作種種障礙。當尊者偕兩徒追趕彼

---

[134] 南宋紹興廿九年，歲次己卯，即西元 1159 年。

時，彼即化作礫石[135]；法主後藏師（gTsang ston pa）遂以己之法衣，裏束此石而牽之，正士〔噶陀巴〕則執鞭而策其行，置石於谷底之河岸，至今日仍能見之。復次，爾時，當八苯教徒方修毒咒〔以對付噶陀巴〕之際，吉祥天女來毀彼等修行靜室下之磐石；正士則於其上畫一十字杵，其地遂成如今所稱之「八石臺」（Pha vang brgyad sleb）。噶陀巴以此及其他不可思議之成就相，永樹法基，屹立不倒。

　　彼為遠自東方安多（A mdo）[136]境、南方察瓦龍、羅境（Glo）、與門境等地來聚之徒眾，著重種種教授之開示，其中最主要者，為大圓滿與《幻化網之秘密藏》之教法解說、教法灌頂、及修習等等，包括所有印藏大小釋論與著作，全皆依於吉祥宿氏之相續教法傳規及《密意總集經》。此外，諸如《文殊師利幻化網》等續、顯宗中王者彌勒一眾廣大著作、《入菩薩行》等大量教法，彼亦曾廣為開示。約言之，彼為密咒道教授於多康一地奠定基礎。最終，彼於水鼠年婁宿月[137]、其七十一歲之年，示現降伏其色身。

　　總體而言，聖文殊妙音恆時與此大士交談，有如常人，復於大士一切所作，皆有授記。噶陀巴可恆見不動佛、極樂世界、及藥師佛之剎土等。彼亦可隨己意而見《幻化網》之寂忿尊、勝樂輪壇城之六十二尊、及吉祥忿怒尊壇城等。彼能從五佛部諸如來聞法、與諸菩薩論法；彼獲「下一世將住於極樂世界成慧藏菩薩（Matisāra / Blo gros snying po）、且得

---

[135] 亦可作蝙蝠。

[136] 約指青海、甘肅南及四川西北。

[137] 南宋紹熙三年，歲次壬子九月。即西元 1192 年。

現證八地；未來，於名為『如星列佈』之劫¹³⁸，彼將成無量壽善逝」之授記。

丙二、後藏師

攝噶陀巴之位者乃後藏師（gTsang ston pa），火馬年¹³⁹生於屬普布崗境內之宗夏（Bu 'bur sgang gi bye brag gTsang zhal）。彼十七歲時得遇善逝喇嘛（即噶陀巴）並從其聞受佛法，師徒二人聯袂前往米年，後藏師盡獲所有口訣；廿一歲時彼往直迪那多（'Bri ti ra mdo）之寺廟而住；廿三歲則赴噶陀觀修。

善逝喇嘛前曾在定中，於一廣闊而水濕之山谷口中見大光明，令其不能迫視。當彼問為何物時，有聲答云：「大士夫！此乃汝住於十一普光地弟子之法座。」尊者〔向後藏師〕云：「是汝矣！」此際後藏師頓見吉祥忿怒尊暨四十二寂靜尊之壇城。復次，彼不時得見吉祥天女與大黑天，且能憶記其過去世曾為本智勝譯師（Lo tsā ba Ye shes mchog）、天竺之金剛手（rGya gar Phyag na）¹⁴⁰等。

於五十六歲之年，後藏師升噶陀之座，依其上師之教法傳規而護持《經》、《幻》及《心》三者。約當此際，一時，有大勇識名傍札巴（sPom brag pa）者，嘗怪何以此噶陀之後藏師享如斯大名；剎那間，彼乍見有如無雲晴空之藍光越量宮現起，於中住有眾多圓滿受用尊之匯聚；面前則坐有後藏師甯波車，四周為不可思議之雜色虹光蘊所包。傍札巴了知彼

138 於壞劫盡時，有七日次第出。於此之前，即為「如星列佈」。
139 北宋靖康元年，歲次丙午，即西元 1126 年。
140 生於西元 1017 年。

即佛陀，遂於當夜作會供輪，得見眾多屬密咒甯瑪派之忿怒
尊。彼又於夢中見一由種種寶石所成之無比大山，坡上生有
種種不同草藥，而採藥者甚眾。山巔上藍光廣大越量宮內，
中坐有噶陀巴喇嘛（即後藏師），其身則為光明之自性。從
一不吹而自鳴之廣大白螺中，復生出無數之自鳴螺，遍滿十
方，咸發ti-ri-ri之聲……傍札巴云此乃預示後藏師之名聲傳揚
無限。傍札巴後往噶陀，向後藏師甯波車求《幻化網》之灌
頂，其遍知之本智遂得無量醒轉。

當噶陀之後藏師住於大圓滿之等持中，有不可思議之
淨相生起：〔彼覺受〕有如虛空之一切無所顯；於三夜中連
見寂忿尊之無數匯聚；如是等等。復次，於某回得見不動佛
剎土之定中，眷屬中所有菩薩，均喧傳此法主[141]是寶藏菩薩
（Maṇigarbha / Nor bu'i snying po），且以此身相於下世轉生
往極樂世界。又，一時，當彼復見同一剎土時，彼聞不動佛
導師授記：「噫！善男子寶藏，未來世汝將成大放光明如來
（De bzhin gshegs pa 'od zer rab tu 'phro ba）。」

後藏師於火鼠年[142]、即九十歲時，捨離其蘊身莊嚴。

丙三、慈十萬

攝後藏師之位者乃慈十萬（Byams pa 'bum），過去世曾
為天竺大成就者闍爛陀梨波之心子行持王（Carindra / sPyod
'chang dbang po）[143]，蓋友瑜伽師尊者嘗謂其徒月瑜伽師
（Somayogī）曰：「汝若往藏地，則可見寂天與金剛手等阿闍

---

[141] 指後藏師。

[142] 南宋嘉定九年，歲次丙子，即西元 1216 年。

[143] 即 Kṛṣṇacārin 持黑。

梨,彼等已轉生於一處名為噶陀之藏地,利益徒眾無數。廣大迦訶巴阿闍梨(Kaṇhapā,黑行者)亦已降生於該法座,至今仍住彼處利益弟子。」復次,此同一人亦曾為教法而生作天竺帝王之子、或婆羅門家族之比丘等;其後彼遂轉生為廣大慈尊者,所降之歲為土豬年[144]。

兼聞於噶陀正士甯波車與法主〔後藏師〕二者,慈十萬於浩瀚如海之顯密佛法悉作聞思修,而在法主門下得臻究竟。後藏師謝世後,慈十萬以四十八之齡登法座;彼廣設以《幻化網》與大圓滿為主之如海顯密佛法喜宴。

生於直交丹巴卻足('Bri rgyal dam pa chos phyug)之大寶法王(指第二世),於莎幫(Sha 'bam)初遇菩薩傍札巴,得其指示前往噶陀;以慈氏甯波車為堪布、近侍多溝頭者·福德塔(sPyan snga mang phu ba bSod nams 'bum pa)為業軌範師,大寶法王受近圓戒。既成比丘後,彼遂被立為攝能仁之位者,賜名法喇嘛(Chos kyi bla ma),且得受《幻化網》與大圓滿之灌頂與指授。

慈十萬續為教法及眾生作事業直至七十四歲,於水鼠年[145]捨離其蘊身莊嚴。

丙四、噶陀各攝位者

攝慈十萬位之廣大近侍福德塔(sPyan snga ba chen po bSod nams 'bum pa)生於水羊年[146],彼三十歲攝法座,以《密意總

---

[144] 南宋淳熙六年,歲次己亥,即西元 1179 年。

[145] 南宋淳祐十二年,歲次壬子,即西元 1252 年。

[146] 南宋嘉定十六年,歲次癸未,即西元 1223 年。

集經》、《幻化網》及大圓滿為主以護持教法；六十一歲辭
世。

攝其位之首光本智十萬（dBu 'od ye shes 'bum）生於木虎
年[147]。彼廿九歲攝法座，以《密意總集經》、《幻化網》及
《心》為主，廣轉顯密法輪。

於此時期法主薩迦班智達與八思巴甯波車，叔姪二人受
皇帝迎請遠赴蒙古，途中於箋境（'Dzing）建尊勝寺（rNam
rgyal lha khang）；噶陀巴（慈十萬）時亦在此。薩迦派之所有
領域，已成銀器財物之基地，誠無明之自性；然他者〔如噶
陀巴〕則乏此等資財。為令寺院開光能兼依古今傳規而作，
噶陀巴遂云：「開光之始，先由吾等甯瑪派行驅魔；至若迎
請智慧尊等開光正行，則余請汝等新譯派徒眾行之。」噶陀
巴乃入定驅魔，將寺院內外互轉。當薩迦派迎降智慧尊時，
寺院即恢復原狀；此即所顯之神異。噶陀巴向八思巴甯波車
垂賜《幻化網》寂忿尊之灌頂後，後者隨赴蒙古。法主〔薩
迦班智達〕於訪蒙境期間捨棄其蘊身；八思巴返藏後，向噶
陀供養響銅製三層佛塔、大供碗七等器物，至今仍存。

攝首光本智十萬之位者乃菩提吉祥（Byang chub dpal
ba），彼於四十四歲攝法座。在此時期有多人之蘊身，於巴除
（Bar khrod）、旁除（sPang khrod）、及正善洞（Dam phug）
〔之關房內〕融入光明身中。一時，彼於興建寺院時，眾工
嘗屠戮牛羊甚多；彼等剛使皮肉離析之際，阿闍梨即至。據
云彼一彈指，諸畜即騰空而吼，沒入天際。彼六十四歲離
世，往他界作利益。

---

[147] 南宋寶祐二年，歲次甲寅，即西元 1254 年。

　攝其位者福德賢（bSod nams bzang po），於五十三歲攝法
座。其教授以《幻化網》及大圓滿為基；大約從彼時始，諸如
仰〔日光〕氏與法自在上師（Guru Chos kyi dbang phyug）等較
古之伏藏亦稍稍流佈。彼六十三歲離世，往他界作利益。

　攝位者慶喜塔（Kun dga' 'bum pa）仍舊護持教法，其後自
在吉祥（dBang phyug dpal ba）於三十八歲登法座；彼於此時雖
略行說法，然實側重以觀修為主，彼亦一意住於修證。一時，
絳王（'Jang rgyal po）曾親率大軍〔欲劫掠該廟宇〕。阿闍梨
之僕問曰：「大軍當前，如何是好？」彼答云：「覆我以大量
糌粑哉！」

　作已，降大風雪，敵軍遂退。稍後，〔絳王於阿闍
梨〕之足前頂禮，復供養金鑄釋迦牟尼像一、象牙製香寺
（Gandhola）[148]模型一、及於今時尚能見於寺廟上之大屋脊寶
瓶一。自在吉祥於五十三歲捨離其蘊身。

　其攝位者慧塔（Blo gros 'bum pa）於四十三歲時登法座；
彼有眾多得成就之弟子，如流水虛空十萬（Chu gsor nam mkha'
'bum）等。從宿氏法座鵂鶹谷〔之盛〕至後起之密咒傳規諸
洲[149]此一期間，教法稍稍衰落，但此阿闍梨仍弘揚《密意總
集經》、《幻化網》及其他教授，是以彼於康藏（dBus gtsang
khams gsum）[150]之教法遺澤甚為廣大。彼六十五歲離世而往利
益他界。

　攝位者慧獅子（Blo gros seng ge）於卅六歲之年登法座。

---

[148]　金剛座之寺院。

[149]　指廟院等。

[150]　前藏、後藏與康區三地總名。

其教授以古昔所宣揚之教法為基，然自此時起伏藏法類亦已廣肆弘揚。彼於六十歲去世。

攝位者菩提慧（Byang chub blo gros）延續其前修之傳規，尤其為《幻化網四部》（sGyu 'phrul sde bzhi）與《幻化網道莊嚴》作講說；彼復增廣日至（Ri rtsibs）與巴除兩地〔關房中〕出離修禪者之規模。其攝位者菩提獅子（Byang chub seng ge）及再下任之菩提幢（Byang chub rgyal mtshan），均廣演教傳與伏藏之聞思修。

丙五、賢哲智幢

菩提幢之徒，為普波（Bu 'bor）之賢哲智幢（mKhas grub Jñānaketu）。曾有授記謂彼乃譯師涅・智童之化身；而彼總則於顯密之一切道次第皆能精擅；別則隨大賢哲褐色法十萬（mKhas grub chen po Bra'o chos 'bum）無餘聞受《密意總集經》與《幻化網》寂忿尊等二者之灌頂、解說及修習方便；而莫師・金剛吉祥賢（rMog ston rDo rje dpal bzang）則從此位上師聞受《密意總集經》；達隆之大勇識金剛尊勝（Sems dpa' chen po Dar lung pa rDo rje rnam rgyal）復聞之於彼金剛吉祥賢。從彼之傳承，著名之《密意總集經》康派傳規（dgongs 'dus khams lugs）遂降於前藏，詳見下文。

賢哲智幢重新審訂《秘密藏》之本文及注釋、《密意總集經》、暨大圓滿三部 —— 心部、界部、口訣部等教法傳規之本文，直至全皆光燦如日為止。彼復以解說與修習周遍廣傳教法。

彼論著等身，茲舉其一二者，如：《寂忿尊與普巴金剛教傳釋論》（Zhi khro dang phur ba bka' ma'i 'grel pa）、《秘密

藏釋、科判及攝義》（*gSang ba snying po la 'grel pa sa bcad bsdus don*）、《〔幻化網〕道莊嚴疏釋與夾注》（*Lam rnam bkod la ṭī kā dang mchan bu*）、《巴甲釋夾注及要義》（*sPar khab dang thugs thig la mchan bu*）、《顯揚誓句釋論・明鏡》（*Dam tshig gsal bkra la 'grel pa gsal ba'i me long*）、《結寂忿尊手印方便文》（*Zhi khro'i phyag rgya bcings thabs kyi yi ge*）、《正士甯波車之諸乘總義釋論》（*Dam pa rin po che'i theg pa spyi bcing gi 'grel pa*）、《會供輪注疏》（*Tshogs kyi 'khor lo'i rnam bshad*）等。

智幢調教出眾多博學且得成就之弟子，如：白雪師虛空海（Kha ba dkar po ba Nam mkha' rgya mtsho）、慶喜月（Kun dga' zla ba）、無方菩提心（Phyogs med byang sems）、立師・虛空大寶（Lab ston Nam mkha' rin chen）等。其中，白雪師曾著有《秘密藏總義、科判及攝義》（*gSang snying spyi don dang sa bcad bsdus don*）與《〔幻化網〕道莊嚴釋》（*Lam rnam bkod la ṭī kā*）等；諸如此類。

此大賢哲，晚年住於帕措（'Phag mtsho）之山中小廟，唯專一精勤於修習。彼嘗利益無數遠自普波、白雪（Kha ba dkar po）及絳地而來之徒眾；彼又曾得廣大事業自在空行母之授記云：「汝於六十四歲棄世，則能廣利北方眾生；汝繼於極樂世界佛剎，為樂芽菩薩（Sukhaāṅkuśa / Byang sems bde ba'i smyu gu），能清淨〔十方宇宙為〕佛剎土；再於名為「功德莊嚴」之清淨劫，汝將證覺為樂藏佛（Sukhasāra / bDe ba'i snying po）。」

有關智幢博學與成就之傳記誠不可思議：彼能親見諸佛菩薩海會；能於凡夫前懸其法衣於日光之上。

丙六、噶陀諸傳承

以智幢為殿後之所謂「噶陀十三代上師」，實為三佛部怙主[151]相繼不斷之示現。彼等以有關舊譯派教授之解說與修習維繫法座。

復有通稱為「甲摩絨三唯聽已足者」之正士善逝弟子，分別為般若幢、般若吉祥（Shes rab dpal ba）、及般若金剛（Shes rab rdo rje）等。彼三人具利根，堪能受教於剎那間：彼等只須聞得正士甯波車說法之聲，即直抵一切法最深處，成得悉地之大自在。是故由彼三人於甲摩絨之東弘播教法時始，直至今日，此寶貴教授仍無衰微。

復次，噶陀正士善逝又有通稱為「授記四子」之四名高足，其中，珠匝高原人（’Bru tsha sgang pa）因從朋、榮、薩三區（Bum Rong bZhag gsum）至白雪一帶遍建一百零八關房而知名；其弘法也豐，故所遺亦廣。渣迪近侍虛空金剛（Tsa sde spyan snga Nam mkha’ rdo rje）於貢覺渣迪（Go ’jo tsa sde）建寺廟；由其諸徒如尊駕悲心本智（Drung thugs rje ye shes）、精通導師（sTon pa dbang ’byor）等，《幻化網》與大圓滿法系遂得臨前藏，且被稱作「康派傳承」。莫師‧妙吉祥獅子（rMog ston ’Jam dpal seng ge）於直區（’Bri rgyud）建一寺廟，廣利教法與眾生。由彼而衍生者稱為「莫系十三代成就者」之傳承。最後，成就者摩尼大寶（Maṇi rin chen）被法自在上師認定為《大悲者要義攝集》（*Thugs rje chen po yang snying ’dus pa*）之根本法王。法自在於噶陀曾授記其女遍解脫十萬（Kun grol ’bum）與摩尼大寶應成配偶，彼〔摩尼大寶〕則應

---

[151] 即文殊師利、觀自在與金剛手。

成密咒行人；然此善緣，則因摩尼大寶不欲犯出家人之禁行而錯失。縱然如是，彼於建罷三祖師聖骨盒（Gong ma gsum）等承侍後，即力拍其法衣如翼，復飛往虛空如鳥，後降於對山之頂，於彼處遺一足印。彼後住於惹措（Rag cog），不久其身即隱沒於光蘊中。

「十三代上師」後有「尊駕十三代」，相繼護持教傳與伏藏之教授。於上開「諸代上師」之世，曾有多達十八萬僧徒〔依附噶陀〕，故教法廣弘；復有法相講經院暨教誨與聞受等。學府、禪院等分別林立。簡言之，東至甲摩絨、南達南方察瓦龍與門境、西通工布、上則直抵衛藏，舊譯派教法之解說與修習均廣泛流傳；是以當《密意總集經》、《幻化網》與《菩提心》之教授，於衛藏成罕見之非常時期，實有賴此傳規令其存續；乃至如今，〔此傳規〕仍保持灌頂之長流、解說傳規、口訣之相續、及傳授之傳承，無有間斷。

復次，此《密意總集經》與《幻化網》之灌頂、傳授及口訣等傳承長河，亦另有一傳規，乃自正士善逝、後藏師與慈十萬以降，至下開者之傳承──

渣迪近侍虛空金剛
尊駕悲心本智
精通導師
至尊吉祥熾燃虛空金剛（dPal 'bar nam mkha' rdo rje）
怙勝導師（sTon pa mGon rgyal）
上隱戒幢（Yang khrod tshul khrim rgyal mtshan）
褐色法十萬
普波之賢哲智幢
薩喇賢哲智塔（bZhag bla mkhas grub Ye shes 'bum

pa）¹⁵²

門境噶陀巴福德幢（Mon Kaḥ thog pa bSod nams rgyal mtshan）

噶陀巴解脫賢（Kaḥ thog pa rNam grol bzang po）

噶陀巴法獅子（Kaḥ thog pa Chos kyi seng ge）

天味法王（lHa bro ba Chos kyi dbang po）

從上列最後者，傳承遂漸次傳至曼隆巴‧勝慧金剛（sMan lung pa Blo mchog rdo rje）尊者，以後復無間斷而至今日。

乙七、宿氏與康派傳規之諸系傳承（分三）

丙一、康派《密意總集經》之灌頂

繼說《密意總集經》灌頂中之「康派傳規」：於上述時期之間，大解脫如意金剛（sGrol chen bsam 'grub rdo rje，黑馬‧度母師如意金剛）將此灌頂授予揚文之宿‧釋迦生及其妹，名為宿氏女‧和合十萬（Zur mo dGe 'dun 'bum）；復將傳承付於後者。此宿氏女實為一自性瑜伽母，自幼即相貌端嚴，身具威儀，且已離涅槃之過失。由修練生圓三分而得究竟、證悟實相、且通達種種等持法門，彼遂成博學且具成就之女大士。彼住於下仰則甲（Nyang smad rtse rgyal）之禪舍以利益眾生；由彼而向揚文密咒洲（Yang dben gsang sngags gling）之宿師‧釋迦友（Zur ston Śākya bshes gnyen）垂賜灌頂；釋迦友則為噶陀之大賢哲褐色法十萬灌頂；褐色灌友至寶賢（bShes gnyen dkon mchog bzang po）；彼則灌噶陀巴莫師‧金剛吉祥賢。

---

¹⁵² 「薩喇」，「薩氏喇嘛」之簡稱。

此金剛吉祥賢以朗氏傳規之灌頂儀軌為基，將灌頂次第逐步重編：以郭‧孜隆巴（'Gos rTsi lung pa）之實修方便、及卓師‧吉祥稱（Gro ston dPal ldan grags）之儀軌次序為莊嚴；又將《幻化網》之寂忿尊、及名為《心部「阿」字十八義》（*Sems sde A don bco brgyad kyi sgos bka'*）之不共教法糅合其中，撰為《灌頂儀軌‧蜜河》（*dBang chog sbrang rtsi'i chu rgyun*）。此著者金剛吉祥賢，已登無死地之持明成就，乃世所稱許，故彼決無疑為聖者正士。最要者，彼實遵眾多無比善知識所勉而造論，故其撰述極其寶貴，為〔補足〕《聶氏灌頂儀軌》（*gNyal pa'i chog khrigs*）所闕漏之「十五種共成就物事」（sgrub rdzas thun mong bco lnga'i dbang）諸灌頂之源。彼亦曾復興於此時期已失落於衛藏、但仍保存於噶陀傳規中之《幻化網寂靜尊三種甚深灌頂》（*sGyu 'phrul zhi ba'i zab dbang gsum*）教法；亦因其兼持《心部「阿」字十八義》灌頂之相續傳承，故彼實為教法得延續之廣利門戶。

莫師‧金剛吉祥賢之灌頂，經下列諸師遞嬗——

達隆之大勇識金剛尊勝
瓊氏‧斷迷慧具吉祥
邦導師‧事業上師
持密咒者普賢富饒（sNgags 'chang Kun bzang dpal 'byor）
秘密主事業任運（gSang bdag Phrin las lhun grub）
塔師‧法王持教（Dvags ston Chos rgyal bstan 'dzin）

自上列最後一人，康派傳規之長河，遂流降至大伏藏師、〔持明〕不變金剛法王。

丙二、若・般若光之傳承

復次，若・般若光（Rog Shes rab 'od）亦廣弘《密意總集經》與《幻化網》之教法解說。般若光先隨若師・贊普（Rog ston bTsan po）聞受索氏傳規之《密意總集經》、《幻化網》及《菩提心》等三；復從立者瑪・剛巴（lHab dres ma Gong pa）習依於喬氏（sKyo）傳規之《密意總集經》與《幻化網》。立者瑪乃從出自宿氏傳承之羊・法成就阿闍梨（Yam Chos dngos grub），得宿氏傳規之《密意總集經》與《幻化網》。卓普巴之弟子努師（gNubs ston）亦將彼等教法傳授予卡熱・藏（Kha rag snying po）；後者再傳羊舒（Yam shud）。卡熱・藏亦教授其子蓮花熾燃，後者則傳若・般若光。再者，若氏從索・成年獅子（So Dar ma seng ge），依《幻化網詳批》（sGyu 'phrul mchan mang）此滿題夾批之一書，聞受古代教學之傳規。彼又得受分別來自曲瓦之朗・釋迦賢、及醫尊那日瓦（lHa rje Nya ri ba）弟子黑仰・多窩等之傳承。簡言之，此若上師嘗聞受多種不同之傳規。

若氏著有《幻化網基道果總義》（sGyu 'phrul gzhi lam 'bras gsum stong thun）及《〔幻化網〕道莊嚴釋論》（Lam rnam bkod kyi ṭīkā）。彼將教法授予名為「蘭多遍觀者」（sNye mdo thams cad gzigs pa）之人，彼則著有《秘密藏注釋與〔幻化網〕道莊嚴詳明夾注》（sNying ṭīk dang lam rnam bkod la mchan bu）。彼亦向若氏後人廣傳此續之灌頂與解說。

丙三、也多・宿氏之傳承

與此相彷，於宗敦芒迦（gTsang ston mang dkar），有一善於解說與修習之傳承、名為「也多・宿氏」（Ya stod Zur pa）者崛起。該傳承於拉堆之南北二區如星火燎原；其北有由美師・生光（Me ston 'Byung gnas 'od）、納師・獅子光（sNar ston Seng ge 'od）、查達那摩之功德自在（Bya tar la mo pa Yon tan dbang phyug）等所作零星注釋；於定泊（Dan phag）則有《幻化網》解說之傳續，王者龍青巴亦嘗於該處受教。

乙八、絨・法賢

　　譽為「雪山中無上廣大班智達」絨地之法賢（Rong zom Chos kyi bzang po），生於下後藏境如拉克（gTsang smad Ru lag）之屬區納隆絨（sNar lung rong）。〔為令其降生順利，〕乃先由絨僧吉祥甯波車（Rong ban dPal gyi rin po che）之子、〔絨・法賢之父〕絨僧大寶戒（Rong ban Rin chen tshul khrims）行因位五種現證菩提之儀軌。因此彼遂能展現具正覺之五種圓滿：陳那之智慧、世親之博聞、月官之用詞、法稱之辯論、及聖勇阿闍梨（Āryaśūra）之辭章等。

　　有云絨地頂尖者（Rong zom pa，絨・法賢），乃於教法前弘期之末、入藏地之班智達、名為念智稱阿闍梨（Smṛtijñānakīrti）之下一轉世。此班智達於多康曾訂正有等密續之譯本，且繙譯包括《文殊真實名經他伽拿釋》（Tha ga na'i mtshan brjod kyi 'grel pa）等密咒道釋論、及諸如《秘密文殊師利》等眾多修習方便；復有種種聲明學之論著。彼後〔於仍在藏地時〕入涅槃。然而，於《甘珠爾》（bKa' 'gyur）之《經集》（mDo mang）部傳承，絨地頂尖者乃列於念智稱之後，此點實須另議〔蓋彼此若為師徒，則其一不可能為另一之轉世也〕。又有一說，云名為精微久遠阿闍梨（A tsa ra Phra la ring mo）之班智達入康區，於該地繙譯且教授《密集

續廣釋》（*gSang ba 'dus pa rgya cher 'grel pa*）等等。彼去世後
據傳乃轉生〔為絨地頂尖者〕云云。

　　絨地頂尖者自幼即法爾而具廣大智慧，於下仰地從學於
迦師‧戒賢（'Gar ston Tshul khrim bzang po）。一日，其父來
送口糧，彼之同門曰：「汝此子實野性難馴；吾等甚苦其聒
噪，若汝即領之歸則最善。」父隨詢於阿闍梨，是否如眾人
所請攜子而歸，唯大迦師答云：「勿作是言；此子已通曉一
切法！」

　　彼十一歲習法相學。課餘時縱於兒童嬉戲場中，彼仍
重說阿闍梨一切所言。因彼於一切法，只聞一回即能通達，
且不誤一字，故被視為文殊師利化身。十三歲時已近修學圓
滿，蓋於一切所知，彼已全無迷惑矣。

　　彼嘗自言：「余之學非無關重要：於一切法余無所不
習；然余所習亦非廣大：蓋於一切法，余皆不須重溫也。」

　　此大士之智慧既迅捷復深邃。有云因彼具足廣大離垢之
辯才，殊勝而善妙，故於不論為經、續或論著之繁難天竺著
作，雖以前未見、然只須披閱一至二回，彼即能於所有文、
義，無餘誌諸心中，而得不忘總持。彼自初始，於梵文及其
他眾多語種，即已毫不費力而無所不解；於所有內外明處及
經籍，亦因其智銳如尖棘而出入無礙，故縱於藏語中，一詞
常表多義，彼於指示其中隱微之分別處，實遠勝他人。

　　絨地頂尖者於開示諸如因明論、意譯偈頌、修辭等明處
時，非僅單只援引〔權威經典如〕持杖論師（Dandin ／ dByug
pa can）之論著[153]，彼實已通達眾多廣大學說之要義。彼自

---

[153]　指《詩鏡》Kāvyādarśa。

孩提時已樂於親近任何〔天竺之〕阿闍梨，復領會彼等所
云；是以彼一過目，即能無難而通曉「烏爾都」梵文[154]卷帙
一帙；有謂彼亦通動物之言與聲。彼復撰寫例如疏解《聲門
（兵器）》（*Vacanamukhāyudhopamanāma* / *sMra sgo*（*mtshon
cha*））等眾多注釋及論著。憑不可思議之慧力，彼具足利益
一切皈依佛法者與佛法中人之甚深意樂，尤其為彼等已入金剛
乘、立志欲修習密咒道事業及成就者；彼施無倒指授，作鄭重
之教誨，如是而行利他。彼既具足某類神通，故能知調伏有情
之最佳時、地，是以能改轉絕大多數有情之心識。為令彼等已
住佛法中者可遠離邪敵矛盾，周詳且如理之論著，遂自其蓮口
流露而出；而彼行此利濟亦永不言煩。

　　對心不皈於法之凡夫，絨地頂尖者因已斷慳貪，故仍不
吝向彼等施捨財物，復能堪忍彼等之有恩不報。以此等眾為其
悲心所向，彼置諸眾於寂靜與安樂中；彼之珍視聖物與修證，
有如摩尼寶珠或命根，復勉他人亦作如是觀。

　　彼於撰述正法時，毋須作翻書揭頁、尋章訪節等增益，
已能無礙直透法之詞與義，蓋無畏八廣藏已〔於其心中〕解
脫。彼所有論著，詞、意俱善，且章法謹嚴不雜，實隨順大覺
仙導師（佛陀）之語秘密。以此故，其他以飽學著稱者均無可
遮撥。據云曾習其密咒道口訣之某等傳承中人，縱未得尊者傳
授，亦能因謹遵其著作文字而無不得其加持。

　　當阿底峽阿闍梨得遇此大士後，稱揚彼絕無過失，且
云：「此阿闍梨實乃已往生之天竺阿闍梨黑行者。我何能與彼

---
[154] 烏爾都文為古印度文之一種。藏文行書字體即依此而造。漢土古代碑刻，
常見此種字體，西藏稱此種字體為 Watura，梵文為 Vivarta 或 Vartula。

論法哉？」

概言之，〔於彼〕有說云——

楚師珍寶通律法　本稱聰慧如律行
絨者通聲與因明　吾父法稱統一切[155]

總者，絨地頂尖者得眾多上師之顯密傳承，令其延續不斷；別者，乃彼於舊譯派金剛乘法系〔之眾多傳承中均佔一席位〕，例如——

一、自蓮華生大阿闍梨〔以降〕指授之傳承——

納南・金剛摧魔
卡真・吉祥自在
董阿闍梨吉祥花（Dom a tsa ra dPal me tog）
聲金剛童（sGra rDo rje gzhon nu）
舅父功德稱（Zhang zhang Yon tan grags）
絨僧功德
絨僧戒甯波車（絨・法賢之父）

絨地頂尖者從上開傳承最後者得指授。

二、自遍照護〔以降〕其口訣之傳承——

玉聲藏
極明意樂大上師
沖・鵑林人（Grum Shing glag can）
努・勇堅（gNubs dPa' brtan）

---

155 楚師・珍寶藏名為 Tshur ston dByig ge；本稱藏名為 Ye grags；絨者（Rong pa）或指一因明師；法稱（Chos grags）為絨・法賢之號，稱之為父，為其總通律行及因明等。

寶劍苯師（Ya zi bon ston）

上列最後者傳予遍知絨地頂尖者。此乃心部其中一支之傳承。

三、尚有隆塘卓瑪〔寺〕（Klong thang sgrol ma）之成就者名阿羅‧智生（A ro Ye shes 'byung gnas），彼兼具天竺七種傳承、及漢土七位阿闍梨傳承之指授[156]〔，自彼以降之傳承如下〕──

屬盧‧白銅庫藏（Cog ro Zangs dkar mdzod khur）
寶劍苯師
絨地頂尖者

此即名為大圓滿之康派傳規。

四、復次，又有由無垢友傳予仰定賢、及由無垢友傳予瑪‧寶勝與涅‧智童之口訣。二者均經由庫‧菩提光（Khu Byang chub 'od）傳予瓊波‧珍寶光（Khyung po dByig 'od），再次第而傳至絨地頂尖者。

如是，彼實為密咒道舊譯派教法之主，無與倫比，亦可視其為教法源頭之一。

此阿闍梨所著《秘密藏續釋》（gSang snying 'grel pa）之開首云──

　　三寶自性是即菩提心

以此故名為《寶釋》（dKon mchog 'grel）。廣大遍知龍青巴為開顯〔《秘密藏續》〕，所撰名為《十方除暗》之釋論，

---

[156] 應指漢土禪宗的指授。

乃依於王者之乘（無上瑜伽）傳規而注釋；而遍知絨地頂尖者之釋論，顯現如密封之大匣，為法界作廣注。能知此二者乃《秘密藏續》於藏地之主要注釋，即可使智慧具大力〔之因〕矣。

當彼尚為少年，仍從一多師・獅子（mDo ston Seng ge）聞受舊譯派之教授時，曾夢喫以《秘密藏》所熬之粥、及以《諸佛平等和合》所調之菜羹。彼如是以告其師，師遂云：「神異哉！此乃汝已將教法圓融於心之相；汝應為二者分別作注。」

是故，為圓滿其上師意樂，絨地頂尖者遂依寶貴三學而著三口訣，此即：為修學超勝戒律（戒）而決定開示要義之《誓句全經》（Dam tshig mdo rgyas）；開示修學超勝等持（定）之《四理與十五支分釋》（'Grel pa tshul bzhi yan lag bco lnga pa）[157]；及修學超勝智慧（慧），含大圓滿見、修、口訣之《諸佛平等和合釋》（mNyam sbyor gyi 'grel pa）等。

與此相彷，彼亦為諸如《清淨惡趣續》（Sarvadurgatipariśodhanatantra / Ngan song sbyong rgyud）及《大威德續》等撰著眾多注釋及口訣；其中有等乃深邃非常且含義廣大無盡者，如《入大乘理》（Theg pa chen po'i tshul la 'jug pa）等論著。略言之，對種種經、續、及論典等，彼於一切所知已無不通達，住於一切智之境中。彼甚而可為諸如農桑、畜牧、製乳等世務造論。

是以起初當藏地四翼之學者雲集，意欲與其辯難時，正予絨地頂尖者罄理彼等才智之枝蔓、及撫平彼等我慢蛇冠

---

[157] 即尊者所著《寶釋》之別名。

〔之機〕。所有此等學者，包括下布之羊伽喇嘛（Shab kyi
Yang khyed bla ma）、瑪爾巴助手（Mar pa do pa）、烏玉巴
達師（'u yug pa mDa' ston）、顯宗瓊波・吽藏（mDo'i khyung
po Hūṃ snying）、色沉・海燃（Se khrom rGya mtsho 'bar）、
杉師・鎧甲（mTshams ston Go cha）、旁・小旗、郭・哈且及
嘉・勝理（rGya rGyal tshul）等，方思維譏剌其論著僅為藏地
土著向壁而造，欲以此破斥之。然而當彼等親見大士後，見其
隨順經教，堪忍本明之思擇；既不違因，亦不違眾人各自上師
所教。如是，彼反離於〔其論敵〕所指斥之一切詞、義過失，
騁其智慧之無礙辯才而盡破諸人。眾人逐一檢視其論著，細味
其義後，無不驚歎；有說各人遂皆向彼致敬，且奉彼為上師云
云。

　　復有一葛如（Go rub，鷹聚之地）之譯師、名為法般若
（Chos kyi shes rab）之僧者，外飾為見聞極廣之士，初亦詆譭
絨地頂尖者；後見上師所著《入大乘理》，即生大敬。彼終
而向絨地頂尖者贈禮甚豐；復發露懺悔其過失，並祈請納為弟
子。如是，彼遂聞受《忿怒文殊秘密續》等眾多法要。

　　大班智達（指絨・法賢）於開示該《秘密續》時嘗稱：
「若得其梵文本，則該續應如是而說。此本既佚，今遂不能正
之。」

　　葛如譯師（即法般若）默記此言，後於其所從學、名為
黑主（Kṛṣṇa）之班智達處，得該梵文本，按此與絨氏班智達
所言悉合，遂生廣大皈敬。有謂彼將此從黑主所得之梵文本，
獻予絨地頂尖者，且從彼再修學此續一回。眾多譯師如麻巴・
法自在等、暨其他以博學知名之智者，亦同樣於絨氏足前頂
禮。

絨地頂尖者親近眾多班智達，包括諸如文殊師利鎧甲（Mañjuśrīvarman）、文殊師利智（Mañjuśrījñāna）、善巧吉祥友（Upāyaśrīmitra）、覺生賢（Buddhākarabhadra）、天生月（Devākarachandra）、勝自在（Parameśvara）、及不空金剛（Amoghavajra）等天竺堪布。彼為諸師作傳譯，且繙譯眾多著作，如《大威德金剛續》、《黑闇魔敵》之密續、《秘密文殊師利》、及《勝樂根本續》等。此等譯著悉極卓越，堪為新譯派之典範。絨氏〔所侍〕之諸天竺班智達均嘗語彼謂：「法賢！汝於教法實應多所著述，及怙佑廣大眾生。且不論汝之其他功德，單論天竺境中，具聲明及因明尚不及汝學識之三分一者，亦有所著述。汝為何不作耶？」

絨氏雖具如許圓滿功德，然彼唯精進於戒驕與抑慢。若觀其悉地之傳記，則可見例如：彼如何以神通，度越如鏡之懸崖峭壁；或彼如何以其杵刺穿岩石；於天空飛翔；又或於大多數藏地鬼神境及彼等所行，以所具通慧而得自在。是故，此不爭化身之大班智達，得並世所有學者之讚歎及崇敬。彼世壽一百一十九歲，據云乃無疾而終。甚至大郭譯師〔童吉祥〕亦齊聲讚美謂：「藏地雪域中所出之學者，無一能與之相提並論。」此乃眾所周知。

其門下弟子分兩系傳承：一為其諸子傳承；另一則為其弟子傳承。初、由其二子威光熾燃（bZi brjid 'bar）與十萬熾燃（'Bum 'bar）所出之傳承，綿延久遠，每一顯現於此傳承者，均由修持普巴金剛而得成就。次、至若其弟子傳承，為：包括有葛如譯師、瑪爾巴助手、及郭〔・谷巴哈且〕等在內之十七大譯師；包括聾牛・金剛持（g.Yag rDo rje 'dzin pa）在內之三十五大成就者；包括唯一母・沙瑪（Ma gcig Zha ma）之兄弟、名為古布巴尊者（rJe 'Khur bu pa）在內之一百八十大觀修者或瑜伽師；及其他秉持〔絨氏法門〕寶傘者約五百者，包括約加（Yol lcags）之居士金剛自在及羊伽喇嘛等。

乙九、普巴金剛之傳規（分三）

丙一、普巴金剛之傳授（分七）

如前所云，古昔先賢之主要觀修本尊，厥為真實忿怒尊與普巴金剛。既知真實忿怒尊系〔之傳承〕，今且說普巴金剛之弘揚。自鄔仗那堪布蓮華生以降之眾傳承，實見有種種不同〔之普巴金剛修習方便〕，其中有「普巴金剛之王者傳規」、「主母傳規」、「夫人傳規」、「納南」或名「絨氏傳規」、及以本尊身色而命名之「黑尊」及「雜色尊」等。諸傳規雖體性相同，然因彼等各各獨特之口訣，及專有教法之傳繼，故彼此遂以不同名稱行世。

丁一、王者傳規

據云：大阿闍梨為桑耶開光後，〔將普巴金剛教法〕垂賜三人，即赤松德贊王、主母卡真女（智慧海王母）及迎請者（sPyan 'dren pa）。

丁二、主母傳規

臨離別藏地之際，蓮華生阿闍梨以簡明而完整之《普巴金剛根本段落》（Phur pa rtsa ba'i dum bu），傳授予主母卡真女；其中高法攝集修習菩提之精要，而較低法則攝集融猛咒於道上之精要。繼而主母於南方門卡尼仁獅子宗之石洞中，佈露實物標幟之壇城後，即作修持。於第廿一日，所有構成實物

壇城之杵皆笑、放光、及跳動。主母自思：「傳云：『欲修
杵成就，須作刺戳之儀注……』然余實無物可刺。罷！且戳
余祖輩之饞鬼（za 'dre）哉！」思維間，主母乃轉儀注所用之
杵，杵即隱沒入天際，復直墜於彼祖居後之一片小藥叢中。
此正為其祖輩之饞鬼所居，小藥叢盡焚，而饞鬼則於平等界
中得解脫。

爾後，此杵由主母叔伯之後代所持。因只須將杵揮動即
可，是故遂稱此傳承為「卡真女摧伏饞鬼傳承」。主母向其
兄弟卡真・吉祥自在講說此法，後遂漸次弘揚。

丁三、夫人傳規

屬廬女曾親遇蓮華生阿闍梨本人，唯彼竟觀修本尊、而
非向上師求灌頂，是故本尊遂攝於上師心中，而彼則失灌頂
之善緣。幸主母智慧海王母得蓮師開許，傳此予屬廬女，遂
生另一傳承。

丁四、納南傳規

此實即大絨地頂尖者傳承之傳規，已見前文。有云大絨
氏之祖父絨僧功德大寶、即吉祥大寶，曾親遇蓮華生阿闍梨
本人，後得世壽三百。彼傳其子、即絨氏班智達之父大寶戒
（Rin chen tshul khrims），世壽一百五十。自彼始，遂有絨氏
傳規之傳承出現。

丁五、黑尊普巴金剛

鄔仗那之蓮華生及其明妃俱教授且氏阿闍梨・極清
（'Bres a tsa ra Sa le）；後者則傳朗臘・菩提金剛（Lang lab

Byang　chub　rdo　rje），自此，傳承則漸次降至羊卓之顧茹•
真實（Yar 'brog pa Gu rub Yang dag）。彼依《普巴涅槃續》
（*Phur pa mya ngan las 'das pa'i rgyud*），將所有〔壇城〕本尊
轉為黑色，其傳規遂以此名。

此說若涉阿闍梨•極清，則傳承定非直接相傳，蓋彼與
菩提金剛之時代實相隔甚遠。然而確實曾有一名為且氏阿闍
梨•紐如（'Bres a tsa ra Nu ru）者，據云得長壽成就。雖則名
稱有異，〔唯若視此二且氏為同一人，〕仍相違不大。

當寶貴之八思巴喇嘛欲覓「下業 ‘解脫’ 灌頂」之相續
傳承，但遍尋不獲時，曾揚言縱賤如乞丐〔而具此傳承〕，
亦願向彼求之。後得聞有阿闍梨•紐如者，乃智慧海王母之親
炙弟子，已成壽自在持明，如今則在諸如清涼寒林等地飄泊無
定。寶貴八思巴遂遣斈譯師（Glo bo lo tsa ba）攜贈黃金甚豐，
方得「解脫」灌頂之相續傳承。其說如是。

丁六、普巴金剛之薩迦派傳規

此傳承始於蓮華生大阿闍梨之徒款•龍王，從彼傳續相
繼。薩迦派不論其法系或族系，二者俱有一不斷之傳承甚著，
由是而得名。

丁七[158]、復次，依於《普巴秘密續》（*Phur ba gsang
rgyud*）之《普巴圓滿》修持、《六秘密續》（*gSang ba'i rgyud
drug*）、及攝略《十二〔普巴〕杵續》（*Ki la ya tantra bcu
gnyis*）之「藍裳者法系」等，乃於涅•智童之傳承中傳授，

---

[158]　原文無標題。

已見前文。

丙二、朗臘・菩提金剛及其他普巴金剛上師

因憑此本尊而得成就相者，其數目實不可思議，故不能
於此逐一講說；然值一提者，厥為朗臘・菩提金剛：彼自幼
即與雙親分離，且有如密勒日巴尊者之遭遇，備受其父系族
人欺壓甚苦。且氏阿闍梨見之不忍，遂從普巴金剛口訣中，
授以甚深而切要之法類；朗臘依此修持，竟滅其父族。彼由
是而得之名聲雖日盛，然因彼過去世布施之果既缺，故須於
括離（'Khor re）作牧者為生。其時，名為熱譯師（Rva lo tsā
ba）之格西，不論勢力或財富均極大，藏地眾多大上師及貴
族，俱無力制之，皆須於其前頂禮。據云非如此行，則熱譯
師將以閻曼德迦之忿怒咒解脫彼等。

有關此〔譯師之忿怒教法〕：有董巴・嘉尚沉（Dum pa
rGya zhang khrom）者，從某陶桶中，取出內藏之《死主[159]法
系》，遂以伏藏視之。於抄出約一半之《邪毒及惡心壽主》
（Tshe bdag sdig pa snying 'dzings）後，彼遂親近熱譯師，後者
即拼合此法於其自身之《閻曼德迦法類》內，復虛構一天竺
源頭，偽為彼繙譯〔自梵文〕之作。與此相類者，彼於朋塘
之眾多伏藏庫藏中，發取大量有關惡咒、厭勝、降雹、毘沙
門、瞻巴拉、眾主（Gaṇapati）等之深訣；此乃何以新譯派之
《閻曼德迦》法，類多速效之事業修儀故也。

當該名曾解脫包括麻巴之子成年經部（Dar ma mdo sde）
在內十三位菩薩之密咒堪布〔即熱譯師〕，暨包括山神譯師

（gNyan lo tsā ba）等十三位地位相埒譯師，抵括離參與一法會時，朗臘・菩提金剛並無向其頂禮。熱譯師初意彼只一愚夫，但於聽聞有關其描述後則曰：「然則此人之命，不逾今夕矣。姑待之！」彼遂起修威猛儀注，但於初作諦語以勾召〔受者神識〕時，一陣荊棘杵如雨而降於彼等師徒，遂盡傷外圍之僧眾。於再作諦語時，從包括「啖食」及「屠戮」在內十方忿怒尊〔暨彼等眷屬〕之壇城中，降下鐵杵如雨。作最後諦語時，熱譯師唯見天際大火充盈、復有震耳巨聲，於中顯現如火紅熔鐵相之金剛童，高如獨山之巔，於熱譯師頂上氣勢凶猛。熱譯師懼甚，即向朗臘謝罪，復頂禮及行供養以致敬。此即舊說「閻曼德迦堪布為杵所挫」之由來也。

據云修習普巴金剛上部事業而得成就者甚眾，而修下部事業中，所顯力用之強者，則無過於此朗臘・菩提金剛。其主要弟子為納南・般若戒、門古之紀・摧牆者（Mon dgu'i sKyi Gyang sgyel）、絨地之壇・普巴頭（Rong gi sKrang Phur bu mgo）、及烏玉盧波之黑仰（'u yug rol po'i Nyang nag）。

諸弟子中，又名紀僧・菩提大寶之紀・摧牆者，其田舍財寶等悉為其父系族人所強奪，心實苦之無已，遂向朗臘求普巴〔灌頂〕。朗臘云：「且近修本尊儀注凡九月；再修習漆革、鐵、及水晶三者[160]（bse lcags shel）之儀注兩月，則所求必應！」

彼依言而行，盡獲其法之力用。彼繼見有多人，齊處於一土牆前，因曬日而不動，恰盡皆其仇敵；彼乃向牆揮杵，牆遂倒，所有仇敵悉數置於未來世之道上。為此，遂稱彼為

---

[160] 云乃與普巴金剛有關之護法，依該三種物質而製之普巴杵而建立。

「紀‧摧牆者」。所有〔屬此傳承之輩〕均具神力如是,故不能一一詳述。

　　復次,此普巴金剛之傳規,乃以其極廣之神力而著稱;蓮華生大阿闍梨,憑向起火之檀香林中揮動其杵,則令樹林回復舊觀;無垢友向恆河之洪水揮動其杵,則使恆河上下穩定;尼泊爾戒文殊向上方岩寨山(Ri bo brag mkhar gong can)揮動其杵,則令山石粉碎;主母卡真女將其杵插於狼跡之上,則使狼群盡為雪崩所掩;美紐‧勝利藏(Me nu rGyal ba'i snying po)向攫去其念珠之烏鴉高舉其杵,即令其墮地;洛‧吉祥慧(Lo dPal gyi blo gros)將其杵擊向敵軍之牛毛帳蓬時,即降伏門族〔不丹〕之兵。由此及其他事例可知,諸阿闍梨以杵擊敵障等時,縱遇高強之法力,亦所向無敵;而以杵擊內自五毒煩惱時,能得殊勝成就者,其數無量。

丙三、抖披風者與普巴金剛之伏藏傳規

　　復次,伏藏之傳規,其所展現成就相更見明顯。大阿闍梨先賜〔普巴金剛〕灌頂、密續及指授予赤松德贊王,繼而將之與《極密馬頭金剛法類》(rTa mgrin yang gsang gi chos skor),齊密封於葉巴之螳螂樹谷(Yer pa Se ba lung)一石中成伏藏。當成就者中之自在、即抖披風者('Dar phya ru pa),於王后勝利林(Jo mo nags rgyal)之上窟內修習時,親見大阿闍梨本人。蓮師云:「且於葉巴之月窟(Yer pa Zla ba phug)中修持哉!」彼如言而行。大阿闍梨每朝必騎馬蹈日光而來說法,至晚復蹈日光而去,自云彼往馴服羅剎。其時,抖披風者即於葉巴之螳螂樹谷中,發取本藏於該處、是為實物標幟之普巴杵。

當抖披風者於逢集期往拉薩時，以暴風損毀市集。彼其後前往後藏，結識正赴吉隆之薩迦班智達，二人共居一室。抖披風者素口齒不清，彼於念咒時誦云：「Om Vajrakyili Kyilaya...」唯薩班云：「此不淨，是應念作『Vajrakīli Kīlaya...』！」

其時，抖披風者志得意滿而云：「密咒縱不淨，然我仍能為此！」遂力插其杵入石中，〔該石〕直如泥土。當彼一扭一拔而出其杵，見杵尖稍有裂痕。薩班知其為成就者，遂云：「余正往與某等外道辯難，汝須偕往為吾助伴。」答云：「善。」於是俱發。

二人抵吉隆後，依天竺之例，凡辯法勝者，則高懸其幟[161]；薩班與斷喜（Haranandin / 'Phrog byed dga 'bo）論戰凡十三日，最終薩班得勝。然而斷喜不允入佛法，竟曰：「且比試成就相哉！」此外道即攏其束髮於後，雙手揮拍如翼，飛往空中。薩班見此人若非以明咒力，則不能制之，立呼抖披風者：「Vajrakyili Kyila！速往彼方！」

大自在瑜伽士立時將其杵戳向該外道身影之心位中，復高呼：「Oṃ Vajrakyili Kyilaya hūṃ phaṭ！」外道隨即有如飛鳥為石所擊而墮地。薩班遂以辯難獲勝之勇者相，若斷喜不允出家，則一直牽領之。唯因蓮華生大阿闍梨曾囑命十二地母於藏地護持佛法，以防外道，彼等遂施懲罰：於近吉隆之藏地邊境，外道口吐鮮血，被驅至第五道[162]。嗣後，〔非持佛見之〕外道者，彼等宗輪已不復見於藏地；有等或曾至此地，然已無

---

[161] 即負方須皈依勝方之法。

[162] 依天竺之說，即死亡。

人具足可與佛法起諍之慧力矣。

抖披風者其後自往梅些（Mus srad），奉其杵於寺內佛壇正中。該杵後曾數番易手，據傳今奉於色拉寺。

乙十、《密意總集經》灌頂之傳承（分三）

復次，有正士眾，以生圓三分為教法作殊勝行，且屹立於《密意總集經》廣大灌頂之次第傳承中。

自從大解脫如意金剛為宿堪‧〔釋迦〕生及其妹作灌頂後，遂分別有兩系傳承開展；若計及大解脫之子傳續在內，則共有三系傳承。

丙一、宿堪‧釋迦生之傳承

尼卜人朗卓‧壽自在王（Nyi sbug pa Lang gro Tshe dbang rgyal po）於揚文之法座上，從宿堪氏得〔《密意總集經》〕灌頂；持尼卜人之傳承者善吉祥賢（Legs pa dpal bzang），則在曲瓦得之〔於尼卜人〕；阿里之頂端文殊大寶幢（dBu rtse ba 'jam dbyangs rin chen rgyal mtshan）則得自善吉祥賢。大寶幢於兔年[163]，在阿里之洛窩麻塘（Glo bo ma thang）[164]為其兩子、即大班智達〔阿里蓮花自在王〕及其弟灌頂；二人後皆為諸賢哲中之自在。

二人中之弟、即持明具善尊（Rig 'dzin Legs ldan rje），於受該《經》灌頂時年僅八歲。因彼世壽達一百一十三歲，

---

[163] 英譯附注作西元 1497 年。查該年為蛇年，最接近之兔年則為明弘治八年，歲次乙卯，即西元 1495 年。其中或恐有誤，今誌之於此，待詳考。

[164] 即今尼泊爾之 Mustang（木斯塘，又譯莫斯坦）。

故彼以其講說修道之豐廣事業，利益教法及眾生。彼從文殊智悲自在（'Jam dbyangs mkhyen brtse dbang phyug）及其姪之啟請，於牛地之王宮（gNyug gi rGyal khang）中，垂賜完整《密意總集經》四長河之灌頂，復作賜護法印之舉，紀師・長壽王（sKyi ston Tshe ring dbang po）亦同時而得此；彼其後於後藏境內如意頂之白吉祥（gTsang bSam 'grub rtse'i dPal dkar），作此《經》之灌頂並行賜護法印之舉。

時年尚幼之大上師其桑巴湼師・法王金剛（Bres gshongs pa gNyags ston Chos rgyal rdo rje），由其父芒拉人蓮花伏魔（Mang ra ba Padma bdud 'dul）親攜之同赴此會，故亦得受紀師・長壽王完整〔之此《經》灌頂〕。此後，其桑巴先後於崗那任運台（Gong ra lhun grub sding）從利他金剛大譯師；於後藏妙乘洲（gTsang theg mchog gling）及一干會眾，從大圓滿行人虛空龍聲賢（Nam mkha' 'brug sgra bzang po）而得〔此灌頂〕。其桑巴以阿里之光顯殊勝（mNga' ris pa 'od gsal mchog）、崗那大譯師、及大德虛空無畏（lHa btsun nam mkha' 'jigs med）為其三位根本上師。依該三位及眾多其他正士，彼遂聞學極廣，乃成就者中之大自在，其立身則為梵行者。彼於絨務之香巴那（Rong smu'i Sham bha ra）閉關森嚴，然卻藉教授《黑暗心要》（*Yang tig nag po*）之導引，經一秘道〔作指授〕，單傳予大曼隆巴・仰師勝慧金剛（sMan lung pa Nyang ston Blo mchog rdo rje）此《經》之灌頂及賜護法印。

此仰師勝慧金剛，先前亦嘗從利他金剛大譯師，於其廣大修習之相關彩粉壇城中得此灌頂；故彼視之為無上根本上師。仰師總則通達顯、密、諸明處；別則長於法自在上師之伏藏法門。殊勝王（rGyal mchog）第五世達賴喇嘛賜彼以「帝

師」之封號,彼遂為眾多賢哲中之頂嚴(即上師)。

關於金剛岩持明蓮花事業(闡述如下)——

仰師勝慧金剛將《〔密意總集〕經》之灌頂暨賜護法印、口訣、及實修指導等,廣事賜予舊譯派教法之主、殊勝化身金剛岩持明(蓮花事業)(rDor brag rig 'dzin Padma phrin las)。此正士乃納南‧金剛摧魔之轉世、名為持明主(Rig 'dzin rje)之化身。彼生於金蛇年[165],降生地為門卡之多聞子洲(Mon mkhar Nam sras gling),乃貴族事業圓滿王(Karma phun tshogs dbang po)之子,屬查納族(Bya nag,黑鳥)。因彼能清楚憶其過去世為北傳者‧持明語王,故六歲時即受迎請往其前生之法座。彼始而學閱、寫、事業儀軌及修習,遂無難而通曉經教傳規。彼將頭頂上之髮新,獻予殊勝王、即遍知大第五世作供養〔以表皈依〕,由是乃得賜名普賢蓮花事業(Kun bzang padma phrin las)。稍後,彼於達賴喇嘛跟前受近圓戒及眾多甚深法要。復次,彼嘗親近眾多賢哲上師,如大宿氏‧法界自解脫、及怙主福德具殊勝等,於古今傳規之灌頂、導引、解說、傳授及口訣等無數法誠,彼皆聞受無饜。

蓮花事業由思維所生,以安立〔經其無分別智觀照後一切所學之義〕[166],故其學乃得日進而無礙。於澤羊宗、曲沃日、及其金剛岩之法座等處,彼亦由觀修之智慧而具證量。

---

[165] 明崇禎十四年,歲次辛巳,即西元 1641 年。

[166] 此句為藏本所無,乃英譯者所加。於英譯時,法王時有補充,故此句應即法王所加。

此情形,為法王之子山藩甯波車告之談錫永上師,當時山藩甯波車力促談上師將本書譯出,故提示譯時須留意英譯之補充。

是以彼於生起次第得堅穩；及於圓滿次第之本智得自在。如是，彼遂成一廣大賢哲，其智、悲、力之功業，永不離於講、修、與事業等三輪。

更者，彼因受殊勝王、即遍知大第五世之命，乃發心而著《密意總集經灌頂儀軌‧如海壇城津梁》（*'Dus pa mdo'i dbang chog dkyil 'khor rgya mtsho'i 'jug ngogs*）；曾多次垂賜《密意總集經》之灌頂等，遂令《密意總集經》之教授生廣大利益。

蓮花事業無間為教法與眾生作廣大事業，直至年七十七為止。彼約十三帙之著作，不論於教傳及伏藏之法門，均極有補闕之效。

丙二、宿堪之妹、宿氏女之傳承

此即康派傳規，已見於說噶陀一節之後，不贅。

丙三、〔如意金剛之〕子、覺大寶之傳承（分七）

丁一、尚師‧虛空金剛

廣大解脫如意金剛之子覺大寶（Sangs rgyas rin chen），將傳承授予尚師‧虛空金剛（Zhang ston Nam mkha' rdo rje）。尚師圓滿受教於廣大解脫與其子，乃一博學之弟子。傳記云——

> 妙音如意金剛葬禮中，受邀之高弟包括行葬儀之約十四位比丘，其中作領誦師（dbu mdzad pa）之諸上師，於高弟中則更勝一籌；其時〔彼等包括〕大宿氏喇嘛、天台喇嘛……

尚師即上引最末者。特筆一提，彼於德慶度母（bDe chen

sgrol ma），從〔如意金剛之〕子覺大寶，得《〔密意總集〕
經》之灌頂暨賜護法印、解說、及指授等；遂於一切密續、
傳授、口訣及修習方便，無不通曉。於達那天台（rTa nag
gnam sdings，黑馬）之修行靜室，彼唯專注以修持為本，於風
心遂得堅固。彼復令生、圓之意樂現前；通達四事業法儀，
且為須作調伏者行之。

尚師於天台（達那天台）吉祥修行靜室，向賢哲戒葷金
剛幢（Sha mir rDo rje rgyal mtshan）垂賜灌頂、兼及解說與指授
等。後者遂住於德慶之隱舍修習，於生起次第得堅固，無礙
成就四事業法。彼於圓滿次第得盡其證悟，後以講、修等二
者利益教法。

丁二、持明蒼龍金剛

於德慶之修行處中，戒葷金剛幢垂賜完整之《密意總集
經》灌頂、並賜護法印予持明蒼龍金剛（Rig 'dzin g.Yu 'brug
rdo rje）；復傳以解說及指授。此持明蒼龍金剛，唯於諸如溫
地及多（rDo）[167]地等前藏山巒中之隱處、尤其為伊如境內達
那之拉古俄（La rgu rngos）閑寂處內，專注住於修持中；此即
何以稱彼為「大成就上師」之故。彼於證悟已得究竟，僅須
垂賜加持，即可令人自病魔中解脫。由此及他例，足顯其神
通威力。彼固享極高壽，復連帶其修持，遂令彼可置該等求
自在之具緣弟子於成熟及解脫中。

---

[167] 溫地以西之山巒。

丁三、賢哲慧幢吉祥賢

蒼龍金剛垂賜完整《密意總集經》四長河之灌頂、賜護
法印、解說、指授、及實修指導予涅・智童之化身、即賢哲
慧幢吉祥賢（mKhas grub blo gros rgyal mtshan dpal bzang po）。
彼出生於後藏境伊如之內、塔地當卡（Thag gDong khar）之董
族（lDong）中，自孩提時，已能無難而通一切世俗明處，尤
精於醫方明。因彼乃於侍奉部落主當卡瓦（sDe pa gDong khar
ba）中渡其少年期，故又被稱作「當卡醫士」（gDong khar
'tsho byed）；青壯時其佛種姓得醒悟，遂出家。彼曾於眾多
賢哲正士上師足前求法，如大上師金剛持稱大寶（Bla chen rDo
rje 'chang grags pa rin chen）、太師語自在稱（Yongs 'dzin Ngag
dbang grags pa）、蓮花洲之心子月幢（Zla ba rgyal mtshan）、
伏藏師證空洲（Zhig po gling pa，即寶洲，Ratna gling pa）、及
不棄其身而往生空行界之金剛獅子（rDo rje seng ge）等。彼從
諸師無饜聞受無量法門，不僅可一聞即〔知義〕而棄之，復能
疑問盡釋。彼不流於放逸而堅於修持，故能剎那間成就聞、
思、修而起之三種智慧。

由是憑此，證、悟、智之界乃於彼心生起；總則於顯密
經教傳規、別則於舊譯派教傳與伏藏之教法，彼皆能無礙而
知；復生起大圓滿自顯現而無偏之意樂，脈、氣、點之步韻融
入中脈。由通達睡夢之淨治、繁衍、化現、及轉化，彼可直達
淨土，面見諸佛菩薩，並從彼等得授記。彼又以其法力摧滅為
害藏地之邪魔魍魅、及邊疆之敵軍。因彼可令怙佑及迴遮之表
相剎那現起，是故聞名天下。

慧幢前期乃住於下仰之吉卜（Nyang smad sKyid sbug），
彼不離內光明金剛藏之意樂，隨順其弟子根器，無間弘揚教法

灌頂、解說、傳授、及甚深導引之法門,如是令各俱滿願。
彼撰有注疏、修習方便之著述、事業儀軌、實修指導、教法
史、及答客難等;彼嘗製《十七續》、《無垢心髓》(*Bi ma'i*
snying tig)、《善逝集》等等之金帙;曾刊印多卷教傳及伏
藏。是故,由有關講、修、及作事業等廣大功業,彼遂使舊
譯派之教授能得釐清及流通。

慧幢之《辨死相及贖命之文》(*'Chi ba brtags bslu'i yi ge*)
乃明確撰於其七十三歲之年,故彼無疑能享高壽也。

丁四、崗那大譯師利他金剛

慧幢垂賜完整《密意總集經》四長河之灌頂、賜護法
印、解說、指授、及實修指導予崗那大譯師利他金剛(Gong
ra lo chen gZhan phan rdo rje)。此正士屬努‧綽普族(gNubs
Khro phu pa),木馬年[168]生於錫金之吉祥洲('Bras yul bKra shis
gling),乃一名為「大侄」(dBon chen)者之子;大侄乃語
王大譯師(Lo chen Ngag gi dbang po)之胞弟、證士法性自解脫
(rTogs ldan Chos nyid rang grol)之姪孫。利他金剛孩童時已性
情剛烈,然律己以廣大禁行,故具無畏智,唯極高傲。自少
彼亦似希求離貪所依,故於十二歲時,於夏瑪巴法自在(Zhva
dmar Chos kyi dbang phyug,第六世)跟前受沙彌戒,廿一歲時
則受近圓戒;自此其身行敦肅,高尚殊勝。

其叔〔語王大譯師,〕受迎請往指導夏瑪巴明處之學,
利他金剛亦隨行為僕從,遂通曉聲明學一切支分,包括《迦
羅波經》(*Kalāpasūtra / sGra ka lā pa*)、《詩鏡》(*Kāvyādarśa*

---

168 明萬曆廿二年,歲次甲午,即西元 1594 年。

/ *sNyan ngag me long dbyug pa can gyi bzhung*）、韻律明、星算明、暨天竺及西藏不同著作等。彼於法主〔夏瑪巴〕及語獅子甯波車（Rin po che sMra seng）等等座下，修學各種法相典籍，亦隨喜聞受彼等所作之說法。特要者，厥為其親近眾多大士，包括其叔語王大譯師、賢哲慧幢、語化身戒金剛（gSung sprul Tshul khrims rdo rje）、尼布瓦・持明藏（sNyi phu ba Rig 'dzin snying po）、哲勒・蓮花善成（rTse le Padma legs grub）、噶陀巴蓮花慧（Kaḥ thog pa Padma blo gros）、及雍度巴・吉祥任運（Yon do pa bKra shis lhun grub）等。從上述諸師，彼聞受無數屬舊譯派之教傳與伏藏法要，至疑問盡釋。由精勤於生、圓二次第之止觀修習，彼遂得盡修證之究竟。因彼不受世間八法之紛擾所染，故其所有追隨者均自然依於正法而行。

　　彼嘗三製《甯瑪派十萬續》卷帙；首二回因意欲延續教法之故，遂齎送典籍至康區及工布。由此而見，凡可利益眾生者，不論為書冊或其他財物，只要屬其所有，彼亦盡行布施；縱至一無所有，彼亦為修行者悠然布施資具。全賴此尊者，《甯瑪派十萬續》之相續傳授乃遍行康區與前藏；是以彼於教法具大恩德。由不懈於教授〔顯乘〕經、〔密乘〕咒、及明處之事業，遂令其弟子滿願；復恆為護養聞法者而給予生計。簡言之，其賢正善良之功德，令彼地位崇高；而其講、修、與事業等三輪之功業，實廣大如虛空。彼於其本命年（dgung keg）、即六十一歲時往生寂靜界。

丁五、秘密主事業任運

　　崗那大譯師之傳承，授予努・佛智之轉世秘密主事業任運（gSang bdag phrin las lhun grub）。彼為內氏（gNyos）大賢

哲導師、顯密持教之子，金豬年[169]於恰‧菩提洲（Chag Byang chub gling）降生。五歲時已能通達讀寫；八歲時於其尊翁跟前受居士戒，且得賜名鄔金延壽（O rgyan tshe 'phel）。自始彼遂專注於儀軌、修習及實修技巧等法類。由修學廣大遍知龍青巴所有經典、及世俗明處如聲明及星算明等，彼遂具慧力；尤其於其尊翁座下，得教傳與伏藏之眾多灌頂、導引、解說、傳授，如「上師、大圓滿、大悲者三部」（bla rdzogs thugs gsum）之修習方便等。復經思與修後，〔教法於其心中〕乃得安立。

彼從經典海（gTsug lag rgya mtsho）大士出家後，又受賜名事業任運吉祥賢，得聞受種種佛法。復次，彼曾依止古今傳規之正士上師逾三十位，包括屬甯瑪派之語化身戒金剛、大譯師利他金剛、大德普賢尊勝（lHa btsun Kun bzang rnam rgyal，大德虛空無畏）、大圓滿者龍聲賢（rDzogs chen pa 'Brug sgra bzang po）、苯教谷者‧戒幢（Bon lung pa Tshul khrims rgyal mtshan）、大宿氏‧法界自解脫、及斷迷寶法固（'Khrul zhig nor bu chos brtan）；及其他屬新譯派者如補處稱殊勝音（rGyal tshab grags pa mchog dbyangs）及怙主福德具殊勝等。彼從上述諸師，無慳聞受無量顯、密教法。

特說有關《密意總集經》之灌頂：事業任運八歲時，由其令尊伴隨左右，於密行者普賢富饒被迎請至菩提洲之際，乃兼得宿氏及康派傳規。廿一歲時，彼從大德普賢尊勝聞受康派傳規之著作；復次，彼廿九歲之際、即土兔年[170]四月，於崗那任運台，其時利他金剛大譯師以彩粉製成《密意總集

---

[169] 明萬曆卅九年，歲次辛亥，即西元 1611 年。

[170] 明崇禎十二年，歲次己卯，即西元 1639 年。

經》一切根本及支分壇城，彼即於利他金剛跟前，依聶氏・祥瑞之著作、及廣大修習儀軌之次第，於十七日內盡得完整四長河之灌頂、賜護法印及觀修次第之口訣。

該崗那大譯師，向其具緣弟子行法施時極為慷慨；然過此而往，向彼作供養之求法者，則一概不受且退還所供，復云：「吾等之法，絕不出售。」然而有一說，謂此事業任運阿闍梨，向彼供養置於〔壇城〕角落之九灌頂寶瓶時，崗那大譯師竟悅而受之。究其實，此表相方便，乃顯示彼視事業任運為具灌頂河之根器者，故遂安立此能令教法增上之緣起。

如是，事業任運以隨宜相應，盡除於學、思所生之疑問。彼於多所隱處內，如如致心於要道之修持。於生起次第所觀明相中，彼能滅除〔世間日常中之〕不淨顯現，且能獲可觸、見之徵相，是以彼從事何法，皆可無礙成就。

經圓滿次第，彼因證得圓滿且離變異之本淨基、亦即真如實相，遂能斷除執實輪涅之牽纏。既將萬有融於法爾內光明界中，彼遂得見眾多本尊，復得授記。因彼已摧滅唯自利之執心，故而利他之周遍悲心，遂無整治而具力生起。如是，彼為眾多純求解脫、不論利鈍之具善緣者，恆轉講、修之法輪，遂令教法與眾生之利樂，更為廣大。

更者，秘密主事業任運，將其一切深、廣之教法，盡行垂賜其身語意之殊勝心子、大伏藏師不變金剛（'Gyur med rdo rje，伏藏主洲），且以灌頂而立其為攝位者。於彼五十二歲之年，即水虎年[171]翼宿月[172]廿二日，其頭上頂輪突生一結，有

---

[171] 清康熙元年，歲次壬寅，即西元 1662 年。

[172] 藏曆二月。

氣如月下之蒼白露珠、或如薰煙,從彼結而出;彼遂捨其色身莊嚴而入法界。

丁六、大譯師法王持教

事業任運攝持大譯師法王持教(Lo chen Chos rgyal bstan 'dzin)為其弟子。後者生於艾當俄波(E 'dam sngon po)之下村,時維金羊年[173]。因其前生之習氣極為明顯,遂被認定為眾僧〔以往〕之主,遂迎請彼往諸如上塔洲(Dvags stod gling)等其上世之寺廟。彼無難而掌握閱、寫、及事業儀軌等;既已,遂入窮結吉祥山僧院('Phyong rgyas dPal ri grva tshang)[174]繼續求學。彼從主持法座之福德大寶(bSod nams rin chen)出家,並賜名法王持教;得一切種種灌頂與傳授。彼由起始憶念《密意集》等之法本、畫像、造像量線、食子勾畫、讚頌種種,以至遍知龍青巴之論著《心性休息》本論及注釋等,修學一切教法。其後,彼又隨努師‧稱王(gNubs ston Grags pa dbang po)修學真實回遮(yang bzlog)及洛齊(Loktri)[175]等忿怒密咒之應用、及天竺、漢土星算學等。

於土鼠年[176]、即彼十八歲時,法王持教受大寺院之命為糾察僧,其嚴正堪為表率。同年,持明事業任運受迎請至窮結吉祥山,為包括殊勝化身事業尊勝(mChog sprul Phrin las rnam rgyal)在內之全體僧院,依宿氏傳規,於彩粉壇城中垂賜《密意總集經》灌頂、暨指授與賜護法印;並作相關之廣大

---

[173] 明崇禎四年,歲次辛未,即西元 1631 年。

[174] 僧院 Grva Tshang,漢語音譯為「札倉」。

[175] 英譯註,云為閻曼德迦壇城中一護法名。

[176] 清順治五年,歲次戊子,即西元 1648 年。

修習。其後，彼復為小攝阿闍梨與弟子，以布畫就之壇城，依康派傳規再行此灌頂。法王持教於此兩回〔灌頂〕，俱得與會聞受。

其後，於不同時地，彼聞受包括 《八大法行善逝集》、《密意集》、《無垢心髓》、及證空洲（Zhig po gling pa）之伏藏法要等多種教法。復次，彼曾親近眾多具德賢哲正士上師，包括大德虛空無畏及語化身戒金剛等，從諸師得教傳與伏藏之灌頂、傳授及導引甚多。彼繼而奉大臣大山（rGya ri dpon sa）之詔命，赴崗那從仰師勝慧金剛聞受《迦羅波經》、修辭、聲律及其他語言明處之支分等，且無不通達。

如是聞受圓滿後，彼曾於艾當民（E mthong sman）與措美定（mTsho smad steng）兩地稍住；最要者，乃彼在上塔洲寺廟內定居，秘密勤作近修，由是生起善妙之修、證；而護法受其所役之明顯相恆時出現，故甚而該境內之村民，亦毋敢有違「上師洲」（即上塔洲之上師、亦即法王持教）之命，蓋恐護法之懲戒在後也。

特此一提：彼於水虎年[177]、即卅二歲之時赴塔領（Dar gling，塔丁），從大伏藏師不變金剛聞受蓮花洲（Padma gling pa，金剛洲）之部份伏藏教法。其時不變金剛得知：彼先前從其尊翁事業任運所得《密意總集經》灌頂之相續傳承暨實修指導，已〔由法王持教〕清淨受持，是以法王持教稍後即受邀，往彼廣大伏藏師甯波車（不變金剛）之法座（敏珠林）前，以授《密意總集經》之灌頂為供養。如是，法王持教遂令舊譯派之教法得無上利益。土鼠年[178]四月、即其七十八歲之年，彼於

---

[177] 清康熙元年，歲次壬寅，即西元 1662 年。

[178] 清康熙四十七年，歲次戊子，即西元 1708 年。

上塔洲寺廟往生。

從上可見,就教法而言,宿氏三祖孫之徒眾,其數目一直廣增,遂繁衍無數〔傳承〕;是故云:「大秘密主卓普巴在世時,此教法得廣為弘揚,故彼實為金剛手秘密主自身,為密咒教法之增上而降生雪山之地」者,實為真實之說法。

爾後,〔時世〕因渾濁而日益衰敗,舊譯派教授乃漸次零落,直至其有如秋泉之稀見。當此時際,能肩負雪域全體之頂嚴蓮華生大阿闍梨、遍照護與玉聲藏等之發心;匯合各方微弱如小泉之指授,使其盡行合流而成教法之無盡廣大海;如是乃重新高舉《經》《幻》《心》三分宗風之廣大不敗法幢者,厥為大伏藏師法王不變金剛、及一切知大譯師語自在法吉祥父子[179],暨二者一眾弟子也。殊勝大伏藏師之略傳詳後。

丁七、大譯師法吉祥

教法之大日、大譯師法吉祥(Lo chen Dharmaśrī),乃大伏藏師甯波車(不變金剛)之弟,生於木馬年[180]。彼從該取巖上師尊(不變金剛)跟前,受三皈居士戒,得賜名為持教文殊王(bsTan 'dzin 'jam dbyangs dbang po)。十五歲時從一切知大第五世達賴喇嘛出家,除得賜名為語自在法衍(Ngag dbang chos 'phel)外,復受沙彌戒。復次,於彼廿歲時,從同一堪布受近圓戒。稍後,彼銜王命,從卡立‧尊前至寶持教(Kha rab Zhal snga nas dKon mchog bstan 'dzin),復受舊譯派下藏毘

---

[179] 指二人上師與心子之關係,非指彼等為親父子,蓋二人實為親兄弟也。

[180] 清順治十一年,歲次甲午,即西元 1654 年。

奈耶¹⁸¹之清淨律統。

　　彼又從其取巖上師尊，受三種教誡傳規之菩薩戒，遂由
是而發菩提心；因彼昔於十二歲時，已從上師於彩粉壇城中，
得受《持明心要》（*Rig 'dzin thugs thig*）之灌頂，故其悲心亦
實已成熟。彼後所得之別解脫與菩薩等二戒，實乃來自其先前
密咒戒律、於彼中生起之如是律儀體性；是以其心相續善為約
束。

　　法吉祥於閱寫文字、及事業儀軌悉能通達。十六歲時彼
親炙貢塘班禪・善知識尊勝（Gung thang Paṇ chen bShes gnyen
rnam　rgyal）有關《迦羅波經》與聲律學之完整解說；其有關
蘭札文（Rañjanā）及域體文（Vivarta）等文本；及《藏語語
法三十頌》、《音勢論》之解說等聲明學支分。彼又從種菜
者義成自在王（lDum pa Don grub dbang rgyal）習天竺、漢土
星算學、及《元音數術》（*Svarodaya / dByangs 'char*）等。彼
隨虎溝僧（sTag lung grva pa），聞受有關《妙音聲明記論》
（*Sārasvatavyākaraṇa / dByangs can sgra mdo*）文法圖、《月官
文法》（*Candravyākaraṇasūtra / sGra tsandra pa*）之文字拼攝
（Sandhi）與派生、及輕律步之聲律等解說。彼亦往聞受廣大
取巖上師有關《詩鏡》、及依舊譯派自宗舞畫唪三藝（gar thig
dbyang gsum）等之解說。彼於上述種種學問皆徹底通達。

　　法吉祥從其長兄佛子教日（rGyal sras bstan pa'i nyi ma），
得熟諳毗奈耶之應用及道名言。於大多數典籍，如《心性休

181 即第三品、乙三及第五品、乙六、丙一所述之「毗奈耶藏地下傳承」。英
　　譯云稱之為「下傳承」，蓋相對於由法護（Dharmapāla）傳入藏地之「上傳
　　承」、及由龍樹經功德慧（Guṇamati）傳至宗喀巴之「薩迦傳承」而言。參
　　《青史》。

息》、《毘奈耶教理寶藏》（'Dul ba lung rigs gter mdzod）
等，彼僅須稍得傳授，即能生起無礙勝解。彼從善知識覺弘
法（dGe bshes Sangs rgyas chos dar），聞受毘奈耶、阿毘達
磨、及般若之講說；從貢塘班禪聞受《中觀提要》（dBu ma'i
stong thun）及《毘奈耶三百頌》（Śrāmaṇerakārikā / 'Dul ba sum
brgya pa）之講說。彼依賢哲護法幢（mKhas grub Chos skyong
rgyal mtshan）習《甚深內義》（Zab mo nang don）之講說；彼
又於師尊不變金剛跟前，修學諸如廣大遍知法主龍青巴、宿
氏父子、及廣大絨地頂尖者等眾多典籍；如是，彼心相續遂
得解脫。凡於聞、思，彼絕不輕輕帶過，而實可直攝之入自
心；據彼云，此則因〔其兄不變金剛之〕大德也。

更者，當法吉祥聞受廣大取巖上師，糅合《巴甲釋》與
《雍師釋論》而為《秘密藏》作口頭講說時，亟為該續之表
義及密義探賾索隱。彼於舊譯派《經》、《幻》、《心》等
續部修部一切尚存之教傳灌頂、教法解說、及口訣教誡等；
於伏藏法系、從大多數著名伏藏師之伏藏法要中，以《前後
伏藏寶庫》為最主要之所得灌頂、傳授及口訣；及於一切
〔上述教授〕之根本、即《甯瑪派十萬續》之完整傳授等，
彼俱以注水盈瓶之態而聞受。復次，法吉祥從持明蓮花事
業，得完整《時輪》之灌頂，又得《幻化網》寂忿尊之灌頂。

以下足作說明：若須無偏細說法吉祥，彼於依止各具教
法傳規之廿餘位舊、新〔譯派傳規〕上師時，在如海法門中
之聞、思、修等情況，則實不能盡。

為教法故，法吉祥大譯師向四百四十七比丘授近圓戒、
一千二百九十八則授沙彌戒。彼年四十八至六十四之間，於
每一夏、冬二期，均不斷為具殊勝善緣且明慧之持明和合眾六

十餘，轉《秘密藏續》之法輪；復開示眾多鉅著，包括《三律儀決定論》（*sDom gsum rnam par nges pa'i bstan bcos*）、《般若》、及《毘奈耶》等。彼嘗於八回中，純作《幻化網》寂忿尊之灌頂；三回純作《密意總集經》；五回則純作《摧滅地獄》。如是，彼開示其所學之一切舊、新譯派教傳、伏藏灌頂、傳授及實修導引，似不下三、四回。

特此一提，彼向吉祥薩迦派之大法王語自在慶喜吉祥（dPal ldan Sa skya pa bdag chen Ngag dbang kun dga' bkra shis），垂賜教法甚眾，包括《新寶藏》（*gTer gsar*）之完整灌頂與傳授、《大悲者口傳導引》（*Thugs rje chen po'i smar khrid*）、及《普巴利刃》（*Phur pa spu gri*）之灌頂等。法吉祥於水龍年[182]五十九歲時，受迎請往多康之昌都（mDo khams Chab mdo），為聖者天勝海（'Phags pa lHa rgyal ba rgya mtsho）、寂賢（Zhi ba bzang po）、及語自在活佛（Ngag dbang sprul sku）等，授予「《新寶藏》完整法門」（*gTer gsar skor yongs rdzogs*）、《集密上師》（*Bla ma gsang 'dus*）、《仰氏伏藏之紅忿怒〔上師〕》（*Nyang gter drag dmar*）、《普巴利刃》、《摧滅地獄》、及《王者傳規之大悲者》（*Thugs rje chen po rgyal po lugs*）等無偏新舊〔傳規〕之灌頂、傳授及口訣甘露，令彼等心相續得成熟與解脫。

法吉祥甚而曾為數數求法者，依彼等慧根高下，教授聲明、聲律等世俗明處不下五、六回。簡言之，此正士終其一生，依智者三法[183]，為教法作廣大事業；彼於如是行中，遂現起大圓滿自顯現而無偏之意樂。故此，彼住於殊勝之廣大

---

[182] 清康熙五十一年，歲次壬辰，即西元 1712 年。

[183] 即講說教學、辯論與著述。

〔菩薩〕地道中，誠不爭之實也。

　　為令教法久住，法吉祥起始以其空前撰述、即解說《密意總集經》及《幻化網》要旨之大車論著為首，下至其有關世俗明處之撰著，成圓滿論典與善說之大寶藏，遂薈萃為凡十八帙之《全集》（*bKa' 'bum pustaka bco brgyad*）。

　　至若由其「語」而生之諸法子：於該時期，持教之絕大多數大士，不於彼〔法吉祥〕足前頂禮者，似絕無僅有。復次，尊者一眾弟子中，通達講說經典與因明、復具足證量成就之親徒，其數實無可量。

乙十一、教傳之較後期傳承（分四）

丙一、教傳之敏珠林（sMin grol gling）傳承

　　如是：總則為舊譯派教傳法門；別則為《經》、《幻》、《心》三者等〔令有情〕成熟、解脫之教法解說、指授及當面指點之教傳，通集於大伏藏師持明不變金剛身上。尊者將此傳予其弟、即玉聲藏之化身法吉祥大譯師；後者又傳予無垢友之化身佛子大寶尊勝（rGyal sras rin chen rnam rgyal）；彼復傳予大譯師之轉世大堪布鄔金持教金剛（O rgyan bstan 'dzin rdo rje）。從彼二師徒始，傳承之河遂化作多支，從康區之噶陀、白玉、雪千、及竹千〔諸寺〕、弘播至東隅之甲摩絨、及安多之果洛境（A mdo mGo log gi yul）等。於上述諸地，解說與修習之佛事業，至今仍廣大且不斷而存續。

　　雖不能於此逐一詳說所有持傳承者，今姑舉一主要傳承為例：由鄔仗那大堪布〔鄔金持教金剛〕始，經以下之傳續

赤欽・事業尊勝（Khri chen Phrin las rnam rgyal），乃事業任運之化身；

赤・蓮花自在王（Khri Padma dbang rgyal），乃廣大伏藏師〔不變金剛〕之化身；

赤・覺慶喜（Khri Sangs rgyas kun dga'），乃玉聲藏之化身。

從大伏藏師至此〔上述最末〕阿闍梨，屬歷代皆為持金剛之內氏無斷族系。

此傳承復相續如下——

多康城牆活佛・顯密持教寶（mDo khams gyang mkhar sprul sku mDo sngags bstan 'dzin nor bu）乃諸賢正成就眾中之尊；

輪圍怙主不變利樂光（'Khor lo'i mgon po 'Gyur med phan bde'i 'od zer）、即妙吉祥樂日（'Jam dpal bde ba'i nyi ma），乃秘密主金剛手之化身。

〔此上述最末之阿闍梨〕親攝受余於其門下，故余遂得賜護法印之撫慰（dbugs dbyung）。

丙二、無上瑜伽之敏珠林傳承

復次，尚有大圓滿心部、界部法系與口訣部廣大《心髓》之不共傳承。持明伏藏主洲（即不變金剛）分別傳此予佛子大寶尊勝，與智慧海王母之化身、即不變吉祥炬女尊者（rJe btsun Mi 'gyur dpal sgron）。由此二者，傳承之相續授受如下——

大堪布鄔金持教金剛；

赤欽‧事業尊勝；

事業法炬女尊者（rJe btsun Phrin las chos sgron）；

遍智金剛威光（Kun mkhyen rDo rje gzi brjid）、即文殊智悲王（'Jam dbyangs mkhyen brtse'i dbang po），乃廣大班智達無垢友與法王赤松德贊之雙化身；

傑仲‧事業慈生（rJe drung Phrin las byams pa'i 'byung gnas）[184]，乃朗卓（朗卓‧至寶生）之化身；

再傳予遍入主不變了義王（Khyab bdag 'Gyur med nges don dbang po）[185]，乃遍照護之化身。

於此〔上述最後〕二位輪圍怙主尊前，余得成熟、解脫、及口訣圓滿，是即獲彼等以真實傳承意樂，賜授於余之加持恩德。

丙三、《十萬續》之傳承

復次，可以完整《十萬續》傳授之次第傳承為範例。下文可見，密續之教傳長河，悉無餘匯聚於大伏藏師寶洲（Ratna gling pa）一身之中。傳承由彼相續如下──

其嫡嗣壽自在稱（Tshe dbang grags pa），壽一百一十歲；

〔壽自在稱之〕弟語自在稱（Ngag dbang grags pa），

---

[184] 傑仲，舊譯濟嚨，大貴族子弟出家後的尊稱。
[185] 敦珠法王根本上師之一。

語自在寶（Ngag dbang nor bu），則為其子；

寶共許（Nor bu yongs grags），乃無垢友之化身；

佛子寶自在王（rGyal sras nor bu dbang rgyal）；

遍知戒金剛，蓮花洲第三位語化身；

苯教谷者・舞自在戒幢（Bon lung pa Gar dbang tshul khrims rgyal mtshan）；

持教不變金剛，乃蓮花洲心子月幢之第四世、及敏珠林之持明伏藏主洲〔不變金剛〕等二人。

前者〔指持教不變金剛〕之傳承相續如下——

語自在普賢金剛（Ngag dbang kun bzang rdo rje），蓮花洲第四位語化身；

不變殊勝成吉祥燃（’Gyur med mchog grub dpal ’bar），第五位心子；

蓮花義成稱（Padma don grub grags pa），彼乃金剛上師；

普賢教幢（Kun bzang bstan pa’i rgyal mtshan），蓮花洲第六位語化身；

巴卡・普賢持明金剛（rBa kha Kun bzang rig ’dzin rdo rje）；

普賢教日（Kun bzang bstan pa’i nyi ma），蓮花洲第八位語化身；

巴卡持明三界普解脫（rBa kha rig ’dzin Khams gsum yongs grol）；

鄔金解脫海（O rgyan rnam grol rgya mtsho），彼乃金
剛上師；

僧海（dGe 'dun rgya mtsho），乃捨離一切之瑜伽自
在。

〔僧海〕以廣大恩德加被余。

從持明伏藏主洲而降之傳承長流，由文殊慧無邊發揚光
大。是故，正如本文所言，《經》、《幻》、《心》三者之
真實教法，直至今時仍傳續不衰。

以下所引見於土觀（Thu'u bkvan Blo bzang chos kyi nyi
ma，土觀・慧賢法日）《講述一切宗派源流暨教義善說晶鏡
史》（Thu'u bkvan gyi grub mtha' shel dkar me long）——

自《經》、《幻》、《心》三者之所有法要隱於
本始清淨法界後，已為時甚久。今日之甯瑪派中
人，僅視諸如羯磨儀軌念誦、鋪陳會供輪、詛燒拋
（mnan sreg 'phang gsum）〔食子〕等模擬把戲為法
要……

如斯妄語實極大謬不然。以信實可靠如土觀之大學者而
言，定不可能作此無稽之談。余等意此語，無疑為後時黨同
伐異之愚人以其私作攙雜。

丙四、康派傳承（分三）

丁一、噶陀

續：如前所說，噶陀（Kaḥ thog）金剛座之大寺院乃舊
譯派教法之獨特泉源，其佛事業後由持明伏魔金剛（Rig 'dzin

bDud 'dul rdo rje）與界光藏所增上。然而於隨後之一段時期
內，教法在該處漸次零落。伏魔金剛之轉世、兼界光藏之心
子福德謎王（bSod nams lde'u btsan），於敏珠林之廣大伏藏師
甯波車〔伏藏主洲〕跟前得受彼法，遂從根本恢復教法之傳
授。由彼〔福德謎王〕之轉世無垢剎土神怙主（Dri med zhing
skyong mgon po）、暨其他為護持噶陀法座之諸大士次第轉世
開始、及諸如虛空藏之化身持明壽自在寶（Rig 'dzin tshe dbang
nor bu）、廣大涅・智童化身、即大班智達不變壽自在殊勝成
（'Gyur med tshe dbang mchog grub）等，〔此傳授遂能相續〕
至稍近於今時之導師，如司徒・遍見法海（Si tu Kun gzigs chos
kyi rgya mtsho）、及無垢友其後之化身、即大堪布持明語自在
吉祥賢。上述之眾生勝導師，彼等之賢哲生平，暨極其稀有無
匹之三輪（講、修及事業）佛事業，已將勝利王總體教法、尤
其為舊譯派教傳與伏藏之教授，作光如日照之顯揚。

丁二、竹千廟（rDzogs chen）[186]

復次，有眾成就者中之尊、即竹千之蓮花持明（rDzogs
chen pa Padma rig 'dzin），彼以其為犬王阿闍梨與無垢友之雙
化身而知名，生平示現為具足不可思議之賢、正、成就。彼
奉殊勝王者、即大第五世具遠見之命令前赴多康，於該地之
茹東吉壇（Ru dam skyid khram，竹千廟後之山谷）建置名為
「禪定法洲」之閉關院（sGrub sde bSam gtan chos gling）；彼
遂成舊譯派教法一獨特之友好。其往後之次第轉世及諸心子、
如大伏藏師日稱（gTer chen Nyi ma grags pa）、師徒虛空光明

---

[186] 即大圓滿之義。為免與大圓滿教法混淆，且漢地通常亦以音譯稱之，故本
書不用意譯而以音譯「竹千」表其祖廟及其轉世法王。

（dPon slob nam mkha' 'od gsal）、及雪千‧無央教幢（Zhe chen Rab 'byams bstan pa'i rgyal mtshan）等，以廣如虛空之佛事業扶持教法。彼等一系最勝士夫，直如生起一串黃金山脈。

更尚者，於竹千第四世化身不變虛空金剛（rDzogs chen sprul sku bzhi pa Mi 'gyur nam mkha'i rdo rje）之世，敏珠林廣大伏藏師〔持明伏藏主洲〕之化身、即佛子利他無邊（rGyal sras gzhan phan mtha' yas），為顯密眾多經教傳規之講、修，尤其為舊譯派之教誡，出力更深。是故，彼探尋文獻，復廣事弘揚其相續灌頂、傳授與口訣；曾刊行有關《密意總集經》、《幻化網》等等之儀注導引凡約十篋。如是，彼所施予延續教法之慈恩及遺澤誠超逾思維。

丁三、白玉廟

與此相彷，拉宋‧勝利菩提之化身持明普賢般若（Rig 'dzin kun bzang shes rab），於白玉（dPal yul，吉祥境）區創建名為尊勝菩提洲（rNam rgyal byang chub gling）之寺廟。彼令包括其諸心子、及其次第遊戲化身等在內之持教賢哲大士一族冒起。如是，彼遂為講、修及事業等三之佛功業作廣大增益。

後時，於文殊怙主智悲王、與大伏藏師殊勝洲二尊前發心，大化身蓮花顯密持教（rGya sprul Padma mdo sngags bstan 'dzin）即就該法座，設立舊譯派教法至今時仍存之：一切相續灌頂與傳授中，恆時每年一度之「廿七廣大壇城修供」；復新建幡平原顯密說修洲（Dar thang mdo sngags bshad sgrub gling）。以此及他行，其三輪佛事業實屬殊勝。

更尚者，鄔金顯密法日（O rgyan mdo sngags chos kyi nyi

ma）以其不依外而自有之發心願力，刊印所有教傳法藏之著作，都約二十篋。余依自身福德善緣，有幸能得此舊譯派教傳典籍一套，其中最重要者，無過於《密意總集經》、《幻化網》及《心》等三。於此緣薄之世，當藏地與康區已淪為粗惡蠻荒，且難堪扭轉之時，以此〔上述文獻〕為基，教法之餘燼遂由此方而蔓延，教法之性命遂成熟為不滅之長生稻，此即純以該阿闍梨一人之稀有、且令人無以為報之慈恩所致也。

舊譯派所詮之金剛乘寶貴教法史，名為《帝釋天遍勝大戰鼓雷音》第五品：闡述屬教傳廣大久遠之傳承中、《密意總集經》、《幻化網》及《心》等三分教法之遞嬗，於此圓滿。

第六品

第六品：「伏藏極近傳承」提要

談錫永

伏藏法系，為甯瑪派的特點。所謂伏藏，是前代聖者將經續、儀軌或法器等，封藏在山中水壑，以待後世有緣人發現。——漢地學者所說的「藏諸名山，傳諸其人」，便有相同的意思。

將法本伏藏，固然是因為機緣未熟，一時難得傳人，但卻有許多利益，如不易為兵火所毀，不易為外道所得，更不會因輾轉相傳而致文字脫誤。

或者，有人會懷疑伏藏有偽造的可能。關於這點，甯瑪派的信徒自知所抉擇。而歷代伏藏師的成就，特別是五王者伏藏師的成就，便用事實反駁了這些不淨的說法。

得伏藏傳承的學者，在印度、尼泊爾及西藏均大不乏人。至於藏密伏藏的主要來源，則出於蓮華生大士及佛母智慧海王母。

除了法本之外，伏藏的還有財物與三昧耶法器，不過這兩種，似乎比較不重要了。

最早的伏藏師，為覺喇嘛，是西元十世紀時人，約與迦當派祖師阿底峽尊者同時。覺喇嘛所傳，為伏藏一極重要來源。如果從歷史觀點研究，則覺喇嘛的活動時期，正當西藏佛法重興之際。其先輩在百餘年佛法黑暗時代，將法本法器以至財物伏藏，是可以理解的事，故覺喇嘛適逢其會，遂得大量伏

藏，並可以有機會將之弘揚。

覺喇嘛之後，則有五王者伏藏師及無數伏藏師。

第一位王者伏藏師，是與密主卓普巴同時的仰‧日光，其傳人有虛空吉祥等，法嗣頗廣。

仰‧日光所得的伏藏，主要為佛母智慧海王母化身所授的空行法類，及由蓮華生大士之高弟遍照護及但馬‧眾頂的經續。其修持成就，即新教大德亦表示欽佩。

第二位王者伏藏師，是上師甯波車法自在，為西元十三世紀初葉時人，曾聞阿底峽尊者及薩迦派法要，終因具大福緣，取得伏藏甚夥，並經其父考察，於是依法修持，而獲得大成就。其主要弟子，有巴羅‧頂持、曼隆巴‧不動金剛等。

第三位王者伏藏師，為金剛洲，時代較格魯派宗師宗喀巴大士略早。其取得的伏藏，主要為上（上師意集）、圓（大圓滿）、意（大悲）三類。其主要的弟子為法界者等。至薩迦派的第四代法王，亦曾從其學。

相傳金剛洲示寂後，其遺體存於廟中三年，竟能誦回向文以饒益有情。及至荼毘，其雙足又自火化房躍出，分為兩弟子所依。

第四位王者伏藏師，為鄔金蓮花洲，生於十五世紀中葉，原為康派中若氏一系的嗣子。其第一次取得伏藏，為持燈潛入熾火湖中，及至取得伏藏匣出來時，燈仍未滅，故受信眾讚歎頂禮。

蓮花洲所傳，則分二系：一為嗣子月幢一系，一為法子化身具殊勝怙主活佛一系，均有極大成就。

　　第五位王者伏藏師，為文殊智悲王。師亦為若族嗣續，生於十九世紀初葉，為近代之王者伏藏師。

　　文殊智悲王不但得伏藏成就，其於大小五明、律藏、論藏、中觀、般若及法相等宗的經典，均皆通達，又兼修薩迦派及迦當派的密法。故實為近代顯密雙修的甯瑪派大學者。故其弟子眾，有甯瑪派者，有薩迦派者，有噶舉派者，有格魯派者，甚至有苯教之掌教。師得藏密行人之崇敬，於此可見一斑。

　　敦珠甯波車於記敘文殊智悲王的歷史時，並加評論，以為文殊智悲王能統攝修行八大乘的傳承 —— 甯瑪派；迦當派、毘瓦巴的法統；噶舉派賢哲瓊波‧瑜伽士的教傳；時輪金剛法統；正士帕當巴覺之傳教規；鄔金巴的三金剛近修，並遺留後代七種教誡。此可知，師實為近代之大成就者。

　　除上述五伏藏師外，著名的伏藏師，尚有持明伏藏主洲等百餘位，而為漢土所諗知的第五世達賴喇嘛，亦為其中之表表者，故甯瑪派伏藏成就，治藏地教史者當不可忽視也。由於敦珠甯波車本人亦得伏藏傳承，並將之傳授於漢土，故伏藏歷史一節，實為近代著作中稀有難得之資料。

仰‧日光

法自在上師

悉地幢

佛洲

寶洲

蓮花洲

事業洲

持明伏藏主洲

第五世達賴喇嘛

持明伏魔金剛

哲勒‧眾自解脫

文殊智悲王

文殊怙主工珠慧無邊

不敗文殊尊勝海

第六品

甲六、伏藏極近傳承（分廿六）

乙一、伏藏體性、目的與種類（分五）

今，余將略說構成甚深極近傳承之伏藏史。

丙一、伏藏體性

伏藏教法之體性或自性，可於下開所引《佛說海龍王經》（*Nāgarājaparipṛcchāsūtra / Klu'i rgyal pos zhus pa'i mdo*）之段落而知——

> 下四乃無窮盡之大寶藏：一、三寶一線延續不斷之無窮盡大寶藏；二、廣大且無量教法證悟之無窮盡大寶藏；三、令有情喜悅之無窮盡大寶藏；及四、有如虛空之無窮盡大寶藏。

與此相似，《集一切福德三昧經》（*Āryasarvapuṇyasamuccayasamādhisūtra / bSod nams thams cad sdud pa'i ting nge 'dzin gyi mdo*）云——

> 噫！無垢威光，欲求佛法之菩薩大勇識，彼等之教法寶藏，已置於山間、深谷與叢林中。載於書冊之陀羅尼與無數法門等，亦將入彼等手中。

此已善為解說伏藏教法、伏藏地點及發伏藏者；〔同經中〕尚有以下段落，指示天上法（gnam chos）等等——

願心若屬圓滿，則雖無佛住世，教法亦必從天而
降，或自牆壁、樹木而出。

復次，於不同之著名經續中，已屢屢指示伏藏之體性、
釋詞、門類及目的等；此於天竺及藏地皆屬眾所周知者，是故
伏藏絕非由個別、如某某藏地人等所新造。

丙二、伏藏目的

至若封存伏藏之目的，《江河遊戲經》（*Chu klung rol pa'i mdo*）云 ——

> 其將我之教法卷　隱於心者為意巖
> 或為地中精華寶　誠然狂智外道眾
> 定必混淆究竟義　江河長流永不斷

由寶洲法王所取之伏藏，其中有云 ——

> 我對貪新藏地民　我對濁世諸眾生
> 懷大悲故作伏藏　極深究竟之要義
> 藏寶邊地與中地　祈具緣子能得之
> 後世空談辯慧師　隱修偏見憍慢者
> 定必自大作駁難　於我所藏之寶藏
> 然而濁世諸佛徒　多受伏藏所引導
> 甚深圓滿無障礙　知其少分亦解脫
> 是故具福善修者　於習氣中得醒覺
> 憶死即修伏藏法　一生得入解脫道
> 噫唏我之追隨者　於濁世中能信受
> 見上師面見其願　因具緣故生喜樂
> 我語稀有勝珍寶

如斯說法，亦無量見於其他伏藏卷帙中。因此，就
〔久遠傳承之〕教傳而言：於此濁世，彼久遠傳承所傳灌頂
與指授，已有如市集中經攪混之乳，蓋曾被眾多持傳承者所
中斷；復因有眾多破誓、及被中邪者之污染，以致〔久遠傳
承〕所降加持曾被減損。反而就伏藏之內容而言：伏藏師皆
為化身，悉為大鄔金〔蓮華生阿闍梨〕所攝受，得灌頂與指
授之無餘教誨，故令致成熟與解脫。如是迎請而出之甚深
法，具足空行母眾口內濕潤不散之氣息，遂成極近傳承，其
加持之威光無與倫比。

丙三、伏藏傳承

伏藏〔所出之教法〕除前述之密意、表示、及口耳傳承
外，其上復有三種不共傳承，故共有六種傳承，是亦屬眾所
周知。此即——

發願灌頂傳承，隱埋伏藏者，以如下含諦語之發願句作
封存。云：「願有能主宰此某某寶藏者，其來發取哉！」

授記指令傳承，已指定為取伏藏之士夫，除被囑付能表
達真實本智密意之名相外，亦得預示未來之授記以作勸勉。

空行囑神（gtad rgya）[1]**傳承**，〔密意之〕表義，以符號
文字作莊嚴就緒後，遂隱其形而封存於金剛岩、或藏富豐厚
之湖泊、或不壞之匣中等；細目則先託付予各各伏藏主。當
授記所言之時至，則〔封藏者之〕願力成熟；〔取藏者之〕
習氣業力覺醒；而伏藏主則作勉勵。如是，細目或有或無，
而相應匣中盡其所有之甚深伏藏，遂入伏藏師之手。

---

[1]　此與上文「賜護法印」同名而異義。

丙四、地下伏藏之封存

尤值一提者，伏藏中大多數之甚深法要，皆以空行母之符號文字加密，除具相同緣份者外，不可能為他人所拆解；復因該〔具緣之〕人須值遇刻有大鄔金（即蓮師）鈐記之實物印璽，故傳承未嘗為凡夫所中斷；其來源殊勝，其符號渾然天成，其文辭不亂，而其義無有過失。因如是伏藏乃自空行母秘密文字迻譯，是故其文深邃而加持廣大。無緣之輩，不論其智之高，亦只如瞎子摸象，毫無少分之得。取藏者實乃遠超凡夫之想象也。

於此藏地國度中之教法精要，其以金剛乘為總、甚深伏藏為別之佛事業，教化無邊須調伏之人者，毋乃第二佛蓮華生乎！《大般涅槃經》（*Mahāparinirvāṇasūtra / Mya ngan las 'das pa'i mdo chen po*）中，佛陀曾授記云 ——

　　於我示涅槃之後　　大約十二載之時
　　是於富藏湖洲上　　現更勝我之士夫

此大阿闍梨非僅屬已歷諸道次第之補特迦羅、或住〔十地任何一〕地之聖者〔菩薩〕。彼實為無量光佛、無比釋迦王（釋迦牟尼）等之化身示現；其展現乃欲以種種方便，調伏彼等難調之人與非人。如是，縱於得解脫之諸廣大聖者，亦實不可能只說其片面之行〔而以偏概全〕。然而，上文已曾作略說；彼尤為廣大之佛事業，乃為令後世弟子及教法有所收穫故，遂於天竺、尼泊爾及西藏等地，封存無量數聚有教法、財富、藥物、星曆、佛像、聖物等伏藏寶庫。

更尚者，上師寶於藏地，依所化之需要而作方便教授，或總體授以教法入門；或別別授以相應於三瑜伽（摩訶、無比

與無上）之無量密續、傳授、口訣及儀軌聚等。其一切教法，均由秘密主母、界自在后智慧海王母所編，且能無倒憶念而受持。王母以空行符號文字，〔將教法等〕書於五種黃卷（五佛部）之上後，置入不同伏藏容器中，再封存之令不壞。蓮師佛父母，或單獨、或與藏王臣民等俱，將伏藏隱於不同地點，且交託予各各伏藏護法。智慧海王母更於蓮師往拂洲後住世過百年，以將不可思議數目之伏藏寶庫，隱埋於藏地之上、中、下區。如是，彼遂圓滿為伏藏所作之封存。

再者，如大班智達無垢友、〔祖孫三〕法王諸父子、大譯師遍照護、努‧佛智、虛空藏、涅‧智童、納南‧金剛摧魔、及仰僧‧定賢等，亦封存大量甚深伏藏。彼等皆加持諸伏藏，期於未來世，當教化之時已至，則可使修行伏藏以利益眾生。贊普暨其臣民，各據彼等之授記與發願，依次幻化為具善緣之人或化身，種姓與所行皆屬不定，為教法與眾生之利益而行〔佛道〕。

丙五、淨相與意樂伏藏（意巖）

上述一切皆主要指地下伏藏之顯現而言。至若甚深淨相與意巖之源，諸菩薩則有特殊之發願〔《入菩薩行論》〕，云為——

　　願諸有情能從鳥　　從樹或從諸光明
　　甚而更從虛空中　　相續不斷聞法音

有說因如是願力、復因菩薩於法不應有匱乏之因，故彼等或從大種之聲、或從野獸中，不斷得聞法音。諸佛菩薩亦嘗現身說法，此如《集一切福德三昧經》云——

> 噫！無垢威光，欲求佛法、且具足圓滿願力與皈敬
> 之菩薩摩訶薩，縱彼等住於其他世界，仍得親見佛
> 陀世尊，復聞其說法。

須知：於大聖者之觀照中，唯淨相而已，不淨相則無
有。由恆常之三時相續輪轉，彼等聖者與其無上三根本無邊
本尊，不斷作眾多稀有之論法，遂有無量甚深指授湧現。此
即宜於具緣眾中弘揚、相應各別信解慧之淨相法要。彼〔淨
相法要〕於一切所行境中顯現之況，可從天竺眾多通人、及
藏地無偏古今傳規之眾善知識、伏藏師、及成就者之生平而
得知。

與此相同者，復有彼等名為「意巖」〔之教授〕，經云
——

> 文殊師利！既知四大乃源自虛空之寶藏，如是，一
> 切法亦源自勝利王心之寶藏。故應受用此寶藏之要
> 義哉。

據此，遂有說教法之伏藏寶庫，隨順一切聖者意樂界中
傾瀉而出。

《佛說法集經》亦有如下之說 ——

> 願心清淨之菩薩，隨欲而得一切相應之指授與教
> 法。

復次，有經云 ——

> 於勝義具決定信　十萬法藏從心湧

直至今時，遍天竺、尼泊爾、及西藏等地，從諸大賢哲
阿闍梨之甚深意樂中，有無量數之甚深指授生起。約言之，

彼等阿闍梨可隨意大開教法、財富、聖物等等之門；以四種解
脫[2]之稀有佛事業，彼等將護持正法，直至此惡世終結為止。
縱於連毘奈耶與〔顯乘〕經亦不住之地，密咒道金剛乘之教
法，仍將逐步宣揚，且弘播不衰，令一切難以調伏之眾生得解
脫。如是即〔伏藏〕既廣大且相續之佛事業也。〔蓮華生〕上
師嘗自云——

濁世中教法邊際由伏藏守護

據此，乃至第五導師〔彌勒〕之教法生起前，甚深伏藏
之事業將永無衰敗。

乙二、伏藏師傳記

既已總說伏藏如是；然而一眾取藏之成就持明，彼等之
生平，實難於此作廣泛之敘述。諸眾中，包括見於〔各種修
訂本〕《蓮花法語遺教》（*Padma bka'i thang yig rnams*）中已
記其時代暨特徵、復有簡略授記之伏藏師；亦包括於書中無明
顯介紹，然皆共許為真實〔之伏藏師〕者。〔彼眾之生平，〕
皆可詳於前、後版本之《百位伏藏師傳記》（*gTer ston brgya
rtsa'i rnam thar snga phyi*）中或其他著述。余於前說數系傳承
時，已曾敘述數位繼承伏藏法要之殊勝成就者生平。今余只
兼就教傳與伏藏二分，為舊譯派總體教法中、幾位最主要「大
車」成就者傳記，作重點說明。

乙三、覺喇嘛

覺喇嘛（Sangs rgyas bla ma）屬最早期之伏藏師、乃醫尊

王子（rGyal sras lHa rje）³十三次純粹轉世為伏藏師之首。彼生於拉堆之措巴（La stod mTsho bar），約與寶賢大譯師（Lo chen Rin chen bzang po）之前半生同時代，住為持密咒傳規之剃度比丘。彼於阿里之洛窩結卡（Glo bo dge skar）一寺廟之橫樑中，取得「上師、大圓滿、大悲者三部法」；於馬頭頸（rTa mgrin mgul）附近之山岩，取得《三根本合修・成就之堅穩觀照》（rTsa gsum dril sgrub dngos grub brtan gzigs）；復於塘巴（Thang bar）、廓朗岩（Khog glang brag）等地取得《馬頭金剛勝伏憍慢魔》（rTa mgrin dregs pa zil gnon）、眾多從漢文繙譯之〔顯宗〕經傳規儀軌、儀軌異文之筆記等等。彼歷遍衛藏，徹底利益眾生，世壽約八十歲。有云一來自其伏藏之普巴杵而存於扎日措加（Tsa ri mtsho dkar），法主洲（Chos rje gling pa）⁴後亦曾於該地見之。該伏藏師之世族，一直傳續於拉堆一帶直至後時；而名為覺燃（Sangs rgyas 'bar）之伏藏師，似亦生於此同一世族中。

因時屬遠古之故，是以除少數〔顯宗〕雜經之相續傳授外，覺喇嘛伏藏之灌頂、傳授、及文獻其後不傳；然而三時遍知者大鄔金（指蓮師）、暨諸心子等本智之觀照及悲心，實無須有所述作。為處此濁世極端時際之藏地黎民，彼等以無上意樂，勸勉蓮花光顯密洲（Padma 'od gsal mdo sngags gling pa，文殊智悲王）為教法七種流傳之主；彼屬無垢友與祖孫⁵諸法王等悲心幻化之無礙生起，乃如海甚深伏藏之殊勝車。如是，百位伏藏師所有之甚深伏藏，皆直接間接落入其手，

³　乃赤松德贊之孫，其父乃赤松之幼子木迪札普。
⁴　乃覺喇嘛之轉世。
⁵　指赤松德贊與熱巴堅。

而金剛授記,則反覆向其開示現前時機之諦實義。是故,此廣
大化現伏藏師覺喇嘛之甚深伏藏精粹、即《三根本合修‧廿一
答問》(*rTsa gsum dril sgrub zhu lan nyer gcig pa*)之黃卷,遂
為智悲甯波車所掌握。雖則伏藏之根本著述未能安立,唯智悲
甯波車已隨順著述之意樂,建立事業儀軌及食子灌頂之儀注安
排;《大寶伏藏》(*Rin chen gter gyi mdzod chen po*)有載。

乙四、札巴‧通慧

同時為舒布‧吉祥獅子與大譯師遍照護化身之札巴‧通
慧(Grva pa mNgon shes),乃生於第一勝生周前之水鼠年[6];
出生地為約日中札境內之吉地(g.Yo ru Grva'i sKyid),其族乃
降自欽‧金剛小獼猴(mChims rDo rje spre'u chung)。少年時
其正法種姓已醒,遂入桑耶之大寺院。彼從龍祖(龍祖‧戒般
若)之弟子羊舒‧勝利光(Yam shud rGyal ba 'od)堪布出家。
因札境乃其籍,故被稱為札巴;而稱「通慧」者,則因其對法
(阿毘達磨)之學廣為通達也;其出家戒名為自在燃(dBang
phyug 'bar)。自〔桑耶〕中央主殿之門上,彼取出《紅財神
秘密修習》(*Dzam dmar gsang sgrub*)及《夜叉金剛伏魔續》
(*gNod sbyin rdo rje bdud 'dul gyi rgyud*)暨其修習方便;尤值
一提者,如尚論(Zhang blon)[7]授記所言,彼於土虎年[8]孟秋
七月十五日過午夜三刻(chu tshod)[9]後,於桑耶主殿中層之
「寶瓶柱」內,取出大譯師遍照護所譯之《醫方明四吉祥續》

6　宋大中祥符五年,歲次壬子,即西元 1012 年。

7　本意為「尚氏大臣」,乃一護法之名,一般稱為娘舅護法。

8　北宋景祐五年,歲次戊寅,即西元1038年。

9　「刻」,為印度計時單位,一晝夜分六十等分,每分即為一刻,伸算相當於
今時之24分鐘。此處英譯本伸算為凌晨1時12分左右。

（*gSo ba rig pa dpal ldan rgyud bzhi'i bla dpe*）之原典，謄錄完畢後，放回原處。彼將抄本秘而不宣凡一載，後交付予雅隆之善知識庫師・成年稱（Yar lung gi dge bshes Khu ston Dar ma grags）。教法後流傳至雪山山脈（指藏地）之第二醫王、玉頂・功德怙主（g.Yu thog Yon tan mgon po），遂護持此醫方傳規之佛事業。如是，此〔札巴〕阿闍梨之佛事業與稀有，誠不可思議。

　　由修瞻巴拉法故，札巴・通慧遂受賜得大量黃金財富之成就。彼以此金為基，於扎囊下谷（Gra nang gi mda'）建置吉祥扎塘之大寺院（dPal gra thang gi Chos grva chen po），及眾多相類依處。因彼既為上述諸院暨桑耶大寺院之主，故其為大善知識應無異議。與上述二夜叉法[10]有關之種種灌頂與傳授之流傳、及《醫學四續》（*gSo dpyad rgyud bzhi*，即《醫方明四吉祥續》）教法解說之傳承，至今仍相續不斷。

乙五、仰・日光

　　譽為「五王者伏藏師」及「三殊勝化身」之首者，乃法王梵志神花（Chos rgyal Tshang pa lha'i me tog，赤松德贊）故意而取之化身仰・日光（Nyang ral Nyi ma 'od zer）。彼第二勝生周火龍年[11]降生於洛札之當恕（lHo brag gTam shul）境、一處名為「者莎」內之「賽干」區（'Dzed sa Ser dgon）。其父名仰師・法輪（Nyang ston Chos kyi 'khor lo），母名蓮花喜力（Padma bde ba rtsal）。自童稚時已現無數奇異相：彼八歲時已得現見世尊釋迦王、大悲者、上師寶等無邊淨相，且感之

10　指紅財神及金剛伏魔。

11　南宋紹興六年，歲次丙辰，即西元 1136 年。

凡一月之久。更者，一夕，彼見上師寶跨白馬至，馬蹄為四部空行所捧。上師寶以其寶瓶甘露為彼作四灌頂，仰氏遂得三覺受，即：虛空崩裂、大地震動、及高山移行等。彼其後據此〔覺受〕而作之種種行，眾皆視之為狂夫。彼從其父得馬頭金剛灌頂，於者普岡那（'Dzed phu gangs ra）修此本尊後得親見之；有馬嘶聲自其銅杵出，仰氏於石上遺其手足印。依空行母之授記，彼往至麻窩屬（sMa bo cog）之石下，有本智空行母賜以「日光」之名，其後彼即以此名行。

上師寶化現作一瑜伽士名自在金剛（dBang phyug rdo rje），賜仰氏內有伏藏細目之重要文書，復為其說法；而札巴‧通慧與羊室伏藏師（Ra shag gter ston）之細目暨其補遺，亦入其手中，彼遂依此而往跳躍羅剎女遺跡石（Brag srin mo spar rjes）下之伏藏所在地。彼於該處宿一宵後，翌日有智慧海王母所化現之女子，攜同馱於白騾上之兩羚羊皮箱而至；王母於其中一箱中，取出一虎皮匣交予仰氏；而仰氏亦探得伏藏之入口，且獲銅箱一、土瓶一、佛像、聖物、及眾多其他寶物。銅箱內有《大悲者》（*Thugs rje chen po*）法類及《寂忿上師》（*Gu ru zhi drag*）；土瓶有《大黑天與惡咒法系》（*mGon po dang ngan sngags kyi skor*）；虎皮匣則有空行母眾多法類。

其後，有商人贈一佛像之斷指予仰氏，從中得一細目，仰氏依此，於孔廷寺從一大日如來像背後取得伏藏二箱，其色一黑紅一灰白；黑紅箱出《八大法行善逝集密續暨傳授與口訣‧一百三十節莊嚴》（*bKa' brgyad bde gshegs 'dus pa'i rgyud lung man ngag dang bcas pa'i chos tshan brgya dang sum cur bkod pa*），此乃遍照護與但馬‧眾頂二人之手跡、法王赤松德贊之

自用本。仰氏於灰白箱中，則得馬頭金剛身語意標幟（即造像、卷帙、佛塔）暨聖物等甚眾。復次，彼從桑耶欽普、天梯處之夜梟岩（gNam skas can gyi Srin bya brag）、隱處石山寺（dBen gnas brag ri）之佛殿等，亦取出伏藏寶庫甚豐。

仰・日光嘗依止眾多上師，包括其父大仰師、大狂夫具義（rGya smyon pa Don ldan）、證空者太陽獅子（Zhig po Nyi ma seng ge）、麥・柱房（Mal Ka ba can pa）、及迦濕彌羅導師（sTon pa Kha che）等，廣聞密咒與法相。彼曾修習《總集三身上師》（Bla ma sku gsum 'dus pa）法凡三載，遂親見蓮華生阿闍梨，且得眾多口頭開許。彼於珍珠水晶怖畏（Mu tig shel gyi spa gong）修持《上師心成就》（Bla ma thugs sgrub）法時，智慧海王母親臨而賜彼《空行百重問答》（mKha' 'gro'i zhu lan brgya rtsa）之文本。彼復引領仰氏往清涼寒林，上師寶甯波車暨教法繼承者八大持明，分別於該處為仰氏作《八大法行》之總、別灌頂，復贈彼完整之密續與口訣。

仰・日光娶智慧海王母之化身主十萬母（Jo 'bum ma）為妻，生二子，名眾生怙主虛空光（'Gro mgon nam mkha' ' od zer）與大悲者之化身虛空吉祥（Nam mkha' dpal ba）。一時，當成就者悉地來訪，仰氏自云有《八大法行》之伏藏寶庫，而悉地則云已保存與此有關聯之《堡壘隘道教誡》（rDzong 'phrang bka' ma）。仰氏遂亦聞受之，且將教傳與伏藏合流。成就者悉地復以取自拉薩之《大悲者法類五紙卷》（Thugs rje chen po'i chos skor shog dril lnga）贈彼，並云：「汝今為其主矣。」

一時，當仰氏修藥餌法之際，藥餌天母親以帶葉之濕潤訶子贈之。仰氏能示現盤膝昇空，足不履地而行等無邊神

變。彼畢生唯致力於觀修與興教講學並行，其佛事業後遂廣如
虛空，是故彼之教法遺澤，誠屬不可思議。

　　於木鼠年[12]，即彼六十九歲之時，仰‧日光示現廣大稀有
相，其最尚者，乃從其心生起一白 ཧྲཱིཿ（hrīḥ，音些）字而達極
樂世界；如是，彼遂棄其蘊身莊嚴。彼亦曾授記，其身、語、
意三化身將同時生起。

　　當查譯師（Chags lo tsā ba）欲荼毘阿闍梨遺體時，弗能令
火生起。繼而柴堆自燃，各人皆見靈堂內有一童子，四周有空
行母眾圍繞，且與彼眾共念 ཧ་རི་ཎི་ས（ha ri ṇi sa，音：哈哩尼
沙），復有種種其他兆相。後遂有不共舍利甚多，成供奉之
物。

　　於作超薦亡者之正行時，大班智達釋迦吉祥及其從者受
邀而至。彼等因得黃金大供養，故滿心歡喜。仰氏之子思欲
出家，乃請於釋迦吉祥。彼不允而曰：「汝父子二人俱為大菩
薩，我豈能擾及菩薩之族系哉！汝依日常而行，即已令有情具
大利益矣。」

　　從釋迦吉祥對教法與〔仰氏〕大士之廣大讚歎，可見仰
氏自始已被廣譽為無可置疑之真實伏藏師。不僅如此，縱新譯
派之黨羽亦無詆毀之詞，遂免於有「曾對仰氏懷邪分別」之污
名，故仰氏於雪域之名聲，昭如日月。

　　仰氏之子眾生怙主虛空吉祥，同時亦為其主要弟子，乃
仰氏教法之主，無餘盡得繼承成熟與解脫之教法。有授記云彼
乃觀自在之化身示現。為圓滿其父之意樂，彼以大神通力，驅

12　南宋嘉泰四年，歲次甲子，即西元 1204 年。

商波山（Sham po ri）前諸石入於虛空，有如羊群。無人能知諸石從何處而至，唯全皆降於拉薩吉曲下游河岸，成一灰色石聚，遂取其為堤壩〔重建之用，以保護位於拉薩之〕世尊〔釋迦像〕。有云，從前不難辨別諸石。

怙主虛空吉祥嘗聘人畫高如一重樓、具尼泊爾畫風之唐卡，凡一百零八幅。彼之神通法力極為高強，受護法所侍奉；是故不論季節月日先後，彼可隨時大興風雷等，以猛力摧滅所有仇敵，此等故事所在多有。因其悲心不可思議，故法自在上師等眾多示現化身，皆成為其弟子。

其子王者具慧（mNga' bdag blo ldan）乃文殊師利化身；具慧之子王者伏魔（mNga' bdag mdud 'dul）則為金剛手化身。如是，此屬經典所讚歎之三佛部諸化身示現，遂次第形成「諸子傳承」。此外亦有仰‧日光之弟子傳承，最主要者為「承繼教法五子」，包括內‧稱勝（gNyos Grags rgyal）、證空者甘露、及曼隆巴‧不動金剛（sMan lung pa Mi skyod rdo rje）等。時至今日，上述諸傳承於全藏、不論邊地或中部，已為仰氏佛法事業遍作增益。

乙六、法自在上師

「五王者伏藏師」及「三殊勝化身」之次者，乃上師甯波車法自在。法王赤松德贊，示現為仰〔日光〕甯波車王者相而得最上果，登無貪蓮花地之佛位。法自在上師（Guru Chos kyi dbang phyug）乃其語化身之示現。

復次，於教法舊弘期時，有苯教徒名「長頸」（Bon po gNya' ring）者，曾許諾降雷以弒赤松王。其時，有具力密咒師名旁尊‧堅固鱗紋（sPang rje bTsan khram），乃蓮華生阿闍

梨、無垢友、及遍照護等三者之弟子；彼結期剋印，該苯教
徒一時齊降之五雷，反成其自身之劊子手，而苯教徒之村亦
被滅。藏王厚賞之，命其子旁・持明藏（sPang Rig 'dzin snying
po）為四鎮節寺廟之主禮僧；持明藏每歲必往孔廷寺以作供
師，某回於該場合遇拉也渣瓦之大臣（La yag rdza bar gyi dPon
chen），後者供養財寶田產甚豐，持明藏納之，且云：「此屬
余過去世之田地也。」

　　自持明藏之子遍智般若王（Kun mkhyen shes rab rgyal po）
以降，遂生一支具智與力者之無斷世系，其中名為旁師・成
藏（sPang ston Grub pa'i snying po）者，曾求覺修日喇嘛（Bla
ma Sangs rgyas nyi sgom）授彼梵行，然其所答為：「一〔婚娶
之〕菩薩，較諸八部僧伽利益有情更廣。故余必弗斷菩薩之世
系也。」

　　旁師在家時，曾得授記云「應娶名為舞蹈自在（Gar kyi
dbang mo）之空行為妻」。彼知此乃指白女歡喜怙（dKar bza'
mgon skyid），蓋其族中多有能於虛空蜿蜒而行之成就者，遂
納之。

　　當彼從直貢・庇護（'Bri gung sKyob pa）習《普巴金剛根
本續》（即《普巴金剛根本段落》）時，後者向其云：「其教
汝幼子佛法乎，彼可作佛事業哉。」尚甯波車（尚・采巴甯波
車）亦對彼云：「小譯師格西（dge bshes lo chung ba），我或
轉生為汝子乎。此戲言耳，唯汝定可得如我之子。」旁師尚有
眾多類似授記。

　　當〔旁師授記之子〕入母胎際，現稀有兆相：日月相合，
復隱入母之頂門；從母胎中，不斷響出無生ཧ字之聲；當母

接五彩壽箭時,有誦經聲響起等。於第四勝生周[13]水猴年[14]孟春正月十五日日出時,其子降生。此際,父正以黃金書寫《文殊真實名經》。為此巧緣,乃觀句讀,剛至如下文字——

　　　　法之自在法之王[15]

是故,此子遂名「法自在」。眾善觀者亦云此嬰受神鬼所奉。

法自在自四歲始,即從其父習閱寫。彼嘗習聲明十三論著,包括《聲門兵器》、《梵語語法念誦五著述》(*Rig klag sde lnga*)及《大成論》(*Bi barta chen mo*)等;有關人間風尚之論著十種,包括《凡夫養生點滴》(*Lugs kyi bstan bcos skye bo gso ba'i thig pa*)等;漢地星命術數;醫術之教傳與伏藏;王統世系論著七種;歌舞論著一百零四種,包括《廣大謎語傳承寓言全集》(*lDe brgyud chen po'i sgrung 'bum*);苯教廣大著作七十五種;有關靈器〔驅魔〕廣大著作百種;密咒道內外傳規之造像尺度著作頗多;《普巴法系四大卷》(*Phur pa'i skor pod chen bzhi*)等等,不一而足。十歲時,彼修學新譯派金剛手之六種傳規;當彼修觀此本尊時,其寶瓶中之水即沸騰。彼於修觀閻曼德迦與普巴金剛,均能臻極致。十一歲時,於《幻化網》之灌頂、密續及口訣皆〔修學〕圓滿。十二歲時,彼習「間卡尼陀羅尼」(*Kaṅkaṇi*)[16]、《五守護陀羅尼》(*Pañcarakṣā / Grva lnga*)及《百種修習方便》(*sGrub thabs*

13　藏文版作第三勝生周,然英譯注云如是則與其十八歲時得見薩班之年份不符,故改屬第四,今從之。

14　南宋嘉定五年,歲次壬申,即西元 1212 年。

15　參談錫永譯著、馮偉強梵校《聖妙吉祥真實名經梵本校譯》147頁。台北:全佛文化,2008。

16　為不動佛之密咒。

brgya rtsa）；亦嘗作「百字明」之修持。彼於十三歲時，聞受舊、新譯派傳規甚多，如《真實忿怒尊》（*Yang dag he ru ka*）、《本母非人》與《閻曼德迦》（*Ma gshin*）、《大悲者》之兩種傳規、及《馬頭金剛》等，復作修持。

　　法自在十三歲時，於觀修境中，得度母尊引彼至一水晶堡壘之頂，見金剛薩埵；復有一四面空行母在側，其正前方之白面云：「佛陀教法汝護持。」其右方之黃面云：「弘揚正法汝須行。」其後方之赤面云：「僧伽名位汝顯揚。」其左方之青面云：「惡世難馴汝調伏。」言罷，賜法自在一具五翮之白箭。

　　法自在於十四歲，從雪山‧新牆麥（Ti se Gro gyang gsar ba）修學因明、《阿毘達磨集論》、《入菩薩行論》、《喜金剛密續》等廣大著述；亦得授諸如大手印、大圓滿、希寂派、及六法等之口訣。彼從邊地師（mTha' skor ba）習《中觀諦義略說》（*dBu ma bden chung*）；從楚師父子（mTshur ston yab sras）修學無上瑜伽法系之解說與修習、及古今傳規之其他佛經與密咒；從其父修學希寂派、大手印、大圓滿、《斷境》、直指教授（gdams ngag ngo sprad）、及護法之一切忿怒咒。彼於此等法門，悉皆了解通達。

　　彼十七歲時遇王者眾生怙主（mNga' bdag 'gro mgon），遂成仰‧日光甯波車無量伏藏教法之主；十八歲時，於強沙（Gyang gsar）具法緣之地尼斯岡波（gNas gzhi sgang po），從薩迦班智達發菩提心〔誓句〕；復參予拉隆佛塔（lHa lung gi mchod rten）[17]之開光勝會。是夕，彼夢於漢地五臺山欲覓一優

17　拉隆，或指弒朗達瑪之拉隆‧吉祥金剛。

曇花時，聖文殊師利坐於青蓮上云 ——

> 智身、法界！余乃法自在。余知汝之心思（sems
> rtog）。知心思者，即不可思議法門。不可思議法門
> 之義，是即自顯現、本智與唯一明點。今余已為汝
> 開示八萬四千法蘊。且抉擇其要哉！

法自在即從睡夢中醒轉，遂決知彼已盡得一切教法。

昔由札巴・通慧取於桑耶之黃卷細目，經漸次流傳，
於法自在十三歲時，遂落其手中；同時，復有眾多愚痴莽
漢，欲依此細目以覓伏藏，有等因此而喪命；有等則須走避
風雷。有藏此細目於家者，於其所生災祟皆不能堪。或有棄
之於隘道、十字路口、漩渦、或土中等，亦不受五大所損。
因無人可處置之，故稱彼為「摧損黃卷」。法自在上師之父
云：「汝於此可摧滅一切之摧損黃卷，將如之何？能賂死
乎？」竟掠之而藏於他處。

後，法自在上師於廿二歲時，暗盜之，復友于一得《斷
境》證量之行者。得後者之助，彼於拉也年之天梯處（La yag
nyin gyi lung pa gNam skas can）一山谷中，尋得一細目補遺。
法自在得守護伏藏之九首妖龍、及現佛母相之本智空行母等
二者交託〔取藏〕鑰匙。於開啟岩洞之門後，彼覺伏藏之精
華，乃一大如伏金翅鳥之靈鷲。彼乘之而越十三重天，見虹
光帳所覆之金剛薩埵佛，得明力灌頂[18]及甘露一瓶。既歸，彼
依伏藏細目所載啟門，取得一肘長之九首魔龍青銅像一、及
紅銅僻邪箱二。於龍像中彼取得四種指授法系；於僻邪箱則
得一百零八口訣。

18　見談錫永、許錫恩繙譯《善說顯現喜宴》347頁。

　　此即其請得十八廣大伏藏寶庫之首,第十九則為意巖,
略示如下,以便憶記 ——

　　　　1‧天梯處(gNam skas can)

　　　　2‧察瑪(Brag dmar)

　　　　3‧馬頭足(rTa mgrin zhabs)

　　　　4‧上門卡(Mon kha steng)

　　　　5‧馬頭(rTa mgrin)

　　　　6‧文渣戈(dBen rtsa'i sgo)

　　　　7‧科以先瑪(mKho yi shin dmar)

　　　　8‧馬頭[19](rTa mgrin)

　　　　9‧法篋山(sGrom chos la)

　　　　10‧色喀(Sras mkhar)[20]

　　　　11‧灰白深窟(sKya bo phug ring)

　　　　12‧大拇指(Phyag mtheb ma)

　　　　13‧聖桑耶(bSam yas ārya)[21]

　　　　14‧鐵普巴杵(lCags phur)

　　　　15‧門境朋塘

　　　　16‧算學寺(rTsis kyi lha khang)

　　　　17‧絨氏岩(Rong brag)

　　　　18‧哈窩岡(Ha bo gangs)[22]

　　　　19‧自藏真實法藏

---

[19]　與5應為同名異地。

[20]　全名應為色喀古托寺(Sras mkhar dgu thog),此九層塔乃密勒日巴尊者所
　　　建。

[21]　乃桑耶寺主廟以南之靈龕。

[22]　即西藏四大名山之一之海波山。

由宿緣之力而至余法自在。

復次，彼取藏時，殊多見有廣大異象，且得具善緣者在前見證。一般而言，彼向大多數伏藏主宣讀誓句〔以囿之〕；其他則委具緣者為僕使。是故彼一切所發取之伏藏均無可爭議。

其父聞之而云：「云為汝所取之伏藏者，盡攜之來余哉。」當彼以紅銅僻邪箱示其父時，父云：「口宣其目錄焉。」彼如言而行。其父復云：「非有書名《諸佛平等和合續一聞遍解脫》（Sangs rgyas mnyam sbyor gyi rgyud gcig shes kun grol）乎？其對余誦之。」當彼展卷誦續之際，其父止之云：「今余已明了，足矣。此前余所曉諭汝者已非少，往後縱更起諍，亦無有廢言可生也。如今汝之伏藏，實止息任何作損害或得愜意之希冀；此誠為知三時者大鄔金之教法，已絕無疑問。其他伏藏教法，不論其如何深邃，余已毌須再求之矣。

「余對汝之曉諭凡四十載，乃余匯聚藏地四方所有賢哲上師之意樂，斷諸戲論名言，遂得『唯此心性，是即輪涅之基與根』之決定。今，汝若聽吾言，即應專以「上師、大圓滿、大悲者三部」為主；除此以外，毋得稍涉於巫祝與惡咒、火炮與勇力、徵兆與神變、或任何旁門造作，直至汝得完全以此法門為主而止。若不能通達之，則其他所學縱多，亦終必淪為乞丐而死。

「概言之，余於伏藏教法絕無非議，佛陀於一切經續中，均有關乎伏藏之授記，蓋〔伏藏〕屬前代持明眾所修行之法。但先前有等心胸狹窄之伏藏師，所出之〔伏藏〕法，不示其清淨分，彼等唯耽於偏私及諂媚，於有情實所利無幾。〔此如〕嘉尚沉（董巴‧嘉尚沉）唯以弘揚惡咒是尚，

遂於利益眾生有損；古札醫士（Ku tsha sman pa）因行醫，遂
疏於以教法利益眾生；羊室伏藏師則因修持靈器驅魔之法，後
僅成一驅魔者；苯教徒武力（Bon po Drag rtsal）則唯專修白哈
王，無非只成一巫師耳；如是實例，無有窮盡。

　　「先世之勝王雖欲利他，然此等伏藏師，於根本法典尚
未貫通前，即號稱作佛事業而妄行，故悉成廢物。然而，汝
若修持教法，護法定隨付而臨。汝雖不習巫術，而法力亦生，
蓋此乃護法自身之承諾故。汝心勿生眾多慌亂，其勇猛精進於
修持「上師、大圓滿、大悲者三部」哉！王者仰氏父子受人所
尊，實因修大悲者〔本尊法〕之故；彼等乃唯一不受損惱之伏
藏師焉。

　　「余六載前曾提示往生，今此時機於兩月內將至。眾等
定謂汝之伏藏為偽；勿之理。旁氏至余已歷十三世，其中無有
不具成就相者。余亦必不屬最下劣者。」

　　王者眾生怙主嘗細審法自在上師之所取，且云：「我於
伏藏曾得大經歷。」彼悅甚。然邊地師阿闍梨於其中見有授
記，言及蒙古大軍〔入侵藏地〕興起在即，竟謗曰：「今日吾
境內並無蒙人。」法自在為之心碎，欲重封指授；唯二女助其
跨一具翅白馬，領其往拂洲之吉祥銅色德山。大鄔金賜彼《秘
密圓滿》（gSang ba yongs rdzogs）之完整灌頂，復以指授與戒
諭以勉之云 ——

　　　　最勝道為利他行　　人若於此生懈怠
　　　　入菩提道受久延

　　上師寶復謂彼云：「勿耽於此地，否則，汝或有轉生下
世之厄。」當下，法自在上師被類似光蘊所舉，剎那返回居

停。金鼠年²³間，蒙古人黑者多塔（Do rta Nag po）率鐵騎至，後事已清楚可知矣。

　　法自在上師最尚之弟子，乃尼泊爾揚布城（Bal yul Yam bu）²⁴之巴羅・頂持（Bha ro gTsug 'dzin）。彼於往藏地淘金之途中，得空行母授記，云彼將親遇上師本人。彼現見〔法自在上師〕即為鄔金〔蓮華生大士〕長凡七日；僅憑聞聽上師之語即生起證悟。一夕，上師於灌頂時問彼云：「汝於余何所見？」答云：「我實見本尊。」師云：「誠如是，則會供與食子，無其他受供者矣。」言罷，法自在即受用供品，包括剎那間唊盡岩羊（gna' ba，野火羊）全牲之一半。

　　復問云：「今，於余何所見？」曰：「佛陀真實現前。」此為巴羅所答。師云：「如是，余為汝灌頂！」法自在即收拾法器，撤毀壇城，復於壇城原處起舞。既知其堪能弟子巴羅之行持已離取捨、且無畏而住於廣大金剛誓句之器魄與心志，法自在上師遂從本自金剛身廣大壇城，遣毘盧遮那由天門²⁵而出，示大香（dri chen）²⁶相為巴羅灌頂；巴羅生起如蛇蛻皮之覺受。與此相似者，法自在上師從其金剛〔杵〕之迅捷秘密道，將不空成就以小香²⁷相餵於巴羅之舌尖；巴羅遂有無漏大樂之「頓超」本智，於中熾燃。

　　阿闍梨繼以指捅巴羅之心而云：「辨識此所謂『我』哉。」巴羅於外境之執遂如霧而散。

---

²³　南宋嘉熙四年，歲次庚子，即西元 1240 年。
²⁴　「揚布」，乃加德滿都之古名。
²⁵　即直腸之秘密名。
²⁶　直譯為大香，乃糞便之秘密名。
²⁷　即小便。

阿闍梨云：「不可須臾離於觀此『我』之義；於觀修中其實連髮尖許亦無有。」

阿闍梨說此時，巴羅生起大圓滿離所作復無所偏之燦然證悟；不共決定於中而生。巴羅乃云：「縱使三世諸佛今作示現，我亦不思求灌頂矣。然則吾應否取消往天竺之行乎？」

法自在上師答云：「若有佛出世而不流轉於輪迴，彼則為外道矣！其往天竺焉。若覓得上師，則侍奉上師；若覓得弟子，則調教弟子。」於巴羅而言，此教誨實屬至善。

復次，此尼泊爾人巴羅，乃一宿業已醒之士夫，且具極大信意：彼見上師兩脅為忿怒尊雙目；亦見上師與空行母眾論法；如是等等。是以彼唯於淨相中見上師。彼嘗問阿闍梨云：「汝於作威猛法之際，曾得其驗相否？」答云：「於其實行之法，余已得真義，然因余唯專於念誦「Oṃ maṇi padme hūṃ」[28] 密咒，故實無餘暇修習之。」

尼泊爾人當下即求彼開示解脫之法力。法自在上師乃趨近一兔，於地上畫一兔形，對針一根念密咒七遍後，遂以針刺兔像。兔即翻倒。法自在云：「如今吾等須淨其垢障；且持兔來。」彼繫兔於佩戴解脫〔圖〕（btags grol）上，以會供食子與迴向攝持〔兔之神識〕。巴羅繼問云：「若施之於人，豈非可怖乎？」上師答云：「人與旱獺相似。」即如前而作，唯以獺形代之。其後，彼等於一旱獺穴中得一獺尸。師曰：「此即修該法之果。因有害於眾生，故余不以之教人。縱對敵時，亦不應施行無益於成佛之法力。此二因乃畜生道，余遂為作超度，否則，〔汝須記取〕人身難得，殺生實有無邊罪過。此非

---

28 即觀自在之六字大明咒。

僅指死者一人而言，其所有親故皆受苦厄；縱於敵人亦不應施法。反之，吾等實應發悲心。」

如是，法自在上師乃邆作菩薩行者，其不為自利而施法力或行威猛法之誓句極為堅固；復因其悲心方分恰如其位，是故此廣大上師實乃現證：縱三惡道亦以悲心解脫之。彼所殺者為宿業之身、乃五毒所聚而成；而超薦神識入於法界。如此，彼遂令輪迴達至盡頭，是於作殺生與超薦等諸行中屬最稀有。

尼泊爾人巴羅臨別前，以整整黃金六十錢為供養，求法自在上師為己天竺與尼泊爾之行，於回程中令不生障礙。上師遂將黃金和以麵粉而作火供，使巴羅慳貪之結得解無餘。更者，此即為虔信三寶作稀有行。蓋彼等已習於行布施者，已視三寶為所緣境。是故於捨離實物，視之為無所有時，明顯非如有等希疑者之首鼠兩端；然而彼等若仍悅於實物顯現為功德時，則畢竟如小智者對此心懷疑慮。

稍後，上師謂巴羅曰：「且將火供之灰燼，盡投水中；途中將有人獻食，納受之！」

巴羅如言而行，果有一女向彼供蕪菁一本。彼持歸以獻上師，師云：「以布覆而烹之。」其後，當法自在上師送彼一程往天竺時，巴羅復供養黃金三錢。上師云：「余等與其生火燃金以取悅空行眾，不若投金於河，彼等將更樂甚。」遂將金拋入河中。

復次，法自在上師能剎那同時示現六種身莊嚴；彼曾飛往虛空，留無數手足之印於石上；如是而示現眾多神通莊嚴等。以此故，彼不唯受甯瑪派之稱揚，甚而諸如遍智聖光（Kun mkhyen 'phags 'od）與布頓甯波車等〔屬新譯派者〕，亦讚譽法自在上師為無比廣大成就者。法自在能清楚憶念其由法王赤松轉生為天人之子光無邊（lHa sras 'od mtha' yas）始，直至王者仰・日光之過去十三世，甚而帝釋與諸天人子亦向其作供讚；藏地一切上師均奉彼為自身之上師，其名聲令大地震動。

　　法自在上師建置沖堆古爾莫（Tshong 'dus mgur mo）與如意大樂（bSam 'grub bde ba chen po）等二寺。此大伏藏師發取一尊與拉薩釋迦牟尼像相似之能仁王像；此像乃聖龍樹從施持山（Mucilinda / Ri btang bzung）[29]所得，後被大鄔金〔蓮師〕封存於哈窩（海波山）雪峰中。法自在供奉此像於拉也之上師寺中；此寺後成其主要法座。於該時期，藏地各大上師與貴族，無有分別，悉抵於其足下。

　　既以如是不可思議悲心與佛事業惠澤有情，距法自在上師收拾其功業之時亦已近。彼云——

　　　　於我本人法自在　　有情各作不同想
　　　　有等我樂彼則喜　　有等我樂彼則懼

彼續云——

　　　　法自在心離希疑
　　　　法自在心無苦痛　　悅其樂者願歡喜
　　　　法自在無離苦痛　　悅其苦者願歡喜
　　　　法自在心無生死　　慮其死者願歡喜
　　　　法自在心法界死　　慮其不死願歡喜
　　　　法自在心無遷動　　希求常者願歡喜

---

[29]　梵音譯作林陀山、目真鄰陀山，古印度摩揭陀附近一山名。

> 法自在心無自性　　疑慮常者願歡喜

如是，彼住為已根本斷除希疑之瑜伽大自在者。為使其建寺功不唐捐，彼為所應行之承侍而作此教導——

> 於凡害聖者　　親兒亦擯之
> 於凡利寺者　　乞丐亦敬之

復次，彼云——

> 普賢大樂法界越量宮　　幻人法自在於今返回
> 所須教之身教應圓滿　　宿惡業盡此身亦成熟
> 如夢法自在身今消隱　　我夢師與徒眾得大寶
> 此為相應者得大樂兆

彼復宣云——

> 遊道中者若食我骨肉　　縱如豆芥亦可入大樂

法自在上師屢以此等或其他相類之口授，以勉其徒眾。後彼年五十九時，於不可思議兆相與神異之示現中，法自在上師遂往大蓮花光宮殿。

於該時期，凡二密行者相遇於道，定必問云：「汝之傳規，屬前或後之伏藏寶庫者？」[30]由是，法自在上師被許為甚深伏藏之大車。

其後裔中，有朗卓之化身名蓮花大自在（Padma dbang chen）與聶・日光（gNyal Nyi ma 'od zer）等上士所成之「子相續傳承」。尤為要者，其弟子之傳承中，具代表性者有：於舊譯派所有教傳或伏藏均極博學之曼隆巴・不動金剛；尼

30　前、後伏藏寶庫，分別由仰・日光與法自在上師取藏。

泊爾人巴羅‧頂持；九位「堪能子」；及不捨肉身而往生清淨
刹土之噶陀摩尼大寶。上述諸位及其他弟子傳承眾之成就，無
不臻至高品位，且皆遍於天竺、尼泊爾、及藏地與康區之邊地
及中部，廣事弘揚法自在上師之甚深教法，其中最主要者，乃
弘揚大悲者之佛事業〔儀軌〕。此長流直至今日仍相續不斷。

乙七、王后藥母

　　智慧海王母真實示現之二位具相空行母，為大秘密教法
之滙集者，其中首位為有名之大化身伏藏師王后藥母（Jo　mo
sman　mo）。彼之伏藏、名為《空行秘密遍集》（*mKha'　'gro
gsang ba kun'dus*）中之授記文云 ——

> 空行託付以教法　　佛種姓女猴年生
> 行秘密行名王后　　現證加持自解脫
> 利他之時雖未至　　相應者登大樂地
> 蘊身無餘證菩提[31]

故授記明示彼將得真實解脫。

　　彼降生地為「本覺生處」、即艾境之陡峭谷（gZar mo
lung）、〔蓮華生〕上師之修行岩洞附近。其父屬塔波族之密
行者，名金剛王（rDo rje rgyal po）；母屬空行族，名蓮花興
盛（Padma dpal 'dzom）。於第四勝生周[32]土猴年[33]，如蓮花開
敷而化現，其雙親名之為蓮花海歡（Padma mtsho skyid）。因
其父為地主，不落〔貧富〕二邊，故此女於幼時得呵護備致。

---

[31] 原頌八句，譯為七句。

[32] 藏文版原作第三勝生周，英譯指因其為法自在上師弟子，故應屬之為第
　　四，今從之。

[33] 南宋淳祐八年，歲次戊申，即西元 1248 年。

唯彼五歲時喪母，父續弦，後母遂遣彼為牧牛女，且強彼執賤役；故彼嘗稍歷苦辛。

　　至彼十三歲時之春際，嘗於艾境陡峭谷之盤旋大鵬岩中（Khyung chen lding ba'i brag）、〔蓮華生〕上師修法處之大樂秘密洞附近牧牛。彼於該處小睡時，洞內所出之妙音，令其從夢中而醒，只見洞門之入口突啟，心有所感，遂不假思索而入，覺置身於一怖畏尸陀林中，遇一眾空行母聚。彼等主尊現前作金剛亥母相，對之作勉勵曰：「佛種姓女，盍興乎來！」遂從身後一石，取出一小卷帙，置之於王后頂門，如是剎那間向彼垂賜無餘成熟及解脫；復親手付託卷帙予彼，並云：「內有《空行秘密遍集》之指授，汝若能作極密修持，將得殊勝成就。」既得此授記，王后乃了知一切法皆為自解脫，遂成一大剎土俱生瑜伽母（Zhing skyes kyi rnal 'byor ma）。當大眾受用會供輪後，化現壇城遂隱去，空行母眾亦各回本處。

　　金剛后（指亥母）之加持甘露，於王后心相續中成熟，彼不分晝夜，長時法爾流瀉眾多法語。或有因其金剛歌舞、及其無礙神通而感應他心之語遂對彼生信者；然多數則稱彼因於山間入睡，故為藥母妖靈所附，乃以「王后藥母」為其別號。以此故，彼大不樂，遂決意離鄉而浪跡四方。

　　彼往洛札西之拉也旁村（lHo brag nub La yag spang grong），於該地剛遇法自在上師，俱生本智遂自彼中無整而生。法自在甯波車亦察知彼女乃蓮師所授記五具相明妃之一，遂取彼為秘密事業手印。女盡解法自在之脈結，後者遂證悟此前彼尚未能安立之《八大法行廣大口訣續・秘密圓滿》（*bKa' brgyad gsang ba yongs rdzogs man ngag gi rgyud chen po*）一切表

相與實義;復繙成藏文本。最終,二者互利互助之相合,遂有
無上功德。

王后藥母於該地雖非作久留,然已盡得一切成熟、解
脫與指授之精華。最終,大伏藏師(指法自在)謂彼云:
「汝之甚深法、即《空行》之卷,乃汝過去世為空行智慧海王
母之際、誓作修證中最勝稀有之精華。然而如今,為利益有情
而作弘揚之時尚未至,姑且於極密中自修持之;遍衛藏各方作
雲遊,復暗中利益有情,如是即可使與汝相應者抵大樂地,汝
終究可不棄蘊身而得虛空行者之成就。」

王后藥母認真遵此囑咐,乃與二具緣瑜伽母俱,同遊遠
至拉堆之定日等一切大小區域。一時,彼嘗遇洲主棉衣行者
(Gling rje ras pa)[34],遂依表義方便,開後者之智慧脈,由是
於中生起「頓超」之證悟。如是,洲主高廣證悟之名聲,遂遠
播至恆河。

最終,既已法爾而秘密利益有情後,王后藥母於卅六歲
之年,即水羊年[35]孟秋七月初十,登臨前藏神山岩(Brag lha
ri)之頂。主僕三人行會供輪後,皆毋捨自身,有如鳥王〔伏
金翅鳥〕而飛往虛空。彼等於虛空界中冉冉上升,無礙而翱翔
至鄔金吉祥銅色德山之空行海會。此事為當地牧牛者所親見;
彼等至其地時,曾略啖散落之殘供,眾皆自然住於定中。

此神異至極、名為《空行秘密遍集》之廣大隱秘,曾

---

[34] 王后藥母既生於西元1248年,應不能與洲主棉衣行者相遇。《青史》載:
「有名為『藥母』者因與尊者具宿緣而下嫁之,遂成其明妃。」英譯云敦
珠法王亦知此差異,故表示王后藥母之前生,極可能專為利益洲主棉衣行
者,乃轉生為其明妃也。

[35] 元至元二十年,歲次癸未,即西元 1283 年。

長時為空行母眾所保有，遠離凡夫所行境；而直至此鬥諍時
（rtsod dus）[36]之末世，方為以本法作調伏之時機；藉悲心與
願力，此法詞、義之傳授遂由化身伏藏師、大持明蓮花光顯
密洲繼承，其主因乃彼於過去世為法自在甯波車時，王后藥
母曾成其秘密友；復因法自在嘗受本智空行母之加持故。由
示現其廣大神奇之憶持力，彼遂安立文本，後保存於《大寶
伏藏》中。

乙八、鄔金洲

王子・殊勝成王（lHa sras mChog grub rgyal po，醫尊王
子）第七轉世，乃亞者（Yar rje）之鄔金洲（O rgyan gling
pa），第五勝生周之水豬年[37]時，在約日扎囊內之亞者（g.Yo
ru gra nang gi Yar rje）、生於具密咒師傳統之殊異家族中。彼
乃持密咒傳規之大德，於法術、醫方、及星算等皆學問湛深。

廿三歲時，彼於桑耶之紅佛塔中，獲一伏藏之細目。於
雅隆水晶岩後之積蓮岩（Brag padma brtsegs pa），有一稀有
之水晶洞；該處乃大鄔金〔蓮師〕作甘露藥修習之所在，內
有一眾寂忿尊之自生石像，其守門護法為大遍入。從該大遍
入像最上諸首中，鄔金洲取得屬「上師、大圓滿、大悲者三
部」之：「寂忿上師生起次第、二種教法三部」（*bsKyed rim
gu ru bstan gnyis skor gsum zhi drag*）、《大悲者蓮花心髓》
（*Thugs rje chen po padma'i snying thig*）、及屬大圓滿法之《大
圓滿長壽修習方便》（*rDzogs chen tshe sgrub*）、《極、智、

---

[36] 乃 rtsod ldan dus 之略稱，即佛法言世間法、財、欲、樂四者中只能具其一之
時代，凡四十三萬二千年，於中有釋迦牟尼出世。

[37] 元至治三年，歲次癸亥，即西元 1323 年。

心髓》諸部（*A ti spyi ti yang ti*）[38]等；從其較下三首中，則得一百三十二章節之《本尊教法集 • 廣大法海》（*Yi dam bka' 'dus chos kyi rgya mtsho chen po*）、從其喉，則得《寂忿尊教法集》（*Zhi khro bka' 'dus*）、《黑忿怒母》（*Khros ma nag mo'i skor*）及《黃門怙主》（*mGon po ma ning*）；從其心，則得《蓮花廣大遺教》（*Padma bka' yi thang yig chen mo*）；從其下方蛇尾，得《本智怙主暨眾尊》（*Ye shes mgon po lha mang*）法系之密續、修習方便及事業儀軌等、一醫方論著、及有關護法之甚深指授；從諸臂及蛇尾之末端，鄔金洲獲《損益事業方便》（*Phan gnod kyi las thabs*）、及有關工巧藝術等。既請出如斯無限〔伏藏〕，鄔金洲可謂已得甚深伏藏之大寶庫矣。

復次，彼於札地之玉團岩（Gra'i g.Yu gong brag）取得《廣大密咒道次第》（*gSang sngags lam rim chen mo*）、《蓮花〔生〕略傳》（*Padma'i rnam thar chung ba*）、《希寂明義遺教》（*Zhi byed bka' chems don gsal*）、《緣起心中心集》（*rTen 'brel yang snying 'dus pa*）；於桑耶不同之伏藏地，得《五部遺教》（*bKa' thang sde lnga*）；於宿卡石諸佛塔，得《大悲者本智殊勝光》（*Thugs rje chen po ye shes 'od mchog*）及《吉祥騎虎怙主》（*dPal mgon stag zhon*）；於溫洞之「虎穴」（'on phug stag tshang）中，得《忿怒上師暨護法》（*Gu ru drag po dang bstan srung skor*）法系；於扎其之大岩（Gra phyi Brag po che），得《壽主閻魔法系》（*gShin rje tshe bdag gi skor*）。計入上開及其他，鄔金洲共得過百卷之伏藏教法；據云單計《教法集》（*bKa' 'dus*）即已有約三十卷之譜。然而，因彼不能以黃卷為基而定立其文本，故通途皆知彼復封存之，令再成伏藏。

---

[38] 此三乃無上瑜伽口訣部中再細分之三部。

　　約言之，鄔金洲嘗發取廣大伏藏寶庫暨相隨物事凡廿八處，此由見諸無邊之造像、聖物、財寶等等而知。然而，彼在昌珠堂廡上首（Khra 'brug khyams stod）初次廣開此法門、於作《教法集》灌頂之廣大預備法時，乃東澤（sNe gdong rtse）之大司徒・菩提幢因一暗含譏諷之授記而痛詆鄔金洲；以此故，所餘善緣盡失，伏藏師本人（即鄔金洲）須避走艾境及塔波等地，不久，於艾境附近之洛聰（E'i 'dabs Blo chung）往生，遺體被迎往塔波，安置於足印廟（Zhabs rjes dgon pa）一土塔中。

　　後，有具緣部落主名「世代身」者，得聞「若能一嚐七世皆轉生〔為梵志〕者〔之肉〕即得解脫」此眾所周知之說法；彼求得少量〔鄔金洲〕體肌而嚐後，有覺受於中熾燃，能離地一肘而行；又能於山谷間往來飛翔。是故，鄔金洲之遺體實乃極其珍貴而重要。

　　往後，文殊智悲王，從多康遣吉祥光喇嘛堪布（Bla ma bKra shis 'od zer）為使，往求少分彼肉。〔後用彼肉〕成嚐解脫聖物之相續藥引，遂令其大為增益。再後，藏地補處德木甯波車（Srid skyong De mo rin po che）將該遺體轉迎至乃東之後藏僧人廟（Ban gtsang dgon），供奉於一木製靈骨塔中，復將一部份[39]以彼肉所製之丸藥，藏於珍珠園（Nor bu gling kha）[40]內。

　　繼而，殊勝王者大十三世〔達賴喇嘛〕意會遺體之肉若長被蜂擁爭奪，則不僅遺體極受戕害，於藏地總體福德亦有

---

[39] 英譯作「二十份」，不知何據，待查。

[40] 位於拉薩之夏宮，漢地一般以其音譯「羅布林卡」稱之。

不利。彼欲供奉此寶體於頂宮（即布達拉宮），遂差准・貢塘者（mGron Gung thang pa）往迎之；唯因桑耶之大護法突然顯靈（thog babs），且作誓句云將遺體由南方遷往他處實屬不宜，故最終遺體仍留原處。

當十三世達賴喇嘛駕臨南方時，彼特意造訪後藏僧人廟，且為利益有情故，將此前由彼肉所增化之丸藥共四升贈予該廟；其餘所賸，則全和以藥粉，得其太師普作之慈尊甯波車（Phur lcogs Byams mgon rin po che）之助，殊勝王者〔十三世達賴喇嘛〕全數用之於親手修補遺體。彼以上木所製之靈骨塔作供奉，自柱上斗底部以上皆鍍銅；柱上斗與瓶形塔身之間，彼置遺體於格子窗內，復逐一親封格子。彼後致書駐乃東澤之宗堆（rDzong sdod）及後藏僧人廟之僧院，內載毋得怠於看守與侍奉〔靈骨塔〕，及平均分派職責之條目及因由。此函鈐有達賴喇嘛之內官印，前後摺疊成書冊裝，頁數十七，每頁均有蓋章。余有幸，曾於後藏僧人廟內僧院之庋藏中親見此函。至若由達賴喇嘛贈予該廟、憑彼〔鄔金洲〕肉所製之丸藥，其後於開啟藏丸之聖箱時，則見已增益至四倍之數。

有說因大司徒曾顛倒善緣，故帕摩竹巴之勢力及其從者漸衰，直如晚秋之小泉細流。

此鄔金洲伏藏師之世族，聚居於縶宗卡（Grab gtsang kha）及其四周。彼等如何奉行教法雖不顯，但因其眾皆能現種種成就相，故彼等似屬一支稀有之持明世族傳承。

顯而易見，於彼（鄔金洲之）伏藏教法中，屬《本智殊勝光》、《忿怒上師》（Gur drag）、《長壽修習方便》（Tshe sgrub）、及《吉祥騎虎怙主》等灌頂與傳授之相續傳承，至持明伏藏主洲之世仍存，如今則已不可得見；而《蓮花

遺教・水晶石》（*Padma bka' thang shel brag ma*，即《蓮花廣
大遺教》）、《五部遺教》、及《緣起心中心集》之相續傳授則
仍在。尤值一提者：鄔金洲自身伏藏中曾明顯授記，云《廣
大教法集心要略攝》（*bKa' 'dus chen mo'i snying po mdor bsdus
skor*，即《教法集》）之古代手稿，將降於蓮花光顯密洲尊者
之手中。依一部份以空行表相文字寫就〔之手稿〕為基，彼
〔顯密洲尊者〕乃安立其成熟與解脫之相續傳授；此與必
需之文書，今保存於《大寶伏藏》中。正如《廣大傳記》
（*rNam thar chen mo*）等書所示，此非僅為上師修習法（bla
sgrub）、或因其冠以《教法集》之名而為《八大法行》之教
授；反而，彼文從義順，開列《教法集》廿一壇城聚。是以
此著被安立為廣大皈信與稀有境，令教法死灰復燃。

乙九、悉地幢（持明鶡翎者）

　　納南・金剛摧魔之轉世，亦為三殊勝化身之一、即廣大
持明與伏藏師悉地幢（dNgos grub rgyal mtshan）。彼降生於名
聲從黑石垛（Tho yor nag po）之境，遠播至札桑山（Ri bo bkra
bzang）東北方之納摩隆（sNa mo lung）傳承戶庭中。彼乃伏
魔阿闍梨（Slob dpon bDud 'dul）之子，來自霍爾黃帳王（Hor
Gur ser rgyal po）[41]一族，屬一修持普巴金剛而得成就之無斷傳
承。於第六勝生周火牛年[42]神變月（藏曆正月）初十，具殊異
兆相而生。依一授記所言，悉地幢十二歲時，從其頂門生出
鶡翎三枝；廿四歲時則有五；是故通稱彼為持明鶡翎者（Rig
'dzin rGod ldem can）。少年時，已窮盡甯瑪派一切法系聞、

---

[41]　此時期之霍爾，應指蒙古族。
[42]　元至元三年，歲次丁丑，即西元 1337 年。

思、修之邊際，亦即其父祖輩之教法。

有名為孟藍‧賢稱（Mang lam bZang po grags pa）者，於江雍波隆（rGyang yon po lung）取得《口訣重點七部要目》（*sNying byang man ngag gnad kyi don bdun ma*）等八種教法章節。彼察知，此實為有待於拉扎（lHa brag）發取伏藏所須之支分；是故，彼遂經導師福德自在（sTon pa bSod nams dbang phyug），供養所獲予大持明鵬翎者。由是，於火馬年蛇月[43]初八，在札桑山頂、白石癬岩（'Dzeng brag dkar po）之三石碑中，持明鵬翎者迎得三大伏藏暨一百副藏之鑰匙，彼復於該處封存一替代伏藏。該伏藏址從此保持原狀，即今稱之為「風隙」者。直至今時，凡新年伊始，定有新芽萌生。

同年羊月（藏曆六月）四日黃昏，於杜朱崩查石山（Brag ri dug sbrul spungs 'dra）之坡上、桑桑拉扎（Zang zang lha brag）洞穴中，持明鵬翎者發取一廣大甚深伏藏；此乃一方形藍色寶匣，內區分為別別五庫之伏藏：從中央紫紅核心庫中，彼取得以紫紅絲綢所裹之三紙卷及三普巴杵；從東首白螺庫中，得《業力因果決定法‧廣如虛空之意樂》（*Las rgyu 'bras la zlo ba'i chos dgongs pa nam mkha' dang mnyam pa*）；從南首黃金庫中，得《近修四部法類‧昭如日月》（*bsNyen sgrub rnam pa bzhi'i chos skor nyi zla ltar gsal ba*）；從西首紅銅庫中，得《緣起法‧如旃檀樹》（*rTen 'brel can gyi chos tsan dan gyi sdong po lta bu*）；從北首之黑鐵庫中，得《粉碎怨敵魔障‧如毒樹》（*dGra bgegs thal bar rlog pa'i chos dug gi sdong po lta bu*）。簡言之，彼獲教法無數，最要者為《普賢意樂直透》（*Kun*

43　元至正廿六年，歲次丙午，即西元 1366 年。蛇月，藏曆四月。

bzang dgongs pa zang thal）、與其他聖物等。因五庫中，每庫各具一百教法章節，故總數為五百。彼安立教法暨支分之黃卷，於具器弟子中弘揚。如是，其教法遂遍及藏地全境。

　　總者，一切甚深伏藏，其實無非為增益藏地與康區黎民今生來世福樂之方便；別者，此北方伏藏[44]，凡就教法增益、回遮外寇、消滅疫癘、止息內亂、驅除邪魔、重建政權、調伏災瘟等一切所須者，皆無所不備。從〔藏西〕堆境之鵬谷銀堡（sTod khyung lung dngul mkhar），至〔藏地極東〕下康（sMad khams）[45]之隆塘卓瑪寺，彼北藏具種種法，或總或別以利樂藏地；又具諸聖處之提示與鑰匙，其〔諸聖處中〕最要者乃七處大秘密境。是故，單此北藏，天下皆知其有如利樂整體藏地與康區之大臣也。

　　鵑翎者晚年時赴哲孟雄（即錫金），以啟此聖地之門。貢塘王殊勝成就軍（Gung thang rgyal po mChog grub sde）奉彼為上師，藏地之福樂遂更得裨益。當鵑翎者所作已作，於年七十二之際，其意樂伴以眾多異兆而融入法界。

　　彼子嗣、明妃、弟子等三類傳承所歷之法河，至今仍相續不衰。眾多屬此教法傳承者，或以虹光身往生，或為成就者。於鵑翎者二世，即第二世持明具善尊，及當時北藏主，亦為阿里班禪轉世之吉祥力王王者軍（bKra shis stobs rgyal dbang po'i sde）等二者之時代，則因後藏第司辛夏巴（sDe srid gtsang pa Zhing shag pa）之迫害，彼等大寺院中之僧團，遂成流徙四方之營旅；故此，此眾被通稱為「E Vaṃ 塔營卒」（E

44　下稱「北藏」。

45　多康之舊稱。

vaṃ lcog sgar ba）。於彼北藏主親子，即第三世持明語王（Rig
'dzin Ngag gi dbang po）之世，法座於衛藏重立，被通稱為「釋
教金剛岩」。第四世持明尊前蓮花事業（Rig 'dzin bzhi pa Zhabs
drung padma phrin las），於該處廣大增益〔講說、修習、所
作〕三輪之佛事業，遂使之成舊譯派教法之泉源。直至今日，
釋教金剛岩之法座，仍由持明鵰翎者等等如鬘相繼之化身所護
持；如是，從堆阿里之拉達克（sTod mnga' ris La dvags），直
抵甲摩絨下方之打箭爐（Dar rtse mdo）[46]，遂有極多秉持此教
法傳承之佛法寺廟。

乙十、佛洲

　　天人子固持本智遊戲力（lHa sras dam 'dzin ye shes rol pa
rtsal）[47]之化身、大伏藏師佛洲（Sangs rgyas gling pa），伴
以稀有兆相，於第六勝生周之金龍年[48]降生於工布內之仰波
（Nyang po）境中、京普玉隆（Gying phu gyu lung）已墾山谷
上之三石金剛岩，乃鄔金（即蓮師）修習處之一。其父乃馬
頭金剛之化身，名康區達隆狂夫（Khams zhig sTag lung smyon
pa）；其母名阿吽莊嚴（A hūṃ rgyan），身具金剛亥母加持
之標記。此子幼名持明（Rig 'dzin），五歲時從童吉祥堪布
（mKhan po gZhon nu dpal，非郭譯師）受居士戒，大悲者嘗於
其淨相中現起。只須向彼稍示文字，即能習於閱寫，聰敏非
常；然其父歿，母改嫁，彼不容於其繼父；故此子備歷艱辛。

　　其時，得一赤紅婦之授記，彼依之而行，於瞽男新村

---

46 舊地名，今稱為康定。

47 赤松德贊次子木如札普之別名。

48 元至元六年，歲次庚辰，即西元 1340 年。

之溝尾（Long po grong gsar mda'）中，謁王中之尊遊戲金剛（rGyal dbang Rol pa'i rdo rje，第四世大寶法王）。於札日附近之寺廟名菩提洲者，彼從菩提金剛堪布（mKhan po Byang chub rdo rje）與釋迦智阿闍梨（Slob dpon Śākya ye shes）出家，賜名佛賢（Sangs rgyas bzang po）；是故彼其後發取甚深伏藏時，被廣稱為佛洲。從該堪布與阿闍梨二者，佛洲聞受口授教法甚多；及後，當遊戲金剛尊者自前藏返歸時，彼謂菩提金剛喇嘛曰：「交汝姪於余焉。」從之，大寶法王大悅，且授記此子將導引眾多有情。

佛洲抵拉薩後，嘗親見觀自在；更要者，乃得親見上師寶。自此，彼生淨相不斷，立〔閉關〕修持三載之誓。菩提金剛喇嘛謝世後，佛洲則轉往依止札日之賢哲法慧喇嘛（Bla ma Chos kyi lo gros），後更成其心子。其時，當該喇嘛赴前藏後，佛洲則留駐於任運頂之溝頭（lHun grub steng gi phu），獨自閉關。

一夕，伏藏護法大山妖（gTer srung bTsan rgod chen po）親送三紙卷予彼，中具伏藏細目、授記、及取藏方法之教誨等。由是，佛洲之上師乃賜予順緣（即衣、食等），俾令其可如法而行取藏之道。繼而鄔金〔蓮華生〕暨一眾空行母，賜彼灌頂與開許以符授記所言。木龍年[49]孟秋七月廿五日，彼於毛山（sPu ri）之大洞穴中，採得遍西藏境內埋於地下之伏藏中、特為殊勝之《教法中集・上師密意集》（bKa' 'dus bar ba bla ma dgongs pa 'dus pa）文本與口訣，暨《大悲者法類》（Thugs rje chen po'i chos skor）等。佛洲向其師示以所得并獻

---

[49] 元至正廿四年，歲次甲辰，即西元 1364 年。

之，師甚喜。佛洲於聞受後而作修持，遂成此法之首位法主。

從該年始，佛洲於嘎足昌（dKar 'dzug 'phrang）、傑窩絨（rJe bo rong）、大頂岩（rTse chen brag）、北部聱男塔（Long po Byang sde 'bum pa）、郎波卡打昌（Long po ka mda' phrang）、及緣上白隘道（rKyen gyi dKar steng 'phrang）等地，次第發取伏藏。彼於此等所在，獲《普巴修習心要精髓》（*Phur sgrub thugs kyi nying khu*）、《黑龜厭勝表》（*gTad khram rus sbal nag po*）、《黑馬頭金剛》（*rTa mgrin nag po*）、及《大悲者無上絕密》（*Thugs rje chen po yang gsang bla med*）；更迎得包括聖物、藥丸、鄔金〔蓮師〕面具、盛滿黃金之銅瓶、鐵普巴杵一、及如來舍利廿一份等在內之實物伏藏。

當佛洲於工布欽境取藏時，另一伏藏師無垢妙高（gTer ston Dri med lhun po）亦受空行授記所召而至該地。二人齊採得《藍袍金剛手》（*Phyag rdor gos sngon can*）、《猛咒九遮門巴精怪》（*Ngan sngags mon pa dgu rdug*）、《鄔金父母菩提心》（*O rgyan yab yum gyi byang sems*）等。於寶燃毛山（sPu ri rin chen 'bar ba），佛洲取得《聖觀自在法類》（*'Phags pa spyan ras gzigs kyi chos skor*）；於鷲坑（Bya rgod gshong）得《大悲者》、《辟穀法》（*bCud len skor*）、及《自在風息羂索》（*dBang phyug rlung zhags*）等。復於此伏藏寶庫中，彼亦尋得《菩提洲吉祥幢授記》（*Byang chub gling pa dpal gyi rgyal mtshan gyi lung bstan*）。有一被差遣往拉堆查察者，遇〔授記所言之〕伏藏師後，遂生信心。復次，佛洲於札日採得《龍王佳喉修習方便》（*Klu rgyal mgrin bzang sgrub thabs*）；於白沙仰（dGyer bye ma dkar po）則得《長壽修習日月和合》（*Tshe sgrub nyi zla kha sbyor*）及其他；於某時死主巴氏穴（rGya la gshin rje rba dong），得無垢妙高伏藏師之助，請出《壽主閻曼德迦》（*gShin rje tshe bdag*）、《一洒即翻倒真言沙》（*Thun phog 'gyel*）、《鄔金事業普巴杵揮動儀軌》（*O rgyan gyi las phur gdengs chog*）等之類。

再者，於鄔金〔蓮師〕一閉關洞穴中，佛洲覓得《大圓滿要義攝略》（*rDzogs chen snying po bsdus pa*）；於工布丹如（Kong po dam rul），彼發取《密意集六根本續》（*dGongs 'dus rtsa ba'i rgyud drug*）；於桑耶欽普，得一極殊勝之鄔金像；於窩雪攏參（'or shod rlung sgrom）則得一珍寶名為「虎肉天人」、及空行母之身莊嚴等。如是，佛洲於廿五至卅二歲之間，共尋得十八廣大伏藏寶庫，零星之伏藏則更不計其數，無可逐一詳述。

於該等取藏之場合，恆顯天雨花、虹光帳、奏樂聲、空行示現等相。依於金剛亥母及〔其中圍之〕十二空行母授記，佛洲精準抉擇《密意集》為十三帙，書邊全皆染紅；此俗至今仍存。

《授記》（*Lung bstan*）有云──

生次得堅穩者十萬億　　成就相現前者八十萬
無漏幻身解脫者九萬　　得雜項成就者一百億
已植解脫種者無量數　　非圍一時漸次傳承生

正如此說，眾所周知，僅就《密意集》之主要教法傳繼而言，已有二十廣大長河；而佛洲之其他伏藏教法，復有無數法主，其中最主要者，為王中之尊第四世大寶法王遊戲金剛；夏瑪巴空行王（Zhva dmar pa mKha' spyod dbang po）；乃東廣大主（sNe gdong gong ma chen po，大司徒菩提幢）；薩迦

派喇嘛正士福德幢；雅德班禪；左丹大堪布福德賢（Jo bstan mkhan chen bSod nams bzang po）；及直貢法王（'Bri gung Chos kyi rgyal po）；而依止佛洲之顯貴、大上師及上流人等更不計其數。

尤值一提者，當漢地大明天子（明成祖朱棣）迎請第五世大寶法王善逝時，其書函所請如下：「請攜致鄔金成就者蓮華生之無垢伏藏法同來。」法主善逝遂攜《密意集》之深法、稀有之藍黑寶瓶一、及為誓句標幟之黃金杵一，獻諸天子。天子大悅，乃以專璽及尚衣等作供養，此事亦眾所周知。

佛洲於尼布修建名為「大樂如意」之寺廟，遂成其主座。當彼作甘露藥修習時，所現前之徵相與神異，較他人所得更為殊勝，〔彼當時所製之〕藥引仍具力至今。

如是行道，為教法與有情作無邊利益後，佛洲於五十七歲之年，即火鼠年[50]三月晦日（即三十日），當仍住於菩提洲寺廟時，彼之意樂乃融入法界。

佛洲第二世轉生於尼巴渺（Nel pa sme'u），為義成王（Don grub rgyal po）之子，唯於孩提時夭折。彼第三世降生於郎波堅（Long Po Kying），覺具吉祥活佛（sPrul sku Sangs rgyas dpal ldan，佛洲第三世）重回其前生之法座，以廣為利益教法與有情而知名。

爾後，其轉生之傳承並不明顯，唯佛洲後嗣之傳承則延續至後時。從其子智金剛（Ye shes rdo rje）、及其諸法主徒眾中最主要之妙翅鳥・具吉獅子（Bya khyung pa dPal ldan seng

---

[50] 明洪武廿九年，歲次丙子，即西元 1396 年。

ge）等二者，分別衍生各具賢哲之後嗣傳承與弟子傳承。傳承亦經哲勒廟前後〔主持〕（rTse le gong 'og）及老少他喇（Ta bla snga phyi）[51]等而得傳續。如是，佛洲之甚深伏藏、尤其為《密意集》，皆能廣事弘揚遍及藏地，其中以多康境更盛。

後際，不丹之尊前大力語自在尊勝（lHo 'brug Zhabs drung mthu chen ngag dbang rnam rgyal），從佛洲後嗣第七代工・持明藏（Kong Rig 'dzin snying po）聞法，遂成《上師密意集》全部成熟與解脫之法主。於〔不丹境內〕要塞中各寺廟、最主要者乃其位於蓬塘（sPung thang）[52]之大樂法座，彼開創與《密意集》廣大修習相應之每月初十鋪張供祀之修持，至今仍持續不衰。此等滿願法會之佛事業，仍盛行於南方（即不丹與錫金）諸地。

乙十一、金剛洲

金剛洲（rDo rje gling pa）乃「五王者伏藏師」第三位，亦為遍照護大譯師之真實示現。彼在第六勝生周之火犬年[53]，於衛藏一處名為扎囊文渣（Gra nang dben rtsa）之地方降生。其父為庫師・福德幢（Khu ston bSod nams rgyal mtshan），屬密咒師一系之持金剛；母為白莊嚴（dKar mo rgyan），二人以鄔金賢（O rgyan bzang po）名其子。催醒其真實佛種姓之兆相與神異實不可思議；七歲時，彼於神山口之旁氏坑（sPang gshong lHa ri kha），隨名為遍知鎧甲釋迦（Kun mkhyen khrab pa

---

[51] 通指噶陀寺修蓮花法系者。
[52] 即 Punakha，位於不丹境內。
[53] 元至正六年，歲次丙戌，即西元 1346 年。

śākya）者受沙彌戒。彼依止此位上師暨其他上師，圓滿聞受古今之顯密教法。

於十三歲時，彼曾七次親見鄔金甯波車〔蓮師〕；繼而依照從法自在上師伏藏中所得之細目，彼於昌珠寺一王后（即度母）像後，尋得其初始之伏藏寶庫，此中包括《三根本修習方便》（rTsa gsum sgrub thabs）、支分修習、細目與補遺、忿怒咒、辟穀法等，每項有一百零八種，復有專門之授記等。於十五歲之年，金剛洲開啟金地溝尾之吾嘎岩（Bying mda' O dkar brag）伏藏門戶。上師寶親臨該極寬廣之修習洞窟中，莊嚴壇城且為金剛洲灌頂。於授每一黃紙卷前，上師皆垂賜傳授及伏藏之福祿物（gter rdzas）。復次，金剛洲亦請出上師寶像一、〔赤松德贊〕王書四卷、紙卷凡百、長壽水充盈之寶瓶四、含聖物之僻邪符等，不一而足。於伏藏之法要中，彼取得諸如《解脫傳記八品》（rNam thar thang yig le'u brgyad pa）、《大圓滿父續・見地廣大》（rDzogs chen pha rgyud lta ba klong yangs）、《母續・耀界日光》（Ma rgyud klong gsal nyi ma）、《空行心要日月和合》（mKha' 'gro yang tig nyi zla kha sbyor）、《心髓法系十父續》（Pha rgyud snying thig skor bcu）、《遍集四法系》（'Dus pa skor bzhi）、及《八附錄》（Zur pa brgyad）等。

金剛洲繼而漸次於各伏藏地，發取四十三大伏藏寶庫；若復細別為較小者、〔於伏藏〕內部區分者、及伏藏地之劃分等，則共有一百零八，此以其於珍珠水晶匯（Mu tig shel gyi sbam gong）取得《覺受導引十法系》（Nyams khrid skor bcu）等文本始，直至智慧海王母親臨朋塘之彌勒寺中長壽穴為止；當時王母賜彼長壽水、於揚雷雪所修之甘露丸、赤松法王及智

慧海王母之神魄瓏玉（Bla g.yu）、如意寶珠、教法、及眾多
忿怒咒等。當彼於欽普取藏時，嘗面見鄔金十三回。彼曾於
曲沃日化現二身，並當眾於兩地同時取藏，復留一肘深之足
印。

　　於沙隆之火受山神洞（Zab lung Me tshor gnyan gyi phug
pa）中，彼受唐拉及雪白肉餤（Gangs dkar sha me）〔二護法
神〕之布施。彼匯聚雪域眾多廣大鬼神，作《八大法行》之
廣大修習，復為彼等灌頂。又嘗以化身前赴八大尸陀林見八
大持明，得《八定見之指授》（gDing brgyad kyi gdams pa）。彼
探得伏藏寶庫時，上師寶、智慧海王母、遍照護等皆現前，
向彼垂賜灌頂與指授。由展現諸般神通之稀有莊嚴，彼遂釋
一切疑慮之羈絆，能置他人於不退轉信意中；彼亦嘗遺下眾
多其身、手與足之印記。彼分別於沙隆、卡曲、與索多迪錯
等地，尋得灌頂、開光、滿願及懺悔、火供、及摧伏等一百
零八〔儀軌〕。此即其為藏地福樂作廣大承侍之示例也。

　　於金剛洲甚深且無邊大之伏藏教法中，最主要者厥為
「上師、大圓滿、大悲者三部」；彼於朋波山尋得金剛薩埵
像，於拉薩〔釋尊殿〕之「瓶柱」又取得十一面觀自在與旃
檀度母等稀有像。彼亦取得諸如七世〔梵志肉〕及甘露丸等
聖物；又得諸如如意寶珠等財富伏藏；復有苯教著作如《大
圓滿黃金刀針》（rDzogs chen gser thur）、《他毘斯吒[54]廣
中略口耳傳承》（Ta bi hri tsa'i snyan brgyud che 'bring chung
gsum）等。彼更取得醫方明及天文曆算等著作甚夥，故其佛
事業極其廣大。

---

[54]　蓮師化身之一。

　　從其屬努・佛智化身之子、即法界者（Chos dbyings pa）
以降之世系傳承，至今時亦存於門境；亦有說謂金剛洲以
《閻魔法系》（gShed skor）與《五佛部財神法》（Dzam lha
rigs lnga'i skor）獻予王中之主、即第四世〔大寶法王〕遊戲
金剛。金剛洲以領摩卡（Gling mo kha）為主座，亦為洛札、
門境之巴錯、謝境梟啼寺之住持，廣為護持有情之利益。彼
以「金剛洲」之名而著於世，然彼亦名蓮花洲（Padma gling
pa）、遍護洲（Kun skyong gling pa）、卐字洲（g.Yung drung
gling pa）、及妙吉祥法友（'Jam dpal chos kyi bshes gnyen）等。
當彼於承侍教法與有情至究竟後，於六十歲之年乃頒其遺教名
《大授記》（Zhal chems lung bstan chen mo），遂伴以稀有兆相
於札郎（Brag long）往生。其遺體經三年〔而不腐〕，更時而
或宣四行回向偈以利益眾生。當其遺體卒行荼毘時，則顯現
聖像與舍利甚多；火舌一張，從焚屍亭中，其右足飛向其心子
吉祥生（bKra shis 'byung gnas）；左足則向天竺人無礙（Thogs
med rGya gar ba），遂成彼等所分得之遺物。上述舍利曾經多
次自衍，似仍見存於後世。

　　金剛洲之後嗣傳承，與其位於門境朋塘之法座鄔金法洲
均延續至後世，其甚深教法長河得延續而成久遠傳承，至今仍
歷久不衰。復次，其有等教授，則得極近傳承之加持而妥為保
存，降於智悲王尊者成教法繼承者。

乙十二、寶洲

　　朗卓・至寶生之轉世、大化身伏藏師寶洲（Ratna gling
pa），第七勝生周之水羊年[55]孟秋七月十五日，生於洛札之

楚舒（lHo brag Gru shul）。其父為富者，名經部幡（mDo sde dar），其母名離有藥（Srid thar sman）。童稚時於閱寫已無礙而通；自十歲起生起眾多淨相。因其宿世修練之力，故習一切明處亦無礙而通，復於教法廣為聞受。

寶洲廿七歲時，上師寶化身成來自康區之苦行者，衣帽俱黃。彼賜予寶洲諸伏藏之細目，復親作告誡。由是，寶洲於卅歲即於大鵬岩（Khyung chen brag）採得其初首伏藏寶庫，中具《三根本修習法系》（rTsa gsum sgrub skor）等等。自此，彼陸續發取廿五伏藏寶庫，其中最主要者乃從直原熔罐岩（'Bri thang ko ro thang）[56] 所得之《馬頭亥母佛父母雙運修習》（rTa phag yab yum zung 'jug tu sgrub pa）；及於洛札之天梯（lHo brag gNam skas can）發取之《遍集四法系》、《寂忿上師》、《遍集秘密大悲者》（Thugs chen gsang 'dus）、及《大圓滿耀界日光》（rDzogs chen klong gsal nyi ma）。

當寶洲於卡曲之吉祥深窟（mKhar chu dPal gyi phug ring）發取伏藏時，彼示現離思議之神通與幻變，如神異之稀有莊嚴等。彼曾得見鄔金甯波車（即蓮師）廿五回；於淨相中訪銅色德山等，諸如此類，均載於其《十三庫藏傳記》（mDzod khang bcu gsum gyi rnam thar）中。彼經常作《心修習・甘露修習》（Thugs sgrub sman sgrub）與《七世〔梵志肉〕之丹丸修習》（sKye bdun ril sgrub），而當彼作此垂賜，或灌頂、導引、及指授時，常有無可言詮之神異：如虹光現、或天雨花等，悉皆有異香遍滿；凡於此場合，絲毫障礙亦無有生起。

善緣既屬清淨圓滿，故寶洲於一世中已尋得三世之既定

---

[56] 「直原」，即直貢平原。

伏藏；是以彼有三名為世所知：證空洲（Zhig po gling pa）、
伏趣洲（'Gro 'dul gling pa）、與寶洲。從靈雪山（即今岡底斯
山）至康區之甲摩絨，彼將無量數有情莊嚴於成熟解脫中。

更尚者：於該時代，因《甘珠爾鄧噶瑪目錄》（bKa'
'gyur dkar chag ldan dkar ma）中以下之言，故舊譯甯瑪派之密
續不納於《甘珠爾》中 ——

> 密咒內續，因其廣大謹嚴故，於此不列。

以此原因，是以〔甯瑪派之〕典籍暨其傳授之相續，遂
極其罕有。寶洲費大心力，從各方搜羅典籍傳規，包括諸如仍
保存於鴟梟谷之《十萬續》略本。彼因了知完整之相續傳授，
除後藏之祖輩行者・禪定賢（Mes sgom bSam gtan bzang po）一
人外，則遍康區與藏地中已不可得，故於相續傳授之近乎斷
滅，其心實有不忍。祖輩行者尊其時雖年已老耄，然師徒二人
經長期之努力，最終寶洲畢竟得之。稍後，寶洲於楚舒之任運
宮（Gru shul lHun grub pho brang）將《十萬續》匯集編次，刊
行新版，先以楮墨、後則以黃金；為此，彼嘗於相續傳授作多
番弘揚；是故，實可斷言：吾人今時仍可受用此有如如意寶珠
之秘密密續，唯靠此廣大伏藏師之悲心焉。由是，彼於舊譯派
教法總體之恩德而言，屬特一而廣大者也。

如是所作已得成辦，寶洲遂於七十六歲時，伴以稀有之
廣大神異，往生於蓮花光宮中。

包括常在其心之四心子等、彼眾多後嗣與弟子之上善傳
承，仍相沿至今，而其甚深教法之佛事業，亦歷久不衰。

乙十三、蓮花洲

譽為「五王者伏藏師」第四位之鄔金蓮花洲（O rgyan Padma gling pa），乃蓮花光王族公主五清淨轉世中之最後一世[57]。彼第八勝生周金馬年[58]於門境朋塘降生時，有眾多稀有兆相伴隨。其父為內族之義成賢（Myos rigs kyi Don grub bzang po），其母為村女興盛（Grong ma dpal 'dzom）。因彼前一世為遍知無垢光（即龍青巴），故自孩提時其真實佛種姓已得催醒，且不學而能通數種書體及工藝。

尤值一提者：於猴年[59]孟秋七月初十，蓮花洲於名為「六字大明」（Yi ge drug ma）之地，現見鄔金甯波車（即蓮師）為己作加持，且親賜一百零八廣大伏藏之細目於其手中。由是，彼於廿七歲之年，初得其一切甚深伏藏之首，名為《大圓滿界光法系》（rDzogs chen klong gsal gyi skor rnams），地點為長鼻岩（sNa ring brag）[60]附近、有但河（sTang chu）蟠卷成空心結狀之熾火湖（Me 'bar mtsho）。彼於眾人簇擁之下，手持燃燈，毅然進湖；後當彼自湖中出時，臂挾一陶壺大小之廣大伏藏匣，手中燈尚未滅。眾人咄咄稱奇，皆生堅穩信意。故此，蓮花洲不爭之令譽，直如日月覆照大地。

彼依此例，於桑耶欽普發取《大圓滿普賢密意遍集》（rDzogs chen kun bzang dgongs 'dus）。復次，彼於各伏藏地取出《大圓滿無二續幼子法系》（rDzogs chen gnyis med rgyud bu chung gi skor）；《上師珍寶海》；《大悲者除暗炬》

---

[57] 見前第四品「蓮華生大士傳規」中蓮花光公主事。

[58] 明景泰元年，歲次庚午，即西元 1450 年。

[59] 明成化十二年，歲次丙申，即西元 1476 年。

[60] 「長鼻岩」，位於不丹。

（*Thugs rje chen po mun sel sgron me*）；《八大法行‧心鏡》（*bKa' brgyad thugs kyi me long*）；《普巴杵絕密命刃》（*Phur pa yang gsang srog gi spu gri*）；《甘露藥修習法系》（*bDud rtsi sman sgrub kyi skor*）、以上三者總為「法行、普巴、藥三部」（*bKa' phur sman gsum*）；《金剛手憍慢調伏與小憤》（*Phyag rdor dregs 'dul dang gtum chung*）；《忿怒上師廣中略〔教授〕》（*Drag po che 'bring chung gsum*）；《長壽導引‧金剛鬘》（*Tshe khrid rdo rje phreng ba*）；《長壽修習‧持寶為道》（*Tshe sgrub nor bu lam khyer*）；《黑〔護法〕三部》（*Nag po skor gsum*）；《雜事業法系》（*Las phran gyi skor*）及眾多其他等等。與此相類，所得之聖物，諸如一嚐即得解脫之七世〔梵志肉〕、蓮華生上師之肖像、暨佛塔等三所依[61]，悉皆超越思量。

更者，此伏藏師於洛笳曲（lHo skyer chu）之丘壑中發現一寺，與〔桑耶之〕第三吉祥補處寺（dPal tshab gsum pa'i lha khang）相似，此寺從未曾見，於此尋得伏藏。今時，人仍能往訪此廟。蓮花洲所發取之珍寶伏藏中，有屬法王赤松德贊之珍寶神魄瓔玉數顆，分別名「熾燃光」、「千山熾燃光」、「雪頂紅居」等；復有公主之無縫衣；圓光鏡；及王室眾多其他極為殊勝之珍寶。

蓮花洲雖手握一百零八伏藏之細目，唯由彼所發者不及半；後當伏藏師臨終前，其子求彼之開許往尋餘者，然阿闍梨云：「於汝而言，實難取得伏藏教法。唯汝若清淨堅守誓句而向余祈請，則或可得其零星者。」據知其心子月〔幢〕，亦嘗

61　餘二乃經續及佛像。

請出某伏藏寶庫云云。

復次，蓮花洲之廣大稀有所作實不可思議。彼曾授記：未來世彼將於蓮花莊嚴剎土成佛，名為金剛藏（Vajragarbha），復云所有現世與彼相屬者，皆將往生彼土而成其弟子。

至若一眾成其心子之徒眾，彼之伏藏中有一授記云 ——

宿業相屬者一萬　　發心相屬千零二
深要相屬者十一　　持壇城者有七子
心子有三在其心

隨順此授記，遂有無量數弟子顯現，其中最主要者為六化身伏藏師；六大成就者；示現成就相之大六子；與〔蓮花洲〕伏藏師具相同意樂之三心子，即覺囊派座上之大堪布戒富饒（mKhan chen Tshul khrims dpal 'byor）、總管・勝利義成（Nang so rGyal ba don grub）、與具殊勝怙主活佛（sPrul sku mChog ldan mgon po）；及為三佛部怙主化身之四親子。上述眾人中，其為觀自在化身之心子月〔幢〕，具不可思議之加持力；彼直探其父之意樂，故其佛事業廣大。彼被薩迦大長（Sa skya bdag chen）、直貢大寶圓滿、夏瑪巴至寶支分（Zhva dmar pa dKon mchog yan lag）[62]、勇士法王義成（dPa' bo chos rgyal don grub）等譽為正大士夫，復受彼等奉為上師；衛藏及南方門境等之諸色上流要人，皆於其足下作祈求，故其利他佛事業誠不可思議。然彼於瑜伽道乃秘密而修。

蓮花洲甚深教法之相續，由：眾自解脫活佛（sPrul sku sNa tshogs rang grol）暨領誦師義成吉祥燃（dBu mdzad Don grub

---

[62] 屬第五世夏瑪巴。

dpal 'bar）等兩位知名之無比法主；與先後主持洛札拉隆法座
（lHo brag lha lung gi gdan sa）、包括〔蓮花洲〕其自身之語化
身，及其心子〔月幢〕之諸化身等，成就次第傳承及作弘揚。
直至今日，其傳承已遍於南方門境、衛藏及多康，其灌頂、傳
授與導引之完整長流，仍相沿不衰。

乙十四、事業洲

屬廬‧龍幢譯師之化身事業洲伏藏師（Karma gling pa），
於塔波境上方之祈住（Dvags po'i yul gyi stod Khyer grub）降
生，乃大成就者日月覺（Nyi zla sangs rgyas）之長子，約生於
第六勝生周之內[63]；其父以持密咒為業。事業洲具足無量功
德，且住為無礙神通與佛事業之體現。

彼十五歲時，授記與善緣聚合，遂於形如仙人起舞之岡
波達山（sGam po gdar ri），請得《寂忿密意自解脫》、《大
悲者蓮花寂忿》（Thugs rje chen po padma zhi khro）等伏藏。彼
將《蓮花寂忿》（Padma zhi khro'i chos skor）完整法系賜予其
全屬法主之十四大弟子，唯《密意自解脫》法系則只傳其子日
月法主（Nyi zla chos rje）一人而已，復以「此教法須先經三代
單傳一人」之諭令，將傳承封隱。因彼與授記所示之妙印母未
能相應，故事業洲不久即赴他界。

《寂忿尊密意自解脫》由第三代繼承者虛空法海（Nam
mkha' chos kyi rgya mtsho）廣事弘揚，遍於康藏，尤以多康之
南、北二區為甚，均可得見其灌頂、傳授與導引之相續傳承。

63　據談錫永上師考訂，事業洲生於明洪武八年丙辰（西元1376），卒於洪武
　　二十七年甲戌（西元1394）。見談譯《六中有自解脫導引》導論。（台
　　北：全佛文化，2011，下引同。）

《中有聞教得自解脫》（*Bar do thos grol chen po*）之佛事業，
直至今時，仍於大多數地方延續其廣大弘揚。

乙十五、荒原王

　　觀自在與吉祥馬頭金剛之雙運化身、且有如蓮華生上師
入胎而生、是即諸成就者中之大自在荒原王（Thang stong rgyal
po）。彼於上後藏之奧巴拉孜（'ol pa lha rtse）轉生，時維第
六勝生周之木牛年[64]；嘗依止逾五百位上師，是故聞思無盡。
彼雖於眾自生成就者中為大自在，然因須有所本，故分別從
遍捨不空幢（Kun spangs don yod rgyal mtshan）得完整之北藏、
從金剛童喇嘛（Bla ma rDo rje gzhon nu）得香巴（Shangs pa）[65]
教法；彼於此二傳規皆示現得成就相。依於其禁戒行，彼嘗
歷遍贍部洲暨其諸小洲，尤曾至拂洲之蓮花光宮，從上師寶
與無數成就者聞法；空行母及護法皆向彼頭面禮足。

　　荒原王嘗為回遮外敵，於諸地要穴建置眾多寺院；復置
囿所有凶暴神鬼於誓句之下。彼於桑耶欽普採得包括《長壽
修習・垂賜無死吉祥》（*Tshe sgrub 'chi med dpal ster*）在內之
紙卷五。從沉巴岡（Gram pa rgyangs）[66]彼取出《心修習・無
上絕密》（*Thugs sgrub yang gsang bla med*）；從修習海蓮花洲
（sGrub mtsho padma gling）則為《口訣大寶匯聚》（*Man ngag
rin chen gter spungs*）；從門境巴錯內之「虎穴」（Mon sPa gro
sTag tshang）中，則為十指距長之紙卷，糅合一切經續之甚深
要義；從扎日之密咒宮（Tsa ri gSang sngags pho brang），請得

---

[64]　明洪武十八年，歲次乙丑，即西元 1385 年。

[65]　此派屬噶舉派一支，亦稱香巴噶舉。

[66]　據云此乃松贊干布所建十二神廟之一。

《意巖甚深法系》（*Zab chos thugs gter skor*）；復於札日之大威光洞（Tsa ri Zil chen phug），則取出《大成就者自身授記‧光明炬》（*Grub chen nyid kyi lung bstan gsal ba'i sgron me*）及《剎土護法神修習方便》（*Zhing skyong gi sgrub thabs*）。除此以外，彼亦曾發取眾多其他甚深伏藏，亦復〔於該等地點〕封存伏藏寶庫甚多。

荒原王曾調伏一居於天竺迦瑪達（Kamata）之邪行外道王者，及居於藏地邊境之蠻族，置彼等於佛法中；所顯如斯神通莊嚴，其數實離於計量。彼所製遠超思維之佛身語意三所依，其數亦屬無量。彼修鐵索橋五十八座、及木舟一百一十八；此暨其他不可思議所作乃眾所周知。更尚者，乃為作勸善之順緣故，於此等場合，彼嘗以戲劇之道，描畫往昔諸菩薩、法王等之生平。此今時名為「阿姐哈母」（A ce lha mo）之圓滿稀有、復具可觀性之劇目傳規，即源自荒原王佛事業之一隅。

最終，當彼年達一百廿五歲時，以自身飛遊空中而逝。其時彼之心子日賢（Nyi ma bzang po）口唱輓歌，彼即回轉而垂賜廣大遺教，後於吉祥類烏齊（Ri bo che）[67]往生。

阿里之大成就者戒賢（Tshul khrims bzang po），壽一百卅歲，後其身於光蘊中往生。彼與多康具成就者查楚真（Grub thob phyar thul can）二人，似為此大成就者荒原王身莊嚴之示現。

直至今時，已有眾多具根器者得彼〔荒原王〕本智身之攝受。彼所聚之弟子無量數，尤因為此大成就者得無死壽持明

---

[67]　類烏齊法系，即民國初年入漢土傳法之諾那、貢噶上師法系。

之善緣，能於其壽算得自在，故持彼傳承，而得長壽成就者
甚眾。

　　《荒原廣大口耳傳承甚深法》（*Zab chos thang stong snyan*
brgyud chen mo）之相續傳授似仍得流傳，而《長壽修習・垂
賜無死吉祥》則遍及古今各派。爾後，蓮花光顯密洲尊者再
三得〔荒原王〕本智身之攝受與加持，彼遂依止於此，意巖
從其密意界中流露而出，遂安立名為《成就者心要》（*Grub*
thob thugs thig）之一系稀有法門，其中包括：屬根本之《上師
修習法系・生圓甚深廣大》（*rTsa ba bla sgrub kyi skor bskyed*
rdzogs zab rgyas）；屬支分之《續部 —— 隨順幻化網之道・
五系修習方便》（*rGyud sde sgyu 'phrul gyi lam dang mthun pa'i*
sgrub thabs skor lnga）；《修部 —— 八大法行密續、傳授、
口訣要義總歸》（*sGrub sde bka' brgyad kyi rgyud lung man ngag*
snying por dril ba）等，全皆見於《大寶伏藏》中。

乙十六、阿里班禪蓮花自在王

　　阿里之廣大班智達蓮花自在王（mNga' ri paṇ chen Padma
dbang rgyal），乃赤松法王之意化身、及醫尊王子之第九轉
世。彼生於第八勝生周火羊年[68]，地點為洛窩麻塘之境內。其
父文殊大寶幢，乃來自勝妙宗族之大賢哲，且為王者麻巴後
時之轉世；其母為卓夫人・市集者莊嚴（'Bro lcam Khrom pa
rgyan）。彼受賜名為蓮花自在王。

　　彼八歲時成居士，從其父發菩提心〔之誓句〕，於以
《經》、《幻》及《心》三者為主之舊譯派教法，聞、修俱

68　明成化廿三年，歲次丁未，即西元 1487 年。

臻究竟，得眾多近修之成就相；從持寶賢（Nor bstan bzang po）阿闍梨聞受毘奈耶、〔顯宗〕經、及迦當派法系等。自廿歲始，蓮花自在王通曉以中觀、因明與般若為主之廣大經教傳規凡百。如是，彼遂名副其實被譽之為「善知識」。

廿一歲時，彼從文殊護法（'Jam dbyangs chos skyong）、戒吉祥（Tshul khrims dpal）等得《紅閻魔敵》之成熟與解脫。於作近修之際，彼親見忿怒文殊師利現前。更尚者，彼廿二歲時，於其殊勝父尊之調教下，無餘盡除彼對舊譯派教傳與伏藏之疑慮。彼於作《八大法行》修習時，其父受不共淨相所感，遂稱道其子。爾後〔父所稱道之功德〕乃得展現。

於廿三歲前後，蓮花自在王兩度從夐譯師聞受道果；廿五歲時，彼於如意洲經院（bSam 'grub gling gi chos grva），從文殊薩迦班智達之化身、亦為洛窩大堪布之福德任運（Glo bo mkhan chen bSod nams lhun grub）受近圓戒，戒師且兼任授戒時之堪布〔親教師〕與軌範師。從此蓮花自在王唯持遍捨一切、及只住一法座之禁戒行。彼於正法毘奈耶之如理實行能得通達，故於當世所有持毘奈耶者中屬眾中之尊。復次，彼隨該大堪布〔福德任運〕、古格大班智達・尊勝吉祥賢（Gu ge paṇ chen rNam rgyal dpal bzang）及文殊慧吉祥（'Jam dbyangs blo gros dpal）等，聞受并修治聲明、因明、及密咒新譯派之眾多灌頂與密續等。如是，彼遂被冠以「摩訶班智達」之封號。

蓮花自在王亦自贊波之伏藏師釋迦賢（Drang po gter ston Śākya bzang po），聞受北藏甚多。簡言之，就密咒道新、舊譯派灌頂、密續與口訣大多數現存之相續傳規，彼俱勤於聞受與近修。彼亦嘗往加德滿都山谷，親近眾多尼泊爾與藏族上師。因彼與諸聖地相應及憑其修證，故生起無邊淨相。

　　從卅八歲始，蓮花自在王降下無分舊、新〔譯派〕之廣大法雨：彼發願復興已於衛藏息微之古今傳規之教法傳承。於徵得其父及洛窩各部主之允許後，彼與其弟具善金剛（Legs ldan rdo rje）[69]，經桑桑拉扎赴前藏。於抵拉薩之大昭寺時，得一授記。

　　蓮花自在王於宋車行（gZhung spre zhing），從俄師・福德持教（rNgog ston bSod nams bstan 'dzin）與扎塘之夏魯大譯師（Gra thang pa'i Zhva lu lo chen）得《俄氏壇城》（rNgog dkyil）與《紅閻魔敵》之法系。彼繼赴桑耶，其前生為赤松法王之習氣遂得現前催醒，於中殿作《八大法行善逝集》之廣大修習，得洛札上師（lHo brag gu ru）等之攝受；復從鬘鋒鄔金法賢（Phreng so O rgyan chos bzang）與大工・虛空具吉祥（Kong chen Nam mkha' dpal ldan）聞受《上師密意集》。彼於澤羊宗及欽普作修證時，曾親見眾多本尊。彼受法自在上師第八代後嗣之迎請往洛札，於該地恢復衰頹中之教法傳規，及作其他廣大慈行等。

　　此尊者單於《八大法行善逝集》，已聞受凡廿五回，其中最終一回，具真實與可靠之源頭，乃於洛札干卡（lHo brag dgon dkar）從無匹大成就者、者如族之虛空瑜伽（rJe'u rigs kyi Nam mkha'i rnal 'byor）[70]而得。如是，彼之意樂遂得圓成。

　　其發取之甚深伏藏，尤值一提：彼四十六歲時，於桑耶上大殿中，從一大日如來四身像後之秘匣，蓮花自在王取出《教法終集 —— 持明總集法類・七品啟請之修習方便》

69　即持明具善尊。

70　「者如」，商賈，印度古代四種姓之一，梵音譯作吠舍。

（*bKa' 'dus phyi ma rig 'dzin yongs 'dus kyi chos skor gsol 'debs le'u bdun ma'i sgrub thabs*）之伏藏，而此法絕大部份已由彼安立，至今時仍得廣泛弘揚。

經持明具善尊之引薦，彼迎請直貢大寶圓滿，復與持明具善尊等一共師徒三人，齊為桑耶寺再行開光，遂於藏地與康區根本與支分之利樂，大有裨益。蓮花自在王於前藏，如是為教法與有情作無邊利益後，終於在五十六歲之年，從溫滿塘（'On smon thang）往廣大吉祥銅色德山。

總言之，此聖者不可思議之博學、莊嚴、具成就等三者俱備之生平，已於尊者之偈頌體自傳中詳述。復次，彼著有辭簡而意賅之《三律儀決定論》，僅此一作，其仁慈已屬不可思議。直至今時，此論仍為秉持舊譯派教法者之項飾。

由此可見，蓮花自在王為舊譯派教傳與伏藏之教法，直接或間接而作澄清，故其為「大車」者亦眾所周知。彼下一轉世，即為北藏之主吉祥力王（Byang bdag bKra shis stobs rgyal）、又名法王王者軍（Chos rgyal dbang po'i sde），其為具成就伏藏師之生平，亦屬不可思議。蓮花自在王之甚深教法，仍相續不衰。

乙十七、持明虹藏

伏藏師「餘業洲」（Las 'phro gling pa）、「持明虹藏」（Rig 'dzin 'Ja' tshon snying po）、及持密咒者「黑吽火燃」（Hūṃ nag me 'bar），廣被譽為一身而兼三名之大持金剛比丘，乃古昔吉祥大鄔金〔蓮師〕及門弟子內，一百零八位得無漏光明身中最勝者、仰僧定賢究竟果位悲心上所現之化身。

虹藏生於第十勝生周木雞年[71]太陽入鬼宿（Pusya / rGyal）
之時，地點為工布之瓦如南住（Wa ru gnam tshul）。其父為護
法怙主（Chos skyong mgon po），母為天明引子（Nam langs bu
khrid）。自孩提時，彼已具足教法之習氣，從三歲始，僅須
向其稍示文本，即能通閱讀；彼亦曾多番留其手足之印於石
上；彼由十二至廿歲，習一般之科目，尤專於醫方明，遂登
學術之巔。

於該時期彼不斷得見鄔金甯波車，於現實、覺受、或夢
中。彼受出離心與極厭世間所感，故一心專注於正法。彼視
輪迴界及一切與其相繫者有如火坑，是以為教法故，遂遁而
依止法主不敗吉祥慧（Chos rje Mi pham bkra shis blo gros）。
該尊者嘗夢眾婦人獻一由蓮華生阿闍梨修建之舊佛塔，眾齊
云：「是塔須重行開光。」當彼開光時，見塔光明熾燃；由
是而知〔其新得弟子〕具善緣。虹藏出家，受賜名語自在法
土主（Ngag dbang chos rgyal dbang po），聞受包括密咒道灌
頂、導引及傳授等無數指授，一意專注修持度日。復次，彼
隨尊前寶莊嚴（Zhabs drung nor bu rgyan pa）、一切知不丹人
（'Brug pa Thams cad mkhyen pa）、無比天頂（mNyam med lha
rtse ba）等諸上師，聞受古今〔傳規〕之顯密教法，直至彼於
一切似已無所不習。尤值一提者，彼從天頂受近圓戒，是以
得比丘位。

虹藏獨居於一泥封之隱舍凡十七載，遂高豎修習之法
幢。其時彼頗得有關伏藏之授記，然彼置之不理。於念誦金
剛手儀軌法達一億遍後，彼又再獲一授記，復因受法主甯波

車不敗吉祥慧之勗勉，遂於金猴年[72]正月初十，於一鐵合金
鑄、如雛鳥大小之伏金翅鳥像中，覓得智慧海王母手書之伏
藏細目一份；此與其平生所發之首個伏藏有關。依此〔細目〕
，彼遂於札隆鎮魔隘道（Brag lung hom 'phrang）一鐵閘內，採
得《極深至寶廣集》（Yang zab dkon mchog spyi 'dus）等秘密伏
藏；彼於其伏藏之修習及秘密印亦得臻究竟。

繼而，虹藏先後從工布之布曲（Kong po Bu chu）；名為
章長哲（Byang 'phreng mdzes）之臻巴隆（lJon pa lung）聖地入
口；尼木神山（sNye mo lha ri）；工布隘道「和合僧」（Kong
'phrang dGe 'dun gnas）；烏如夏寺等地，取出包括《大悲者》、
《馬頭金剛與亥母・如意寶珠》（rTa phag yid bzhin nor bu）、
《寂忿尊了義藏》（Zhi khro nges don snying po）、《長壽修
習・雷霆金剛》（Tshe sgrub gnam lcags rdo rje）、《大腹金
剛》（rDo rje gro lod）、《吉祥怙主黃門法系》（dPal mgon
ma ning skor）、《白馬崗聖地指南》（Padma bkod kyi gnas kyi
lam yig）等甚深伏藏極多。彼有等伏藏如《（極深）至寶廣
集》，乃秘密伏藏，然大多數則為公開伏藏。

虹藏復開展無邊神通與法力：彼於隱秘事能無障而見，
甚而於水或於深淵皆可無礙而渡。當彼於尼木神山中、尤其
在工布之查迪瓦（Pra ti ba）發取伏藏之際，有等邪慧者恐地
力將因此受損，竟欲以軍隊護地。然伏藏師心有所感，策馬
馳騁縱橫於大石間之深淵，石面平滑如鏡，似僅可容飛鳥渡，
然虹藏座騎卒留一蹄印於石面上。阿闍梨於剎那間採得伏藏而
離，盡顯其法度與大神變。士卒悉皆懾服，而虹藏隨即安立彼

72　明萬曆四十八年，歲次庚申，即西元 1620 年。

等於信意地。以其不可思議之法力，彼可調伏破誓鬼魅（Dam sri）[73]、回遮敵軍等，諸如此類。

是故虹藏之多重佛事業，或總或別，皆增益藏地世出世間之福樂。彼攝受眾多具緣弟子，垂賜古今〔傳規之〕教傳與伏藏中、眾多法統之成熟與解脫甘露。阿闍梨自身謹嚴，護持遍捨之所行，而不逾越其比丘位。彼亦如是約束所調伏者，令彼等唯住於正道中復有所建樹。

有一地，彼曾加以開發，位於安止龍王飛奔山（Bang ri 'jog po），其地高廣寂靜，遂於此處築一閉關院。直至今時，此院仍由其子姪、化身等傳承護持不衰。

首位通達虹師法門之法主為深邃尊前寶莊嚴（sGam po pa Zhabs drung nor bu rgyan pa），彼為〔該等伏藏之〕佛事業篳路藍縷。從此，虹藏於康藏廣聚弟子，其中有黑冠與紅冠之大寶法王（即噶舉派中之大寶法王與夏瑪巴）、補處稱義成（rGyal tshab grags don grub）、直貢法稱（'Bri gung Chos kyi grags pa）、不丹人如意王（'Brug pa dPag bsam dbang po）、金剛岩持明語王、哲勒・眾自解脫、大德虛空無畏、持明事業任運、佛所說怙主福德具殊勝（bKa' 'gyur ba mgon po bSod nams mchog ldan，怙主福德具殊勝）、布窩巴卡活佛持明法海（sPu bo rba kha sprul sku Rig 'dzin chos kyi rgya mtsho）、德格之成就者慶喜海（sDe dge grub thob Kun dga' rgya mtsho）、大伏藏師伏魔金剛、與他喇・蓮花慧（Ta bla Padma ma ti）等。彼向上述諸人，無餘垂賜其甚深法之甘露，由是生起令〔其伏藏之〕佛事業揚遍四方之順緣。

---

[73] 英譯云有同胞鬼魅者九，咸皆破誓，傳對小童極為不利，

彼如是作而至究竟,於其七十二歲之年,安止龍王飛奔山有兆相與神異,與其神通相感應,示現彼往一廣大淨剎土之路。其教法傳承中,先後均有眾多成就光蘊身者,如僅於人主福德力王(Mi dbang bSod nams stobs rgyal)之世,在塔波已有二人如是。

約言之,此化身伏藏師,於四種善緣,即勝、中、劣、極劣之中,依授記而言,乃具最後者;然因其發心與修習力均極為殊勝,自身甚深伏藏之修持遂得究竟。以此為基,其伏藏法之佛事業遂自西陲之天竺與尼泊爾,遍傳至東方之海岸,至今日仍歷久不衰。

乙十八、持明伏魔金剛

十三種古昔伏藏皆有授記,明載卓‧僧童譯師其後之轉世,乃大伏藏師與持明者伏魔金剛(Rig 'dzin bDud 'dul rdo rje)。彼生於第十勝生周木兔年[74],地點乃多康之德格境內、馳名牛浦囊(dNgul phu nang)之背陽處。其父名龍樹(Klu sgrub),乃領族(Gling gi rigs)之高明醫士;母名波魯瑪(Bo lu ma)。彼隨其父習讀、寫與醫術,自六歲始,生起眾多淨相;其幼年為學於吉祥之任運頂經院(dPal lHun grub steng gi chos grva),並以頂上髮新[75](gtsug phud),供予德格之成就者、且為持明鵰翎者化身之慶喜海,受賜名慶喜福德聖法(Kun dga' bSod nams chos 'phags)。伏魔金剛嘗遺其足印於礫石上,至今時仍存於大殿之東門後。

---

[74] 明萬曆四十三年,歲次乙卯,即西元 1615 年。

[75] 藏俗初出家時由堪布剃去的一撮頭髮。出家後可用以供養根本上師,上師則常用此等髮新製甘露丸。

　　復次，於修學彼所聞、思之薩迦派諸般典籍時，伏魔金剛汲汲勤求精要、即本智之義，如渴者求飲；終而彼赴穆生（rMugs sang）之修行處，從導師至寶幢（'Dren pa dKon mchog rgyal mtshan）聞受大圓滿等眾多甚深教法。由修持故，證悟之廣界遂得以開顯。彼繼而遊歷衛藏諸境，於仰波（Nyang Po）得遇大成就者吉祥壽固（bKra shis tshe brtan），聞受其成熟與解脫之指授甚多。於白岩神泉（Brag dkar lha chu）時彼行禁食，唯依辟穀，遂於甚深道之脈、氣、明點瑜伽能得究竟。憑藉其初入法門時所作之善緣，彼往後藏薩迦與鄂（Ngor）地等之廟宇，得《道果口傳》（gSung ngag lam 'bras）等。歸途中，彼於飛奔山向大持明虹藏作祈請，遂盡得虹藏本人甚深伏藏中，眾多最首要之灌頂、導引與口訣等。

　　最尚者，乃於此時期，伏魔金剛得一授記，云彼於伏藏極具福緣。彼遂依此而赴布窩（sPu bo），於玉湖宮（Pho brang g.yu mtsho）中，精勤修習《寶洲極密無上普巴》（Rat gling phur pa yang gsang bla med）。其時空行母眾將彼自夢中迎至銅色德山，遂生起住於該處凡廿八日之覺受。彼從上師寶無餘盡得成熟與解脫，復得有關伏藏之授記；此事及其餘，詳見尊者自著之《淨相勇力王》（Dag snang dbang gi rgyal po）。彼隨往見吉祥鄔金持教，後者詳其夢後大悅，乃以圓滿禮敬，授封伏魔金剛為金剛阿闍梨。嗣後，彼遂以大密咒師與持金剛之身份行世。

　　彼初首之伏藏，與所得之細目悉數相應；於廿九歲之年，彼納具佛種姓之蓮花歡（Padma skyid）為其事業手印，繼而於玉湖大寶岩（g.Yu mtsho rin chen brag）取出一細目；於布窩內、當曲（'Don chu）之大樂秘密洞中，請得《正法密意總

集》（*Dam chos dgongs pa yongs 'dus*）。此乃其甚深伏藏中之
最要者，彼嘗云其後所發取者悉皆支分而已。

　　繼而，伏魔金剛陸續於熱羽岩（Tsha ba sgro brag）取得
《正法化身心髓、暨教誡護法剎土神〔儀軌〕》（*Dam chos
sprul sku'i snying thig bka' srung zhing skyong dang bcas pa*）；於
毛山塔宗（sPu ri dvags rdzong）得《深義秘密心髓》（*Zab don
gsang ba snying thig*）及《吉祥勝樂與四臂教誡護法〔法系〕》
（*dPal bde mchog bka' srung phyag bzhi pa'i skor*）；於毛山水晶
輕匣（sPu ri shel gyi yang sgrom），得《心髓──無量壽、真實
忿怒尊、普巴金剛三部暨護法一髮母自生王后法系》（*sNying
thig tshe yang phur gsum srung ma e ka dza ti rang byung rgyal mo'i
skor*）；於布窩內當曲北岸之石中，得《白馬崗秘境指南》
（*sBas yul padma bkod pa'i gnas yig*）；及於多康之德格境內、
威煌市集白優墟（Khrom zil khrom dkar yag）中得《三本尊：
紅、黑閻魔敵與大威德法系》（*Yi dam dmar nag 'jigs gsum gyi
skor*）。然而，除《寂靜文殊修習法系》（*'Jam dpal zhi sgrub
kyi skor rnams*）外，彼似無建立其他伏藏法。伏魔金剛雖亦曾
於鳥溝頭鐵普巴杵（Bya phu lcags phur can）發取《吉祥四面
怙主與大自在天修習》（*dPal mgon gdong bzhi pa dang lha chen
sgrub skor*）；於桑耶中殿上層得《上師持明遍集》（*Bla ma
rig 'dzin 'dus pa*）、《長壽修習‧炙熱紅霞》（*Tshe sgrub tsha
ba dmar thag*）、及《教誡護法尚氏大臣與龐那法系》（*bKa'
srung zhang blon dang spom ra'i skor*）；及於大昭寺西廂之上層
得《口耳傳承頂嚴‧如意寶珠法系》（*sNyan brgyud gtsug rgyan
yid bzhin nor bu'i skor rnams*）等，唯可肯定彼決無安立此等伏
藏法之舉。

有瑜伽士名螺鬘者（Dung phreng can），從布窩之熾燃天鐵魔山（sPu bo bDud ri gnam lcags 'bar ba），取出《幻化網寂忿尊與八大法行暨教誡護法法系》（*sGyu 'phrul zhi khro dang bka' brgyad skor bka' srung bcas*）；從那策（Ra tsag）之石佛塔中得《吉祥騎虎怙主法系》等，彼悉以此供養伏魔金剛。復次，伏魔金剛自著之《伏藏史》（*gTer 'byung*），已列明彼曾先後於玉湖之死主坑口（g.Yu mtsho gShin rje'i dong kha）、持明秘洞（Rig 'dzin gsang phug）、損耗鬼（bSe rag cog）、薄霧宗（Na bun rdzong）、達地下游壇城平原（rTa shod dkyil 'khor thang）等地，發取眾多甚深伏藏。彼以白馬崗之秘境為主，於前藏與邊地，開啟眾多廣大聖地。除上述之伏藏寶庫外，彼亦採得為數不可思議之造像、標幟、與聖物。略言之，正如有說謂彼是為百處伏藏、及千種嚐解脫聖物之繼承者，實在絕大部份亦由彼所發取。

伏魔金剛四十二歲時，受德格之喇嘛名慈圓滿（Byams pa phun tshogs）及其姪之迎請，於該尊者先前所居之僧寮，建置馳名之伏魔殿，由是成就於教、政俱利之授記。彼遍訪遠至噶陀金剛座等所有舊譯甯瑪派之法座，亦攝受眾多具緣弟子。彼長居於羅紀普達普札仁（Nobs kyi phu stag phu brag ring）、近於箋境尊勝〔寺〕以作修證之茅舍，至今仍存。

伏魔金剛往訪領族之府邸，與領王得結施主與福田之善緣。當彼作《大悲者虛空王寶瓶修習》（*Thugs rje chen po nam mkha'i rgyal po'i bum sgrub*）以製聖物時，生起超越思維之稀有徵相；所製〔聖物〕今仍可見。

阿闍梨曾受迎請，先後赴巴康（Bar khams）、布多（sPu stod）、巴瑪拉登（Bar ma lha steng）、類烏齊等諸地，無量利益教法與有情；尤其彼於頗尼岩（sPor ne brag）與天法不變金

剛（gNam chos Mi 'gyur rdo rje）相遇，二人互聞教法，廣結善
緣。此會實由大成就者事業無著（Karma chags med）所促成，
彼讚譽伏魔金剛之語，如降花雨。

　　伏魔金剛於布多之大樂平原（sPu stod bDe chen thang）與
玉山崗頂（g.Yu ri sgang 'go）立其法座，且長久駐錫兩地。彼
曾為白馬崗秘境中聖地之門，作粗略之澄清。當彼所作已得
成辦，遂於五十八歲之水鼠年[76]，往大蓮花光宮，其時有聲、
光、花雨、及無數稀有神異；更著者，乃其遺體幾全融入光明
中，所餘唯約一肘長短，悉供於火中，遂生起五大遺骨與無數
舍利。

　　此尊者諸及門弟子，後俱成法主，如大德虛空無畏、持
明界光藏、巴卡活佛法海、竹千之蓮花持明、普賢周遍任運
（Kun bzang khyab brdal lhun grub）、大成就者蓮花寶（Padma
nor bu）、暨眾多於道孚（rTa'u）境內之持金剛。如是，其徒
眾實無量數。尤值一提者，伏魔金剛教法傳承之佛事業得保不
衰，實有賴佛子寶共許（rGyal sras Nor bu yongs grags）等，相
繼於彼後嗣傳承中顯現者所致。

乙十九、大德虛空無畏

　　大班智達無垢友、與遍知無垢光（龍青巴）二者雙運悲
心之自身、即大德虛空無畏（Lha btsun nam mkha' 'jigs med），
於南部察境（Byar yul）之天王族（lHa btsad po）中降生，時維
第十勝生周之火雞年[77]。彼具足種種稀有相，如彼眉間白毫、

---

[76]　清康熙十一年，歲次壬子，即西元 1672 年。

[77]　明萬曆廿五年，歲次丁酉，即西元 1597 年。

舌與鼻尖上均有明顯「ཨ」字相。彼於悅耳音（gSung snyan）之山間小寺，從鄔金富饒活佛（sPrul sku O rgyan dpal 'byor）出家，得賜名普賢尊勝（Kun bzang rnam rgyal）。彼初於塘卓（Thang 'brog）之僧院作種種聞、思，後漸次隨眾多持金剛，得多種甚深指授之成熟與解脫，包括《八大法行》及《密意集》等教傳與伏藏。及至圓滿其本尊之近修後，大德遂於成就與佛事業俱能通達。更尚者，彼嘗親近大圓滿行者福德王（bSod nams dbang po）凡十七載，無餘聞受《心髓指授法系》（sNying thig gi gdams skor）並作修持，遂直探證悟之深處。

為盡其修持之利，大德從語自在不動金剛尊者（rJe Ngag dbang Mi bskyod rdo rje），盡得貪欲道之口訣。彼續作修持，直至依於「自身作方便」及「他身作手印」之瑜伽，令彼於樂空本智能得通達，所體認之四喜於自地即消融，而一切聞、見悉皆於俱生喜中成熟為內自光明。大德於藏土所有大聖地，如察境、塔波與工布、烏如、約日與後藏等作明覺禁戒行，如是遂登成就之高處。彼使自身氣脈之喉輪脈結得解，故其一切所言恆辭、義精善。

大德於天竺調伏一外道王，將其安立於佛法中。彼於藏地鼓動所有神鬼為其襄助，令彼等修復桑耶寺。大德曾於扎日，憑藉瞪視及期剋印，即能回遮一大山之崩塌，故彼於不可思議之神通力已得自在。

當大德於諸廣大聖地，如沙普隆（Zab bu lung）、大寶水晶山紫樂園（Rin chen shel ri smug po'i dga' tshal）、蓮花虹光水晶宗（Padma 'ja' 'od shel rdzong）、及雅隆之水晶山天神宅（Yar lung Shel ri lha'i lding khang）等地住定時，生起不可思議

之淨相;依於此,彼意樂界之廣庫得以開顯,遂生起被譽為一切伏藏寶庫心中心髓、口耳傳承之要義、及由見、聞、思、觸之即得解脫之《金剛藏‧諸雲法爾歌之法類》(*rDo rje snying po sprin gyi thol glu'i chos skor*)。彼為該法安立文本,復將其口耳傳承,賜予少數具不共善緣之弟子。

因受持明虹藏、大伏藏師伏魔金剛等之勗勉,復為確保藏地與康區總體之利樂故,大德於五十歲、即火犬年[78]時,徒步前往錫金之光明藏神山('Bras gshongs lHa ri 'od gsal snying po)。彼開啟此聖地,且依授記修建一寺及一修處。當彼依空行母授記,住於白巖吉祥台(Brag dkar bkra shis sdings)之空行藏洞窟(Dha ki snying gi phug)時,於淨相中,生起「Ati 無上心髓」之不共指授,名為《持明壽命修習法類》(*Rig 'dzin srog sgrub kyi chos skor rnams*)。彼安立其文本,且垂賜其成熟與解脫之甘露予具緣弟子。

復次,大德維持豐碩之佛事業,以增益大圓滿之教授,直至大圓滿錫金久遠傳規之令譽傳遍各方。據云至其晚年時,始終無人可超逾此成就者禁戒行之邊際。《持明壽命修習》及《諸雲法爾歌》等甚深教法之灌頂、傳授與口訣,至今傳續不衰。彼等教法傳承之佛事業,於藏地與康區之多數境域中已得弘揚,尤以錫金之秘境為最。

乙二十、第五世達賴喇嘛

於眾多新舊伏藏寶庫中,均授記法王赤松德贊事業化

---

78 清順治三年,歲次丙戌,即西元 1646 年。

身、乃雪域怙主觀自在悲心之體現、以秘密名「金剛無礙力」（rDo rje thogs med rtsal）著稱於世之殊勝王者第五世：其父來自窮結達孜（'Phyong rgyas stag rtse），乃薩霍惹王族之後，名人主伏魔極固（Mi dbang bDud 'dul rab brtan）；其母為羊卓一萬戶之女，名慶喜國色（Kun dga' lha mdzes）。彼伴隨以稀有兆相，生於第十勝生周之火蛇年[79]。於其降生之年，北傳者・持明語王向彼垂賜《長壽帳》教法灌頂（Tshe gur gyi dbang bka'），以除其險難；此即其生平首次瑞應。班禪喇嘛慧賢法幢（Paṇ chen bla ma Blo bzang chos kyi rgyal mtshan）認定彼為王者功德海（rGyal ba Yon tan rgya mtsho）（第四世達賴喇嘛）之轉世，乃迎請彼至吉祥哲蚌之大寺廟。彼將頂上髮新為獻供，受賜名慧賢海（Blo bzang rgya mtsho），隨被奉於獅子座上。

達賴喇嘛隨廣大阿闍梨授記為俄・譯師化身、即下洲之至寶法盛（Gling smad pa dKon mchog chos 'phel），由《攝量》（bsDus tshad）始，習學所有廣大經典要籍，悉無難而通；從班禪甯波車得受眾多灌頂、傳授與口訣；從祈行班智達（sMon 'gro paṇḍita）父子習修辭、聲明、聲律、辭藻等；從菜園者（lDum po ba）與大宿氏・法界自解脫無邊而習天文曆算、黑白之占卜法、元音數術[80]等；如是，彼遂成十種明處得遍觀之摩訶班智達。廿二歲時彼從班禪甯波車，得受屬極明意樂大上師律統之近圓戒，並受錫新名「語自在」（Ngag gi dbang phyug）。

---

[79] 明萬曆四十五年，歲次丁巳，即西元 1617 年。
[80] 用梵文元音字母作為計算曆算和占卜的符號。

達賴喇嘛嘗依止眾多不共賢哲太師，如帕邦喀（Pha bong kha）之欵師・富饒任運、夏魯・福德殊勝成（Zhva lu bSod nams mchog grub）、大宿氏・法界自解脫、曼隆巴・勝慧金剛、與法王伏藏主洲等。彼詳述以薩迦派、格魯派與甯瑪派為主、其時藏地尚存之大多數顯密解說、暨密咒傳規之灌頂、傳授及口訣，而彼如何於此作圓滿聞思之《聞法記》四篋，普視為權威著作。彼經修與證，遂令出離與證悟之善巧得以圓滿。彼於一時，亦曾作種種威猛誅滅法事業，其成就相能得現前。

尤值一提者：彼於甚深淨相教法之傳繼，實早已見於吉祥力王伏藏之授記中——

> 廿五伏藏不共意巖五　　由汝第五世今黔首王
> 作清淨啟請而得揭示

由是，當第五世往吉祥桑耶時，發取實際伏藏之善緣實已生起，唯因時、地、及份際所限，彼並無取為己有。稍後，當三根本之無央王者向彼面前作示現時，彼即得授記與灌頂，且據之而寫就《秘密封存廿五法門》（gSang ba rgya can du gsol ba'i chos sde nyi shu rtsa lnga）〔之伏藏〕；連同彼口授之補遺，共有兩篋。彼將其中之成熟與解脫，無餘賜予一殊勝眾，內中以秉持舊譯派傳規者為主，如法王伏藏主洲、持明蓮花事業等。故此，其伏藏遂得廣事弘揚，傳承至今仍相續不衰。

政事方面：達賴喇嘛廿五歲時，蒙古固始汗持教法王（Sog po gu shri bsTan 'dzin chos rgyal）藉兵力佔領藏地三區。彼將一切僧、俗部眾，悉供養予達賴喇嘛，成其治下臣民。爾後，達賴喇嘛受東方大皇帝之迎請往北京，受賞賜甚眾，中有一金冊詔書，敕封彼為「釋教之主金剛持達賴喇嘛…」皇帝復

尊奉彼為「帝師」，如是遂結施主與福田之緣。[81]

　　達賴喇嘛於紅山上建大布達拉宮，彼於濁世，以聖世自在王（即觀自在示現）、文殊師利赤松德贊〔之化身〕、及持比丘戒之王者等身份，統治藏地與康區，此實早見於諸真實金剛授記中。如是乃至今日，以〔政、教〕兩種傳規，維繫全藏境內之福樂者，彼實為廣大主哉。

　　教法方面：達賴喇嘛，嘗轉顯密新舊傳規教傳與伏藏之無邊法輪，由吉祥薩迦〔派主持〕父子、直貢派、達隆派（sTag lung pa）[82]及竹巴派（'Brug pa）[83]等〔眾主持〕、班禪甯波車之殊勝化身、及迦當派現任及卸任之座主等大上師始，雪域藏地大多數之持教者，俱成其及門弟子。尤有著者，眾多持舊譯派傳規之大車，如法王伏藏主洲、持明蓮花事業、及洛札〔心〕子・持教不變金剛（lHo brag sras bsTan 'dzin 'gyur med rdo rje）等高舉舊譯派宗義之勝士夫，俱趨於其跟前；是故第五世於舊譯派之教法，其或直接或間接安立之恩德，實無與倫比。

　　復次，從天竺恆河乃至東方塘古（Tong ku）[84]之地，此中絕大多數之大上師與權貴，非達賴喇嘛親徒者實無幾人。彼

81　有關第五世達賴喇嘛入覲清室之事，英譯腳注1111所言，與漢文資料稍有不符；如英譯云第五世乃康熙迎請入京，然漢文資料則屬之於順治，云第五世乃順治九年末至京，受順治帝禮遇，越年（順治十年）三月離京，嗣後再無進京之舉。冊封第五世之詔書，原文為「……茲以金冊、印封爾為『西天大善自在佛所領天下釋教普通瓦赤喇怛喇（譯按：*Vajradhara*、即「金剛持」之漢語音譯）達賴喇嘛』。……」清帝似亦無皈依藏密、或封其為帝師之舉。

82　此派屬噶舉派一支，亦稱達隆噶舉。

83　此派屬噶舉派一支，亦稱竹巴噶舉。

84　「東方塘古」，遠至越南北部灣（Tonkin）之地。

於康藏，及遠至漢蒙，均新建寺廟無數。彼所著《內外全集》
（*gSung 'bum phyi nang*）凡煌煌逾三十大帙，從其為諸明處著
述所作之評釋，可見其暢達及稀有。於新譯派諸系中，彼獨珍
視文殊智悲自在之傳規；於甯瑪派者則為北方者吉祥力王。尤
值一提：依授記所言，達賴喇嘛修好敏珠林大伏藏師與法主[85]
二者與自身施主福田之善緣。如此，彼遂遍植噶丹宮（dGa'
ldan pho brang）[86]政權永續之根本。

　　如是即第五世達賴喇嘛於三輪所遺。當其外、內、密生
平之不可思議功業已得究竟，遂於彼年六十有六時，即水犬
年[87]三月廿五，平等住於薄伽梵母作明母（bCom ldan 'das ma
Rig byed ma）[88]之定中，成彼未來道場佛事業之緣起；彼在大
布達拉宮中入大樂。

　　其下一轉世，乃降生於門境中、屬蓮花洲後嗣家族之持
明梵音海（Rig 'dzin Tshangs dbyangs rgya mtsho）[89]。由當時而
至今日之相續轉生，即現在受用此生，住為世上勝利王一切教
法王者之大十四世，其達賴喇嘛一系歷任之傳繼，已廣為贍部
洲所知。

乙廿一、持明伏藏主洲

　　持明伏藏主洲（Rig 'dzin gTer bdag gling pa），或稱蓮花
舞自在不變金剛（Padma gar dbang 'Gyur med rdo rje），乃遍

85　即伏藏主洲與法吉祥大譯師。

86　義為兜率宮，乃哲蚌寺內一青石殿堂，後世以此名稱呼原西藏地方政府。

87　清康熙廿一年，歲次壬戌，即西元 1682 年。

88　亦即梵：Kurukulla，漢地通途以其音譯「古嚕古呢」為名稱。

89　即漢地通常以其音譯「倉央嘉措」為名之第六世達賴喇嘛。

照護大譯師之語化身。彼〔上世〕處死有之際，在棄其前一世之身而入內光明界後，因聞得空行母眾高歌，全屬明覺音調，遂激彼利他之心，其本智身遂取忿怒尊相而入胎。父名內師・秘密主事業任運，母為來自貴族之持天妙音度母（lHa 'dzin dbyangs can sgrol ma）。第十一勝生周火犬年翼宿月[90]初十，彼生於札囊之昌隆法洲（Grva nang Dar rgyas chos gling）[91]，其間有大地震動、天虹閃耀等希有兆相。

彼甫降生，其尊父即為彼灌頂以作加持，成彼具睿智之善緣，同時亦令免於障難；乃至後時，彼心中尚能明白憶起當時情境及所作、及自茲即侍候彼至三歲之結頂髻藍面瑜伽士、及二美婦人等三。

縱襁褓時，伏藏主洲已現於等持能得自在之態；作童戲時，亦具真實佛種姓已醒之賢善舉止，是以能令具智者起信。自四歲始，彼從其尊翁得《八大法行・秘密圓滿》之灌頂，其時一切外境顯現均封印於壇城輪中，是故彼視主要〔壇城像〕與上師乃無有分別，而四灌頂之種子已播於其心相續中矣。木羊年[92]之秋、即彼十歲時，受《善逝集》灌頂之際，於內光明淨相中，得蓮華生大阿闍梨之灌頂與加持。因是之故，〔上述種子〕增上，彼遂得瓶灌覺受之果，安立外境顯現無非幻相。

直至其時，伏藏主洲於閱寫、暨其自家傳規之修習、壇城、灌頂、開許加持、開光等儀軌與事業法之憶持，及一切

---

90 清順治三年，歲次丙戌，即西元 1646 年。翼宿月即藏曆二月。

91 「昌隆法洲」，即塔丁或塔嶺之異名。

92 清順治十二年，歲次乙未，即西元 1655 年。

實修指導等，均通達無礙。自此以後，彼遂攝行其尊翁之位，
以護持種種佛事業。

伏藏主洲十一歲時，於吉祥哲蚌寺，將頂上髮新為供，
獻予遍知王者第五世，受賜名語自在蓮花持教（Ngag dbang
padma bstan 'dzin）。此事因適逢吉隆之自生聖者像[93]初抵哲
蚌，達賴喇嘛大悅，乃勉之曰：「此誠善緣也！」其時，聖
者像寂靜微笑，顯熱情相（chags pa'i nyams），有光自其心中
出，全融入伏藏主洲身中。復次，當彼十七歲之年，於桑耶再
遇王者之主大第五世時，彼唯見觀自在之相。

遍知第五世與〔伏藏主洲〕其父尊秘密主事業任運，不
僅先後以殊勝深恩，攝受彼為二人之親徒。更尚者，二人往
生後，彼復受二者本智身之加持；以此要因，故二人實為其無
比慈恩根本上師。復次，彼所從學成熟與解脫甚深道之大持教
者有十六人；從得種種甚深教法之大師則有三十五數。如是，
伏藏主洲於不同時地，圓滿而得居士戒、依三種傳規之菩薩
戒[94]、及如上述《八大法行・秘密圓滿》灌頂暨表相義之直
指，遂令其初得成熟。如是，故彼持三種戒為基。

伏藏主洲所聞受之教法，其數無盡，縱只為標題亦難以
盡記，只可云包含：舊譯派至今仍有相續傳承之一切教傳，
諸如《密意總集經》、《幻化網》、《心部三種傳規》（Sems
sde lugs gsum）、《〔諸佛平等〕和合》、及《真實忿怒尊》、
《普巴》、及《閻曼德迦》之法系等；〔伏藏方面：〕大多

93　乃七世紀從尼泊爾所出「旃檀四觀音（ 'Phags pa mched bzhi）」之一。

94　依伏藏主洲之《聞法記》，三種傳規分別為：經龍樹與月稱所傳之文殊師
利傳規；經無著與世親所傳之彌勒傳規；及經寂天所傳之文殊師利另一傳
規。三者全由龍青巴統攝。

數之知名伏藏，如以「上師、大圓滿、大悲者三部」為例之
修部或總、或別之不同教法等；〔亦包含〕新譯派一般教法
如《金剛鬘》與《百種修習方便》；特殊教法如《勝樂》、
《喜金剛》、《時輪》、《密集》、及《閻曼德迦》，事
〔續〕與瑜伽〔續〕之灌頂、導引與教法解說、暨眾多顯宗
著述；而統攝以上一切最根本者，乃全部《甘珠爾》之傳授。

伏藏主洲自十三歲起，已默記《秘密藏根本續》、《大
乘無上續論》、《心性休息》、與《如意藏》（*Yid bzhin
mdzod*）之根本論及注釋；復從其尊翁次第聞受口傳解說。繼
後，彼通達努氏傳規、宿氏傳規、及絨‧法賢等之經典、薩
迦班智達之《三律儀析》（*sDom gsum rab dbye*）、有壞明劍
（*bCom ldan rig pa'i ral gri*）之《續藏決定》（*bCom ldan ral gri'i
spyi rnam*）、及〔第三世大寶法王〕自生金剛之《甚深內義》
等。尤有甚者，因彼精勤思察大遍智龍青巴之經典，故得思
維無礙之慧力，而盡所有一切法之增益遂得以斷除。

塔師‧法王持教根據《密意總集經灌頂儀軌‧寶鬘》
（*'Dus pa mdo'i dbang chog rin chen phreng ba*），佈四十五壇
城；伏藏主洲遂從其得〔《密意總集經》〕完整四長河之灌
頂、指授與教法解說，其中含賜護法印及結行之長壽灌頂
等；復根據《灌頂儀軌‧蜜河》，依布畫之廿一壇城，彼
〔從同一上師〕得受全部灌頂、傳授與指授。彼又從金剛岩
之持明蓮花事業，以《灌頂儀軌‧寶鬘》為基，依略本廿七
壇城，得完整灌頂、指授與教法解說；此中根本壇城為布
畫，四周者則堆聚而佈。此兩位阿闍梨均賜彼秘密名為不變
金剛力（*'Gyur med rdo rje rtsal*）。

彼發心所生緣起既得催醒，降於伏藏主洲之甚深伏藏教

法則如下述。水兔年[95]五月初十、即彼十八歲之年，於雅瑪隴發取《持明心要》之伏藏；火羊年室宿月[96]八日、即彼廿二歲之年，於協札現神通莊嚴，得《閻曼德迦摧滅驕慢》（*gShin rje gshed dregs 'joms*）；火龍年[97]寅月望日即彼卅一歲之年，於吾嘎岩取《忿怒上師》與《金剛薩埵無上（瑜伽）法系》（*rDor sems a ti'i skor*）；及金猴年[98]六月廿九日，即彼卅五歲之年，於夏烏達果取得《大悲者善逝遍集法類》（*Thugs rje chen po bde gshegs kun 'dus kyi chos skor*），此則乃公開發藏。

於上開種種場合之前後，伏藏主洲曾分別於察瑪欽普（Brag dmar mchims phu）、雅瑪隴等稀有之修行要地、及其新舊法座中之寢室獨修、又或於彼在光明頂（'od gsal rtse）與禪定頂（bSam gtan rtse）之茅舍中，獨自閉關而住一年、六月、三月、或一月。彼於各地，作約卅五位本尊之近修，包括寂忿上師、金剛薩埵、八大法行、大悲者、真實忿怒尊與普巴金剛、閻曼德迦、馬頭金剛、與空行佛母（mKha' spyod ma）等。彼以大圓滿立斷之修持為〔教法之〕心要，亦於適當之關鍵時作「頓超」、即風息瑜伽等之實修。如是，彼之不淨相能斷除，於生起次第乃得堅穩，由是無礙成就四事業。至若圓滿次第：其脈、氣、明點之律動，於「都帝」（dhūti）中既得清淨，故「消融之樂」本智遂熾燃而成其手印。大圓滿自顯及無偏之意樂既於中而生，二取相遂於自地解脫。彼於定中及出定後之無分別相續內光明等持，遂得以通達。

95　清康熙二年，歲次癸卯，即西元 1663 年。

96　清康熙六年，歲次丁未，即西元 1667 年。藏曆七月十六至八月十五。

97　清康熙十五年，歲次丙辰，即西元 1676 年。

98　清康熙十九年，歲次庚申，即西元 1680 年。

一切顯現與行持既生起為本智遊戲，是故眾多印藏班智達及成就者，諸如蓮華生大阿闍梨、無垢友、吽迦羅、佛密、遍照護、智慧海王母、仰・日光、及遍知法主〔龍青巴〕等，皆以各各本智身而現前。眾師尊施設化現壇城，為伏藏主洲作教傳與伏藏之灌頂，於此可舉伏藏主洲之自身伏藏為例；彼等復從容解釋與教授甚深道之一切指要。眾多本尊如金剛童、金剛薩埵、真實忿怒尊、大悲者、寂忿尊、及金剛瑜伽母等，亦示現而為彼作灌頂與加持。彼又歷遍眾多淨土，如極樂世界及拂洲之吉祥銅色德山等，由是通達圓淨〔諸剎土〕之等持。空行及護法為彼無礙成辦所有事業，且賜予授記；是以彼具無邊之稀有淨相。因彼既具足無礙之神通，故其有關時際變遷等之授記皆盡如所言，此顯然有眾多確證，然余不擬在此細述。

至其卅一歲之際，早植於伏藏主洲心相續之成熟種子，已漸次而長，故其瓶灌之證量，乃安立一切外境顯現為現空如幻；是故，首要之務，即應以佛身作利益有情之行。彼遍遊南北諸境如疏千（Shod chen）及紀隆（sKyi lung），僅憑照見〔自身之〕壇城，遂無偏而播植解脫種子於無量須作調伏者之心相續中，由是得斷輪迴。

火蛇年[99]二月、即彼卅二歲時，生起秘密灌之證量，即本覺之明空中，能所二取皆於法界內解脫〔消融〕；是故，此際即應以佛語作利益有情之行。彼遂不斷為一眾具殊勝、中等、或下劣善緣之弟子，轉甚深而廣大之法輪。

　　水豬年[100]室宿月、即其卅八歲時，彼行使者道[101]，遂令以「消融之樂」為例之真實本智、暨與明空、大樂、俱生、及不動相應之四喜，〔智、喜二者〕於其心相續中生起之證量，漸次增長；是故，此際即應以佛意作利益有情之行。儘管自此彼仍無偏開示一般教法，唯更要者，乃既已將能令弟子成熟之甚深導引指授，逕植於彼等心相續中，彼遂更負責施加以猛利之方便，導引諸具緣弟子，令見自生本智之本來面目。

　　如是而行，彼所體現者，實與諸佛三金剛同為一味；是故，此際即應遍入而作佛事業以平等利益有情。其一切所作，已悉脫離作意自利之纏結。繫於彼心者，唯教法與有情之福樂而已，故彼憑大勇，從事解說、修習與所作之純淨行以度日。

　　有關其解說之事業：遍知殊勝王者大第五世，從伏藏主洲聞受例如《舊譯派寶貴十萬續》（*sNga 'gyur rgyud 'bum rin po che*，即《甯瑪派十萬續》）等、盡所有甚深且廣大之法類後，復賜彼以「帝師」之封號。彼之弟子，有眾多於薩迦派、帕摩竹派、直貢派、達隆派等掌高位之大士，復有大官與州牧等顯達；亦有其「身」（即親生）諸子及其「語」諸正善子，悉皆屬開顯教法之善知識。彼等乃遍從康藏、工布、門境以南、阿里等諸地具信來歸之具緣弟子，不論根器優劣，復不計其數。伏藏主洲隨順各各慧力，相續垂賜包括舊譯派教傳與伏藏之灌頂、導引與教法解說；新譯派之密咒；及〔顯宗〕經之法系等不同法門；此即其解說之事業。如是，彼為教法所作之開顯與弘揚，實無與倫比。為令教法長久住世，彼撰有具空前善說之稀有論典，包括教法之修習〔方便〕、壇城、灌頂儀軌

---

[100] 清康熙廿二年，歲次癸亥，即西元 1683 年。
[101] 即納取事業手印。

等；及以《前後伏藏寶庫》為主之極古伏藏儀軌編次等。此
等著述凡十三篋。

有關其修習之事業：因尊者自身，不論座上或座下，從
不稍離於等持，故彼傳授觀修導引時，皆直指覺性，而非僅
以教條遺之。於垂賜灌頂時，其本智之加持，實直抵其徒眾
之心中；彼且使十方之近修事業能付諸實行，而非徒託解說
空言。

有關其所作輪之事業：伏藏主洲並無將聖者〔第五世
達賴喇嘛〕所賜、或信眾所供各物，深鎖於庫藏中。於鄔金
敏珠林寺，彼新聚得僧伽約三百眾，復置諸人心相續於三律
儀中，唯以解說與修習度日。彼長令眾人之利養恭敬相續不
斷，是故給予彼等敷具及三所依[102]等供器、及四時修習與供奉
所須之資具與器物等。復次，彼委人造畫像與雕像甚多；計
《甘珠爾》在內、以金銀寫就之經卷超逾五百篋；舊譯派論
著、解說、儀軌、事業法等等之雕版無數；復有佛塔甚多，
最主要者名為「廣大見解脫十萬佛像塔」（sku 'bum mthong
grol chen mo）。因伏藏主洲具足布施圓滿，故所施極豐，而受
彼無私之供施者，均能積集二資糧。因彼所從事者，唯增益
教法及有情利樂之偉行，故其生平可云既難得且稀有。

當伏藏主洲至六十九歲、即木馬年[103]正月時，如是不可
思議秘密行之事功，至此已暫臻究竟，而彼亦似稍示疾。尤
其自廿五日始，彼向其叔姪輩垂賜臨終之指授；從此時起，
伴隨彼左右之侍者，似恆聞得極其悅耳之嗩吶妙音，從西側

---

[102] 「三所依」：造像、經卷、佛塔。
[103] 清康熙五十三年，歲次甲午，即西元 1714 年。

之外壁傳來。同時,龍腦異香亦內外遍滿其寢室。於二月二日
巳時,彼云:「余須向東舉七步。」起而踏七步後,結跏趺座
而說《遺教》('Da' ka'i zhal chems)曰——

> 現相是本尊　　聲音即是咒
> 本覺是法身　　無盡作展現
> 佛身智遊戲
> 深密大瑜伽　　修持起覺受
> 願成無分別　　一味心明點[104]

　　稍後彼云:「今諸空行已來作接引。」彼揚手現搖鈴鼓
之相,復作〔止觀〕瞪視。剎那間,彼示現稀有相及廣大神
變,遂彰顯其往蓮花光廣大地行(sa spyod)[105]剎土之道。

　　以諸心子及其「語」之子等為例,伏藏主洲之徒眾,具
見於一伏藏之授記中——

> 法主具誓之徒眾　　包括今王父與子[106]
> 登地王臣之轉世　　具利生力者卅五
> 一百零八得自利　　二千能成法相屬
> 發心相屬者五萬　　事業相屬六十七
> 七持寶傘足前侍　　三顯貴者權勢增

　　由是,得飲其語甘露之主要入室弟子為:第五世甯波
車(達賴喇嘛)及其第司[107]覺海(sDe srid Sangs rgyas rgya

---

[104] 原文四句,今用意譯,若直譯則頌義難明。

[105] 「地行」,乃化身所往之剎土,與報身所往之空行 mKha' sPyod 剎土相對。

[106] 此授記乃蓮師賜予赤松德贊及其子,故言「今王父子」。

[107] 「第司」:地方行政官,在西藏政教合一的制度下,代表法王管理政務者。
故彼猶如攝政。

mtsho），二者〔與伏藏主洲之〕施主與福田之關係，令二者有如日月；金剛岩之持明蓮花事業；薩迦赤欽慶喜吉祥（Sa skya khri chen Kun dga' bkra shis）；且東[108]・尊前（rTse gdong Zhabs drung）暨其叔姪等且東前、後法座之大士；秉持岡倉（Kam tshang）[109]教法之楚普補處（mTshur phu rgyal tshab）與車霍爾・勝應身（Tre hor mChog sprul）等二；直貢至寶事業賢（'Bri gung dKon mchog phrin las bzang po）；達隆派之持教有寂尊勝（sTag lung pa bsTan 'dzin srid zhi rnam rgyal）；一切智不丹人如意王〔之轉世〕；深邃勝應身賢金剛（sGam po mchog sprul bZang po rdo rje）與其後嗣；昌都・勝利聖天（Chab mdo rGyal ba 'phags pa lha）；語自在法活佛；多康之語自在慶喜持教（mDo khams pa Ngag dbang kun dga' bstan 'dzin）；老、少他喇；噶陀佛子（Kaḥ thog rgyal sras，福德謎王）；及第二世竹千蓮花持明不變妙乘持教（rDzogs chen gnyis pa 'Gyur med theg mchog bstan 'dzin）。由上可見，大部份持教之廣大知名上師中，幾無人不曾向其頂禮。

伏藏主洲唯一內心子乃其弟，即玉聲藏之化身法吉祥大譯師；其〔肉〕身之後代，則為蓮花不變海（Padma 'gyur med rgya mtsho）、尊前如意善成（Zhabs drung Yid bzhin legs grub）、大恩寶尊勝（Drin chen Rin chen rnam rgyal）等諸子、及其女不變吉祥炬女尊者。復次，其諸近侍如修善慧明海（dGe sbyong Blo gsal rgya mtsho）、語無央鄔金法稱（Ngag rab 'byams pa O rgyan chos grags）、十萬茅草・鄔金善緣（'Bum ram pa O rgyan skal bzang）等人，亦屬可作教法棟樑之親徒。上述及其他

---

[108] 「且東」，即且塘與乃東之合稱。

[109] 噶瑪噶舉派中，分出之岡倉噶舉派祖廟所在地名。

〔圍繞伏藏主洲而聚之〕廣大圓滿海會，實已為解說與修習之佛事業廣作增益矣。

此大伏藏師於新、舊全體教法，不論直接間接，均具莫大深恩。非但如此，於覺囊派、香巴、希寂與斷境派（zhi gcod）、及珀東派（Bo dong pa）等較細小之教法傳規，彼復以自力或勸勉他人，令諸派教授之法脈得以延續。

尤其於彼時，赤松德贊施主及其福田之遺澤、即以《經》、《幻》、《心》為主之舊譯甯瑪派教法，其稀有久遠傳規之解說與修習、已瀕似油盡燈枯。伏藏主洲以勇力及無怠之大精進，追尋〔該等傳規〕，復憑解說、修習與所作等三門，將已傾圮之教授從其根本中恢復。實言之，依止此廣大至尊、其弟、徒屬、後嗣等之慈恩，「密咒舊譯派〔甯瑪派〕」方名實相符，而其真實無欺之相續傳承，至今仍能繁衍不衰；是以無人可與伏藏主洲稀有之慈恩與遺澤比肩。以此故，吾等屬後世甯瑪派之徒，於稱之為「深法」者，非僅依於浮泛之儀軌及事業〔法〕等，而實為此教法廣大寶藏之久遠傳規，廣作護持；余等為此而大事弘揚，亦其宜也。

乙廿二、無畏洲

廣大班智達無垢友、法王赤松德贊及醫尊王子三者之混合化身遍知無畏洲（’Jigs med gling pa），乃持明法主洲之即身轉世。於法自在上師、佛洲、法主洲暨其弟子熱師（Rva ston）等之伏藏中，已清楚授記，無畏洲生於窮結區內松贊干布王之赤陵以南吉祥山廟（dPal ri dgon pa）[110]附近。其家族乃

法主不丹人（Chos rje 'brug pa）六大心子之一、嘉札巴（rGya brag pa）之後嗣，時維第十二勝生周土雞年十二月十八日[111]上午，〔是日〕乃龍青巴之忌日。

彼自孩提時，於過去世為大伏藏師覺喇嘛及法主洲之事，已能清楚憶念。依此及他道，彼真實佛種姓遂得蘇醒。六歲時入吉祥山之經院；該處保有至尊般若光（Prajñāraśmi，大伏藏師般若光）三輪之無瑕遺澤。無畏洲以頂上髮新，供養智慧海王母之轉世語自在慧賢蓮花（Ngag dbang Blo bzang padma），復於尼沙瓦・語自在慶喜善生（gNas gsar ba Ngag dbang kun dga' legs pa'i 'byung gnas）跟前受沙彌戒，受賜名蓮花智悲光（Padma mkhyen brtse'i 'od zer）。

無畏洲從長老普賢光（gNas brtan Kun bzang 'od zer）得《解脫精華》[112]（Grol tig）與《上師密意集》等之灌頂與傳授；尤值一提者：十三歲時，彼遇持明殊勝心金剛（Rig 'dzin Thugs mchog rdo rje），得聞《大手印本智見解脫》（Phyag rgya chen po ye shes mthong grol）等教授，是為其相續成熟之本初因。因彼奉持明殊勝心金剛為其唯一殊勝根本上師，故往後彼亦被攝受於其〔上師之〕本智身門下。復次，無畏洲嘗從學於眾多大師，包括大伏藏師無垢洲（Dri med gling pa）、尚行者法稱（Zhang sgom Dharmakīrti）、敏珠林之成就王吉祥依怙（sMin gling grub dbang Śrīnātha）、持教智任運（bsTan 'dzin Ye shes lhun grub）、塘卓子姪・蓮花殊勝成（Thang 'brog dbon Padma mchog grub）、及門渣卡・昌隆喇嘛（Mon rdza dkar Bla ma dar rgyas）等，先後聞受諸如舊譯派教法、《上下伏藏

寶庫》等根本教法之重要教傳與伏藏、及新譯派之成熟與解脫
等。其間，彼亦曾順帶聞受諸如星算等世間明處。

　　其所手書，除說明彼生而具足〔撰述〕顯密廣大經教傳
規之要點、及華美辭藻著作之天賦外，復顯其不求世俗名言之
練達，而實傾於精要修習之心也。

　　自火牛年神變月[113]、即彼廿八歲起，彼立堅誓，於與其自
廟、即吉祥山中相連之唯一明點門房（sGo khang thig le nyag
gcig）〔隱舍〕閉關三載。更堪記者，無畏洲於該處唯修持
《解脫精華‧密意自解脫》（*Grol tig dgongs pa rang grol*）之生
起及圓滿次第；此法乃大伏藏師般若光之甚深伏藏，經久遠及
極近傳承而降及無畏洲承繼；彼〔藉修此法而〕得「暖」之殊
相。

　　復次，彼於圓成眾多甚深伏藏十方本尊之近修後、例
如《前後伏藏寶庫》等，已足現證異熟持明。彼於脈、氣、
明點之瑜伽得自在後，其喉間之大樂受用輪脈，於一咒字雲
聚中消融。彼視一切顯現為書冊，而教法之廣大寶庫，則開
展成詞、義悉俱圓滿之金剛歌等。當彼作《上師密意集》之
近修時，有馬嘶聲自其頭頂出，而大鄔金（蓮師）加冕彼以
「吉祥蓮花大自在」（dPal padma dbang chen）之名。由現得
文殊師利友阿闍梨之加被力，彼遂圓通「能表喻智」（mtshon
byed dpe'i ye shes）[114]。爾後，彼以顯赫忿怒尊裝束之廣大戒
律，守其行持。

---

[113]　清乾隆廿二年，歲次丁丑，即西元 1757 年。神變月，即藏曆之正月。

[114]　此乃從指授與灌頂所生起之本智，亦為證得「名相義本智」（mtshon bya
don gyi ye shes）之基。

　　尤堪書者，彼於〔觀照〕內光明現分中，法身本智空行母於尼泊爾之查隆卡瑣佛塔（mChod rten bya rung kha shor）[115]，現前垂賜以空行表意文字寫就之《龍欽心髓細目》（*Klong byang*）；彼遂成著名之教法大寶庫、名為《大圓滿龍欽心髓》（*rDzogs pa chen po klong chen snying gi thig le*）之法主，臻賢哲之高位。然彼心未稍自滿，於該地〔吉祥山〕三年閉關圓滿後，立赴吉祥桑耶欽普。彼於大秘密花洞（gSang　chen me tog phug）中，再以猛厲苦行，一心專注要義修習凡三載，其間有無邊淨相生起，曾三次得見無上遍知法王龍青巴賢（Klong chen rab 'byams bzang po，龍青巴）之本智身。既得龍青巴身、語、意加持之現前轉授，無畏洲遂依所得「語」之廣大開許，親見大圓滿諦實、即聖道之真實本智。於同一地〔桑耶〕，彼為十五具緣弟子，首次開示其廣大意嚴之成熟與解脫。嗣後，彼廣事弘揚其甚深義，遂成《大圓滿心髓》之大車。

　　無畏洲履行其閉關三年之誓句後，法自在甯波車之甚深伏藏、名為《空山問答》（*mKha' ri zhu lan*）中之金剛授記，其真義方得開顯，蓋彼云 ——

　　　　我之化身窮結作利行　　縱無人識直指教授行
　　　　彼在欽華多與赤陵南　　或建廟宇天降佛塔旁[116]

　　哲勒・眾自解脫之本智身，曾現前向無畏洲付託此意樂。依於眾多善妙因緣、諸如其表義方便等，彼遂回鄉。於窮結內松贊干布陵墓之南一隱蔽山塢、即敦喀谷之溝頭（Don

---

[115]　即尚存於尼泊爾之 Boudhanath 或 Bodnāth 佛塔。

[116]　「天降佛塔」（lHa babs mchod rten），八大寶塔之一。

mkhar lung po'i phu），彼重建吉祥長壽谷蓮花光妙乘洲（dPal
tshe ring ljongs Padma 'od gsal theg mchog gling）之山中小廟，包
括所依與能依[117]。此後，彼終其身住世為一隱遁瑜伽士，不問
世事，其法座即建於此。彼向來自雪域四方、及遠自不丹與天
竺之無數具緣弟子，總則開示甯瑪派傳規之教傳與伏藏，別則
教以古今《心髓》[118]之指授；故其教法事業實屬稀有。

無畏洲以教法作慷慨加持，不求回報或異熟善果：如彼
嘗向三大法輪〔古寺〕作眾多十方供養；為無數瀕死者行贖
命；彼向桑耶大法輪〔寺〕供養純金輪、及以銀鑄一無能勝
王（彌勒佛）之大像；亦曾為桑耶重作開光等。當法敵廓爾喀
（Gorṣa）族大軍進侵藏地之際，彼修退敵之事業法而有驗。
此即其事業輪之昭示，確保政教之福樂，其稀有處，甚而令藏
廷亦致以殊勝之敬禮。

最要者，其時舊譯派教法，於各地均日漸息微。無畏洲
對歷代諸化身法王、譯師、班智達等大發心之佛事業恐將虛
耗、而無瑕之遺教或竟消失，實於心不忍。彼遂為所有庋藏
於敏珠林、約廿五帙之甯瑪派寶貴密續，以上佳資具與物料製
成複本，〔每帙〕首五葉皆以五寶寫就，其後則為黑字經書。
此前，並無為此而編纂之目錄或紀其流傳信史；然無畏洲與三
因（gtan tshigs gsum）[119]相聯之才智，甚深而廣大，是以此至
尊遂著有《舊譯派寶貴十萬續史傳・周遍瞻部洲莊嚴》（*sNga
'gyur rgyud 'bum rin po che'i rtogs pa brjod pa 'dzam gling tha grur
khyab pa'i rgyan*）。書中教、理之妙光，可盡消由邪分別及疑

---

[117] 「所依」即廟堂；「能依」指佛像等。
[118] 古者指龍青巴之《四部心髓》；今者則為無畏洲之《龍欽心髓》。
[119] 「三因」：果因、自性因、不可得因。

慮黑暗所起之一切迷亂。

復次，包括其意巖《龍欽心髓根本論及闡釋》（*Thugs gter klong chen snying thig gzhung rtsa ba gsal byed dang bcas pa*）；依大朗氏・吉祥獅子於化身壇城所賜灌頂暨指授、而重新編訂教法之《普巴金剛密續傳規》（*Phur pa rgyud lugs*）；及依於大遍知（龍青巴）之加持、實為意巖而以論著之形式授予無畏洲、乃開示全體教法道次第之《功德藏》（*Yon tan mdzod*）根本論與釋論等，無畏洲之殊勝全集，合共九篋。

親炙無畏洲說法之徒眾，有大上師或驕橫權貴，如薩迦赤欽語自在具吉祥護法（Sa skya khri chen Ngag dbang dpal ldan chos skyong）及其弟；直貢派兩位化身；金剛岩持明之殊勝化身；洛札之語化身及其心子；持珀東派教法之覺拉活佛（sByor ra sprul sku）；噶丹寺夏則與倉則兩經院（dGa' ldan shar byang rnam gnyis）〔之住持〕，彼等皆為秉持山居噶丹派（Ri bo dga' ldan，格魯派）之傳規者；及門境錯那（Mon mtsho sna）之頂怙活佛（dGon rtse sprul sku）等。若屬遁世瑜伽士、行者及比丘等之徒眾，則更不計其數。此外，大多數來自康區之甯瑪派上師與化身，均向彼頭面禮足。

尤堪提者，憑藉其唯一內自心子、木如札普王子之化身成就王無畏事業光（Grub dbang 'Jigs med phrin las 'od zer）、大菩薩無畏佛芽（'Jigs med rgyal ba'i myu gu）、及門境賢哲上師無畏遍解脫（'Jigs med kun grol）等之佛事業，是故南至天竺之邊地，東至漢土及蒙古，無畏洲自身遍及四方佛事業之法光，就後世而言，可謂無與倫比。

尊者嘗自云，彼若於深山閉關七載，一意專修菩提心，則教法定能興盛昌隆。觀乎今時《心髓》之成熟灌頂、解脫

導引及修持，其流傳之勢，已似遍覆十方而無所不至。此授記乃得確證真實。

當其三輪所作已得成辦，彼於七十歲、時維土馬年婁宿月初三[120]，在其法座、即長壽谷中空閑處名「絕頂解脫」（Tshe ring ljongs kyi Yang dben rNam grol yang rtse）之內往生；所現前之兆相與神異，均顯示彼往蓮花光之廣大剎土。此前，彼已精詳垂賜其稀有金剛句之遺教；由是，其後事遂由貴胄光事業（dBon 'od zer phrin las）等主持。為滿尊者之遺願，彼等圓滿廣行葬儀。

乙廿三、殊勝大樂洲

大伏藏師殊勝大樂證空洲（mChog gyur bde chen zhig po gling pa），乃吉祥王〔赤松德贊〕之子持誓者木如札普、又名本智遊戲力（Ye shes rol pa rtsal）之化身。彼生於多康南部葉堆（Yer stod）之札囊禪院（sGom sde grva nang）。其父為岡地（sGom）密咒師，名蓮花自在（Padma dbang phyug），屬囊謙青胡（Nang chen ching hu）之大臣阿澤主（A lcags 'gru）之一族；其母名長壽福湖（Tshe ring gyang mtsho）。第十四勝生周土牛年[121]六月初十，彼伴以彩虹光等吉兆而生。自孩提時，其稀有行已顯正士之風範；閱寫亦輕易而通達，故得「寶持教」（Nor bu bstan 'dzin）之別名。彼亦自發而行眾多修證次第。

---

[120] 清嘉慶三年，歲次戊午，即西元1798年。婁宿月，即藏曆九月，亦稱杖月。

[121] 清道光九年，歲次己丑，即西元 1829 年。

　　十三歲時，彼曾往一處名「摩尼口」（Ma ṇi kha，六字大明咒）之地嬉遊。其時鄔金甯波車現前，且伴作問訊等行。彼逐一回答後，上師寶遂授記：「此地既名摩尼口，汝名寶持教，此土名為內聖（Ārya Nang），故汝在世間將極為殊勝！」[122]言罷，即如虹而隱。約於此時，彼已從達隆瑪甯波車（sTag lung ma rin po che）受沙彌戒。

　　第八世勇士經典法王（dPa' bo gtsug lag chos kyi rgyal po），曾向彼認真垂賜《上師密意集》內《心修習‧炙熱紅霞》（Thugs sgrub tsha ba dmar thag）與《善妙花鬘事業儀軌》等文本、傳授及加持。彼曾受勸誡，云以修持該法為佳；如是最終，乃得此伏藏真實傳承之付託。彼先後從眾多太師，諸如噶瑪及竹巴噶舉派諸位勝者王及彼等弟子、直貢派諸殊勝化身、及宿孟法座之眾軌範師及親教師等，受無盡古今顯密傳規之灌頂、傳授與口訣，復有其解說傳規及儀軌實修等。彼又曾習舞畫唪及樂器等，能不費吹灰之力而顯其事事通達。

　　為符上師寶授記所言，殊勝洲遂於廿五歲時往八邦法座（dPal spung kyi gdan sa），得見司徒‧蓮花持畫王（Si tu Padma nyin byed dbang po）。彼以名為「普巴大力笑」（phur pa dbang chen bzhad pa）之杵等作供養，司徒笑納，由是障難得除，而彼享長壽之善緣遂足；司徒亦傳授圓成伏藏修習、及秘密印所須之內指示。殊勝洲後乃從大堪布及菩薩月賢活佛（Zla bzang sprul pa'i sku），漸次而得諸如「發菩提心」等甚深教法。彼從文殊怙主慧無邊，聞受甯瑪派大部份之教法，其中最主要者，為《幻化網》寂忿尊之灌頂與教法解說；另

---

[122] 此處意譯，令讀者易明。

有眾多伏藏,則以《大悲者善逝遍集》為首。

於眾多外、內、密之授記細目內,皆曾有殊勝洲之預示。其中,《善緣綱要》(*rTen 'brel mdo chings*)尤稱——

> 虛空庫[123]所封甚深伏藏　　蒙發願士夫不棄而取
> 皇子此即汝之後身也　　　　彼時眾譯班[124]君臣齊聚
> 尤其君王父子重會時　　　　彼此互助宿緣漸次醒
> 我之究竟指授彼將遇　　　　定必親見余身淨相中
> 密咒指授直教[125]之實行　　自作實修無整得成就
> 證得悉地弟子數數出

依此,於是年九月,殊勝洲往見文殊智悲王尊者。其時,尊者察知彼〔殊勝洲〕與赤松德贊王之次第轉生具相應緣起,是故先賜彼以《普巴絕密利刃》(*Phur pa yang gsang spu gri*,即《普巴利刃》),復傳《款氏傳規普巴金剛》廣大灌頂。因此殊勝洲之外、內、密障得以盡除。於《如意寶珠心要》灌頂中,彼現觀上師實為大班智達無垢友,其他殊勝淨相亦得生起,遂直證赤裸覺性。繼而,當殊勝洲於受一髮母之持命心咒時,生起廣大威光之覺受,如大地震動,且親見一髮母。母云:「汝師徒若同閉關三載,則余將賜汝等大成就!」此即預示後來《大圓滿三部》(*rDzogs chen sde gsum*)之發取。

廿七歲時,當彼受《真實忿怒尊九尊壇城》大灌頂之際,只覺上師以忿怒尊相融入其頂輪,由是解其心間之脈結,

---

123 「虛空庫」(Nam mKha' mDzod),尊者發取伏藏地之一。
124 「譯」指譯師,「班」指班智達。
125 「直教」,直指教授。

從此遂能無礙而流瀉金剛歌。彼復能不勞而了達此前難通之《心修習・障礙遍除》（*Thugs sgrub bar chad kun sel*）表意文字。此教授與智悲尊者之甚深伏藏《心修習・善逝總集》（*Thugs sgrub bde gshegs 'dus pa*），不但義理相同，甚至文氣亦絕大部份相互隨順；是故二法有如母子一對，可被兩人一併無礙建立。彼等亦齊作伏藏修習，且由是而生無邊淨相，更曾親得蓮師佛父母之攝受。彼等獲大量伏藏寶庫之細目，故大開眾多善緣之門。二人因具互信，是以智悲尊者亦得享此等新伏藏之成熟及解脫甘露，且行授權。如是，二者於伏藏師中，誠屬舉世皆知且無可爭議，昭如日月。

於羊其（Yang 'khyil）之隱處中，殊勝洲唯專主《極深至寶廣集》之近修。從此，依蓮師授記，彼於「密嚴事業」（'og min karma）[126]之三載閉關，以精勤於修持次第為主。於生起、圓滿、大圓滿，所修悉臻究竟，故無量成就相乃得現前。彼成四事業法已得自在之大士，唯憑現量已可證知。

殊勝洲繼承之七種教誡

尤堪書者，《大圓滿三部之授記》（*rDzogs chen sde gsum gyi lung bstan*）嘗云——

> 教法傳承七長流
> 降福與王父與子——
> 前後無斷相續傳（1）
> 堅穩深密（2）意伏藏（3）
> 隨念（4）及後憶伏藏（5）

---

[126] 「密嚴事業」，關房之名。

淨相（6）口耳傳伏藏（7）
衰世教法得豐收
深廣更勝太陽光

依此授記，王者父子二人所化身之兩位廣大伏藏師，實具足從教傳、伏藏、與淨相等三者中，復更細分之甚深教法七種應機[127]。

初、〔教傳：〕殊勝洲所得，乃大多數至今時仍存之久遠教傳傳承。彼非但曾多番開示及弘揚《經》《幻》《心》，於其甚深伏藏中，亦有同樣能見於《經》、《幻》等教傳著述所秉之佛典語言及宗輪。此空前而稀有之〔伏藏〕發取，令彼於教傳，得真實之繼承。

次、其自身福緣之地下伏藏：殊勝洲十三歲時，於「白岩小寨」（Brag dkar rdzong chung）[128]由取《王子修證之廿四種修習方便》（lHa sras thugs dam sgrub thabs nyer bzhi）及《密意集鈐記‧金剛骨鏡》（dGongs 'dus bka' rtags rdo rje thod pa me long）開始，至卅九歲時，經彼上師尊者（即智悲甯波車）授予細目及啟迪後，遂於「脖露珍寶三同胞」（rtsi ske nor bu spun gsum），請得《卅七殊勝伏藏》，（mChog gter sum cu rtsa bdun）中含《正法珍寶七輪》（Dam chos nor bu skor bdun）、暨上師寶〔蓮師〕替身像及獅子吼聲之身莊嚴等。於澤羊宗，彼發取《希寂七輪》（Zhi byed skor bdun）暨其細目、細目補遺、要義細目、精華細目等，而次要之伏藏實物亦甚多。

---

[127] 七種應機，藏文原文為 bKa' babs bdun，意譯可作「七種教法繼承」。

[128] 此地表徵佛身之事業。

　　殊勝洲之主要伏藏有：取自「月日在上之峽谷地」（Zla nyin kha la rong go）[129]之《心修習・障礙遍除》；取自「薄霧宗」之《大悲者蓮花寶髻》（Thugs rje chen po padma gtsug tor）；於「密嚴事業」後方所取之《甚深修證七輪》（Thugs dam zab pa skor bdun）；從「本勝虛空庫」（Ye rgyal nam mkha'i mdzod）[130]取得屬《修證七輪》支分之密續及傳授、復取得《根本心修習・密意遍集》（rTsa ba'i thugs sgrub dgongs pa kun 'dus）暨二肖像等；自「瑪雪站之蓮花水晶洞」（sMar shod dzam nang Padma shel phug）[131]得《正法・大圓滿三部》（Dam chos rdzogs pa chen po sde gsum，即《大圓滿三部》）；於「巨獅天岩之下劣雪雞山」（Seng chen gnam brag gi Ri gong mo 'og ma）[132]得《正法六紙》（Dam chos shog sde drug pa）；從「十萬空行宗」（mKha' 'gro 'bum rdzong）[133]得《大悲者蓮花幻化網》（Thugs rje chen po padma sgyu 'phrul drva ba）及《摧滅輪迴》（'Khor ba dong sprugs）；從「事業吉祥鏃」（Karma'i dpal mde'u）得《本母總攝》（Ma mo spyi bsdus）；遵智悲尊者之預言，自「格那珍寶三同胞」（Ke la nor bu spun gsum）取得《心修習・如意寶》（Thugs sgrub yid bzhin nor bu）；從「本勝南方之攻玉岩」（Ye rgyal lho phyogs g.Yu 'bal brag），取得《八大法行・善逝遍集》（bKa' brgyad bde gshegs kun 'dus）與《深邃大圓滿純金》（Zab pa rdzogs chen gser zhun）；自「白火岩之虎穴」（Rong me dkar mo sTag tshang），取得

[129] 此地表佛身之功德。
[130] 此地表佛語之功德。
[131] 此地表佛功德之語。
[132] 此地表佛功德之事業。
[133] 此地表佛意之功德。

《心修習・金剛忿怒遊戲》（*Thugs sgrub rdo rje drag rtsal*）及
《心要五輪》（*sNying po skor lnga*）；及從「茹東雪地關房」
（Ru dam gangs khrod）[134] 得《勝樂諸佛平等和合》（*bDe mchog
sangs rgyas mnyam sbyor*）等。

以上僅為略示而已：於每一伏藏地，均伴以數量極大之
教法、聖物、造像、與標幟等。因絕大卻份伏藏乃公開發取，
故此均為眾人根識所知見，無可爭議。略言之，正如授記已曾
明言：「佛身、語、意、功德、事業諸地之上百伏藏、百種
《心髓》、及眾多嚐解脫〔之物〕等教法繼承，皆降於其身」；
而殊勝洲適於「大自在勇士岩」（dPa' bo dbang chen brag）發
取《多康廿五聖地之多康細目》（*mDo khams gnas chen nyer
lnga'i mdo byang*）。如是，新顯之聖地、包括其根本與支分
等，彼遂發露甚多。其稀有神異亦不可思議：如彼嘗取得造上
師寶肖像之伏藏物料凡三等，然彼可多番複製師像〔而物料不
缺〕。

三、從上述[135]所衍生之重封伏藏：此即尊者之過去世、
大伏藏師佛洲之《忿怒上師・紅吽心髓》（*Gur drag hūṃ dmar
snying thig*），藉加持力而降於殊勝洲作繼承；及空行母慶喜
塔（mKha 'gro ma Kun dga' 'bum pa）之《母續・以密為道》
（*Ma rgyud gsang ba lam khyer*），經極近傳承而降於彼。

四、甚深意樂之伏藏：依於聖度母向彼再三云「善哉！」
之勸勉，殊勝洲乃安立《度母深要》（*sGrol ma'i zab tig*）。

---

134 此地乃藏東佛功德之主要聖地。
135 指地下伏藏。

　　五、從上述[136]所衍生之隨念〔伏藏〕：尊者既能回憶其前生為努・庫隆巴功德海（gNubs Khu lung pa Yon tan rgya mtsho），遂為《大努〔佛智〕垂賜臨終遺教教言・金剛莊嚴指授》（gNubs chen 'da' ka'i zhal chems lung rdo rje bkod pa'i gdams pa gnang ba）、及《努氏奢談》（gNubs kyi kha pho）作略記；彼復能憶記念誦呼嚕密咒之道及無邊舞姿。依於過去世為佛洲之憶念，彼可仔細安立《依密意集 —— 九種抖震力之還罪瑜伽法》（dGongs 'dus rtsal sprugs rnam dgu'i 'khrul 'khor）之導引。

　　六、淨相：當彼開啟位於彩虹山（Ri bo dbang gzhu）之伏藏入口後，於無垢友之修行洞穴中，親見大班智達，復得贈指授，存於《無垢深要》（Bi ma la'i zab tig）中。

　　七、口耳傳承：殊勝洲於淨相中，往吉祥銅色德山，從鄔金甯波車聞受《無上深義・心髓指授》（A ti zab don snying thig gi gdams pa）等，復以文字作莊嚴。

　　此即殊勝洲具足繼承七種教誡之傳記概略。其生平，不論前後期，均曾親見三根本、及得獲授記；護法為彼成辦佛事業；而彼亦有「遊於拂洲之吉祥山」等長略不一之淨相經歷。如斯種種，已足作說明。

　　殊勝洲曾自修、及於共修際成金剛阿闍梨之時，作包括「廣修」在內之念修四支分約卅三遍。憑其對藏地及多康內、包括桑耶海波山及吉祥曲沃日等鎮節神廟之威嚴誡諭、及於諸廣大聖地作眾多降福加持，殊勝洲遂能寂息外敵之凶暴。彼為王土增益福樂，且如授記所載，廣修佛事業。

---

136 指意樂伏藏。

　　對以噶瑪派、竹巴派、直貢派、及達隆派為主之噶舉
派；以敏珠林、噶陀、白玉、雪千、及竹千等寺廟為主之甯
瑪派；以致薩迦派及其他持教者等，殊勝洲均或直接或間接、
無偏賜予甚深教法之成熟與解脫。由彼所贈、一嚐即得解脫之
物，遍及藏地與康區，不論中央或邊地。更尚者，其教法有十
位根本法主，多皆具足善緣，是故其以《心修習·障礙遍除》
為主之伏藏教法事業，乃得廣為弘揚。以彼於奧明楚普（’og
min mtshur phu）[137] 舉行定期之《七輪甚深〔止觀〕普巴廣大修
習》（Zab bdun phur pa'i sgrub chen）及根本中庸[138]舞為例，可
見彼於眾多廟宇，憑其新伏藏中之大小教法，安立修供儀軌等
等。

　　從《藏地、康區樂方便十法》（Bod khams bde thabs chos
bcu）之中，殊勝洲安立《善緣法類》（rTen 'brel gyi chos
skor）；復依其義，輪番於八邦、噶陀與竹千等，修行與師
君三尊之世所開示之顯密教法有關，弘揚講、修與所作等三
輪之稀有儀軌。彼於事業山（Karma ri）、長老崗（gNas brtan
sgang）、及脖露聚（rTsi ke 'dus mdo）等本身之法座，修建寺
院之所依能依[139]。於上述末二法座，彼建立僧團、及顯密之相
續解說與修習。

　　如是所作得成辦後，殊勝洲意樂暫轉至另一大事。彼於
四十二歲、即金馬年[140]時示疾，起淨相往一極清淨之佛剎土；
繼而於五月初一，當地震及天虹等稀有神異示現之際，彼於寂

---

[137] 迦瑪噶舉派法座。

[138] 「中庸」，指長度適中。

[139] 「所依」指廟堂；「能依」指佛像等器物。

[140] 清同治九年，歲次庚午，即西元 1870 年。

靜界中入定。

同年十月十五，智悲王尊者於淨相中，見大伏藏師（即殊勝洲），於西方蓮覆淨土（Nub phyogs zhing khams pad mas khebs pa）現蓮花芽（Padmāṅkuśa）菩薩相。智悲甯波車得其〔殊勝洲〕修習方便、灌頂及指授之豐盛甘露；為遵守秘之誓句，遂封存之凡一月。十一月十日，當彼於相關之會供輪中，安立上述教授時，和暖突降大地，轉堅冰成流水。此吉兆能為根識所覺，故有如顯現為加持之不共相也。

乙廿四、文殊智悲王

文殊智悲王（'Jam dbyangs mkhyen brtse'i dbang po）[141]、即蓮花光顯密洲，亦即第五位王者伏藏師，乃大班智達無垢友與法王赤松德贊之雙運遊戲。彼乃醫尊王子第十三世轉生，生生皆轉生為伏藏師。其父乃內族之仲欽·大寶自在王（Drung chen Rin chen dbang rgyal），母名蒙古女·福德湖（Sog bza' bSod nams mtsho）。第十四勝生周金龍年箕宿月五日[142]，彼於多康德格區特隆頂果村（mDo khams sDe dge gTer klung dil mgo'i grong）中之亞如大鵬岩（dByar ru khyung chen brag）附近，伴以眾多稀有兆相而降生。

彼憶念，六臂本智怙主（Ye shes mgon po phyag drug pa）及密咒護法一髮母，早已對其屢加愛護。彼具眾多過去世之模糊記憶，自孩提時，其大乘佛種姓已得覺醒，尤其只欲發心出家。既具無比才智，彼於閱寫之學毫無困難；大多數之

---

[141] 有譯為「文殊智悲自在」者，恐非是，蓋 dbang po 應譯作「王」或「根識」之「根」，dbang phyug 方譯作「自在」。

[142] 清嘉慶廿五年，歲次庚辰，即西元 1820 年。箕宿月，即藏曆六月。

書冊,彼僅須一覽,其詞義即已了然於心。

彼廿一歲時,從鄔金敏珠林堪布持明賢(O rgyan smin grol gling gi mkhan po Rig 'dzin bzang Po)受近圓戒。從薩迦派之金剛大寶(Sa skya pa rDo rje rin chen)等,彼受與二大車[143]傳規有關之發菩提心〔誓句〕。彼從頂解脫者甯波車(Thar rtse mkhan rin po che)之兄弟,聞受《勝樂》與《喜金剛》;從敏珠林之赤欽不變覺慶喜(sMin gling khri chen Sangs rgyas kun dga')),受《蘇氏傳規之真實忿怒尊》(*So lugs yang dag*)與《持明心要》;從雪千之不變威勢尊勝(Zhe chen pa 'Gyur med mthu stobs rnam rgyal),得《幻化網》之寂忿尊灌頂。如是,密咒誓句之根本乃得確立。

智悲甯波車,已圓滿根除有關其轉生地位及富強種姓之我慢,且能堪忍大難。彼以無比精進與毅力,嘗依止凡一百五十位來自衛藏與康區等地之大師,包括屬持金剛之上師、善知識及通達明處之士。彼於包括工巧、醫方、聲、因明暨其支分等著名之「十明」解說、及諸如毘奈耶、《阿毘達磨俱舍論》、中觀與般若等法相典籍,其修學均臻究竟。所有其時仍歷久不衰之傳規,彼皆曾受完整之成熟與解脫,例如甯瑪派之教傳與伏藏;古今迦當派;薩迦派、鄂派(Ngor pa)及查派(Tshar pa)[144];噶舉派之分支如岡倉、直貢、達隆派及竹巴派;覺囊派、夏魯派(Zhva lu pa)與珀東派等。彼又聞受於其時仍存解說傳規之密續與論著,如《幻化網秘密藏續》、《時輪續》、及《勝樂》《喜金剛》暨《密集》三部等;亦聞受以《勝利王教法寶譯》(*rGyal ba'i bka' 'gyur rin po che*,即《甘

---

[143] 「二大車」指龍樹與無著。

[144] 「鄂派」與「查派」均為薩迦派一支。

珠爾》）、《甯瑪派十萬續》、及《丹珠爾》（*bsTan 'gyur*）
中尚存之相續傳授等為主、全面涵蓋藏地宗輪之所有論典，
共約七百篋之教法。略言之，智悲甯波車專攻求學凡約十三
載；著名「解說傳承十砥柱」（bshad brgyud 'degs pa'i ka chen
bcu）中之傳規，彼實已聞受絕大多數。此尊者於每篋只須一
瞥，已能直達其深義，復永不忘失。

　　為顯示彼平生從無輕蔑教法之舉，智悲甯波車〔對所有
法門〕於聞學後不僅並無棄捨，反更修持至其究竟；故彼於
每一宗輪之見、行及承許之要點，不論其傳規與宗風有否偏
差，皆具足微細無雜而知之無塵法眼。今世之人不論高下，
皆與其無可比擬。

　　智悲甯波車，曾多番解說大部份自身曾修學之經、續、
及論典，隨伴以成熟、解脫、及後援傳授等[145]。彼之所教，未
嘗有少於一遍者；每一有所求之人，上至殊勝正士，下至凡
庸乞丐，彼皆以非財物之法施，隨宜令其滿願。彼永不作聲
稱「為利益弟子及有情」之俗家經懺等邪命、亦不作化緣以
斂財。因三熾燃[146]與三積聚[147]之功德外顯，故財物於彼可不勞
而至，然彼絕不浪費分毫於一切非處；彼嘗委造二千金銅像
以表佛身；出版經卷近四十帙，復或刊或抄共約二千帙以表
佛語；建逾百金銅佛塔表佛意，最要者乃任運頂之大塔（lHun
grub steng gi mchod sdong chen mo）。為安置上述一切，彼修築
大小共約十三寺院之善妙莊嚴，復為其建立定時與常修之法

---

[145] 「後援傳授」指較後期之教傳傳承，參見第五品，乙十一。

[146] 「三熾燃」：身暖樂熾燃、語力熾燃與意證悟熾燃。

[147] 「三積聚」：日聚人群、夜聚空行、時聚資財。

會。因時勢艱困,是以彼體恤新道場安立施設[148]之困難;然對其後因上下〔多康〕動亂而毀於兵燹之寺廟,尊者曾依據廟宇大小,供養茶磚逾三千。彼向漢藏兩地之監吏、德格之法王與王臣等,告以向寺廟施援之重要,因此衰頹之廟宇遂得回復舊觀,佛產之捐輸亦得恢復;彼又以隨順當地風俗之勸諭,令此等事業更能廣大增益。此即智悲甯波車所垂賜之廣大慈恩。

鄰近之大小寺廟,彼亦逐年向其致送有關總持、密咒、迴向法會之贈禮。前後時際雖有不同,然皆眾口一詞,云尊者為此所施供養凡四千茶磚之譜。

通言之,因智悲甯波車於二寶貴菩提心已得堅穩,更因彼於一切宗輪與淨相,均具敬信之大力;捨此以外,絕無門戶之見及邪分別,故其弟子包括薩迦、噶舉、甯瑪、及格魯派中所有著名之持教大士、復有善知識、隱居行者、殘弱佛徒、乃至秉持卐字苯教傳規者(g.Yung drung bon lugs),無分派別,其數離於計量。此以眾多漢藏達官為首、長時每日敘會、且不計其數之諸色人等中,不論其為法施、除障、灌頂、或加持等,幾無人不曾依各自之信解而〔與尊者〕相應。智悲甯波車既離八風之繫縛,故見諸各色貴賤人等中、例如「情面」及「希疑」等世俗戲論,均能自根本而斷除之。如是,從捨生及遁世中人而言,彼可謂已具王者之生平矣。

智悲甯波車為古今續部眾多本尊而作之近修,前後共費約十三載;彼以至尊解脫殊勝(rJe btsun grol mchog)所著《導引百種》(*Khrid brgya*)之甚深導引為主,逐一修持。僅從彼實踐曾許諾之誓句,已足令其生平無可比擬。

---

[148] 指僧伽及儀注。

　　上開有關其出離、修學、及所作等三輪，只屬智悲甯波車外傳之略攝。

　　眾所周知，於雪域中，有八部修習傳承大車——

　　　初、源自師君三尊恩德之舊譯甯瑪派；

　　　二、屬吉祥阿底峽尊者傳規之迦當派，具四尊三
　　　　　藏[149]；

　　　三、大成就者毘瓦巴之心要、經吉祥薩迦派師徒傳
　　　　　授之道果指授；

　　　四、由四部教法傳承，將指授遞嬗；復自麻巴、密
　　　　　勒日巴、及塔波醫尊等三以降之噶舉派四大及
　　　　　八小支派；

　　　五、由賢哲瓊波・瑜伽士（Khyung po rNal 'byor pa）
　　　　　所傳「黃金教法」之吉祥香巴噶舉派；

　　　六、屬一切密續之王、吉祥《時輪》中之圓滿次
　　　　　第、亦即著重「金剛瑜伽」之六支瑜伽；

　　　七、大成就者正士帕當巴覺之傳規、即能息苦之希
　　　　　寂正法暨其支分，名《斷境》；

　　　八、由金剛后親授予大成就者鄔金巴之三金剛近
　　　　　修。

　　智悲甯波車，對此久經無間流傳、而仍住世不衰之往昔傳規，均別別而具無量信解與恭敬。是故彼不顧勞累，具勇猛精進，親近與每一傳規源頭相應之太師，圓滿無誤聞受一切成熟與解脫之次第。彼由思維而斷增益；由修持止觀，則不論於實際、住定或夢中，乃得印藏賢哲、寂忿本尊及勝利

---

[149]「四尊」：釋迦、觀世音、度母與不動明王；「三藏」：經、律、論。

王、與三處空行母眾等之三密加持、及極近傳承之指授。如是等等，彼遂於各各剎那中，起無邊之淨相。然此僅屬粗舉其例而已，蓋智悲甯波車從不宣揚其淨相與神通等上士證量，故所知者僅如上述。最主要者，乃彼既已依八大車而圓滿通達二次第，故於講、辯及著作等三門已無有障礙，復離於迷亂之污染，如是彼遂攝受具緣弟子；而此僅為其內傳之點滴耳。

尤堪記者：大成就者荒原王之金剛授記有云 ——

> 與我無二瑜伽士　　具足五種性相者
> 距今七百載以後　　多康中部一龍年
> 生起如幻一士夫[150]　　內族持明「加」之子
> 五行屬金勇父相　　蓮花王為作加持
> 七承教傳顯密洲　　無垢友為作加持
> 彼成光明幻金剛[151]　　吉祥文殊王化身
> 為作加持成法友[152]

此段與前引之《大圓滿三部之授記（細目）》（rDzogs chen sde gsum lung byang）等金剛授記，對智悲甯波車之盡掌七種教傳繼承，復將廣大利益教法與有情等，皆重宣讚歎；而彼誠實至名歸。

彼八歲時曾患重病，受盡痛楚。歷苦之際，上師寶與智慧海王母俱作示現，於普巴金剛壇城中為彼灌頂與加持。得二尊曉諭後，彼遂能戰勝障礙。十五歲時，尊者於淨相中，往天竺金剛座之九重寶塔。彼自底逐層而上，至第八層時，得遇示

---

[150] 此句本處於最末，今為顯文意，特移於稍前。

[151] 「光明幻金剛」，藏：'od gsal sprul pa'i rdo rje。

[152] 「法友」，藏：Chos kyi bshes gnyen。

現班智達相之大阿闍梨文殊師利友，其左右均有書堆圍繞。智悲甯波車具廣大恭敬而頂禮，復作祈請；文殊師利友即自其左方，取一書示之，乃《般若波羅蜜多寶德攝頌》（*Sher phyin sdud pa*）梵文本。彼將此經置於智悲甯波車頂上，以傳授密意，且云：「此乃一切法相教法之圓滿傳授。」彼又自其右方，取一書示之，似名為《大圓滿金剛薩埵心鏡續》（*rDzogs pa chen po rdor sems snying gi me long gi rgyud*）。彼將此續置於智悲甯波車頂上，以傳授密意，且云：「此續總則為密咒金剛乘之道；別則為大圓滿三部一切詞、義、及加持之圓滿傳授也。」文殊師利友於賜罷授記後，遂具樂化光融入尊者身中。半晌，智悲甯波車住於無分別等持中；出定後，彼且退，當下門前有大火熾燃。彼既無力有所作為，遂入火中，其粗蘊身竟盡焚無餘，乃轉化為光明身而思維：「我乃無垢友是也。」

復次，與此同期，諸大成就者中之自在主荒原王，曾於尊者夢中示現而作加持，且垂賜指授與曉諭；然尊者只筆錄《上師修習方便》（*Bla sgrub*）而已。稍後，彼為此等教法解封，漸次安立《成就者心要》法系，包括《六圓滿次第根本頌》（*rDzogs rim drug gi rtsa tshigs*）、《五部修習》（*sGrub skor lnga*）[153]、及《飲血善逝集》（*Khrag 'thung bde gshegs 'dus pa*）等。彼亦曾得無量壽佛父母現前加持，更得受二者之不共修習方便，由是建立《長壽母旃陀羅根本文》（*Tshe yum tsaṇḍā lī'i rtsa ba*）。縱有如斯十方三根本之無量照見生起，然彼饒有深意秘而不宣，是以他人對此絲毫不知。

---

[153] 即本品乙十五之《續部——隨順幻化網之道‧五系修習方便》。

尤其雖則尊者之先後伏藏內，似有眾多授記，然其本人嘗云——

> 有說謂：「伏藏師反被其授記所害……」其然乎！
> 蓋所謂「授記」一經筆錄，則務須行其所載；唯其
> 實無人行之。既無人行之，故授記從無一矢中的。
> 絮絮不休而說，則反令魔入矣！

是故彼既不作授記，亦不喜他人所作。此要點似極其廣大焉。

下來說文殊智悲王之七種應機——

初、智悲甯波車之〔久遠〕教傳繼承：彼十六歲之年，即木羊年[154]氐宿四月初十晨曦，於淨相中往拂洲之蓮花光宮，在一魁偉石山上之極秀白雲中，得見受一眾空行母圍繞之上師海生金剛。上師以密意加持尊者，垂賜表義灌頂，復預言彼將繼承七種教傳以勸勉之。末則瞪視之而云——

> 不受所執境污染　　不為能執思維沾
> 守護赤裸覺與空　　此即諸佛密意念

上師繼而與其眷屬俱融入尊者自身，尊者遂生起彼此之心已相融無別之覺受。自茲以後，彼遂於本淨之實相，得自性之堅穩；其心熾盛，專志向上師寶作祈請，由是乃無整而盡得一切古今經續之教傳與伏藏、暨有關之成熟、解脫及後援傳授、及種種極其難得之相續傳承。經彼之修持、開示及弘揚，彼實令教法得死灰復燃。

二、其地下伏藏：智悲甯波車於廿歲，前往察瑪妙嗓寺

---

[154] 清道光十五年，歲次乙未，即西元 1835 年。

時，本智空行母現前贈一伏藏寶匣。彼從中取出《大悲者心性休息法類》（*Thugs rje chen po sems nyid ngal gso'i chos skor*）及廿一梵志之遺骨。從當境下方之寧仲（*'Dam shod sNying drung*），得《上師四身修習方便法系》（*Bla ma sku bzhi'i sgrub thabs kyi skor*）及上師寶牙齒所變之舍利；上述種種，皆由〔護法〕念青唐拉請出並獻予尊者。彼於嚥泣玉湖（Si ngu gyu mtsho）發取《三根本幻化網法系》（*rTsa gsum sgyu 'phrul drva ba'i skor*）；於特隆蓮花水晶山（gTer klung padma'i shel ri），則由空行母眾以神變請出《三根本總集之法系》（*rTsa gsum spyi 'dus kyi skor*）後供養尊者。餘者尚多，唯除有等根本文外，彼未得開許以作建立。至若《心修習·如意寶》法系及供奉於「脖露珍寶三同胞」、名為「熾燃成就吉祥」之〔蓮師〕肖像，彼則勉勵殊勝洲取出且建立之。

通言之，《上師修習四法系》（*Bla sgrub skor bzhi ka*）、《大圓滿三部·遍照心要》（*Bai ro'i thugs tig rdzogs chen sde gsum*）等，似亦為尊者與殊勝洲相俱發取之共通伏藏寶庫。

三、從上述所衍生之重封伏藏：土羊年[155]，上師寶現大伏藏師佛洲相，付書一篋予智悲甯波車，並賜加持。以此不共淨相為發端，諸伏藏師之生平、暨彼等廣大之伏藏教法，遂顯明映照於智悲甯波車之心中，且得繼承彼等教法之敕言。如是，絕大部份由先前伏藏師所發、其後被重封再成伏藏之黃卷，遂由本智空行母請出後，再交予智悲甯波車，彼則為其破譯：有等表意文字，只須經尊者一過目，即能建立；或文字已於其意樂界中無整自顯，遂從而安立。於此等時際，

---

[155] 清咸豐九年，歲次己未，即西元 1859 年。

上師寶或現自身、或現不同伏藏師身相，向彼一圓垂賜成熟與解脫。文殊怙主慧無邊以極稀有之堅毅，再三懇請智悲甯波車重取某等傳承已絕之古伏藏，縱為斷簡零編亦不拘。由是，彼遂尋得為數極多、屬極近傳承之重封伏藏，悉皆存於《大寶伏藏》中。

　　四、甚深意樂伏藏：土猴年[156]彼廿九歲時，於往前藏途中，在善勝北荒野（Byang 'brog dge rgyal）行初十會供。上師寶現前且親賜加持。當智悲甯波車於桑耶，向取自仰‧日光伏藏之海生金剛肖像行禮敬時，該像轉成海生金剛真身，垂賜加持與指授。以此為基，彼遂取出《上師修習三法之：密修海生心髓法類》（*Bla sgrub skor gsum gyi gsang sgrub mtsho skyes snying thig gi chos skor*）。木虎年鬼宿月[157]、即彼卅五歲之年，當彼作無死如意輪（'Chi med yid bzhin 'khor lo）[158]之近修時，親見聖度母現前婉誦其十字明咒，復賜加持。稍後，已得無死成就之三阿闍梨[159]，亦為彼作加持，彼遂依此而取出《聖母心髓法類》（*'Phags ma'i snying thig gi chos skor*）。《成就者心要》之來源已見前文；尊者此類伏藏中之金剛偈頌，與密續無有分別，超逾凡夫思維，故於諸意巖中，實屬殊勝。

　　五、智悲甯波車之隨念：當彼於藏地遊歷，經後藏烏玉下谷之際，嘗憶起前生為廣大吉尊時，以光明身往生之時、地。彼遂依此而安立《吉尊心要》（*lCe btsun snying thig*）。

---

[156] 清道光廿八年，歲次戊申，即西元 1848 年。

[157] 清咸豐四年，歲次甲寅，即西元 1854 年。鬼宿月，藏曆十一月十六至十二月十五。

[158] 「無死如意輪」，白度母另一名號。

[159] 「三阿闍梨」，敦珠法王親言為蓮師、無垢友與尼泊爾戒文殊。

復次，當彼憶記前生為朗卓・至寶生時，遂有《長壽修習・遍照心要》（*Tshe sgrub bai ro'i thugs tig*）、《白獅面母辟穀》（*Seng gdong dkar mo'i bcud len*）等之出現。

六、其淨相：以上述如《無死心要：長壽母旃陀羅指授法系》（*'Chi med thugs tig gi tshe yum tsaṇḍā lī'i gdams skor*）、《龍欽心髓：上師修習・明點封印》（*Klong chen snying thig gi bla sgrub thig le'i rgya can gyi yig cha*）之文本、及《殊勝洲上師修習・三身佛部總集》（*mChog gling bla sgrub sku gsum rigs 'dus*）等為例，無疑其數仍然甚多，然而彼實作弘揚者，則只限於所舉者耳。

七、口耳傳承：智悲甯波車居於宗下方善逝集（rDzong shod bde gshegs 'dus pa）之廣大聖處時，曾於淨相中赴商羯羅堆佛塔。八方中，每一方均現八變蓮師為莊嚴；中央則由彼等匯聚而成上師寶。彼等向尊者垂賜廣大修習之《八大法行》、《幻化網寂忿尊》等成熟與解脫之心要，遂成口耳傳承；尊者遂作安立。

上開所說，僅為智悲甯波車密傳之精要耳。

及七十三歲之年，其如是非凡而稀有之事功，至此已暫得成辦，智悲甯波車乃於水龍年[160]翼宿二月廿一日朝，行散花與多作祝福後，於平等住境界中，棄其色身莊嚴而入無垢友大阿闍梨之意樂界。爾後，正如授記所言，彼於五臺山之化現基，令五殊勝化身莊嚴同時展現[161]。如是，彼已為及仍將為

---

[160] 清光緒十八年，歲次壬辰，即西元 1892 年。

[161] 此即以身、語、意、功德、事業分別化成智悲甯波車之後身，是故其後世世即有五位智悲甯波車，漢土通常稱之為五「親尊」。

教法與有情，作不可思議行。

乙廿五、文殊怙主工珠慧無邊

文殊怙主工珠慧無邊（'Jam mgon kong sprul Blo gros mtha'
yas）[162]，乃大譯師遍照護之親臨。佛陀嘗親自明顯授記其名
號與事功，如《月燈三昧經》有云——

> 如彼彌勒獨無侶　　於眾生所得淨智
> 是三昧經在彼手　　我為授記如彌勒
> 是人成就念智慧　　聞持究竟道增上
> 辯才樂寂無憂惱　　是定在彼人手故[163]

《入楞伽經》亦云——

> 圓滿時後有導師　　名為慧而大勇猛
> 彼能善知於五法[164]

復次，鄔金法王（蓮師），於眾多古今伏藏寶庫所出之金
剛授記中，已為此尊者作真實而明顯之稱譽。據此而知，彼曾
現起為印藏眾多賢哲大車之遊戲示現，如勝導師之侍者阿難、
及大日如來化身之大譯師遍照護等；是以彼已曾聞釋勝利王之
教授。

---

[162] 藏原文作「文殊怙主功德海慧無邊（'Jam mgon yon tan rgya mtsho Blo gros mtha' yas）」，乃尊者異名。

[163] 即《三摩地王經》。漢譯依那連提耶舍《月燈三昧經》（大正‧十五，卷六）。依原本引文似更貼切，可譯為「我授記於無邊慧　所作廣利有情眾　廣譽有如勝彌勒　無上等持在手中」。

[164] 依談錫永譯《入楞伽經梵本新譯》324頁，第十‧偈頌品803頌（台北：全佛文化，2005）。原本引文四句可譯為「於此之後時　導師名為慧　彼開示五法　現為大勇士」。

　　此幻化示現，其後遂如前說，轉生於多康之直達色莫岡（’Bri zla zal mo sgang）內、入蓮花天頂（Padma lha rtse）前絨加（Rong rgyab）之隱蔽山谷中。其父名持教永固（bsTan ’dzin g.yung drung），乃來自歷世皆有成就者之瓊氏王族；其母為瑜伽母吉祥湖（bKra shis mtsho）。彼於第十四勝生周水雞年[165]十月初十日出時降生，具超逾凡夫境之奇能，而眾多殊勝先知，俱授記彼必成持教之大士。其幼時一切嬉戲，俱只為模仿灌頂、說法及念誦密咒等妙行。自五歲始，只須向彼略示教本，已能通達藏文字母等聞、思科目。其對鄔金甯波車（蓮師）之無二信解，無修整於中而生；於現實、定中乃至夢中，彼唯淨相是得。

　　大約自十歲起，文殊怙主工珠宿慧之習氣得以催醒，遂以誓入正法之決心，修學工巧、醫方等明處於一瞥之中。尊者性正直而祥和，無越戒破誓之舉。又因其知力無邊增上，如是等等，其善丈夫之功德，遂顯明示現於凡夫所行境中。彼於順緣[166]毋須費力，能以其廣大福德之力而聚。

　　彼問學於眾多賢哲大師，如通曉五明之雪千不變威勢尊勝，其學遂超逾十科共通明處。於不共之內明，彼嘗修學以中觀、般若、毘奈耶、《阿毘達磨俱舍論》、及《彌勒五法》等為主之眾多法相乘教法與注釋。彼亦聞受屬古今廣大續部、所有極其不共之教傳與伏藏。尊者依於自力之學問，遂有如虛空界，而「一切智摩訶班智達」之尊號，致彼於高位，確屬實至名歸。

---

[165] 清嘉慶十八年，歲次癸酉，即西元 1813 年。

[166] 順緣，mthun rkyen。此應指生活所須或事務上之所須。

文殊怙主工珠，以慈怙大司徒蓮花持晝王（Byams mgon ta'i si tu Padma nyin byed dbang po）為其佛種姓之寶冠[167]；而以三律儀甘露為例，向尊者展現究竟與決定秘密俱生大樂之本智者，亦正乃此司徒甯波車；彼同時亦授予尊者管理要義傳承之權。

尤堪記者：於以文殊妙音化身、即智悲王為首之逾五十位善知識足下，文殊怙主工珠無有所偏，求取存於雪域中諸修習傳承、即八車之道上傳規；彼無餘領受其成熟、解脫、與指授之圓滿甚深體性。尊者於一切所得之教法，絕不以聞受一遍而罷，反於每法皆逐一實修，直至所得道上兆相之功德，有如經文所言為止。如是，彼以勇猛精進，豎修習之法幢，於二成就遂能了達。

當尊者之心寶瓶已注滿教法、論典、密續、傳授、口訣等之典籍解說及口授、暨有關儀軌、實修法門、及微細要點，遂成就其聞、思、修稀有遺澤之論典著述 ——

初、《遍一切所知藏》（Shes bya kun la khyab pa'i mdzod）[168]：從共通明處之道，一直說至九乘之究竟 —— 即不共之大圓滿或無上瑜伽，乃圓整顯密傳規之善妙開示。

二、《寶貴竅訣藏》（gDams ngag rin po che'i mdzod）：匯聚修習傳承、亦即八大車之根本要義，及其成熟與解脫之極深體性，將二者一併結集。

三、《教傳密咒藏》（bKa' brgyud sngags kyi mdzod）：匯聚金剛乘舊譯派之「真實忿怒尊、普巴金剛、閻曼德迦三部」

---

[167] 「寶冠」，即為其根本上師。

[168] 《遍一切所知藏》，通稱《知識寶藏》或《所知藏》。

（*yang phur gshin gsum*）等教法，與麻巴、俄氏等屬新譯派之
續藏法系，一併結集二者之修習、壇城、成熟與解脫。

　　四、《大寶伏藏》：從舊譯派六支傳承之甚深伏藏海
中，提煉其中所採擷之精華。

　　五〔一〕、《不共藏》（*Thun mong ma yin pa'i mdzod*）：乃
尊者自身甚深伏藏中秘密而罕有之寶，包括黃卷及聖物等，
詳下文。

　　五〔二〕、《教法廣藏》（*rGya chen bka' mdzod*）：匯聚
由彼所撰、與上述諸《藏》有關之雜著。

　　如是，由文殊怙主工珠所新出、於贍部洲中實屬空前之
五大寶藏車，絕非僅由一己片面聞、思後粗略所得，受「立
言」之欲所驅，遂有某幾卷徒具空名之劣作，而稱之為「全
集」焉。反之，其著述實無私延續瀕臨滅盡之教法，有如續
命。故若審視尊者著有逾九十篋稀有經典之生平，則或以為
彼畢生皆為著書人也。

　　然而，若思及彼無偏開示及弘揚古今經續、及教傳與伏
藏之灌頂、導引、口訣、念誦傳授等、則或以為彼畢生僅作
說法與弘法之事。又或若細察彼由前行之積資糧及除障等瑜
伽開始，以不可思議之十方壇城，實修甚深生、圓次第，則
或以為彼於泥封之禪室終其一生焉。

　　同理，就尊者於如脈大寶岩（Tsa 'dra rin chen brag）與
宗下方善逝集等修行處擴展新寺院；修復眾多古構；新製不
可思議數量之佛身、語、意所依；舉行逾一百五十場廣大共
修、供養三寶、及承侍僧伽等法會，簡言之即尊者十法行之
遺澤等等，若作思量，則或以為彼畢生唯勤於事功之輪焉。

故尊者決然入聖者之行境，實屬不可思議。

最要者，乃有關文殊怙主工珠繼承甚深伏藏之事：尊者
十五歲時，於淨相中得見上師寶，且受其加持。以此為基，眾
多甚深淨相法門、及無數地下伏藏教法之繼承亦趨入於彼，然
尊者不置可否。是以遂錯失當時之善緣；由此，內有空行惱怒
之兆相；外則尊者現似病重。其時，彼不辨真實抑夢境，〔只
覺神識〕從自身出，得見上師寶佛父母，與彼等共語良久。最
終尊者遵守彼等「仍持此生有身」之教誨，生起返回自身軀體
之覺受。憑此夢兆及智悲王尊者之勗勉，彼乃安立《大德天母
祈請文》（*bKa’ drin lha mo’i gsol kha*），其時無雲晴空中，現
起極其耀目之球形彩虹天帳，其貴體亦得清澈[169]。

當文殊怙主工珠作《上師密意集》之近修時，於夢中上
師寶賜彼四灌頂咒文之加持，且云：「此能除汝本年之障礙。
今後數年內，你我必於現實相逢，屆時余之教誨將漸次而
至。」此語之義詳見下文。

文殊怙主工珠四十歲時，初識廣大伏藏師殊勝洲，彼此
心意相互交融。尊者依照所賜之不共授記細目如實而行。更尚
者，當彼等開啟宗下方善逝集之聖地時，遍照智悲甯波車與廣
大伏藏師殊勝洲，齊啟請尊者坐於心性秘洞之高廣法座上，並
向其作廣大供養以表吉祥；且鳴大鐘公佈：以鄔金遍知三時[170]
所賜稱號，冊封尊者為「無死二教卐字洲」（’Chi med bstan
gnyis g.yung drung gling pa）。稍後，為欲恢復先前既衰之〔發
取〕甚深伏藏善緣，彼等遂向尊者懇切啟請，復獻願其長壽住

世之供養。如是，善緣之門乃得廣開。

　　繼而正如智悲甯波車尊者之預言，位於高聳天匯岩（lHa mdo 'bur mo brag）之伏藏，其細目漸次入於文殊怙主工珠尊者手中，尊者尋且生起不共淨相。彼五十八歲時，從高聳天匯之大樂蓮花莊嚴（lHa mdo 'bur mo bDe chen padma bkod），採得《三根本密意集》（rTsa gsum dgongs 'dus）教法。自殊勝身大樂洞（sKu mchog bde chen phug），取出《三根本密意集之善後法黃卷》（rTsa gsum dgongs 'dus kyi rgyab chos shog ser）、吽迦羅之密袍等；從蓮花天頂之中央山至尊洞（Padma lha rtse'i dBus ri rje btsun phug），則有名為「昌盛吉熾燃」之蓮師肖像、上師寶於摧死洞（Māratika）親手所製長壽丸、寂護大堪布之袈裟、法王赤松德贊之腰帶等；從圓球瘡傷谷吉祥庫藏宗（rMa rong gru gu bKra shis gter rdzong），得《三根本密意集之空行善後法》（rTsa gsum dgongs 'dus mkha' 'gro'i rgyab chos）、《長壽母旃陀羅修習法系》（Tshe yum tsaṇḍā lī'i sgrub skor）等；自絨卡・水晶岩光宗（Rong kha Shel brag 'od rdzong），得《無量壽與馬頭金剛修習法系黃卷》（Tshe dpag med dang rta mgrin sgrub skor gyi shog ser）、曼陀羅花（Mandāravā，守意女）之長壽丸等；從黑後藏・吉祥積宗（gTsang rog bKra shis brtsegs rdzong），得《八大近佛子聖物與修習方便黃卷》（Nye sras brgyad kyi dam rdzas dang sgrub thabs shog ser）；及從如脈大寶岩之智慧海王母秘洞（mTsho rgyal gsang phug），取出《秘密心髓・父教法母教法修習法系黃卷》（gSang thig yab bka' yum bka'i sgrub skor shog ser）、十三位無死持明之長壽丸等。於每一伏藏寶庫中，彼亦尋得不計其數、極其殊勝之聖物等。

復次,尚有某等伏藏,雖與尊者有緣、且份屬其所有,而歷經時勢推遷,仍未入其手中者,則藉智悲甯波車尊者開許約束伏藏護法之力,遂有伏藏師滿業洲(gTer ston Las rab gling pa)受託而有所取藏;其他亦由大伏藏師殊勝洲請出。一切所取,皆交予尊者本人。

於如斯場合,首先,為符授記細目,兩位文殊怙主,合修種種法以清除障礙。甚深伏藏到手後,則悉數交予智悲王尊者審察;後者亦於其先或後,舉行眾多授權會供輪及實切供養壇城等。尤其當文殊怙主工珠請出《三根本密意集》之廣大教法伏藏時,智悲甯波車曾致贈極厚之禮。先前,殊勝洲於發露《心修習‧障礙遍除》此教法伏藏,然不能安立其黃卷時,智悲甯波車曾助其安立得成;故今回彼亦首肯協助尊者安立《三根本密意集‧遍集五大藏法部》(rTsa gsum dgongs 'dus mdzod chen rnam lnga yongs 'dus kyi chos sde)。繼而密咒護法一髮母依次於淨相中,曾明白開示表意文字之破譯凡兩回,及重解已封教法之時機等。

尤其於某廿九日晚,智悲甯波車尊者於淨相中,覺其上師、即文殊怙主工珠示現成就持明吽迦羅之相;彼於得受《三根本密意集》之灌頂、導引及口訣時,當下生起光明。彼云,以此之故,黃卷[171]之全義,遂於其心中清楚現起。

復次,兩位文殊怙主,齊為《三根本密意集》中之《持明上師殊勝修習法部》(Bla ma rig 'dzin mchog sgrub kyi chos sde)作編目。彼等若為空行母之表意文字作廣大破譯,則此法本篇幅,似應有如佛洲《上師密意集》之長度。然二尊者均同意,若作中等破譯,則為廣略適中之長度,此誠最善。彼等

---

[171] 黃卷,即顯示密意之論籍,包括經與論。

僅安立至約六品時，即因某權貴到訪而中斷，而智悲王尊者亦得病。是故發取餘份時機之消逝，未嘗非因世間總體福德微薄之過失所致。

其時，任何於文殊怙主工珠尊者之心中初起者，後際均能無整治而有進詣，此如長河流布，諸如空行母眾會聚等之異兆亦多。一時，於破曉之際，彼嘗得一現相光明之覺受：有一具足圓滿莊嚴之寺院，居中而坐者，尊者思維其體性為上師寶，而現智悲甯波車之相，且其現空〔雙運〕之光明身示現不定相。文殊怙主工珠向其頂禮，復依《持明常修瑜伽》（*Rig 'dzin rgyun gyi rnal 'byor*），跟隨智悲甯波車，作皈依、發心、及七支供養等。智悲甯波車於生起本尊及降加持後，乃取一寶瓶而置於文殊怙主工珠之頂上，向彼垂賜與佛母雙運〔生起〕菩提心之秘密灌頂。於作智慧灌時，彼以明妃（rig ma）交付文殊怙主工珠。繼而智悲甯波車從心間射一水晶，且示予文殊怙主工珠曰：「一切法本淨而具甚深光明，如水晶球。任何生起，皆為法爾之外顯力用，如水晶外射之光華。」如是直指既畢，彼身隨即隱沒。繼而彼再現業忿怒尊（Las kyi heruka）之身相，當下召喚教傳與伏藏諸護法，頓時護法現如雲集。於智悲甯波車之令下，遂付法予文殊怙主工珠。於智悲甯波車賜予開許及託付指授後，文殊怙主工珠只聞得眾多偈頌，有類授記細目；終則彼從如斯覺受中得醒。後於會供輪作金剛歌時，強烈生起樂暖相，且樂暖熾燃；其他標示廣降加持之兆相亦生。

《秘密心髓父母》（*gSang thig yab yum*）[172]之黃卷，亦齊

---

[172] 即上開《秘密心髓・父教法母教法修習法系黃卷》。

共智悲甯波車安立；文殊怙主工珠本人則安立《甚深道七品》
（*Lam zab le'u bdun ma*），且於淨相中，得見作蓮華生上師裝
束之蓮花持明，後者作三遍念誦傳授。

當文殊怙主工珠告知上師尊者[173]，為何應於半月自在洞
（Zla gam dbang phug），以淨相及口耳傳承發取《七句修習方
便法類》（*Tshig bdun sgrub thabs kyi chos skor*）後，文殊怙主工
珠既受無盡莊嚴五輪之標幟及紙筆等供養，又得尊者勸其作安
立之勉勵。由是，於彼安立將盡之時，二尊共作海生金剛應化
身之會供輪，而智悲甯波車則生起不共淨相。

當於白火岩虎穴安立《大腹〔金剛〕修習方便》（*Gro
lod sgrub thabs*），二尊齊作會供輪之際，智悲甯波車現見一黑
一白二大蠍子相。彼云，此乃大凶之兆。

有如是之現相生起：如脈大寶岩與宗下方善逝集，兩處
之「宮殿」成廣大聖地。為與此相符，殊勝洲受勗勉，往取
聖地之指南及啟其門。彼於勇岩（dPa' brag）取得《廿五聖地
之多康細目》，且依此得啟諸聖地之門。復次，奉智悲尊者之
命，阿洛吉祥丘（A lo'i dpal de'u）諸聖地、及如脈〔大寶岩〕
之附屬地、即比瓦（dPe war）之廣大聖地等一切狀況，悉由
殊勝文殊怙主工珠躬作說明。

由文殊怙主工珠安立之種種教法，其灌頂與傳授廣弘於
諸具器弟子中，彼等以噶陀、白玉、雪千、與竹千等派別為
主，復有薩迦、格魯、直貢、達隆、及噶瑪岡倉（Karma kam
tshang）等派諸上士為附。以其慈恩及聖物為有情所作之利
益，直接間接均向十方擴展；如是，其佛事業遂為與彼相應

---

[173] 即智悲甯波車。

者，大開具義利之門。

　　彼於行灌頂、廣大修習法會、會供輪等之時，有種種大眾共見之奇異兆相，如甘露沸騰、紅甘露（rakta）[174]盈溢、藥香遠播、虹雲天篷、天降花雨等不一而足。復次，彼能無礙而穿牆入舍、或於石上留其手足之印。因彼不執顯現為實有，故住為摧滅迷亂者。尤值一提：尊者甚深伏藏之授記細目，雖明確謂其壽甚短，然因金剛瑜伽與其脈、氣之力，彼乃可延其壽算，至彼八十七歲時竟轉童顏，視力亦復清晰；其成就相與內廣大遂得實證。

　　如是，尊者本身之事功遂暫得成辦，於土豬年[175]觜宿十一月廿六日、即彼八十七歲之年，於具眾多稀有奇兆下，彼捨棄其身莊嚴而入西方寂靜城宮殿（Nub phyogs Sha nta pu ri'i grong khyer）中[176]、具勇識少分功德（Thod pa'i dum bu rtsal，此為人名）顯現之心界。

　　由此大師語、意所出之徒眾數目，實為不可思議，其中最主要者厥為離畏阿闍梨文殊智悲王。因彼此互為師徒，故「智悲工珠二文殊怙主」此美妙之名聲，遍及康藏諸境，上至賢哲班智達、下至愚鈍牧者，馳響風行至於今日。

　　文殊怙主工珠亦將其全部教法，付託予其他真實之攝位者，包括秉持噶舉派教法之噶瑪派、竹巴派、直貢派、及達隆派等，其中以前後轉生之第十四及十五世大寶法王、與第十及十一世大司徒為主；秉持薩迦派與鄂派之教法者，如頂

174 「紅甘露」，一般指血。
175 清光緒廿五年，歲次己亥，即西元 1899 年。
176 即阿彌陀佛之西方極樂淨土。

解脫長老文殊意巖王（Thar rtse dpon slob 'Jam dbyangs blo gter dbang po）及宗薩阿里法主慶喜文殊（rDzong gsar mnga' ris chos rje Kun dga' 'jam dbyangs）等；舊譯派諸大持教者，如不敗文殊尊勝、伏藏師滿業洲、及余之佛種姓主〔即余之兩位根本上師〕不變了義王尊者與傑仲‧事業慈生等；及有眾多山居噶丹派（Ri bo dga' ldan pa，格魯派）之大士，如下密〔院〕之智進堪布（rGyud smad mkhan po Ye shes gong 'phel）、及父尊岩‧現前化身博學語自在正法海（Brag yab gDong sprul mkhas mchog Ngag dbang dam chos rgya mtsho）。簡言之，其時，從衛藏至多康之上、中、下三境中，無數學者或班智達、開悟者或具證量者、及善知識等，不論主次，竟似悉皆成其及門弟子焉。

乙廿六、不敗文殊尊勝海

舊譯派教法之大車不敗文殊尊勝海（Mi pham 'Jam dbyangs rnam rgyal rgya mtsho），第十四勝生周之火馬年[177]生於多康之緩流河（rDza chu）畔、人咸名之為雅曲定冲（Ya chu'i ding chung）之地。其父乃局地拉族之怙主昌隆（'Ju lha rigs mGon po dar rgyas），其母為黑面女長線妻（sMug po gdong bza' Sring chung ma）。其叔父貴冑喇嘛蓮花昌隆（dBon bla ma Padma dar rgyas）則冠彼以「不敗海」（Mi pham rgya mtsho）之名。

自孩提時，彼已具信意、出離、智慧、及悲心等大乘種姓力之稟賦；六、七歲時已能憶持《三律儀決定論》，復習星算與占卜等之前行。約從十歲起，已可閱寫無礙，遂有種種口頭著作。自十二歲始，彼居於屬鄔金敏珠林之教法傳承、雪千

177　清道光廿六年，歲次丙午，即西元 1846 年。

二教昌隆洲（Zhe chen bstan gnyis dar rgyas gling）之分寺、位於
局地之美霍爾密咒法洲（’Ju Me hor gsang sngags chos gling），
為一介尋常僧徒。其時，大眾已讚譽其為一博學小沙彌矣。

十五歲時，不敗嘗觀一元音數術古籍有日，於向文殊
師利祈禱後得無餘通曉。彼於局濃之山間小寺（’Ju nyung ri
khrod）中，修觀獅子吼聲身相之文殊師利法長達十八月；於
行《丸藥事業儀軌》（Ril bu’i las sbyor）時，得不共相。自茲
以後，任何顯密或明處典籍，經彼一過目後，無不通達。是
故，彼曾云：除簡單教法解說外[178]，已毋須任何修學。

彼十七歲時，新龍（Nyag rong）之戰亂，令所有遊牧者
遷居果洛，不敗尊者亦赴該地。約從此時起，彼遂以精於沙
算[179]而知名。

十八歲時，不敗隨其舅賢變（Gyur bzang）往前藏朝聖，
途中於噶丹寺之大經院逗留約一月。繼而彼遍訪南方眾多聖
地，於順道而往洛札之卡曲後，覺尋常顯現竟生轉變：任何
所顯皆生起為樂空雙運，且於數日之內具樂暖之熾燃覺受。
彼堅信此必為該地之加持所致。於往北之回程中，彼生起淨
相：有書一篋，名《遍見廣大元音數術水晶鏡》（Kun gzigs
dbyangs ’char chen mo shel gyi me long）者入其手上。其事始
末，明載於該書末尾。

彼返歸後，於臘・依怙大自在極歡喜金剛（Lab sKyabs
mgon dbang chen dgyes rab rdo rje）跟前，得「《慧傳白文殊》
之開許加持」（Ma ti ’jam dkar gyi rjes gnang）。於作開許灌頂

---

[178] 此指上師誦讀課文，為開許修習之舉，上師於誦讀外，間或指示難處。

[179] 「沙算」，以沙代算盤作算術。

及其後之《棕豆發芽事業儀軌》¹⁸⁰（*Makṣa'i las sbyor*）時，法本中所開列之成就相，實得現前。如是，不敗之慧蓮遂得開敷。

從吉祥化身鄔金無畏法王（dPal sprul O rgyan 'jigs med chos kyi dbang po）¹⁸¹，不敗於五日內聞受《入菩薩行》之「智慧品」（第九品）後，即能完全通達全書之詞、義。稍後，彼更著有《智慧品釋》（*Sher ṭīk*）等等。

更者，尊者謹向與其過去世因業力相連，故而成彼佛種姓主¹⁸²之蓮花光顯密洲、即文殊智悲王之蓮足前，修作悅師三行。此上師視不敗為其獨一內自心子；故由賜彼《慧傳白文殊》開許加持之初，已為其開教法之門。自此以後，智悲甯波車乃向彼垂賜眾多共、不共經典之法門：從其極近傳承而出之顯密極殊勝著作；及大秘密金剛乘中、一切教傳、伏藏與淨相之成熟、解脫、後援傳授、口訣、實修指導及直指教授等，如注水盈瓶。

復次，於不同時際，不敗從文殊怙主慧無邊，聞受諸如《月官文法》、提煉水銀之規矩等共明處，及《文殊師利、壽主、如鐵、鐵蠍》（*'Jam dpal tshe bdag lcags 'dra lcags sdig*）等不共成熟與解脫。彼又從眾多善知識、如大圓滿寺堪布蓮花金剛等，聞受顯、密、明處等無量教授。彼受教後並無置諸一旁，反而更親作實修。就其「因」而言，不敗於無量過去世中，其淨治已臻精善，故具足佛種姓之白淨串習力；再者，就

¹⁸⁰ 於念誦白文殊咒時，以棕豆（maksaka）置口中，若豆發芽，即其成就相。
¹⁸¹「鄔金無畏法王」，即通稱「巴珠甯波車」，《普賢上師言教》之作者。
¹⁸²「彼佛種姓主」，即其根本上師。

「緣」而言，由其上師之悲心與意樂，轉化為加持力用，不敗之串習力遂得完全催醒。彼不違四依，且依四無礙解[183]，於善逝經典一切甚深廣大之理，透徹通達。如是，彼於自生本智之所顯，遂得自在，廣如虛空，無畏八廣藏亦得開解。

不敗隨善知識局地貴冑無畏金剛（'Ju dbon 'Jigs med rdo rje），聞受《般若波羅蜜多寶德攝頌》之根本文，遂立時講說此經凡一月。其後，當彼隨本沙格西‧語自在生（'Bum gsar dge bshes Ngag dbang 'byung gnas）習《入中論》時，為不欲勞煩該格西太甚，故只求教法解說而已。格西於完成教法解說當日，即命不敗應試。不敗將《入中論》從起首闡釋，當說至半途中，格西如是讚嘆不敗：「余忝得格西之位，然余連彼少分之智慧亦無。」

於長老意巖王（長老文殊意巖王）座下，彼習《量理寶藏》（Tshad ma rigs gter）；從梭本蓮花（gSol dpon padma），不敗則聞受《彌勒（五）法》、《本地分》（Bodhisattvabhūmi / Byang sa）等典籍、皆依彼等各自之不斷傳承。當下彼即為此等典籍廣作開示。由此例可見，經、續、暨其注釋等一切義理，從不敗之心中自然流露而出。彼於一眾講說無邊經義者中，有如無畏獅子，悠然馳騁；彼於說法、開示、撰寫論釋等，皆無礙而行，為大眾所共見，無人能作否定。

尊者曾自云——

> 僕幼時，古今傳規之卓越善知識，在世多有，故似屬正轉法輪之世。然而余除依止吉祥化身宵波車

（巴珠甯波車）座下，聞受《入菩薩行‧智慧品》[184]
外，餘所學其實無多。後因余上師與本尊之恩德
故，於諸典籍，余僅須一翻，毋費大力，則書中之
難處皆能了達。復次，余始就學時，但覺新派之書
易解，而舊派之典籍則屬難曉。然因余之不敏，余
只思維此等屬持明傳承之甚深典籍，定具真確知見
之廣大要點；此外，余從不覺有剎那之疑竇生起。
因緣際會，余之智慧得圓滿成熟。嗣後，余復觀
之，乃知一切甚深要點，唯見於由舊譯派諸寶貴傳
承所延續之教法中；余遂生起無上信心。

其時，怙主持金剛智悲甯波車，命余依自宗傳規而
撰著教本。為謹遵上師之命、復為增上吾智之故，
乃只持勝利王寶貴教法於心中，著有顯乘法系之教
本數種；著述時，余強調自宗傳規所主，且為其稍
作闡釋。然而他宗竟視之為駁難，後遂有從四方而
來之眾多辯駁書。唯究其實，余之著述，只因受服
從師命與欲能生利益所驅使。時至今日，舊譯派之
教授，已幾如畫中油燈[185]，大多數人，僅只模仿他
宗，更無幾人思維、或更深究余等傳規宗義之要點
實為如何。除此以外，縱於夢中，余亦未嘗生敵視
他宗、或憍慢自矜之動機。縱彼等具智慧眼者視
余，余亦無所羞慚！

至若余所著之答難書：我既未得聖法，如何能解一
切所知之深義？然而，余若依善逝之無垢教法、暨

---

[184] 藏譯 sPyod 'jug shes rab le'u，直譯即《入行智品》。

[185] 「畫中油燈」，喻其毫無光華。

印藏諸大車如明燈之語、是即教法之注釋，以說何
者可證、或何者可破；復由自我詳察何者如理、或
不如理，如是則余雖不知利人者誰、或得利者誰，
唯於他人，亦總可稍具利益焉。若因余自身知見
有缺、或具邪分別，致令甚深教法暨其注釋有所污
損，則余不啻自閉余解脫道之門；再者，他眾復因
之而受誤導，永被余所害，則余更罪莫大焉。是
故，彼具正法眼者，若依真實經教及因明來作遮
破，則余定依止彼等有如醫士，絕不應因嫌憎而破
此眾。以此緣故，余乃秉至公之心，間或入辯論
焉。

是故，當彼等大聖者，為圓滿護持正法寶藏而遮破他人
之邪分別時，實繫以廣大目的。正如極淵博之慧賢極明（Blo
bzang rab gsal）與不敗尊者辯難後，彼此互贈善說之上禮，二
者心意相融為一，復散讚禮之花。

當不敗甯波車於披閱《釋量論》（Pramāṇavārttika / Tshad
ma rnam 'grel）時，嘗得一夢：有體性為薩迦班智達、但其
相現為一鼻端稍曲、具天竺通人裝束者對彼云：「汝於《釋
量論》有何不解之處？彼有二分，即破與證。」乃將《釋量
論》一書分而為二交予不敗，復云：「且結合二者！」不敗
行如所言，書帙剎那間化作一劍，一切所知法盡顯於不敗跟
前。不敗一揮劍，心中顯明，只覺所有一切，皆立時應手無
礙而斷。爾後，不敗云於《釋量論》，彼無一字不能解。

於初閱《律經根本文》（Vinayamūlasūtra / 'Dul ba mdo rtsa
ba）時，不敗覺其稍稍難通。及後，彼於翻閱《甘珠爾》全書
一遍時，曾一次過盡覽毘奈耶十三帙；據彼云，因此之故，

遂於《律經根本文》無字不通。

復次，就藏地前後宗派之間，於不共甚深要點之區別，不敗毋須翻閱經論，當彼住於近修時，其覺性脈已得開通；復得上師與本尊之加持，是以其心中自然生起所知。故彼謂自身實無不作著述之因。

一時，於某吉日，智悲甯波車尊者嘗將〔顯〕經、〔密〕咒、明處中，傳續極罕、而所說既廣且要之種種善本，羅列於供壇上；彼繼作廣大供養，且命不敗尊者坐於被五行算圖表所覆之高座上、及諸善本前。智悲甯波車為不敗作法主灌頂，並云：「我今託付諸經卷之教法於汝。自茲以後，汝須以講、辯與著作等三門作護持，勿令失墮。汝定須於此世間，為勝利王之寶貴教法作長時顯揚！」不敗尊者繼而受賜極其珍貴、表佛身、語、意之所依，包括白度母唐卡、及依不敗之不同名號、由智悲上師手書親撰之祈請長壽文等；復次，為成就此灌頂相，上師親賜自身所戴之長耳班智達帽予不敗尊者，如是遂冊封彼為其真實攝位者，復加讚頌。嗣後，智悲尊者與他人共話時，曾謂：「當今之世，無有博學能勝於不敗喇嘛者。倘有其廣大本生及功德之撰述，則其篇幅縱廣如《般若經》者亦不能盡。雖則余實能撰此，然於如今，彼亦定為此而不快焉。」此記，余乃聞之於信實者。

文殊怙主功德海（工珠甯波車）亦稱彼為「摩訶班智達」不敗海，且從不敗聞受其自著之《釋量論詳解》（Tshad ma rnam 'grel gyi rnam bshad）、《八大法行詳解》（bKa' brgyad rnam bshad）等教法解說。

爾時，有一熟諳新派傳規之大學者、名虹者顯密（'Ja' pa mdo sngags），指不敗之《入菩薩行論‧智慧品釋》（sPyod 'jug sher le'i 'grel pa）中有不如理處；遂以賢正成就者之眾中尊、吉祥化身（巴珠）甯波車為公證，二人辯難多日。凡庸眾僅可附會其中之論點，以隨順眾人各自之主張，然不能判誰勝誰負。其時，明殊勝喇嘛（Bla ma Rig mchog）問吉祥化身甯波車，二人中誰為勝方。彼答曰：「我既不能決，亦不能斷；然俗諺有言：『子得父讚，不如得敵讚；女得母讚，不如得鄰讚。』[186]於論辯之初，顯密之僧眾，咸對余云彼等皆見不敗喇嘛之本尊像、即文殊妙音，從心中放射光華，復入於喇嘛之心。此中之義，已足說明一切矣。」

其時吉祥化身甯波車亦命二人云：「虹者顯密嘗為〔此句〕：『大圓滿乃本智之總體』作注釋；或謂其可破、亦有謂其可證。如是，其當面研討之。」

不敗尊者得勝，吉祥化身甯波車，乃命彼為密續、傳授及口訣等撰著解說注釋。余從二尊者[187]之入室弟子、亦為吾之佛種姓主嶺喇嘛・法財海（Gling bla ma Chos 'byor rgya mtsho）親聞此事。

及後，於修習地之王、即白〔火岩〕虎穴，不敗甯波車豎修習法幢凡十三載。最要者，乃當尊者為其投花所降之具緣本尊、即文殊師利閣曼德迦壽主[188]作近修時，據云經中所說一切相皆無不生起。復次，彼自云閉關多年間，只如法本所釋，專心一致於生起及圓滿瑜伽中，未嘗持珠念誦而心思外騖。

---

[186] 藏文原文應譯為「子非由父讚而由敵讚；女非由母讚而由隣讚。」

[187] 即吉祥化身甯波車與不敗甯波車。

[188] 所依即上述之《文殊師利、壽主、如鐵、鐵蠍》。

一時，不敗於智悲宵波車跟前侍候。問不敗云：「汝住於閉關時，如何作修持？」

不敗答曰：「於習學時，余作伺察以窮理；閉關近修本尊時，余仔細在意，是否已抵生起次第之究竟。」

師曰：「此誠難哉。廣大遍知龍青巴曾云：『萬事皆休！汝須於自境就地而住。』我即如是而行。於休息中，余不見有任何具白肉而面泛紅光、可名為「心性面目」者。然而，余縱當下即死，亦無不可，余絕無絲毫之驚怖。」言罷大笑。不敗後云，知此實為上師之指授也。

於圓滿次第中，由專攻金剛身瑜伽之要點，其風息之出入，乃可於中脈界內大致得清淨。不敗當下得真實光明之證量，此光明即本然俱生本智、亦即大樂，由修四喜四空，於樂空雙運中引生。最要者，由依於大圓滿本淨「立斷」與任運「頓超」之瑜伽，法性成現量而降，毋須流於伺察，尊者從而即能持一切顯現及行，悉為佛身與智慧遊戲。由圓淨其氣脈內部為「咒字雲聚輪」之力，從觀修而生之智慧乃自界中破出，不敗遂為其所有具甚深義之意伏藏〔意巖〕，以論著形式作莊嚴：得加持之入門、及令信意生起之《讚頌與本生法系》（*bsTod tshogs dang rtogs brjod kyi skor*）；為斷除知識增益之《共明處法系》（*Thun mong rig gnas kyi skor*）；解脫道上甚深與廣大津梁之《內義明處法系》（*Nang don rig pa'i skor*）；成為教法長住、及令諸吉祥得恆常、遍入及任運之緣起之《回向偈與祝福法系》（*bsNgo smon shis brjod kyi skor*）等。

上開四總章暨眾多分章，存於與三十二相數目相同之三十二篋中；此著作令總別二者 —— 總則為勝利王之教法、別則為舊譯派之教法，於瀕臨滅盡之際，得添更生之力。

如是，不敗乃以二次第之修持為主；座間則以論著之形式，盡賜諸般口訣。彼於水鼠年（即西元1912年）正月十三日出關。同月十八日，因有惡客數人來，尊者心中不快。廿一日，彼有興起之作，手書如下——

> 皈依文殊師利大勇識
>
> 佛子如海行持我能持　　於妙喜剎與餘淨剎土
> 我為遍滿虛空諸有情　　虛空未盡誓持大悲心
> 業苦濁世演說教法者　　內脈失調纏繞十七年
> 我受無間苦痛至今日　　住世幻身猶如柳枝籃
> 今日我見死亦為喜樂　　故將遺言着錄為文字

如是，彼遂寫就其遺教且密封之。至二、三月間，不敗念誦不動佛陀羅尼約廿萬遍。彼口傳若干指授予其從者光明喇嘛（Bla ma 'od gsal），一時彼云——

> 方今之世，若所說真實，則聽者無人；所說虛妄，則人皆信以為真。是以余從未向人言：僕非尋常凡夫，乃持願力而轉生之菩薩。今我此身，本來總則為教法與有情、別則為密咒舊譯派之教法廣作利益。唯因甯瑪派福德微薄，故按例，吾人應受眾多障礙所損惱；余則因若干要害因緣而得大苦痛，如是等等。如斯境況，余實難思作具利益之行。縱然如此，余已完成種種釋論、闡述等。雖更欲為中觀作顯明而周詳之撰述，然終不能成；唯此亦非緊要。但若可完成《本初心法》（gNyug sems skor），則能令整體教法生機活潑，而非支離破碎。此要義極為廣大。余曾以為能成，然終究未完。今，於此末世，邊鄙蠻族作損惱教法之行已近。由此觀之，余

　　若再取轉世，實已無任何利益。若今日猶如古昔、
類似敏珠林兄弟[189]在世之時，余或行種種方便，以
利益教法與有情。但如今時移世易，行此實難；是
故今後，余已絕無因由再生於此不淨界。唯淨土是
住，聖者憑藉願力，依諸所化之須，恆時無間而作
應化之樂舞，此即法性。

　　約於〔該月之〕廿二日，彼云：「今余之惡疾終得痊
癒，痛感全消；每日不論朝夕，唯生起「頓超」之相，如彩
虹、光華及明點、暨〔諸佛〕身與界之展現。」[190]

　　彼又為從各方來聚之弟子信眾及施主，行接見與祈請。
眾人咸求彼為教法與有情而延壽，唯彼答云：「我今決不住
世，亦決不轉生。余理應往北方之香巴拉焉。」

　　水鼠年（即西元1912年）四月廿九日、即彼六十七歲之
年，不敗甯波車結菩薩座，左手等置懷中，右手結說法印；其
無漏心於本始基界中入定。稍後，當其寶體供於燃薪之上後，
諸如虹光帳等稀有妙相，普現於大眾之前。就尊者示寂後之葬
儀，光明喇嘛為圓成不敗之心願，故努力而行。

　　尊者諸入室弟子中，最主要者有多竹[191]無畏教日（rDo
grub 'Jigs med bstan pa'i nyi ma）、伏藏師福王（gTer ston bSod
rgyal，即滿業洲）、第五世竹千活佛[192]與竹千多善（rDzogs
chen dge mang）、雪千無央與雪千補處（Zhe chen rgyal tshab）、

189　即伏藏主洲與法吉祥譯師。

190　尊者所說之現象，即為現見法性之證量，見於諸頓超教授典籍，或可參考
　　談錫永《六中有自解脫導引》之〈法性中有導引・現分自解脫〉中的「生
　　起四現分」一節。

191　「多竹」，指多竹千寺。

192　「竹千」，即大圓滿。

噶陀司徒（Kaḥ thog si tu，司徒・遍見法海）、白玉大化身
（dPal yul rgya sprul）、安章珠巴（A 'dzom 'brug pa）、成就王
釋迦吉祥（Grub dbang Śākyaśrī）、與鄂長老（Ngor dpon slob）
等。略言之，成其語之子者實無可計量，包括來自噶陀、白
玉、雪千、竹千、八邦、及德格大寺（sDe dge'i dgon chen），
乃至熱貢（Reb kong）等廟宇中，屬薩迦派、格魯派、噶舉派
及甯瑪派諸活佛及大士；復有上述諸派中、講說無邊經義之
學者；具足三學之堪布；於二次第極具把握之密咒行者；及
因已離壽想、故捨諸行之頭陀等。尊者心子中諸大士，仍續
為弘揚彼等上師之佛事業，廣大精進而行。

　　尊者雖從無親取地下伏藏之舉，然眾多殊勝而有關生、
圓口訣與儀軌結集等空前鉅著，均成其意嚴流露而出，彼遂
以論著之體而作弘揚。是故，彼實於一切伏藏之首、即甚深
意樂界庫藏中得自在，乃諸伏藏師中，具無上成就之王。

結語

　　如是，甚深伏藏之極近傳承，其所集法藏，今為數不可
思議之教授得以保存。以最主要之諸伏藏寶庫為例，悉皆有
「八大法行・密意集・普巴金剛三部」（bKa' dgongs phur
gsum），而每部均包括各自之「上師、大圓滿、大悲者三
部」。如斯眾多傳承授受之記載，因其數無量，故實不可
能於此逐一細說。欲知其端詳，從每一伏藏之歷史，或各自
〔上師〕之受法錄等，即可了知。

　　舊譯派所詮之金剛乘寶貴教法史，名為《帝釋天遍勝大
戰鼓雷音》第六品：簡述有關伏藏甚深極近傳承之記載，於
此圓滿。

第七品

第七品：「為甯瑪派闢謬」提要

談錫永

在本節中，作者對向甯瑪派教理經續提出責難者，予以一一批駁，他的答辯是很客觀的，並不反擊其他的教派，只提出歷史事實，使責難者無詞。

有些人以甯瑪派的某些經續，不見於印度，因而產生懷疑。

作者對此提出糾正。首先從來源上分析，並不是一切經續都源自印度。其次，批評者的見聞可能不廣，以一己所知，以為印度無此經續，其實原來尚存印度。如鄔金巴大寶吉祥，起初也作如是想，但後來卻在尼泊爾的經堂，發現了甯瑪派所傳的密續，因此他反批評自己的灌頂師智慧不廣。

更厲害的責難，是以為印度根本無密續。

作者以蓮師在西藏建立紅教的歷史予以分析，並以阿底峽尊者從印初入藏土時，對密乘經續的廣大加以讚歎，證明藏密經續來源的清淨。

有些具偏見的批評者，以甯瑪派續不是佛法。

作者以為甯瑪派十八部綱要，均源出於印度的《密集》、《月密明點》及《諸佛平等和合》。倘以為甯瑪派續非佛法，則上述三續亦不可能是佛法。由此反證，使責難者無詞。

　　有人於無上密乘三瑜伽中，特別攻擊無比瑜伽及無上瑜伽，尤以後者與漢土的禪宗相近，於藏土更容易為修行人誤會，似為「支那和尚」傳入的教法。

　　作者對此問題，用了很大的篇幅解釋。並順帶談到了「大手印」與《秘密藏續心髓》。漢土的禪宗學者，對此當會感到極大的興趣。這裏，我卻想起了諾那上師所說的一則密宗的故事。相傳鄔仗那國王因渣菩提向釋迦請法，但卻要頓即成就。於是釋迦便對他說了一句話：「你就是佛」。因渣菩提聞言頓悟，立即成就。其時追隨釋迦的弟子感到奇怪，釋迦便對他們說：「你們是顯教的根機，國王是密宗的根機。」由此故事，再證諸藏密稱禪宗為大密宗，似乎兩宗傳承之間有關係存在。不過，這只是我個人的意見而已，尚待研究者予以論證。

　　此外，作者在本章，澄清了對伏藏與苯教關係的懷疑，同時分析苯教對甯瑪派之影響及其不共之處，此種意見，均為研究藏密者所樂聞。

忿怒上師

大腹金剛

蓮花金剛（遍主）

金剛甘露

閻曼德迦

馬頭金剛

真實忿怒尊

普巴金剛

無上秘密忿怒尊

持明總集殊勝阿闍黎

遍調憍慢忿怒尊

具力猛咒忿怒尊

金剛亥母

具力空行母（黑金剛忿怒母）

秘密智空行主

勝伏三時空行母

獅面空行母

智慧海空行母（大樂海王空行主）

第七品

甲七、為甯瑪派闢謬（分十）

引言

今，就以往對舊譯派金剛乘教法，因起錯見而生過失之黨同伐異者，須行遮破。

乙一、總答對甯瑪派密續之批評

因殊勝文殊妙音化身、雪域聖王赤松德贊之殊勝發心，故雪山（藏地）所化者遂得如應真善福德。故有來自三種傳承[1]之無上密咒乘、如內光明金剛藏[2]等眾多殊勝甚深續藏，此等皆為諸空行與持明眾之心要，超越凡夫之行境。藏地有此福德，實憑蓮師大阿闍梨與無垢友等加持所致，故對如斯教法自當隨喜；對遠古諸法王及大化身譯師與學者等之傳記，亦理應敬重。

於一絲毫無佛法影蹤、且行為粗鄙之陰暗地，復因緣薄之故，僅能向賜予短暫樂果之說惡法者求恆久之皈依，由是遂成損害時，化身王者（赤松德贊）乃著手點燃法炬。縱然如是，由黑品凶殘魑魅所起之猛厲傾軋風暴，幾令他方得勢。幸適逢其時，諸般惡毒神鬼均被蓮華生大阿闍梨之悲心調伏，藏

---

[1] 即諸佛密意等三。

[2] 如來法身之內自證智境界，方便說為法身剎土，此即如《密嚴經》所說之密嚴剎土。

人乃得悉隨己意修習佛法；寺院與道場亦得遍建；然尚須費大力納藏人於教法之正軌，因彼等縱只習佛門用語，亦宿慧甚少，蓋此皆為彼前所未聞也。

故於其初，首先審視能否有出家之人，遂為一切智道、即佛陀之寶貴教法奠一堅穩之根基。諸師繙譯三藏及密咒道之教法，其數如海量。更結集片斷以校正訛本、如是安立「根基」；納實修於「道」之下；以聞習、解說、與觀修等三門，令教法遍佈國土。此能得自在修持解脫，及得一切智道之機，實緣古昔堪布（寂護）、阿闍梨（蓮華生）、法王（赤松德贊）及一眾化身譯師與班智達之恩德所致。

以此緣故，無怪後際廣宣宗輪之學者及譯師，亦能踵武往昔大賢安立之道統而無所困難，復可憑己智而作增上。然而有等不視此實屬稀有之人，竟口稱某等古昔密續，因不見於天竺，故實為藏地著作云云；此誠某等妒火攻心者之語也。質言之，彼等密續縱不見於天竺，亦不可證其為偽，蓋見諸天竺之密續亦非源自該地：彼等乃諸大修行者阿闍梨等取自天、龍、夜叉、空行等處；亦有取諸不同廣大聖地、如贍部洲之薩霍惹與香巴拉境、楞伽之摩羅耶山、鄔仗那、與達羅毘荼國等；其後方引入天竺。故此，不能僅因密續不見於天竺而定義其為偽。即便有等古續曾住天竺，亦未必能被只偶爾往該地者所見，此則因住於殊勝地道之古昔化身譯師與班智達，能以神通力遍渡廿四境，而凡夫則不能至。是故大法王阿底峽亦加以推崇、謙稱自己亦不堪與之論法之大學者絨・法賢，曾說密咒道舊譯較新譯有六處更勝。彼云──

　　初、迎請密續施主之廣大：因舊譯期之施主乃三佛
　　部殊勝怙主、亦即現王者相之祖孫三法王，與後譯

期之施主不同。

二、繙譯及安立密續之處所：古昔乃成於諸幻化寺院、如桑耶寺，或其他位於桑耶上方、下方之教法道場[3]，與今時唯譯於廟宇中之幽靜處者不同。

三、譯師之殊勝：古昔譯師，如遍照護、噶瓦‧吉祥積、屬盧‧龍幢、尚‧智軍、瑪‧寶勝、及涅‧智童等，均為化身譯師。教法之繙譯，由彼等所作，故與今時夏則住於芒隅（Mang yul），冬則住於天竺、尼泊爾之譯師所作不同。

四、班智達之殊勝：古昔之教法，由班智達寂護堪布、佛密、蓮華生大阿闍梨、及大班智達無垢友等諸佛與住於大地道之聖菩薩所迎請，與今時唯求黃金而漂泊流浪之班智達不同。

五、求法獻花之殊勝：古昔求法，所供養之黃金，乃以鹿皮囊或以升論秤；與今時唯從腋下袋中取出一二錢碎金而求者不同。

六、教法之殊勝：古昔之繙譯，乃於天竺仍有完整無缺之佛法時所作。不僅如此，尚有未見於天竺之密續，仍由曾得灌頂之菩薩、成就者、持明、及空行母等所保存。諸續由蓮華生大阿闍梨、無垢友等，以神通莊嚴，於諸淨土、贍部洲諸境，如僧伽羅與西方之鄔仗那等取出，其後於藏地繙譯。是故，天竺一眾班智達與成就者前所未聞之大量教

---

[3] 英譯云：指分別位於拉薩與桑耶之道場。

法，遂成藏地之福德善緣。

復次，至若繙譯本身，古昔譯師既屬化身，故彼等安立如如真實，是以彼等密續流暢易明；若鉤深致遠，則加持廣大[4]。然而後際譯師則未能發其義蘊，唯依梵文本之編次，作詞彙之繙譯。其果，則強繙之語艱澀難明；欲探賾索隱，則加持微弱。是故，二者實有所不同。

藏地教法之後弘期，任何稍具才智、而略有黃金資財者，遊歷天竺與尼泊爾竟成風尚。彼等若純為教法與有情而發，則吾人應當隨喜；唯絕大部份皆為嫉妒所驅，彼等或因欲變為學者；或因渴求他人之利養恭敬；或欲邀時譽；或因妒心而與自身上師、或際遇相似之善知識作爭競。此可由麻巴於旅途中，其所有書籍全為友伴丟棄河中之傳記而知。以此緣故，遍知絨・法賢遂云 ——

佛陀教法仍完整無缺時，化身譯師能無誤安立教法。由是即能安立所知之實義，而以令教法圓滿之種種方便為莊嚴。然而今時之大詐偽譯師，偽造種種舊譯，且云：「吾所譯更善；吾所本更尚！」彼等輕蔑佛陀教法及自身上師之教授，人自各造一法，互相指責過失，而彼等之教法，恰如「父之法不適於子」；是以不同〔於舊譯〕。

其言可謂確當。得成就之鄔金巴大寶吉祥亦嘗云 ——

有等藏地譯師，聲言甯瑪派所譯於天竺並無來歷；

4　此指譯文能表達密意，故不斤斤計較文字直譯。譯師此種意譯，即為譯師之加持。

　　其中一上師名查譯師者，曾應余所請為作灌頂，亦
云甯瑪派密續譯本於天竺並無來歷，何其見解竟偏
狹如是。試問，此只曾短暫遊歷東天竺之譯師，何
能斷定存於天竺之所有佛典哉？彼甚而連藏地所存
者為何亦不能斷定焉。通言之，天竺中來源信實
（tshad khungs che bas）[5]之書籍多已腐朽，是故佛
陀教法之範限實無可測度。如是，藏地諸譯師何
可斷定來源？余雖曾往西方之鄔仗那地，亦不能測
度其地之大小也。再者，於後時，梵文原本大多保
存於尼泊爾內，其中有不可思議數目之種種甯瑪派
密續，乃存於尼泊爾伽藍其中一院。余嘗語於藏地
之甯瑪派人士，謂「余將攜甯瑪派之梵文本、暨班
智達同來，汝等往吉隆，由予作繙譯」。其事終未
成。即便今日，繙譯甯瑪派著述仍屬美事。又有等
好事之藏人，亦謂甯瑪派之《密意總集經》，乃藏
地有等年老密咒師所臆造，故屬不淨。此語誠為不
堪！蓋汝等若所知廣博，則應人人皆能撰述如許教
法，佛陀所教，亦應無過於此。

　　與此相類，《至尊（阿底峽）傳記》（*Jo bo'i rnam thar*）
云——

　　　　至尊阿底峽復思惟：其時存於人間密咒傳規，已無
　　　　人能及己之淵博；此想令彼心生我慢。彼後入藏，
　　　　於〔桑耶〕比哈領（dPe har gling）開啟寶庫，得
　　　　見眾多未曾聞、見之梵文抄本；其我慢盡消，且

5　英譯不譯作「來源信實」，而譯作「天竺通為熱國」，不知何據。此或法
　　王口述。

云：「余以為於大乘密咒傳規已無所不知，空行母眾甚而已於虛空向余顯示無數越量宮、及教授眾多續藏；然此等密續，今竟不在其中。此大乘密咒傳規，其無有盡乎！」彼復隨喜向藏地諸王獻眾多讚禮，且云：「藏地弘揚教法之情，天竺亦似不及。」

復次同書云 ——

憑藉第二金剛持、即蓮華生阿闍梨之恩德，眾多未嘗聞於天竺之空行秘藏遂得繙譯，且庋藏於桑耶比哈之寶庫中。

多羅那他（Tāranātha）尊者云 ——

達羅毘荼過往無真正之佛法，由蓮華生阿闍梨於該地首先安立，燃燈賢（Dīpaṃkarabhadra / Mar me mdzad bzang po）亦嘗往該地，自此以後約百載，有眾多來自摩揭陀、鄔仗那、迦濕彌羅等地之持金剛到訪，令密咒乘無比興盛。以往於法護王朝被封藏、而已於天竺衰微之密續類教法，及迎請自鄔仗那、為天竺所無之密續，遂亦現於該地。

上述諸持平者之善說，其立論頓時發露該等聲稱「〔舊譯〕不見於天竺復不淨」者之謊言及偽善過失。彼等因含恨而說，自身背棄教法，結果則令智鈍而福薄之眾生生疑。是故，彼等之行有如大天比丘，唯令致教法分裂。除此以外，彼等之想法，亦不能臻究竟道。

復次，明文記載：後世之學者布頓（Bu ston），心繫於持守舊譯派傳規，嘗修持《仰氏伏藏・四臂怙主》（*Nyang gter mgon po phyag bzhi*）等法；八變蓮師作示現，且賜授記。

觀其「應視甯瑪派密續為平等」之言，布頓實欲有說於當世其
他之宗派偏見者。當采巴司徒‧願金剛（Tshal pa si tu sMon lam
rdo rje）嘗預備全套於雪域繙譯之經典，敦請布頓作校讎時，
布頓將《密意總集經》、《幻化網》及《菩提心遍作王》等甯
瑪派三部、暨修部之法系，統收於《甘珠爾》之全集中。收納
之緣故，則因彼已證成諸本俱為原始之密續經典；彼反而捨棄
眾多新續，諸如全帙《卅二喇喇勝樂續》（Ra li so gnyis）、及
《無二尊勝》（Advayasamatāvijayanāmavajraśrīvaramahākalpādi
/ gNyis med rnam rgyal）等，蓋云彼等非佛陀之教法也。

　　當施隆巴大班智達‧釋迦具殊勝（Paṇ chen Zi lung pa Śākya
mchog ldan），於其《黃金刀針》（gSer gyi thur ma）中，開示
《三律儀析》之外義乃不了義時，有等淺智之輩生疑，而愚痴
狹隘者更取其書為據。然而，大班智達曾作如下開示 ──

　　　　總者，若承認甯瑪派教法不正，則主此說者，亦須
　　　　承認由噶瓦‧吉祥積、屬盧‧龍幢、及尚‧智軍等
　　　　所譯三藏中諸法、暨事續、行續及瑜伽續等、即凡
　　　　於寶賢大譯師之世以前，一切所譯亦非正法。

　　　　別者，若承認密咒道無上續之甯瑪派教法不正，則
　　　　亦須承認吉祥《密集》、《月密明點》、及《諸佛
　　　　平等和合》等非正法，蓋彼三者乃甯瑪派傳規之所
　　　　謂《十八部怛特羅藏》[6]中最主要者。往昔大德，曾
　　　　開示云由依止此根本三者，藏地中遂有眾多甯瑪派
　　　　法門生起。

　　　　再別者，縱使僅只承認《真實忿怒尊》與《普巴金

6　即前述摩訶瑜伽續部之《十八部大怛特羅》。

剛》非正法，然彼等密續因已有梵文本、及已由具
德譯師所繙等理據，而得證成為篤實。

尤其，曾收納種種稱為「甯瑪派密續」於「全集目
錄」[7]中之諸大德，亦已證成《真實忿怒尊》與《普
巴金剛》密續實無可置疑。此可以有壞明劍及布頓
甯波車之教法史中所說為例證。

他人之見解既已粗述如上，余所主者則如下。

教法之主、即導師能仁王，不論其以離貪相[8]、或以轉
輪王相說法均可。修持唯一導師所教之本尊與密咒次第、由
是而得成就之蓮華生阿闍梨，絜其於二次第得堅穩、遂登成
就地之弟子眾，師徒等調伏成為藏地弘揚正法障礙之凶暴鬼
神。為欲安立金剛乘具根器者於持明地，彼等隨宜開示本
尊、密咒與見地之次第。而彼等之徒眾，復如其〔諸次第
之〕要義而修持，令眾多登成就地之持明出現。彼等將口耳
傳承及與其相應之意樂作筆錄，以此為基，遂有譽為「甯瑪
派」之極淨教法生起。至若其真實性：甯瑪派圓滿具足《大
乘無上續論》所說「論著」之性相 ——

　　須心專注不散亂　唯一勝者所說故[9]

因其性相齊全，故蓮華生阿闍梨之論著，與佛陀之教法
無異，蓋《大乘無上續論》云 ——

　　順資糧道得解脫　頂禮奉持聖者教[10]

7　「全集目錄」為方便譯名，藏名：rGyud 'bum gyi dkar chag。

8　「離貪相」，即比丘相。

9　依《寶性論梵本新譯》181頁，台北：全佛文化，2006。下引同。

10　同上。

如是其論著，與諸如《聖彌勒五法》、《時輪略續》（*Dus kyi 'khor lo bsdus pa*）及其注釋《無垢光》（*Dri ma med pa'i 'od*）等相類。

復次，有某等見解，謂後譯續藏[11]中，不見無比瑜伽與無上瑜伽之法異門，遂以此為由而破斥後者。其實，此反成該等作拙劣訶斥者之讚許，蓋勝利王為觀待所化者之故，已抉擇佛典中法異門及解說之優劣：較下佛典內之法異門及解說，不見於較上者，此乃其通例。舉例言之：聲聞藏中，無般若乘之法異門；般若乘中，則無密咒外續之法異門；而密咒外續中，則無諸如《密集》、《勝樂》等無上續者。以此緣故，於《密集》、《勝樂》等續中，不見無比瑜伽與無上瑜伽之法異門及解說，正說明大圓滿乃諸乘之巔。此尚可作詳說，然於此已足。

乙二、大圓滿見

又，大圓滿本性，乃一離所作之宗輪[12]；當對不住於因緣和合界中之本智，為其究竟了義作直指教授時，解說云：毋須有待於黑白[13]因果上精進之有為法。有等藏人詫而斥之，認為此即隨順摩訶衍和尚「斷行」之說。

然而，善逝嘗三轉法輪，於初轉時，彼就善與不善而開示因果不虛之教。因所教乃依世俗所須而作，故實為不了義之安立；而中轉及末轉，二者就三解脫門之性相而言，則彼此於

---

[11] 「後譯續藏」，指新譯派密續。

[12] 大圓滿極無所住，本無宗義可立，今說為宗輪，實僅為方便。

[13] 即善惡。

義理上無不相互隨順;二者之差別,僅為了義深邃之實相
中,甚深及極深之教授而已。「不了義」與「了義」,二者
乃就「有為」與「無為」而作區分,而〔三法輪之〕所詮
義,亦可基於彼等〔屬有為或無為之〕部份具多少而分別;
此皆為學者所共知、且已得證成者。以如是原因,中轉之教
法乃權宜而說:識所攝之一切法,其自體性為空;而當講說
所承許之究竟義時,則——

> ……凡一切所緣皆離;一切思維分別皆斷;一切所
> 取所捨,皆不可得……

　　約言之,因於真正超越能所法之無為實相中,住有三解
脫門之性相,是故修大圓滿者於基位上,觀輪涅相同,於因
果亦不作分別;於道位上,彼不耽於作思維分別,是故其行
持不落取捨二邊;於果位上,因已具「離於對所得之希疑」
此信,故彼遂登一切法盡之地;斯乃此宗輪之心要,正如
《遍作王》云——

> 若謂於大圓滿瑜伽中　　無上瑜伽具有因與果
> 是即未達大圓滿要義　　若謂世俗與勝義為二
> 是於所說句中具增損　　不能體證其實無有二
> 三時一切諸佛之現證　　得一決定是即不見二

　　此等說「不二」之廣大宗輪,實際上亦為佛陀世
尊於甚深了義佛經中之密意,如《勝思惟梵天所問經》
(*Brahmaviśeṣacintiparipṛcchāsūtra* / *Tshangs pa khyad par sems kyis
zhus pa'i mdo*)云——

> 何謂諸法自性清淨?謂一切法自性是空,離一切法
> 有所得故;一切諸法自性無相,離一切法諸分別

故；一切諸法自性無願，以一切法不取不捨無求無
欲，諸法畢竟自性離故，是名諸法性常清淨。以何
等世間性，涅槃亦爾，同彼法性。以何等涅槃性，
一切諸法亦同彼性，以是故說一切諸法自心性清
淨。[14]

是故，「見」離於主張、「修」離於作意、「行」離於
取捨、「果」離於希疑。若捨此四者，則如何能赤裸安立具
三解脫門性相之修持？汝[15]若不能識別：此即汝等本身亦承許
為如理之眾多續藏中、以圓滿次第口訣作講說之「輪涅無別宗
義」，則無從將此〔宗義〕與依法相思維而安立之宗義糅合為
一。

若仍難之曰：「從見而言，誠或如是，但彼對行分捨
斷。」

既以照見勝義諦之無惑亂實相而安立見地，行者
遂得超越依存於心及心所中如「學處」等有為善根、及
黑白有為法之束縛與解脫。是故，「無取捨」得證成，
仍住為「無願」之性相。此如《聖寶積‧迦葉請問品》
（*Kāśyapaparivartanāmamahāyānasūtra* / *'Phags pa dkon mchog
brtsegs pa las 'od srung gis zhus pa'i mdo*）云 ——

若無為者，則是諸佛種姓。諸佛種姓中無有修學、
亦無離修學。彼無有修學亦無離修學者，無動、無
休亦無急行。彼無動、無休亦無急行者，是則無
心、亦無心所生法。彼無心亦無心所生法者，無業

> 亦無業之異熟。彼無業亦無業之異熟者，則無苦
> 樂。彼無苦樂者，即是諸佛種姓。彼諸佛種姓者，
> 無業亦無起業。

復次——

> 於彼，善為空；而不善亦空。善為無[16]；而不善亦
> 無。善弗被不善所雜；而不善亦弗被善所雜。貪求
> 善及不善之因與緣，其實無有。

《喜金剛密續》亦云——

> 無觀亦無觀修者　本尊既無密咒無

今且試思：於如是篇什中，宣示如斯勝妙教法，是確屬
和尚摩訶衍之傳規耶！

通言之，既已無倒得證般若，則善巧方便亦僅為般若之
支分耳；此乃諸佛無誤意樂，如聖天阿闍梨（提婆）曾云——

> 寧可戒律成衰敗　勿使見地令如是[17]

既能真確證悟於此所說之見地，行者不僅於行持無所
縛，復得解脫果，住於佛子[18]之廣大道上。復次，於此大圓
滿道中，既已安立於法性大平等界中無有取捨，所行遂得成
辦，而不受專持（ched 'dzin）[19]之行所障蔽。此乃不共法，
如《寶授菩薩菩提行經》（*Āryabodhisattvacaryānirdeśasūtra* /

16　「無」，藏文原文為 rNam Par dBen，乃「缺」之意，故兩句亦可譯為「善既
　　缺；不善亦缺。」今附誌於此。

17　引自《四百頌》，漢譯為《大乘廣百論本》。

18　「佛子」，指菩薩。

19　指具特定目的、有作意之行。

Byang chub sems dpa'i spyod pa dam pa）云 ——

> 寶授菩薩言：當如是說 —— 不斷貪欲嗔恚，不捨愚
> 癡不斷煩惱，乃至五蘊六處等。又復於智慧愚癡不
> 生疑惑。不心念佛，不思惟法，不供養眾，亦不持
> 戒，不於朋友而求寂靜，乃至諸難亦不越度。妙吉
> 祥，當為初地菩薩說如是法令如是學。於意云何？
> 亦復不應於是諸法而有住相。[20]

　　與此相類，《廣大明覺自現續》（*Rig pa rang shar chen po'i rgyud*）云 ——

> 己即本尊壇城對己自顯現
> 毋向本尊獻供否則必自縛
> 供奉手印等等徒然添身障
> 勿結手印否則大寶定壞失
> 勿捨輪迴否則不入佛種姓
> 佛不在他處無非明覺本身
> 輪迴不在他處一切聚於心
> 毋作有為善根否則必自縛
> 建塔廟等有為善根應斷捨
> 有為法無盡若捨離則能盡
> 不捨斷行瑜伽汝即成如來
> 此即真實佛道一切汝應知

---

[20] 依宋法賢，大正‧十四，no. 488，頁703b。依藏本引文，可譯為：「寶授菩
　　薩言：當如是說。毋斷貪欲，毋除嗔恚，毋遣虛妄，毋動而超越汝身，行
　　不善，毋滅己見，毋宣說結縛，總攝持蘊聚，合諸界為一，受用諸根識作
　　業處，勿超離童稚地，思維不善，捨離善，毋作意於佛，毋憶念法，毋敬
　　奉僧伽，勿從事無倒修學，勿求滅淨世間有，勿渡〔苦〕河。如是教法，
　　即初〔發心〕菩薩所應受之教導與訓誨。云何如是？蓋諸法之法住乃唯一
　　所住故。」

如是，當行者於本然離一切所作之大平等性要義中得定信之見，得攝持時，則於有為黑白業〔二者〕，亦可開示為文從義順之「平等」也。上引密續云——

> 善行既不作惡行亦無所捨
> 離善離惡之明覺即佛法身
> 善不應作若作即無有佛道
> 惡亦不應捨捨則佛道不成

今時之雪域中，有眾多一聽聞此傳規，即行嚴厲破斥者。然而，亦不應責怪彼眾，因其不解此傳規自性，故其心弗能通達，此如《清淨毘尼方廣經》（Āryasaṃvṛtiparamārthasatyanirdeśasūtra / 'Phags pa kun rdzob dang don dam gyi bden pa bstan pa'i mdo）云——

> 文殊師利云：天人子！自勝義言之，真如、法界、與極無生等三者究竟平等；自勝義言之，甚而五無間罪亦與彼〔三者〕平等。自勝義言之，真如、法界、與極無生等三者究竟平等；自勝義言之，甚而連錯見亦與彼〔三者〕平等。

僅由此教授，不能證成「行」分應捨而令消失。然屬吾等傳規之《心部廣大密續・礦中熔金》（Sems sde rgyud chen po rdo la gser zhun）云——

> 彼為無餘善逝之母諸勝利王唯一道
> 戒律與餘到彼岸道如海行持之根基

由是，此廣大宗輪並無捨斷作為般若支分之「方便行」邊；復因行者於方便須得通達，故亦無權宜捨斷世俗諦也。唯當行者現證實相諦之無亂法性自體相時，則無落於二諦輪

之患，因諸如「十波羅蜜多」等可成菩提分之道諦諸法，已聚合於此也。此如《廣大明覺自現續》所教 ——

> 任運成就佛法身　離於光翳所現暗[21]
> 超越常斷二邊際　不為暗與現所執
> 超越一亦超越多　超越現超越不現
> 離於生死故更無　歧義與障及我見
> 思維而不作思議
>
> 般若波羅蜜多盡　攝於覺明法身中[22]
> 禪定波羅蜜多盡　攝於明炬總住中[23]
> 精進波羅蜜多盡　攝於無別自生義
> 安忍波羅蜜多盡　攝顯現於直斷中
> 持戒波羅蜜多盡　攝於無伴獨居中
> 布施波羅蜜多盡　攝捨輪迴之貪執
> 發願波羅蜜多盡　攝於顯現離希疑
> 方便波羅蜜多盡　攝於明覺總現前
> 力用波羅蜜多盡　攝於幻惑相封印
> 本智波羅蜜多盡　攝於離緣顯現中
> 此即波羅蜜多義　自然周遍之本智

《勝思惟梵天所問經》亦同分云 ——

> 不執一切是即布施　無住即持戒
> 不護即忍辱　不勤即精進
> 不思即禪定　不緣即般若也

21　此處「光翳」，指無障者為光，具障者為翳。全句即謂，無論具障不具障，皆可成為暗，而法身則離此等暗。密意即謂，暗非由障所成。

22　般若之究竟，即住於光明、本覺、法身。

23　英譯云：「明炬總住」即是能得一切卓越認知之觀修。

《遍作王》亦云 ——

> 至若無作真實義藏中　　廣大瑜伽行人所見者
> 本始自心相續淨壇中　　由因生起本尊壇城果
> 由作近修四支令圓滿　　集散[24]隨身住於任運中

今或云：「若諸法之實相，乃因不住於有為界，故超越善與惡、解與縛者，如是則無需有「黑白業」及「因果無誑」之論述矣。」然而，彼等論述〔黑白業等〕之意樂，乃就「識」〔而非「智」〕而言。是故，若舉例明之，凡夢中所顯之好壞，於夢中屬真實，於醒時則有如不實，故〔佛陀〕意樂，說諸法如夢如幻，以譬喻其不實。準此，直至「識」所攝之迷亂顯現能得窮盡之際，尚仍有取捨、及黑白業依於因果之無誑成熟。唯當迷亂得窮盡，則於能見諦實之「本智」分中，彼[25]即不顯。因其時有境能所二取中之「心識」既無有，故世俗境之顯現亦不轉矣。此決然為諸佛及佛子之明白意樂；得授記而為甚深了義作評注之諸大車，其意樂亦與此相符，蓋此意樂實本然住於諸能觀照「殊勝」者之心相續中也。聖龍樹云 ——

> 譬若睡中憑眠力　　得見子婦越量宮
> 復有諸如處所等　　唯於覺時則不見
> 是故彼知世俗者　　一旦能開智慧眼
> 離於無知睡眠中　　醒覺之後不復見
> 亦如真實之賢者　　依止如日之所知
> 無知習氣無餘滅　　心心所境悉不見

24　亦可作「放收」，即放射、收攝。
25　指取捨、黑白業等。

《入中論》亦如是云 ——

> 如有翳眼所緣事　　不能害於無翳識
> 如是諸離淨智識　　非能害於無垢慧[26]

寂天亦〔於《入菩薩行論》〕云 ——

> 總凡諸緣得聚合　　定有虛幻能生起
> 諸緣相續一旦斷　　縱世俗幻亦無生
> 彼際惑亂若無有　　以何者緣世俗境

　　為欲證彼，今且就：於大圓滿中、大平等性本智境中諸法一味之「見」「行」而有所說。於基位中，行者既依本智而證世俗為不實，遂於有為善根無所希求，亦於智慧無有增益；然行者亦非貶損方便，蓋從識而言，則「取」「捨」仍在也。於道位中，因一切作意皆不逾於尋思分別，故觀修所緣，連小如微塵者亦無。於果位中，若心暨一切由心所生者皆被截斷，則世俗如何成顯現？此要點，乃佛法中轉、末轉二法輪深藏密意之最究竟，是為天竺及此雪域中、諸無迷亂而謹遵善逝所教者之無瑕善說傳規。是故，此說已重覆見諸自俄‧具慧般若大譯師、以至覺囊‧般若幢（Jo nang Shes rab rgyal mtshan，朵波巴）與夏魯‧布頓寶成（Zha lu Bu ston rin chen grub，布頓大師）等學者兼無迷亂禪師之著述中。

　　通言之，吾等導師之意樂，乃就「識」而說法，遂有「取捨」及「因果」之建立，即如於夢境中因果成真實之理，然而有等仍堅執：縱於諸佛本智中，世俗亦可證為真實。以此

26　依法尊譯。然末二句如依藏文本可譯為：「如離無垢智之心，非能害於無垢心」。

緣故，彼等於「行」分之執持，遂致頑固僵化，直至彼等將聖智慧與諸佛本智斷裂至支離破碎為止。如是，彼等對甚深而無顛倒之宗見，實難生起篤信。彼等甚而以「疑慮」之肩輿，架空善逝之稀有事業。

今，於等持之際完全離作意，或確為和尚摩訶衍之觀修，然甚而連汝等[27]亦許為中觀鉅著、清辨（Bhavya / sKal ldan）阿闍梨所著之《中觀寶燈論》（*Madhyamakaratnapradīpa / dBu ma rin chen sgron ma*）亦云 ——

> 不住於任何識、不作任何分別、無置心於一切⋯⋯

復次，阿底峽於注釋聖龍樹之意樂中，解說於離伺察之平等住中寂止、及住於勝觀時，以猛力磨擦兩木而生火為喻，繼而作詳細解說；其起首云 ——

> 毋為任何「識」起分別，於一切亦不執持。所有憶念與作意悉皆棄之⋯⋯

相似之闡述亦可見於蓮花戒之《修習次第論》（*Bhāvanākrama / sGom rim*）三篇中，是以此必然為中觀自續派者眾所周知之立場也。因上述諸說彼此相符，故是否即等同和尚摩訶衍者，亦無關宏旨矣。

根據大圓滿，自生明覺即勝觀之體性，可決定為妙觀察智。是故以此為觀修所依，於離尋伺之法性中等持，行者乃住於無分別境、即「廣大邊際解脫」之無倒實相中。《聲應成續》云 ——

---

[27] 指新譯派中人。

於自性大圓滿邊　　置諸法於自生起

顯識法性中雙運[28]　　本始解脫自在住

此意樂超越心意　　有相自地本清淨

空邊色邊俱遠離　　無動即無有句義

無想故能超越意

　　若不能得此證悟，僅憑尋伺之放攝，則不能觸勝觀之法性，於是，心與心所僅能建立一近似空性之反體[29]，此亦即執心暨其覺受所緣之蓋障，由是遂成自性既無盡，且為轉生〔因〕之大〔執〕見。

　　〔釋迦牟尼〕導師自身曾於《大寶積經》云[30]——

　　　迦葉，若以得空便依於空，是於佛法則為退墮。如是，迦葉，寧起我見積若須彌，非以空見起增上慢。

　　或有駁難此觀點者，云龍樹嘗謂曰——

　　　若不依於世俗者　　不能證得勝義諦[31]

28　外境顯現與內識覺受恆時雙運，此為住法性中之境界，由是即能本始解脫（法爾解脫），此即所謂「自生起，自解脫」。

29　「反體」，即說思維中所現與異類相反的事物。如「瓶」，其異類即是「非瓶」，與「非瓶」相反者便為瓶的反體。

　　所謂「空性」，實在是對如來法身本性之施設，施設為「空」，於是法身本性即說為空性。是故不能由任何名言句義建立空性，若由名言句義建立，此所建立的「空性」，實為「非空性」，與非空性相反，便是「空性的反體」。

30　見《大寶積經‧普明菩薩會》第四十三。

　　藏本引文亦見於《善說顯現喜宴》139頁。書中談錫永上師依藏本譯為——
　　　迦葉，若乎空性，以心計量，由邪見見空，是則為大邪見。迦葉，寧見計我如須彌山，不見憍慢眾生計空為無。……

31　引自《迴諍論》第廿八頌。

　　後魏三藏毘目智仙與瞿曇流支譯本為五言：「若不依世諦，不得證真諦」。

　　由是，〔駁者云〕具破與證之辯才，乃證悟所須。然而，此引文之意，僅為勝義諦之證悟，於其初須依於言詮及所詮義耳，龍樹並非謂一概依於推理法作伺察，方為證悟所須。彼嘗以不同之異門作申斥——

　　　　是故備受論議事　由如屍推理而作……

　　如是，既登尋伺之險徑，彼等[32]遂遊走於遮破與證成之峭壁間，令原來自住之本智，飛逝（sPur）[33]於增益與貶損之道上。彼等妄自以為憑巧智而滅二邊，終則有如蟲自困於其唾沫〔所結之繭〕中。法性真如，於彼等而言，實為難致。法性既屬不可思議，實不能依世俗名言以表之，蓋世俗名言之體性，亦無非概念分別耳。《解深密經》（Saṃdhinirmocanasūtra / dGongs pa nges 'grel）云——

　　　　內證無相之所行　不可言說絕表示
　　　　息諸諍論勝義諦　超過一切尋思相[34]

　　今此，於自性大圓滿中，以三座姿[35]為錘而釘入、以三瞪視瞄準要點、及遊行於六燈道上，乃能離作意而現觀法性。是以此道〔與法相者〕之差別，實如天與地。如《聲應成續》云——

　　　　勝義而言心既離　諸根剎那自解脫
　　　　行者現觀此要義　是能摧破自宗見

---

[32]　指推理者。

[33]　英譯作「fly off」飛翔；索達吉譯本則為葬身。查 sPur 具「屍體」義，而 sPur Ba 則具「飛行」義。就文義而言，索譯較長，故今取之。

[34]　依唐玄奘譯。依藏本，初句奘譯「無相」，意為「離相」，末句奘譯「尋思相」，意為「推理」。

[35]　即獅子座、象座與仙人座。

> 復於一切無貪執　　真實法性自能嚐
> 三界輪迴既無依　　虛空融入虛空時
> 如是即此勝瑜伽

同理，薩迦班智達云——

> 無上瑜伽之見地　　是即「本智」而非「乘」[36]

　　從無迷亂而成立甚深見之實相此一反體而言，則云其為「本智」者實為善說；然彼所謂「不當為「乘」」者，其實具密意焉，蓋由聲聞、緣覺、菩薩、及佛等諸地所攝之本智，乃分別為無全、片全、及遍全，此四類聖者之建立、及諸乘之次第，亦據茲而定。《大乘無上續論》云——

> 恰如虛空中色法　　有劣有中有最勝[37]

　　是故，以「所載之器有善惡、而〔能載〕虛空則無善惡」為喻，遂有按離障之力大小而令本智現前之因。以如斯意樂故，若安立其為「乘」，實無絲毫相違。若主除佛外，餘三種聖有情之相續中皆無本智，則討論於此而盡。然經續之甚深密意，乃：唯立足於「由少分而見、乃至圓滿而見本智」之上，而有地、道之安立，遂有諸乘之施設。是故《華嚴經》（*Buddhāvataṃsakasūtra* / *Phal po che'i mdo*）云——

> 勉力盡心於本智乘與大乘中，以善根作回向。

　　《勇猛摧伏所問》（*Suvikrāntavikramiparipṛcchā* / *Rab rtsal rnam gnon gyis zhus pa*）[38]云——

---

[36] 見《三律儀析》。

[37] 依《寶性論梵本新譯》83頁。

[38] 漢譯為《大般若經》第十六會，大正・七，No. 220（16）。

諸佛本智是即大乘。

有等不信大圓滿本初之宗輪者，反而執彼等為初學而立之宗輪為殊勝，遂將三解脫門之要義摒棄於外；彼眾實有如捨身之影也。

與此相類，復有等甚至竟謂「大手印」一詞，於因乘中無所教，實出自岡波巴本人之虛構云云，故彼眾遂力主其教授為不正。然而，極無為界乃稱作「印」，此如《佛說大乘入諸佛境界智光明莊嚴經》（*Sarvabuddhaviṣayāvatārajñānālokālaṃkārasūtra* / *Sangs rgyas thams cad kyi yul la ' jug pa ye shes snang ba rgyan gyi mdo*）云 ——

> 阿難，法之手印即一切法之手印。此乃無手印、無作手印、及無分別手印。阿難，彼受手印所封者乃大菩薩，乃聖種、乃人中獅……

智稱（Jñānakīrti / Ye shes grags pa）阿闍梨亦於其《入真實論》（*Tattvāvatāra* / *De kho na nyid ' jug pa*）中詳細闡釋 ——

> 母、亦即般若波羅蜜多，其另一名稱為「大手印」。因彼為無二本智之體性故……

> 是故，於顯宗明文記載中，「般若波羅蜜多」，時或以「大手印」一詞稱之。於密咒道上，依大樂方便得成就者，乃修樂空或大手印。因此，除開顯密二者明顯之區別外，若謂於顯乘中，從來無「大手印」之解說，則似嫌不確。與此相近者，「如來藏」雖於顯宗道上，只屬粗略之開示，然於密咒道之教法中，則為其作極廣大之詳述。

如是，彼等只墮落於不了義邊、只熱衷於名言之建立、及只依隨於「語」之眾，唯散布隨順彼等本身偏見之典籍；然彼等之據點，實已被眾多有關教法與注釋之論典所破。雖有不少臆度之暗箭，然皆屬無的放矢，無能致遠，亦完全無力以如理之立量作遮撥。所言至此，應堪足為範例矣。

乙三、《密意總集經》答難

今，〔或有斥〕本屬甯瑪派教法之《密意總集經》灌頂，竟而有屬三種因乘灌頂儀注之開示；唯《二品續》（《喜金剛密續》）云——

> 布薩律儀首先賜　　繼說毘婆沙宗義
> 如是經部義繼之　　接續瑜伽行開示
> 往後即說中觀義　　遍知密咒次第後
> 喜金剛續應開示

依上引隨順諸乘次第而進之闡述、復因密咒道中，已圓滿開示一切乘之大道，是故三因乘實已被密咒道之善巧方便所含攝，其功德較自地者更為增勝，且轉成捷道；此即如下乘[39]別解脫戒之思、行，當被菩提心含攝後，則轉化為大乘之別解脫戒，其功德亦較下乘者增勝也。是以此即〔因乘灌頂與《密意總集經》有關之〕不共真實原因。

再者，「灌頂」此名言，實已明文載於諸如《〔毘奈耶〕三百頌》[40]中，蓋沙彌戒已稱為「灌頂」矣——

39　指小乘。

40　舉因乘佛典為例。

出離之戒令苦得斷除　　薩迦耶見根本得摧滅
富貴與具花箭者俱滅[41]　吉祥圓滿菩提灌頂賜

通言之，「灌頂」可作如是觀：轉輪王於登基受灌頂時，乃以寶瓶水沐浴，復由諸梵志祝福，如是得授權以七寶等掌其國政。同理，顯宗道上，登十地至最後有際之菩薩，於成佛前，十方如來眉間放白毫光，融入彼勇識之頂上，此即名為「大光明灌頂」。質言之，不論入於何道，諸佛之加持，乃使行人得以掌握見、修、行、果之方便，是故名為「灌頂」。《入楞伽經》有云——

> 復次，大慧，此有兩種如來應正等覺加持力，得加持故，〔菩薩摩訶薩〕乃得頂禮佛足請問。云何為加持諸菩薩之兩種力？其一，由力令得入三摩地與等至；其二，由力令得諸佛現身於彼等面前，手灌其頂。

> 大慧，蒙佛加持力，初地菩薩摩訶薩能入菩薩三摩地，名為大乘光明三摩地。入已，即見十方如來應正等覺現身於前，面對彼菩薩予以身語意加持。大慧，此如金剛藏菩薩摩訶薩，及其餘成就如是功德與性相之菩薩摩訶薩，即然如是。

> 是故，大慧，初地菩薩摩訶薩於三摩地與三摩鉢底中，蒙如來力加持。由百千劫積集福德資糧，漸進諸地，善成就能對治〔相〕、所對治相，而至於菩薩法雲地。是時此菩薩摩訶薩，見自坐於大蓮花微妙宮殿中寶座上，同等菩薩摩訶薩眾環繞，首戴諸

41　「具花箭者」，指欲天。

寶莊嚴寶冠，身如黃金瞻蔔花色，如盛滿月，放大光明。十方諸佛舒蓮花手而灌其頂 —— 菩薩摩訶薩坐於蓮花宮座上，佛灌其頂如灌轉輪王太子。如是，菩薩摩訶薩即謂得佛力加持，受其手灌頂。

復次 ——

為欲令其離魔、離業、離諸煩惱故；為欲令其不墮聲聞地故；為欲令其內自證如來地故；為欲令其於所得證量增長故。以此之故，大慧，如來應正等覺以力加持諸菩薩摩訶薩。若不得此加持，大慧，彼能墮入顛倒外道、聲聞、魔者之思維，而不能〔現證〕無上正等正覺。以此之故，大慧，菩薩摩訶薩為如來應正等覺所攝受。[42]

　　由如是大量徵引之篇什可見，「至最後有際之菩薩，定須憑灌頂而成佛」此說實毋庸置疑。是故，聲聞、緣覺與菩薩等分位，於各自道上，受灌頂而為觀修；但因究竟而言，彼等皆為大乘菩提心所含攝，是故即便聲聞與緣覺，二者亦成為得一切智品位之捷道。以此不共要義故，具善巧方便及一切知之金剛持，即曾作如是教授。再者，「不依無上[43]之三種至上灌頂，則不能僅以外密咒行[44]之密續以登金剛持地」此一教法，其義實與上述所言大同小異，蓋於顯宗道上，已隱去彼等〔灌頂〕不言，而只提及大光明之灌頂或加持故也。

---

[42]　依《入楞伽經梵本新譯》95 頁。台北：全佛文化，2005。

[43]　指無上瑜伽密。

[44]　指事、行、及瑜伽等三外密。

乙四、《秘密藏根本續》答難

復次，郭・哈且因向法主大宿氏求法不成，心生怨忿，遂於遊歷天竺後，竟聲言甯瑪派密續未嘗見於天竺。彼斥吉祥《秘密藏》有四種過失云云；此亦某等藏人時或重複所言者。然而，僅憑曾往天竺，遂謂〔甯瑪派密續〕於區區數地無所聞，實不能遮破舊譯。大圓滿等極深續藏，屬代代單傳之口耳傳承；除此以外，甚至並無典籍。該等指授，既無一遺傳後世，而天竺並無如藏地中、即便對貓狗亦公開說密法之俗，故彼無所見聞或屬真確。然而，當以廣博於密咒而馳譽天竺、號為「唯一至尊主」之燃燈（Dīpaṃkara，阿底峽），於藏地比哈庫藏洲（dPe har dkor mdzod gling）得見天竺抄本，保存眾多彼以前未嘗聞見之續藏時，其聰慧慢盡斷。此事既明載於至尊主本人之傳記中，是故難怪凡夫如哈且之流亦未曾見。茲再舉一例：鄔金巴大寶吉祥行如緩河、然其蹤跡遠達西方鄔仗那境、彼復具遣除他人所見之力。彼云，人間所出之密咒，不能見其邊際。

與此相似者，「《秘密藏》乃撰於藏地」此等誑語，已先後由入於有壞明劍、班智達釋迦吉祥、解脫譯師（日幢）、郭譯師・童吉祥、薩嘉譯師（Sha gad lo tsā ba）等手中之真實天竺抄本所破；尤其通達後譯派、及為教法大匤謬者之明劍（有壞明劍），於其《秘密藏證成》（gSang snying sgrub pa）中云──

> 此密續以下述原因，故屬真實：於眾友阿闍梨所著之《吉祥密集廣釋》（dPal gsang ba 'dus pa'i 'grel chen）中，當彼注釋「智慧勇識如何觸……？」此段時，徵引《秘密藏》之文如下──

於離邊離中色究竟天密嚴剎土，無量根本智周
遍光明法輪，有智寶熾燃之越量宮，十方虛空
遍滿無缺……

復次 ——

於一切不可思議之〔有情世界〕，無處不在，
示現種種不同身語意相。

繼而於注釋「應知佛塔乃諸佛所住宮殿……」此段
時，彼引其文如下 ——

無上本智居一切之中央，其間所有一切十方四
時正覺壇城各各不可分別，都成一味。

復次，於注釋「『自性』以『無自性』為因……」
此段時，彼則引 ——

E ma ho
如是希有奇妙法　一切圓覺之秘密
由無生而生一切　生者本來是無生

復次，於解釋「秘密」之義時，彼云：「《秘密
藏》說自性、隱藏、封閉、及不示等秘密[45]」；復
云：「《秘密藏》說五灌頂。」再者，彼引續文，
其首為 ——

身色藍白金猩紅……

直至 ——

無有中邊皆遍滿　壇城無邊自然成

---

[45] 所引此句，英譯失譯。

彼又云：「據《秘密藏》云有三真如。」於此種種
範例，眾友於起首皆稱引《秘密藏》之名。

所謂四種顛倒過失[46]等，亦應作辯破：〔文首之句
為〕「爾時如是說」者，若依傳規則應指為諸佛所
編，蓋縱為十地菩薩，亦無以編纂諸佛之所有教
法，此如海生（Saroruha）阿闍梨，為注釋《密集》
而撰之《秘密證成》所言──

> 多數上師皆宣稱　吉祥光輝之《密集》
> 此續作者是應為　勇識名為世自在
> 由吾尊師之深恩　乃知《密集》之著者
> 確然絕非有其他　說此續者即著者
> 著者乃是心金剛[47]

據此解釋，遂有「說者即為編纂者」之傳規也。

至若「無量基」者，阿毗達磨亦說色究竟天為無
量。

至若「第四時」者，眾友之《〔吉祥密集〕廣釋》
云：「如是，應知第四時即平等性……」再者，此
句「十方四時諸怙主」亦可見於新譯中。佛密釋云
彼即指四劫波也。

至若金剛薩埵現於中央[48]：甚而連新譯亦云壇城主尊
之位置可更換。

---

[46]　此指郭‧哈且對《秘密藏》所斥者。
[47]　「心金剛」（thugs rdo rje），非指人名，實為心性。
[48]　指壇城之中央。

至若段落者:「尾點(tig)是無分別智,由彼而說諸名字」,於《秘密藏》之天竺抄本中讀為sūtri prajñātiṣyati。Sūtri乃「量線」(thig)之梵文。太陽光獅子(Sūryaprabhāsiṃha)之《〔秘密藏〕釋》解說〔tig即為〕thig;tig乃古語。

至若於《秘密藏》中徵引其他密續者:如《喜金剛》等所有於後際宣說之密續,亦嘗徵引較彼先出之《攝真實(續)》也。

具如是善說,明劍從聞名於天竺之一眾廣大論著中,遍採曾徵引《秘密藏續》之段落、及上述諸阿闍梨之眾多釋論,以講授聞教之形式抉擇〔《秘密藏》之清淨〕,真實不虛,故應如實而觀之。

以如是原因,故大班智達釋迦具殊勝曾云 ——

毋須強證甯瑪法	是乃譯自天竺本
此為化身上師教[49]	證成如是實已足
雖與後據天竺譯	密咒標幟不隨順
以其共不共修習	成就無差證如理
此與來自諸大境	勝成就者所持法
而其卷帙未嘗於	天竺繙譯可相比
因金剛心曾開許[50]	編纂教法者自身
能以各自地域語	為自所纂作教授
甯瑪教法決然從	天竺繙譯無須證

---

49 「化身上師」,指蓮師。

50 「金剛心」,指金剛薩埵。

縱有諍論說存疑　　順教法即得許可[51]
先來藏地諸先哲　　或判為杜撰臆說
不須因此即徘徊　　彼等亦曾作釋論

　　此如理之詞，若秉公而察，則不失為明智之論。通言之，某一法並不僅因其源自天竺而更形重要。根據出自何地，以分別論典之優劣，實非有識之士所知。若著者乃住於成就地道中，則其所著論典應屬如理。是以證成彼等究為源於天竺或藏地，實無有差別；而藏地論典，時或更勝於天竺者焉。較諸由僅長於聲明與因明之凡庸天竺學者所作而言，由具成就、且本智現前之藏人等所撰者，定當更為可信也。

乙五、甯瑪派傳規之相續

　　復次，於朗達瑪滅法後之一段時期，有兩來自天竺、一名「紅阿闍梨」（Acarya dMar po）、另一名「青裙者班智達」（Paṇḍita Sham thabs sngon po can）者入藏。彼等為利養恭敬故，竟於鄉村中宣揚集體交媾之修持。因從之者甚眾，為防教法受損惱，故天喇嘛叔姪、暨寶賢譯師等，遂展示彼等破斥此顛倒密咒傳規之來往書牘，以作辯解；而新譯派之譯師，為證其自宗之廣大，遂不斷宣稱舊譯派之密咒道教法已盡成淫邪。此說令無知民眾，被「疑慮」之肩輿架空。然從前述之史傳中可知，此密續、傳授與口訣之傳繼，其所得之相續加持，實乃歷久不衰。

　　約言之，當朗達瑪滅法時，所有法相乘之經院盡皆被

---

[51] 英譯注1281云：某等著作縱是否源自天竺仍具疑問，然若判定其依於佛法，亦可稱其為「論著」。此應為法王補充之解說，今即按此解說意譯。

毀，唯屬密咒傳規之修院，則因只零星散落於山間幽谷、洞穴等而得存。以此緣故、及因朗達瑪曾向努氏（努・佛智）所作之承諾，故密咒師從未受損分毫。其時有於二成就已得自在之一眾持明賢士，續秉持三內續部之教法，包括仰僧定賢、額南・菩提幢、涅・智童八大吉祥弟子中之多數、努氏師徒、若・釋迦生、及善逝大宿氏等。

　　至若彼等依於舊譯派密續、亦依由住於廣大地道持明眾之口訣而作修行者，如何將共不共成就無倒現前：此則有憑修習大圓滿界部之指授、以旁・不敗怙主為首之連續七代弟子；由仰・定賢至丹瑪等之傳承中，有七代以《心髓》之內光明口訣為修道，使蘊身得大遷轉而化虹身者；後復有眾多繼出者，如宿氏三祖孫等具起死回生之禁行成就、且蘊身隱沒於虛空等。

　　依止大圓滿甚深伏藏之道、例如南、北二藏[52]得虹身而逝者，實亦不計其數。縱至晚世如今時者，亦尚有其例。此如於第十五勝生周之水羊年[53]，眾成就者中之自在、持明蓮花伏魔（Rig 'dzin Padma bdud 'dul）乃化光明身隱沒。其後，彼之及門弟子自證金剛（Rang rig rdo rje）伏藏師於敏珠林往生時，其遺骨於光中隱沒，所存者約五指拳長短[54]，後被攜往多康，至今仍可得見。同期，大伏藏師摧魔洲（bDud 'joms gling pa），其弟子得虹身者有十三人。再者，距今極近之時，余憶得有眾多化為虹身、蘊身不留分毫且成現量者，如：第十六勝生周之木豬年[55]，多康之領曾・陶師吉祥光（mDo khams gling

---

[52]　南、北分指屬蓮花洲與持明鵬翎者之伏藏。

[53]　清光緒九年，歲次癸未，即西元 1883 年。

[54]　約六英寸大小。

[55]　西元 1935 年。

tshang rDza pa bkra shis 'od zer）；繼之為火牛年[56]其攝位者慧幢
（rGyal tshab Blo gros rgyal mtshan）；復繼之以水龍年[57]之德格易
隆巴・福德尊勝（sDe dge yid lhung pa bSod nams rnam rgyal）。

　　此外尚有如：伏藏師摧魔洲之子無垢光（Dri med 'od
zer）；空行普賢法性怙樂自在母（Ḍa ki kun bzang chos nyid
bde skyong dbang mo）；雪千補處・不變蓮花尊勝；竹千寺
大堪布利他法顯（rDzogs chen mkhan chen gZhan phan chos kyi
snang ba）；第二世多善・能仁王教日（dGe mang gnyis pa Thub
dbang bstan pa'i nyi ma）；離作慶喜具吉祥（Bya bral Kun dga'
dpal ldan）；第三世伏藏洲・不變蓮花持教（Gling gter gsum
pa 'Gyur med padma bstan 'dzin）；竹千寺大堪布蓮花妙乘具慧
（rDzogs chen mkhan chen Padma theg mchog blo ldan）及余之
諸位無上導師：廣大伏藏師勝伏虛空金剛（gTer chen Zil gnon
nam mkha'i rdo rje）；遍主（Khyab bdag）不變了義王；及輪圍
怙主妙吉祥樂日等，彼眾之色身，伴以聲、光、大地震動等
神異，大部份於光中隱沒，所遺留者多不過一肘，荼毘後成
五種大遺骨及舍利之蘊聚。

　　復次，有眾多渡越多聞海至彼岸，於值遇善逝教理之甚
深處時，具無畏之殊勝智慧；而立足處，乃高如裝飾南瞻部
洲之殊勝妙莊嚴龍樹與無著之品位者，此中如絨・法賢及遍
知法王龍青巴等；就尋常[58]而言，如化身譯師遍照護所譯之
《醫學四續》，亦嘗廣慰無數有情。

---

[56]　西元 1937 年。

[57]　西元 1952 年。

[58]　指普通明處。

復次，〔甯瑪派〕有息災、增益、鎮懾[59]、及忿怒[60]等四事業法，以成辦十方事業之甚深方便。是故，有等於雪域名聲廣大者，若於大險難中愁苦之際，嘗須直接或間接託庇於舊譯派之徒。證據確鑿之例：如薩迦班智達雖以理服斷喜[61]，唯當後者正飛往虛空之際，抖披風者即以普巴明咒縛之。

諸佛與菩薩既純為利益有情，故所應思維者，乃將具增上生（mngon mtho）[62]與決定勝（nges legs）[63]事業之教法，弘揚於各方。極其淵博之郭譯師‧童吉祥，曾持此意樂而云 ——

> 總體而言，自朗達瑪滅法後，逾七十年，衛藏連一出家人亦無。幸有眾多甯瑪派密咒師，以其特殊之修持，為各各鄉土作福。在家眾對彼等生信，遂以衣食之類悅之，且間或由僅受一回寶瓶灌頂，遂能使心相續漸次成熟。其後，當龍祖等號稱「衛藏六人」或「八人」至，各大小區域均有無數寺院及僧團建立；而古昔王臣時代所繙譯之經論[64]，遂復得為所用而不衰。復次，其時出現之賢哲士夫，絕大多數乃源自甯瑪派成就者之傳承。[65]

除開由天竺阿闍梨、如因渣菩提、佛智足、及那諾巴等所作之大圓滿口訣，零星散見於藏地外，由其他成就者所撰之

59　通行作「懷愛」。

60　通行作「誅滅」。

61　見本書第五品、乙九、丙三節，英譯715頁。

62　「增上生」，即能生於三善道之福報。

63　「決定勝」，亦可略稱「定勝」，指解脫位和一切智位。

64　經、論分指《甘珠爾》與《丹珠爾》。

65　可參《青史》〔足本〕第一部191頁。

論典等，大多數於藏地中連譯本亦無。此等阿闍梨為決心守秘故，於殊勝甚深之口訣，尚點滴不漏，公然講授則更無論矣。因典籍多數受封存不顯，故只可單向一具足無上善緣之弟子，作極秘密之開示；例如彭頂巴（Pham mthing pa）所熟知之《那諾空行》（Nā ro mkha' spyod），麻巴亦連名稱亦未嘗聽聞。又，傳記載云：大班智達釋迦吉祥從蓮華生大阿闍梨本人，得受普巴金剛；而帕當巴覺堅持以大圓滿作修證。其後，大成就者寂密，從蓮華生阿闍梨本人，得受眾多續部之教法解說、灌頂及口訣後，於達羅毘荼等地弘揚此教法；入藏地之寂密諸徒眾，咸云有此記載。又有尚・玉岩者親從蓮華生阿闍梨、寂護菩薩、及無垢友等得受之大圓滿。

　　當密勒日巴尊者初從努・庫隆巴聞受大圓滿心部時，未能平等住於本覺中，故一時之間，人、法似不能協調。最終，以洛札麻巴尊者之拙火教授為基，乃能於大圓滿思盡、法盡之道上得成就；其金剛歌之一云 ——

　　　前受大圓滿所刺　　後為大手印所擊
　　　指授之血我遂吐……

　　過去世曾為俱生喜金剛弟子鑷頭者（Tog rtse ba）之事業國師（第二世大寶法王），憶起於該世，曾通曉大圓滿之六百四十萬頌，憑此，與曾聞受大圓滿之教於噶陀巴慈十萬等，彼遂得成就。遍知自生金剛（第三世大寶法王）自云乃無垢友之化身，既為《心髓》教法之主，亦嘗取出種種意巖。大成就者鄔金巴、鷲巢尊者（rGod tshang pa）、揚寺[66]、暨其他證悟輪涅為平等一味者[67]，不論彼等乃權宜依於何道，

---

[66]　即怙主金剛 mGon Po rDo rJe（1189-1258）。

[67]　指竹巴噶舉派傳規之從者。

其成就實皆於大圓滿界中而得也；由觀待彼等各各意樂中之密義可也。

　　吉祥薩迦派，實唯從蓮師親徒款‧龍王[68]之傳承，依於舊譯教法傳規而得一切成就；而真實忿怒尊與普巴金剛等二，薩迦派均取為至要之本尊。其時，當有等冒充學者之藏人，意欲抹黑舊譯之際，《真實忿怒尊》與《普巴金剛》皆得彼等薩迦派法主顯赫迴護，極為尊奉二者之清淨，故不時能使〔中傷者〕自刪其所著。法主正士喇嘛（Bla ma Dam pa，福德幢）由依《普巴金剛》而得具體徵相，遂為此法作撰述。尤值一提者，由廣大主慧幢（bDag chen Blo gros rgyal mtshan）至遍捨石碑者（Kun spangs rdo ring pa）、查派法主（Chos rje tshar pa，慧幢）、文殊智悲自在等薩迦派傳規之至尊持教者，皆直接間接得蓮華生大阿闍梨之攝受與加持。其果則為於大圓滿等舊譯派修道上，得成就者甚眾。此於眾人各自之傳記中可知，於此不能詳述。

　　復次，即如出自該傳承[69]寶貴口傳之《道果》指授，若究其實，亦無非舊譯派真實意部密續之《忿怒尊要續》中、明文開列四灌頂、四污染、四道、四宗輪、四疾、四律動、及四身等之建立，實乃圓滿次第之解說耳。此既屬彰彰明甚，故《道果》乃與此密續有關之口訣，已得如理證成。

　　又有洛札之著名大成就者虛空幢（Nam mkha' rgyal mtshan）、又名業金剛（Las kyi rdo rje）者，能得秘密主親賜授記，故可預告諸所應作之事。金剛手以口耳傳承，賜彼有

68　藏文本作巴‧顯明 rBa gSal sNang（即《拔協》之作者），英譯指為誤寫，應作款‧龍王，本譯從之。

69　指薩迦派。

關二次第之口訣，為大圓滿正道得奠根基。宗喀巴尊者嘗啟請該大成就者，為其斷除真實甚深見地上之疑惑。虛空幢遂請於秘密主，後者示以《殊勝甘露藥問對》（*Zhus lan bdud rtsi sman mchog*），中云——

> 為修習廣大藥——即普賢佛父之密意、普賢佛母之由衷忠言、余金剛持之秘密語、及諸乘之巔故，復根除心性光明……

復次——

> 業金剛！本覺之體性空，此非任何人之捏造。此乃無因、無緣、且本始而住……毋為此作修整，任其住於所住。歧路則於本淨界中成等正覺……

同理——

> 此自性光明與本始空性無有分別，且為法爾。其明分乃無間之悲心。亦應知一切生起無有自性，是即廣大雙運。於無分別中即成等正覺。

《金剛手生、圓甘露滴》（*Phyag na rdo rje'i bskyed rdzogs bdud rtsi'i thig pa*）[70]云——

> 本智本尊曰——
> 無生不思議法界　　無間離言現諸法
> 輪涅無二本清淨　　凡自顯現一切法
> 悉皆融入無生界

復次——

70　宗喀巴著。

二取幻相若不滅　　觀修空性入歧途
若空不能離於意　　二顯現不解脫汝[71]
若主張修五佛身　　若主張於捨五毒
若主張於證佛道　　若主張於捨輪迴
是皆執着於破立　　不斷不得真實藏
如瞽者尋虛空界　　永於輪迴境中漂

雖於意之外求心　　落作意不解脫汝
意之中邊無勝義　　心盡法盡諸乘巔
無用本覺此名言　　虛空法身即自心
住於難見菩提心　　空性悲心是其藏
離言思詮亦其藏　　住於超越心意境
復全住於無所作

住亦唯是心造語──
世俗無住無不住　　無名無詮離觀察
觀察之心界中靜　　破立取捨界中融
有如雲叢空中散　　不捨分別自起淨

至若見修行果四──
無欲無求為見地　　滅執修心為修持
無作無貪護行持　　本有法身向外求
捨棄此願即果位

諸乘八萬四千法　　續釋口訣超言詮
而此口訣甘露滴　　有如醍醐自酥煉
一切所聚之精華　　如勝心要如獅乳
又如金瓶之寶器　　我今授汝業金剛……

71　「二顯現」指由心與心所建立的顯現，此落能取所取，故說為「二」。

此即顯示大圓滿並無攙雜其他宗輪之法異門。業金剛即由此道而得成就。更尚者，上師主[72]與具證妙吉祥海（rTogs ldan 'jam dpal rgya mtsho）等皆云：除於開示中觀及因明宗義之時際外，宗喀巴尊者之觀修，實隨順大手印與大圓滿，此可從大成就者業金剛，為斷除宗喀巴見地增益之《殊勝甘露藥問對》中得知。此《問對》之絕大部分，實足堪共《空行心髓‧金鬘問對》（mKha' 'gro snying thig gi zhus lan gser phreng）作校正。苟非如是，以宗喀巴於世俗名言之智慧，其廣大昭如日月，實無須僅為「分別對境」之見地，而依止此大成就者。是故，文殊怙主宗喀巴曾自論云 ──

> 尤堪記者，攝集勝利王佛子等密意要點之口訣、亦為聖金剛手秘密語之《妙藥問對‧甘露鬘》[73]，離於增、損、過失等三，有如秘密主親臨垂賜。當余得開許，可作筆錄時 ──
>
> > 秘密主此甘露說　　使我意願得圓滿
> > 我能制伏煩惱疾　　自疑已抵楊柳宮[74]

與此相似，班禪慧賢法幢於其《大手印導引文》（Phyag chen gyi khrid yig）中著云 ──

> 中觀大印大圓滿　　道果斷境希寂等
> 雖各繫以種種名　　若作修持瑜伽士
> 察之唯得密意一

從實修觀點而作此通盤之宣示，實令生隨喜之心。

72　指宗喀巴。

73　即《殊勝甘露藥問對》。

74　「楊柳宮」（lCang lo can），金剛手與多聞天子所居之地。

至若蝙蝠嘴・富饒任運尊者：彼實依止其父持明壽自在富足（Rig 'dzin Tshe dbang nor rgyas，持明壽自在寶）尊者、及自解脫日月覺，成大圓滿《心髓》道上得堅穩之瑜伽大自在主。彼著有《直指周遍大手印、大圓滿、大中觀見地注釋》等書，亦有為《心髓》作澄清之書籍數種。大第五世達賴喇嘛，即隨此尊者聞受大圓滿口訣。

總者，大第五世，乃法王赤松德贊，為再次增益藏民福樂，祈願發心後應時而出者也。於此雪域中，彼無偏崇敬教法與法輪[75]。別者，觀彼於密咒舊譯派方面，其理解之敏銳，及其對佛法之追求，若僅只以數目，列舉彼曾聞受之教傳與伏藏，亦足滿三帙。對顛倒之說，彼決以因明道之破立而作遮撥，此可從其自著之《聞法記・恆河流水》第四篋內、「甯瑪派密續」部中明顯可見。

乙六、伏藏之真偽

如是，至若甯瑪派之伏藏：於古天竺境中，載云由大成就者如沙囉哈足、俱生喜金剛、毘瓦巴、殊勝馬（Aśvottama / rTa mchog）、龍樹、蓮華生、海生、遊戲金剛、行持王等所發取之一切續藏，其實皆為伏藏教法；蓋「伏藏」也者，可理解為於一段時間中，不被根識現量所察之隱蔽分。是故，若一時之間，堪能受法者未現，則將彼等表意文字密續，封存於虛空界中，由空行母眾守護。爾後，有具成就者得其本尊之授記，於時機成熟之際，彼等則在諸如鄔仗那之法庫等密咒廣大宮殿中，由一眾空行母授予開許與灌頂。於釋放囑印後，彼等

---

75 指佛徒聚眾。

成就者受賜密續卷帙，依之自作修持，復稍稍教授其他具器
弟子。

與此相同，就藏地而言，遍見阿闍梨（蓮華生大士），因
能如實而知未來世所化者顯現之情，遂以甚深廣大之續藏為
基，編纂修習方便、儀軌結集及口訣等道上每一所須，首尾
齊全。彼安立上開種種於黃卷中，成口述密續，且託付於山
間溝壑、石櫃、藏寶湖等各各之非人伏藏主，連同祈願「未
來世具善緣且得灌頂之人可來發取」之囑印亦一併封藏令其
不顯。後際，前述祈願之力，使具緣者得醒悟；「時已至」
之徵相、及授記等乃得聚合，廣大阿闍梨將親作示現、垂賜
灌頂、復以囑印與授記等為勸勉。當諸伏藏主與護法，均受
誓句及禁行所鎮伏後，諸般教法與寶物等伏藏，遂盡歸伏藏
師所有，憑此以廣利教法與有情。如是，即稍示勝利王偉大
佛事業之一斑。此如《集一切福德三昧經》所云——

> 無垢威光！欲求佛法之菩薩大勇識，彼等之寶藏，
> 已置於山間、深谷與叢林中。載於書冊之陀羅尼與
> 無量法門，亦將入彼等手中。無垢威光！往昔曾見
> 佛陀之眾本尊，定令欲求佛法之菩薩大勇識，得無
> 畏辯才之成就。無垢威光！欲求佛法之菩薩大勇
> 識，縱若命終，諸佛世尊與本尊等亦將令彼等復生
> 而具力。由諸佛與本尊等加持，彼等可隨己意住世
> 千年。

《佛說法集經》云——

> 阿難！凡為令教法可得保無缺，故將法門筆之於
> 書、封存為伏藏而作頂禮者，將有十所得。阿難！
> 所得如是：圓滿而得天眼，是為可親見佛陀之寶

藏；圓滿而得天耳，是為能聞教法之寶藏；以其不
退轉，遂圓滿而得僧伽，是為能見僧伽之寶藏；以
其圓滿而得寶手，是為無盡之寶藏；因相好得圓
滿，是為身之寶藏；以其侍者必無離異，是為侍奉
之寶藏；圓滿而得辯才，為正善之寶藏；以摧敵
故，是為無畏之寶藏；以長養有情故，是為長養福
德之寶藏。[76]

　　善逝既已於其毋庸爭議之獅子吼中，作如是宣說，實應
善加體會。

乙七、破立之弊

　　通言之，往昔被通稱為《破斥邪法》（*Chos log sun
'byin*）之指責與目錄等，苟非詳加剖析其所破與能破之分別，
定難確指彼等唯甯瑪派是破。當持平者詳加剖析，諸所作概屬
非義者，則既多而明顯矣。若藏地諸賢哲所破斥者盡屬非法，
則正法將無處可得也。

　　舉例言之：薩迦班智達於其《三律儀析》中，對塔波噶
舉之《六法》；及大手印等，多所破斥。又於其《迦當派善知
識虛空十萬之問對》（*bKa' gdams pa'i dge bshes nam mkha' 'bum
gyi dris lan*）中，痛斥噶舉派云 ——

　　　　直貢派及達隆派之大手印教法傳規，與任何續藏皆
　　　　不隨順，余意此實非正道；然此語勿傳於他人。

　　迦當派自身亦被帕當巴等所破斥；密勒日巴尊者則呵斥

---

[76] 原文只有九得。

塔波醫尊之行止有如迦當派。帕當巴希寂法之口訣，被證空者太陽獅子、緣起王子（Jo sras rten 'brel）等稱為臆造之法，彼等復云「斷境」乃「瘋尼狂放之行」[77]。有等則云香巴之黃金五法[78]乃瓊波・戒怙主（Khyung po Tshul khrims mgon po，瓊波・瑜伽士）所自造，故不納之於《丹珠爾》中。薩迦派之雅德班禪與絨師・所知遍見（Rong ston Shes bya kun gzigs）等二、及靛藍地者・福德獅子（Go rams pa bSod nams seng ge）、釋迦具殊勝、與達隆譯師（sTag lung lo tsā ba）等三，均痛斥宗喀巴尊者之見地與宗輪，並指尊者得見文殊妙音並非真實。淵博之明劍，則因《時輪》謂諸星辰皆向東移、漢土在藏地之北等，故說其非真實密續。復次，薩迦派著名祖師仁達瓦尊者（Red mda' ba）云——

> 雖則有謂時輪與他續　著者是即十地自在眾
> 理與非理智者若能別　伺察可知其證未得見
> 根本續中無 E Vaṃ 二字　攝續中見多有相違處
> 若連取自何源亦不明[79]　豈得能較娼子更可信

　　以此暨其他論辯，彼遂破斥《時輪》。又，郭・哈且於遮破《道果》時云——

> 由本母續紊亂說　迦耶達羅金法生[80]

　　唯眾所周知，彼一向嫉妒弘揚此法之卓彌譯師也。

---

[77] 此「瘋尼」乃詆毀說炬母（Ma cig lab sgron）之語。說炬母事見第四品及後第八品。

[78] 英譯云原文誤作「四」，實應作「五」，今從之。

[79] 此句英譯失譯，今補之。

[80] 迦耶達羅（Gayadhara）。此指一家之言。

　　姑勿論此等論辯，決然有其用意及特殊需要；唯反觀之，例如從世所無匹之塔波噶舉傳承中，湧現一眾成就者；而文殊怙主宗喀巴為勝利王之教法，圓滿成就有如「第二導師」之佛事業。倘若此等受佛陀本人與大阿闍梨之金剛授記所讚禮、由如斯大士等所善說、且明文具義而住之教法屬不清淨，則絕大多數藏人，大概應被逐出勝利王教授之門外矣。

　　略言之，諸佛之廣大事業境，是即諸乘與宗義之安立，亦為不可思議法性之甚深秘密；此與由計量所知，經聞、修而作尖刻伺察之近似尋伺，絕不相類。因〔諸乘與宗義〕乃一切知善逝所說，是故應知：凡以「捨輪迴而入解脫與涅槃」為性相者，即諸佛無倒善妙之宗義也。無能勝（Ajita，彌勒）嘗如是云——

　　　能除三界煩惱之法句　　能作寂靜功德之詮表
　　　乃覺仙語非此即顛倒[81]

　　若不念住於此理中，則教法界海之最深處，除僅成諸佛之對境外，甚至聖眾[82]連證悟之機會亦無，又何能成為藏地中、彼等自命博學而偏執者之行境乎？此類謗法者，其動機不論為欠缺如實證悟、或依止不了義、或墮門戶之見、或嫉妒同修、或因利養恭敬、或圖名等，定必於觸證真實義中無有寸進。

　　此正如當龍樹阿闍梨宣說大乘時，有聲聞眾假造有關龍樹怙主之不善授記，置之於佛典中，且聲言大乘非佛說。當

---

[81]　《寶性論梵本新譯》後分第十八頌（180頁）作七言四句，今附於此——
　　佛說具義具法句　能除三界諸雜染　且示寂靜之功德　非此即為顛倒說
[82]　指尚未證佛地之菩薩。

聖無著依止廣大補處（彌勒）之意樂，解釋末轉教法時，彼
與其徒眾被逐出大乘。於法護王之世，劣乘者曾毀碎並侵奪
一忿怒尊銀像、燒毀密咒卷帙、復聲言大乘與密咒道乃魔羅
所造。傳記云，彼等後得佛智足阿闍梨所救，方免受王所懲。

藏地亦如之：當月光童（Zla 'od gzhon nu，岡波巴）尊
者依經所釋，教授「實相是即大手印」時，被詆為絕非佛陀
教法之「塔波思維分別法」。遍知自生金剛（第三世大寶法
王）與法稱海（第七世大寶法王）依末轉教法之意樂如理而
說法，唯其後不動金剛（第八世大寶法王）等則不依此二尊
之見地。當朵波巴（Dol po pa）阿闍梨稱勝義諦為恆常而堅固
時，藏眾咸僅視其為數論外道。宗喀巴尊者，於釋述世俗顯
現能以理量證成後，後際之學者皆群起以「吽！」「呸！」
攻之[83]。施隆巴班禪（釋迦具勝），因謂《三律儀析》乃不了
義，被逐出薩迦派。復次，遍知大第五世因不墮宗派之見而
聞思真實法門，幾不能容於迦當派中。信服如是顛倒語且作
執持，遂顛倒觀待〔上述清淨諸師〕，復進而捨棄佛法者，
由是所成之蓋障，實無可計量。

縱為未入佛法、且曾作不能堪忍惡業之俗家人，只須歸
於甚深境界[84]，仍有可得寂止之機；然此則不行於誹謗或捨棄
佛法者焉。如《涅槃經》（*Myang 'das kyi mdo*，即《大般涅槃
經》）云——

> 迦葉！此世間生三疾者極難痊癒。其病若何？毀謗
> 大乘、犯五無間罪、及心懷顛倒想；此三疾於世間

---

[83] 示鄙夷之意。

[84] 指空性。

極難痊癒，縱聲聞、緣覺與菩薩亦不能治其疾。

《海慧所問經》（*Sāgaramatiparipṛcchāsūtra* / *Blo gros rgya mtshos zhus pa'i mdo*）曾為此作闡釋——

彼人不知世間法	只唯住於二想中
云此諦實此欺誑	如是無知生是非
我於如是世間法	真實法性已盡知
是故與彼世俗輩	從來我不作諍辯
如是離諍之教法	實乃諸佛所宣說
苟知世間平等性	於中真與偽俱無
倘如諦實或欺誑	見於如斯教法中
我亦成為執邊者	即與外道無分別
諸法因乃非真實	諦實欺誑二俱無
是故超越世間法	離彼二者我所說
世間如如之法性	智者依此知世間
不執諦實欺誑見	彼等能知此世間
極淨有如虛空者	即具廣大之名聲
光顯照耀此世間	

復次，大補處彌勒曾云——

怨家蛇火與雷電	智者無畏畏失法
彼等但能斷人命	而非令墮無間獄
近惡知識出佛血	殺父母及阿羅漢
彼若觀想於法性	無間業亦速解脫
然於具謗法心者	何處而可得解脫[85]

---

[85] 見彌勒造《寶性論》。譯文依《寶性論梵本新譯》後分第 23、24 頌。

《大寶積經》亦云 ——

> 噫！迦葉！由我、或如我者，為法與人作判別亦其
> 宜哉；唯他人則不可，蓋彼等定墮於顛倒也。

既以種種法門反覆開示此義，故吾等實應深思。吾人
倘無清淨法眼，能見法與人之諦實，徒云此屬顛倒、此屬不
淨、此屬作偽等等，以增益與損惱而作分別，此誠極重之惡
業也。

乙八、伏藏中之授記

復次，且說伏藏中之授記。已離私欲之可靠伏藏師，
其伏藏法中雖或有授記，然而如斯授記，須由知其用意及目
的、且絕不作歪曲者所鑑定；否則，不該僅憑字面之意、不
辨其屬了義或不了義，即片面執持某授記之義為真確；蓋於
授記縱或有所認識，然而有等關乎未來善惡時際之授記，可
由因緣和合等而有所轉化，是故授記或未盡準確實現。

除開諸位先賢，如三殊勝化身[86]與少數「廣大洲」[87]之
外，授記之義罕有完全實現，復因今時濁惡日增，而有情福
德則與時俱減，是故圓滿吉祥緣起，似乎已極難出現；然而
大阿闍梨悲心與加持之速行，更勝往昔，正如彼之金剛語曾
云 ——

> 為令法施未來世無盡　　蓮花寶藏充盈滿世間
> 凡發取者皆為我化身　　彼等裝束所行皆不定
> 信者遇之有時或退轉　　示現極多眾所難衡量

86　即仰日光、法自在上師、與持明鷗翎者等三。

87　指古代多以「洲」（Gling Pa）為名之大伏藏師，如事業洲、鄔金洲、佛洲
　　等。

復次——

> 持蓮傳承伏藏諸師徒　　縱犬豕行仍屬具德者
> 不似庸眾實極其殊勝　　佛所隱入方便行無定[88]
> 亦有騙子詐現大威儀　　有情慎勿金泥不分別

無垢慶喜（Dri med kun dga'，大伏藏師無垢洲）其伏藏授記（*Dri med kun dga'i gter lung*）亦云——

> 諸伏藏師代代出　　如孢出蕈伏藏法
> 無一不能生果者　　此我鄔金之提示

寶洲伏藏之授記（*Ratna gling pa'i gter lung*）亦云——

> 每一大地具大藏　　此亦鄔金之提示
> 每一小地具小藏　　此亦鄔金之提示

復次——

> 惡時熾燃如火際　　密咒力亦熾如火

因上述諸語決然真實，故勿執無根妄談與一偏私欲之邊，應廣張淨相之目，如是即可於何道應入、何道應避無有迷亂，此實為至要。

乙九、甯瑪派與苯教傳規

又有說謂：「因甯瑪派與苯教用語相近，是以苯教與大圓滿似關係緊密。」

二者之道名言固多相同，然而苯教此等道名言實抄襲佛法，試問何能不似？舉例言之：依據所傳，天竺有可與內道

---

[88] 此句意譯，若依藏文，則意為：「佛陀隱於其身，作不定方便行」。

之聲聞、甚至緣覺、唯識、中觀[89]、事、行、瑜伽、父續、母續、及無二續等比擬之不同外道十派；藏地亦同：佛法中如中觀、般若、毘奈耶、《俱舍論》、及密咒等所有典籍；如勝樂、大威德、及普巴金剛等本尊；如拙火、大手印、大圓滿等，全皆有苯教之仿造，而彼等仿製絕非原創；是故，如斯無盡驟起之遍計，何能起而盡行遮破乎？

話雖如此，苯教占卜者、及〔苯教〕咒語等現似能立生利益者，未嘗非諸佛菩薩事業與化身所示現，蓋諸勝利王及佛子，彼等善巧方便之行境實不可思議，此則可以遊方者諦實語（Kun tu rgyu bden smra）[90]之傳記為例證。通言之，實有極多雖名為「苯教」，而顯屬佛法者。是故一概斷言彼等是否如理，就宗輪而言徒生貪瞋，實屬不宜。

再者，天竺有外道與內道；藏地雖實無〔天竺之〕外道，但有佛教比丘與苯教徒；而漢土則有和尚與道士等。有說謂上述每對成雙者，彼此源頭皆有〔相共之〕緣起；是故，只要其他傳規於教法不生損害，吾等大可置諸不理。此如《月燈三昧經》云——

　　　　於彼諸外道　　其心不傾動……
　　　　於諸眾生所　　而得大悲心……[91]

89　藏文原文無「中觀」，英譯補之，本譯從。

90　英譯腳注1315云似指《華嚴經》中佛陀度 Satyaka-Mahāvādin（諦實語）之事。

91　漢譯依那連提耶舍譯《月燈三昧經》卷六，大正・十五。
　　依藏本引文，可譯為：「諸凡住於世間之外道，對彼等眾勿起瞋恨意，為彼等眾安立大悲心，是乃初學安忍特異處。」

乙十、說「甯瑪派之噩運」

復次,後世有說謂:「若有修行甯瑪派之教法傳規者,則此人將運道不濟,是故先取而後捨此〔傳規〕為相續皈依境者,則見大有人在」焉。究其實:明理且道心堅固之人,定不拘於一時運道之得失;縱千佛現前對其曰:「汝之教法傳規實誤,其捨之而修他者哉!」彼亦無毫髮尖之動搖。然而未脫貪瞋癡羅網之凡夫,心懷希疑,固難以呵責;若運道稍差即生怨懟,亦屬情有可原也。

遠古之時,吐蕃全境悉為無相黑品神鬼所盤踞,大阿闍梨以其凶猛禁行之威力,令彼等不由自主而唯命是從。凡遵守蓮師所立誓句之神鬼,蓮師則取其持命心咒,復任命為護法。凡不遵誓句者,蓮師則解脫而摧滅之;與此相類,對具人身者:例如大臣馬尚(Ma zhang),因阻礙引入佛法而遭活埋;眾多苯教大臣亦受懲處。如《蓮花遺教》(*Padma bka' thang*,即《蓮花廣大遺教》)云 ——

> 法苯有如二殺手相遇　　彼此不視對方為清淨
> 眾多博學譯師乃見逐

如是,王尊(赤松德贊)主張以繙譯、解說正法之途以引入教法,實困難叢生。然而苯教者之見行,終被寂護堪布與蓮華生阿闍梨二者破斥,復被二尊以具成就相之神變所勝伏。君王遂諭苯教徒眾奉行正法;除少數遵從外,不從者竟將眾多佛典轉為苯教典。王聞此,梟苯教眾之首甚多,然而上師寶云藏地神鬼喜苯教,是以占卜、星算、祭天、及招財引福儀注等乃得存留如故;上師寶鎮伏餘眾,將苯教人等并其手鼓、樂器單鈸、狐皮帽、「父主」之名號、及作馱運之驢等,從境內逐

出，流放至邊地。

其後，於赤・熱巴堅王之世，教規變而為極其嚴正，故魔臣等備受其苦。有敢向僧眾怒目而視、或向其豎小指者，或剜目、或斷手等等，故受刑者甚眾；惜因魔臣之緣故，不能再三向諸天龍施受命之誓。上師寶遂宣云——

> 於未來世，黎民定為黑品神鬼與邪魔所附，作顛倒戒律、誓句、及業果之行，教規與國法由是而受摧損。今時之奸惡苯教大臣，將取諸般有相或無相身為化生，以種種方法障礙藏地之教法。

尤其諸如防犯邪魔與破誓鬼魅、根除王鬼及女妖、回遮邊敵或亂世等，此類能向五濁惡世中之邪魔鬼魅，作鋒利而集中之對治，唯舊譯派甚深伏藏所獨有。是故，一切魔類對秉持此傳規者，決然忍無可忍，心懷瞋恨，而彼等憑藉各各顛倒願力所作，由此而生之等流果，定必樂加受用；然而此亦因果緣起之法性耳。是故，應持彼等為大悲心之對境，成吾人修習忍辱之所依。除此以外，連剎那之瞋恨亦絕不應生起，蓋如是即減損菩薩戒行矣；此為余離題之言。

更者，亦或有對諸如藏人唯一依怙、即大阿闍梨之慈恩毫無顧念，反以顛倒見而作誹謗者出現；如此行徑，只成該等人於各自分際中，修惡之近取因而已，於上師寶如海佛事業之生平，永無障礙之力。再者，令彼等雖具惡緣而仍能盡斷輪迴者，亦決然為聖菩薩眾之不共法也。是故余、蓮師使者，今作授記：「縱為無信解之謗者，彼等亦終將必成上師（蓮師）之所化，領納恆樂之善緣。」

　　舊譯派所詮之金剛乘寶貴教法史，名為《帝釋天遍勝大戰鼓雷音》第七品：就往昔黨同伐異者，因見地顛倒[92]而生若干過失，今稍作澄清，於此圓滿。

92　指謬判甯瑪派。

第八品

第八品：「教法年表」提要

談錫永

　　本節在原書中，為總結性的一節，其精華部份，在「簡史全部」一節。

　　此節自釋迦入胎之年起記，直至西元1962年歲次壬寅止，共計二千九百餘年。當然，因原書並非編年史，亦非年表體裁，更加以藏人紀年的習慣與漢土不同，故漢土學者讀來，或有困難，不能馬上攝受其年代觀念，故我已利用此第一手資料，更參以其他藏土教史文獻，編述「西藏密宗編年」。

　　原書紀年之法，約可分三期——

　　釋迦入胎至示寂，為第一期，此期但以干支紀年。

　　釋迦示寂後，至《時輪金剛續》降臨藏土前，為第二期。此期除以干支紀年外，並加註佛寂後若干年，或距今（指本撰述之年——1962年）若干年。

　　《時輪金剛續》降臨後，即改以「勝生周」紀年。每六十年為一「勝生周」，故甲子不容有亂，除推算略煩外，此實為紀年之一善法。第一勝生周年為西元1027年歲次丁卯，故如言第一勝生周戊辰年，即可知為西元1028年。以後每隔六十年之丁卯歲，即為新勝生周的開始。

　　原書簡史記敘，多記上師大德之生年，或新勝生周年開始時之年歲，故讀者或會以為太略。唯稍知藏史者，應知密乘

修行人，但重視上師之行狀及修行經過，以為一己修行時之借鏡，故年代歲月觀念，實不如漢土學者之重視 —— 此或為修行人與教理研究者之分歧。今原書所列年份，達百餘則，在西藏撰述中，蓋已屬難得。

　　書中所言釋迦生寂之年，與流行的說法亦有不同，蓋其以釋迦示寂於庚辰歲，並記曰：「由彼時至今（西元1962年）已歷二千八百三十九年。」是則以釋迦寂於西元前881年，即周夷王十四年。又以釋迦世壽八十一歲，則其誕年，當為西元前962年，即周穆王四十年，歲次己未。

　　此說法並不一定是信史，但於此亦可見甯瑪派對這問題的觀點。有趣的是，藏人定己未年（即釋迦入胎之年，為誕生前一年）為「義成年」，用此干支，當有所據，因而，研究者似可據此干支，再參以其他史料，確定釋迦的生寂年份。前此之研究者，似從未由干支着眼，然此或亦一新的研究途徑也。

教誡護法具善

大黑天

黑黃門

一髮母

吉祥天女

曜主羅睺羅

紅黑勇尊（屠夫瑪魯車）

大自在天

多聞天王

金剛善

護壇空行自在母（結友自在母）

吉祥長壽自在母

白哈王

大命主護法

第八品

甲八、教法年表（分五）

乙一、教法期

今且就與教法降臨等有關之確然時序，隨宜稍作分析：復開列教法住世時間之長短。賢劫中開示教法之無比第四導師（釋迦牟尼），於所化凡人之心目中，其降生、現前成等正覺、入般涅槃等確切年數，實屬不可思議之範疇；故此，印、藏諸師之見解與文章時有不合；而自佛入般涅槃後已歷幾世，亦顯然同屬不定；與此相類，關乎勝利王教法住世之時間長短，又因意樂力之差別而眾說紛紜。

《（根本說一切有部）毘奈耶雜事》、《黃金本生》（Suvarṇāvadāna / gSer can gyi rtogs brjod）、《賢劫經》（Bhadrakalpikasūtra / mDo sde bskal po bzang po）、《大雲經》（Mahāmeghasūtra / sPrin chen po'i mdo）、《無盡意所說經釋》（Akṣayamatinirdeśasūtravṛtti / Blo gros mi zad pas bstan pa'i mdo 'grel）、及《阿毘達磨俱舍釋論》（Abhidharmakośabhāṣya / mDzod 'grel rnams）等，皆眾口一詞，云教法將住世一千年：五百年為正法，另五百年為像法。《大悲白蓮花經》（Karuṇāpuṇḍarīkasūtra / sNying rje pad dkar）云正法為一千年，像法則五百年。《法性自性不動遍顯一切經》（Dharmatāsvabhāvaśūnyatācalapratisarvālokasūtra / Chos nyid rang ngo mi g.yo ba tha dad snang ba'i mdo）則有二千五百年之

說；而《月藏菩薩所問經》（*Bodhisattvacandragarbhaparipṛcchā-sūtra* / *Byang chub sems dpa' zla ba'i snying pos zhus pa'i mdo*）眾多今存之經文，雖有二千年之說，然殊勝聖者已說之為三千年，故屬大致可信。解脫譯師所譯之《彌勒授記經》（*Maitreyavyākaraṇsūtra* / *Byams pa lung bstan gyi mdo*）、世親之《摧滅損惱》（*gNod 'joms*）、齒軍（Daṃṣṭrasena / mChe sDe）之《般若波羅蜜多十萬頌釋》等，則有五千年之說。然此說之意樂，實以總體所化之人及尋常非人眾為主也。

於他處，如大非人海龍王（Sāgara / Klu'i rgyal po rgya mtsho）之所居、三十三天及兜率天等，千佛之教法毋有衰微，直至此大劫圓滿之時方盡。此可以《海龍王所問經》（*Sāgaranāgarājaparipṛcchāsūtra* / *Klu'i rgyal po rgyas mtshos zhus pa'i mdo*，即《佛說海龍王經》）等其中所說者為證。屬末轉法輪中宣說大乘究竟義之《金光明經》（*Suvarṇaprabhāsottama* / *gSer 'od dam pa mdo sde'i dbang po*），乃眾經之王，與屬無上[1]密咒之《金剛薩埵幻化網》，有云 ——

佛永無入般涅槃　　法亦如是無泯滅

《如意莊嚴續》（*Yid bzhin rnam par bkod pa'i rgyud*）亦如是云 ——

一切有情廣大聚　　長時一直作長住
無間相續佛示現　　解脫法門亦不墜

如是，可見於密咒道續藏中，云教法住世之期為定、不定、或不滅者，實有眾多之說法。余不擬為此等典籍引文再

---

[1] 指無上瑜伽續。

作增益焉。

　　同理，除教法期之長短外，若吾人再思：教法由肇
始計，已歷時日幾何，亦屬眾說紛紜，余於其中，唯依圓
覺佛陀、即世尊自身所明顯開示之確切年月，廣見於《毗
奈耶》之傳授、顯宗諸經、《吉祥殊勝本初佛時輪續》[2]
（*Paramādibuddhoddhṛtaśrīkālacakratantrarāja* / *dPal mchog dang
po'i sangs rgyas dus kyi 'khor lo'i rgyud*）、及密咒道其他極為殊
勝無瑕之密續。余亦復依於語金剛、即鄔仗那之蓮華生大阿闍
梨、無垢友大班智達、與遍照護譯師等無垢而不共之說法。若
將上述諸說，依星算表之真實運用而測定，則彼等說法，總則
與藏地《時輪》學者所述、別則與勝利王授記為「大車」者之
見解，均極其符合。是故，今余將開列疑問極少、而運算機理
已廣為人知之隨宜日期。

乙二、佛陀生平之時序

　　吾人之導師悉達多，於土羊年箕宿月[3]十五日午夜、鬼
宿隱沒之際、當其母摩耶夫人行布薩之時入胎。經凡九月另
廿三日、或約歷十月，彼乃在金猴年氐宿月[4]上弦七日上午，
時當伴月星（res 'grogs zla ba'i skar ma）[5]鬼宿初升而行第一足
（rkang pa）[6]之際，於藍毘尼園降生。彼於廿九歲，即土鼠
年昴宿月[7]八日之前半夜，撒其族之種子於耶輸陀羅中；至中

---

[2]　《時輪續》全名。

[3]　歲次己未，即西元前 962 年，藏曆六月。

[4]　歲次庚申，即西元前 961 年，藏曆四月。

[5]　「伴月星」，輪流伴月運行之星。

[6]　「足」，指星宿之步度。

[7]　歲次戊子，即西元前 933 年，藏曆十月。

夜，彼見鬼宿升，遂棄俗家生活而出家，修苦行凡六載。至
卅五歲，即木馬年[8]氐宿月望日，彼至菩提樹下，於初夜降伏
魔羅。中夜過後，金剛[9]於太陰為羅睺所掩時住定；至太陰
即將脫於羅睺所持之前一剎那，黎明乍起、勝鼓將敲之際，
彼成等正覺。其子羅睺羅，住於其母胎中凡六載，於此時降
生；當眾人為慶賀彼降生而作湯餅宴時，阿難亦降生。

　　於此月食之中夜後，即約丑時初，太陰自其東北方起
為羅睺尾（Dus me）[10]所蔽，月輪至只賸六分之一。從該凌
逼之遮蔽中得脫後，太陰復成圓月，維時超逾十三刻（chu
tshod）[11]。

　　成道後七七四十九日，佛陀於婆羅奈斯初轉法輪說四
諦。彼繼而漸次：於靈鷲山開示次轉之般若波羅蜜多與無
相；再於摩羅耶山、力士（Malla／Gyad kyi yul）境等地，開
示 不退轉了義藏乘。如是，彼遂隨順所化根器而相繼開示法
輪三回。雖則曾有正士計量佛開示諸法輪之實際長短，唯所
舉皆僅為約數，因實難以有準確之估算也。總體而言，欲主
「諸乘次第，唯依先後時序而定」，亦屬不可能之舉。

　　如來住世凡整整八十一年，彼於成等正覺後第四十七
年、即金龍年仲春角宿月[12]十五日下午、亦即與其摧魔、勝
伏三界之時[13]相合，在南天竺吉祥米聚塔開示《吉祥殊勝本初

8　歲次甲午，即西元前 927 年。

9　佛陀之心。

10　又名計都，與羅睺相對。

11　每刻約等於現代之廿四分鐘。

12　歲次庚辰，即西元前 881 年，藏曆三月。

13　指成佛之時。

佛》（《時輪》）等無上乘之無邊教授。至下月、即氐宿月十五日夜分將盡之一剎，其蘊身於力士境之拘尸那揭羅無餘入於法界。天竺戒護阿闍梨（Śīlapālita / Slob dpon Tshul khrims bskyang）與大班智達釋迦吉祥等，則認為彼於昴宿月（smin drug）[14]八日中夜證入法身。藏地中極淵博之布頓等亦持此見。又有云彼於仲春月十五日入涅槃；復有他說，謂此乃箕宿月十五日之事焉。

乙三、自佛入般涅槃至藏地第一勝生周之始

有等通教曆者，從佛陀涅槃後之下一年起，計算教法直至現今之時序，然而所有大學者皆從涅槃之年起計，此如以下所言可證——

> 勝利王涅槃之年　是為入滅之首年

如是，由佛陀涅槃之金龍年起，計至今年、即第十六勝生周水虎年[15]止，已歷二千八百四十三年。一切其他「入滅第幾年」之安立，均須以此為計算之基。其實，若繫以香巴拉法王諸位法胤（Kusilas / Rigs ldan）[16]等之世系，而詳述教曆，亦屬適宜，唯恐累贅故，余只略釋相關數點——

西元前

877　勝利王入滅第五年、即木猴年心宿月[17]之第十日旭日初昇之際，第二佛蓮華生降生於信度湖

---

[14]　藏曆九月十六至十月十五。

[15]　歲次壬寅，即西元1962年。此書乃敦珠法王於該年所撰，故計至該年止，見書末之「署名後記」。

[16]　香巴拉歷代王者所共襲之稱號。

[17]　歲次甲申，藏曆四月十六至五月十五。

中、一洲渚內之蓮蕊間。由彼時至今（西元1962年）已歷二千八百三十九年[18]。

853　入滅第廿九年、即距今二千八百一十五年之土猴年[19]，於摩羅耶山天鐵巔上，秘密主勇識為勝種五賢轉法輪；而具密續之卷帙，亦降於薩霍惹渣王之宮殿中。

782　首一百年盡時，於土羊年[20]、即二千七百四十四年前，法王阿育王生。

781　隨首百年過後之金猴年[21]、即二千七百四十三年以前，雪域之湖消退，娑羅樹林等之情、器始生。

771　入滅第一百一十一年之金馬年[22]、即二千七百三十三年前，為第二次結集。

716　入滅第一百六十六年之木牛年[23]、即二千六百七十八年前，無上乘之導師俱生喜金剛生。

481　入滅第四百零一年之金猴年[24]、即二千四百四十三年前，聖龍樹生。

---

[18] 此年藏文原作2838年，英譯腳注1344云，此與其下藏文原作2814、2743、2742年，經敦珠法王同意，均屬誤記，應分別為2815、2744、及2743，故皆已校改，今從之。

[19] 歲次戊申。

[20] 周宣王四十六年，歲次己未。

[21] 周幽王元年，歲次庚申。

[22] 周幽王十一年，歲次庚午。

[23] 周桓王四年，歲次乙丑。近代有學者考證，俱生起金剛生於西元五十年，與此處記年相差八百年之久。

[24] 周敬王卅九年，歲次庚申。

自上述金猴年（西元前781年）情、器在雪域始生後，藏地受瑪生九兄弟（Ma sangs spun dgu）、諸小國[25]、及四十邦等統治凡五百三十四年。

247　繼而於木虎年[26]、即二千二百零九年前，湼赤贊普冒起為全藏之君主。

佛陀入滅第八百八十一年之金猴年[27]、即一千九百六十三年前，乃外洲導師耶穌基督降生前一年。

自此以後，次序易明，茲略攝而說 ——

西元

374　由木虎年（西元前247年）湼赤贊普登位，藏地歷經廿七王、共六百二十一年[28]之王朝統治後，拉妥妥日年贊於木犬年[29]生。

433　彼六十歲、即水雞年[30]時，「玄秘神物」降臨其宮，正法於藏地初現。

620　佛陀入滅歷一千五百年，亦即勝利王教法分為十段（每段）五百年，首三段稱為「果報時」者，至金龍年[31]終，「修習時」始。

---

[25] 英譯云共有十二小國。

[26] 歲次甲寅，時東周已亡，處戰國末期。

[27] 東漢哀帝元壽二年，歲次庚申。

[28] 此年藏文原作619年，英譯腳注1348，云屬誤記，經敦珠法王同意，改為621年。今亦從之。

[29] 東晉孝武帝寧康二年，歲次甲戌。

[30] 南北朝宋元嘉十年，歲次癸酉。

[31] 唐武德三年，歲次庚辰。

617 火牛年[32]、即正法在水雞年初現於藏地後第一
百八十五年，法王松贊干布生。

641 廿五年後，即金牛年[33]，彼修建邏娑（Ra sa）[34]
大昭寺等，復引入正法與創製文字。

790 再一百五十年後，即金馬年[35]，法王赤松德贊
生。

810 廿一年後，即金虎年[36]，大阿闍梨入藏，為吉
祥桑耶置法輪。

827 十八年後，即火羊年[37]，「預試七人」出家，
由是奠定顯密正法繙譯、解說、與修習之基。

864 卅八年後，即木猴年[38]，大阿闍梨往拂洲。

866 三年後，即火犬年[39]，赤熱巴堅王生。

892 廿七年後，即水鼠年[40]，極明意樂大上師生。

901 十年後，即金雞年[41]，朗達瑪迫害衛藏之教
法。

---

[32] 隋大業十三年，歲次丁丑。
[33] 唐貞觀十五年，歲次辛丑。
[34] 拉薩古名。
[35] 唐貞元六年，歲次庚午。
[36] 唐元和五年，歲次庚寅。
[37] 唐寶曆三年，歲次丁未。
[38] 唐咸通五年，歲次甲申。
[39] 唐咸通七年，歲次丙戌。
[40] 唐景福元年，歲次壬子。
[41] 唐光化四年，歲次辛酉。

906 六年後，即火虎年[42]，拉隆‧吉祥金剛解脫朗達瑪。

929 廿四年後，即土牛年[43]，藏地王國因內亂而瓦解。

953 廿五年後，即水牛年[44]，大上師與來自衛藏十人，從康區起，於前藏啟教法之後弘期。

958 六年後，即土馬年[45]，諸新譯師中，屬最早之廣大寶賢譯師生。

978 廿一年後，即土虎年[46]，賢哲瓊波‧瑜伽戒怙生。

982 五年後，即水馬年[47]，吉祥主阿底峽降生。

1004 廿三年後，即木龍年[48]，種‧導師勝生降生。

1012 九年後，即水鼠年[49]，麻巴譯師與伏藏師札巴‧通慧生。

1014 三年後，即木虎年[50]，小宿氏生。

---

[42] 唐天祐三年，歲次丙寅，明年（西元 907 年）唐亡。

[43] 後唐天成四年，歲次己丑

[44] 後周廣順三年，歲次癸丑。

[45] 後周顯德五年，歲次戊午。

[46] 北宋太平興國三年，歲次戊寅。

[47] 北宋太平興國七年，歲次壬午。

[48] 北宋景德元年，歲次甲辰。

[49] 北宋大中祥符五年，歲次壬子。

[50] 北宋大中祥符七年，歲次甲寅。

1027 十四年後，即火兔年[51]，《時輪續》釋論（《無
垢光》）初抵藏。

第一勝生周由本年始。

乙四、自第一勝生周至今

自茲以後乃至今時，於每一勝生周中，若開列若干極知
名大士之年歲，以配合所述之巨大歷史變遷，則更易使人明
瞭也[52]。

第一周（西元1027-1087）[53]

第一周（1027年1月11日星期三）開始時 ——

· 寶賢大譯師（958-1055）七十歲；

· 瓊波·瑜伽〔士〕（978- 不詳）五十歲；

· 阿底峽尊者（982-1054）四十六歲；

· 種·導師（1004-1063）廿四歲；

· 麻巴（1012-1097）十六歲；

· 札巴·通慧（1012-1090）十六歲；

· 小宿氏（1014-1074）十四歲。

此第一周內，有秉持阿底峽尊者諸師徒之教法傳承

---

[51]　北宋天聖五年，歲次丁卯。

[52]　英譯於本品中，均附每一勝生周之起始年月日（西元），諸藏地祖師亦盡
可能附以生卒年（西元），且於種種年期謬誤多所訂正。本譯從之，除必
須外，不另作說明。特誌於此。

[53]　本品所載數目字年份，皆以西元計，下同不贅。

者，以彼等之教法為名號，稱為「迦當派」之傳規初出現。

復次，曾為大阿闍梨親徒之款・龍王守護，其後嗣經約十代至款若・般若戒時，仍屬密咒甯瑪派中人；然而款・至寶王（'Khon dKon mchog rgyal po）從諸如卓彌・釋迦智等新譯師聞受眾多教法，後遂改宗新譯派之密咒道。第一周水牛年[54]（1073年），彼於澎波山（sPang po ri）山坡、其土面中央色灰白之地上修建門中寺（sGo rum gyi gtsug lag khang），自此遂有教法以地點為名之「薩迦派」傳規冒起。

同期，賢哲瓊波・瑜伽〔士〕將香巴之金法引入；而麻巴譯師則引入噶舉派教法之源頭至藏地。

第二周（西元1087-1147）

當第二周（1087年1月8日星期五）開始時 ——

- 說炬母（Ma gcig lab sgron，1031-1126），生於金羊年[55]，五十七歲；

- 嶺主格薩爾王（Gling rje Ge sar，1038-1124），生於土虎年[56]，五十歲；

- 密勒日巴尊者（1040-1123），生於金龍年[57]，四十八歲；

---

[54] 北宋熙寧六年，歲次癸丑。
[55] 北宋天聖九年，歲次辛未。
[56] 北宋景祐五年，歲次戊寅。
[57] 北宋寶元三年，歲次庚辰。

- 俄・譯師（1059-1109），生於土猪年[58]，廿九歲；

- 秘密主卓普巴（1074-1135），生於木虎年[59]，十四歲；

- 塔波・月光童（1079-1153，岡波巴），生於土羊年[60]，九歲。

源自塔波之徒眾、包括「康區三人」等，噶舉傳規漸次分為四大及八小派，皆廣受弘揚。

第三周（西元1147-1207）

當第三周（1147年1月4日星期六）開始時 ——

- 鳥・廣大持律（Bya 'Dul 'dzin chen po，廣大鳥，1091-1166），生於金羊年[61]，五十七歲。同年，帕當巴覺往定日；

- 大薩氏・慶喜藏（1092-1158），生於水猴年[62]，五十六歲；

- 帕摩竹巴（1110-1170），生於金虎年[63]，卅八歲；

- 大寶法王三時智（1110-1193），生於金虎年，卅八歲；

58　北宋嘉祐四年，歲次己亥。

59　北宋熙寧七年，歲次甲寅。

60　北宋元豐二年，歲次己未。

61　北宋元祐六年，歲次辛未。

62　北宋元祐七年，歲次壬申。

63　北宋大觀四年，歲次庚寅。

- 噶陀‧正士善逝（1122-1192），生於水虎年[64]，廿六歲；

- 尚‧法稱（1122-1193），生於水虎年，廿六歲；

- 洲主棉衣行者‧蓮花金剛（1128-1188），生於土猴年[65]，廿歲；

- 語王仰氏（1136-1204，仰‧日光），生於火龍年[66]，十二歲；

- 薩迦派之至尊福德頂（rJe btsun bSod nams rtse mo）（1142-1182），生於水犬年[67]，六歲；

- 吉祥達隆平原（dPal stag lung thang pa, 1142-1210），生於水犬年，六歲；

- 直貢‧庇護（1143-1217），生於水豬年[68]，五歲。

第四周（西元1207-1267）

當第四周（1207年1月30日星期二）開始時 ——

- 學者太陽十萬（1158-1213），生於土虎年[69]，五十歲；

---

[64] 北宋宣和四年，歲次壬寅。

[65] 南宋建炎二年，歲次戊申。

[66] 南宋紹興六年，歲次丙辰。藏文本原作木龍年（即將尊者生年定為西元1124年）。英譯本則考訂為西元1136年，本譯從之。唯英譯作金龍年則誤，應作火龍年（丙辰），今據改。

[67] 南宋紹興十二年，歲次壬戌。

[68] 南宋紹興十三年，歲次癸亥。

[69] 南宋紹興廿八年，歲次戊寅。

- 後藏‧嘉熱（gTsang pa rGya ras）（1161-1211），生於金蛇年[70]，四十七歲；

- 薩迦班禪（1182-1251，薩迦班智達），生於水虎年[71]，廿六歲；

- 達隆‧桑傑雅莊（sTag lung Sangs rgyas yar byong）（1203-1272），生於水豬年[72]，五歲。

吐蕃王朝於上述土牛年（929）瓦解後，由王族庶支零散偏安於阿里。如是歷三百一十一年，至金鼠年[73]黑者多塔大軍自漢土入藏，雪域西藏遂入漢地版圖。

從第四周水牛年[74]始，薩迦派眾大喇嘛全擁統治藏地三區之權。

第五周（西元1267-1327）

當第五周（1267年1月27日星期四）開始時——

- 法自在上師（1212-1270），生於水猴年[75]，五十六歲；

- 大成就者鄔金巴（1230-1309），生於金虎年[76]，卅八歲；

[70] 南宋紹興卅一年，歲次辛巳。
[71] 南宋淳熙九年，歲次壬寅。
[72] 南宋嘉泰三年，歲次癸亥。
[73] 南宋嘉熙四年，歲次庚子，即西元 1240 年。
[74] 南宋寶祐元年，歲次癸丑，即西元 1253 年。
[75] 南宋嘉定五年，歲次壬申。
[76] 南宋紹定三年，歲次庚寅。

- 有情怙主法王八思巴（1235-1280），生於木羊年[77]，卅三歲；

- 大成就者鏡金剛（1243-1303），生於水兔年[78]，廿五歲；

- 王后藥母（1248-1283），生於土猴年[79]，廿歲；

- 持明童王（1266-1343），生於火虎年[80]，兩歲。

第六周（西元1327-1387）

當第六周（1327年1月24日星期六）開始時 ——

- 大寶法王自生金剛（1284-1339），生於木猴年[81]，四十四歲；

- 雍師‧金剛吉祥（1284-1365），生於木猴年，四十四歲；

- 一切知布頓（1290-1364），生於金虎年[82]，卅八歲；

- 覺囊遍見‧朵波巴（1292-1361），生於水龍年[83]，卅六歲；

---

77 南宋端平二年，歲次乙未。
78 南宋淳祐三年，歲次癸卯。
79 南宋淳祐八年，歲次戊申。
80 南宋咸淳二年，歲次丙寅。
81 元至元廿一年，歲次甲申。
82 元至元廿七年，歲次庚寅。
83 元至元廿九年，歲次壬辰。

．遍知龍青巴（1308-1363），生於土猴年[84]，廿歲。

自第六周土牛年始，帕摩竹之大司徒菩提幢擁藏地
與康區之統治權。

第七周（西元1387-1447）

當第七周（1387年1月21日星期一）開始時——

．大伏藏師佛洲（1340-1396），生於金龍年[85]，四十
　八歲；

．金剛洲（1346-1405），生於火犬年[86]，四十二歲；

．文殊怙主慧賢稱（1357-1419，宗喀巴），生於火
　雞年[87]，卅一歲；

．珀東・遍智離畏（Bo gdong Kun mkhyen 'jigs bral,
　1375-1451），生於木兔年[88]，十三歲；

．第五世大寶法王善逝（1384-1415），生於木鼠
　年[89]，四歲；

．大成就者荒原王（1385-1509），生於木牛年[90]，三
　歲。

---

[84]　元至大元年，歲次戊申。

[85]　元至元六年，歲次庚辰。

[86]　元至正六年，歲次丙戌。

[87]　元至正十七年，歲次丁酉。

[88]　明洪武八年，歲次乙卯。

[89]　明洪武十七年，歲次甲子。

[90]　明洪武十八年，歲次乙丑。

　　自第七周木兔年[91]始，藏地與康區為仁布巴政權（sDe srid Rin spungs pa）所統治。

　　宗喀巴尊者，糅合迦當派經教與新譯之密咒道密續，廣大弘揚解說與修習之佛事業。於第七周之土牛年[92]，彼修建荒野山噶丹寺，教法傳承則以其法座命名，而名為「格魯派」之傳規即由此出。

第八周（西元1447-1507）

　　當第八周（1447年1月17日星期二）開始時，統稱為「三海」[93]者，撰述名為《星算論著‧白蓮口授》（*sKar rtsis kyi bstan bcos pad dkar zhal lung*）之著作。

- 大班智達僧成（dGe 'dun grub pa, 1391-1474，第一世達賴喇嘛），生於金羊年[94]，五十七歲；

- 郭譯師‧童吉祥（1392-1481），生於水猴年[95]，五十六歲；

- 大伏藏師寶洲（1403-1478），生於水羊年[96]，四十五歲；

- 第六世大寶法王見具義（Karmapa mThong ba don ldan）（1416-1453），生於火猴年[97]，卅二歲；

91　明宣德十年，歲次乙卯，即西元 1435 年。

92　明永樂七年，歲次己丑，即西元 1409 年。

93　指三位星算學家，其名中俱有「海」字，故號「三海」。

94　明洪武廿四年，歲次辛未。

95　明洪武廿五年，歲次壬申。

96　明永樂元年，歲次癸未。

97　明永樂十四年，歲次丙申。

- 大班智達釋迦具殊勝（1428-1507），生於土猴年[98]，廿歲；

- 法主靛藍地者（1429-1489），生於土雞年[99]，十九歲；

- 夏魯派大譯師護法賢（Zha lu Chos skyong bzang po, 1441-1538），生於金雞年[100]，七歲。

第九周（西元1507-1567）

當第九周（1507年1月14日星期四）開始時 ——

- 大伏藏師蓮花洲（1450-1521），生於金馬年[101]，五十八歲；

- 後藏狂夫佛相者（gTsang smyon Sangs rgyas mtshan can, 1452-1507），生於水猴年[102]，五十六歲；

- 不丹狂夫慶喜善（'Brug pa smyon pa Kun dga' legs pa, 1455-1529），生於木豬年[103]，五十三歲；

- 前藏狂夫慶喜賢（dBus smyon pa Kun dga' bzang po, 1458- 不詳），生於土虎年[104]，五十歲；

- 大班智達僧海（dGe 'dun rgya mtsho, 1476-1542，第

---

[98] 明宣德三年，歲次戊申。
[99] 明宣德四年，歲次己酉。
[100] 明正統六年，歲次辛酉。
[101] 明景泰元年，歲次庚午。
[102] 明景泰三年，歲次壬申。
[103] 明景泰六年，歲次乙亥。
[104] 明天順二年，歲次戊寅。

二世達賴喇嘛），生於火猴年[105]，卅二歲；

- 第二世勇士經典鬘（dPa' bo gtsug lag phreng ba, 1504-1566），生於木犬年[106]，四歲；

- 第八世大寶法王不動金剛（1507-1554），生於本火兔年[107]（1507，本周首年）；

- 至尊慶喜解脫殊勝（rJe btsun Kun dga' grol mchog, 1507-1566），亦生於此火兔年。

自第九周木牛年[108]始，後藏第司統治康、藏。

第十周（西元1567-1627）

當第十周（1567年1月11日星期六）開始時 ——

- 宿卡醫士・慧海（Zur mkhar sman pa Blo gros rgya mtsho, 1508- 不詳）[109]，生於土龍年[110]，六十歲；

- 深邃吉祥尊勝（sGam po pa bKra shis rnam rgyal, 1512-1587），生於水猴年[111]，五十六歲；

---

[105] 明成化十二年，歲次丙申。

[106] 明弘治十七年，歲次甲子。

按：若據藏文原文生肖為木犬，則歲次應為甲戌，然西元1504年，歲次應為甲子，藏文生肖則應為木鼠，或藏文「犬」、「鼠」二字形近而訛謬，今不敢妄改，姑附誌於此。

[107] 明正德二年，歲次丁卯。

[108] 明嘉靖四十四年，歲次乙丑，即西元1565年。

[109] 一般稱其名為「慧王」（Blo gros rgyal po）。

[110] 明正德三年，歲次戊辰。

[111] 明年正德七年，歲次壬申。

- 大伏藏師般若光（1517-1584），生於火牛年[112]，五十一歲；

- 遍知不丹人白蓮花（'Brug pa kun mkhyen Padma dkar po, 1527-1592），生於火豬年[113]，四十一歲；

- 驅蒙者・慧幢（Sog bzlog pa Blo gros rgyal mtshan, 1552-1624？），生於水鼠年[114]，十六歲；

- 第九世大寶法王自在金剛（Karmapa dbang phyug rdo rje, 1554-1603），生於木虎年[115]，十四歲。

第十一周（西元1627-1687）

當第十一周（1627年1月18日星期一）開始時 ——

- 至尊多羅那他（1575-1634），生於木豬年[116]，五十三歲；

- 持明虹藏（1585-1656），生於木雞年[117]，四十三歲；

- 南不丹・尊前語自在尊勝（lHo 'brug Zhabs drung ngag dbang rnam rgyal, 1594-1651），生於木馬年[118]，卅四歲；

---

[112] 明正德十二年，歲次丁丑。
[113] 明嘉靖六年，歲次丁亥。
[114] 明嘉靖卅一年，歲次壬子。
[115] 明嘉靖卅三年，歲次甲寅。
[116] 明萬曆三年，歲次乙亥。
[117] 明萬曆十三年，歲次乙酉。
[118] 明萬曆廿二年，歲次甲午。

- 大德虛空無畏（1597-1650），生於火雞年[119]，卅一歲；

- 語化身第三世戒金剛（1598-1669），生於土犬年[120]，卅歲；

- 深邃（尊前）寶莊嚴（1599-1633），生於土豬年[121]，廿九歲；

- 第十世大寶法王法界金剛（Karmapa Chos dbyings rdo rje, 1605-1674），生於木蛇年[122]，廿三歲；

- 秘密主事業任運（1611-1662），生於金豬年[123]，十七歲；

- 大伏藏師伏魔金剛（1615-1672），生於木兔年[124]，十三歲；

- 殊勝王者第五世達賴喇嘛慧賢海（1617-1682），生於火蛇年[125]，十一歲。

於第十一周之金蛇年[126]，蒙古軍對噶瑪派-後藏政權，不論政、教，皆作鉅大損害。

---

[119] 明萬曆廿五年，歲次丁酉。
[120] 明萬曆廿六年，歲次戊戌。
[121] 明萬曆廿七年，歲次己亥。
[122] 明萬曆卅三年，歲次乙巳。
[123] 明萬曆卅九年，歲次辛亥。
[124] 明萬曆四十三年，歲次乙卯。
[125] 明萬曆四十五年，歲次丁巳。
[126] 明崇禎十四年，歲次辛巳，即西元 1641 年。

自水馬年[127]始，噶丹宮全擁主宰康、藏之權。

第十二周（西元1687-1747）

當第十二周（1687年2月13日星期四）開始時 ——

- 北主‧蓮花事業（Byang bdag Padma phrin las, 1641-1717），生於金蛇年[128]，四十七歲；

- 蓮洲心子持教不變金剛（1641- 不詳），生於金蛇年，四十七歲；

- 敏珠林大伏藏師不變金剛（1646-1714），生於火犬年[129]，四十二歲；

- 法吉祥大譯師（1654-1717），生於木馬年[130]，卅四歲；

- 第十一世大寶法王智金剛（1676-1702），生於火龍年[131]，十二歲；

- 第三世康區化身語自在慶喜持教（1680-1728），生於金猴年[132]，八歲。

火雞年[133]準噶爾軍大肆殘害甯瑪派教法及廟宇[134]。

127　明崇禎十五年，歲次壬午，即西元1642年。
128　明崇禎十四年，歲次辛巳。
129　清順治三年，歲次丙戌。
130　清順治十一年，歲次甲午。
131　清康熙十五年，歲次丙辰。
132　清康熙十九年，歲次庚申。
133　清康熙五十六年，歲次丁酉，即西元1717年。
134　史稱「準噶爾事件」，事件中法吉祥大譯師、第三世康區化身等齊遇難。

第十三周（西元1747-1807）

當第十三周（1747年2月10日星期五）開始時 ——

- 持明壽自在寶（1698-1755），生於土虎年[135]，五十歲；

- 司徒‧法生（Si tu Chos kyi 'byung gnas, 1700-1774），生於金龍年[136]，四十八歲；

- 殊勝王者第七世達賴喇嘛善緣海（sKal bzang rgya mtsho, 1708-1757），生於土鼠年[137]，四十歲；

- 持明無畏洲（1730-1798），生於土雞年[138]，十九歲；

- 第十三世大寶法王伏魔金剛（1733-1797），生於水牛年[139]，十五歲；

- 多竹無畏事業光（rDo grub 'Jigs med phrin las 'od zer, 1745-1821），生於木牛年[140]，三歲。

第十四周（西元1807-1867）

當第十四周（1807年2月8日星期日）開始時 ——

- 法洲舞自在無死金剛（Chos gling gar dbang 'Chi med

---

[135] 清康熙卅七年，歲次戊寅。
[136] 清康熙卅九年，歲次庚辰。
[137] 清康熙四十七年，歲次戊子。
[138] 清雍正八年，歲次庚戌。
[139] 清雍正十一年，歲次癸丑。
[140] 清乾隆十年，歲次乙丑。

rdo rje, 1763- 不詳），生於水羊年[141]，四十五歲；

- 深邃鄔金伏趣洲（sGam po pa O rgyan 'gro 'dul gling pa，生於 1757[142]）與持明金剛無著（Rig 'dzin rDo rje thogs med, 1746[143]-1797）俱與彼〔法洲〕為同時人，三者被稱為「開啟白馬崗秘境為聖地之化身三持明」。

- 佛子利他無邊（1800- 不詳），生於金猴年[144]，八歲；

- 殊勝王者第九世達賴喇嘛教證海（Lung rtogs rgya mtsho, 1805-1815），生於木牛年[145]，三歲。

木兔年[146]廓爾喀軍侵藏。

第十五周（西元1867-1927）

當第十五周（1867年2月5日星期二）開始時 ——

- 吉祥化身鄔金無畏法王（1808-1887），生於土龍年[147]，六十歲；

- 文殊怙主慧無邊（1813-1899），生於水雞年[148]，五十五歲；

---

[141] 清乾隆廿八年，歲次癸未。

[142] 清乾隆廿二年，歲次丁丑。

[143] 清乾隆十一年，歲次丙寅。

[144] 清嘉慶五年，歲次庚申。

[145] 清嘉慶十年，歲次乙丑。

[146] 清咸豐五年，歲次乙卯，即西元 1855 年。

[147] 清嘉慶十三年，歲次戊辰。

[148] 清嘉慶十八年，歲次癸酉。

- 文殊智悲王（1820-1892），生於金龍年[149]，四十八歲；

- 殊勝大樂洲（1829-1870），生於土牛年[150]，卅九歲；

- 大伏藏師摧魔洲（1835-1904），生於木羊年[151]，卅三歲；

- 不敗尊勝海（1846-1912），生於火馬年[152]，廿二歲；

- 成就王釋迦吉祥（1853-1919），生於水牛年[153]，十五歲；

- 大伏藏師滿業洲（1856-1926），生於火龍年[154]，十二歲；

土鼠年[155]不列顛人初至藏地。

木龍年[156]不列顛與藏地起紛爭。

金犬年漢軍攻〔藏〕[157]。

木虎年（1914）[158]世界大戰首次爆發。

---

[149] 清嘉慶廿五年，歲次庚辰。

[150] 清道光九年，歲次己丑。

[151] 清道光十五年，歲次乙未。

[152] 清道光廿六年，歲次丙午。

[153] 清咸豐三年，歲次癸丑。

[154] 清咸豐六年，歲次丙辰。

[155] 清光緒十四年，歲次戊子，即西元 1888 年。

[156] 清光緒三十年，歲次甲辰，即西元 1904 年。

[157] 清宣統二年，歲次庚戌，即西元 1910 年。

[158] 英譯腳注 1377 云該年趙爾豐率軍攻佔拉薩，十三世達賴喇嘛避走印度。

第十六周（西元1927-1987）

當第十六周（1927年3月4日星期五）開始時——

- 第十五世大寶法王遍空金剛（1871-1922），生於金羊年[159]，五十七歲[160]；

- 第五世竹千活佛釋教法金剛（rDzogs chen lnga pa Thub bstan chos kyi rdo rje, 1872-1935），生於水猴年[161]，五十六歲；

- 殊勝王者第十三世達賴喇嘛釋教海（Thub bstan rgya mtsho, 1876-1933），生於火鼠年[162]，五十二歲；

- 噶陀司徒‧法海（1880-1925），生於金龍年[163]，若仍在世則為四十八歲；

- 班禪法日（Pan chen Chos kyi nyi ma, 1883-1937），生於水羊年[164]，四十五歲；

- 第十六世大寶法王明金剛（Rig pa'i rdo rje, 1924-1981），生於木鼠年[165]，四歲。

---

[159] 清同治十年，歲次辛未。

[160] 已於1922年謝世，五十七歲乃假設其仍在世之歲數。

[161] 清同治十一年，歲次壬申。

[162] 清光緒二年，歲次丙子。

[163] 清光緒六年，歲次庚辰。

[164] 清光緒九年，歲次癸未。

[165] 歲次甲子。藏文版原將第十六世大寶法王置於第十七周中，云其於第十七周開始時應為六十四歲。英譯或因彼已於1981年示寂，故將其記載稍稍移前，並略加改動，以符體例，今從之。

土兔年[166]世界大戰第二次爆發。

金虎年[167]漢土赤色動亂之凶兆已暗植於藏地。

第十七周（西元1987-2047）

明年水兔年[168]起至火虎年[169]間廿四年過後，第十七
周（1987-2047）即始，其時——

- 敏珠林座主普賢自在王（Kun bzang dbang rgyal），
  生於金羊年[170]，將為五十七歲；

- 我等頂上寶珠、殊勝王者蓮花手、第十四世達賴
  喇嘛持教海（bsTan 'dzin rgya mtsho），生於木豬
  年[171]，將為五十三歲；

- 薩迦度母宮王者座主慶喜事業自在王（Kun dga'
  phrin las dbang rgyal），生於木雞年[172]，將為四十
  三歲。

余祈禱上述諸大士之足蓮，能歷海量劫波而常住；
復為教法與有情所作之廣大佛事業，能永恆周遍且
法爾成就！

因某等古代教法史與教曆之記錄有誤、或因疏忽而有世

---

166 歲次己卯，即西元 1939 年。

167 歲次庚寅，即西元 1950 年。

168 歲次癸卯，即西元 1963 年。

169 歲次丙寅，即西元 1986 年。

170 歲次辛未，即西元 1931 年。

171 歲次乙亥，即西元 1935 年。

172 歲次乙酉，即西元 1945 年。

代不協之錯失、或因其他緣故，故自涅赤贊普冒起為藏地之主、直至教法後弘期間，於年歲生屬（lo khams）[173]等遂有諸般不合之處。於此，余溯自佛陀入滅之年始，緊扣可靠信實之藏地王統與教法史，依所得之決定而編列嚴飾。

通言之，藏地過往之政事雖多更變，唯就教法而言，導師（佛陀）云「教法將更向北方廣弘」之授記已得實現。有賴藏地所化者之福德為近因、與諸勝利王悲心適時入世之力，得令從古昔佛法初立直至今時，秉持教法、且於修學、威儀、成就等不可思議生平中，悉得自在之士夫，仍能示現不絕如縷。因彼等護持最寶貴之教法，且仍然如是護持，故藏地教法之相續實未嘗衰敗。是以本書列舉之積年，並無令過失竄入之理。

乙五、授記

由今年水虎年[174]數至四百六十三年後之未來世，於木猴年[175]初，勇武鐵輪王（Rudrakulika / Rigs ldan drag po lcags 'khor can）將率其化身大軍，自香巴拉入侵吾等之界，無餘摧滅一切蠻族勢力之跡。如是遂啟後四時之「圓滿時」。

今，分別有通就密咒金剛乘傳規、及特就大圓滿教授暨其秘密教法等住世期之授記。通言之，由〔有情〕皆具無量壽算始，直至壽算為一千年止，乃佛身教授期；繼之直至壽算為七十歲止，則為佛語教授期；再繼之至壽算為十歲止，則為佛意教授期。然此乃通論耳。若特就現前〔大圓滿之〕

---

[173] 「年歲生屬」，紀年的十二地支和五行。

[174] 歲次壬寅，即西元 1962 年。敦珠法王撰述本著之年。

[175] 歲次甲申，即西元 2424/5 年。

教法而言，據云佛身教授期為一萬五千期、每期五百年；而佛語與佛意教授期則各為一千期、每期亦五百年。

至若於此末世中，秉持此光明教法[176]者，《聲應成根本續》（*sGra thal 'gyur rtsa ba'i rgyud*，即《聲應成續》）云——

> 當余入般涅槃後　西方鄔仗那境中
> 富藏內之聖天女　孕無父兒喜金剛
> 是能秉持正教者

如是以俱生喜金剛起始之次第授記，其最末者云——

> 繼而空行吉祥持[177]秉持教法復弘揚
> 乃至壽算十載時　法不住世歸本源

當壽算僅為十載之後，吉祥持之徒眾將圓滿而得法穡，漸次飛往妙嚴界（mDzes ldan bkod pa'i zhing）[178]、廣行界（Vipalacaryākṣetra / Yangs pa spyod pa）、頂髻妙音界（gTsud phud dbyings ldan）等。當每一界中，教法皆得圓滿凡七回後，化身界廣大雪海（大日如來）心中吉祥結前之世界將空，而廣大金剛持之事功，是為圓成一輪。繼後而至之世界中，教法將不增不減而住六千億劫。如是，此與「虛空無生滅、唯雲霧具生滅」之理，並無相違，佛事業則有如虛空而相續無盡哉！

舊譯派所詮之金剛乘寶貴教法史，名為《帝釋天遍勝大戰鼓雷音》第八品：略探與諸乘降臨等相繫之時會決定，復說教法住世之期；余之解說，今權且作結。

---

[176] 「光明教法」，指大圓滿。

[177] 「空行吉祥持」，梵：Sridhara，藏：mKha' 'gro dpal 'dzin ma。

[178] 與密嚴刹土（sTug po bkod pa'i zhing khams）異。

金刚杵

敦珠甯波車

結語

結語

結語（分三）

一、主要資料來源

本書內容之來源，皆精蒐自可靠文獻。總體而言，包括《甯瑪教傳》（《教傳廣集》*rNying ma bka' ma*）中大多數之傳記；個別者則如下 ——

一、　遍知龍青巴之《〈心髓〉史廣大提要・母與子》（*sNying thig ma bu'i lo rgyus gtong thun chen mo*）；

二、　法吉祥大譯師之《密意總集經灌頂總義 – 密續、傳授暨口訣要點・光明炬》（*'Dus pa mdo'i dbang gi spyi don rgyud lung man ngag gi gnad gsal byed sgron me*）；

三、　雅德・持律智慧海（g.Yag sde 'Dul 'dzin mkhyen rab rgya mtsho）之《教法史答問・寶珠庫藏》（*Chos 'byung dris lan nor bu'i bang mdzod*）；

四、　博學語自在慧（mKhas mchog ngag dbang blo gros）之《舊譯派教法史之源・賢者歡喜》（*sNga 'gyur chos kyi byung khungs mkhas pa dga' byed*）；

五、　郭譯師・童吉祥之《青史》內，有關甯瑪派之章節；

六、　勇士・經典鬘之《賢者喜宴》（*Chos 'byung mkhas*

pa'i dga' ston）內，有關甯瑪派之章節；

七、　遍知不丹人白蓮花之《教法史・增廣教法太陽光》（*Chos 'byung bstan pa rgyas pa'i nyin byed*）；

八、　至尊多羅那他之《鄔金傳記暨起信三因》（*Orgyan rnam thar yid ches gsum ldan*）；

九、　遍知無畏洲之《甯瑪密續目錄・周遍贍部洲莊嚴》（*rNying rgyud dkar chag 'dzam gling tha grur khyab pa'i rgyan*）[1]；

十、　噶陀班智達不變壽自在殊勝成之《十萬續目錄・有如廣大天鼓之論說》（*rGyud 'bum dkar chag lha'i rnga bo che lta bu'i gtam*）；

十一、文殊怙主慧無邊之《百位伏藏師傳記・廣大琉璃寶鬘藏》（*gTer ston brgya rtsa'i rnam thar rin chen bai ḍūya'i phreng mdzes*）；

十二、不敗尊勝其如海善說之摘錄[2]。

余亦曾經細審之其他著作 ——

十三、遍見廣大第五世達賴喇嘛之《廣大聞法記》（*gSan yig chen mo*，即《聞法記・恆河流水》）；

十四、敏珠林廣大伏藏師甯波車（不變金剛）之《聞法記》；

---

[1]　即第六品、乙二之《舊譯派寶貴十萬續史傳・遍覆贍部洲莊嚴》。

[2]　即其《全集》（*Mi pham rin po che'i legs bshad rgya mtsho*）。

十五、持明壽自在寶之《教曆安立》（*bsTan rtsis kyi rnam bzhag*）。

二、結頌祝禱

　　既已完全不受粗率計量、及私欲空想等增損垢障所染，余已久棄追求博學、名聲等不淨意欲之邪慧。當今之世，因時地之艱急，欲盡得所有古昔之教法史實極困難，甚而連至今時為止之記載，亦未有清晰之所依。因此，不令〔諸紀事〕如鳥跡過而無痕，及令教法之追隨者可得利益，乃余所冀望能助益者；於此末世，僅只為廣大秘密教法之歷史，鑄為文字刊布成書，使其長久住世，亦有何不可？則更屬余思維中，唯一遍滿之增上意樂也。本書乃余從北方雪域，因避世而抵南方天竺境內，至安定時之所撰。余藉廣大精勤與敏銳而著述，自詡清淨、簡要、與明晰，是以決得大眾之信解焉。

　　復可作如是說 ——

　　　　讚為勝利王一切法藏頂巔
　　　　面世雖歷難　如海剎土得令名

　　　　究竟秘密妙乘如寶教法
　　　　稀有圓成光照　優曇鉢羅堪比拼

　　　　無數功德枝葉華嚴千萬
　　　　成熟解脫藤纏　盛載二成就妙果

　　　　寒地為所化育
　　　　乃得神妙如意寶樹樂園　善哉福緣何其盛[3]

3　E Ma，表驚奇語氣詞，此處譯為「善哉」。

廣大秘密持明藏天河　　蜷於三祖傳承散髮後
堪布師王百發精勤心[4]　導成雪地善緣甘露泉

顯於稀有說修大道上[5]　真實傳承成就千光燃
開示勝法大日諸大車　　達於天邊大恩誰能越

現前密意傳承為酒秞　　釀成精要甘露味口訣
彼具大緣享此證悟醉　　悅於大遍轉舞有是說

唯父碗淨愚人好名語[6]　反之舊譯教非只言說
顯密妙道完整無惑要　　踵武百萬先賢者所教

得彼園中光明瓔珞觸　　癡暗所染睡蓮隨凋謝[7]
然從三信大海能生起　　信心白蓮開敷得圓滿

開示教史甘露縱點滴　　亦見能聞之耳得善緣
十萬善行功德成環繞　　無價之寶其值從無損

今此衰敗濁世難忍浪　　已令佛法大舟趨險難
愚鈍船主我已盡所能　　顯揚方便藝文我已作

虛空教法雪域已解譯　　舊譯有如百萬星宿耀
為撐極濁惡世一片天　　孤星我亦樂意如是說

雖無詞藻所描艷容光　　煥發妙義青春嬌嬈女
乍現無誑言說含笑貌　　或攫明慧青年賢哲心

4　「王」於原文為「法王」，因字數關係故略去「法」字。「堪布、師、
　　王」分指寂護、蓮師與法王赤松德贊。
5　「說修」，即解說、修習。
6　「唯父碗淨」，指彼等唯稱賞自家宗派之深具門戶見者。
7　「睡蓮」（ku mut），月出則開，日出則合。

此理即是信者能見眼　亦是多聞正士喉莊嚴[8]

對得傳者即我心甘露　余意此或即是如意珠

肉身雖負重擔歷多年　心之青壯精力無減損

今於顯現勝法樂園中　我願精巧說法及著述

一眾先賢百般巧追尋　了義密乘傳承如意寶

頂禮法幢成就幢之頂　重擔降於來哲祈汝知

如是微力所生善如無熱池[9]

願無量福德自深處生起成雲聚

法界虛空遍充盈

隨宜而降稀有利樂之甘霖[10]

滋潤世間衰敗乾枯地

豐滿富饒上界藥域得孕育

正見蓮池浮現勝妙蓮花[11]

純白花蕊叢生花粉滲芳

願此喜悅花香百方遍散

由是三寶日光能長養

有寂吉兆再生時

有如熟透黃金穗能供圓滿時喜宴

8　「喉莊嚴」，即說法之莊嚴。

9　「微力所生」，謙指本書之撰述為「微力」。

10　藏文版用「雲之花」（sPrin gyi me tog），「雨」之異名，今漢譯則以「甘霖」代之。

11　「正見蓮池」，喻正見如蓮，即謂其出離世俗而入善妙，如蓮之出污泥而不染。

導師能仁人中獅

其無垢傳規眾是即殊勝大車王

揮舞三量嬰骨為利器[12]

心懷邪別惡見之蠻族　頭腦立時被碎裂

欲天及其軍　則為離邊見地短杖滅

復擂甚深義大法鼓　願盡所有種種有情

彼於大黑暗中摸索　其大無明昏睡得甦醒

只須得聞佛語雷聲天音

從而捨離無明無盡處　乃得妙觀察智之喜樂

願由我喉中弦琴所發金剛音

依如海大密法源而述說　轉成文字長不墮

直至導師第五佛於此界響法鼓

盡除無量眾煩惱　願佛業吉祥永恆熾燃且周遍

願金剛藏金輪　其四顯現軸由無作王之乘任運顯現

其五色千輻為離言本淨　其輪周邊即是般若行

願四洲虛空周遍勝者教法

由是三界吉祥和樂　成為不動須彌

三、署名後記

　　如是，依止勝利王於雪域一切教法之初首、舊譯派所詮之金剛乘寶貴教法史，已暢演於此名為《帝釋天遍勝大戰鼓雷音》之撰述中。

---

[12]　「三量嬰骨」，藏：Zho 'thung rus pa。「三量」指正量、比量、非量，此為因明用語。

光音天（'od gsal gnam）之天人恰赤贊普（Bya khri btsan po），將布窩絨（sPu bo rong）之地據為己有而成其主、即著稱為「嘎南（Ka gnam）法王」者，其無垢世系即余所從出，然余之臍帶，則斷於白馬崗之秘境內。鄔仗那大阿闍梨悲心之日光既已轉化余心，故或可誇余之智慧蓮花已得稍開。釋迦牟尼之近事男、持明咒者：無畏智金剛善妙尊勝軍（'Jigs bral ye shes rdo rje dge legs rnam par rgyal ba'i sde）；或呼余為聲明學者時之假名：海生歡喜青春講經日（mTsho byung dgyes pa'i lang tsho gtsug lag smra ba'i nyi ma），雖則余鄉街巷父老，咸稱余為摧魔活佛（bDud 'joms sprul sku）焉。

余於迎迓五十有八之齡後，於第十六勝生周水虎年角宿月望日[13]始撰此書，恰逢（此月日乃）最初取納無二續王（《時輪續》、秘密語甘露之吉期；經歷動與不動眾生皆享盛夏喜宴、而果實充盈之季節，圓成於申月前半之具力初十日[14]，地點則為殊勝地、天竺薩霍惹之珍寶城（Ratnapurī）。蓮華生在此地，示現為大樂，於《教法集・法海》之壇城及其壇城聚中，垂賜成熟〔灌頂〕予持典王（Ārṣadhara），復為遍一切界故，乃敷演本智之幻化遊戲、即大手印。

原文之繕寫員，乃來自門境以南之樹葉園（lHo mon Shing lo'i tshal）、因明家、密咒導師法稱海（Chos grags rgya mtsho），彼以信意及精勤，其功畢竟圓滿。

祈願本著，可令：總則勝利王之寶貴教授、別則此無垢傳規之最秘密藏，能於一切時、地、境，皆永傳不衰，恆久住

---

[13] 歲次壬寅，角宿月，藏曆三月。即西元1962年5月19日。

[14] 即蓮師誕日、英譯云於1962年則為7月12日星期四。

世；復願其可成一切時中，諸有情得享圓滿吉祥、樂、善珍
筵之因！

　　　　堪師王三大傳規　　瞻部三界願增遍
　　　　眾生心恆三寶現　　三時不離此善妙

　　　Jayantu！（祈願勝利！）

－圓滿

譯按：　漢譯始於辛卯年四月初七日；極初稿圓於癸巳年五月
　　　　十四夏至日戌時二刻；初校稿圓於癸巳年十二月十四
　　　　日丑時三刻；複校稿圓於甲午年二月十五子時末刻；
　　　　談錫永上師校訂圓於甲午年十二月二十日辰時末刻。
　　　　後學許錫恩恭記。

編按：　法王本書始撰於1962年5月19日，余初抵香港即為此
　　　　年，5月19日則恰為余陽曆生朝，故信與本書有不可
　　　　思議因緣。得為其漢譯稿作校訂，願本書所記教法長
　　　　河，能長時利益世間，不敗天鼓雷音響徹三界。無畏
　　　　記，時年九秩開一。

後跋

　　許錫恩君譯本書竟，交余審訂，其時正做眼部手術，以期治癒多年目疾，遷延數月後，眼疾未完全康復，但因譯事已經久延，故仍摩娑以作校訂，得曾婉莊博士代查藏文辭典，終得完功。法王晚年曾囑余重譯此書，其哲嗣山藩甯波車亦曾催促，前後三十餘年拖沓，余負咎已深，今能圓譯事，不禁感慨良多。

　　法王此書英譯版，本論與《善說顯現喜宴》同訂為一書，分成兩卷，一說教史，一說教法，可謂珠聯璧合。當年敦珠法王以藏文原本付劉銳之上師，亦僅為本論，未與教法一書合訂。劉上師得書欣喜，商之於李世華居士，請彼出資延明珠活佛由台灣赴香港，主譯本論。明珠活佛由是居港兩年，為劉上師口譯，劉上師則作筆記，於西元1973年畢事。然而卻出版為難，香港無一出版社肯接受此書，於是劉上師即欲筆者赴台灣一行，謀求找得出版者。

　　筆者赴台後，道安法師欲與余見面，劉上師得知此事，即以兩事相托，一、希望道安法師能印此書；二、希望道安法師能助劉上師赴台弘法，先辦靜坐班。及至筆者與道安法師見面，相談甚歡，筆者即將此二事提出，道安法師言，出版事愛莫能助，因其道場從未涉及出版，至於弘法辦靜坐班，亦須稍費周章，因台灣當時禁止聚眾集會，故須先辦手續，故此事須與其弟子商量。

劉師聞答覆後頗為沮喪，然而一星期後，道安法師再約見面，云有一弟子可代辦一切手續，故舉辦靜坐班毫無問題，但宣傳工作則無人負責，若不宣傳恐報名者少。筆者答言，我與兩家報紙相熟，此事應無問題，於是拍板成事。劉師聞訊大為歡喜，在電話中，問筆者能否每月付八千港幣作為他在台灣之用度，余一口答應。由是台灣靜坐班成，由於兩大報陸續宣傳，於是靜坐班除台北外，尚能在台中、台南、高雄等地區舉辦，相繼成立六所金剛乘學會，於是本書出版即無問題，因台灣弟子肯合資成立一出版社，專為劉上師出書及出金剛乘季刊。

關於劉上師的繙譯，當筆者為其整理及校對書稿時，即發現有不少問題，當時曾請劉上師稍延出版，將全書修訂然後付印，劉上師則因敦珠法王翌年即將赴港，如不能將譯書呈獻，則成憾事，故未答允。劉上師譯稿的主要缺點，一者，在於有些段落敘事不明；二者，譯名全用粵音，不但不便讀者，而且可能錯誤引導，例如「維摩詰」譯為「賴渣啤」，那便是用粵語來譯Licchavi（離車子）之故；三者，章節分段混亂，時有將一傳承與他傳承相混之處。由於這些缺點，所以引致一些批評，尤其是法王弟子蒲樂道（John E. Blofeld, 1913-1987，通漢文的西方人士），更向法王直接反映，稱此書必須重譯，並推薦筆者負責，是故法王未有告知劉上師，即直接囑筆者重譯，這應該是1974年的事。

以上是有關本譯的因緣。

至於法王本論，敘述教法歷史固然重要，然而其中卻說及種種法系，即足以令讀者理解各種法系的關聯，這對於理解藏密教法相當重要，研究藏密的學者，應該將之看成為

「法系索解」，普通讀者，亦可由此知道許多密法的名相，知得愈多愈不易為人所誤。例如並不是每位上師都可以傳大圓滿，可是卻有一些上師只用生起次第的教法，便說是傳授大圓滿，由讀本書即知生起次第只屬於大瑜伽，跟無上瑜伽的大圓滿有一段距離，那就可以對傳生起次第的上師質疑。

　　除此之外，由本書敘述的祖師傳記，即能理解觀修的次第，書中說及一些上師，致力攻一難關，及至得空行母之助才能渡越，讀者假如修密，便應該將祖師的難關看成是自己的難關，可以檢討自己是否真的已能越此難關，抑或是並未超越而自以為超越，這樣就可以鞭策學人，腳踏實地來觀修密法。此如拙火未生，明點即不增，明點不增，修「四顯現」便只是虛談，這些都可以由祖師的傳記得到啓示。

　　說這段話，只是希望能喚起讀者對本書的重視，本書可以說是一本無瑕可擊的論著，以歷史為綱，以教法為緯，能得讀本書可以說是福報，本譯與之相比，實如燈光與陽光爭勝，是故無可再言，只感慚愧。

　　是為跋，也是續貂的狗尾。

　　　　西元二千又一十五年，歲次乙未，無畏談錫永敬跋。

附錄：西藏密宗編年

西藏密宗編年

談錫永編

前言

一

密宗傳入漢土，約可分四個時期。

西晉時，西域沙門帛斯梨密多羅（Po-Śrīmitra，？-343），於懷帝永嘉年間東來弘化（時約當西元四世紀初葉），譯出《大孔雀王神咒經》，《孔雀王雜神咒經》，為繙譯密乘法典的嚆矢。[1] 迄唐開元年間約四百年，這時期雖然屢有密宗經軌的繙譯，但頗無系統，可以視為密法東來的草創時期。

唐玄宗開元四年[2]，善無畏（637-735）、金剛智（671-741）及不空（705-774）三藏相繼來漢土弘化，所傳胎藏、金剛兩部，是印度密乘中的下三部密。無上瑜伽密（Anuttarayogatantra）經續猶未及傳來，便因法難而遽止。於是，「今其法盛行於日本，而吾邦所謂瑜伽者，但存法事耳。」（佛祖統紀）其後宋代施護、法賢等所弘密法，仍不出開元三大士的範圍。這時期，可視為下三部密——事密（Kriyātantra）、行密（Caryātantra）、瑜伽密（Yogatantra）的弘揚時期。

---

[1] 參黃懺華《中國佛教史》。
[2] 西元716年。

　　無上瑜伽密傳入漢土，始於元代。宋寶祐元年[3]，八思巴
（Bla ma 'Phags pa Blo gros rgyal mtshan, 1235-1280）為元世祖
授戒，奠定了弘法的基業。以後元代君王，屢次迎請「薩迦
派」（Sa skya pa）法王來國，尊為國師，且委託薩迦四世祖
薩迦班智達及八思巴代為制定蒙古文字，其景仰尊崇可知。
但密法亦僅限於皇室之內流播，蓋已視為禁臠，民間不得與
聞。明代開國之初，封「薩迦派」、「噶舉派」（bKa' rgyud
pa）、「格魯派」（dGe lugs pa）三派法王，然而漢土卻無
法行化。有清一代，皇室信奉藏密，雍正且捨其為王子時之
潛邸作藏密道場，此即今之「雍和宮」。格魯派喇嘛雖受供
養，但密法亦僅流播於皇族之內。這段悠長的時期，可視為
無上瑜伽密受漢土皇室供奉的時期。

　　清代鼎革，白普仁喇嘛（1870-1927）及多傑覺拔尊者
（1874-？），始將密法行化漢土民間。班禪釋教法日（Paṇ
chen Thub bstan chos kyi nyi ma, 1883-1937）、諾那呼圖克圖
（Nor lha bla ma，即 mGar ra bla ma 'Phrin las rgya mtsho, 1865-
1936）、貢噶法獅子（Gangs dkar rin po che, 1893-1957）等大
師亦相繼來漢土行化。從此，藏密在漢土民間一時大盛，研
究佛教的學者，亦開始矚目西藏，尋且發現，藏文大藏經甘
珠爾及丹珠爾兩部，頗多漢文大藏經未譯的經典[4]，更因印度
佛教衰落，經籍凋零，則西藏所存經論，實已成孤本，故繙
譯、研究西藏佛學，亦成一時風尚。這段時期，可視為西藏
密宗在漢土民間流播的時期。

　　藏密在漢土民間流播，既不過是百年間事，因而，在流

---

[3]　西元1253年，元憲宗三年。

[4]　呂澂《西藏佛學原論》，大千出版社。

播過程中，便存在著一個重大的缺點，此即為理論與修持脫節。

西藏密宗，並不如一般人所想，但重修持不重理論。歷代大德研究顯教的般若、中觀、唯識、因明等學，成就極大，較印度古德不遑多讓，而且能建立起獨特的學術系統。但密法本身原為修持的法門，倘非親修實證，即無法領會其中真諦，依文字研究，到底搔不著癢處。然而修持傳授，原以「口耳傳承」為主。文字語言，都屬戲論，即大德們建立起的學術系統，原也只為修持奠基。因而，密法的真相，根本無法以經論確切表詮，即或有著述，仍需上師的口訣補充，而整個密法的內容，即口訣亦不能和盤托出，尚有待行者自己體驗。在這情況之下，浩如瀚海的密法，便難得到有系統的整理與傳授。東鱗西爪，各染一指，全鼎始終難嘗。即藏密法王行化，區域雖廣，卓錫之期究屬短暫，由是行化高潮既過，其後遂逐漸造成誤解。有等學人，或囿於見聞，或格於宗派，於是乃持前人尚未完全成熟的研究，妄下結論，甚或斷章取義，對藏密醜加詆毀。情況更惡劣的是，批評者既以佛教徒的身份執筆寫學術面目的著作，而毀密法於曲筆之間，則其影響更壞了。

藏密在歐美各國流播的情況，反而較令人滿意。因為向本國介紹西藏密法的學者，都曾經實際修待，甚至有打算終身居藏地不復返鄉土的。此中著名的學者，本身固具哲學素養，更對密法曾經實證，所以出版的著作，雖有時為了守戒的緣故，說得曲折委婉，有時過於自信一己的經驗，說得較為武斷，但究竟是以過來人之身說法，所以比與西藏有切膚之親的漢土著作，一般來說，較能鞭辟入裏。

檢討起來，這種情況是令人慚愧與痛心的。

　　所以發生這種情況，除了實修與非實修之外，另一主要的原因，是因為藏密在漢土植根較淺，不若佛教其他宗派之源遠流長。明理的各派宗師，當不會排斥教內的他宗，但難保沒有一些急功近利，切於成名的人，僅憑自己的一知半解而作譁眾取寵之談。在歐美的情況不同，基督教尤其是天主教的宗教哲學家，正急於向東方的宗教汲取實際修持的經驗，以補充西方宗教之不足，因此不但迎請佛教與印度教的學者赴彼邦講學，而且更派遣學者往東方求法。也許他們的動機並非百分之百的純正，但動機既在學習，自然就不會作種種的歪曲。

　　因此，我覺得，要使西藏密宗的教、理、行、果，能使世人知其真相，首先要消除心理的隔膜。倘一旦世人了知藏密的源流與歷史，則將能消除成見，不視藏密為佛教中的異黨。

二

　　重視上師的歷史，原是西藏密宗的優良傳統。藏密信徒，以上師行化、修持的事蹟作為寶貴的經驗，恍如森林行腳，以前人的足跡為嚮導。因此，在西藏原流傳着相當數量的祖師傳記：多羅那他（Tāranātha，1575-1634）、布頓甯波車（Bu ston rin chen grub, 1290-1364）、郭譯師‧童吉祥（'Gos lo gZhon nu dpal, 1392-1481）等大師所著的印藏佛教史乘，尤素為學者所重視，儘管這些不是基於所謂理性態度的近人著作。

　　庚戌秋，劉師銳之化了四年時間繙譯的《西藏古代佛教史》脫稿。原書是在西藏素負文名，掌西藏王室文獻有年的甯瑪派法王敦珠甯波車（bDud 'joms 'Jigs bral ye shes rdo rje,

1904-1987）所著，於西元1965年在印度噶林邦出版。劉師是他的傳承弟子。蒙劉師青眼，允許我先讀譯稿。書中記敘甯瑪派古德的歷史逾百，更寶貴的是，其中一章，記載了約百則上師大德的紀年。今人治藏史，每苦年代難稽，則此紀年雖未稱完備，亦自稀有。因此，我發願更稽鉤其他藏土史乘，稍事增益，編述〈西藏密宗編年〉。藏人談史，喜稱其貫串如珠鬘，則編年之作，亦取其貫串之意耳。另外一層的意思，則希望讀者閱讀的重點既放在年代上，當從而知藏密之源遠流長。倘細加比較，或亦可稍窺各派興替、次第流傳的經過。

當然，編年之作，有異於通史，其間即或是重要大事，倘年份模糊，亦無法編入。此體裁所關，事難兩全。因此，簡略地向讀者介紹西藏密宗的源流和各重要派系的歷史，雖嫌多事，或亦稱便。

三

呂澂著《西藏佛學原論》稱：「**密乘學系，通途皆歸之龍樹。**」此「**通途**」之說，其實未盡藏密源流。因為呂氏所說，僅據多羅那他大師所著《印度佛教史》一書，而沒有利用多氏另一專門介紹密乘傳承的《七系付法傳》。倘據呂氏所言[5]，密乘的世系可表列如下：

此中娑羅訶，呂氏謂「**其人即婆羅門羅睺羅跋陀羅，疑為提婆弟子之訛傳也。**」這位娑羅訶，在《七系付法傳》中：

5　《西藏佛學原論》，頁10。

「大手印教授」的世系中也有出現，確然是龍樹之師，茲將此世系表列如下：

釋迦 —— 大迦葉 —— 阿難 —— 末田底迦 —— 商那和修 —— 優婆崛多 —— 提地迦（有媿）—— 訖里瑟拏（上座黑）—— 羅睺羅（薩羅訶，即娑羅訶）—— 龍樹 —— 舍婆梨（小薩羅訶）

向來知道，提婆是龍樹的弟子，而今密乘世系中，龍樹（Nāgārjuna）卻是娑羅訶（Saraha）的弟子，娑羅訶倘若真是羅睺羅跋陀羅（Rāhulabhadra）的話，他分明是提婆的法嗣，這樣一來，龍樹反而變作提婆的再傳弟子了。

要解決這問題，呂氏乃疑弘大乘的龍樹與密法的龍樹並非一人。據《勝利天鼓雷音 —— 金剛乘教法史》，確另有一聖龍猛[6]，為教派修部大導師，與通途所傳弘大乘的龍樹並非一人。然而這位大師行化的時期，在西元前七百餘年頃，比大乘龍樹的行化時代更早，更不應是提婆的再傳弟子，故此問題的答案，仍屬虛懸。

幸而在《七系付法傳》的第六系「辭句傳承」中，我們卻可以找到答案。此系傳承如下：

龍樹 —— 提婆 —— 羅睺羅 —— 月稱（Candrakīrti）—— 光生（Prabhakara）—— 智稱（Jñānakīrti）—— 扇底波（桑提巴，Śāntipā）

原來，在此世系中的羅睺羅，才是提婆（Āryadeva）的弟子，才是婆羅門羅睺羅跋陀羅。而大手印傳承中的娑羅訶，

6　按，龍猛與龍樹通譯。

雖亦名為羅睺羅，卻不是羅睺羅跋陀羅，因而可作龍樹的上
師。這位龍樹，既是提婆的上師，自然也就是弘大乘的龍樹菩
薩了。龍樹向被認為是八宗宗師，兼弘密乘，並不奇怪。

　　現在反過來再看「大手印教授」的世系，約釋迦至龍
樹，已經九傳，可見密宗世系源流之遠。而且大手印心法，
原就與在漢土流行的禪宗心法相似[7]。據禪宗的歷史，釋迦拈
花，迦葉微笑，這種以心印心的「教外別傳」，自當以釋迦直
傳迦葉為傳承世系，則似與大手印的傳承，又有相當的關係。

　　可見密宗源流古遠的，不止大手印傳承一系，復如「業
印傳承」，其世系如下：

　　據敦珠甯波車《勝利天鼓雷音 —— 金剛乘教法史》，則
由渣王（rGyal Po Dza，中因渣菩提（Indrabhūti），《七系》
作因陀羅部底）傳下的，共有三系：

　　一、大幻化網傳承

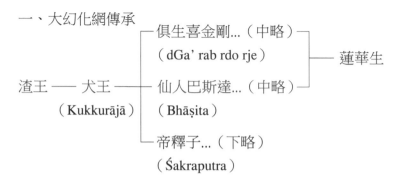

7　詳見劉師銳之《諸家大手印比較研究》。

二、大樂光明傳承

渣王——闍爛陀梨波（Jālandharipā）——黑行者
（Kṛṣṇacārin）......（中略）...... 諦洛巴（Tilopā）——
那諾巴（Nāropā）......（下略）

三、事業手印傳承

渣王 ── 牛首天女（Gomadevī）── 犬王 ......（下
略）

由上述種種傳承，皆可見龍樹菩薩並非密乘的第一位宗
師，因傳承的起點，均比龍樹的行化年代要早得多。

有人為了影射密乘是非佛說的，來歷莫明其妙的宗派，
於是抓著了呂氏的一言半語，硬把龍樹放在「無上瑜伽密」
的起點 ── 其實呂氏本人並未作此論斷 ── 居然編列世系，
斬斷龍樹以前的傳承，則未免跡近狂妄了。他的根據，是認
為多羅那他尊者說過「密乘學系，通途皆歸之龍樹」的話，
誰知，這只是一場誤會。

原來，呂澂《西藏佛學原論》中有這樣的一段說話：

密乘學系，通途皆歸之龍樹。按龍樹之學，又出於
娑羅訶（見多氏《印度佛史》第二十二章，刊本八
十三頁）。

依呂氏之意，見於多羅那他《印度佛教史》的，只是
龍樹之學出於娑羅訶這點，而非「密乘學系，通途皆歸之龍
樹」這見解。而讀書者不小心，將兩句連讀，又未依呂氏提
出的頁數翻閱原書，便弄出多羅那他也以龍樹為密教源頭的
笑話了。

　　平情而論，密宗在印度確為較後起的宗派，但倘如肯依據經續立說，則把密宗的源頭起自釋迦，亦不為過。（或論者以為這些經續不可靠，則難怪近代有些研究民俗學的學者，認為並無釋迦其人，僅是由月神崇拜的民間傳說，所衍化而成的故事中人物而已！）

　　與釋迦同時的鄔金國王因渣菩提（《七系付法傳》譯作因陀羅部底），自是受授密法的重要人物。這時，最遲也應是西元前五世紀的事。—— 這是根據南傳小乘所傳的釋迦行化年代推算，倘若按北傳大乘的說法，則時間更應推前。

　　據多羅那他《印度佛教史》，密宗的開始流播，是在西元二、三世紀頃，無上瑜伽密的流播，更遲至西元七世紀頃。倘云藏密起源如此之早，然則何以中間卻出現這幾百年的空白呢？

　　大概，這由於是「口耳傳承」的緣故。正以傳承、修持均出於「隱密」，所以就非至時代極度需要，即所謂「機緣成熟」時，不能顯揚，也不必顯揚。

　　印度佛教後期（西元七世紀中葉），政治上，崇信佛法的王國衰落；宗教上，須與著重修持的印度教瑜伽師一較長短，這就形成密宗勃然興起於孟加剌波羅王朝的歷史因素。

　　波羅王朝歷代崇信佛法，在政治上，佛教自然受到保護，而為了要對抗瑜伽師，則僅持大乘空、有二宗的理論已感不足，非拿出佛教中實際修持的法門，不能滿足信徒的求知欲。比較起來，在實修上，密宗的次第井然，善巧方便的法門也特多，因而便更適合當時的環境。—— 密宗由隱密而顯揚，恐怕這是一重大的因素。

　　事實上，當時佛教的大德，因不能折伏外道而至道場被毀，比丘改宗，信徒改信外道的情形，時有發生。西元七世紀頃，北印度的婆羅門鳩摩羅（Kumarajiva）、南印度的婆羅門商羯羅（Śaṅkara），重新發揚婆羅門的哲學奧義，對佛哲學大加攻擊，而佛教學者既無人能辯論取勝，自然便有許許多多「法難」發生。因此，佛教後期的歷史（西元七世紀至十二世紀），是密宗大師活躍的年代。也可以說，正由於密宗的起而對抗，才形成五百年偏安之局。直至回教軍隊勢力深入，密宗的大師因政治因素紛紛避地，佛教在印土始告一蹶不振。

　　但是，如果認為印度後期的佛教，是密宗居主流的年代，因而以為佛教亡於密宗，這說法就極其不淨了。這是不把政治環境與宗教興衰聯繫起來觀察，似有失客觀研究的態度。

四

　　密宗由印度傳入西藏的年代，至早可推至西元433年（宋文帝元嘉十年）。是年，密乘經續及法器（《拜懺百印經》或《諸佛菩薩名稱經》、《寶篋經》、「六字大明」及金塔等），已由印度傳入[8]。此已概括了持誦、修證、供養及懺悔等教法。

　　然此時藏土，因流行的原始宗教 —— 苯教（Bon，俗稱「黑教」）勢力龐大，則佛法之弘揚受到了窒礙，自是意料中的事，故直至西元七世紀初葉，藏王松贊干布（Srong btsan

---

[8]　參考「編年」該年條。

sgom po，569-649?/605-649?）執政時期，佛法始得流播藏
地。考其因緣，約有四端：

一、松贊干布十五歲時，化身比丘阿慧戒於旃檀樹下、象
　　群臥處，取得十一面觀音像。比丘將此像呈獻松贊
　　王，此為藏地有佛像之始。

二、松贊王迎娶尼泊爾赤尊公主（Bal mo bZa' khri btsun）
　　及漢土文成公主，因兩位公主都崇信佛教，故經箱佛
　　像皆隨之而來藏土。

三、兩位公主分別建造寺廟，為西藏有佛廟之始。

四、松贊王從印度迎請古沙那阿闍梨；從尼泊爾迎請戒文
　　殊；從漢土迎請和尚摩訶衍，來藏土講譯經續，為西
　　藏有佛學及譯場之始。

但此時佛教之傳播，仍未見普及，「唯王曾向諸具緣眾暗
中秘傳大悲者之寂忿相教法，具緣眾隨而修習此等教授。」[9]

藏土佛教之隆興，當在藏王赤松德贊（mNga' bdag
Khri srong lde'u btsan，742-c.800）時代。赤松王於西元
749年（唐玄宗天寶八年己丑），迎請印度顯教堪布寂護
（Śāntarakṣitā，725-788）入藏，但寂護無法對抗原始苯教的巫
術，亦無法糾正苯教徒對鬼神的崇拜，因而，於天寶九年庚
寅[10]迎請蓮華生大士入藏。這不僅是西藏密宗的大事，西藏佛
教，也從此確立起穩固的基礎。

蓮華生大士於西藏建立密宗之後，數百年間，藏密發展

9　參《勝利天鼓雷音 —— 金剛乘教法史》第三品。

10　西元 750 年。

成立五大主要宗派：

　　　　寧瑪派（rNying ma pa，藏密舊教，俗稱「紅教」）

　　　　迦當派（bKa' gdams pa，藏密新教）

　　　　薩迦派（Sa skya pa，由寧瑪派發展出來的新教）

　　　　噶舉派（bKa' rgyud pa，俗稱「白教」）

　　　　格魯派（dGe lugs pa，俗稱「黃教」）

　　倘將此五大主要宗派的傳承關係表解，則當如下：

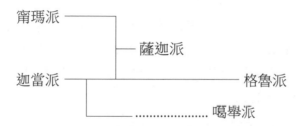

　　此表解示知：寧瑪派與迦當派，為西藏密宗新舊兩大教派；薩迦派與寧瑪派關係甚深，其初祖之先傳十代，均為寧瑪派弟子，其後吸收新教的學說，而另創此派；噶舉派頗受迦當派的學說影響，但修持上另具特色，故用虛線表示；格魯派則為遙承迦當派傳統的教派。

　　至於此五大宗派的創派年代及創派初祖，可表列如次：

派別	創派年代	創派初祖
甯瑪派	西元八世紀	蓮華生大士（Padmasambhava）
迦當派	西元十一世紀初葉	阿底峽尊者（Atīśa）
薩迦派	西元十一世紀中葉	款‧至寶王尊者 （'Khon dKon mchog rgyal po）
噶舉派	西元十一世紀初葉	麻巴祖師（Mar pa）
格魯派	西元十四世紀	宗喀巴大士（Tsong kha pa）

此五大宗派中，大概以薩迦派在元代時，格魯派在清代時與漢土的關係較深。如見於元史的大寶法王八思巴（發思巴），即為薩迦派的第五祖；清代不次冊封的達賴與班禪，即為格魯派法統的法王。

甯瑪派的蓮華生大士，和迦當派的阿底峽尊者，是西藏密宗的兩大支柱。

篳路藍縷，開創維艱，在蓮華生大士的時代，主要的對抗對象，是信奉天神、盛行巫術的苯教，因而此時實際的修持儀軌，比佛學理論的需要來得更大 —— 這也正是顯教的寂護無法在藏地立足的原因，故蓮華生大士在西藏行化，率以實修為主，只留下即身成佛的修持法門，至於佛學見地，則多成為巖傳，因為這些見地都屬究竟見，在傳法初期實難傳播。

三百年後的情況已然不同，在實修實證上，佛教已在西藏奠下了深厚的基礎。這時，理論之闡弘已成佛教徒所渴求的鵠的，故阿底峽尊者遂應時而生，以學術為主，遺留後世以《菩提道炬論》等佛學名著。我們可以設想，倘若在蓮華生

大士的年代，高談佛學，在阿底峽尊者的年代，一味修持，則他們兩位的聲譽，未必會如現在之隆。釋尊說法，尚言對機，則時代的需要，實不能不予重視。假如不顧歷史環境，而只據史實及學術評價，對這兩位大師有所軒輊，則只是片面理解而已。

平情而論，自蓮華生大士之後，甯瑪派曾受朗達瑪王的摧殘，其時喇嘛避地，僅少數白衣居士傳教，後來佛學由西康反哺，但中經離亂，恢復的恐已不全是舊觀，則阿底峽尊者理論的輸入，自是中興藏密的興奮劑。然而甯瑪派的價值，並不因此而有所貶損。

阿底峽尊者之後三百餘年，約當明成祖永樂年間，宗喀巴大士遙接阿底峽的傳承，創立格魯派，亦是西藏密宗歷史上的大事。

宗喀巴大士，是實修與學術並重的。在修持上，他曾潛跡大雪山中修行；在學術上，他有《菩提道次第廣論》等著作傳世。據呂澂的評價：「宗喀巴大士之學自明季迄今，六百餘年流行未替。藏中學者雖以派別之殊，研學方便容有異軌，但以宗喀巴之說，組織完滿，超越古今，推論正宗，獨繫於此。」可謂推崇備至了。

呂澂又以為，宗喀巴大士之學，有二特點為漢傳學說所未嘗見：「其一，備具印度晚期大乘之風範，而極置重於實踐也。」「其二，即以實踐為據，而於諸家有所抉擇組織也。」[11]

---

[11]　參《西藏佛學原論》第四章。

　　宗喀巴大士這種置重實踐的作風,當與其幼年曾受薩迦派的教導有關,因為薩迦派原就是承接甯瑪派那種注重實修風範的教派。因此,宗喀巴大士的格魯派,雖然在學術源流上遙接阿底峽的統緒 —— 其《菩提道次第廣論》所論述的次第,與阿底峽的《菩提道炬論》大致相同。但在修持上,則仍抉擇舊教的遺規 —— 這從格魯派的後代傳承弟子,仍常從甯瑪派聞法的事實,可以約略窺見。彼此的修持儀軌不容公開,故後人無法詳加比較其異同而已。由此可見,假如稱宗喀巴大士為西藏密宗的集大成者,似亦不為過。

五

　　本〈編年〉之作,主要根據敦珠甯波車的《勝利天鼓雷音 —— 金剛乘教法史》,雖然也曾參考其他的西藏史乘著作,儘量將其他教派的歷史編年補入,但在份量上仍以甯瑪派的上師大德之紀年為多。這自然是因為手頭上其他教派的史料較缺乏,而事實上,甯瑪派的統緒也較長,故稍覺有輕重軒輊,原非出於編者的本意。

　　編年不同於傳記,也不是紀事本末,所以很多藏乘史實,難以系統介紹。為彌補這缺陷,已儘量於各年條下,附加【案】語。這種做法,似未影響體例。

　　其中編年若干則,曾做了相當的考證工夫,因不欲費詞詳述,以免輕重倒置,把歷史的編年變作考證的文字,故在大多數情況下,只注出編年依據的資料,而並不說明屏棄其他異說的原因。至於敦珠甯波車原有紀錄的年份,仍絕大多數採用,且為省篇幅計,不一一注明出處。

　　據西藏曆法慣例,年份是用五行陰陽生肖表出,與漢土

的干支紀年無異。如今年干支「乙未」，藏地當記作「陰木羊年」，蓋天干乙為陰木，地支未則肖羊也。由此紀年換作干支以推算年份，除了核計屬於那一甲子較為麻煩之外，倒甚便於與漢曆的相當年份對照。

關於譯名，則以所徵引的文獻，盡多同名異譯，為統一計，悉以《勝利天鼓雷音 —— 金剛乘教法史》漢譯本為依據。除整段抄引其他文獻外，倘只屬引述，則均將原譯名更改，俾省注釋之煩。

編年上：六十勝生周以前

- 西元前962年，周穆王四十年己未

  六月十五夜，釋迦入母摩耶夫人胎。

  藏曆稱此己未年為「義成年」。這是為釋迦出家前稱「一切義成王子」之故。

- 西元前961年，周穆王四十一年庚申

  四月初七日晨，釋迦降生於迦毗羅衛城（Kapilavastu），藍毗尼園。

  【案】藏曆與漢曆因月有大小故，時有一二日的相差，故漢曆以四月初八日為釋迦誕日，亦與敦珠甯波車於《勝利天鼓雷音 —— 金剛乘教法史》（以下簡稱《天鼓雷音》）中所記，無甚異也。

  關於釋迦生年，異說紛紜，頗難確定，一般

　　　　　　　學者均擬先確定釋迦的寂年，再上推以求其
　　　　　　　出生年份，有關資料，可參看西元前881年
　　　　　　　條。

・西元前943年，周共王四年戊寅

　　釋迦年一十九歲。

　　十月初八日，初夜，釋迦出家。

・西元前937年，周共王十年甲申

　　釋迦年二十五歲。

　　四月十六日，清晨，釋迦成佛。

　　越四十九日，釋迦於鹿野苑轉四諦法輪。

　　釋迦子羅睺羅，住母腹六年，於釋迦成佛時生。阿
　　難（Ānanda）尊者同時降誕，故名「慶喜」。

　【案】　據敦珠甯波車引《佛說法集經》，阿難尊者
　　　　　將一切法，造成永久經卷，嚴藏而供養之。
　　　　　此說與甯瑪派的伏藏法統，頗有淵源，故亦
　　　　　將阿難尊者生年附記於此。

・西元前932年，周共王十五年己丑

　　羅睺羅年六歲，始與釋迦相見，有《父子相見經》
　　記述此事。

・西元前881年，周夷王十四年庚辰

　　三月十五日，午後，釋迦於南印度巴丁遮本，傳無
　　上密乘。

【案】　據多羅那他《七系付法傳》，南印鄔金國王大因渣菩提，曾親見佛面，得受無上瑜伽密法，從此密乘流入人間。事實上，無上瑜伽密的經續，亦以出於鄔金國者為多。大因渣菩提受法之事，未知即本條所記者否？

又案，鄔金國，《西域記》作鄔仗那（Oḍḍiyāna）；法顯《佛國記》作鄔萇國。其都即今之孟加剌。

四月十五日，初夜，釋迦示寂，世壽八十一歲。

【案】　關於釋迦的生寂年份，向來難有定說。梁任公（啟超）據歐洲學者的考證，及費長房《歷代三寶記》中「眾聖點記」的故事，推斷釋迦寂於西元前485年[12]。唯費長房於《歷代三寶記》則另有一條說：「魯春秋，莊公七年，夏四月辛卯夜，恆星不見，夜中星隕如雨。案此即如來誕生王宮時也。」這是以釋迦生於西元前682年，與「眾聖點記」的推算相差很大。日人藤井宣正，於《佛教小史》第一卷，列舉佛寂滅年份之諸家異說，凡四十餘種。大抵屬於大乘教派的漢土及日本，多傳佛寂於西元前一千年頃；小乘的錫蘭，則多認定佛寂於西元前五百餘年；同屬小乘的緬甸，則傳佛寂年代為西元前四百餘年。

---

[12]　參梁氏《佛陀時代及原始佛教理綱要》。

近世界佛教徒友誼會第三次大會，通過以西元前544年為佛寂紀元之元年，則頗采錫蘭之說，然其實仍未成為定論。

今敦珠甯波車以佛寂於此年，所代表的，是藏密甯瑪派的觀點。且藏地曆法略如干支紀年，於前己未歲，特標曰「義成年」，自當有傳說上的依據。其實，以干支作參考，亦不失為考證釋迦生寂年份的一個方法，則此條資料，或對教史的研究有所幫助。

佛寂第一年。

【案】藏曆紀年，於佛寂滅後，六十勝生周前，都記曰「佛寂若干年」。《天鼓雷音》云：「有等通教曆者，從佛陀涅槃後之下一年起，計算教法直至現今之時序，然而所有大學者皆從涅槃之年起計。」故特為標出，以便推算以後的年份。

‧西元前877年，周厲王二年甲申

五月初十日，西藏密宗開祖蓮華生大士（Padmasambhava）誕生。旋為鄔金國崇法宰輔持黑（Kṛṣṇadhara）迎請入宮，國王因渣菩提認之為王子。

【案】關於蓮華生大士的生年，亦有多種說法。諾那呼圖克圖口述《蓮華生大士應化因緣聖跡記》，以大士降誕於佛寂後八年；美國伊文思‧溫慈博士編譯之《蓮華生大士傳》，雖

未明言大士降誕年份，卻引用佛授記之頌
偈，有佛寂後十二年，大士誕生之說。敦珠
甯波車記本年為「佛寂第五年」，而未詳出
處。然諾那活佛亦以大士為申年出生，則正
合本條所記。關於大士生年為佛寂後若干年
的差歧，想其緣由，實由於佛寂年份未曾確
定之故。推定申年為蓮華生大士的誕年，料
當可符合西藏密宗的觀點。

又，據《七系付法傳》，較大因渣菩提王
時代稍後者，有密宗大成就者大蓮華金剛
（Padmākara），再傳而至中蓮華金剛（海
生金剛，Saroruhavajra），迨後始為蓮華生
大士。傳內大、中兩蓮華金剛的行化事蹟，
亦多見於今傳之蓮華生大士廣傳內。由此推
測，似乎西藏密宗是把三尊同視為一。這
與其說是錯誤，毋寧把它看作是法傳統的表
示，似更得其真。

關於迎請蓮華生大士入宮一事，據《敦珠上
師降生傳記》（劉師銳之譯），持黑實為敦珠
甯波車降生之第四世（今則為第十八世），
亦為面見大士之第一人。

· 西元前873年，周厲王六年戊子

密主金剛手於摩羅耶山頂，為「天持明」具稱勝
護（Yaśasvī Varapāla，Grags lDan mChog sKyong）、
「龍持明」安止龍王（Takṣaka）、「藥叉持明」
燄口（Ulkāmukha）、「羅剎持明」慧具方便

（Matyaupāyika）、及「人持明」離車子維摩詰
（Licchavi　Vimalakīrti，無垢稱）等五大持明，轉密
乘法輪。

【案】　根據西藏密宗舊教的說法（這包括甯瑪派與
　　　　薩迦派的觀點），密法在世間傳播，有兩個
　　　　系統，一為「持明表示傳承」；一為「補特
　　　　迦羅口耳傳承」。本條所記，即屬前者。從
　　　　狹義言，此「持明傳承」與現傳密法的關
　　　　係，遠不若「補特迦羅傳承」的密切。

・西元前854年，周厲王二十五年丁未

　　密主金剛手（Vajrapāṇi）以密乘經續降下，賜薩霍惹
　　渣王。

・西元前782年，周宣王四十六年己未

　　法王阿育王（Aśoka）生。

【案】　關於阿育王之出生年代，於佛教史中亦屬疑
　　　　團。有學者以為不止一阿育王，此蓋便於調
　　　　和諸異說耳。本條紀年，距釋迦示寂剛為一
　　　　百年，則似係根據「授記」而定。

・西元前781年，周幽王元年庚申

　　西藏海已涸為平地，林木生長，藏地已完全完成。

【案】《新唐書吐蕃列傳》：「吐蕃為西羌屬，蓋百
　　　　有五十種。」至於西羌的來源，後漢書《西羌
　　　　傳》曰：「西羌之本，出自三苗。羌、姜姓
　　　　之別也。其國近南岳。及舜流四凶，徙之三

危。」推源及始，則藏族本為三苗的後裔。
帝堯在位時，舜放三苗於三危，約當西元前
二千二百餘年。此條紀年，則似可視為羌族
輾轉遷入藏土之始。

・西元前721年，周平王五十年庚申

聖者龍猛（龍樹，Nāgārjuna）誕生。

【案】　此聖者龍猛，非是作為提婆之師的龍猛菩
薩。此於《天鼓雷音》中已有說明。龍猛菩
薩雖然也是密乘宗師，但其行化年代，約為
西元二、三世紀頃。本條所記的聖者龍猛，
為密乘教派修部的大導師。

・西元前716年，周桓王四年乙丑

大乘導師俱生喜金剛（dGa' rab ɪdo rjc）誕生。

【案】　無上瑜伽密分「生起次第」、「圓滿次第」
及「大圓滿」等三部份，其中「大圓滿」尤
為甯瑪派的最高心法。俱生喜金剛在大圓滿
傳承系統中，居主要地位。此師在家時，稱
最勝心王子，傳為金剛薩埵（Vajrasattva）化
身。

・西元前710年，周桓王十年辛未

俱生喜金剛年七歲，與外祖父優婆王（Uparāja）所
供養之五百福田學者辯論，使學者輩心折。

• 西元前636年，周襄王十六年乙酉

　　俱生喜金剛年七十五歲，以大圓滿偈頌、教誨及隨
　　行教誨，傳文殊師利友（Mañjuśrīmitra）。大圓滿系
　　統至此光大。

• 西元前307年，周赧王八年甲寅

　　第一位統一西藏政權者，涅赤贊普（gNya' khri btsan
　　po）至藏地。

　【案】　據西藏史乘，自西元前781年以來，四百餘年
　　　　間，藏土分成四十餘部著，其後始為涅赤贊
　　　　普統一。贊普（bTsan po 或譯「贊波」），原
　　　　為堅固之義，藏人以此崇稱國王。

　　　　李翊灼《西藏佛教史》：「當周赧王二年戊
　　　　申，中印度有烏迪雅納汗者，釋迦族也；為
　　　　鄰國敗，東走雪山雅爾贊塘，號雅爾隆氏。
　　　　始建佛寺於卡伊蘭山麓，是為佛教輸入第一
　　　　緣。」此即涅赤贊普入藏事蹟的本末。藏史
　　　　每每以此贊普由天而降，則正如漢土神化堯
　　　　舜禹湯的誕生事蹟。又，李氏所言建佛寺
　　　　事，不知何所據而云。以理推測，當時尚是
　　　　苯教流行的時代，恐不容有佛寺興建。我們
　　　　寧可相信，松贊干布（Srong btsan sgom po）時
　　　　始有佛寺的說法。

• 西元元年，漢平帝元始元年辛酉

　　外洲導師耶穌基督誕生。

【案】　此條繫年，為敦珠甯波車原文。稱耶穌為
　　　　「外洲導師」，與藏密的宇宙觀有關。《大
　　　　乘莊嚴寶王經》卷一：「時觀自在菩薩，
　　　　告大自在天子言：汝於未來末法世時，有情
　　　　界中而有眾生執著邪見，皆謂汝於無始以來
　　　　已為大主宰。而能生出一切有情。」此段經
　　　　文，有如靈驗的預言。「創萬物者」為大自
　　　　在天，則稱耶穌為外洲導師亦甚貼切也。

• 西元20年，新莽地皇元年庚辰

　　無垢友（Vimalamitra）尊者誕生於西印度。

【案】　本條紀年，據多竹千（rDo grub chen）《無垢
　　　　友傳》。但研究起來，似乎尚有疑問。一般
　　　　藏史，都說尊者於百餘歲時為藏王赤松德贊
　　　　迎請入藏。赤松王是西元八世紀中葉時人，
　　　　是則尊者應誕於六世紀末或七世紀初。

　　　　又案，尊者在甯瑪派，具很高的地位。當甯
　　　　瑪派創立之初，尊者予蓮華生大士很大的助
　　　　力。漢土學人會感到興趣的，則是尊者曾到
　　　　五台山求法，傳法者為「吉祥獅子」（Śrī
　　　　Siṃha）。值得注意的是，尊者所受的法，竟
　　　　為全部內外密教誨之傳授。倘將來能更詳盡
　　　　的資料，或可藉此尋出密乘傳授途徑的史實。

　　　　據《天鼓雷音》，尊者住藏地凡十三年，主
　　　　持譯事，其後復返回五台山 —— 此殆尊者示
　　　　寂的暗示。據佛授記，尊者於藏土佛法未滅

時，每一百年示一化身於藏土。

‧西元374年，晉孝武帝甯康二年甲戌

二十八世藏王拉妥妥日年贊（lHa tho tho re gnyan btsan）誕生。

【案】 舊傳此王為第十四世，或傳為第二十六世。敦珠甯波車據《國王傳記》，定為第二十八世，當較漢土的舊說為可信。詳見西元730年條。

‧西元433年，宋文帝元嘉十年癸酉

拉妥妥日年贊年六十歲。

是年，西藏王宮降下密乘經續，為佛法來藏之時。

【案】 學者多疑佛法傳入西藏，始於東晉末年的說法為不可靠。今考，劉宋武帝於西元420年廢晉恭帝自立，距本年不過一十三載，則知東晉末年之說，尚屬可靠。

又，《天鼓雷音》另有較踏實的說法，當時密乘經續，係由印度覺護班智達（Buddhirakṣita）及提梨色譯師（Thilise）攜來，呈獻藏王。由是更知本年為佛法傳入之始，當屬不爭的事實。

‧西元617年，隋恭帝義甯元年丁丑

三十二世藏王松贊干布（Srong btsan sgom po）誕生。

【案】 於此王生年，漢土學者多從兩《唐書》紀事

逆推，於是便產生數種歧說。較近事實的，是陳天鷗氏《喇嘛教史略》的說法，稱松贊干布誕生於「丙丑」，約為西元615年云。今案，西元615年為隋煬帝大業十一年乙亥，而干支中例無「丙丑」者，當是「丁丑」之誤。——丙為陽火，丁為陰火，於引用藏曆時，易於淆亂。

· 西元639年，唐太宗貞觀十三年己亥

松贊干布年二十三歲。尚尼泊爾赤尊公主（Bal Mo bZa' khri btsun）。

【案】《天鼓雷音》暗示，王十五歲時，赤尊公主年八歲，則本年赤尊當為十六歲。

· 西元641年，唐太宗貞觀十五年辛丑

松贊干布年二十五歲。尚唐文成公主。

【案】《天鼓雷音》暗示，王十五歲時，文成公主年十二歲，則本年文成當為二十二歲。

藏人傳說，赤尊公主為顰眉度母化身，文成公主為綠度母化身。兩公主皆崇信佛法，入藏時攜同佛像經籍甚夥，故於藏土佛教，允為龍象。而自此藏地始興建廟宇，排除苯教，尋且廣開譯場，派子弟赴印度求學，並制定曆法、文字。今所用陰陽五行生肖紀年之法，即仿自漢土；而文字制作，則受印土影響。故敦珠甯波車稱，西藏之佛法及文化大門，皆由松贊王開啟。

・西元707年，唐中宗景龍元年丁未

三十五世藏王赤德祖贊（Khri lde gtsug brtan），向漢土請尚公主，中宗許以雍王守禮之女金城公主嫁之。

【案】 此條據兩《唐書》補入。《通典》記此王名乞犁悉籠納贊。

・西元730年，唐玄宗開元十八年庚午

三十六世藏王赤松德贊（mNga' bdag Khri srong lde'u btsan）誕生。

【案】 王為金城公主之子。其名於《舊唐書》作婆悉籠納贊，《新唐書》作婆悉弄獵贊。

關於藏王世系，漢地研究藏史的學者，常易感模糊，而於此王特甚。李翊灼氏，以為尚金城公主的就是此王，益見藤葛。呂澂既以松贊干布（原書作「弄贊甘普」）為三十世，而以此當三十五世，亦見失實。據《通典》，自松贊干布（《通典》作棄蘇農贊）傳乞黎拔布，再傳乞黎弩悉農，三傳乞犁悉籠納贊，四傳而至此王。則由松贊干布起算，至赤松德贊，祖孫五代王統而已。

格桑悅西編《西藏史講義》，亦以松贊干布為三十二世（參西元617年條）。倘由此上推，即可知拉妥妥日年贊為二十八世；由此下推，即可知赤松德贊為三十六世。

又，倘若根據《新唐書》計算，則赤松德贊當為十一世，松贊干布當為第七世，這是因為《新唐書》以藏土的第一世開國贊普為癡悉董摩的緣故。關於這點，可與法成《釋迦牟尼如來像法滅盡記》參較。記云：「爾時有一菩薩於赤面國受生為王。於自國內廣行妙法，從他國請其法師及經論。赤面國中，建立精舍，造窣堵波⋯後於異時有一菩薩，為赤面國第七位王，彼王納漢菩薩公主為妃，后將六百侍從至赤面國。」記中提及的兩位國王，前者當為拉妥妥日年贊，後者當為松贊干布。倘非兩書參較，則將誤以前者為松贊干布，後者為赤松德贊。赤松王尚金城公主的說法，可能就是由此引致錯誤的。

・西元749年，唐玄宗天寶八年己丑

赤松德贊年二十歲。迎顯教「堪布」寂護（Śāntarakṣitā）入藏。

【案】據《康藏佛教與西康諾那呼圖克圖應化事略》，寂護為土耳其人，在印度修顯教成就。李翊灼《西藏佛教史》，以蓮華生大士入藏之前，赤松王曾迎聘「中印度僧怛羅克西塔來藏宏教，號為善海大師。旋又聘來薩迦拉必滿（中印度人），錫羅滿（巴市勒人），鄂斯達同麻哈得幹（支那人）等，共譯經典，助揚佛化。」所記似失實，記中諸大德，應是文成公主來藏後迎請，年

代較赤松德贊為早。此可與金山正好《東亞佛教史》參較。金山正好以文成公主下嫁松贊干布後，松贊王兩度派子弟、大臣赴印，其後來藏土參加譯場的，有印度大德古沙那（Kusara）、婆羅門商羯羅（Śaṅkara），尼泊爾大德戒文殊（Śīlamañju），及漢土和尚摩訶衍等。李氏所提到的大德，與金山正好提到的，似是同名異譯。

• 西元750年，唐玄宗天寶九年庚寅

　　赤松德贊迎蓮華生大士入藏。

　　修桑耶寺。── 此為西藏密宗建立之始。

【案】 近人多據伊文思・溫慈之說，定蓮華生大士入藏之年為西元747年，較敦珠甯波車所記略早。又據西藏喇嘛登里勇眾冷忠《蓮華生大士夏曆每月初十聖蹟功德感應記》，大士於子月（按即十一月）初十日，由尼泊爾入西藏。

　　　　陳天鷗《喇嘛教史略》，以桑耶寺為赤松德贊二十二歲時興工。據此，則蓮華生大士入藏之年，約亦略當本年，可參考。

• 西元767年，唐代宗大曆二年丁未

　　大臣巴・顯明（sBa gSal snang，巴色朗）等七人出家，稱「預試七人」。此為西藏有僧伽之始。

• 西元772年，唐代宗大曆七年壬子

努・佛智（gNubs Sangs rgyas ye shes）誕生。

　　【案】　此師為西藏密宗「圓滿次第」之康派遠祖。
　　　　　　生平共承事上師二十六人——其著者，如蓮華
　　　　　　生大士，無垢友，及「生起次第」首傳導師
　　　　　　涅・智童（gNyags Jñānakumāra）等，都是顯
　　　　　　密二乘的大成就者。因此，努・佛智，可算
　　　　　　是藏密前期的集大成者。倘若從法系傳承來
　　　　　　看，後來甯瑪派各派宗師，幾乎都是努氏的
　　　　　　法嗣。

・西元788年，唐德宗貞元四年戊辰

　　赤松德贊示寂，世壽五十九歲。

　　【案】　此條繫年，據努・佛智簡史推。近人據兩
　　　　　　《唐書》，以赤松德贊之子乞立贊（木奈札
　　　　　　普，Mu Ne btsad po），於唐德宗建中元年（西
　　　　　　元780年）嗣立，故以為赤松王即卒於此年，
　　　　　　實誤。因為赤松王曾內禪於其長子，所以應
　　　　　　以其於本年示寂為是。

・西元804年，唐德宗貞元二十年甲申

　　蓮華生大士離藏土，往拂洲。

　　【案】　此即為大士示寂的暗示。—— 相傳拂洲為羅
　　　　　　剎國土。

　　　　　　又案，本年上距大士抵藏地之年，共五十四
　　　　　　載；而上距大士降生之年，已為一千六百八
　　　　　　十一載。依藏密上師的觀點，以為這是因為

蓮華生大士可以化身無量，所以可以示現一千餘年。相傳當大士示寂時，先由藏地乘天馬凌空，飛至西印度降落，為眾生說法後，再乘天馬飛拂洲。因此，現在藏人以大士寂於藏地，印人則以大士寂於印土。這種示現行相，自然有歷史的真實背景。再參考大士廣傳，其異名幾三十個之多，則這千餘年的歷史，似乎不是同一具肉身的歷史，而是蓮華生大士不同示現的總紀錄。

‧西元806年，唐憲宗元和元年丙戌

三十九世藏王赤熱巴堅（Khri Ral pa can，束髮者）生。

【案】 赤松德贊之後的世系，近人尤多紛紜。據兩《唐書》，其世系如下：

赤松德贊 —— 乞立贊 —— 足之煎 —— 可黎可足 —— 達磨（即朗達瑪，《舊唐書》未記此王）

依敦珠甯波車所記，赤松德贊生三子，長名木奈札普（Mu Ne btsad po），次名木如札普（Mu Rub btsad po），幼名木迪札普（Mu Tig btsad po）；木迪札普生五子，赤熱巴堅即其一。後赤熱巴堅為弟朗達瑪所弒。

檢閱奧伯米勒（E. Obermiller）譯，布頓甯波車著之《布頓佛教史》，可知乞立贊即木奈札普；可黎可足即赤熱巴堅（亦即今人所熟

知之藏王倈巴瞻）；達磨即朗達瑪（Glang dar
ma 'U dum btsan）。唯於足之煎王，殊難確
定，疑或即木迪札普。

赤熱巴堅為弘揚密法不遺餘力之第三位法王
（於藏密史乘，與松贊干布、赤松德贊並稱
「祖孫三法王」）。在位時，延印度大德來
藏，廣開譯場，事業過於前人。又訂每一喇
嘛食七戶賦稅的制度。此制於民未便，而其
尊崇密法的熱情，溢於文布之外矣。此王於
穆宗長慶元年（西元821年），與唐使劉元鼎
會盟，有「長慶聯盟碑」之立。史家以為此
即今立於拉薩布達拉宮前之「舅甥聯盟碑」。

・西元832年，唐文宗大和六年壬子

極明意樂（Bla chen dGongs pa rab gsal）大上師誕生。

【案】 極明意樂是中興西藏密宗的關鍵性人物。當
朗達瑪毀滅佛法時，西藏僧侶多避地鄰國，
藏密賴此得延一線。如僧法成，即於此時來
漢地。當時瑪・釋迦能仁（sMar Śākyamuni），
約・善現（gYo dGe 'byung）及後藏・極明
（gTsang Rab gsal）三人，避入康地，終衍成
後來大圓滿康派傳承一系。極明意樂即是這
三位古德的第一位弟子。他的傳人龍祖・戒
慧（Klu mes Tshul khrims shes rab）堪布，則直
接以密法反哺西藏。

‧西元841年，唐武宗會昌元年辛酉

四十世藏王朗達瑪篡立。

【案】 藏土傳說，松贊干布逝世前，曾預言將來繼
文殊王之後，將有獅子王即位，毀滅佛教，
迫害佛教信徒，燒毀佛經。[13]故藏人以朗達瑪
王即獅子王。

據《天鼓雷音》，當朗達瑪毀滅佛法時，
努‧佛智以神通攝伏之，故始許居士修行。
此後百餘年，藏密亦賴白衣延其一脈。

‧西元844年，唐武宗會昌四年甲子

拉隆‧吉祥金剛（lHa lung dPal gyi rdo rje）刺死朗達
瑪。

【案】 此師為蓮華生大士二十五大弟子之一。或譯
名吉祥金剛。朗達瑪死後，黨眾分裂，西藏
陷於內亂局面達百餘年，佛法仍時被厲禁。
黃奮生《邊疆政教之研究》云：「朗達瑪被
刺殺後，反佛教大臣立其嫡子母堅（相傳係
大妃購買之貧兒），奉佛教大臣立其庶子朗
德月松（光護），因此兩黨相攻，造成西藏
的大亂，政權分裂……直至唐末五代初葉七
八十年間，在政治上回復了松贊剛布以前的
部落分立狀態，在宗教上呈現了萎靡不振的
現象。…到了宋朝初年，佛教又漸漸復興起
來。」此殆實錄。

13　參陳天鷗《喇嘛教史略》。

・西元882年，唐僖宗中和二年壬寅

努・佛智示寂，世壽一百一十一歲。

・西元953年，後周太祖廣順三年癸丑

極明意樂大上師及弟子龍祖・戒慧等五人，由西康返前藏，作佛法之第二次弘揚。

【案】 龍祖的弟子，有四柱、八樑、三十二椽、一千椽板之稱，此蓋云其能將佛教重新建築在廢墟之上。弟子中，以大宿氏（lHa rje Zur po che，釋迦生）最為重要，後來衍成宿氏一系，不獨光大了康派傳承，而且紹續了努・佛智的法統。—— 大宿氏又是努氏的三傳弟子。

又，大宿氏之生年不詳，但曾從極明意樂受近圓戒，由此可略知其行化年代。

・西元958年，後周世宗顯德五年戊午

藏密第一位新派譯師寶賢大譯師（Lo chen Rin chen bzang po）誕生。

【案】 此師為西藏佛教復興後，赴印度求法的大學者。呂澂《西藏佛學原論》云：「……於是漸啟後傳佛學之新運。但秉持密法，雜入神道，利弊參雜，未云善也。厥時復有藏地額利王智光者，熱誠興學，思欲革之，遣寶賢等赴印修學以為預備，而學者大半病廢中道。」此可見求法的因緣。

又，最早期之伏藏師覺喇嘛（Sangs rgyas bla
ma），於此師年青時降生，茲亦附記於此，
以示甯瑪派嚴傳派勃興的年代，在佛法重興
之際。

‧西元982年，宋太宗太平興國七年王午

迦當派初祖阿底峽（Atīśa）尊者誕生。

【案】 阿底峽（或譯阿提沙），一名吉祥燃燈智。
據呂澂《西藏佛學原論》稱，為東印度奔迦
布[14]人。師為印度超嚴寺六賢門之一。六賢
門，猶六研究院的首座。又，據《七系付
法傳》慈威阿闍黎注文，阿底峽為那諾巴弟
子。《七系》中屬「光明教授」一系。由此
可見那諾巴弟子有「光明教授」及「大手
印」兩系。亦可由此可見阿底峽所創的迦當
派，與麻巴所創的噶舉派，二派具有淵緣。

‧西元988年，宋太宗端拱元年戊子

噶舉派祖師諦洛巴（Tilopā）誕生。

【案】 據根德 H. V. Guenther《那諾巴生平及其教
誨》導論。

又案，此師為那諾巴（Nāropā）祖師之師。

‧西元1012年，宋真宗大中祥符五年王子

噶舉派初祖麻巴（Mar pa）祖師誕生。

14 　案，此應即今之旁遮普。

甯瑪派嚴傳派大導師札巴・通慧（Grva pa mNgon shes），誕生於藏地約日中札境內之吉地（g.Yo ru Grva' skyid）。

【案】《天鼓雷音》記：「彼於土虎年孟秋七月十五日過午夜三刻後，於桑耶主殿中層之「寶瓶柱」內，取出大譯師遍照護所譯之《醫方明四吉祥續》之原典，謄錄完畢後，放回原處。」很難考出這是那一個「寅年」，故附記於此。

・西元1014年，宋真宗大中祥符七年甲寅

甯瑪派教傳派大導師小宿氏（Zur chung pa）誕生於後藏之伊如。

【案】此師為大宿氏之族侄，對教傳經、幻、心三部，都具大成就。他的弟子有四柱、八樑、十六椽、三十二桁之稱，與龍祖堪布先後輝映。蓋說者謂後期甯瑪派的密法，由小宿氏師弟建築而成。

・西元1016年，宋真宗大中祥符九年丙辰

噶舉派祖師那諾巴於四月初十日誕生於印度班高爾。

【案】那諾巴為麻巴（或譯馬爾巴）祖師之師。噶舉派教法即由麻巴傳入西藏。麻巴以密法傳木訥祖師（Mi la ras pa，或譯密勒日巴），木訥事蹟為漢土所諗知，尤以修大手印成就，見稱後世。追源溯流，那諾巴實為此派宗師。

‧西元1026年，宋仁宗天聖四年丙寅

小宿氏年十三歲，是年始承事大宿氏。

【案】　於師門中，小宿氏為「四峰」」之一「見地
　　　　與意樂之峰」。

那諾巴赴迦濕彌羅（Kashmir）求法。

【案】　此條繫年，據根德「那諾巴生平及其教誨」。

編年下：六十勝生周以後

‧西元1027年，宋仁宗天聖五年丁卯

《時輪金剛續》降臨藏土，由是年起，始以「六十
勝生周」紀年。

【案】　一勝生周為六十年，其紀年之法，略如漢土
　　　　之干支，不過用陰陽五行以表天干、十二生
　　　　肖以表地支而已。其輪替之法，亦一如漢土
　　　　之六十花甲子。

　　　　（附十天干表法：

　　　　甲 —— 陽木　乙 —— 陰木

　　　　丙 —— 陽火　丁 —— 陰火

　　　　戊 —— 陽土　己 —— 陰土

　　　　庚 —— 陽金　辛 —— 陰金

　　　　壬 —— 陽水　癸 —— 陰水

十二地支生肖：

子 — 鼠　丑 — 牛　寅 — 虎　卯 — 兔
辰 — 龍　巳 — 蛇　午 — 馬　未 — 羊
申 — 猴　酉 — 雞　戌 — 犬　亥 — 豕

例：陰火兔年 —— 丁卯）

勝生周始於丁卯，以後每屆丁卯，即記為「若干勝生周」，以示六十甲子之周而復始。譬如本年，依藏曆例，即稱「第一勝生周」。

又，《時輪金剛續》的降臨，在藏密是一件大事。據「《敦珠上師降生傳記》」，蓮華生大士曾授記，將來「時輪金剛剎土」出現，則佛法興隆，而「蔗戻車」（意為破壞佛法的殘暴統治者）消滅。敦珠上師將以再來之身，終成賢劫最後一佛。

・西元1033年，宋真宗明道二年癸酉

薩迦派初祖款・至寶王（'Khon dkon mChog rgyal po）誕生。

【案】　此條編年據伊文思・溫慈《西藏大圓滿心法》註腳。

・西元1037年，宋仁宗景祐四年丁丑

阿底峽尊者入藏行化，卓錫阿里。

【案】　關於尊者入藏年份，眾說紛紜不一，本條係

據呂澂《西藏佛學原論》的說法。因其與伊文思・溫慈所推定，尊者逝於西元1052年相較，前後相距16年，正與西藏史乘以阿底峽尊者行化西藏為15年餘的說法吻合。

伊文思・溫慈《西藏大圓滿心法》腳注，以為是西元1038年，則與尊者逝年相距不足十五年矣。同樣說法的，有陳天鷗氏的《喇嘛教史略》，稱：「1038年，印度的阿第沙尊者，以六十高齡，來到西藏。」

其餘望月氏的《佛教大辭典》稱1026年，阿底峽於超巖寺受請入藏，失諸太早；楠基道抄的《西藏之佛教》，定為1041年；黃奮生《邊疆政教之研究》，定為1050年，則失諸太晚，皆與西藏史乘很多史實發生衝突。

・西元1040年，宋仁宗康定元年庚辰

麻巴祖師皈依那諾巴。

【案】　見根德《那諾巴生平及其教誨》。

・西元1052年，宋仁宗皇祐四年壬辰

阿底峽尊者示寂，世壽七十一歲。其弟子種・導師紹承法嗣。迦當派已廣弘藏土。

【案】　本條繫年，係據伊文思・溫慈的說法。

木訥日巴（密勒日巴）尊者誕生。

【案】　此條繫年據張澄基譯《密勒日巴尊者傳》頁18，尊者誕於水龍年八月二十五日。

・西元1062年，宋仁宗嘉祐七年壬寅

大圓滿康派傳承大導師噶陀巴正士善逝（Kaḥ thog Pa dam pa bde gshegs）誕生。

【案】 噶陀巴生平共承事上師十人之多，成就之大，是稱為西藏密法之主要來源。從傳承系統來說：大圓滿心中心口訣康派傳承一脈，噶陀巴雖然比卓普巴年長，但實在是卓普巴的傳承弟子。[15] 甯瑪派在西康一地，亦以噶陀巴一系為最主要的傳承系統。

・西元1069年，宋神宗熙寧二年己酉

諦洛巴示寂。

【案】 據根德《那諾巴生平及其教誨》引。

・西元1073年，宋神宗熙寧六年癸丑

款・至寶王創立「薩迦派」，於薩迦建立經堂。

【案】 款・至寶王創「薩迦派」後，仍奉其遠祖款・龍王守護（'Khon Klu'i dbang po srung ba）為法統上的祖師。款・龍王是蓮華生大士的弟子，其下十傳，均以子嗣傳承為正系，弟子傳承為旁支，至款・至寶王始改祖制，這是因為得闍迦當派教法而有所更張。又，薩迦派於漢土，以元代時至為興盛。

・西元1074年，宋神宗熙寧七年甲寅

---

[15]　據凡達爾（Wandle）的《西藏之佛教》，引譯第五代達賴《聞法記》。

密主卓普巴（Zur sGro phug pa，宿・釋迦獅子，
Śākyasiṃha）誕生。

卓普巴之父，密乘修部大導師小宿氏，於卓普巴誕
後八月示寂，世壽六十一歲。

【案】 密主卓普巴遙承大教主無垢友傳承，為藏
密心要之主要來源。相傳為密主金剛手
（Vajrapāṇi）的化身，故亦尊稱為密主。

・西元1076年，宋神宗熙寧九年丙辰

噶陀巴主要傳承弟子後藏師（gTsang ston pa），於宗
夏誕生。

【案】 《天鼓雷音》記後藏師生於丙午，示寂於丙
子，而世壽九十，此當是筆誤。今噶陀巴一
系編年，係據第五代祖師首光本智十萬（dBu
'od Ye shes 'bum）之生寂年份逆推[16]，由此得
後藏師之生年，應是此歲。

・西元1078年，宋神宗元豐元年戊午

噶陀巴年十七歲，赴前藏從菩提獅子（Byang chub
seng ge）喇嘛出家。

・西元1079年，宋神宗元豐二年己未

塔波・月光童（塔波醫尊，Dvags po lha rje，岡波
巴）誕生。

【案】 此師為木訥日巴的傳承弟子，即岡波巴。其

16　詳見西元1194年條。

後噶舉派即由彼光大。此師之後，弟子眾衍成九派，於漢土明代時尤見興盛。

・西元1082年，宋神宗元豐五年壬戌

後藏師年十七歲，朝見噶陀巴且承事之。

・西元1087年，宋哲宗元祐二年丁卯

第二勝生周。

・西元1092年，宋哲宗元祐七年壬申

薩迦派第二代慶喜藏（Sa skya pa Kun dga' snying po）誕生。

【案】 受元太祖封為「圖伯特國王」者，即為此師。

・西元1094年，宋哲宗紹聖元年甲戌

說法師・黑地（lCe ston rGya nag）誕生於上仰境內。

【案】 說法師為密主卓普巴主要弟子之一。

・西元1097年，宋哲宗紹聖四年丁丑

藏曆正月初十日，大伏藏師悉地幢（dNgos grub rGyal mtshan，持明鵬翎者），誕生於納摩隆（sNa mo lung）。

・西元1100年，宋哲宗元符三年庚辰

那諾巴於一月初八日示寂，世壽八十五歲。

【案】 此條據根德《那諾巴生平及其教誨》編入。

‧西元1110年，宋徽宗大觀四年庚寅

帕摩竹巴誕生。

【案】 帕摩竹巴為噶舉派中一主要支流之初祖，其
後人於明代曾受冊封。

第一世大寶法王（rJe Dus gsum mkhyen pa，三時智）
誕生。

【案】 師為俱生喜金剛一系的主要弟子，從噶陀巴
聞受大圓滿而得成就。

‧西元1119年，宋徽宗宣和元年己亥

噶陀巴第二代慈十萬（Byams pa 'bum）誕生。

‧西元1123年，宋徽宗宣和五年癸卯

說法師‧黑地年三十歲，皈依密主卓普巴，由是承
事一十一年，盡得卓普巴心法。

‧西元1126年，宋欽宗靖康元年丙午

大喇嘛功德總持（Yon tan gzungs）誕生。

【案】 功德總持為說法師‧黑地之姪，又為其弟子。

‧西元1132年，宋高宗紹興二年壬子

噶陀巴於是年九月示寂，世壽七十一歲。

後藏師年五十七歲，繼噶陀巴為噶陀寺堪布。

‧西元1134年，宋高宗紹興四年甲寅

密主卓普巴示寂，世壽六十一歲。

· 西元1135年，宋高宗紹興五年乙卯

　　木訥日巴尊者示寂，世壽八十四歲。

　　【案】 此條據張澄基《密勒日巴尊者傳》，唯所記
　　　　　 木鼠年，當係木兔年之誤，蓋據本傳，尊者
　　　　　 於木虎年（甲寅）降伏操普，而翌年逝世，
　　　　　 故木鼠（甲子）當為乙卯始合也。

· 西元1136年，宋高宗紹興六年丙辰

　　「五王者伏藏師」及「三殊勝化身」之首，仰·日
　　光（Nyang ral Nyi ma 'od zer）誕生於「者莎」內之
　　「賽干」區（'Dzed sa ser dgon）。

　　【案】 仰·日光從其父及其他四位上師修習密法及
　　　　　 顯教法相宗經籍，相傳其後並得蓮華生大士
　　　　　 及佛母智慧海王母（Ye shes mtsho rgyal，移喜
　　　　　 錯嘉）示現，付與一百種空行問答經籍，並
　　　　　 引導彼往印度，取得伏藏。由此可見，藏密
　　　　　 伏藏法本，並非純得自藏土本地。

· 西元1138年，宋高宗紹興八年戊午

　　功德總持年十三歲，從其叔說法師·黑地修習密
　　法。

· 西元1142年，宋高宗紹興十二年壬戌

　　薩迦派之福德頂（bSod nams rtse mo）尊者誕生。

· 西元1144年，宋高宗紹興十四年甲子

　　甯瑪派主要導師證空者甘露（Zhig po bdud rtsi）誕
　　生。

【案】 證空者甘露為說法師‧黑地傳承弟子前藏導
師釋氏（螳螂樹叢正士，Dam pa Se sbrag pa）
之族姪，亦為此系（小宿氏一系）之法統傳
人。其傳承弟子為馬師‧本初尊（rTa ston jo
ye）。

‧西元1147年，宋高宗紹興十七年丁卯

第三勝生周。

‧西元1149年，宋高宗紹興十九年己巳

說法師‧黑地示寂，世壽五十六歲。

‧西元1153年，宋高宗紹興二十三年癸酉

岡波巴大師示寂。

【案】 本條據根德《那諾巴生平及其教誨》補入。

‧西元1159年，宋高宗紹興二十九年己卯

證空者甘露年十六歲，因其族叔前藏導師釋氏示
寂，乃皈依大喇嘛功德總持。是年，說《大圓滿法
系（四）部傳規》，為學者讚許。

‧西元1163年，宋孝宗隆興元年癸未

馬師‧本初尊誕生。

【案】 此師之父馬師‧十萬尊（rTa ston Jo 'bum），
亦為藏密大德，曾承事帕摩竹巴（Phag mo gru
pa）習大手印，故實為噶舉派一系弟子，至馬
師‧本初尊，始改習寧瑪派密法。事見西元
1187年條。

噶陀巴第三代福德塔（sPyan snga mang phu ba bSod nams 'bum pa）誕生。

・西元1166年，宋孝宗乾道二年丙戌

後藏師示寂，世壽九十一歲。

【案】《天鼓雷音》記此師寂於丙子，世壽九十。今推得應為寂於是年，九十亦應為九十一。詳見西元1194年條。

慈十萬繼任噶陀寺堪布，時年四十八歲。

・西元1168年，宋孝宗乾道四年戊子

伏藏師悉地幢（持明鵰翎者）示寂，世壽七十二歲。

【案】悉地幢弟子，有子嗣傳承，弟子傳承、及明妃傳承（其妻之弟子）三系，法統廣大，至今不斷。

・西元1170年，宋孝宗乾道六年庚寅

帕摩竹巴示寂。

【案】此條據根德著《那諾巴生平及其教誨》補入。

・西元1182年，宋孝宗淳熙九年壬寅

薩迦派第四代薩迦班智達誕生。

【案】此師原名慶喜幢（Kun dga' rgyal mtshan），為元代國師。其姪八思巴尤有名於漢土。

‧西元1187年，宋孝宗淳熙十四年丁未

馬師‧本初尊年二十五歲，朝證空者甘露於梟啼寺，承事之誠油然而生，不能自己，遂盡棄所學而學之。

‧西元1192年，宋光宗紹熙三年壬子

慈十萬示寂，世壽七十四歲。

福德塔年三十歲，繼任為噶陀寺堪布。

‧西元1194年，宋光宗紹熙五年甲寅

噶陀巴第四代，首光本智十萬（dBu 'od Ye shes 'bum）誕生。

【案】　聞於噶陀巴一系上師之生寂年份，主要賴《天鼓雷音》中此條繫年補正推溯。敦珠甯波車記此師生於甲寅，而歷史中述及，師曾示現神通於薩迦班智達之前，其後且傳法與薩迦班智達及八思巴叔侄，由此可確知所記的甲寅年，必在第三勝生周之內。敦珠甯波車又記，師於二十九歲當噶陀寺堪布，由此可假定上一任噶陀寺堪布福德塔的寂年，為西元1222年。依敦珠甯波車記，福德塔世壽六十一歲，生於癸未。以西元1222年上推，則恰值西元1163年、隆興元年癸未，可以斷定這就是福德塔的生年，而其寂年的假定也是正確的。更上三代——慈十萬、後藏師以溯噶陀巴的生寂年份，便可以據《天鼓雷音》所記的干支，確定在那一勝生周之內，而逆推得

正確的年份。但其中探討後藏師的生寂年份則比較間接，是由他五十七歲時當噶陀寺堪布一事輾轉推出。確定他生於西元1076年丙辰、寂於西元1166年丙戌。而噶陀巴生於壬寅、寂於壬子，這兩個干支所相當的西元及漢曆年份，亦從而可以確定，實分屬第一、二勝生周之內。——此四項編年，均由假定噶陀巴示寂之年，即是後藏師繼任噶陀寺堪布之年而得，但由此假定出發，噶陀巴及慈十萬兩代生寂年的干支，均與敦珠甯波車所記吻合，則或可認為無誤矣。

• 西元1199年，宋寧宗慶元五年己未

　　證空者甘露示寂，世壽五十六歲。

• 西元1204年，宋寧宗嘉泰四年甲子

　　仰・日光示寂，世壽六十九歲。

　　【案】仰・日光之主要弟子，有虛空吉祥（Nam mkha' dpal ba，即仰・日光之次子），相傳是觀世音化身。再傳弟子有法自在上師（Guru Chos kyi dbang phyug）等，證空者甘露亦曾承事虛空吉祥以習伏藏密法。

• 西元1207年，宋寧宗開禧三年丁卯

　　第四勝生周。

• 西元1212年，宋寧宗嘉定五年壬申

　　「五王者伏藏師」及「三殊勝化身」之次，法自在

於藏曆正月初十誕生。

【案】　相傳此師降生時，其父以金磨水寫《妙吉祥
　　　　真實名經》，至「法之自在法之王」句，師
　　　　適降誕，因名之為「卓之汪竹」（Chos kyi
　　　　dbang phyug），意為「法自在」。此師的主
　　　　要弟子為尼泊爾人巴羅・頂持，故其法嗣遍
　　　　及印度與尼泊爾。七百年前能以佛法反哺印
　　　　度，其成就可知。其子蓮花大自在（Padma
　　　　dbang chen），則為子嗣傳承，迄今不斷。

• 西元1223年，宋寧宗嘉定十六年癸未

福德塔示寂，世壽六十一歲。

首光本智十萬繼任為噶陀寺堪布，時壽三十歲。

【案】　《天鼓雷音》所載噶陀寺世系，至此條止，
　　　　以後即無干支繫年，而於首光本智十萬的寂
　　　　年亦不詳，故此後數代的生寂年份，無法推
　　　　出。茲將《天鼓雷音》所載的史料列後，以
　　　　供參考：

　　　　第五代菩提吉祥（rNgog Byang chub dpal），
　　　　四十四歲任堪布；六十四歲示寂。第六代福
　　　　德賢（Zhang mkhar bSod nams bzang po），五
　　　　十五歲任堪布；六十三歲示寂。第八代慧塔
　　　　（Blo gros 'bum pa），四十三歲任堪布，六十
　　　　五歲示寂。第九代慧獅子（Blo gros seng ge），
　　　　三十六歲任堪布，六十歲示寂。

‧西元1224年，宋寧宗嘉定十七年甲申

法自在年十三歲。是年得札巴‧通慧（Grva pa mNgon shes）自桑耶取得之黃卷細目。

【案】據《天鼓雷音》，此黃卷細目所示的伏藏，從未有人取得，試圖採取的人，每每皆致凶死，故法自在雖得到此細目，旋即為其父取去而庫藏之。後來，法自在年二十二歲時，始據此細目取得伏藏，成為巖傳派的一件大事。

‧西元1225年，宋理宗寶慶元年乙酉

法自在年十四歲，從雪山‧新牆麥（Ti se Gro gyang gsar ba）聞法。

【案】自十四歲至十七歲間，法自在並曾從顯教大德習中觀論，又從新派大德習阿底峽之學，及從其父習大手印及閻摩王法等。故此師之學，於顯教及新舊密乘，均皆通達。

‧西元1230年，宋理宗紹定三年庚寅

馬師‧本初尊示寂，世壽六十八歲。

‧西元1233年，宋理宗紹定六年癸巳

法自在年二十二歲，持黃卷細目至拉也年之天梯處（La yag nyin gyi Lung pa gnam skas can）一山谷，取得十九大伏藏法。

• 西元1235年，宋理宗端平二年乙未

　　薩迦派第五代八思巴甯波車誕生。

　　【案】 此師為將西藏密法弘揚至漢土的主要人物，
　　　　　幼從伯父薩迦班智達學法，七歲即得成就，
　　　　　其後遍參善知識，遂淹通三藏。其學，顯教
　　　　　則俱舍、因明、唯識、中觀俱備；密乘則以
　　　　　「喜金剛」為本尊。

• 西元1243年，宋理宗淳祐三年癸卯

　　大成就者鏡金剛（Me long rdo rje）生於澤地之最高
　　處。

　　【案】 師為斷迷獅背（'Khrul zhig seng ge rgyab pa）之
　　　　　弟子，所攝受的傳承，主要是大圓滿心髓派
　　　　　無垢友一派，師為此派第九代傳人。其主要
　　　　　弟子為持明童王（Kumārāja）。

• 西元1251年，宋理宗淳祐十一年辛亥

　　薩迦派第四代薩迦班智達，示寂於西涼。

　　【案】 此條繫年，據東初《中印佛教交通史》。

• 西元1253年，宋理宗寶祐元年癸丑

　　薩迦派第五代，八思巴甯波車年十五歲。是年，謁
　　忽必烈於軍次。薩迦派眾大喇嘛統一西藏。

　　【案】 考宋史，是年為元憲宗蒙哥立位後之第三
　　　　　年，忽必烈既統治漠南（今甘肅地），隨揮
　　　　　兵滅大理而入藏土，故八思巴甯波車得謁見

之。又，據漢土史乘，至元定宗朝，薩迦派
第四代薩迦班智達應聘弘法，薩迦派始成為
西藏政教合一的掌權派系。

・西元1260年，宋理宗景定元年庚申

忽必烈即位，建元「中統」。尊八思巴甯波車為國
師，時師年二十二歲。

蓮花海歡（Padma mtsho skyid，王后藥母）十三歲，
於牧羊時取得金剛亥母（Vajravārāhī）伏藏。

・西元1266年，宋度宗咸淳二年丙寅

持明童王生於溫巴沙市集。

【案】 師為大成就者鏡金剛的傳承弟子，其弟子龍
青巴，又別衍為特別口訣部一派。

・西元1267年，宋度宗咸淳三年丁卯

第五勝生周。

・西元1269年，宋度宗咸淳五年己巳

八思巴甯波車制蒙古新字成，元世祖忽必烈命頒行
天下。尊封八思巴甯波車為「大寶法王」。時八思
巴年三十一歲。

・西元1270年，宋度宗咸淳六年庚午

法自在上師示寂，世壽五十九歲。

・西元1280年，元世祖至元十七年庚辰

八思巴甯波車示寂，世壽四十二歲。敕諡「皇天之

下一人之上宣文輔治大聖至德普覺真智佑國如意大
寶法王西天佛子大元帝師」。並於京都建塔，奉藏
舍利。

【案】 本條繫年據「元史」補。又，八思巴甯波車
　　　寂後，其弟子沙羅巴仍弘法漢土，即元史所
　　　稱之「佛智三藏」。

・西元1283年，元世祖至元二十年癸未

女伏藏師蓮花海歡（王后藥母），於七月初十日示
寂。世壽三十六歲。

・西元1284年，元世祖至元二十一年甲申

大寶法王自生金剛（Karmapa Rang byung rdo rje）誕
生。

【案】 據《天鼓雷音》，自生金剛不受母胎所染，
　　　「有能知悉其過去世無纖毫蓋障，且完全不
　　　受母胎所染者，眾所周知，此除天竺釋迦牟
　　　尼佛陀、及此西藏大士（即大寶法王）外，
　　　無有他人。」師為大圓滿心髓派宗師，亦為
　　　持明童王傳人。

雍師‧金剛吉祥（g.Yung ston rDo rje dpal）誕生。

【案】 雍師為圓滿次第大導師，亦為此系大師宿‧
　　　慈獅子（Zur Byams pa seng ge）傳人。曾從噶
　　　舉派布頓甯波車習《時輪金剛》；於大寶法
　　　王一系，則為自生金剛之高足弟子。由此可
　　　見其新舊教派之通達。

・西元1290年，元世祖至元二十七年庚寅

布頓甯波車（布頓・寶成）誕生。

> 【案】 此條史料頗為珍貴。布頓有《善逝教法史》
> 一書行世，治佛教史學者，一致推為不可多
> 得之作。外文繙譯，流行極廣。但關於布頓
> 的生年，頗有存疑。《天鼓雷音》記，布頓
> 生於庚寅，則生於本年，當可無疑。

・西元1295年，元成宗元貞元年乙未

黑馬・度母師如意金剛（rTa nag sGrol ma ba bSam
grub rdo rje）[17]誕生。

> 【案】 如意金剛為宿・慈獅子主要弟子，即與雍
> 師・金剛吉祥為同門。

・西元1303年，元成宗大德七年癸卯

鏡金剛示寂，世壽六十一歲。

・西元1308年，元武宗至大元年戊申

二月初十日，「大車」遍智王者龍青巴（Klong chen
rab 'byams pa）誕生。

> 【案】 師在西藏，有「第二佛」之稱，加稱「大
> 車」，是讚頌師功德之意。敦珠甯波車論
> 稱。關於口訣心要解脫教誨類之傳承，圓滿
> 於此師。龍青巴嘗承事二十二位上師，又為
> 持明童王傳人。師之主要弟子為法主直貢大

17　sGrol Ma Ba 或 sGrol Ma Wa 均指精修度母法之瑜伽士，故譯為「度母師」。

寶圓滿（'Bri gung pa Chos rgyal rin chen phun tshogs）。

‧西元1321年，元英宗至治元年辛酉

布頓甯波車《善逝法教史》書成，時年三十二歲。

【案】 此條據原書譯序推。

‧西元1323年，元英宗至治三年癸亥

伏藏師鄔金洲（O rgyan gling pa）誕生。

【案】 此師寂後，遺體仍完整保存於後藏僧人廟，至十九世紀，第十三世達賴喇嘛擬迎請至布達拉宮供養，唯護法示不許可，乃塑金塔供養之。時遺體已保存六百餘年，蓋已肉身成就矣。

‧西元1327年，元泰定帝泰定四年丁卯

第六勝生周。

大伏藏師事業洲（Karma gling pa）誕生。

‧西元1340年，元順帝至元六年庚辰

大伏藏師佛洲（Sangs rgyas gling pa）誕生。

‧西元1343年，元順帝至正三年癸未

事業洲年十四歲，於形如仙人起舞之岡波達山取得《大悲者蓮花寂忿》及《寂忿密意自解脫》伏藏。

【案】 據《天鼓雷音》稱：「因彼與授記所示之妙印母未能相應，故事業洲不久即赴他界。」

但未記示寂之年。此師所得「密意自解脫」伏藏，於藏密中甚為珍貴。其再傳弟子虛空法海（Nam mkha' chos kyi rgya mtsho），廣加弘揚，尤以《中有聞解脫》（即《中陰救度密法》），更為異邦人士諗知。

持明童王，於是年八月二十五日示寂。因弟子悲切，乃復起而結跏趺坐，對弟子作教誨及傳授。延至九月初八日黎明，始往法界。

· 西元1345年，元順帝至正五年乙酉

伏藏師鄔金洲年二十三歲，於是年得伏藏。

· 西元1346年，元順帝至正六年丙戌

「五王者伏藏師」第三位金剛洲（rDo rje gling pa）誕生。

· 西元1350年，元順帝至正十年庚寅

黑馬·度母師如意金剛年五十六歲，是年，其子覺大寶（Sangs rgyas rin chen）誕生。

· 西元1357年，元順帝至正十七年丁酉

宗喀巴（Tsong kha pa）大士誕生。

【案】宗喀巴大士是「格魯派」始創者，師改革藏密，成就極大，開六百年西藏政教合一的局面。關於大士的生年，漢地學者多據魏默深《聖武記》，謂大士以永樂十五年（西元1417年）丁酉降誕於西寧衛，則較本條繫年，剛

遲一甲子。但伊文思・溫慈則據其師格西喇嘛桑杜之說，以西元1417為大士轉生之年（即示寂之年）。魏默深所記，大概是由於干支推算，弄錯了一個勝生周之故。事實上，大士生於丁酉，寂於丁酉，世壽六十有一。故僅據陰陽生肖記年，便易淆混了生寂之年。

・西元1364年，元順帝至正二十四年甲辰

大伏藏師佛洲於是年七月二十五日，取得《教法中集・上師密意集》及《大悲者法類》伏藏。

・西元1365年，元順帝至正二十五年乙巳

雍師・金剛吉祥示寂，世壽八十二歲。

・西元1366年，元順帝至正二十六年丙午

藏曆四月初八日，悉地幢（持明鵬翎者），於札桑山頂、白石癩岩（'Dzeng Brag dKar Po），取得三大伏藏及一百小伏藏之細目。

藏曆六月初十日，悉地幢取得桑桑拉扎（Zang zang lha brag）洞穴所藏法本。

・西元1372年，明太祖洪武五年壬子

虛空吉祥賢（Nam mkha' dpal bzang po）入漢土弘法，受敕封「熾盛佛寶國師」。

【案】　此條據明史補入。

・西元1375年，明太祖洪武八年乙卯

宗喀巴大士年十九歲，將迦當巴之教典及新派之密

續糅合，廣大弘揚開示。此殆為格魯派創派之始。

· 西元1376年，明太祖洪武九年丙辰

黑馬·度母師如意金剛示寂，世壽八十二歲。時其子覺大寶，年二十七歲。

· 西元1384年，明太祖洪武十七年甲子

第五世大寶法王善逝誕生。

【案】 此師於永樂四年，受冊封為「萬行具足十方最勝圓覺妙智慧善普應佑國演教如來大寶法王西天大善自在佛」。即明史中之「哈立麻」。

· 西元1387年，明太祖洪武二十年丁卯

第七勝生周。

統稱為「三海」者，著《星算論著·白蓮口授》成。——此為有關星相之論。

· 西元1389年，明太祖洪武二十二年己巳

覺大寶年四十歲，是年造《秘密藏廣釋》。

· 西元1391年，明太祖洪武二十四年辛未

第一世達賴喇嘛僧成（dGe 'dun grub pa）誕生。

· 西元1392年，明太祖洪武二十五年壬申

郭譯師·童吉祥（'Gos lo gZhon nu dpal）誕生。

【案】 此師原從第五世大寶法王如來（Karma pa De bzhin gshegs pa）學「六法」，後皈依覺大

寶，於是通達古教續部一切灌頂。

・西元1396年，明太祖洪武二十九年丙子

　　大伏藏師佛洲於三月三十日示寂，世壽五十七歲。

　　【案】　此條編年見《天鼓雷音》正文（第六品）。

　　　　　　又，永樂年間，漢土迎請大寶法王供養，制
　　　　　　曰，「請攜致鄔金成就者蓮華生之無垢伏藏
　　　　　　法同來。」故大寶法王乃將《密意集》深法
　　　　　　上獻，此法即為佛洲於伏藏中取得者。此亦
　　　　　　可見其時伏藏法統已受漢土重視。

・西元1403年，明成祖永樂元年癸未

　　大伏藏師寶洲（Ratna gling pa），於七月十五日誕
　　生。

・西元1405年，明成祖永樂三年乙酉

　　金剛洲示寂，世壽六十歲。

　　【案】　師為第四世大寶法王遊戲金剛（rGyal dbang
　　　　　　Rol pa'i rdo rje）之上師。相傳師寂後，遺體存
　　　　　　於廟中三年，竟能誦四句回向文。

　　　　　　火化時，二腳從火化房躍出，分別為其心子
　　　　　　吉祥生（bKra shis 'byung gnas），及天竺人無
　　　　　　礙（Thogs med rGya gar ba）。

・西元1409年，明成祖永樂七年己丑

　　宗喀巴大士建荒野山噶丹寺成。時大士年五十三
　　歲。

・西元1416年，明成祖永樂十四年丙申

第六世大寶法王見具義（Karma pa mThong ba don ldan）誕生。

・西元1417年，明成祖永樂十五年丁酉

宗喀巴大士示寂，世壽六十一歲。

【案】藏密活佛轉生之制，漢地學者以為始於格魯派，並論斷云，宗喀派禁喇嘛娶妻，無子嗣傳承，乃敕大弟子僧成轉世，即為後代達賴喇嘛。其實按密宗觀點，修行成就者，可以無量示現，而歷代降生，亦早有「授記」。故僧成之世世示現為達賴喇嘛，不過是由宗喀巴大士授記而已；而達賴喇嘛之示現，亦非活佛制度之始。

・西元1431年，明宣宗宣德六年辛亥

覺大寶示寂，世壽八十二歲。

・西元1432年，明宣宗宣德七年壬子

寶洲年三十歲，於大鵬岩（Khyung chen lDing ba'i brag）內，取得第一次伏藏。

・西元1434年，明宣宗宣德九年甲寅

宣宗冊封宗喀巴大士弟子釋迦耶西，為「萬行妙明真如上勝清淨般若弘照普慧輔國顯教至善大慈法王西天真覺如來自在大圓通佛」。

【案】此條據明史補入。

‧西元1447年，明英宗正統十二年丁卯

　　第八勝生周。

‧西元1450年，明代宗景泰元年庚午

　　「五王者伏藏師」第四位之鄔金蓮花洲（O rgyan padma gling pa）誕生。

　　【案】　相傳此師持燈潛水入熾火湖取伏藏，出水面時，燈猶未熄，從此聲譽卓著。

‧西元1452年，明代宗景泰三年壬申

　　後藏狂夫佛相者（gTsang smyon Sangs rgyas mtshan can）誕生。

‧西元1453年，明代宗景泰四年癸酉

　　第四世夏瑪巴近侍甯波車（Zhva dmar bzhi pa sPyan snga rin po che）誕生於且雪康馬（Tre shod khang dmar）。

　　【案】　師為圓滿次第導師，是郭譯師‧童吉祥的傳承弟子。有《決顯勝義大中道見導引》、《壇城儀軌》等著作。其傳承弟子為直貢邊隅者‧大寶圓滿。

‧西元1455年，明代宗景泰六年乙亥

　　不丹狂夫慶喜善（'Brug pa smyon pa Kun dga' legs pa）誕生。

‧西元1458年，明英宗天順二年戊寅

　　前藏狂夫慶喜賢（dBus smyon pa Kun dga' bzang po）誕生。

・西元1464年，明英宗天順八年甲申

蓮花洲於七月初十日取得伏藏細目。

　　【案】　敦珠甯波車記，此師於「猴年」取得細目；
　　　　　　而於二十七歲時取得伏藏，據此，該「猴
　　　　　　年」應是丙申，時師年十五歲。──蓋上一
　　　　　　「猴年」，師才三歲，下一「猴年」，師年
　　　　　　二十七，已為取得伏藏之年。

・西元1472年，明憲宗成化八年壬辰

第一世達賴喇嘛僧成示寂，世壽七十二歲。

・西元1476年，明憲宗成化十二年丙申

第二世達賴喇嘛僧海（dGe 'dun rgya mtsho）誕生。

蓮花洲得第一次伏藏。

・西元1477年，明憲宗成化十三年丁酉

第四世夏瑪巴近侍甯波車皈依郭譯師・童吉祥，受
幻化網等大法。

・西元1478年，明憲宗成化十四年戊戌

大伏藏師寶洲示寂，世壽七十六歲。

　　【案】　師之功德，最足稱者，為將甯瑪派古續──
　　　　　　《甯瑪十萬續》整理，並親用金水繕寫，加
　　　　　　以傳教及弘揚。而此續傳承，至今不斷。敦
　　　　　　珠甯波車亦為此《甯瑪十萬續》之傳人。

・西元1481年，明憲宗成化十七年辛丑

郭譯師・童吉祥示寂，世壽九十歲。

・西元1487年，明憲宗成化二十三年丁未

伏藏師阿里班禪蓮花自在王（mNga' ri Paṇ chen Padma dbang rgyal）誕生於洛窩麻塘（Glo bo Ma thang）。

【案】 此師不僅為伏藏師，於新教阿底峽教法，薩迦派教法，亦甚通達。並曾赴尼泊爾求法。其著作有《三律儀決定論》等。

・西元1504年，明孝宗弘治十七年甲子

第二世勇士經典鬘（dPa' po gTsug lag phreng ba）誕生。

・西元1507年，明武宗正德二年丁卯

第九勝生周。

第八世大寶法王不動金剛（rJe ngag dbang Mi bskyod rdo rje）誕生。

至尊慶喜解脫殊勝（rJe btsun Kun dga' grol mchog）誕生。

・西元1508年，明武宗正德三年戊辰

宿卡醫士・慧海（Zur mkhar sman pa Blo gros rgya mtsho）誕生。

・西元1512年，明武宗正德七年壬申

深邃吉祥尊勝（sGam po pa bKra shis rnam rgyal）誕生。

・西元1517年，明武宗正德十二年丁丑

　　大伏藏師般若光（gTer chen Shes rab 'od zer）誕生。

・西元1527年，明世宗嘉靖六年丁亥

　　遍知不丹人白蓮花（'Brug pa kun mkhyen Padma dkar po）誕生。

・西元1532年，明世宗嘉靖十一年壬辰

　　阿里班禪蓮花自在王年四十六歲，是年取得桑耶寺之伏藏。

・西元1542年，明世宗嘉靖二十一年壬寅

　　第二世達賴喇嘛僧海示寂，世壽六十七歲。

　　阿里班禪蓮花自在王示寂；世壽五十六歲。

・西元1543年，明世宗嘉靖二十二年癸卯

　　第三世達賴喇嘛福德海（bSod nams rgya mtsho）誕生。

・西元1552年，明世宗嘉靖三十一年壬子

　　驅蒙者・慧幢（Sog bzlog pa Blo gros rgyal mtshan）誕生。

・西元1554年，明世宗嘉靖三十三年甲寅

　　第九世大寶法王自在金剛（Karma pa dBang phyug rdo rje）誕生。

‧西元1561年，明世宗嘉靖四十年辛酉

款師‧富饒任運（'Khon ston dPal 'byor lhun grub）誕
生。

【案】 此師為第四世夏瑪巴近侍甯波車之再傳弟
子，嘗從第三世達賴出家，為藏密著名學
者。其主要弟子為大宿氏‧法界自解脫（Zur
chen Chos dbying rang grol），及第五世達賴喇
嘛慧賢海（Blo bzang rgya mtsho）。

‧西元1567年，明穆宗隆慶元年丁卯

第十勝生周。

‧西元1569年，明穆宗隆慶三年己巳

第四世班禪慧賢法幢（Paṇ chen bla ma Blo bzang chos
kyi rgyal mtshan）誕生。

‧西元1575年，明神宗萬曆三年乙亥

多羅那他（Tāranātha）尊者誕生。

【案】 尊者為藏密覺囊派大師。此派於密乘中不甚
顯，獨以尊者著作等身，而名傳後世。今尊
者著作，已被譯成數國文字流播。

‧西元1576年，明神宗萬曆四年丙子

第三世達賴喇嘛福德海年三十四歲。蒙古俺答汗迎
請赴西涼弘化。

【案】 此條據周昆田《漢藏兩族的傳統關係》
（《西藏研究》）引。陳天鷗《喇嘛教史

略》，則以達賴於西元1577年離藏赴蒙。此或俺答汗於先一年迎請，而達賴於翌年離藏。

又案，「達賴」之尊稱，亦為俺答汗所晉。據稱，此乃蒙語「大海」之意。

・西元1578年，明神宗萬曆六年戊寅

款師・富饒任運年十八歲，是年皈依日月覺，受大圓滿心要諸法。

・西元1583年，明神宗萬曆十一年癸未

蒙古俺答汗薨。第三世達賴福德海再受迎請赴蒙，立俺答汗之子。途次甘肅，其地長官獻供養時，香煙結成「壽」字不散。

【案】 此條據李翊灼《西藏佛教史》。俺答汗薨，見明史。

・西元1585年，明神宗萬曆十三年乙酉

伏藏師持明虹藏（Rig 'dzin 'Ja' tshon snying po）（餘業洲，Las 'phro gling pa）誕於「工布」之「瓦如南住」（Wa ru gnam tshul）。

・西元1588年，明神宗萬曆十六年戊子

第三世達賴喇嘛福德海，於三月十六日示寂，世壽四十六歲。

・西元1589年，明神宗萬曆十七年己丑

第四世達賴喇嘛功德海（rGyal ba Yon tan rgya mtsho）誕於蒙古。

・西元1594年，明神宗萬曆二十二年甲午

南不丹・尊前語自在尊勝（lHo 'brug zhabs drung Ngag dbang rnam rgyal）誕生。

欵師・富饒任運年三十四歲，從遊戲王宮富饒海及法主僧幢受比丘戒，得授法名「富饒任運」。

從此得聞受格魯派教法，而於新舊圓融。

・西元1597年，明神宗萬曆二十五年丁酉

大德虛空無畏（Lha btsun Nam mkha' 'jigs med）誕生。

【案】 師亦為伏藏師。

・西元1598年，明神宗萬曆二十六年戊戌

語化身第三世戒金剛（gSung sprul Tshul khrims rdo rje）誕生。

・西元1599年，明神宗萬曆二十七年己亥

深邃尊前寶莊嚴（sGam po pa Zhabs drung nor bu rgyan pa）誕生。

・西元1602年，明神宗萬曆三十年壬寅

第四世達賴喇嘛功德海年十四歲，受迎入藏坐床，從慧賢法幢受密法。

・西元1603年，明神宗萬曆三十一年癸卯

多羅那他尊者，年二十九歲。成《七系付法傳》。

【案】 此書有郭元興居士譯本。書末尊者自跋云：

「二十九歲時，著於勝成就處吉祥打隆塘附
近尊勝堅牢寺。」

・西元1604年，明神宗萬曆三十二年甲辰

大宿氏・法界自解脫（Zur chen Chos dbying rang
grol）誕生。

【案】 此師為款師・富饒任運之傳承弟子，故亦為
圓滿次第根本及支分經續導師。第五世達賴
亦承事之。秘密主事業任運，亦為其主要弟
子。

・西元1605年，明神宗萬曆三十三年乙巳

第十世大寶法王法界金剛（Karma pa Chos dbyings rdo
rje）誕生。

・西元1608年，明神宗萬曆三十六年戊申

多羅那他尊年三十四歲，成《印度佛教史》。

【案】 此書有漢文譯本，本條繫年，據尊者《七系
付法傳》自跋。此書價值，在以泰半篇幅敘
述印度晚期佛教歷史，於密乘源流尤見關切。

・西元1610年，明神宗萬曆三十八年庚戌

多羅那他尊者年三十六歲，成《鄔金傳記暨起信三
因》。

【案】 本條繫年，據《七系付法傳》慈威法師跋。

- 西元1611年，明神宗萬曆三十九年辛亥

  秘密主事業任運（gSang bdag Phrin las lhun Grub）誕生。

- 西元1615年，明神宗萬曆四十三年乙卯

  大伏藏師伏魔金剛（Rig 'dzin bDud 'dul rdo rje）誕於西康。

  【案】 師原為薩迦派傳人，後以具大福緣，取得多種伏藏，而成甯瑪派伏藏師。

- 西元1616年，明神宗萬曆四十四年丙辰

  第四世達賴喇嘛功德海示寂，世壽二十八歲。

- 西元1617年，明神宗萬曆四十五年丁巳

  第五世喇嘛喇慧賢海（Blo bzang rgya mtsho），四月初八日誕生於前蒙。

- 西元1620年，明光宗泰昌元年庚申

  持明虹藏於正月初十日取得伏藏。

- 西元1622年，明熹宗天啟二年壬戌

  第五世達賴喇嘛年六歲，班禪慧賢法幢（Paṇ chen bla ma Blo bzang chos kyi rgyal mtshan）往迎之入藏。遂皈依班禪出家。

  【案】 據此，班禪慧賢法幢實為第四、第五兩世達賴喇嘛之師。近人頗有失考之處。

‧西元1627年，明熹宗天啟七年丁卯

第十一勝生周。

‧西元1633年，明思宗崇禎六年癸酉

多羅那他尊者示寂於蒙古。世壽五十九歲。

【案】 此繫年據《七系付法傳》慈威法師跋：近人
有以尊者生於西元1505年，寂於1634年，是則
世壽一百二十九歲矣，與史實不符。

又案，尊者示寂後，轉生為哲布尊丹巴呼圖
克圖，從此永行化蒙古。

‧西元1636年，明思宗崇禎九年丙子

【案】 款師‧富饒任運年七十六歲，其弟子第五世
達賴喇嘛獻以祈求上師長壽住世祈請文。師
不加許可。

‧西元1637年，明思宗崇禎十年丁丑

八月十一日，款師‧富饒任運示寂，世壽七十七歲。

‧西元1641年，明思宗崇禎十四年辛巳

北主‧蓮花事業（Byang bdag Padma phrin las）誕生。

持教不變金剛（lHo brag sras bstan 'dzin 'Gyur med rdo
rje）誕生。

‧西元1642年，明思宗崇禎十五年壬午

第五世達賴喇嘛用兵，殺藏巴汗，統一全藏。立其
師慧賢法幢為第四世班禪，管理後藏。

‧西元1646年，清世祖順治三年丙戌

二月初十日，敏珠林大伏藏師不變金剛，即持明伏藏主洲（Rig 'dzin gTer bdag gling pa）誕生。

‧西元1652年，清世祖順治九年壬辰

第五世達賴喇嘛慧賢海入覲，受冊封西天大善自在佛，賜金冊金印。

‧西元1654年，清世祖順治十一年甲午

法吉祥譯師（Lo chen Dharmaśrī）誕生。

【案】 此師為持明伏藏主洲之弟，曾從第五世達賴喇嘛受戒。兄弟並為近代藏密大圓滿心髓派宗師，法嗣甚廣。

‧西元1656年，清世祖順治十三年丙申

持明虹藏示寂，世壽七十二歲。

【案】 師之伏藏深法，加被最廣。今印度、尼泊爾及漢土，皆有其法嗣。

‧西元1662年，清聖祖康熙元年壬寅

第四世班禪慧賢法幢示寂，世壽九十四歲。

‧西元1663年，清聖祖康熙二年癸卯

持明伏藏主洲年十八歲，於五月初十日取得《持明心要》伏藏。

第五世班禪慧賢智（Blo bzang ye shes）誕生。

• 西元1669年，清聖祖康熙八年己酉

　大宿氏・法界自解脫示寂，世壽六十六歲。

• 西元1672年，清聖祖康熙十一年壬子

　大伏藏師伏魔金剛示寂，世壽五十八歲。

• 西元1676年，清聖祖康熙十五年丙辰

　持明伏藏主洲年三十一歲，於正月十五日，取出
　《忿怒上師》及《金剛薩埵無上Ati法系》伏藏。

• 西元1680年，清聖祖康熙十九年庚申

　持明伏藏主洲年三十五歲，於六月二十九日，取出
　《大悲者善逝遍集法類》伏藏。

• 西元1682年，清聖祖康熙二十一年壬戌

　第五世達賴喇嘛（lNga pa chen po），於黑月二十五
　日示寂，世壽六十六歲。第巴佛海（sDe srid Sangs
　rgyas rgya mtsho）秘不發喪，自請封於聖祖，冊授
　「圖伯特國王」。

• 西元1683年，清聖祖康熙二十二年癸亥

　第六世達賴喇嘛持明梵音海（Rig 'dzin Tshangs
　dbyangs rgya mtsho）誕生。

【案】　此代喇嘛，曾因政治原因，鬧三胞案。第五
　　　　世達賴既示寂，第巴佛海勾結準噶爾部噶
　　　　爾丹入寇漠南，於是引起康熙二十九年庚午
　　　　（西元1690年）的用兵。康熙三十五年（西元
　　　　1696年）清兵平定大漠南北，聖祖詔第二世班

禪入京，責藏人反叛，佛海恐懼，不得不於三十六年（西元1697年）密奏第五世達賴示寂事，並謂第六世達賴將於是年十月坐床。聖祖允許，但拉藏汗又別立一第六世達賴與佛海對立。這事件引起青海準噶爾部蒙人的不滿，而於青海另立第三位達賴喇嘛。這紛紜的政局，遂引致策妄阿拉布坦之兵起事。聖祖於五十九年（西元1720年）遣兵平定之，乃以佛海所立的為六世達賴；青海所立的為第七世達賴，並迎之入拉薩坐床，於是名義始定於一。

- 西元1687年，清聖祖康熙二十六年丁卯

  第十二勝生周。

- 西元1698年，清聖祖康熙三十七年戊寅

  持明壽自在富足（Rig 'dzin Tshe dbang nor rgyas，持明壽自在寶）誕生。

- 西元1700年，清聖祖康熙三十九年庚辰

  司徒・法生（Si tu Chos kyi 'byung gnas）誕生。

- 西元1705年，清聖祖康熙四十四年乙酉

  拉藏汗殺第巴佛海。

- 西元1708年，清聖祖康熙四十七年戊子

  第七世達賴喇嘛善緣海（sKal bzang rgya mtsho）誕生。

‧西元1717年，清聖祖康熙五十六年丁酉

　　準噶爾軍隊入藏，對甯瑪派之法與廟宇，所貽災害甚大。

　　【案】　此條為敦珠甯波車原文。蓋指策妄揮兵入藏殺拉藏汗事。

‧西元1720年，清聖祖康熙五十九年庚子

　　清兵平定藏地，入拉薩，護送善緣海坐床，為第七世達賴喇嘛。時達賴年十三歲。

‧西元1723年，清世宗雍正元年癸卯

　　世宗捨其太子時潛邸為雍和官，供養喇嘛。

‧西元1729年，清世宗雍正七年己酉

　　大伏藏師遍知無畏洲（’Jigs mcd gling pa）於十二月誕生。

‧西元1733年，清世宗雍正十一年癸丑

　　第十三世大寶法王伏魔金剛（Rig ’dzin bDud ’dul rdo rje）誕生。

‧西元1737年，清高宗乾隆二年丁巳

　　第五世班禪慧賢智示寂，世壽七十五歲。

‧西元1738年，清高宗乾隆三年戊午

　　第六世班禪慧賢具吉祥智（Blo bzang dPal ldan ye shes）誕生。

‧西元1745年，清高宗乾隆十年乙丑

多竹無畏事業光（rDo grub 'Jigs med phrin las 'od zer）誕生。

‧西元1747年，清高宗乾隆十二年丁卯

第十三勝生周。

法洲舞自在無死金剛（Chos gling Gar dbang 'chi med rdo rje）、深邃鄔金伏趣洲（sGam po pa O rgyan 'gro 'dul gling pa）、與持明金剛無著（Rig 'dzin rDo rje thogs med），為同時人，三者被稱為「開啟白馬崗秘境為聖地之化身三持明」。

‧西元1757年，清高宗乾隆二十二年丁丑

第七世達賴喇嘛賢劫海示寂，世壽五十歲。

‧西元1758年，清高宗乾隆二十三年戊寅

第八世達賴喇嘛妙吉祥海（'Jam dpal rgya mtsho）誕生。

【案】 由此世達賴喇嘛起，始由金奔巴瓶掣名。

‧西元1780年，清高宗乾隆四十五年庚子

第六世班禪慧賢具吉祥智示寂於北京，世壽四十三歲。

‧西元1781年，清高宗乾隆四十六年辛丑

第七世班禪具吉祥教法日（dPal ldan bsTan pa'i nyi ma）誕生。

‧西元1798年，清仁宗嘉慶三年戊午

　九月初三日，遍知無畏洲示寂，世壽七十歲。

‧西元1800年，清仁宗嘉慶五年庚申

　佛子利他無邊（rGyal sras gZhan phan mtha' yas）誕生。

‧西元1804年，清仁宗嘉慶九年甲子

　第八世達賴喇嘛文殊海示寂，世壽四十七歲。

‧西元1805年，清仁宗嘉慶十年乙丑

　第九世達賴喇嘛教證海（Lung rtogs rgya mtsho）於二月十五日誕生。

　【案】此世達賴轉生，特殊靈異，生而知為第五世達賴喇嘛，且識數生前所用鈴杵，故清駐藏大臣玉寧，乃奏請不必用金奔巴瓶掣名。

‧西元1807年，清仁宗嘉慶十二年丁卯

　第十四勝生周。

‧西元1808年，清仁宗嘉慶十三年戊辰

　吉祥化身鄔金無畏法王（dPal sprul o rgyan 'Jigs med chos kyi dbang po，巴珠甯波車）誕生。

‧西元1813年，清仁宗嘉慶十八年癸酉

　文殊怙主功德海慧無邊（'Jam mgon Yon tan rgya mtsho blo gros mtha' yas）於十月初十日誕生。

　【案】師為近代甯瑪派大成就者，與第五位王者伏

藏師文殊智悲王互為師徒。二師弘化康藏各地，法緣甚廣。大寶法王之十四、十五世；大司徒之第十及十一世，均為其主要弟子。噶舉派及格魯派之成就者，亦皈依之為師。

‧西元1815年，清仁宗嘉慶二十年乙亥

第九世達賴喇嘛教證海示寂，世壽十一歲。

‧西元1816年，清仁宗嘉慶二十一年丙子

第十世達賴喇嘛戒海（Tshul khrims rgya mtsho）誕生。

‧西元1820年，清仁宗嘉慶二十五年庚辰

第五位王者伏藏師文殊智悲王（'Jam dbyangs mkhyen brtse'i dbang po，親尊甯波車）於六月初五日誕生。

【案】師為近代大伏藏師，亦為甯瑪派法王。然師於薩迦派、噶舉派、迦當派之教法教規，無不通達，蓋師對各派不共傳承之法要，皆甚恭敬，「彼不顧勞累，具勇猛精進，親近與每一傳規源頭相應之太師，圓滿無誤聞受一切成熟與解脫之次第。彼由思維而斷增益；由修持止觀，則不論於實際、住定或夢中，乃得印藏賢哲、寂忿本尊及勝利王、與三住空行母眾等之三密加持、及極近傳承之指授。」（見《天鼓雷音》第六品）

‧西元1829年，清宣宗道光九年己丑

大伏藏師殊勝大樂證空洲（mChog gyur bde chen zhig po gling pa）誕生。

‧西元1835年，清宣宗道光十五年乙未

　　大伏藏師摧魔洲（bDud 'joms gling pa）誕生。

‧西元1837年，清宣宗道光十七年丁酉

　　第十世達賴喇嘛戒海示寂，世壽二十二歲。

‧西元1838年，清宣宗道光十八年戊戌

　　第十一世達賴喇嘛賢成海（mKhas grub rgya mtsho）
　　誕生。

‧西元1846年，清宣宗道光二十六年丙午

　　伏藏師不敗文殊尊勝海（Mi pham 'Jam dbyangs rnam
　　rgyal rgya mtsho）誕生。

　　【案】《天鼓雷音》第六品云：「尊者雖從無親取地
　　　　　下伏藏之舉，然眾多殊勝而有關生、圓口訣
　　　　　與儀軌結集等空前鉅著，均成其意巖流露而
　　　　　出，彼遂以論著之體而作弘揚。是故，彼實
　　　　　於一切伏藏之首、即甚深意樂界庫藏中得自
　　　　　在，乃諸伏藏師中，具無上成就之王。」

　　於此可見甯瑪派巖傳派之特色。

‧西元1854年，清文宗咸豐四年甲寅

　　第七世班禪具吉祥教法日示寂，世壽七十四歲。

‧西元1855年，清文宗咸豐五年乙卯

　　第八世班禪教法自在（bsTan pa'i dbang phyug）誕
　　生。

　　十一世達賴喇嘛賢成海示寂，世壽十八歲。

‧西元1856年，清文宗咸豐六年丙辰

　　十二世達賴喇嘛事業海（Phrin las rgya mtsho）誕生。

　　大伏藏師滿業洲（gTer ston Las rab gling pa）誕生。

‧西元1865年，清穆宗同治四年乙丑

　　諾那呼圖克圖（Nor lha ho thog thu）於五月十五日寅時誕生西康。

　　【案】　師弘化漢土，法緣甚廣。此條繫年，據《康藏佛教與西康諾那呼圖克圖應化事略》。

‧西元1867年，清穆宗同治六年丁卯

　　第十五勝生周。

‧西元1870年，清穆宗同治九年庚午

　　大伏藏師殊勝大樂洲於五月初一示寂，世壽四十二歲。

　　【案】　師為第五位王者伏藏師文殊智悲王弟子。師徒二人所造事業甚廣。

‧西元1871年，清穆宗同治十年辛未

　　第十五世大寶法王遍空金剛（mKha' khyab rdo rje）誕生。

‧西元1872年，清穆宗同治十一年壬申

　　第五世竹千活佛釋教法金剛（rDzogs chen lnga pa Thub bstan chos kyi rdo rje）誕生。

・西元1875年，清德宗光緒元年乙亥

十二世達賴喇嘛事業海示寂，世壽二十歲。

・西元1876年，清德宗光緒二年丙子

十三世達賴喇嘛釋教海（Thub bstan rgya mtsho）誕生。

【案】 此世達賴於西元1933年，民國二十二年癸酉，陽曆十二月十七日示寂。十四世達賴持教海，則於西元1935年，民國二十四年乙亥，漢曆六月六日誕生。民國二十九年陽曆二月二十二日（藏曆正月十四日、漢曆正月十五日）坐床。見吳忠信《西藏紀要》。吳氏時為蒙藏委員會委員長，赴藏主持坐床大典，所記當為信史。

・西元1883年，清德宗光緒九年癸未

第八世班禪教法自在示寂，世壽三十歲。

第九世班禪釋教法日（Thub bstan chos kyi nyi ma）誕生。

【案】 班禪釋教法日大師，曾行化漢土，傳《時輪金剛大法》。西元1937年，民國二十六年十二月示寂，世壽五十五歲。

・西元1892年，清德宗光緒十八年壬辰

文殊智悲王，於二月廿一日朝，行散花祝福後，於定中示寂。

‧西元1893年，清德宗光緒十九年癸巳

貢噶法獅子（Gangs dkar rin po che）於九月十五日寅時誕於木仰。

【案】　貢噶法獅子於西元1935年（民國二十四年乙亥）來漢土行化，事蹟詳見《輔教廣覺禪師西康貢噶呼圖克圖本傳》。師於西元1957年（民國四十六年）丁酉漢曆正月二十九日丑時示寂，世壽六十五歲。見其弟子屈文六上師所記。

‧西元1899年，清德宗光緒二十五年己亥

文殊怙主功德海慧無邊於十一月十一日示寂。

‧西元1904年，清德宗光緒三十年甲辰

敦珠甯波車（無畏智金剛）於藏曆六月初十日誕生。

【案】　敦珠甯波車生辰，見其示劉師銳之法論，有關敦珠師佛之行化，詳見劉師譯《敦珠上師降生本傳》。

　　　　示寂於西元1987年1月，其時依漢、藏曆皆未過年，故歲次仍為「陽火虎年」（丙寅）。

後記

　　本篇原撰於西元1972年，為配合劉師銳之《西藏古代佛教史》之用，其後亦曾單行。今既改譯《西藏古代佛教史》，故本篇亦作修訂，附於新譯本之後。譯名亦經訂正，悉依新譯《勝利天鼓雷音 —— 金剛乘教法史》所譯。內容則未有重大修改，其中有二處紀年與英譯相差一勝生周（六十年），筆者覺得未必要依從英譯，若有後哲能作決定，則固所望焉。

　　又，本篇原用本名「談延祚」發表，今，「錫永」之字早已通行，故亦改署為「談錫永」。

　　談錫永記，西元2015年6月，恰為余九秩開一之年與月。

藏文本首頁

主編者簡介

談錫永，廣東南海人，1935年生。童年隨長輩習東密，十二歲入道家西派之門，旋即對佛典產生濃厚興趣，至二十八歲時學習藏傳密宗，於三十八歲時，得甯瑪派金剛阿闍梨位。1986年由香港移居夏威夷，1993年移居加拿大。

早期佛學著述，收錄於張曼濤編《現代佛教學術叢刊》，通俗佛學著述結集為《談錫永作品集》。主編《佛家經論導讀叢書》並負責《金剛經》、《四法寶鬘》、《楞伽經》及《密續部總建立廣釋》之導讀。其後又主編《甯瑪派叢書》及《大中觀系列》。

所譯經論，有《入楞伽經》、《四法寶鬘》（龍青巴著）、《密續部總建立廣釋》（克主傑著）、《大圓滿心性休息》及《大圓滿心性休息三住三善導引菩提妙道》（龍青巴著）、《寶性論》（彌勒著，無著釋）、《辨法法性論》（彌勒造、世親釋）、《六中有自解脫導引》（事業洲巖傳）、《決定寶燈》（不敗尊者造）、《吉祥金剛薩埵意成就》（伏藏主洲巖傳）等，且據敦珠法王傳授註疏《大圓滿禪定休息》。著作等身，其所說之如來藏思想，為前人所未明說，故受國際學者重視。

近年發起組織「北美漢藏佛學研究協會」，得二十餘位國際知名佛學家加入。2007年與「中國人民大學國學院」及「中國藏學研究中心」合辦「漢藏佛學研究中心」，應聘為客座教授，主講佛學課程，並應浙江大學、中山大學、南京大學之請，講如來藏思想。

譯者簡介

許錫恩，許錫恩，1962年於香港出生，原籍福建安海。畢業於香港大學法律系，現職法律界。隨無畏金剛談錫永阿闍梨修習密法，遵師囑致力於甯瑪派經論之繙譯，曾有譯作發表於《內明》月刊。譯作有《九乘次第論集》、《甯瑪派四部宗義釋》、《現證自性大圓滿本來面目教授 ── 無修佛道》及《甯瑪派大圓滿教法──善說顯現喜宴》。

甯瑪派叢書見部8

《勝利天鼓雷音—金剛乘教法史》

造　　論　敦珠法王
翻　　譯　許錫恩
主　　編　談錫永
美術編輯　李　琨
封面設計　張育甄
出　　版　全佛文化事業有限公司
　　　　　訂購專線：(02)2913-2199
　　　　　傳真專線：(02)2913-3693
　　　　　發行專線：(02)2219-0898
　　　　　匯款帳號：3199717004240 合作金庫銀行大坪林分行
　　　　　戶　　名：全佛文化事業有限公司
　　　　　E-mail：buddhall@ms7.hinet.net
　　　　　http://www.buddhall.com
門　　市　新北市新店區民權路88-3號8樓
　　　　　門市專線：(02)2219-8189
行銷代理　紅螞蟻圖書有限公司
　　　　　台北市內湖區舊宗路二段121巷19號（紅螞蟻資訊大樓）
　　　　　電話：(02)2795-3656
　　　　　傳真：(02)2795-4100
初　　版　2017年01月
初版二刷　2021年09月
精裝定價　新台幣1040元
I S B N　978-986-6936-93-7

國家圖書館出版品預行編目資料

勝利天鼓雷音：金剛乘教法史 /
敦珠法王造論；許錫恩翻譯.-- 初版.--
新北市：全佛文化, 2017.01
面；　公分. --(甯瑪派見部叢書；8)

　ISBN 978-986-6936-93-7(平裝)

1.藏傳佛教　2.佛教修持
226.96615　　　　　　　106000453